闸北年鉴

ZHABEI ALMANAC

2011

主　编　王宏伟

副主编　鲍英菁

上海市闸北区地方志编纂委员会编

图书在版编目(CIP)数据

闸北年鉴. 2011/ 上海市闸北区地方志编纂委员会编. —上海:上海社会科学院出版社,2011
ISBN 978-7-80745-941-5

Ⅰ. ①闸… Ⅱ. ①上… Ⅲ. ①闸北区—2011—年鉴
Ⅳ. ①Z525.13

中国版本图书馆 CIP 数据核字(2011)第 201311 号

闸北年鉴(2011)

编　　者:上海市闸北区地方志编纂委员会
责任编辑:董汉玲
封面设计:王　茵

出版发行:上海社会科学院出版社
淮海中路 622 弄 7 号　电话 63875741　邮编 200020
http://www.sassp.com　E-mail:sassp@sass.org.cn
经　　销:新华书店
照　　排:上海市江杨印刷装订厂制版中心
印　　刷:上海市江杨印刷装订厂

开　　本:889×1240 毫米　1/16
印　　张:23
插　　页:32
字　　数:920 千字
版　　次:2011 年 11 月第 1 版　2011 年 11 月第 1 次印刷

ISBN 978-7-80745-941-5/Z·015　定价:200.00 元

获奖证书
荣誉证书

主要数据

2010 闸北区 Zhabeiqu Zhuyao Shuju

交通运输

铁路客运输量
占全市67.70%

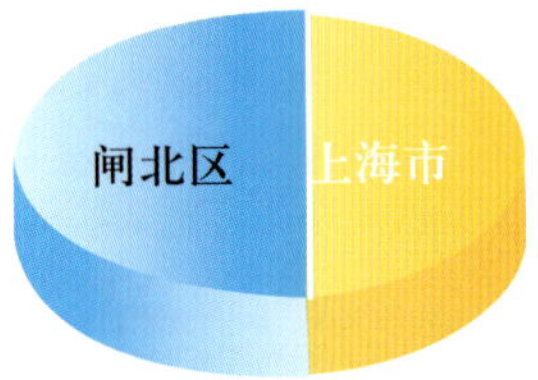

长途汽车客运输量
占全市36.10%

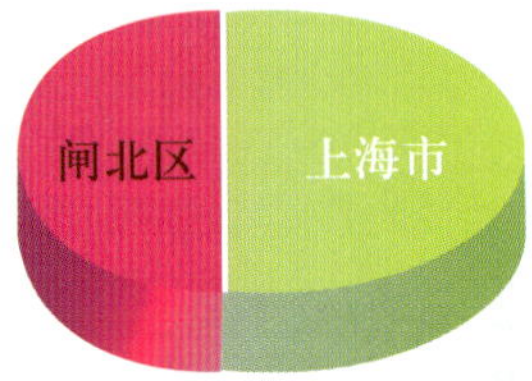

公交路线
占全市34.0%

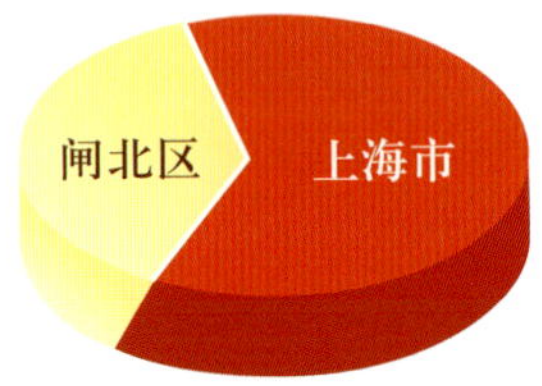

增加值 增长14.70%

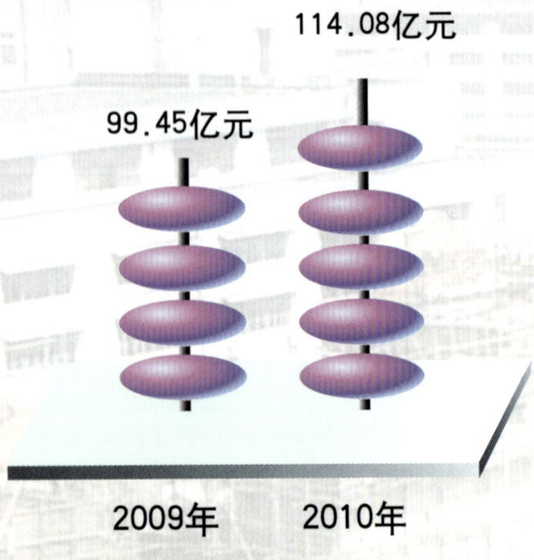

社会消费品零售总额 增长16.99%

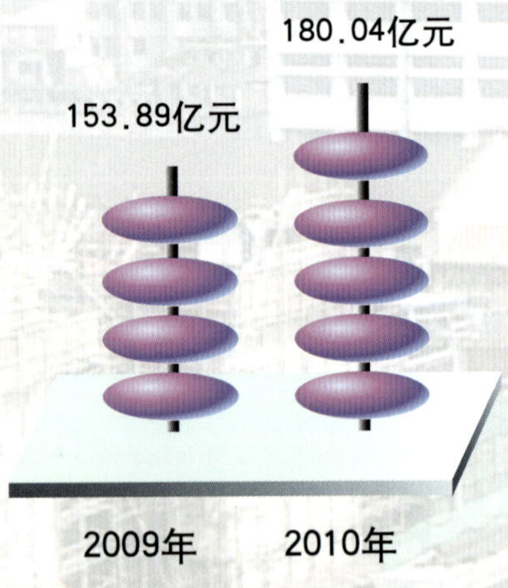

区生产总值结构比重

第二产业增长:370.16%

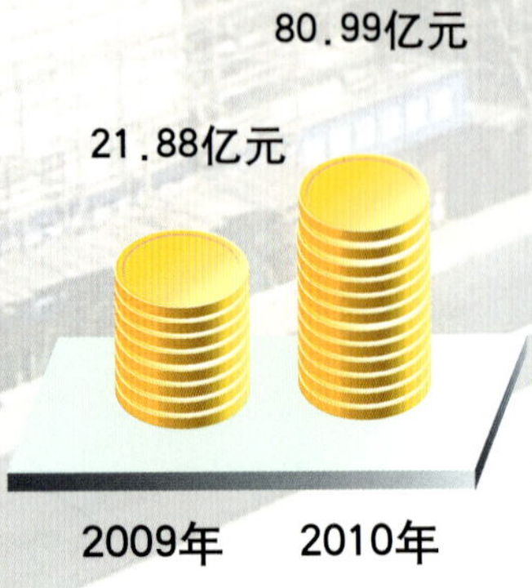

第三产业增长:468.69%

固定资产投资总额 增长33.57%

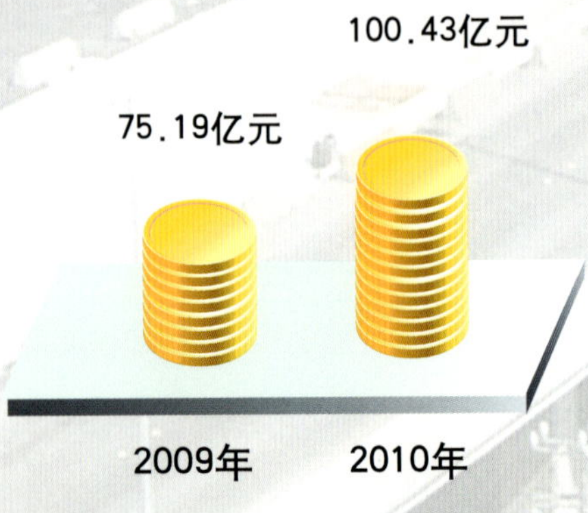

人口状况 密度23713人/平方公里

户籍人口69.21万人 常住人口83.05万人

外贸进出口商品总额 增长9.90%

66063万美元 72616万美元

2009年 2010年

财政收入 增长22.60%

91.66亿元 112.35亿元

2009年 2010年

区级财政收入 增长27.70%

36.26亿元 46.30亿元

2009年 2010年

职工年平均工资 增长8.60%

35876元 38953元

2009年 2010年

引进内资金额 增长55.50%

65.78亿元 102.27亿元

2009年 2010年

1月19～22日，区十四届人大六次会议在上海行健职业学院举行 （盛惠男摄）

1月18～22日，区政协十二届四次会议在上海行健职业学院举行 （刘必龙摄）

9月14日，中共中央政治局委员、市委书记俞正声（前排右二），市委副书记、市长韩正（后排右二）等市领导率各区县主要领导视察铁路上海站北广场综合交通枢纽　　（站区管委办供稿）

6月11日，中共中央政治局委员、市委书记俞正声（前排右二）视察铁路上海站北广场综合交通枢纽

（站区管委办供稿）

8月6日，市委副书记、市长韩正（前排右二）到市北高新园区调研科技型中小企业发展情况

（区科委供稿）

3月27日，中共中央委员、中残联党组书记、理事长王新宪（前排左二）到区视察残疾人工作

（区残联供稿）

9月9日，市人大常委会主任刘云耕（前排右三）视察铁路上海站北广场综合交通枢纽工程

（站区管委办供稿）

10月28日，市政协主席冯国勤（右二）到区视察经济社会发展事业　　（区政协办供稿）

5月6日，市委常委、纪委书记董君舒（前排左二）慰问铁路上海站地区世博志愿者和世博安保工作人员　　（站区管委办供稿）

8月5日，市委常委、统战部部长杨晓渡（前排右二）慰问铁路上海站地区少数民族世博志愿者
（区委统战部供稿）

10月14日，市委常委、副市长屠光绍（右二）视察铁路上海站北广场综合交通枢纽工程
（站区管委办供稿）

1月20日，市人大常委会副主任、市总工会主席陈豪（右二）到区慰问老劳模

（北站街道供稿）

1月20日，副市长唐登杰（发言席左四）出席上海市服务外包园区及重点企业授牌仪式

（市北高新园区供稿）

11月9日，副市长胡延照（左六）出席中国上海人力资源服务产业园区揭牌仪式

（区投资促进办供稿）

7月30日，副市长艾宝俊（前排左二）到市北高新园区调研

（市北高新园区供稿）

1月30日，副市长沈骏（前排右二）检查铁路上海站地区春运工作　　（站区管委办供稿）

4月23日，副市长赵雯（前排右二）检查铁路上海站地区世博旅游服务工作　（站区管委办供稿）

3月10日，市政协副主席周太彤（前排左三）到区调研旧住房成套率改造和保障性住房建设

（刘必龙摄）

10月21日，市政协副主席钱景林（左四）率各区（县）政协联络指导组组长视察铁路上海站北广场综合交通枢纽工程

（站区管委办供稿）

12月23日，区委八届十次全会举行　　（刘必龙摄）

4月6日，区召开第三届非公有制经济人士优秀中国特色社会主义事业建设者表彰大会　　（刘必龙摄）

4月8日，区召开科技创新表彰奖励大会　　（刘必龙摄）

1月17日，区四套班子领导接待宁夏石嘴山市党政代表团一行　　（区合作交流办供稿）

2月11日，上海市创建全国残疾人工作示范城市区县达标评审会在区举行　　（区残联供稿）

3月1日，区召开2010年人大代表书面意见和政协提案办理工作会议　　（区府办供稿）

6月30日，区召开纪念中国共产党成立89周年暨创先争优“世博先锋行动”推进大会　　（刘必龙摄）

7月16日，2010年海峡两岸社区教育学术研讨会在上海行健职业学院召开　　（区台办供稿）

4月27日，区召开世博志愿者誓师大会暨纪念“五四”运动91周年主题集会　　（刘必龙摄）

6月17日，区四套班子领导出席苏河湾城市设计国际方案征集成果评审会　　（区规土局供稿）

11月12日，区召开“立足新起点，谋划新发展”——研讨“十二五”规划及2011年工作务虚会 （刘必龙摄）

3月4日，区召开深入学习实践科学发展观活动总结大会 （刘必龙摄）

2010闸北区重要活动

Zhabeiqu Zhongyao Huodong

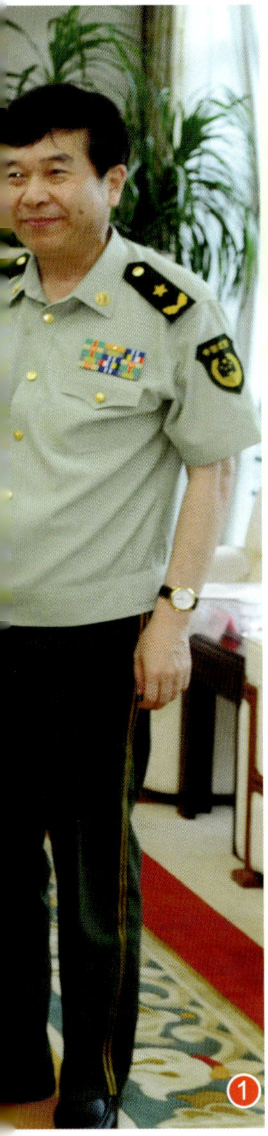

1 7月22日，区四套班子主要领导向武警上海总队赠送慰问品 （区民政局供稿）

2 5月29日，区举行铁路上海站北广场综合交通枢纽主体工程竣工仪式 （刘必龙摄）

3 4月15日，2010年第十七届上海国际茶文化节开幕 （刘必龙摄）

4 5月28日，区举行少年儿童庆祝“六一”主题集会 （高华摄）

5 5月31日，上海世博会“社区市民活动”闸北专场文艺演出——“腾飞闸北，跨越梦想”在世博园区社区市民广场举行 （刘必龙摄）

重要活动

2010闸北区 Zhabeiqu Zhongyao Huodong

1 10月18日，上海世博会志愿者职业发展服务计划启动暨上海东浩人力资源有限公司成立仪式在浦西洲际酒店举行 （张　颖摄）

2 4月18日，区委书记方惠萍（右二）赴都江堰市大观镇参加区援建项目——闸北茶道开工奠基仪式 （区合作交流办供稿）

3 7月31日，“同系世博情缘，共创和谐平安”——区庆祝中国人民解放军建军83周年音乐会在武警上海政治学院举行 （刘必龙摄）

4 9月9日，区召开庆祝第二十六届教师节大会 （《闸北报》供稿）

5 9月21日，区举行纪念9·25《公开信》发表30周年汇演 （区计生委供稿）

向真诚援助大观人民的闸北同胞致以最诚挚的谢意！
ZHA
BEI
CHA
DAO
援建
闸北茶
2

4

共同的责任
5

重要活动

2010 闸北区 Zhabeiqu Zhongyao Huodong

① 12月17日，区与新华社上海分社缔结战略合作关系签约仪式举行 （刘必龙摄）

② 12月15日，区委书记方惠萍出席苏河湾地区城市设计深化方案终期成果发布会暨上海苏河湾投资控股有限公司成立大会 （刘必龙摄）

③ 10月25日，区长周平（左二）主持区政府与新湖集团战略合作签约仪式 （区府办供稿）

④ 11月18日，上海国际公共关系高峰论坛——多元文化与公共关系在区举行 （刘必龙摄）

⑤ 12月17日，区举行苏河湾2、4街坊第二轮征询合同生效暨集体搬迁仪式 （刘必龙摄）

实事项目

2010 闸北区 Zhabeiqu Shishi Xiangmu

1. 新增就业岗位19000个　（闸北报供稿）
2. 为500名独居老人清理和调换过期药品（区食药监分局供稿）
3. 完成群众性现场初级急救培训14167人（大宁路街道供稿）
4. 新建2处社区公共运动场（区体育局供稿）
5. 对3个社区卫生服务站进行规范化建设（区卫生局供稿）

3

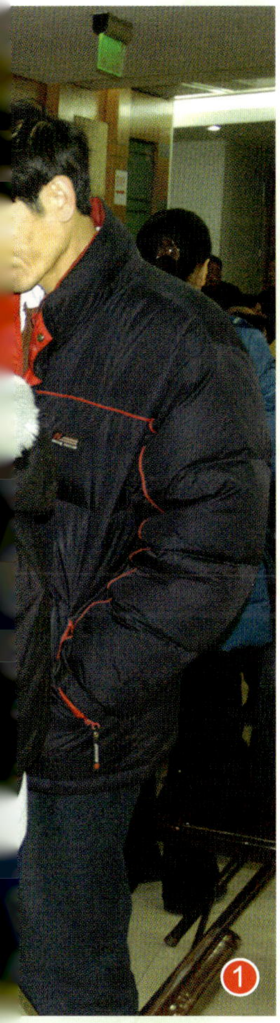

①

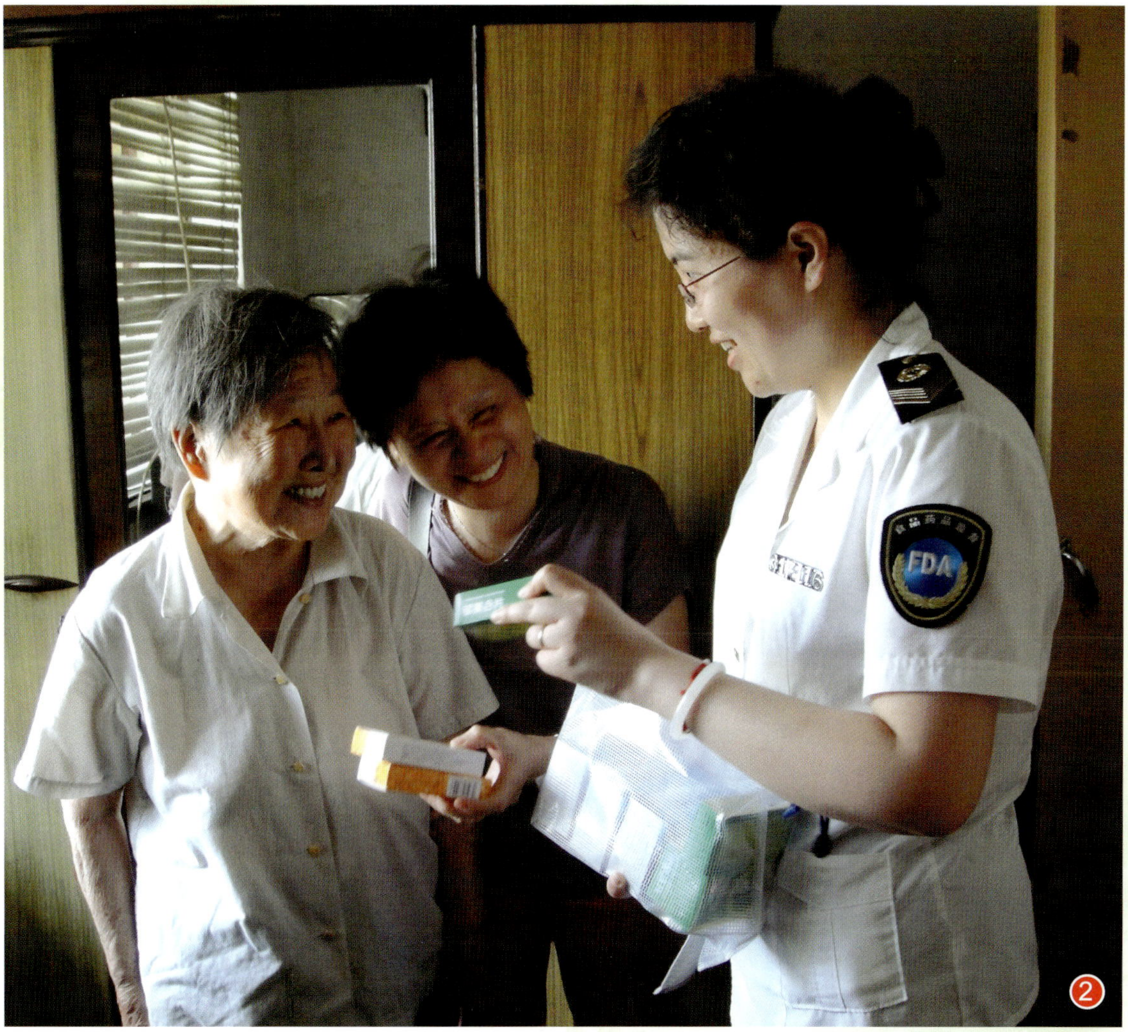

②

④

上海市闸北区彭浦新村街道
三泉家园居民委员会
上海烟草网络专卖
CHARACTER LIFE
业主俱乐部
三泉路999弄社区卫生服务站
THE COMMUNITY HEALTH SERVICE STATION 999 LONG SANQUAN ROAD

⑤

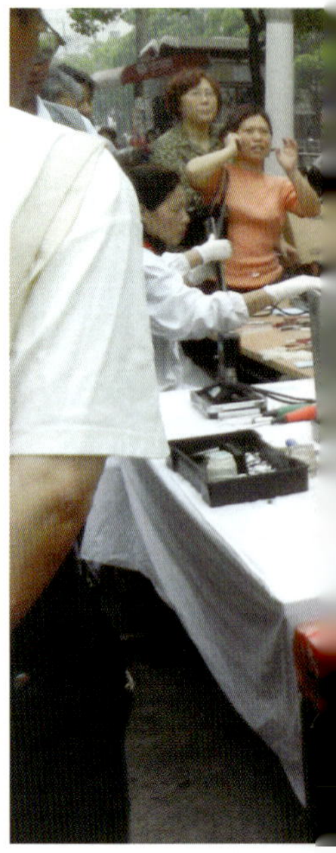

6 对5000名农民工进行安全生产培训

（区安监局供稿）

7 免费为8000台家庭用水银血压计检查、校准和维修

（区质监局供稿）

8 在全区各街道（镇）建设1所社区精神残疾人日间康复照料机构“阳光心园” （区残联供稿）

9 为全区居委会及旧改基地、动拆迁基地配置300辆消防移动灭火车

（芷江西路街道供稿）

10 建成大统路（光复路）公共绿地

（区绿化市容局供稿）

闸北区地方志办公室工作纪实

1月20日，召开区2011年年鉴工作会议

7月13日，召开《闸北区志（1994-2005）》编纂工作会议

参加区年鉴工作会议的与会人员

参加区续志培训的撰稿人员

《闸北年鉴》获全国年鉴评比一等奖

2010年，区方志办认真做好区委、区政府、区方志编委会、市方志办交办的各项工作。1月20日，召开区年鉴工作会议，并按政务、经济、城建、社会生活等部类分别交流工作。3月12日，举办区续志培训班，各参编部门（单位）主笔、副主笔及撰稿员100余人参加培训。6月，圆满完成《话说上海·闸北卷》系列丛书的编纂任务，较好地配合上海世博会期间的对外宣传工作。7月13日，召开《闸北区志（1994—2005）》续志工作会议。8月18日~9月17日，利用1个月时间，采取集中、分块、个别等反馈方法，对区属103个部门（单位）的志稿修改意见进行反馈。同时，对区域内53个单位报送的志稿进行沟通、联系，统一增设表格、补充所缺资料。12月8日，完成《上海对口支援都江堰灾后重建志》组稿任务，经过努力，办公室报送的志稿获市方志的好评，并作为样条在网上通发，供全市18个区（县）及各部、委、办、局参照。针对各参编部门（单位）报送的续志评议稿普遍存在体例、资料、内容等方面的问题，12月15日，再次举办续志培训班，并下发规范的概述、大事记、人物以及篇、章、节、目样条，以供各单位参照执行。至年底，《闸北年鉴》荣获中国地方志指导小组、中国地方志协会颁发的全国地方志系统第二届年鉴评比一等奖。至此，《闸北年鉴》已保持连续四年荣获全国年鉴质量检查评比一等奖的荣誉。

编辑说明

一、《闸北年鉴(2011)》是经中共闸北区委、区人民政府同意,区地方志编纂委员会主持编纂的第十三部综合性年鉴,是系统记述本行政区域自然、政治、经济、文化、社会等方面情况的年度资料性文献。由区地方志办公室《闸北年鉴》编辑部具体负责编辑。

二、本年鉴以马克思列宁主义、毛泽东思想、邓小平理论和“三个代表”重要思想为指导,深入贯彻落实科学发展观,坚持为改革开放,为物质文明、政治文明和精神文明建设服务。

三、本年鉴所记为2010年度内发生之事。

四、本年鉴采用条目体,分类编辑,设栏目、分目、条目3个层次,条目为主要信息载体和基本撰稿形式,以【】为标识,大事记、统计资料的条目不设【】标识。全书共设32个栏目、132个分目、940个条目。

五、本年鉴的条目内容和照片一般由各撰稿单位提供。所有选用的条目,均经撰稿单位领导审定。撰稿人、摄影人姓名署于条目(照片)之后。

六、本年鉴的“统计资料”由区统计局提供,条目中的数据若与“统计资料”数据有出入,以“统计资料”数据为准。

七、本年鉴卷末设有索引,索引使用方法详见索引说明。

八、本年鉴的编辑出版,得到中共闸北区委、区人民政府的高度重视和各方面的热情关心,得到区内200余家撰稿单位和撰稿人员的大力支持,在此谨致谢忱。

要　　目

目　录

特　载

专题报告

专题调查

专　文

大 事 记

概　貌

中共闸北区委员会

闸北区人民代表大会

闸北区人民政府

政协闸北区委员会

民主党派・人民团体

政法・人民武装

苏河湾地区建设与管理

综合经济管理

现代交通

商贸・都市型产业

金　　融

区管重点企业

非公有制企业选介

城市建设与管理

房地产业

市容环境建设与管理

科学技术・教育

文化・卫生・体育

社会生活

街道·镇

人物·先进集体

文件选编

报刊要目摘编

统计资料

索　引

宣传彩页专版

CONTENTS

Zhabei District People's Congress

Zhabei District People's Government

Zhabei District Committee of Chinese People's Political Consultative Conference

Democratic Parties. Mass Organization

Construction and management of Su He Harbor

Comprehensive Economic Management

Modern Transportation

Trade and Commerce. Urban Industry

Finance

Main Enterprises in Zhabei District

Selected Non – State – Owned Enterprises

City Construction and Management

Real Estate Industry

City Environment Construction and Management

Science and Technology. Education

Culture. Public Health. Sports

Social Life

Sub – districts. County

Figures. Advanced Group

Selected Documents

Newspaper Articles Extracts

Statistical Data

Index

Colorful Layout for Propaganda

特　载

编辑　孙臣康

中共上海市闸北区委常委会 2010 年工作报告

（2010 年 12 月 23 日）

中共上海市闸北区委书记　方惠萍

2010 年是上海世博会的举办年，也是全面完成"十一五"规划，积极谋划"十二五"规划的重要一年。面对复杂形势和外部环境变化带来的严峻考验，区委常委会深入贯彻党的十七大，七届四中、五中全会，中央经济工作会议和九届市委十三次、十四次全会精神，深入贯彻落实科学发展观，团结带领全区人民，坚持一手全力以赴迎办世博，一手坚定不移促进经济发展，经受住了各种挑战和困难，超额完成了全年各项目标任务。世博任务圆满完成，经济发展取得突破，旧区改造克难推进，治安环境得到改善，民生保障稳步加强，干部队伍活力不断激发，取得了经济建设、民主政治建设、文化建设、社会建设和党的建设的新成效。

一、充分发挥区委总揽全局、协调各方的领导核心作用

面对复杂多变的外部环境，区委常委会始终坚持把发展放在首要位置不动摇，自觉立足上海全局，紧密结合闸北特点，抢抓机遇谋划发展，凝神聚力推动发展，完善制度保障发展，切实发挥了经济社会发展的领导核心作用，推动闸北经济社会发展取得长足进步。

*抢抓机遇谋划发展。*区委常委会密切关注和准确把握发展趋势，踏准长三角地区和全市发展节拍，主动对接国家和全市的政策与规划，自觉把机遇转化为机会，找准工作立足点和着力点，牢牢把握"六对关系"，科学谋划部署全年"1＋5"重点工作，进一步明确符合实际的发展战略、目标和路径。在发展布局上，以规划为引领，不断深化和明晰"南高中繁北产业"发展战略；在发展路径上，确立"一主三限"产业定位，大力推进现代服务业发展；在城市建设上，全力聚焦苏河湾，推进"由南向北"成片开发；在国资发展上，坚持"引进来"、"走出去"相结合的战略，鼓励国资国企走出闸北，拓展发展空间；在发展基础上，注重激发街道、镇活力，充分发挥街道、镇在经济发展中的生力军作用。在注重经济发展的同时，毫不放松地推进社会建设，切实加强以改善民生为重点的社会建设，推动经济社会协调发展。以编制"十二五"规划为

契机，就事关闸北发展的重大问题，组织全区上下深入开展讨论，不断形成共识，凝集各方智慧，破解发展难题，明确未来5年经济社会发展的目标任务。

凝神聚力推动发展。区委常委会注重发挥各方积极性，内重活力激发，外重宣传推介，不断增强内顺外合、众人拾柴的强大合力，切实把方方面面的智慧和力量凝聚到闸北经济社会发展上来。支持人大及其常委会依法履行职能，召开人大工作会议，制定加强人大工作的实施意见，支持人大开展代表“议政日”、“焦点网谈”、人大代表进社区等活动，围绕国资国企改革、旧改新政等课题开展专题调研，充分发挥人大组织依法行使职权、开展工作监督和执法监督等方面的重要作用。支持政协围绕团结和民主两大主题履行职能，召开政协工作会议，制定加强政协工作的实施意见，支持政协开展协商视察，围绕产业发展战略和苏河湾功能定位等课题开展专题调研，充分发挥政协组织在汇聚力量、建言献策和反映民意等方面的独特优势和作用。不断巩固和壮大爱国统一战线，支持民主党派和无党派人士加强自身建设，促进非公有制经济健康发展和非公有制经济人士健康成长，扎实推进民族、宗教、港澳台侨等工作。积极争取各方资源和社会支持，邀请国家有关部委和市领导到闸北调研视察，组织开展“央企闸北行”、“千家百企看闸北”等活动，大力宣传闸北发展成就，争取社会各方支持。支持工会、共青团、妇联等人民团体按章程履行职责，发挥积极作用。

完善制度保障发展。区委常委会高度重视制度建设，在抓好当前发展的同时，力求解决根本性、全局性和长期性问题，为经济社会保持好的发展势头提供坚实的制度保证。健全区委常委对口联系制度，实行职责捆绑、责任共担，区委常委定期深入街道、镇和站区，加强工作指导，帮助解决实际问题。完善区委中心组学习制度，积极推进学习型党组织和学习型领导班子建设，组织赴外区和外省市学习考察、参观世博最佳城市实践区等活动，邀请专家学者围绕热点问题作专题报告，不断拓宽领导干部眼界与思路。健全舆情应对制度，成立舆情收研应对中心，完善舆情收集、研判、反馈、处置机制，做好突发事件的应对工作；完善舆论监督督查整改制度，及时调查和处置媒体反映的问题；建立区新闻发言人制度，加大正面宣传力度，牢牢把握舆论引导主动权。

二、圆满完成世博各项任务

区委常委会把迎办世博作为今年工作首要任务，以高度的政治责任感和使命感，周密部署，统筹协调，善始善终、优质高效地完成办博各项任务。特别是在世博安保方面成效明显，实现了“三个没有发生”，即没有发生重大刑事案件、没有发生重大安全事故、没有发生去园区闹访事件。

缜密落实世博安保和社会面防控工作。把世博安保放在重中之重位置，加强重点人员管控，定期开展滚动排查和动态评估，有针对性地落实各项措施；加强重点区域和口岸查控，对重点区域和场所反复开展安全大检查；加强社会面巡控，在铁路上海站及周边地区设立“钉子岗”，整合公安、武警和民兵等力量开展全天候街面巡逻，发动驻区单位和社区居民等27000余名平安志愿者开展群防群治工作；加强行政管理，用好公安、城管和工商等行政执法部门力量，成功处置各类突发应急事件；加强公共安全工作，加大排查整改力度，消除各类安全隐患，有效保护人民群众生命财产安全；积极化解人民内部矛盾，开展区四套班子领导大接访和矛盾纠纷大排查等活动，深入推进信访代理工作，做实信访代理后台支撑；强化领导包案、督解等措施，推动信访突出矛盾化解；积极探索信访终结和重大事项社会稳定风险评估等机制，建立“双疏”机制，进一步完善联动调解机制。

积极做好世博接待和宣传志愿工作。把世博接待作为扩大对外交流、展示闸北形象的重要契机，整合全区接待资源，热情接待各方来宾。认真做好世博人家接待和世博体验之旅示范点工作，加强与友好城区和对口帮扶地区等沟通联系，促进合作与交流，世博期间共接待内外宾129批2129人次，接待工作得到泰国、乌拉圭等国家领导人和国内外来宾高度评价。积极开展世博宣传志愿服务，举办世博论坛，倡导市民“文明观博”，开展世博“周周演”等市民文化活动，推动世博文化交流与展示，营造良好的迎办世博氛围；大力弘扬志愿服务精神，建立健全志愿服务站点运行保障、评价激励等制度，动员组织志愿者服务世博、奉献世博。

全面加强世博运行保障和城市管理工作。有条不紊做好世博运行保障工作，顺利完成试运行演练，做好世博会开、闭幕式和国家馆日活动组织观演工作；开展食品安全培训及操作规范指导，强化食药品安全监督，落实重要节点食药监专项检查；加强商业行业服务保障，有效提升窗口服务管理水平。强化世博期间的城市管理，实行主要道路和重点地区全天候保洁，开展“清洁家园”硬件改造和环境整治；创新拆违工作机制，在全市率先完成拆违任务；建立市容、城管、协管和环卫作业“四位一体”城市管理执法机制，从源头上有效遏制城市管理顽症；规范店招店牌整治，有效保障户外广告整治成果，顺利完成城市景观美化工作。

善始善终做好世博后工作。及时总结世博经验，提前谋划后世博工作，认真总结办博精神，大力弘扬先进典型，激励广大干部群众继续保持昂扬奋发的精神状态，投身到经济社会发展各项工作中。认真梳理世博期间行之有效的机制和做法，提炼形成社会面防控、城市建设管理和矛盾化解等长效工作机制，确保各项工作规范化、制度化和常态化，最大限度地把迎办世博会带来的宝贵财富转化为加快发展的现实优势。

三、统筹兼顾推动经济社会快速持续健康发展

区委常委会深入贯彻落实科学发展观，紧密结合区情实际，坚定不移调结构，聚精会神转方式，千方百计惠民生，统筹兼顾治顽症，经济社会发展全面走出“低谷”，顺利完成年初确定的经济社会发展各项任务。

全力推动经济走出“低谷”。经济总量较小是闸北最基本的区情，发展不足是当前最主要的矛盾，加快发展是全区最迫切的选择。为此，区委常委会明确提出走出“低谷”的目标，千方百计推动经济发展，着力提高经济运行

质量和效益。预计全年完成税收总收入105.3亿元，首次突破百亿元大关，经济综合实力明显增强；预计全年完成区级财政收入46.3亿元，同比净增10.03亿元，超过过去3年增长总量，达到历史最好水平；预计全年区级财政收入增幅达27.68%，位列中心城区第一。聚焦优化城区功能，坚持高起点规划、高品质建设、高标准配套，集全球智慧打造苏河湾，完成城市设计方案，有力推动苏河湾开发建设；抓住体育场迁建契机，加快推进大宁商业文化休闲服务集聚区建设；深入推进市北高新园区功能转型；申报成功“国家服务业综合改革示范区”、“中国上海人力资源服务产业园区”和“上海云计算产业基地”品牌。聚焦扩大产出效益，加大引资力度，预计全年引进内资102亿元、外资5.03亿美元，成功引进华侨城、中粮集团等一批大企业项目落户我区；注重引资质量，引进企业规模不断扩大，新引进企业产税率不断提高；加快发展街道、镇经济，预计全年街道、镇实现区级税收8.65亿元，同比增长50%，占全区区级财政收入的21%，其中4个街道、镇完成区级税收“破亿”；狠抓税收属地，不断提高重点园区和楼宇税收属地率。聚焦提升产业能级，重点聚焦人力资源服务业、金融及衍生服务业和高端商务商业等产业，成功引进一批行业龙头企业和要素企业，产业链不断向高端转移；积极发展以云计算为主的战略性新兴产业，不断深化科技创新服务体系建设，加大高新技术产业化推进力度，预计全年组织申报高新技术产业化项目17项，总投资25亿元。聚焦激发经济活力，加快区管重点企业“走出去”发展步伐，重点推进市北集团南通项目、北方集团松江项目；推动国资国企改革，加强国资国企风险防控和监管，完善西藏城投企业法人治理结构，推进市北高新集团借壳上市；出台促进中小企业发展实施意见，加大非公经济扶持力度；调整和优化“百人团队联系百家企业”工作机制，提高服务企业水平。

*攻坚克难加快旧改步伐。*面对动迁资金和房源困难以及外部动迁环境不利的影响，区委常委会始终强调视挑战为机遇、化压力为动力、变约束为空间，咬定目标不放松，坚定不移推进旧区改造。预计全年完成拆迁户数5000户，力争完成结转基地收尾7个。积极总结推广旧改新政经验，坚持政策全公示、过程全透明、结果全公开，根据新老基地不同特点，创新征询办法，加快推进苏河湾东南核心区（天安西地块、浙北绿地）和长安西、中兴城等重点地块动迁工作，全力推进桥东二期收尾。加强旧改工作保障，做实“十清”工作，进一步推动动拆迁工作规范化运作；规范融资平台运作模式，探索多样化融资方式筹措资金；积极与市属单位协商房源，并加快建设就近安置房；建立建管系统机关、动拆迁基地和属地居民区党组织“三结对”机制，搭建党建联建互动平台，抽调机关干部深入旧改一线，招聘大学生充实拆迁队伍，不断提升拆迁队伍素质，为旧改提供组织保障；加快改善城区面貌，成功出让苏河湾1号、41号、42号街坊，有力推进苏河湾形态建设；抓住中兴路拓宽工程契机，加快推进北广场周边路网配套建设，完善综合交通功能，全面建成铁路上海站北广场综合交通枢纽主体工程，提升了上海门户形象，北广场旧貌换新颜。

*着力推进社会管理创新。*区委常委会注重创新社会管理理念，以社区治理为重点推进社会建设，着力构建“治、化、理、导”社会建设新格局。聚焦突出问题，坚持从群众反映最强烈的问题入手，启动实施治安顽症治理三年行动计划，城区治安环境改善取得历史性突破。零点公司调查显示，2010年，我区群众安全感和满意度有较大幅度提升；区社情民意调查表明，群众对重点地区治安问题的关注率大幅下降。聚焦重点地区，针对不同区域特点，加大对“1+3”等重点地区整治力度，充分发挥示范和带动效应，逐步形成“1+3+X”的工作格局。聚焦机制完善，坚持“让群众知情、让群众参与、让群众看家护院”，构建以专带群、专群结合、群防群治的治顽工作体系；建立铁路上海站地区“日、旬、月”打击机制和旅馆住宿问询服务引导机制，发动人大代表、政协委员、民主党派和群众代表开展明察暗访，督促职能部门落实整改。聚焦基层基础，开展居民区基层队伍建设、物业管理等课题调研，探寻破解瓶颈问题方法；加强居委会自治能力建设，不断提升社区服务和管理水平；完善基层硬件建设，推进公建配套设施建设和社区“四个中心”标准化建设；完成街道、镇综治工作中心建设，初步形成街道、镇“大综治”工作格局，深入推进平安城区建设。

*扎实推进民生保障工作。*民生连着民心，民心凝聚民力。为此，区委常委会把保障和改善民生作为发展的出发点和落脚点，坚持量力而行、尽力而为，扎扎实实推进民生保障工作，努力使发展成果更多惠及人民群众。改善人民群众居住条件，加快经济适用房和公共租赁房建设，继续推进旧住房综合改造，扩大廉租房制度受益面，着力构建多层次、多渠道的住房保障体系。千方百计扩大就业渠道，加大创业政策扶持力度，着力完善就业保障，妥善化解劳资纠纷。预计全年新增就业岗位24720个，完成市下达目标数130.11%；预计城镇登记失业人数20200人，控制在市下达目标数以内。完善社会保障体系，切实做好低保救助、临时救助和慈善帮困等工作，探索建立就医“支出型”贫困家庭救助帮困试点；开展“开开心心游世博，关心关爱‘寂寞人’”主题送温暖活动，为困难群体提供精神和物质“双重帮扶”；完善为老服务体系，成功创建全国残疾人工作示范城。促进社会事业协调发展，召开教育工作会议，推动教育均衡化、优质化、特色化发展；深化推进市民健康档案管理工作，探索社区三级预防健康管理模式，初步形成“治未病”预防保健服务体系；积极推进海上文化中心建设，精心组织宝华寺新年祈福撞钟活动，成功举办第十七届上海国际茶文化节、2010年国际艺术节（上海）论坛，完成有线电视整体转换工作；加强公共体育设施建设，成功举办区第九届运动会，培养输送运动员在第十六届亚运会取得4金1铜的优异成绩；成功创建全国学习型家庭示范城区；深入开展“三同”活动，创建全国双拥模范城工作取得新进展；稳步推进妇女儿童、老龄、慈善、科普、人口计生、国防动员和民防等各项事业发展；有序推进第六次全国人口普查工作。

四、全面加强和改进党的建设

区委常委会坚持以全面落实党建实施意见为抓手，以激发党员干部活力为重点，深入开展创先争优活动，全面加强党的思想建设、组织建设、作风建设、制度建设和反腐倡廉建设。

加强领导班子建设和干部队伍建设。坚持德才兼备、以德为先用人标准，以“职务合格、岗位合适、工作合拍”为实施导向，努力营造“人人有危机、人人有空间”的良性竞争氛围。加强区委常委会自身建设，健全书记碰头会制度和常委会议事决策程序，进一步提高集体决策的民主化、科学化水平；健全区委重点工作督查机制，狠抓工作落实，努力养成“说到就要做到”的执行力文化；坚持区委常委班子民主生活会制度，深入开展谈心活动。优化领导班子结构，配齐配强街道、镇和重点部门党政领导班子，营造团结向上氛围，提升处级领导班子昂扬的精神状态和创先争优的工作劲头。创新干部选拔任用办法，首次开展正科级干部公开晋升副处级非领导职务工作，充分调动一线干部积极性。完善干部选拔任用程序，结合干部选拔任用工作四项监督制度的贯彻实施，完善区委全委会民主推荐提名干部办法，进一步规范干部任用提名制度。加大公开选拔干部力度，首次面向全市公开选拔正处级领导和区管重点企业经营管理者职位。加大干部交流力度，选调经济部门科级干部到街道、镇挂职锻炼。抓好人才队伍建设，召开人才工作会议，大力引进优秀人才，着力构建人才高地。关心干部身心健康，促进干部全面发展。

切实加强和改进基层党建工作。按照活跃基层、打牢基础要求，着力丰富党建活动载体，强化基层保障，扩大党建覆盖面，不断激发基层党建活力。高度重视加强群众工作，注重机关工作重心下移，领导干部深入一线，及时总结基层群众工作宝贵经验，不断探索新时期群众工作方法和制度。深入开展创先争优活动，认真开展“世博先锋行动”活动，组织开展“我为旧改出份力、我为发展作贡献”主题实践活动，组织发动各级党组织和广大党员积极服务全区发展大局。加强基层党内民主，落实党代表任期制，组织市、区党代表深入社区联系点开展活动，提高服务群众工作水平；稳步开展“公推直选”工作，加强业务培训，落实情况督查；推广社区党员代表议事会制度；积极推进“群众测评党员、党员测评支部、支部测评党委”的“三测评”工作。完善区域化大党建格局，建立单位党组织主动联系所在社区（街道）、镇党组织制度，促进区域党建互联互补互动；开展居民区党建工作专题调研，完善基层党建保障机制，夯实社区党建基础；加大“两新”组织党组织组建力度，扩大党建工作覆盖面，召开“三全十送”党建工作研讨会，发挥典型经验的辐射作用；与金山区开展城乡党组织结对帮扶活动，积极落实帮扶项目。进一步深化党员责任区制度，构建联系服务群众工作体系，利用责任区联系网优势，充分发挥广大党员干部作用，着力解决群众反映问题。

深入开展党风廉政建设和反腐败工作。大力倡导领导干部树正气、养大气、有底气、讲和气的“四气”修养，严惩腐败，狠抓作风。坚守廉政底线，积极推进惩防体系建设，以学习贯彻《廉政准则》为主线，继续开展“讲党性、重品行、作表率”主题教育活动，加强廉政文化建设；扎实开展世博纪律专项教育，确保办博廉洁、高效、安全；不断加大查案工作力度，加强办信规范化建设，严肃查处腐败案件；围绕中心工作开展执法监察，推进工程建设领域突出问题专项治理；积极推动巡察工作制度化、规范化；进一步深化党风廉政建设责任制检查常态机制，对区建交委等12家单位开展责任制检查；深化岗位廉政评估管理工作，加强权力运行监督制约，注重源头治腐。把握勤政根本，狠抓机关作风建设，深入开展“勤政高效大作为”作风建设主题活动，引导党员干部增强服务观念，提高服务效能，确保政令畅通、令行禁止；狠抓文风会风，倡导更加务实的文风，精简合并会议，提高办文办会效率；狠抓政风行风建设，全力推进公共服务行业和窗口规范化建设，全面清理评比达标表彰活动工作。

回顾全年工作，区委常委会主要有五方面体会：一是必须坚持发展第一要务，深刻认识区情实际，始终保持头脑清醒，在任何情况下都牢牢抓住发展不放松，通过发展增强区域综合实力，提升区域整体形象。二是必须坚持经济建设与社会建设同步发展，在抓好经济发展的同时，高度重视社会建设，促进经济社会全面发展、协调发展、可持续发展。三是必须坚持转方式先要转精神，狠抓干部队伍作风建设，大力发扬敢于突破、善于创新、创先争优的精神，为实现跨越式发展提供坚强的思想保证。四是必须坚持全区上下团结协力，内重合力形成，外汇聚力支持，将领导关怀、社会关注、百姓关心转化为区域发展动力，将社会各界的智慧转化为闸北发展的资源和优势。五是必须坚持改革创新，摆脱习惯思维的束缚，摈弃不合时宜的做法，以全新的思维审视发展中的问题，不断探索新的工作思路和方法，在不断破解难题中实现新的跨越。

在看到成绩的同时，区委常委会也清醒地认识到当前还存在的困难和问题：一是经济发展形势喜人，调结构、转方式取得了初步进展，但是加快发展的基础还不够稳固，保持经济持续走出低谷的能力仍需继续加强，转型发展任务依然艰巨，产业结构有待进一步优化，产业能级和商业商务档次还需提升。二是社会建设、社区管理、居委会建设等工作得到了加强，但是基层基础仍存在薄弱环节，社会建设体制机制有待健全，各类安全隐患还不同程度存在，一些群众反映突出的民生问题需要努力解决。三是广大党员干部的精神面貌有了明显改善，但是少数党员干部的群众观念还需要进一步加强，创新能力和破解难题的本领还需要进一步提高。这些问题需要在今后的工作中不断加以改进。

2011年，是中国共产党成立90周年，也是“十二五”规划开局之年。我们要立足新起点，谋求新发展，以更饱满的热情，更坚定的信心，开拓进取，真抓实干，齐心协力，团结一致，加快转变经济发展方式，加大改善和保障民生力度，加强社会建设和社区管理，加强和改进党的建设，不断开创闸北经济社会发展的新局面。

政府工作报告

——2011 年 1 月 10 日在上海市闸北区第十四届人民代表大会第八次会议上

上海市闸北区人民政府区长　周　平

各位代表：

现在，我代表闸北区人民政府，向大会作政府工作报告，请予审议，并请各位政协委员和其他列席人员提出意见。

一、2010 年工作回顾

2010 年是上海世博会的举办之年，也是实施"十一五"规划的最后一年。一年来，在市委、市政府和区委的领导下，在区人大、区政协的监督支持下，区政府坚持以邓小平理论和"三个代表"重要思想为指导，深入贯彻落实科学发展观，严格按照"五个确保"的要求，一手抓世博服务保障、一手抓经济社会发展，凝心聚力、攻坚克难，全面完成了区十四届人大六次会议和"十一五"规划确定的各项目标任务。

（一）加快发展，区域经济实力迈上新台阶

坚持聚精会神抓发展，千方百计保增长，齐心协力推动经济走出低谷，区域经济保持了平稳较快发展态势。全年共完成增加值 114.08 亿元，同比增长 14.7%；完成区财政总收入 112.35 亿元，同比增长 22.6%，其中区级财政收入 46.30 亿元，同比增长 27.7%，增幅在全市中心城区保持领先；完成固定资产投资 100.43 亿元，同比增长 33.6%；实现社会消费品零售总额 180.05 亿元，同比增长 17.0%。4 个重点产业实现区级税收 37.61 亿元，同比增长 23.5%，占区级财政收入的比重达到 81.2%。招商引资工作取得历史性突破。全年共引进内资 102.27 亿元，同比增长 55.5%，注册资金 1000 万元以上项目 137 个，其中注册资金 1 亿元以上项目 18 个；引进合同外资 5.03 亿美元，注册资金 100 万美元以上项目 57 个。金融服务、人力资源服务等行业成为引资重点，先后引进了我区第一家金融企业总部上海新湖期货有限公司、国内知名律所盈科（上海）律师事务所、中国最具影响力的信用评级机构大公国际资信评估有限公司上海分公司、上海外服投资的上海合杰人才服务有限公司等企业。重点商务楼宇税收属地率不断提高，达到 52.1%。街镇经济实力明显增强。街道、镇全年共实现区级税收 8.82 亿元，同比增长 57.8%，占区级财政收入的比重达到 19.0%，4 个街道、镇区级税收突破亿元。

（二）着眼创新，产业结构调整取得明显进展

探索整区域服务业综合改革试点取得突破。成功申报为国家服务业综合改革试点区域，为加快现代服务业发展奠定基础。人力资源服务业发展成效明显。中国上海人力资源服务产业园区正式挂牌，吸引了 47 家国内外人力资源企业和培训机构入驻。云计算产业集聚效应初显。率先提出云计算产业发展战略，上海云计算产业基地落户市北高新技术服务业园区，云计算联合实验室、微软数据港云计算应用孵化中心等一批功能性、基础性项目有效推进。市北高新技术服务业园区实现区级税收 4.80 亿元，同比增长 50.2%。软件和信息服务业快速发展。规模以上企业实现经营收入 155 亿元，同比增长 70%，其中软件企业经营收入达到 70 亿元，同比增长 71%。科技创新力度不断加大。组织申报市高新技术产业化项目 20 项，新增上海市企业技术中心 1 家，市"科技小巨人（培育）企业"7 家，获批高新技术成果转化项目 30 项。科技企业发展势头强劲，实现区级税收 9 亿元，同比增长 36%。

（三）立足大局，世博保障工作圆满完成

环境整治取得明显成效。推行市容、城管、协管、环卫作业"四位一体"管理模式，完成八街一镇市容环境责任区达标街道（镇）和临汾路街道市容环境综合管理示范街道（镇）创建工作。迎世博 600 天期间，共拆除各类广告牌1130块,整理调整户外广告1536块;完成1240万平方米外立面整治,215万平方米旧住房综合改造,以及358.9万平方米二次供水改造;完成106个小区"清洁家园"改造工程。世博宣传动员广泛开展。积极组织世博城市文明志愿服务、站点志愿服务、志愿者主题日等活动,加强对重点区域和相关企业的管理,窗口行业服务水平全面提升。世博接待热情周到。认真做好组织协调、运行保障、联系沟通等工作,共接待中外客人129批2129人次,先后10次组织我区各界代表1800人参加了希腊、瑞士、蒙古等国家馆日活动。临汾路街道世博人家、世博体验之旅、世博自治家园得到游客的广泛称赞,获得长三角世博主题体验之旅"2010最受欢迎奖",临汾路街道荣获国家级"上海世博会先进集体"称号。世博安保任务圆满完成。加强重点区域、重点人员排查管控以及危险物品管理,没有发生重大刑事案件、重大安全事故和去园区闹访事件。

(四)聚焦重点,城市建设和管理扎实推进

旧区改造积极有序。完善工作机制,加强动迁队伍管理,加大资金和房源筹措力度,苏河湾东段、长安西和中兴城等重点地块旧区改造全面拉开。苏河湾2、4街坊二次征询取得成功。全年共动迁居民5037户,其中桥东二期动迁居民1954户,完成平型关路道路辟通工程、92街坊等7块基地动迁收尾。动迁配套商品房加快建设。彭浦十期C块一期、319街坊、彭越浦6号地块等项目进展顺利。重大工程建设亮点凸显。铁路上海站北广场综合交通枢纽主体工程和大统路下立交北延伸段等配套路网建成并投入使用,改变了北广场长期以来的落后面貌,成为闸北城市建设的新亮点。面向全球征集设计方案,完成苏河湾地区城市设计。1街坊,41、42街坊等地块成功出让,引进华侨城和中粮集团等知名央企参与苏河湾开发,中粮大悦城购物中心正式营业。恒汇国际大厦、祥腾财富广场等一批高品质楼宇和万豪万怡酒店投入使用。建成中环共和新路、中环沪太路综合客运交通枢纽,改善了北部地区的交通组织。完成河南北路、广中西路等一批道路改扩建工程,大洋桥泵站投入使用。环境保护力度加大。开展水环境治理,实施先锋河、江场河综合治理和应急疏浚。加强扬尘污染控制,空气质量优良率达到90.7%。完成2台燃煤锅炉清洁能源替代和长江砂轮厂等3家企业搬迁。全年新建各类绿地9.91万平方米,完成屋顶绿化3300平方米,人均公园绿地面积达到3.24平方米。全年拆除违法建筑18.20万平方米。

(五)深化改革,区域发展活力不断增强

国资国企改革和发展稳步推进。国企"走出去"战略取得重要进展,市北高新(南通)科技城、北方集团泉州东海滩涂开发等项目正式启动。国有资产收益收缴、使用管理不断加强,国资监管体系进一步完善。政府自身改革步伐加快。深化行政审批制度改革,开展行政审批事项清理。建立区行政服务中心,压缩审批时限,内资企业设立初步实现并联审批。全年共受理告知承诺341项,公开政府信息1892条,受理提交申请424件。开展对土地出让金、"迎世博600天"专项资金等使用情况的审计和"小金库"治理工作。

(六)标本兼治,社会保持和谐稳定

治安顽症治理取得阶段性成果。启动社会治安顽症治理三年行动计划,组织开展43次集中整治行动,取得明显成效。报警类案件总量下降14.2%,据零点公司调查,群众安全感排名较2009年上升4位。社会继续保持安定有序。强化突出矛盾排查化解及联动调解,推进信访代理制,稳妥处置突发事件。安全生产监管力度不断加大。建立隐患排查治理机制,严格行政执法,开展消防安全和危险化学品管控专项行动,打击非法、违法生产经营建设行为。积极开展食品药品安全、产品质量等专项整治。

(七)拓展内涵,社会各项事业全面进步

教育事业稳步发展。召开区教育工作会议,提出"提升优质教育内涵、加快教育现代化建设"的目标。优化课堂教学研究,闸北八中"成功教育课堂教改新探索"获国家课程改革教学研究成果一等奖。开展中小学校舍安全排查,完成18所学校校舍抗震加固工程。公共卫生体系建设扎实推进。居民电子健康档案、区域卫生信息共享和协同服务平台建设步伐加快。完成市北医院改扩建工程、3个社区卫生服务站点标准化建设和4万人群健康管理工作。文化、旅游事业蓬勃发展。"闸北·大宁音乐季"特色文化品牌逐步形成,海上文化中心竣工。完成有线电视数字化转换。举办首届秋茶采购节、茶乡美食周等活动。体育、科普等工作不断进步。成功举办区第九届运动会。闸北输送的运动员参加第十六届亚运会获得4枚金牌,参加第十四届市运会获得"最快进步奖"。新建2个社区公共运动场和3个社区健身苑点,更新21个社区健身苑点器材。组织"相约名人堂——与院士一起看世博"闸北专场等系列科普活动。开展第六次全国人口普查调查摸底、入户登记等工作。我区被评为全国创建学习型家庭示范城区、全国人民防空先进单位。区档案馆被评为国家二级综合馆。人口计生、国防动员、妇女儿童、民族、宗教、对台、侨务等各项工作得到进一步加强。

(八)以人为本,群众生活水平逐步提高

促进就业工作得到加强。聚焦应届毕业生就业,依托启点职业指导站实施就业指导,开展多元化创业服务。加强就业困难人员托底安置,加大困难边缘群体就业援助力度,就业形势基本稳定。全年新增就业岗位24720个,完成市下达指标的130.1%;登记失业人员20200人,控制在市下达指标内;"零就业"家庭保持动态为零。社会保障体系不断健全。全面落实低保救助政策,对"支出型"贫困家庭探索实施综合帮扶、临时救助等措施,全年共对31.12万人次进行了低保和医疗救助,救助金额共计8823.65万元。采取直供直销、减免垃圾清运费等措施,确保菜市场价格稳定。住房保障体系日益完善。全年新增受理廉租对象649户,落实配租745户;累计受理廉租对象6142户,落实配租5936户;第一批实物配租试点家庭正式入住。10万平方米经济适用住房启动建设,公共租赁房建设项目正办理前期手续。老龄事业稳步发展。全年新增养老床位420张,老年人助餐点5个,老年活动室10个,累计为14099名老人提供居家养老服务。社区服务管理水平逐步提升。大宁路街道开展社区生活服务中心试点。为372户有需求的残疾人家庭安装无障碍设施。1.12万名外来从业人员参加城镇保险。深化都江堰大观镇对口援建工作,开展“守望相助”社区结对共建活动。10项政府实事项目全部完成。

各位代表,回顾过去一年的工作,我们深感成绩来之不易。这些成绩的取得归功于市委、市政府和区委的正确领导,归功于全区人民的共同努力,归功于区人大、区政协以及社会各界的大力支持和积极参与。在此,我谨代表闸北区人民政府,向奋发向上的全区人民,向大力支持政府工作的人大代表和政协委员,向各民主党派、人民团体和社会各界人士以及市有关部门,向所有关心、支持和参与闸北发展建设的同志们和朋友们,表示衷心的感谢!

在看到成绩的同时,我们也清醒地认识到,前进的道路上还面临许多困难和挑战。经济增长的资源环境约束更大,转变经济发展方式的任务十分紧迫,产业结构优化升级步伐有待加快;旧区改造、就业、救助帮困等民生保障任务依然十分繁重,一些历史遗留问题和社会矛盾需要下更大力气解决;城市管理顽症仍需攻坚克难,后世博长效管理机制有待建立完善,社会管理和公共服务亟待提升和改进;政府职能转变步伐还需进一步加快,一些工作人员的行政效能和服务意识有待提高,等等。对此,我们必须高度重视,采取切实有效措施,认真加以解决。

二、2011年政府主要工作

2011年是闸北区“十二五”规划的开局之年,也是闸北加快调结构、促转型步伐的关键之年。2011年,世界经济有望继续恢复增长,但不稳定、不确定因素仍然较多,我国宏观经济平稳运行面临复杂形势。上海正处于加快转型发展的关键时期,发展现代服务业和战略性新兴产业步伐不断加快,世博会对城市发展的助推作用逐步显现。我们要站在上海的全局位置,根据闸北的区情特点,把握闸北的发展前景,审时度势、科学决策、周密部署、扎实工作,充分发挥自身优势,加快解决突出问题,力争在新的征程中谋求更大的发展。

区政府2011年工作的总体思路和基本要求是:坚持以邓小平理论和“三个代表”重要思想为指导,深入贯彻落实科学发展观,认真贯彻党的十七届五中全会,九届市委十三次、十四次全会,八届区委九次、十次全会精神,在市委、市政府和区委的领导下,按照“六个着力”和“提升、转型、创新、惠民”的要求,坚持发展第一要务,深化“南高中繁北产业”的战略布局,以服务业综合改革试点区域建设为引领,全面加快调结构、促转型、惠民生步伐,确保区域经济社会平稳健康较快发展,为“十二五”规划顺利实施开好局、起好步。

区政府2011年工作的主要目标有:完成增加值127.77亿元,同比增长12%;完成区级财政收入51.86亿元,同比增长12%;引进内资110亿元,引进合同外资5.28亿美元;确保动迁居民3000户、力争4000户,确保7个、力争10个基地收尾;单位生产总值综合能耗下降率完成市下达指标;新增就业岗位20000个,城镇登记失业率控制在4.5%以内;完成实事项目10项。

实现上述目标,要做好以下九方面工作:

(一)坚持聚焦突破,全力加快苏河湾开发建设

整合资源,形成合力,加快苏河湾开发建设步伐,完善综合配套,带动区域形象的整体提升。

积极推动项目建设。严格按照规划设计,精心组织、合力推进,全面启动1街坊,41、42街坊建设。加快启动117街坊商办楼、嘉里不夜城三期等项目建设,实现隆宇商办楼竣工,恒基商办楼、阳名公寓式商办楼投入使用。

注重功能开发。加强对苏河湾区域开发建设的管理,成立领导机构,强化统筹协调,高标准设计、高质量建设、高水平管理,成片推进区域开发建设。充分挖掘历史文化底蕴,加强整体推介,不断提高苏河湾的知名度。围绕区域产业发展导向,提前介入楼宇招商引资工作,提高准入门槛,大力引进金融服务、高端商务商业等业态。加大周边环境建设力度,完善各类配套设施,营造良好的生态环境。

加快区域动迁步伐。启动大统基地等地块动迁,加大结转基地收尾力度,加快推进2、4街坊,3街坊和118、119、120街坊(长安西)等地块动迁,积极推动2、4街坊,101街坊(青少年活动中心二期)等地块挂牌上市,为苏河湾后续开发提供空间。

(二)优化产业结构,积极推动经济发展转型

坚持以国家服务业综合改革试点区域建设为引领,推动重点产业发展,提升产业能级,促进区域经济又好又快发展。

*发挥服务业综合改革试点区域效应。*根据国家和市相关政策,结合区域实际,选准切入点,加大改革创新力度,完善服务业发展的政策扶持体系,争取先行先试。加强市区联动,发挥试点区域的综合效应,打响品牌、扩大影响,加快推动功能区建设。做强优势产业,发展战略性新兴产业,引导产业集聚。

*大力发展生产性服务业。*积极推进人力资源服务业发展。依托中国上海人力资源服务产业园区,争取国家人保部和市政府给予更多的政策支持。加大企业引进力度,吸引一批国内外知名人力资源服务业企业入驻。支持相关企业间的合作,制定和完善行业标准,做好招聘、薪酬等指数的发布,扩大园区的影响力。发挥云计算基地功能。加快中国网络电视台(CNTV)核心节点数据中心、腾讯上海云计算中心等一批重点项目建设。做好“健康云”等项目开发工作,年内在全区建立卫生医疗云计算服务平台。延伸云计算产业链,形成集聚效应。加快金融及衍生服务业发展。积极引进股权投资、基金等金融服务业企业,推动金融后台服务、金融租赁、担保服务等金融衍生服务业集聚。加大信息服务业培育力度。推进国产基础软件公共服务平台和应用标准体系建设,引进一批国产基础软件产业链企业。推进“智慧城市”建设,提升城市信息化应用水平。大力发展新能源等战略性新兴产业。促进新能源汽车电瓶核心材料、风光互补、合同能源管理等一批新能源企业发展。提升文化创意产业能级。进一步优化区域内合金工厂、名仕街等创意产业园区功能,加快动漫、数字媒体等企业集聚。依托海上文化中心等区域内标志性文化设施,引进有竞争力的文化企业,扶持现有文化企业做大做强。

重点提升商业商贸服务业。以苏河湾、大宁地区商业项目开发为重点，创新商业模式，培育新兴业态，推进商业品牌化、多元化发展。加快推进原闸北体育场、大宁中心广场等项目建设，整合马戏城、大宁灵石公园等资源，提高区域商业文化档次和公共服务能力。规范管理，推动七浦路等专业市场转型升级。继续做好社区商业和特色街市业态调整工作，进一步健全社区便民服务网络。

深化发展交通物流服务业。以京沪高铁建设运营为契机，大力发展铁路经济，加强与上海铁路局等部门合作，深化服务，全力做好铁路相关项目的引进工作。发挥交通便捷优势，吸引国内外大型采购企业入驻，加快推进信息化平台建设和技术运用，提高现代物流业发展水平。

健康发展房产建筑业。认真贯彻落实国家和市政府出台的房地产调控政策，强化监督管理，确保市场稳定。指导企业做好“一房一价”审核备案，保证商品住宅供应量。加大开、竣工力度，推进市北高新7号地块通用厂房、凯科大宁广场、新都国际城、慧芝湖花园三期等楼宇建设，确保实现开、竣工各80万平方米。

（三）强化科技创新，大力推动创新体系建设

完善科技创新政策，注重科技企业培育和科技成果转化，加大人才培育引进力度，全面增强原始创新、集成创新和引进消化吸收再创新能力。

推进高新技术产业发展。主动对接上海市高新技术重点领域，争取国家和上海市重点项目落户闸北，推进软件与信息服务、节能环保、云计算、智能电网等产业发展，区域内高新技术产业总产值突破400亿元。充分发挥市北高新技术服务业园区、上大科技园、上海多媒体谷国家数字媒体产业园等的品牌效应，强化政策引导，加快推动高新技术产业集聚。

提升企业创新能力。加大对领军型、原创型科技企业的扶持力度，鼓励拥有核心技术和自主知识产权的企业做大做强。指导科技企业申报各类科技创新项目，积极争取外生资源支持区域科技创新。扎实推进国家高新技术企业认定工作，全年新增市“科技小巨人（培育）企业”5家，高新技术企业10家。强化产学研联盟，加快以企业为主体的工程技术研究中心和研发公共服务平台建设。鼓励和引导企业通过技术改造提升产业能级。

加强人才工作。认真贯彻落实市人才发展中长期规划纲要，加快国内外高层次人才、创新型高科技领军人才的引进。围绕产业发展导向，依托区域内骨干企业，建立人才培养基地，加大人才培育力度。强化人才服务，做好居住证办理、居住证转办常住户口等工作，进一步解决好人才关注的居住、医疗和子女教育等问题。

（四）深化改革开放，切实增强经济发展活力

全力做好招商引资工作，加快推进各项改革，进一步优化投资环境，为区域经济发展提供持续动力。

坚持引大引强引优。进一步完善项目储备机制，对项目实施分类管理。聚焦国内外著名企业和重大项目，推动有意向的大企业尽快入驻。大力开展楼宇招商，主动靠前服务，努力提高税收属地率。充分发挥政策效应，强化对街道、镇和重点园区招商引资工作的指导和协调，推动全区经济持续快速发展。

深化国资国企改革和发展。引导国有企业进入功能区开发、旧区改造、物业管理等领域，努力提高国有企业对区域经济的贡献度。继续实施“走出去”战略，鼓励更多有实力的企业向外拓展空间。加强国有企业投资、大额资金使用、资产处置等重大事项监管，逐步完善区管重点企业法人治理结构。健全现代企业运行机制，加快国有企业人才队伍建设，大力引进和培养经营管理专业人才。

加大对非公有制经济支持力度。完善现有各项扶持政策，设立创业投资引导基金，通过市区联动、银企互动、知识产权质押等形式，引导风险投资、社会资本和商业银行为区域内非公经济提供融资服务。组建贷款担保公司，加大中小企业贷款担保力度，帮助企业解决融资难问题。大力推进中小企业上市，重点扶持有发展潜力、符合产业导向的民营中小企业做大做强。

完善企业服务体系。进一步健全“百人团队联系百家企业”工作机制，落实首问首办责任制，及时帮助企业解决发展中遇到的困难。加强与企业的沟通和互动，深化服务内涵，提升服务水平，为区域内各类企业营造更加优良的发展环境。

（五）加大推进力度，加快旧区改造和重大工程建设步伐

以旧区改造为重点，加大城市建设力度，积极开展土地储备，不断完善城市综合服务功能。

加快推进旧区改造。坚持把旧区改造作为改善群众生活、推动发展转型的重要举措，点面结合、成片推进。启动鸿兴园二期、中粮新兰二期、川宝等基地动迁。全力推进结转基地收尾，确保中粮新兰一期西北块、桥西B块、圣和圣等基地年内拆平。多方筹措资金和房源，努力满足动迁需求。加大社会融资力度，引进有品牌、有实力、有经验的企业参与旧区改造。

积极推进重大工程建设。配合市有关部门做好汉中路综合交通枢纽，12号线曲阜路站、天潼路站，3、4号线分线改造等轨道交通项目建设。实施场中路、江场路、平型关路等道路拓宽和江场西路（共和新路—彭越浦）、万荣路（广中西路—灵石路）大修工程。加快推进地梨港变电站、福建北泵站、庙彭排水系统等供配电设施和雨污水管网建设。

认真做好土地储备和出让工作。加大土地收购储备力度，做好118、119、120街坊（长安西）、267街坊（青云路537弄）等地块收购储备。加快土地推介和出让，做好214、212、464街坊（北广场）、312街坊（原闸北体育场），市北高新东块7、13、14号等地块的上市出让工作。

（六）完善长效机制，努力提升城市管理水平

认真总结世博会保障工作经验，加快形成长效常态管理机制，健全城市公共安全体系，继续做好市容环境整治、环境保护和节能减排等各项工作。

加强城市安全管理。完善突发公共事件应急体系，深化应急预案和应急体制、机制建设，加强实战演练，提高预防和处置突发事件的能力。强化消防和安全生产的责任落实和追究，建立经常性、制度化的防火和安全生产检查机制，整顿规范建筑市场，坚决消除安全隐患。切实加强食品药品安全监管。开展城市安全教育和宣传，普及公共安全和应急防护知识，增强市民安全意识。

着力改善城区环境。积极推动世博会期间行之有效的做法常态化、制度化。深化市容环卫责任区制度，落实网格管理责任制，进一步完善工作机制。注重堵疏结合，提高执法的针对性和有效性。开展对乱设摊、跨门营业等城市管理顽症专项整治，加强薄弱地区环境管理，创建1～2个市容环境综合管理示范街道（镇）。优化城市景观，完善大宁国际商业广场、恒丰路等重点区域的景观建设。

全面完成第四轮环保三年行动计划。加强水环境治理，推进市北高新东块水系调整等工作。全面实施环境影响评价制度，开展环保专项整治，严厉查处环境违法行为。大力发展各类绿地和以屋顶绿化为主的立体绿化，推进中兴绿地工程建设，实施岭南公园改造，全年新增各类绿地8万平方米。

进一步做好节能减排工作。不断推动企业节能降耗，全力推进商业重点用能企业能源统计体系建设，加强能源利用监督检查。以市北高新技术服务业园区为重点，推进工业楼宇合同能源管理。继续推进污染减排，完成3家排污企业搬迁和3台燃煤锅炉清洁能源替代。

（七）注重统筹兼顾，推动社会各项事业不断发展

加快社会各项事业建设，丰富内涵、提升功能，满足人民群众日益增长的精神文化需求，推动经济社会协调发展。

努力提升城区文明形象。按照和谐社区和新版文明社区的要求，巩固和提高现有文明社区的水平，加大新一轮文明社区和文明城区创建力度。进一步强化志愿者队伍建设，完善志愿服务体系，实现志愿者工作制度化、规范化。深入开展市民践行公共道德各项活动，促进社会道德水平的不断提升。

全面推进教育现代化建设。深化优质教育内涵，加大引进品牌、引进人才力度。完成12所中小学校舍抗震加固以及12所中小学、幼儿园校舍修缮和改、扩建任务。推进第二轮“学前教育三年行动计划”，建成大宁国际第三幼儿园。扶持和规范民办学校办学，提升民办学校品质。发挥“全国社区教育示范区”引领作用，在课程开发、队伍建设等方面继续保持领先地位。

不断提高医疗卫生服务水平。制定区医药卫生体制改革实施意见，积极推进公立医院改革，着力提升二级医院医疗服务质量。启动第三轮公共卫生体系建设行动计划，加强疾病防控网络建设，提高传染病监测预警能力。推行全科医师健康服务责任制，稳妥实施基本药物制度，更好地发挥社区卫生服务的特色优势。完善“治未病”预防保健服务长效管理机制，加快中医药事业发展。推进居民健康档案及数字化健康城区建设。

加快文化、体育、科普等事业发展。健全公共文化设施网络，推进天目西社区文化活动中心建设，海上文化中心和区图书馆分馆投入使用。完善“文化辅导员下社区”工作机制，优化文化配送服务内容，满足群众多元文化需求。加强文化市场监管和服务，开展各类专项整治，确保文化市场健康有序。全面启动新体育中心建设。组织形式多样的全民健身活动，实施体育配送服务进社区。调整业余训练项目布局，加强体教结合。办好2011年上海国际茶文化旅游节，开展阳光旅游进社区活动。推进科普教育基地建设和改造，开展新一轮全国科普示范城区创建工作。加强社区民防建设。深化国防动员和国防教育，努力创建全国双拥模范城（区）。

高度重视新形势下的民族、宗教工作，切实维护民族团结。继续做好人口计生、对台、侨务等各项工作，支持工会、共青团、妇联等人民团体发挥作用。

（八）强化民生保障，全面促进社会和谐稳定

坚持民生为本，着力提高社会保障能力和水平，完善公共服务体系，加强社会管理创新，营造和谐稳定的社会环境。

构建多层次、多渠道的住房保障体系。扩大廉租住房实物配租范围，认真做好第二批实物配租，做到应保尽保。制定公共租赁房实施方案，成立运营管理机构，推进彭浦新村公共租赁房开工建设。做好经济适用房第一轮摇号、选房、签约等工作，启动285街坊土地收储及动迁。加快动迁配套商品房建设，启动321街坊凯林特地块、桥东二期等项目建设，确保彭浦十期C块一期竣工交付使用。完成旧住房综合改造50万平方米，以及100个小区的“清洁家园”改造工程，启动10万平方米旧住房成套改造。继续推进物业属地化管理，对129个系统公房、售后房小区分批推行物业服务达标奖励。

继续实施更加积极的就业政策。采取政府购买服务、托底安置、培训就业联动等多种方式，关注应届毕业生、就业困难人员和困难边缘群体就业。鼓励创业，围绕区域产业发展重点，提升创业服务水平。强化社区就业服务功能，完善失业监测和发布机制。开展区域性、行业性集体协商，扩大劳动关系三方协商机制覆盖面，推动劳动人事争议基层调解网络建设，促进劳动关系和谐发展。

切实提高社会保障水平。进一步做好各类救助政策的动态调整衔接工作。建立健全救助帮困体制机制，探索推行分类施保措施。完善“慈善联合捐”募捐机制，规范市民综合帮扶运作程序，引导社会力量参与慈善事业。着力提升为老服务质量，加强养老机构监管，确保新增养老床位200张、居家养老服务对象600人，新建老年人助餐点2家、星光老年活动室4家。规范阳光之家、阳光基地、阳光心园等机构运作和管理，做好各项残疾人康复服务。进一步落实“菜篮子”区县长负责制，增加标准化菜市场建设的投入，加强市场价格行为监管，维护价格稳定。

不断加强社区管理和服务。认真落实《中共闸北区委、闸北区人民政府关于进一步加强社区治理推进社会建设的实施意见》，提升社区综合管理水平。探索建立社区生活服务中心，构筑有效的社区公共服务平台。通过纳入规划、整合资源、落实配套等措施，逐步改善居委会用房条件。增加居委会工作经费，进一步充实居委会干部队伍，努力改善居委会干部待遇。完善以社区服务协会为载体的项目化工作管理服务平台。制定公益性社会组织扶持办法，开展社会组织规范化建设评估工作。

深化平安闸北建设。认真总结世博期间社会面防控工作经验,进一步巩固和扩大治安顽症整治成效。加大对铁路上海站、长安西地区、七浦路服饰商业街区、大宁国际商业广场以及各街道、镇辖区内相对复杂区域等"1+3+X"重点地区的整治力度,不断提升群众安全感。进一步完善信访矛盾督办化解机制,继续推进信访代理制,加强街道、镇人民调解工作室和"双疏"工作室建设,有效化解各类矛盾。

(九)突出效能建设,努力提高政府服务水平

深化行政管理体制改革,积极推进政府职能转变,努力提升行政效能,加快建设法治政府和服务型政府。

加快政府管理改革与创新。深化行政审批制度改革,推进行政审批标准化建设,进一步优化审批流程,提高审批效率。坚持依法行政,完善规范性文件备案审查、定期清理等制度,严格依法办理行政复议案件。深化政府信息公开,有序推进财政收支、专项资金使用、公共政策制定以及与群众利益密切相关事项的信息公开,大力推进审计公开,不断提高政府工作透明度。

完善政府运行机制。坚持科学决策、民主决策、依法决策,重大决策事项广泛征询社会各方意见,逐步探索建立重大决策跟踪反馈和评估机制。强化工程招投标、土地出让等重点领域和关键环节的审计监督和行政监察,开展重点工程、实事项目等的效能监察,认真做好领导干部经济责任审计和财政资金使用、政府投资项目审计。主动接受区人大及其常委会法律监督,自觉接受区政协民主监督,重视社会公众和新闻舆论监督。

深化政府作风建设。对全区36个部门和行业开展政风行风网上"自由测评"和"定点测评"。围绕教育、医疗卫生、物业管理、食品药品安全等群众反映集中的领域,深入开展专项治理。坚持勤俭行政,严格控制政府机关公用经费支出。加强公务员队伍建设,牢固树立群众观念和公仆意识,努力提高推动科学发展、促进社会和谐的能力。

三、关于《上海市闸北区国民经济和社会发展第十二个五年规划纲要(草案)》的说明

区委、区政府对制定"十二五"规划工作高度重视,早在2009年6月,区政府就开始部署相关工作,对未来闸北经济社会发展的若干重大问题开展专题研究,努力使规划的编制过程成为凝聚人心、发扬民主、科学决策的过程。八届区委十次全会通过了《中共闸北区委关于制定闸北区国民经济和社会发展第十二个五年规划的建议》(以下简称《建议》),区政府据此制定了《上海市闸北区国民经济和社会发展第十二个五年规划纲要(草案)》(以下简称《纲要(草案)》),提请本次大会审议批准后,颁布实施。下面,我就几个问题作简要说明。

(一)"十一五"经济社会发展情况

过去的5年,是闸北发展进程中极不平凡的5年,是应对宏观形势变化,保持经济健康快速发展的5年,也是社会建设取得显著成绩的5年。5年来,区级财政收入累计完成173.06亿元,年均增长15.1%。明确了"南高中繁北产业"的发展战略。成为国家服务业综合改革试点区域。5年累计动迁居民约2.5万户,拆除旧住房面积81.65万平方米,其中拆除二级旧里以下房屋约60万平方米。成功创建"上海市文明城区"。社会保障水平不断提高,各项社会事业蓬勃发展,治安顽症整治取得明显成效。这些成绩的取得,极大地增强了全区人民建设与国际化大都市中心城区地位相适应的新闸北的信心,也为"十二五"的发展积累了丰富的经验,奠定了扎实的基础。

(二)关于"十二五"规划的总体考虑

"十二五"时期是闸北全面推进转型发展,建设新闸北的关键时期。《纲要(草案)》根据区委《建议》,立足"十一五"发展基础,把握"十二五"发展形势,提出"十二五"发展的指导思想、基本要求和主要目标。

闸北"十二五"发展的指导思想是:高举中国特色社会主义伟大旗帜,以邓小平理论和"三个代表"重要思想为指导,深入贯彻落实科学发展观,要站在上海的全局位置,根据闸北的区情特点,把握闸北的发展前景,以科学发展为主题,以加快转变经济发展方式为主线,以提升、转型、突破、创新为要求,正确处理局部与全局、当前与长远、规划与实施、改革与创新、稳定与发展、信心与未来"六对关系",用改革创新精神解决发展中的难题,建设与国际化大都市中心城区地位相适应的新闸北。坚持发展第一要务,聚焦"一个核心"、打造"三个功能集聚区"、发展"四个产业",坚定不移调结构、提能级、促转型,提升城区综合竞争力;坚持以保障和改善民生为出发点和落脚点,实现发展观念、发展模式、发展方式转变,进一步加快社会事业发展,确保民生持续改善,确保社会和谐稳定,着力提高发展的全面性、协调性和可持续性,为实现闸北跨越式发展打下坚实基础。"提升、转型、突破、创新"是闸北在更高起点上推动科学发展的必由之路。要加快提升全区经济实力、社会发展水平、城区综合竞争力,推进全区产业转型、功能转型和社会转型,实现经济社会又好又快发展;要突破体制机制瓶颈,激发全区新一轮发展的动力和活力,加快技术创新、制度创新和环境创新,实现区域经济社会发展的全面进步。

《纲要(草案)》提出,"十二五"闸北发展战略为:"重点聚焦南部,积极提升中部,大力发展北部,构建南高中繁北产业发展战略",即以苏河湾建设为突破,加快开发南部,体现高端高档;积极提升中部,体现繁荣繁华;大力发展北部,体现产业支撑。这一发展战略,既与闸北的区域功能特色相符合,体现了闸北发展的历史传承,又融合了发展转型的要求。

"十二五"闸北总体发展思路是:"聚焦一个核心,打造三个功能集聚区、发展四个产业"。聚焦一个核心:以苏河湾开发建设为核心,集中人力物力和财力等多方资源,塑造上海发展新亮点,带动区域发展转型和品质升级。打造三个功能集聚区:南部大力推进苏河湾高端商务商业集聚区建设,中部重点建设大宁商业文化休闲服务业集聚区,北部重点建设生产性服务业集聚区。发展四个产业:大力发展生产性服务业,重点提升商业商贸服务业,深化发展交通物流服务业,健康发展房产建筑业。这一总体思路,符合上海市"四个中心"建设的发展要求和产业发展的总体导向,明确了"十二五"闸北发展的战略重点和战略步骤,是发展战略的实现路径。

"十二五"时期闸北经济社会发展的奋斗目标是:经济发展方式进一步转变,现代服务业能级和竞争力明显提升,基本形成以现代服务业为主的产业体系,服务业综合改革试点取得显著成效,苏河湾区域建设初步建成,高端商务商业快速发展;基本形成功能完备的城市基础设施体系,旧区改造有序推进;基本形成以人为本的社会服务和社会保障体系,把闸北建设成为时尚生活新地标、汇才创业新天地、安居乐业新家园,为建设与国际化大都市中心城区地位相适应的新闸北打下扎实基础。《纲要(草案)》还提出了六个方面具体目标。一是保持经济持续快速协调发展,区级财政收入年均增长10%以上。二是产业结构优化升级,服务业增加值占地区生产总值比重力争达到90%左右。三是可持续发展能力不断增强,生态环境明显改善,绿化覆盖率达到23.51%,完成上海市下达的节能减排目标。四是城市建设管理水平继续提高,5年累计拆除二级旧里以下房屋45万平方米,动迁居民2.5万户,完成交通枢纽、轨道交通等重大基础设施建设。五是社会事业全面进步,市民文化生活更加丰富,生活质量和水平进一步提高。六是社会建设稳步推进,社会管理和服务有较大改善,社会就业更加充分,社会保障体系更加健全,治安顽症得到有效遏制,城区文明程度进一步提高。上述目标体现了"十二五"期间国家、上海发展的要求,同时反映了闸北经济社会发展的阶段性特征和客观要求。

(三)"十二五"时期的主要任务

《纲要(草案)》立足"提升、转型、突破、创新",提出了九项主要任务。这里从经济建设、民生改善、城市建设、改革开放四个方面作简要说明。

调结构、提能级、促转型是今后5年经济建设的首要任务,要把大力发展现代服务业作为未来产业发展的主攻方向,促进产业结构优化升级;把科技创新和人才集聚作为加快转变经济发展方式的重要支撑,建设更具活力的创新型城区。《纲要(草案)》从三个方面对经济建设进行了部署。一是聚焦苏河湾建设,优化区域空间布局。"十二五"期间,要把握上海"沿江沿河"发展战略机遇,以苏河湾开发建设为龙头,充分发挥对全区发展的辐射和带动效应,使其成为传承上海历史文化,汇聚现代时尚元素,集聚高端商务商业的城市新地标。中部大宁商业文化休闲服务业集聚区要依托大宁绿地和大宁国际商业广场品牌优势,全面提升产业能级与档次,做大商业文化休闲服务规模,优化调整业态,引进一批著名品牌店和高档商务,力争成为上海北部重要的商业文化中心。北部生产性服务业集聚区要大力发展生产性服务业,发展高技术产业集群,营造创新环境,构筑上海乃至全国的高技术产业新高地。二是推进服务业综合改革,大力发展现代服务业。要以国家服务业综合改革试点区域建设为引领,把现代服务业作为产业发展的主攻方向,加快产业结构战略性调整,在实现区域经济发展转型上取得突破性进展。三是坚持创新驱动,提高自主创新能力。加快推进创新技术支撑体系和创新服务体系建设,营造良好人才发展环境,推进信息化建设。

改善民生已经成为"十二五"时期社会建设的首要任务。要坚持民生优先、以人为本、统筹兼顾、循序渐进原则,从完善制度安排入手解决民生改善问题,把惠民富民作为一切工作的出发点和落脚点,大力发展各项社会事业,加强社会管理创新,促进社会和谐稳定,努力在人民生活不断改善中实现发展方式转变。《纲要(草案)》提出,一是关注民生改善,提高保障救助水平。要大力推进经济社会统筹发展,扩大社会保障覆盖范围,千方百计扩大就业,有效救助困难群众,争取在保障体系和保障能力建设上迈上一个新台阶。二是发展社会事业,提高市民生活质量。"十二五"期间,闸北要进一步加大社会事业投入,积极推进各项社会事业协调发展。三是强化社会管理,构建文明和谐城区。加强社区建设管理,加强基层民主自治,提升社区服务水平,大力维护社会治安,建立治安顽症整治工作长效机制,建立经常性、制度化的各类安全隐患排查机制。

"十二五"时期,闸北要紧扣大建设、大改造、大发展的阶段特征,加大资金投入,按照全区发展的战略布局,加快完善市政建设,不断改善市容环境,为经济社会发展提供广阔空间,着力打造配套完善、整洁有序的现代城区新形象。《纲要(草案)》提出,一是完善城市建设,提升城区综合形象。加大旧区改造力度,以苏河湾地区动迁改造为重点,由南向北成片推进;加快推进交通枢纽项目建设,强化城区市容管理。二是优化城市环境,加大节能环保力度。继续推进节能减排工作,加强环境污染防治工作,加强绿地和水环境建设。

改革开放是闸北转型发展的强大动力。"十二五"时期,闸北要以改革开放为抓手,加快转变发展方式。《纲要(草案)》提出,加快推进国资国企改革,明确战略定位。继续推进区管重点企业上市。大力推进民营经济发展,增强发展动力。创造公平竞争、平等准入的市场环境,加快完善民营经济发展的制度环境,进一步拓展民营经济发展空间。不断扩大对内对外开放,优化招商引资。坚持招强引优,大力引进符合本区功能定位和产业导向的优质企业。积极推进社会事业改革,完善公共服务。

各位代表!

美好蓝图已经绘就,宏伟目标催人奋进。让我们以邓小平理论和"三个代表"重要思想为指导,深入贯彻落实科学发展观,在市委、市政府和区委的正确领导下,在区人大、区政协的监督支持下,解放思想、开拓进取、真抓实干、团结奋进,为实现闸北新跨越而努力奋斗!

创闸北转型发展之先 争联系服务群众之优

中共上海市闸北区委组织部

自创先争优活动开展以来，全区各级党组织和广大党员紧紧围绕市委提出的“创新转型谋发展，服务群众促和谐”活动主题，结合本区“十二五”规划和工作目标，找准创先争优活动与中心工作的结合点、着力点和创新点，不断促进基层党组织履职尽责创先进，广大党员立足岗位争优秀，切实增强基层党组织的创造力、凝聚力、战斗力，使创先争优活动成为促进闸北转型发展与社会和谐的助推器。

一、聚焦队伍建设，提振干部士气，以创先争优活动凝聚科学发展共识

全区各级领导干部在创先争优活动中担负着双重责任，既要做好创先争优活动的组织领导者，更要争当创先争优活动的实践先行者。闸北区委在创先争优活动中，以创新干部管理方式为重点，着力激发党员干部队伍的整体活力，提振党员干部士气，为闸北科学发展凝心聚力。

一是坚持转方式先转精神，提振党员干部围绕跨越发展创先争优的信心。为了把全区各级党组织和党员的力量凝聚到推动闸北跨越发展的实践中来，2010 年年初，全区党员领导干部按照区委的要求，深入基层，广泛开展了“十二五”规划大宣讲活动，鼓励基层党组织和党员群众进一步解放思想、更新观念、抢抓机遇、迎接挑战，在闸北发展转型中率先转变精神，在实现闸北新崛起中建功立业，增强了各级党组织和党员干部“比、学、赶、超”的决心和信心。

区委书记方惠萍(左一)到大宁路街道调研　　(区委组织部供稿)

二是坚持“三合”标准，提升领导干部创先争优的工作劲头。创先争优活动开展以来，闸北区委以“职务合格、岗位合适、工作合拍”为导向，努力营造“人人有危机、人人有空间”的氛围。从 2009 年开始，先后在全市公开招聘了一批处级领导干部，充实到经济建设一线部门，优化了领导班子结构，提升了处级领导班子昂扬的精神状态和创先争优的工作劲头。同时，创新干部选拔任用办法，每两年开展一次正科级干部公开晋升副处级非领导职务工作，充分调动一线干部创先争优的热情和积极性。2009 年以来，新提任的副处级领导干部中，40% 以上通过公开选拔和竞争上岗的方式走上了领导岗位，极大地激发了各级干部围绕区中心工作争先创优的积极性。这项工作得到中组部部长李源潮同志的批示肯定。

*三是强化“四气”修养，着力在创先争优活动中转变作风。*区委坚持把深入推进创先争优活动与全区“创先争优大发展”作风建设主题紧密结合起来，与“讲党性、重品行、作表率”活动紧密结合起来，不断强化“树正气、养大气、有底气、讲和气”的“四气”修养。要求党员领导干部在创先争优活动中养成紧盯一流发展目标的战略眼光、拓宽视野和胸怀，不断提升发展力、创新力和破解力，激发全区党员干部以昂扬的精神状态投入闸北经济社会新一轮发展，促进党员干部在创先争优活动中转变作风、树立形象。

区长周平(左一)走访居民区特困户家庭　　(区委组织部供稿)

二、聚焦中心工作，搭建“双为”载体，以创先争优活动促进党员岗位建功

为了更好地激发广大党员围绕中心工作创先争优的热情，2009 年 9 月以来，在全区党组织和党员中开展了“我为旧改出份力、我为发展作贡献”主题实践活动，为党组织和党员立足岗位建功、推动旧区改造和区域经济社会发展搭建了有效的平台和载体。

*一是“双为”活动增强了党组织和党员推动发展的主体意识。*在“双为”活动中，各级党组织围绕中心工作，普遍开展“向党员发出一份倡议、召开一次专题组织生活会、开展一次大宣讲、组织一次看闸北”的“四个一”系列活动，让广大党员群众坚定闸北崛起的信心，凝聚齐心协力促发展的共识，增强了党组织和党员推动发展的主体意识，以自身实际行动为旧区改造和经济发展献计出力、建功立业。

*二是“双为”活动激发了广大党员岗位建功的热情。*在创先争优活动中，全区各级党组织和广大党员按照区委的要求，积极投入“双为”主题实践活动。党组织和党员集中力量攻坚克难，把临时党支部建在旧改一线，开展机关、居民区和旧改基地党组织“三结对”活动。通过整合各方资源，合力推进旧区改造。在桥东二期、长安西等重点基地攻坚战中，党员干部发扬“辛苦为百姓，拼搏显党性”的北广场旧改精神，喊出了“创先争优当模范、推进旧改作贡献”的口号，带头参加“白 + 黑”、“5 + 2”旧改特别行动，主动亮出党员身份，夜以继日地奋战在旧改第一线，努力争当依法动迁的表率、真心为民的表率，用党性、行动和奉献精神，诠释着“一个支部就是一个堡垒、一名党员就是一面旗帜、一个干部就是一座标杆”的内涵。在全区各级党组织和广大党员群众的共同努力下，2010 年，在世博会维稳压力较大的情况下，我区共动迁居民 5037 户，约占全市动迁总数的 1/4，位居全市 18 个区县之首。2011 年上半年，又完成动迁居民 2037 户。通过“双为”主题实践活动，我们把党组织和党员的作用聚焦到旧区改造、转型发展的前沿阵地，聚焦到“走出低谷、实现崛起”目标上来，以“创”促发展，以“争”干一流，充分展示了创先争优活动推动科学发展的成效。

三、聚焦产业转型，强化党建引领，以创先争优活动助推闸北科学发展

在创先争优活动中，各级党组织着眼于破解闸北科学发展中热点难点问题，不断研究探索产业转型和产业升级中的党建工作规律，着力探索在闸北转型发展中发挥基层党组织和党员作用的途径和方式。

*一是组织引导各级党组织和广大党员立足本职岗位，在推动经济发展再上新台阶、加快转变经济发展方式和调整经济结构等方面创先进、争优秀。*各级党组织坚持把推进产业转型放在创先争优突出位置，引导广大党员把创先争优的成效落实和体现到立足岗位、建功立业上来。坚持“南高中繁北产业”的科学发展战略，聚焦“三块牌子”，抢抓产业结构调整。在各相关部门的协同努力下，“中国上海人力资源服务产业园区”、“国家现代服务业综合改革试点区”、“上海云计算产业基地”这三块国家级和市级牌子相继在闸北挂牌，为闸北产业机构调整奠定了坚实基础。

*二是组织引导基层党组织和党员积极参与区级重大项目、重大工程、重点工作，把支部建在一线，让党员在勇挑重担、攻坚克难中创先进、争优秀。*创先争优活动开展以来，各级党组织和党员围绕招商服务、投资促进、产业升级等重点工作，把党建联建好的做法和经验向经济发展领域重大任务和重点项目上延伸，在招商团队、旧改基地中组建临时党支部，把创先争优的成效落实和体现到创新实干、攻坚克难上来。以科研、攻关、重大工程等项目团队为单位开展创先争优，不断推进创先争优从单位党建“体内循环”走向“体外互动”，促进党员干部努力勇挑重担创佳绩、奋力拼搏促发展。

*三是组织引导各级党组织和党员解放思想、敢为人先，不断创新工作思路和理念，在把握机遇、借梯登高中创先进、争优秀。*各级党组织充分利用“倒逼机制”带来的发展机遇，以改革创新的办法突破瓶颈、解决难题，力

争在抢抓机遇上先人一步，在转型发展上胜人一筹，把创先争优的成效落实和体现到解放思想、抢抓机遇上来。如区国资党委在创先争优活动中积极实施“走出去”战略，北方集团成功借壳西藏雅砻药业上市，市北高新技术服务业园区与南通市合作建设5平方公里的市北高新（南通）科技城，实现了巧借外力、弯道超越，提升了闸北经济发展质量和综合竞争力。

四、聚焦群众现实需求，着力构建联系服务群众的长效机制

创先争优活动开展以来，各级党组织在聚精会神抓发展的同时，坚持把联系服务群众、构建和谐的党群关系放在更加突出的位置，把改善民生作为一切工作的出发点和落脚地，牢固树立群众观点，始终坚持群众路线，自觉实践党的宗旨。2011年5月以来，各级党组织在创先争优活动中开展了“支部在行动，民情百事通——支部联系服务社区百分百行动”，切实做到“民情家家访、诉求件件回、帮扶千千结、效果年年评”，实现党支部联系服务社区“百分百”，走访联系群众家庭“百分百”，回应群众诉求“百分百”，切实让人民群众共享改革发展的新成果，让闸北人民群众感受到创先争优活动带来的新变化和新气象，使创先争优活动成为为民解难、为民谋利、为民造福的“惠民工程”。

一是民情家家访：在普遍走访中知民情。了解群众诉求是做好党的群众工作的前提和基础。为了深入推进“百分百行动”，闸北区从科学划分块区、合理组建团队、建立联系网络入手，明确责任主体，创新走访形式，通过领导示范带头、党员发挥作用，群众骨干参与，确保组团走访走得到、走得进、走得实，切实在普遍走访中了解民需、知晓民情、反映民意。据统计，截至10月中旬，全区共建立团组866个，18309人参与到各个团组中，已走访居民家庭285213户，走访率达到91.92%。

二是诉求件件回：在解决问题中暖民心。面对群众的诉求，不仅要及时了解和掌握，更为重要的是要及时解决和回应。为确保群众诉有所应，各级党组织充分发挥党员责任区服务群众解决问题机制的优势，充分依托党员责任区“十、百、千、万”工作制度服务群众解决问题机制的优势，建立了“楼群——居民区——街镇——区”解决问题的四级平台，形成全区千个支部通达民情百事、联系服务群众的有效机制。“百分百行动”开展以来，共收集到各类建议731条，问题12097条。块区层面已解决问题4889个，居民区层面已解决问题6131个，街道层面已解决问题464个，由区级层面和两代表解决的问题143个，问题解决率达到96.11%。

三是帮扶千千结：在主题结对中解民忧。帮扶帮根本，救助救源头。为了使困难群众家庭能够切实感受到“百分百行动”带来的新变化，各级党组织将全年帮扶工作的重点确定为党支部结对帮扶困难大学生项目，通过每年资助大学生部分在校开支的方式，关心关爱困难大学生，帮助其解决实际问题。为了突出帮扶重点，体现走访实效，闸北区在“百分百行动”中专门研究制定了《关于党支部结对帮扶困难大学生的实施办法》，对帮扶范围、帮扶标准、资金来源、帮扶办法等都提出了具体要求。在各级党组织的共同努力下，“帮扶千千结”活动取得了明显的效果。今年新学年开学前，全区639名困难大学生都收到了一份来自全区各基层党支部的爱心。

四是效果年年评：在群众评议中求实效。为了确保“百分百行动”取得预期效果，各级党组织以“群众评团组、社区评支部、支部评党员”的形式，以考评推进工作，以考评提升成效。群众评团组：“百分百行动”开展以来，各居民区党总支定期组织召开群众代表座谈会，听取服务对象对团组开展联系服务工作的评价和意见，并及时向各团组反馈，促进其改进服务，不断提升走访实效。社区评支部：区委要求机关、企事业单位党支部每年要对参与“百分百行动”的情况进行总结，并向全体党员报告。同时，各支部要以书面形式交结对联系的居民区党总支，听取其意见。上级党组织要把居民区党组织的意见作为考核、评价所属党支部的重要依据。支部评党员：结合创先争优活动的点评工作，各党支部对党员参加“百分百行动”的表现情况进行点评，增强党员参与“百分百行动”的积极性和主动性。

大宁路社区举行“支部在行动，邻里牵手行”百分百行动启动仪式

（区委组织部供稿）

推动发展、服务群众、凝聚人心、促进和谐是基层党组织的核心任务，也是创先争优活动的基本要求。全区各级党组织和广大党员干部将按照中央、市委和区委的要求，切实把创先争优活动与推动区域经济社会发展紧密结合起来，与做好党的群众工作，密切党群、干群关系紧密结合起来，让人民群众感受到创先争优活动带来的新变化。

关于进一步推进闸北区国资国企改革发展的调研报告

闸北区人大常委会党组

按照区委统一部署，2010 年 3 月 7 月，由区人大常委会党组牵头，组织区国资委，区人大常委会研究室、财经工委，区发改委，区财政局等部门，成立专题调研组，开展关于进一步推进闸北国资国企改革发展的专题调研。

调研组对区属 6 家重点企业逐一进行走访座谈，并深入企业内部实地考察，全面了解现状，听取意见和建议。调研组还邀请市国资委相关负责人、有关专家、部分市人大代表共同参与调研，深入研究分析我区国资国企在改革发展中所面临的压力和挑战，提出具体可行的对策建议。在此基础上，经反复研究、论证，形成专项调研报告。

一、运行态势

国资国企是区域经济的重要组成部分，经过 20 年的改革发展，我区国资国企改革发展取得了显著成就，国有经济总量进一步增加，经济效益、运行质量和竞争能力明显提高，成为区域经济发展的重要力量。主要表现在：

（一）国资国企改革不断深入，后续发展基础逐步夯实

“十一五”期间，区属国有企业的改革重组进一步深化。通过改制分离、兼并、注入优质资产等手段，推进国有企业实施跨行业、部门的重组，推动有效存量资产向重点企业聚集，壮大优势企业的实力。推进北方集团、凯成公司、大宁公司和不夜城股份公司的重组，形成了房地产板块、投融资板块、民生板块和城建板块，区管重点企业合并重组成 6 家，转变劳动关系和分流职工 1.88 万人，签订协保 1.8 万人，企业发展呈现新的活力。

同时，区政府职能部门稳步推进“资产资本化，资本证券化”（如：北方城投公司重组西藏雅砻，成为区域内首家上市国企；2010 年，市北开创公司启动重组二纺机），为国资国企规范市场运作，通过资本市场发展企业创造了条件。

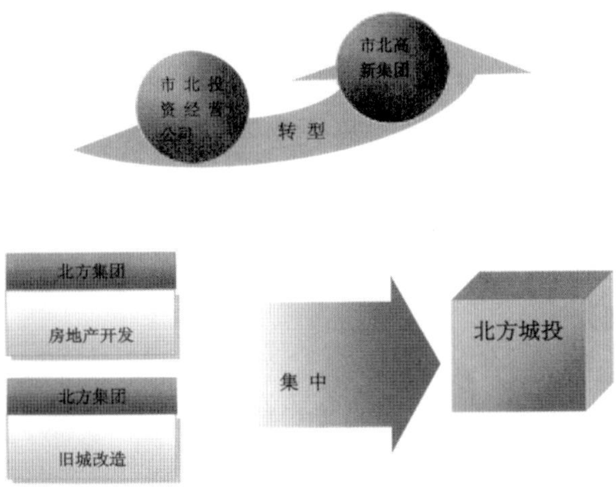

闸北区国资国企转型、整合示意图

区国资国企改革已从规范疏导型改革向功能整合型、资源节约型改革转变，企业的持续发展能力逐步夯实。

（二）国资国企综合实力不断增强，对区域经济贡献率逐步提高

企业经营机制发生了深刻的变化，企业建立了员工竞争上岗、量化考核、收入分配与业绩挂钩的机制。产权管理、财务资金管理、成本管理，管理水平有了较大提高。

“十一五”期间,国资国企管理的重点由推进改革向促进发展转变,国有经济的实力快速提升。截至2009年年底,我区现有6家区管重点国企,下属企业81家,在册人数8649人,在职在岗人员1151人,经营性资产总量277亿元,净资产52.9亿元,与2005年相比,经营性资产总量增长169.6亿元,净资产增长18.4亿元。2009年,区管重点企业贡献区级税收5.32亿元,同比增长29.67%,对区域经济的贡献率达到14.5%,区属国有经济对闸北经济的贡献持续提高。

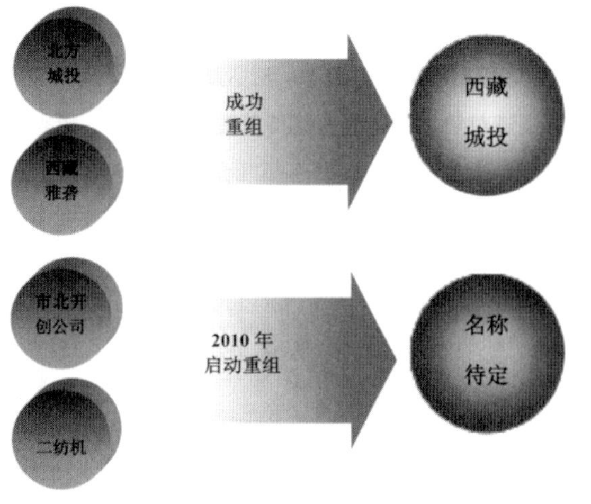

闸北区国资国企重组示意图

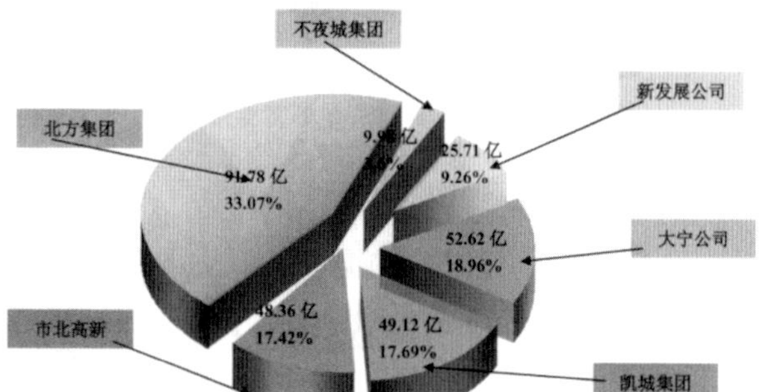

闸北区6家区管重点国企经营性资产总量示意图

（三）国资监管体系不断健全,国企运行逐步规范

自2005年区国资委成立,在机构设置上实现了政企分开、政资分开,在政府层面上做到了政府公共管理职能与国有资产出资人职能分离,形成了市场经济条件下的新型政企关系,构建了集中精简、灵活高效、亲商务实的管理体制和运行机制。区国资委履行区管重点企业的出资人职能,在项目开发、经济管理、投融资体制、人才管理机制等领域进行了积极的改革探索,积累了经验。基本形成以资产管理为核心的监管模式。全面实施了企业产权代表的契约化考核制度,完善了中介机构参与资产评估的集中招投标制度,企业“三重一大”事项审批报告程序和企业资产转让程序,出资人监管体系逐步健全。国企法人治理结构也逐步完善。按照法人治理结构要求,对6家企业委派专职监事长,对2家企业派驻财务总监。北方城投上市后规范了董事会、监事会和经理层的管理构架,市北集团也完成了现代企业管理构架,为规范经营打好基础。

二、发展定位

“十二五”将是闸北经济社会实现跨越式发展关键的5年,基于我区国资国企改革发展的现状和趋势,必须从四个方面出发,研究确定国资国企“十二五”期间发展目标任务的定位。

（一）必须顺应宏观经济走势

当今社会高新技术迅猛发展,产业升级加快,经济要素的流动与地区合作的广度与深度日益加强。推进产业结构调整和转移,技术密集型和资金密集型高新技术产业和现代服务业外包将成为新一轮国际产业转移的重点。同时,随着全球经济的复苏,我国经济正朝着宏观调控的预期方向发展,经济回升向好的基础进一步巩固。“十二五”期间,上海四个中心建设的加快以及后世博效应的带动,都为我区国资国企发挥区位优势,更好地利用国内外两个市场、两种资源,加快改革发展提供了良好环境。

（二）必须符合国资国企改革方向

2008年9月,上海市委颁布了《关于进一步推进上海国资国企改革发展的若干意见》(沪委发[2008]9号),主要在以下几方面寻求突破:在原则、目标方面,更加强调企业重组的开放性和市场化,打造有竞争力的大企业集团,推动上海企业走向全国、走向世界。在方法、途径方面,更加强调充分利用资本市场,走上市发展道路,实现资产资本化、证券化。在完善法人治理结构方面,更加强调加强分类管理,健全市场化选人用人机制,打造一支市场化、职业化的企业经营者队伍。在体制方面,更加强调落实国有资产的监管责任,逐步形成全面覆盖、权责明确、分类监管、流转顺畅的国资监督、管理和运营体系。2009年5月,《企业国有资产法》正式实施。2009年9月,国务院国资委发布了《关于进一步加强地方国有资产监管工作的若干意见》,对加强国资监管工作提出了具体要求。这些法规、意见为我区国资国企改革提供了依据,指明了方向。

（三）必须服从服务于闸北新一轮发展的整体战略

“十二五”期间我区发展战略拟定为:重点聚焦南部,积极提升中部,大力发展北部,打造南高、中繁、北产业的功能格局。随着以苏河湾开发建设为核心的“一轴一带、三个功能集聚区、五个产业”的确定,区属国资国企应该而且能够在新闸北的建设中发挥更大的影响力、带动力。因此,我区国资国企的发展战略规划,必须服从于闸北区“十二五”规划,并着眼于战略部署的衔接,致力于推动战略目标的实现。

（四）必须立足于在闸北经济发展中发挥引领作用

国资国企经过二十多年的发展,已经形成了不可替代的优势，完全有条件也有责任抓住新机遇，实现新发展。国资国企必须根据区委要求，明确在经济发展中的地位和作用：

国资国企应该而且能够在闸北经济发展中发挥生力军作用。努力做大做强产业板块；做活做足融资板块；做快做全旧改板块；做好做稳民生板块。

国资国企应该而且能够在闸北经济调结构、促转型中发挥引领作用。严格按照区委、区政府的规划和要求，加快创新体系和创新环境的建设，不断提高区域科技创新能力，引导高新技术产业形成集聚，引领我区产业升级。

国资国企应该而且能够在闸北区"南高、中繁、北产业"的战略布局上发挥带头作用。加快载体建设，加大招商引资力度，不断提升国资国企在区域发展中的贡献度。

三、目标任务

根据上述考量，"十二五"期间我区国资国企改革发展要紧紧围绕建设和谐新闸北的中心任务，全面落实科学发展观，以提高国有经济运行质量、实现国有资产保值增值为目的，以理顺体制、完善制度、科学运营、规范监管为重点，以市场为导向，以推进产业升级转型和实施"走出去、请进来"战略为着眼点，深化国有资产管理体制和运行机制改革，努力促使国资国企竞争力更强、主业更突出、带动力更大，更好地服务于上海"四个中心"建设和区域经济社会发展。主要有两方面的任务：

（一）在国企发展方面，加快区管重点企业的产业转型，引导国有资本向土地收购储备和产业功能建设等投入门槛高、经济关联度高的产业集聚，力争有1～2家国有企业成功上市。

（二）在国资监管方面，积极探索建立全面覆盖、权责明确、分类监管、流转顺畅的国资监督、管理和运营体系，完善企业法人治理结构，建立市场化选用企业经营者的机制。

具体指标方面，"十二五"期间，我区国资国企应实现以下目标：

总资产达到500亿元（"十二五"期末）；

净资产达到100亿元（"十二五"期末）；

企业上缴的区级税收每年递增25%；

国有资产净资产收益率达到3.5%～5%；

实现区管重点企业资本证券化率超过30%；

培育2～3家主业突出、拥有自主品牌和核心竞争力的企业集团。

四、面临挑战

根据国资国企改革现状和发展目标，面对复杂的经济形势，我区国资国企必须正视以下三个方面薄弱环节：

（一）国资国企产业结构单一，资产效益有待进一步提升

企业定位尚未完全明晰，产业结构比较单一，之间功能趋同。区管重点企业多数是依托房地产或相关业务发展的企业。如北方集团、市北高新集团、大宁资产经营公司、不夜城联合发展（集团）公司等。企业负债率较高，资产效益不佳。2009年，区管重点企业完成净利润1.79亿元，净资产收益率3.49%。总资产收益率为1.11%，企业资产负债率均超过70%的警戒线（资产负债率临界点的理论数据为50%，业内公认房地产类企业负债率警戒线为70%）。与本市其他中心城区相比，国有企业总资产规模较小。

2009年上海市各中心城区总资产排名首位的国企情况统计表

单位：亿元

区县单位名称	资产总计	负债合计	国有权益	资产负债率（%）	净资产收益率（%）
徐汇区土地发展有限公司	229.45	213.77	13.18	93.2	2.3
杨浦城市建设投资（集团）有限公司	256.76	205.32	51.36	80	3.8
黄浦区国有资产总公司	267.75	257.96	9.8	96.3	14.3
静安区土地开发控股（集团）公司	57.06	41.44	15.3	72.6	4.7
普陀区国有资产经营有限公司	112.34	105.02	6.93	93.5	0.3
长宁投资公司	267.96	265.46	2.49	99.1	1.6
闸北区北方集团	91.78（第7）	74.93（第7）	16.84（第3）	81.65（第5）	5.75（第2）
卢湾区永业（集团）有限公司	71.96	52.61	16.81	73.1	2.5
虹口区虹房（集团）有限公司	104.82	79.92	23.74	76.2	0.7

2009年年末上海市中心城区国有资产情况统计表

单位:亿元

区县名称	资产总计	排名	经营性资产总计	排名	净资产收益率%	排名
徐汇区	864.27	1	149.42	1	7.3	4
黄浦区	731.98	2	127.34	2	8.9	3
长宁区	594.37	3	64.54	6	10.3	1
杨浦区	456.44	4	115.51	3	6.8	5
普陀区	424.81	5	76.43	5	10.1	2
闸北区	423.17	6	53.76	7	4	8
静安区	352.67	7	85.35	4	5.3	7
卢湾区	207.05	8	49.94	8	6.2	6
虹口区	190.07	9	34.09	9	2.7	9

(二)国资国企的市场竞争能力有待进一步提高

区管重点企业的发展和运作仍主要依赖政府的支持,企业目前承担的项目多为政府性、区域内的项目,走出闸北,走出上海的发展思路,发展战略思考不够。品牌特色不够鲜明。除市北高新园区获得国家高技术产业基地和上海生产性服务业功能区铭牌外,上海及行业内的知名企业、品牌企业较为缺乏,一些新兴的产业还没有成长为优势产业,在自主创新方面尚未形成一批具有自主知识产权的技术和品牌。总体上仍存在部分企业主导产业不突出,企业规模效益不够、产业集约度不高、品牌影响不高、核心竞争力不强的问题。

(三)对国资国企的运营管理有待进一步强化

区管重点企业现有人才队伍还不能适应做大做强的发展形势。企业领导班子成员现有34名,平均年龄为49.9岁。其中,研究生1人,在职研究生8人,大学本科17人,大专8人;具有副高及以上职称14人,占班子成员总数的41.17%。近几年虽然加大了引进人才的力度,但企业的人才结构和质量还是不能适应进一步发展的需求,专业技术人员,行业内知名企业家和领军人物较为缺乏。企业在资本运作、投融资渠道开拓等方面还缺乏系统性经验,融资渠道单一,融资成本较高。截至2010年6月,区管重点企业政府性借款总额过百亿元。

企业法人治理结构和出资人监管体系还需不断完善。企业董事会、监事会总体上还存在"形式大于内容"的现象。决策层和经营层没有真正分开,企业行政管理的烙印依然存在,市场化选聘力度不够,企业内控流程管理和财务管理等出资人监管体系还待完善。

五、对策建议

我区国资国企的改革发展必须按照科学发展观的要求,努力在思想观念、发展模式、体制机制、建设与管理等各个领域各个方面进行改革创新,根据全区产业空间布局,以功能再造为方向,整合资源,明确国资战略定位,在更宽领域、更深层次改革创新,在服务区域经济发展中壮大自己,提升自己。

(一)优化产业布局,引导国企错位发展

通过差异化发展、市场化运作,打造现代服务业和高新技术产业基地,加快形成功能明晰的产业集聚区,努力实现我区产业的优化布局。

1. 突出重点产业。

区管重点企业要大力发展金融服务及其衍生产业,新型商贸服务业、文化创意产业、人力资源服务、以信息技术产业为主的高新技术产业。在项目安排、资金平台、财税政策上综合施策,提高资源整体配置效率,强化产业链整体效应,促进上述产业超常规、跨越式发展。

2. 优化产业布局。

区管重点企业要明确各自的发展定位,避免相互间的同质化竞争,努力实现重点企业的差异性和错位发展。

南部,以苏河湾控股公司为核心,围绕"南高"发展战略,按照体现高端高档的要求,聚焦高端商务商业服务集聚区建设,为发展高端商务、人力资源服务及金融业提供市政配套服务。

中部,以大宁公司为核心,围绕"中繁"战略,按照体现繁荣繁华的要求,有效整合和优化配置商贸、旅游、文化、体育、教育等资源,以大宁国际商业广场(包括体育场改造)、大宁灵石公园、广中路地下空间开发、多媒体谷为支撑,大力发展新型商贸服务、文化创意产业,高起点规划,多产业联动,一体化开发,打造上海北部区域特点鲜明、功能完善的重要的商业文化中心。

北部,以市北集团为核心,围绕"北产业"战略,按照体现产业支撑的要求,加快推进东部园区的土地储备和开发建设,以金融服务、国产基础软件和亚太数据港等项目为切入点,完善服务体系,加速产业结构调整,重点推进信息服务业、科技研发服务业、金融后台服务等产业发展,推进产业集聚,构筑上海乃至全国重要的高技术产业高地。

相关职能部门应根据全区的发展战略部署,明确企业的发展目标、功能定位、产业结构,抓紧制定企业发展与区域规划有机衔接的具体工作方案。

3. 明确企业定位。

按照产业布局和结构调整要求,明确区管重点企业主导产业,实现专业化经营。

苏河湾控股公司:以代建制为抓手,大力发展城市投资建设。重点做好苏河湾地区及其他区域的市政基础设施和政府公用配套设施建设;积极做好全区范围内相关保护保留建筑的收购及综合体改造、管理及招商引资工作。

大宁公司:做好中部区域商业网点合理布局和建设,全面提升能级与档次,做大商业文化休闲服务规模。盘活存量资产,减少管理层级,提高资产的经营效益。推进多媒体谷产业园区建设,加大招商引资力度,积极引进高科技企业。

市北高新集团:加快推进市北高新服务园区建设,积极实施产业集群战略,围绕龙头核心项目、重点产业开展招商,通过引进和培育分批具有较强关联带动作用的产业集群骨干项目,带动相关企业的聚集和配套,促进技术产业服务园区升级,提升对区域经济的贡献率,使集团成为产业开发的专业企业。

北方集团:做强房地产板块,加大土地储备力度,确保企业持续发展能力。同时,积极参与发展金融产业。

不夜城集团:重点参与旧区改造工作,打造行业主管企业。同时加强对历史遗留问题的梳理和解决。

凯城公司:强化融资平台作用,拓宽融资渠道,形成多元化融资格局,增强融资、还贷能力。

区管重点企业要建立长效合作机制,功能互补、项目互动、实现优势叠加、互动发展的新机制,促进国资系统整体发展水平的提升。

(二)“走出去、请进来”,提升国企核心竞争力和区域综合竞争力

积极实施区委、区政府提出的“走出去、请进来”战略,融入全国乃至全球经济,既是国企发展壮大的内在需要,也是提升地方形象的战略之举。

1. 走出去,拓展国企新的发展空间。

鼓励具备优势的企业积极实施“走出去”战略,拓展发展空间,向外投资扩张,积极参与区域合作和竞争,促进生产要素跨区域流动和优化配置。

——打造品牌,树立形象。按照统一品牌、统一规划、统一开发、统一管理的原则,以“苏河湾”为重点,打造区域品牌;以“市北高新”为重点,打造高新园区品牌;以“北方”为重点,打造企业产品品牌。

——走出闸北,延伸产业布局。北方集团、市北高新集团要发挥企业管理优势、品牌优势,围绕主业,面向全国市场,率先积极、稳妥地向外拓展,“借船出海”,“借鸡生蛋”,做大做强。利用对口援建契机,积极参与中西部地区开发。企业在走出去的过程中,要主动加强与当地名企的合作经营,分担投资风险,提高国资收益。

——走进市场,推动资本证券化。在做强北方,确保市北开创重组上市的基础上,运用区域内高端商务区、高新园区对中小企业的服务优势,探索“改借为投”的国资收益增值方式,建立风险投资基金,积极与风险投资公司合作,鼓励和帮助区属科技型中小企业包装上市。把握市属大集团主辅分离的契机,有条件地参与入股附加值高、市场前景好的企业。

2. 请进来,提升区域核心竞争能力。

依托、服务于全区的发展和经济社会发展的实际需求,积极引进在国内、国际上处于行业领先地位的战略投资者。

——引进市场资本,拓宽融资渠道。发挥国有企业在调控引导社会投资等方面的特殊功能,探索新的投融资方式,建立市场化合作模式,通过项目融资、企业股权转让等多种形式,在支柱产业和其他优势领域吸引国外资本、民营资本等多种经济成分的资本投入,引导和促进支柱产业快速发展。现阶段,要及时对国资国企的融资平台——凯城公司的政府融资项目和企业经营性融资项目进行划分,降低企业资产负债率。以市北集团为平台,探索通过投资基金、企业债券等各类融资方式。利用上海金融中心建设的机遇,参与地区性商业银行的组建,降低融资成本,提高融资能力。特别要适应上市公司股权全流通的新趋势,积极推进国有股权有序流转,加强股权运作,实现国有资本快速增值。

——引进品牌企业,实现强强联合。进一步探索区属国有企业与其他国有、外资和民营的知名企业进行联合重组,引导和带动外资、民营资本加大投入,提高资源利用效率,增强企业规模优势。在苏河湾等重点区域的开发中,结合招商,引大引强。鼓励北方集团、市北集团、苏河湾控股公司与业内大型企业合作,创建战略联盟机制,共同推进区域发展。加快项目的落实和开发建设进度。

——引进名牌产品,提高知名度。结合区域产业布局,科学规划,积极引进名牌产品入驻。结合企业主业发展,通过兼并、收购、转让、有偿使用等方式,生产、经营名牌产品。围绕重点产业和企业主业,加快发展产业集群,打造产业名片。

需要注意的是,随着国企改革发展的深入,国资证券化率的提升,在企业引入战略投资者或是融资、重组、兼并、收购等进程中会更多涉及国有股权的流动。因此,必须进一步健全区属重点企业股权转让的相关制度、程序的研究,以规范国资流动,防止国资流失。

(三)进一步创新和完善管理体制,确保国资安全运行

以健全规章、落实责任为切入点,完善国有资产监管体制;以财务监督和风险控制为抓手,强化出资人监管;以公开招聘高级经营管理者为突破口,把党管干部原则和市场化选聘相结合,探索建立适应现代企业制度要求的选人用人新机制;以核定主业和推进联合重组为主线,推进国有企业布局和结构调整。

1. 完善法人治理结构。

以执行《公司法》为重点,区别上市和非上市公司的法人治理结构要求,进一步完善董事会、监事会制度,逐步形成权责明晰、各司其职、制衡有效、决策科学、运作协调的法人治理结构。加强董事会、监事会、经理层人才队

伍建设。明确董事会与经理层的工作职责，董事会要严格按照法律和公司章程的规定把好决策关，加强对公司经理层的激励和监督。

完善外派监事制度，切断监事与企业的利益联系，落实监事会对公司重大决策的建议权，提高监督的独立性和有效性。下一步，以财务监管和内部审计为重点，加强监事会各项工作机制的形成和有效运行，构建国企外派监事工作团队。加强对监事会成员的培训，不断提高监事的监管能力与水平。

2. 完善"三重一大"事项报告制度。

结合国资管理和企业发展实际，进一步规范政府、企业的权利和义务，建立健全与国有资产分级管理相匹配的"三重一大"事项管理制度。按照效益突出、风险可控，有利于区域经济和企业发展需要的原则，强化和规范对企业中长期发展规划等重大战略、年度融资、发生额度在1000万元以上的经营活动，区管重点企业二级以上公司或注册资金在1000万元以上公司的重大资本运营等国资经营活动以及企业重要人事安排的监督和管理。在加强企业财务监督、产权管理和转让、投融资决策、高风险业务控制等方面，制定规章制度，并严格监督执行。

区管重点企业应制定并严格执行企业"三重一大"决策程序和管理制度，严格执行集体讨论决策程序。同时，严格按照管理权限及时、准确上报区委、区政府或相关职能部门审批。

3. 强化工作目标考核。

通过建立业绩考核体系，形成责任落实和压力传递相统一的工作机制。具体而言，以净资产收益率、区级税收贡献率以及完成区委、区政府交办任务完成情况为主要依据，按照"促进企业发展、确保国资安全运行"的原则，设定基本目标和特定目标，强化对企业经济责任与社会责任的考核。通过"企业申报，国资委审查，区纪委审核后，报区政府常务会议审议，再提请区委常委会确定"的程序，确定考核结果。参照市场行情，适当提高重点企业国有资产产权代表整体薪酬水平，并根据考核结果，拉开差距。

结合企业重组或上市，选择1~2家主业明确、法人治理结构健全、经营稳健的公司试行股权激励，促进经营管理行为的长期化。

4. 加强国企人才队伍建设。

能否造就一支素质优良的企业家队伍，在很大程度上决定着闸北国有企业和闸北经济发展的未来。因此，深化国资国企改革，必须精心培育优秀的企业家队伍。要继续深化国有企业领导人员选拔任用机制改革，推进经营管理人员的市场化配置，探索采取企业内部竞聘上岗、闸北国企系统内竞聘上岗、公开招聘、市场寻聘等多种方式，全面引入竞争机制。

改革企业高层管理人员行政审批制度，逐步取消国企领导人的行政级别。除董事长和总经理需经行政审批外，在部分企业试行副总、总监等其他高管由董事会负责选聘制度，从而使企业经营者真正实现市场化、职业化。充分利用人才市场优势，建立高层次经营管理人才库、高级专家库以及后备人才库。围绕企业经营主业，加强对企业经营管理、房地产规划设计、资本运作、物业管理、商业管理、财务管理人才的引进。建立国企人才开发培养专项资金，开展区属国企各类优秀人才的评选表彰。研究制定区属国有企业人才队伍建设的指导意见或中长期发展规划，培育一支职业道德良好、忠实维护国有资产利益、专业水平突出、具有出色战略决策能力和市场应变能力的经营管理人才队伍。

5. 探索国资管理体制改革。

积极探索国资委履行出资人职责的更有效方式，不断完善监管制度，确保国有企业健康发展。这方面，市国资委有新的动作以资借鉴。

2010年3月，上海国有资本管理有限公司成立。根据公开报道，该公司管理框架极富特色，将在董事会之上另设由市国资委领导等人员组成的管理委员会，以此保证国资委对该公司的掌控，亦尽量减少划转国资委旗下其他强势国企股权时可能产生的摩擦。公司直接受让部分国有股权，开展市场化的股权和资本运作，而不涉及企业的具体经营。从长远来看，不排除国资管理公司将大部分国有股权纳入，甚至变身为类似新加坡"淡马锡"式的综合性控股公司。

建立国有资本管理公司，有利于国有资产出资机构完整行使出资人权能，落实出资人权能中最重要的收益权。有利于减少行政对企业经营活动的过多干预，维护企业作为市场主体依法享有的各项权利，从而实现所有权和经营权的分离，也有利于解决代理关系中所存在的行政性、多层次性问题。一方面，国有资产出资机构可以通过国有资本管理公司对重要企业直接持股，缩短委托代理链条；另一方面，可以管理公司为平台推进重组和国有资本有序流动，调整国有资产投资的布局和结构，引导企业支持、服务区域发展。

区政府职能部门应密切跟踪此类公司的运行，加强对建立区级国有资本管理公司（控股全部或大部分国企）的可行性研究，以进一步转换国资管理体制机制，确保国有资产在流动中实现保值、增值。

关于实施“南高中繁北产业”发展战略的若干建议

政协上海市闸北区委员会

闸北正处于发展加速、转型加快的关键时期，区委提出了“南高中繁北产业”的发展战略，指明了闸北“十二五”期间的发展方向，得到了全区广大干部群众的广泛认同。综合“南高”、“中繁”、“北产业”三个分报告，本报告重点就实现“南高中繁北产业”发展战略的历史机遇、现实基础、发展思路、发展目标和重点项目、对策措施等开展调研和提出建议，供区委决策参考。

一、历史机遇

（一）上海“十二五”发展战略为实现“南高中繁北产业”指明了发展方向

上海的“十二五”发展规划，特别是“多轴多心”的发展战略和“沿江沿河”（沿黄浦江和沿苏州河）的功能布局为闸北实现“南高中繁北产业”指明了新方向，带来了新机遇。闸北位于苏州河的北岸，临近黄浦江，苏河湾与“北外滩”、“外滩源”构成江河交界的“金三角”（见图1），4.7公里河岸成为苏州河发展带上的黄金水岸线。以苏河湾建设为龙头，必将带动中部和北部的协调发展，实现“南高中繁北产业”的发展目标。

（二）多年的经济发展和城市建设为实现“南高中繁北产业”奠定了坚实基础

21世纪以来，特别是近两年来，闸北经济保持快速增长的发展势头，经济总量日益壮大，产业布局逐渐清晰。闸北坚持“旧区改造不动摇”，较好地改善了城区面貌。随着地铁、高架和北广场等重大工程的建成，我区城市交通的通达率不断提高，为实现“南高中繁北产业”发展战略奠定了坚实基础。

（三）独特的区位优势为实现“南高中繁北产业”提供了现实可能

闸北沿苏州河坐北朝南，紧临南京路等上海中央商务区，区位优势得天独厚。我区拥有中心城区可大规模开发的3.19平方公里的“苏河湾”，拥有浦西最大的绿地——大宁灵石公园，拥有80万平方公里可供改造开发的旧区，拥有一批闲置工业厂房，为闸北厚积薄发、后来居上提供了现实可能。

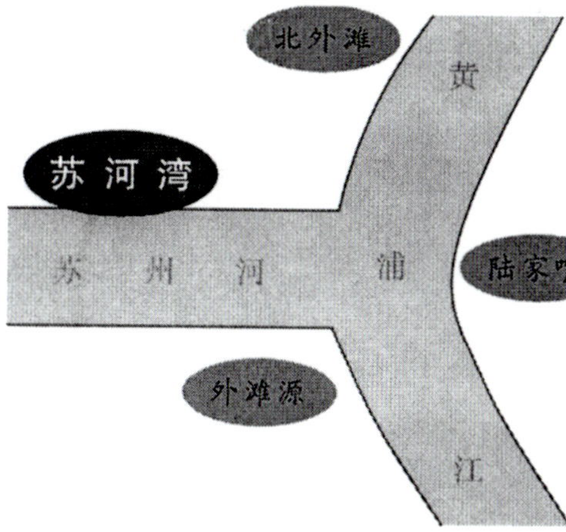

图1 闸北区苏州河“金三角”图

（四）举世瞩目的世博会为实现“南高中繁北产业”带来了崭新理念

世博会是上海未来发展的重要引擎，世博会带来的崭新理念和世博后续效应，将融入上海和闸北“十二五”发展的全过程。城市最佳实践区展现的低碳环保、科技创新、以人为本、可持续发展等理念，为闸北实现“南高中繁北产业”发展战略提供了借鉴案例。

二、现实基础

(一)发展现状

1. 走出低谷的势头已经显现。近两年，闸北发展速度不断加快，面对全球金融危机，逆势而上，跨越发展。2010年上半年，区级财政收入完成25.02亿元，同比增长34.79%，14年来首次位居中心城区增幅首位。

2. 经济发展目标逐步明晰。经过都市型工业、印刷媒体产业、现代交通服务业、生产性服务业等长期的探索，闸北逐步找到了切合区情的发展目标和路径。“南高中繁北产业”明确了闸北“南中北”的发展布局，也明确了各功能板块的发展内涵。

3. 产业转型迈出坚实步伐。在持续挖掘商务商贸业、房产建筑业等传统产业发展潜力的同时，闸北坚持转方式、调结构，大力发展现代服务业。率先推进国家人力资源服务产业园区、国家综合服务业改革试点区、上海云计算产业基地的建设，经济结构调整和产业转型升级有了良好开端。

(二)制约因素

1. 楼宇品质不优、商务环境不理想。全区1万平方米以上的商务楼宇有69幢，大多数楼宇品质不优，空置率偏高、税收属地率偏低。目前5A级楼宇、千人楼宇、亿元楼宇缺乏，物业服务不相匹配，加上周围市容环境、交通配套等不尽人意，导致楼宇的总体商务环境欠佳。

2. 产业能级不高、集聚效应不明显。一是企业多、规模小。截至2010年5月底，我区各类工商登记企业有22212户，90%的企业税收在0～5万元之间，100万元税收以上的企业只有817户。二是园区多、能级低。除市北高新技术园区、上大科技园区、上海多媒体谷3个园区较大规模外，其余大大小小的园区(含都市工业园区)还有50多个，分别由区相关部门、街道(镇)、村管理。三是产业未形成集聚效应。由于我区支柱产业长期以来在不断调整之中，尚未形成具有一定规模效应的产业集聚。

3. 政策效应不佳、部门合力不强。我区现有政策主要有三类：一是国家和本市的园区扶持政策；二是条线专项政策，主要是产业主管部门推出的产业支持政策；三是招商引资政策，重点是对引进企业的财税扶持政策。这三类政策由于政出多门，未充分发挥整体效应。各部门、各园区、各街镇在具体招商时还存在政策不一、无序竞争的现象。

三、发展思路

要实现“南高中繁北产业”，必须坚持“三大发展思路”：

(一)坚持“南、中、北”协调发展

南部是龙头和战略发展地，是闸北的“脸面”和“眼睛”，主抓楼宇经济，突出生态商务和滨水价值，通过楼宇的建设、企业的引进和产业的集聚，率先发展苏河湾，体现高端高档。北部是支撑和产业高地，主抓园区产业，突出特色产业和园区经济，通过“3＋X”园区的建设和四大产业的集聚，体现实力支撑。中部是配套和发展腹地，主抓商业商务，突出商业休闲和文化人气，为南部和北部提供成熟的商业商贸配套，体现繁荣繁华。

(二)坚持“创新驱动”发展

按照上海市确定的“十二五”“以创新推动城市全面转型”的发展主线，我区实施“南高中繁北产业”必须坚持创新驱动发展战略，建立区域创新体系。以技术创新为核心，增强科技竞争力；以制度创新为重点，推动经济转型产业升级；以环境创新为基础，形成高效完善的服务环境。

(三)坚持“产业优化”发展

突出产业重点，提升产业能级，促进产业集群，构建新型产业体系：一是以人力资源服务业为龙头产业，成为区域经济新的增长极；二是提升传统产业能级，壮大传统商业商贸的规模和能级，调整房产建筑业的发展重点，为区域经济提供稳定支撑；三是加快发展新兴服务业，大力发展高端商务、高新科技、金融服务、信息服务、文化创意等产业，真正实现经济转型和可持续发展。

四、发展目标和重点项目

(一)南高

通过高起点规划、高品质建设、高标准配套、高水平管理，把苏河湾建设成高端商务商贸与优美滨河环境相融合、深厚历史文化与典雅时尚元素相融合、闸北特色与全球智造相融合的高端生态商务区和现代服务业集聚区，成为后世博上海中心城区的新地标之一。

重点是“打造一个核心区”、“实现东西湾联动”、“实施三路并进”、“做好五字文章”。

1. 打造一个核心区——“田”字型核心区(见图2)。

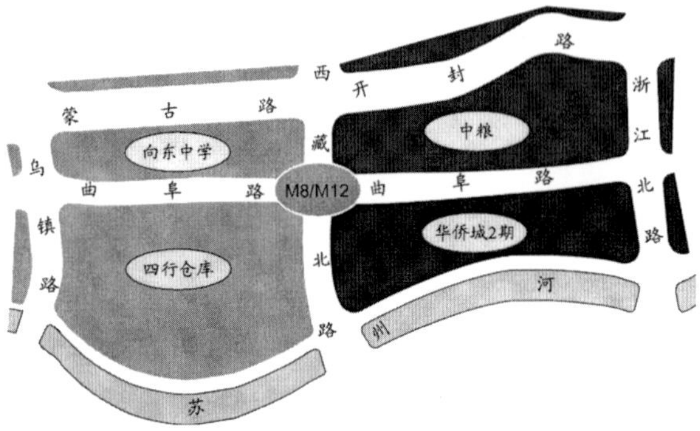

图2　苏河湾地区“田”字型核心区图

以西藏北路曲阜路为轴线，以轨道交通8号线、轨道交通12号线交汇点为中心，打造东至浙江北路、南至苏州河、西至乌镇路、北至蒙古路开封路的“田”字型核心

区。重点突出商业商贸、文化创意、休闲娱乐、会展论坛等产业和功能，形成四区域的商贸商务联动。

东北区域，以中粮集团大悦城开发为主，打造与人民广场、莱福士商厦错位联动的高端商务商贸，力争年内实现营业。东南区域，以华侨城集团开发41、42地块为主，在利用原有历史建筑的基础上，建设会展、文化、论坛中心以及娱乐休闲广场。西南区域，利用滨河有"湾"和四行仓库等历史建筑密集的优势，大力发展文化创意产业，建设成为高档会所和文化创意中心。西北区域，通过土地置换，把向东中学地块开发成高端商务商贸中心。

2. 实现双湾联动（见图3）。

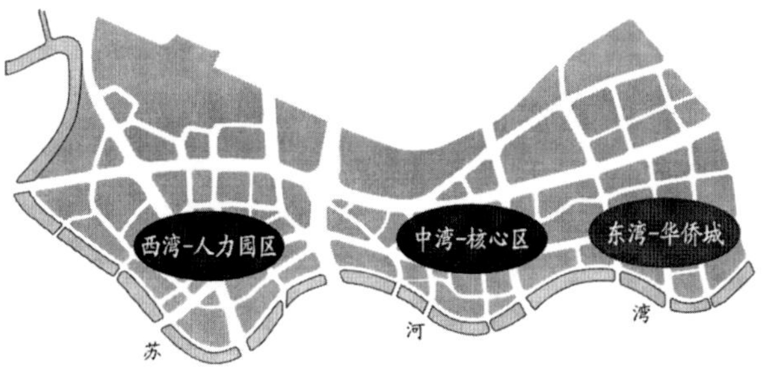

图3 苏河湾"三湾"功能布局图

（1）东湾——华侨城

重点突出主题商务、文化休闲等功能，发展金融服务业和总部经济集聚中心。一是发挥华侨城集团擅长旅游主题文化和精品酒店的优势，在区域内建造一座五星级酒店，形成适当突破天际线、有视觉冲击力的"苏河第一湾"新地标。二是充分开发利用上海总商会的商务价值，引进何香凝美术馆，使主题商务与历史人文有机融合。三是建设浙江路绿地，充分开发绿地的地下、地面空间，建设交通、停车、休闲等配套设施。

（2）西湾——中国上海人力资源服务业园区

重点深化园区规划、优化政策环境、引导产业集聚和完善周边功能，建设中国上海人力资源服务产业园区。一是把人力资源服务业作为全区"十二五"龙头产业，成为区级财政的重要贡献力量，服务长三角地区、服务长江流域、服务全国。二是明晰园区规划和功能布局，制定好2平方公里园区的发展规划。三是搭建人力资源服务业"四大平台"，即人才培训平台、人才信息平台、数据库平台和产业支撑平台；发挥园区"四大功能"，即集聚产业、拓展服务、孵化企业、培育市场。四是完善综合配套。调整新发展大厦、上海青少年活动中心等载体资源，为人力资源服务企业腾出空间，形成楼宇集群；打造沿恒丰路、长安路的"L"型商业商贸大道，提升园区周边的商业休闲和文化娱乐功能；规划建设长安西地块文化休闲中心；完善园区周边的交通、停车和生活配套。

3. 实施三路并进（见图4）。

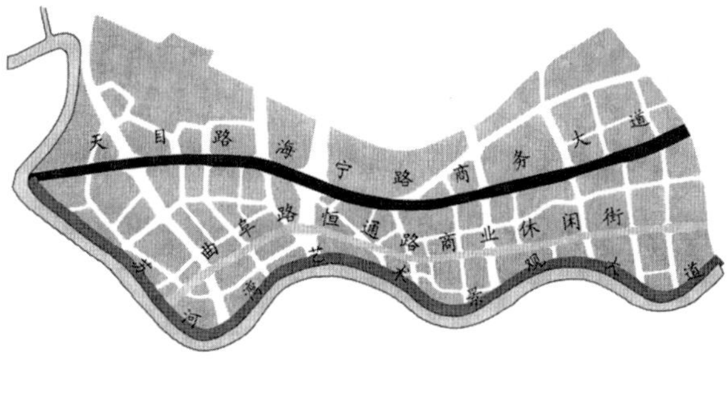

图4 苏河湾地区"三路并进"图

第一街面——建设苏河湾艺术景观大道

一是打造沿河公共走廊。要从立体生态和艺术景观的角度，整合绿化、桥梁、新老建筑等景观资源，塑造一条立体、生态的亲水走廊和景观大道，成为苏河湾地区的"脸面"。二是打造苏河湾桥梁文化。重视11座桥的改造和利用，修旧如旧，既确保机动车、行人通行顺畅，又通过适当改造增加桥梁的休闲娱乐和观光功能。三是打造主题雕塑。挖掘闸北深厚的历史文化，增设以"民族工业"和"民族振兴"为主题的两组雕塑，重现"红色闸北"、"光荣闸北"和近代民族工业发祥地的历史价值。四是打造亲水平台和游艇码头。建议分别布点在浙江北路、长安西地块等地，开通苏州河闸北段水上观光旅游线。

第二街面——辟通曲阜路一恒通路

作为苏河湾区域内的交通次干道，成为东接"北外滩"、西连静安区的重要纽带，解决苏河湾地区东西向交通不畅的问题；在浙江北路至乌镇路段，建成一段"林荫大道"，成为苏河湾内的"淮海路"或"衡山路"。

第三街面——重塑天目路海宁路商务大道

结合苏河湾的功能定位，调整天目路海宁路的商务功能，构筑非银行金融服务区。在现有绿化的基础上进行景观艺术改造，与苏河湾艺术景观大道、不夜城绿地、浙江路绿地共同形成"四"字型绿化带。

4. 做足"五字"文章。

（1）路——道路

道路是苏河湾地区的经脉。要抓住大拆大建的契机，编制好苏河湾地区的交通专项规划，科学组织东西、南北向的主干道和次干道，提高交通的畅通率和便捷程度。同时规划建设若干条独具特色、安静优雅的小街小巷。

（2）桥——桥梁

11座桥是苏河湾的宝贵财富，如浙江路桥是世界上为数不多的鱼腹式钢析架结构桥梁。要对11座桥进行深入研究和规划，明确"1号桥"、"主干道桥"、"休闲桥"、"景观桥"等。每座桥既要明确其功能定位，又要有景观特色;既要体现历史原貌,挖掘桥梁故事和文化,又要赋予时尚元素,增加观光休闲功能。

(3)水——亲水

亲水是苏河湾的鲜明特色。要借鉴国内外滨河地区开发建设的成功案例,规划统筹好苏河湾地区水与人、水与桥、水与路、水与绿、水与岸、水与船之间的关系,通过坐北朝南的滨水价值,带动提升商业商务、观光旅游、休闲娱乐等功能。

(4)房——建筑

建筑是承载苏河湾历史文化与现代商务的重要载体。要统筹规划好苏河湾地区的建筑容量和密度,做到疏密有致、高低错落、和谐相融。对于新建筑,要体现时尚与现代,有些要适当突破天际线,成为醒目的地标。对于老建筑,要进行调查分析,通过腾笼换鸟、修旧如旧、保护开发等途径,使其焕发新的生命力。

(5)文——文化

文化是提升苏河湾地区软实力的重要名片。苏河湾地区积淀了深厚的民族工业文化、革命抗战文化、古建筑文化、桥梁文化和名人居住文化,许多历史事件、历史人物的源头在闸北、在苏河湾。要开发挖掘苏河湾的“源文化”,包括文化源、工业源、商业源、司法源、世博源、工运源、铁路源、民间艺术源等,编写故事,形成系列。

(二)中繁

以精心打造大宁市级商业中心为核心,以全面提升闸北公共服务功能为支撑,在“十二五”期间把大宁建成生态环境优美、商业商务发达、休闲娱乐齐全的大型城市综合体,营造宜商宜居和繁荣繁华的发展环境,使中部成为上海中心城区最聚人气、最具活力的地区之一。

重点是抓好核心区的“三大板块”和拓展区的“三大中心”建设(见图5)。

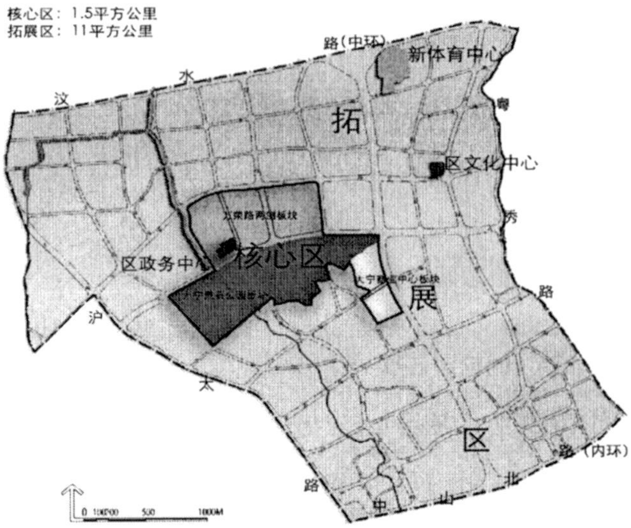

图5 闸北区中部核心区与拓展区示意图

1. 闸北区中部核心区“三大板块”(见图6)。

聚焦1.5平方公里核心区:以闸北体育场拆建为龙头,以上海马戏城联动为抓手,突出商业商务、文化娱乐、休闲旅游功能,精心打造大宁生态商业城,建成商业商务面积超过90万平方米的城市综合体和市级商业中心。

大宁商业中心板块:

(1)闸北体育场改造商业扩容。着力打造主力品牌百货,通过先进经营理念和管理模式引进一批世界一流品牌旗舰店,引领城市生活新风标,凸显时尚、开放、多元的特色。

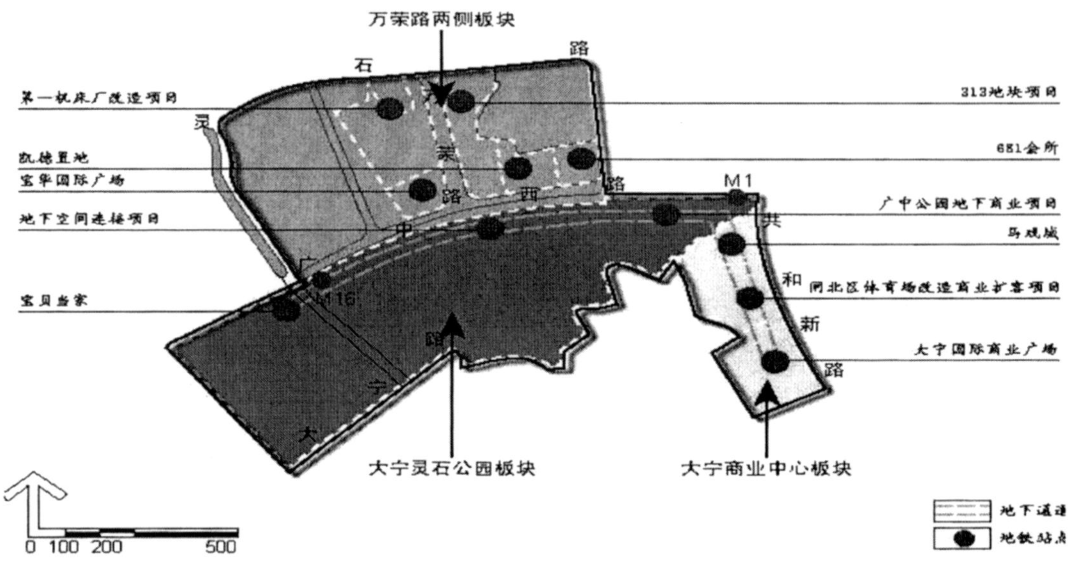

图6 闸北区中部核心区项目示意图

（2）提升大宁国际商业广场品位。重新调整业态，重点建设知名品牌连锁店，突出特色餐饮、文化休闲和购物娱乐功能，激发商业活力。

（3）实现与上海马戏城的“商旅文”联动。加强与市文广演艺集团的合作，形成集马戏城、欢乐马戏和新建轻型结构剧场为一体，以杂技、马戏为特色的上海新的演艺集聚区。打通上海马戏城与南部商业广场和北部绿地之间的“围墙”，形成逛公园、看马戏、品美食、购商品为一体的“休闲体验式消费”。

大宁灵石公园板块：

（1）开发广中公园地下商业。布局成为由时尚店、专卖店和美食店组成的休闲一条街，并通过便捷的地下空间引导人流进入大宁商业中心和大宁灵石公园进行闲适的深度消费。

（2）建设公园西侧的“宝贝当家”。依山覆绿，建设地上地下相联接，集童话、电影、健身、角色体验为一体的多元化儿童游乐中心，与观看儿童马戏以及公园亲水划船一起，打造近悦远来的大宁儿童主题乐园。

（3）做好地下空间连接。提供多层、超大规模的停车场所，并连通大宁商业中心、上海马戏城、万荣路两侧等项目，使环大宁公园区域成为购物休闲娱乐相融合、吃喝玩乐为一体的生态城市综合体。

万荣路两侧板块：

（1）万荣路东侧313地块开发。主要打造商业办公，建成以服务企业白领为主的商业购物广场。

（2）万荣路西侧第一机床厂改造。把老厂房改建为创意办公用房，同时建造8幢别墅式办公群，引进总部型企业入驻。

（3）商务配套项目。主要包括凯德置地五星级酒店、宝华国际广场和681会所等，增加中部举办国际论坛、重要会议和高档消费娱乐功能。

2. 拓展区“三大中心”

辐射拓展区，借助全区公共服务各种要素向中部集聚的契机，加快北迁区政务中心、启用区文化中心以及重建区体育中心，进一步完善区域内市、区教育和卫生设施布局，形成闸北公共服务优质资源集聚区，以此带动中部地区的繁荣繁华。

（1）新建区体育中心：新建6000座的主体育馆、占地3万平方公米的运动中心、五星级体育宾馆和户外运动场等子项目，形成体育事业与体育产业相结合、竞技体育与群众体育结合、赛事演艺和训练健身相结合的区综合性体育中心。要走市场化、大众化道路，实现自主经营、自负盈亏。建议命名为“大宁运动城”或“大宁奥林匹克中心”。

（2）启用区文化中心：形成群众文化、会议展览、餐饮娱乐、专业演出为一体的综合性文化场所。特别是要充分利用好1145座的大宁剧场，加强与知名演艺运营管理集团的战略合作，进一步提升闸北的文化品位。

（3）北迁区政务中心：建议通过一定的方式，将区政务中心由铁路上海站置换搬迁至大宁地区，以政务中心带动各种要素由南部向中部转移集聚，形成集政务中心、文化中心、体育中心、医疗中心和教育中心为一体的闸北公共服务优质资源集聚区。

（三）北产业

通过科学布局产业园区、明晰重点产业导向、完善产业扶持政策、理顺产业推进机制，把北部建设成园区融合互补、产业集聚联动、创新能级提高、配套完善便捷的自主创新的核心区、高新技术产业集群的先导区、政府高效服务的示范区，构建国家高新技术服务业高地、国家软件和信息服务业重要基地、数字媒体产业化基地。

重点是“建设三大园区、发展三大产业”

1. 建设“三大园区”（见图7）。

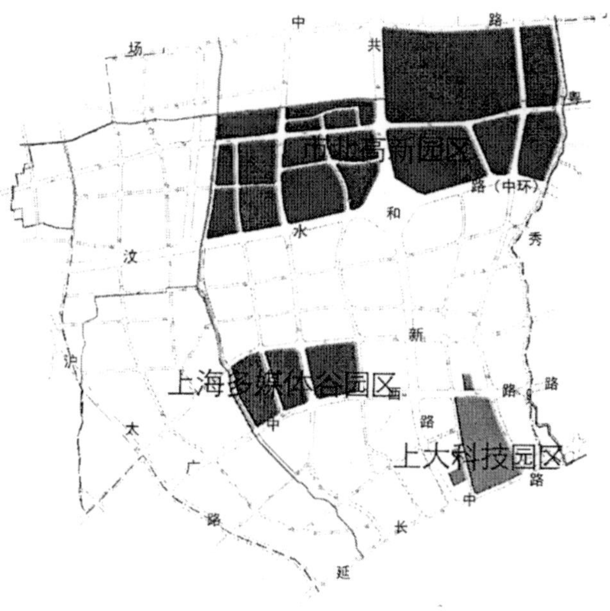

图7 闸北区北部三大园区示意图

（1）以市北高新技术产业园区为核心，联动现代物流园区、东方环球企业总部园、龙软——万荣软件出口基地、工业设计园，充分发挥“市北”的品牌优势和辐射效应，重点发展软件与信息服务、云计算、新能源、总部经济等产业，成为“北产业”的核心区域。

（2）以上大科技园区为支撑，形成环上大延长校区格局。充分利用上海大学的学科与科研实力，发挥人才培养与集聚的优势，重点形成新能源、新材料及节能环保技术、产学研结合等创新特色。

（3）以上海多媒体谷为重点，将合金工厂、教育一条街整合到这一板块，利用现有的品牌与区位、环境优势，重点发展数字媒体技术产业和文化创意产业等，建设成为主题化、专业化的数字多媒体产业园区。

以市北、上大、多媒体谷三大园区为引领，带动诸多工业园区和彭浦镇、大宁街道辖区等园区的开发建设，形成融合互补的“3 + X”产业园区新格局。

2. 发展“三大产业”。

结合上海重点产业布局调整的契机，抓紧北部产业的功能定位和产业细分，依托区域内龙头企业集聚的优质创新资源和形成的领域优势，以产业链的方式合理调整现有产业，加快形成具有核心竞争力和区域特色的产业集群。“十二五”期间，北部应重点发展以下“三大产业”：

（1）信息服务业。以建设亚太数据港（云计算产业基地）、国产基础软件基地为依托，重点发展软件开发、信息服务外包等产业，通过各类平台建设，汇聚优质企业，抢占信息服务业制高点。

（2）科技服务业。以上海大学学科优势和区域现有装备技术为支撑，主动对接国家、市重点产业发展和转移，重点发展新能源、新材料、智能电网、物联网等新兴产业，成为上海高新技术产业集聚的重要区域。

（3）文化创意服务业。以多媒体谷、上海大学科技园区为依托，大力发展研发设计、动漫创业、论坛会展等产业，占领技术创新和研发设计等产业链的高端。

五、对策措施

（一）理顺体制机制

进一步理顺实施“南高中繁北产业”发展战略的体制机制，设立四个平台（见图8）。

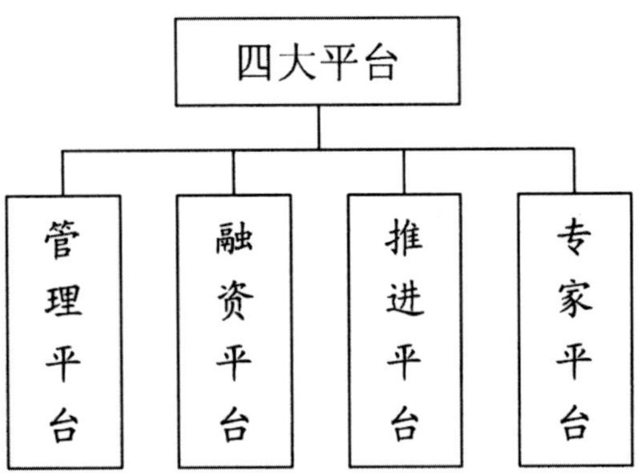

图8 闸北区“南高中繁北产业”体制机制图

1. 管理平台。分别设立“苏河湾”、“中繁”管理委员会，负责制定和实施区域规划，协调开发建设。“北部”建立“园区联席会议制度”，推进园区联动。

2. 融资平台。以有经验、有实力的区属国有企业融资为主，鼓励社会资金参与，形成市场化、多元化的融资新模式，服务区域经济。

3. 推进平台。按照市场经济规律，在南部和中部各成立一个投资公司进行实体推进和招商。

4. 专家咨询平台。借助外脑力量，吸收专家智慧，成立由各类专家组成的咨询顾问团，为重要规划、重大决策、重点项目提供参谋。

（二）强化规划引领

1. 高起点制定发展规划。从全市的高度和长远的角度，高起点、前瞻性制定好闸北区“十二五”经济和社会发展总体规划，并按照“南高中繁北产业”的功能布局，分别制定好各区域发展规划、重点产业规划、重点园区规划和其他专项规划。强化规划的实施落地，详细列出未来5年各区域的重点项目和重大工程，坚定不移予以推进。

2. 争取纳入上海市整体规划。争取将苏河湾地区或者与外滩源、北外滩联手组成苏州河“金三角”，纳入上海市总体规划，成为“十二五”期间上海重要发展战略和发展区域之一。积极争取市北高新技术产业园区、人力资源服务产业园区、大宁市级商业中心等纳入上海市相关专项规划，成为全市发展战略之一。

3. 加强市区联动。苏河湾的开发，必须加强市、区互动，加强与周边兄弟区的联动，形成苏州河上下游和南北两岸协调开发的良性格局。北部产业的推进，要进一步理顺“市、区、校”（上海市、闸北区、上海大学）的关系，真正形成务实高效、密切经常的协调推进机制。

4. 研究铁路上海站北广场的功能定位与商务配套。随着北广场交通枢纽和中兴路拓宽等项目的建成，火车站北广场周边环境得到了很大改善。要将北广场及中兴路一带的功能定位和项目开发提上议事日程，以便与苏河湾的开发建设配套同步，形成火车站南北广场的联动发展格局。

（三）完善政策扶持

1. 研究制定园区和产业扶持政策。尽早研究人力资源服务园区以及申报国家综合服务业试点区的有关政策，一方面努力争取国家部委和上海市支持政策；另一方面制定我区的专项扶持政策。制定重点产业目录，设立产业引导基金，完善产业扶持政策，向人力资源服务业等龙头产业倾斜，真正体现政策的导向作用和集聚效应。

2. 用好用足现有政策。进一步理清国家和上海市的产业扶持政策，把现有的政策用足、用好，使有关政策落地，并向街镇辐射。要强化政策服务，建立“企业服务信息平台”，统一公布招商信息、招商政策和服务承诺。优化行政审批中心建设，完善并联审批流程，提高服务效率。

3. 修订招商引资政策。全面梳理市、区、街道、园区现有的招商引资政策，统一口径，避免内部无序竞争。同时制定品牌扶持、人才引进和人才公寓建设等方面的专项政策。

（四）拓展融资渠道

1. 制定“十二五”融资规划。“十二五”是我区大拆建、大发展的关键时期，需要大量资金。国务院19号文件加强了对地方政府融资和资金运用的监管，我区要认真贯彻、提前谋划、合理安排，科学统筹“十二五”期间的动拆迁资金和建设资金，加大融资力度，规范政府融资平台建设。

2. 创新融资方式。坚持政企和政银、直接融资和间接融资相结合，大力发展非银行金融服务业，通过基金、“风投”、典当行等进行融资。积极探索BOT（建设—经营—转让）、BOOT（建设—拥有—经营—转让）等融资方式。

3. 鼓励社会资金参与融资。贯彻国务院《关于鼓励和引导民间投资健康发展的若干意见》（即“新36条”），鼓励和引导民间资本有序参与我区的建设，吸引和利用社会资金参与开发。开展对高新技术等中小企业“门对门”的金融服务，提出配送解决方案。

（五）构筑文化软实力

1. 弘扬抗战文化。争取国家部委、市有关部门的支持，将四行仓库建设成为全国性的抗战纪念馆（博物馆）。通过各种途径，广泛收集和挖掘上海的抗战史料，同时加强与全国各地抗战纪念馆和全世界反法西斯纪念馆的交流和互动。

2. 保护开发优秀历史建筑。一是在苏河湾地区重建天后宫，培育和传承妈祖文化。同时开发台湾旅沪同乡会旧址，挂牌保护，吸引台湾有关人士。二是充分挖掘上海总商会的人文历史，将总商会旧址改造为海上高端人才云集的高档商务会所。三是扩建两座博物（展览）馆。以建党90周年为契机，扩建中共三大后中央局机关历史纪念馆，增加红色闸北、光荣闸北的相关内容、图片、实物，运用声、光、电等新技术全方位展示，成为上海较有影响的革命传统教育基地。收购福新面粉厂旧址并改建为上海民族工业博物馆，成为上海文化新亮点。四是开发利用会审公廨，与有关方面联手，建成法院博物馆。

3. 构筑“海派艺术交流中心”。吴昌硕作为近代海派绘画艺术的杰出代表，在日本、韩国和东南亚具有非常高的知名度，要以吴昌硕故居为载体，规划建设“海派艺术交流中心”，促进东西方文化的融合。规划申报山西北路历史风貌保护区，使该区域内的新老建筑融为一体。

（六）优化各项配套

1. 交通和停车配套。制定“十二五”期间全区特别是苏河湾和大宁地区的交通专项规划，注意静态交通和动态交通的合理配合，科学组织全区交通网络，构建智能化交通引导系统。高度重视地铁出入口与公交站点、商务楼宇和商业中心的连接，提高通行率和通达率。科学谋划“十二五”期间全区停车场所的建设，在大型绿地下筹建停车场，合理布局各商务楼宇的地下停车库和地面小型停车场的建设。

2. 商务休闲功能配套。高度重视各园区、各功能区、各商务楼宇的休闲娱乐功能配套，根据不同定位，科学设置与之相匹配的餐饮、酒吧、咖吧、娱乐、健身、商务会谈等休闲场所，促进商业与商务互动、工作和消费互动。

3. 公共服务配套。抓住旧区改造和大拆大建的契机，科学规划“十二五”期间的社会事业配套设施。南部重点抓好教育资源的布局和提升，中北部重点抓好卫生、体育、文化设施的配套，使产业与事业相辅相成，相互促进。

（七）承接后世博效应

1. 学习世博理念。把“城市，让生活更美好”的主题特别是城市最佳实践区关于低碳生态、智能环保、注重文化特色等发展理念，融入我区“十二五”发展的全过程。注重学习借鉴各国各地城市建设、文化旅游、科技创新、环境保护等方面的优秀成果，为我所用。

2. 应用世博技术。闸北的开发建设要学习借鉴世博会展示的先进技术，重视地源热泵、雨水收集、非电空调、太阳能等先进技术在我区建筑中的应用。

3. 争取迁建世博场馆。世博场馆既是建筑的艺术品，也是文化旅游资源。建议尽早与有关方面进行接洽，探讨部分世博场馆迁建闸北的可行性。

大事记

编辑　姚荣仲　丁唯涵

1月

2日　副市长赵雯到北区旅游集散中心视察节日安全工作，并慰问节日加班加点的工作人员。

14～15日　区委八届八次全会举行。

16日　沪上规模最大的城市雕塑群主题广场——108创意广场在区落成开放。

17日　区举行以“世博让城市更美好，慈善使闸北充满爱”为主题的2010年“慈善帮困联合捐”活动。

同日　区领导在大宁会议中心接待由宁夏石嘴山市委书记、市人大常委会主任李文章带队的党政代表团一行14人。

18～22日　区政协十二届四次会议在上海行健职业学院举行。

19～22日　区十四届人大六次会议在上海行健职业学院举行。

20日　市人大常委会副主任、市总工会主席陈豪走访慰问区困难劳模。

同日　市政府授予区“上海市服务外包示范区”称号，副市长唐登杰出席授牌仪式。

是月　经国家科技部评审，区科技创业中心被批准为“国家高新技术创业服务中心”。

2月

3日　区政府十四届十二次全会举行。

8日　区八届纪委五次全会举行。

9日　市委常委、纪委书记董君舒，副市长沈晓明等到彭浦新村街道检查帮困送温暖工作。

10日　区委、区政府在新中高级中学召开2010年机关考核总结表彰大会。

11日　苏州河北岸东块1街坊地块现场竞价活动举行，深圳华侨城房地产有限公司以70.2亿元竞得该地块。

14日　市委常委、统战部部长杨晓渡，副市长沈晓明，市民族宗教委主任曹斌，市教卫党委书记李宣海，市教委主任薛明扬，西藏驻沪办主任戚素坤等到共康中学，与藏汉学生及家长共庆藏历铁虎新年。

22日　“聚焦苏河湾、打好攻坚战”区2009年旧区改造总结表彰暨2010年旧区改造工作大会在浦西洲际酒店举行。

25日　区十四届人大二十七次会议举行，任命鲍英菁为区人民政府副区长。

3月

1日　区召开2010年人大代表书面意见和政协提案办理工作会议

3～7日　第二十三届中国上海头脑奥林匹克创新大赛举行，区15所中小学校的19支参赛队伍共获8个一等奖、7个二等奖和4个三等奖。

4日　区举行深入学习实践科学发展观活动总结大会。

10日　市政协副主席周太彤率市政协专题调研组到区调研旧住房改造及保障性住房建设项目。

17日　区召开2010年招商引资工作会议。

24日　2009年度上海市科学技术奖励大会举行，区15家单位15个项目分获一、二、三等奖。

27日　中共中央委员、中残联党组书记、理事长王宪新等到区视察残联工作。

29日　区政府与中国移动上海公司在浦西洲际酒店举行“共同推进闸北区信息化建设合作框架协议”签约仪式。

30日　“世博论坛·城市历史文化建筑的功能再造”活动在区境浦西洲际酒店举行，市委常委、宣传部部长杨振武出席。

4月

1日　区领导接待到区考察的江苏省演艺集团董事长顾欣一行。双方就开展大宁国际文化艺术中心合作进行交流和探讨。

6日　区召开第三届非公有制经济人士优秀中国特色社会主义事业建设者表彰大会。市委常委、统战部部长杨晓渡，市委统战部副部长、市工商联党组书记季晓东等出席大会。

8日　区科技创新表彰奖励大会在浦西洲际酒店举行。

10日　区中心医院举行建院50周年庆典仪式。

同日　铁路上海站地区世博安保人员暨闸北区平安志愿者上岗宣誓仪式举行，上海铁路局局长安路生等出席。

14日　区政府十四届十三次全会举行。

15日　区十四届人大常委会第二十八次会议举行。

同日　市少数民族世博志愿者誓师大会在区境回民中学大礼堂举行。市委常委、统战部部长杨晓渡等出席。

15～18日　由区联合主办的2010年第十七届上海国际茶文化节举行。市委常委、宣传部部长杨振武，全国供销合作总社监事会主任、中国茶叶流通协会会长刘环祥，中国国际文化交流中心副理事长林丽韫，中国国际公共关系协会会长李道豫，中国宋庆龄基金会副主席、中国翻译协会常务副会长唐闻生，市人大常委会副主任郑惠强，市政协副主席钱景林等出席开幕式。闭幕式于4月18日在四川省都江堰市举行。

23日　副市长赵雯到区视察铁路上海站地区世博旅游咨询服务亭筹建工作。

26日　副市长沈骏率市世博工作市政市容环保组视察铁路上海站南广场及周边地区市容环境整治情况，并听取南广场地下通道建设、主题绿化景点改造、广告、店招店牌整治及地面保洁等工作汇报。

27日　区世博会志愿者誓师大会暨纪念“五四”运动91周年主题集会在新中高级中学举行。

29日　区2007～2009年度劳模、先进表彰大会在新中高级中学举行。

5月

1日　柬埔寨金边市市长盖竹德玛一行到区访问考察。

6日　市委常委、市纪委书记董君舒到区慰问基层干部群众，并召开座谈会。

12日　市高级人民法院院长应勇到区调研，实地视察区法院诉调对接中心楼施工现场和院史陈列室。

13日　市人大常委会副主任王培生到区调研“侨民宗台”工作。

21日　区十四届人大常委会第二十九次会议举行。

26日　《闸北报》创刊20周年座谈会举行。

同日　市商务委与区政府签署《共同推进闸北区商务全面发展的合作协议》。

29日　铁路上海站北广场综合交通枢纽主体工程竣工仪式举行，副市长沈骏宣布铁路上海站北广场综合交通枢纽主体工程正式投入使用。

3日～6月9日　上海世博会“社区市民活动”闸北专场文艺演出在世博园区社区市民广场举行。

是月　由黑龙江省农垦总局党委书记、局长隋凤富带队的黑龙江农垦总局代表团一行到区考察访问。

6月

3日　南京市下关区党政代表团到区考察。

8日　四川省都江堰市大观镇党政代表团到区考察。

10日　第五十一届国际数学奥林匹克中国国家队集训开营式在市北中学举行。

11日　中共中央政治局委员、上海市委书记俞正声，市委常委、市委秘书长丁薛祥等到区调研。

20日　“世博健康行”百名医学专家大型慈善义诊活动在大宁灵石公园举行。市政协主席冯国勤，市人大常委会副主任、市总工会主席陈豪，市卫生局领导等出席活动。

21日　区召开中国上海人力资源服务产业园区推进工作专题会议。副市长胡延照出席会议并讲话。

同日　浙江省台州市党政代表团到区考察访问。

23日　区十四届人大常委会第三十次会议举行。

25日　安徽省六安市党政代表团到区考察访问。

30日　区召开纪念中国共产党成立89周年暨创先争优“世博先锋行动”推进大会。

7月

1日　区行政服务中心在秣陵路38号二楼正式运营。

8日　南京军区“国动委”第十三次会议在安徽省合肥市召开。中央军委委员、国务委员兼国防部长梁光烈在会上作重要讲话，南京军区司令员赵克石、政治委员陈国令和华东六省(市)主要领导出席会议。区长周平代表区“国动委”参加会议，并被南京军区表彰为“武委会好主任”。

14日　区委八届九次全会举行。

同日　区领导接待来访的世界著名人力资源公司任仕达亚太区总裁Marcel Wiggers一行，就任仕达在区境设立中国区地区总部事宜交换意见。

16日　副市长沈骏到区视察保障性住房建设工作。

同日　2010年海峡两岸社区教育学术研讨会在区境上海行健职业学院举行，市政协副主席李良园出席。

21日　由泰国民主党秘书长、政府第一副总理素贴·特素班任团长的泰国民主党代表团到临汾社区文化活动中心参观考察。

26日　湖南省常德市党政代表团到区考察访问。

29日　区政府召开十四届十四次全会。

30日　副市长艾宝俊到区调研现代服务业发展等工作。

31日　由区委、区政府主办的"同系世博情缘，共创和谐平安"——区庆祝中国人民解放军建军83周年音乐会在武警上海政治学院举行。

同日　萨摩亚总理图伊拉埃帕·萨伊莱莱·马利埃莱额奥伊一行到临汾社区参观世博体验之旅。

8月

2日　上海警备区司令员彭水根到区调研。

同日　广西壮族自治区柳州市代表团到区考察访问。

5日　市委常委、统战部部长杨晓渡到区慰问少数民族世博志愿者。

6日　市委副书记、市长韩正到市北高新技术服务业园区开展科技型中小企业专题调研。

同日　重庆市渝中区党政代表团到区考察访问。

7日~9月27日　区第九届运动会举行。

9日　市拆除违法建筑工作推进会在区境大宁会议中心召开，副市长沈骏出席。

10~11日　区十四届人大七次会议举行，补选江天熙为区人大常委会副主任。

12日　上海世博会瑞士联邦国家馆日活动在世博园区举行。活动由副市长屠光绍主持，区领导与其他中外嘉宾100人出席。

16日　以副知事大村慎一为团长的日本静冈县代表团一行10人到区访问。

17日　"2010数字化实验高层论坛"在区举行。

同日　"云海计划"发布暨上海市云计算产业基地揭牌仪式在市北高新技术服务业园区举行，副市长艾宝俊等出席。

18日　"2010云计算产业发展与科技创新上海高峰论坛"在市北高新技术服务业园区举行。

24日　上海市北高新(南通)科技城项目签约仪式在江苏省南通市举行。

26日　闸北作为上海市推荐的服务业综合改革试点区代表，赴京参加国家服务业发展改革工作座谈会，中共中央政治局常委、国务院副总理李克强出席会议并作重要讲话。

27日　副市长赵雯到区就旅游业"十二五"发展规划进行专题调研。

31日　大统路地道改建竣工通车。

是月　区政府与市经信委2010市区联动推进软件和信息服务业工作签约仪式举行。

9月

2日　区与金山区城乡党组织结对帮扶签约仪式在金山区举行。

同日　区对口支援地区——云南省麻栗坡县党政代表团到区考察访问。

9日　市人大常委会主任刘云耕，副主任陈豪、周禹鹏、胡炜、王培生、杨定华，秘书长姚明宝及市人大各专门委员会、市人大常委会各部门负责人等到区视察经济社会发展、"十二五"规划编制和人大履职等工作。

10日　副市长赵雯到区高平路停车场，检查2010年上海旅游节彩车停放安全保卫工作。

同日　"纪念抗日战争胜利65周年——闸北区各界人士参观爱国主义教育基地"活动在四行仓库举行。

12日　以"欢乐购物节，和谐新闸北"为主题的上海购物节闸北主题活动在大宁国际商业广场举行。

13日　云南省砚山县党政代表团到市北高新技术服务业园区参观考察。

14日　中共中央政治局委员、市委书记俞正声，市委副书记、市长韩正等率各区县党政主要领导到区调研"十二五"规划情况，听取铁路上海站北广场建设情况的汇报，并实地视察铁路上海站北广场综合交通枢纽工程。

15日　区长周平带队赴杭州学习考察杭州市开展服务业综合改革试点的先进经验和做法。

20日　2010年区各界人士中秋国庆联欢晚会在上海兰心大戏院举行。

21日　全国政协常委、上海市计划生育协会会长左焕琛出席"闸北区纪念9·25中共中央发布《关于控制我国人口增长致全体共产党员、共青团员的公开信》发表30周年暨上海青苹果俱乐部成立5周年、小海豚成长乐园成立3周年成果展示汇演"大型主题活动。

27日　国内最大的ERP同厂商鼎捷集团总部入驻彭浦新村街道城市新汇园区。

28日　区举行2010年中外企业国庆招待会，庆祝中华人民共和国成立61周年，答谢对区经济社会发展作出重大贡献的区域内中外企业。

同日　2010年国际艺术节(上海)论坛暨第三十八届解放文化讲坛在区境浦西洲际酒店举行。文化部副部长赵少华，市委常委、宣传部部长杨振武等出席。

10月

8日　市人保局副局长毛大立及区领导赴京与国家

人保部有关领导进行座谈，人保部副部长信长星参加座谈。

14 日　市委常委、副市长屠光绍到区调研金融服务“促转型、调结构”工作。

18 日　上海世博会志愿者职业发展服务计划启动暨上海东浩人力资源有限公司成立仪式在区境浦西洲际酒店举行。市委常委、副市长杨雄出席。

18~22 日　韩国釜山广城市沙下区代表团到区进行友好访问。

19 日　第二十一届全国大中城市火车站地区综合管理工作会议在区举行。

20 日　区政府召开十四届十五次全会。

22 日　第四届中日韩信用评级论坛在市北高新技术服务业园区举行。市委常委、副市长屠光绍出席论坛并致开幕词。

25 日　“闸北行——中国 2010 年上海世博会国际参展方进社区互动活动”在区举行。

同日　区政府与新湖集团战略合作签约仪式举行。

27 日　区十四届人大常委会第三十二次会议举行。

同日　上海警备区政委朱争平到区人武部调研。

28 日　市政协主席冯国勤率市政协领导班子到区调研。

11 月

1 日　微软（中国）有限公司与市北高新技术服务业园区正式签署战略合作谅解备忘录，联手打造国内首个“计算运用孵化中心”。

4 日　重庆市永川区区委副书记、区长蒋又一，青海省海西蒙古族藏族自治州委副书记、州长诺卫星，河南省三门峡市市委副书记、市长杨树平，四川省自贡市市委副书记、市长雷洪金等四省市领导到市北高新技术服务业园区参观考察。

9 日　全国人力资源服务产业第一个国家级集聚区——中国上海人力资源服务产业园区挂牌仪式在区举行。国家人力资源和社会保障部副部长信长星、上海市副市长胡延照出席仪式并为中国上海人力资源服务产业园区揭牌。

14 日　以“世博·低碳，让家庭生活更美好”为主题的区第四届“苏河湾”杯家庭文化艺术节暨大型游园活动在大宁灵石公园举行。

15 日　区法院举行诉调对接中心工程竣工暨建制成立仪式。

17~19 日　由市公共关系协会、区政府共同主办的 2010 上海国际公共关系高峰论坛在浦西洲际酒店举行。全国政协常委赵启正、市人大常委会副主任周禹鹏、市政协副主席周汉民、市公共关系协会会长毛经权等出席论坛开幕仪式。

12 月

7 日　市委副书记、市长韩正先后实地调研区苏河湾沿线建设情况和市北高新园区国产基础软件基地发展。

8 日　市北高新技术服务业园区成为中国浦东干部学院现场教学点。

10 日　区十四届人大常委会第三十三次会议举行。

14 日　上海警备区司令员彭水根、政委朱争平等率机关干部及团以上单位党委书记一行 200 余人到区学习考察。

15 日　区举行苏河湾地区城市设计深化方案终期成果发布会暨苏河湾投资控股有限公司成立大会。

17 日　区与新华社上海分社缔结战略合作关系签约仪式举行。

18 日　中粮集团斥资百亿元打造的上海大悦城购物中心开业，标志着苏河湾开发建设的第一个重大项目正式竣工并投入使用。市人大常委会副主任胡炜、中粮集团董事长宁高宁、中粮集团总裁于旭波等出席活动并为大悦城开业剪彩。

23 日　区委八届十次全会举行，全会审议通过《中共闸北区委关于制定闸北区国民经济和社会发展第十二个五年规划的建议》。

27 日　华侨城·苏河湾项目启动仪式举行。

30 日　中国中铁上海地区总部、中铁上海工程局有限公司成立揭牌仪式在市北高新技术服务业园区举行。市人大常委会副主任胡炜出席仪式并为中国中铁上海地区总部揭牌。

概　貌

编辑　姚荣仲

闸北区概况

【地理位置】 闸北区境位于北纬31°29′29″至31°14′44″，东经121°28′51″至121°29′33″，地处上海市中心区北部。东与虹口、宝山区为邻，西与普陀、宝山区毗连，南隔苏州河与黄浦、静安两区相望，北与宝山区接壤。全境南北长约10公里，总面积29.19平方公里。河道10条段（不含苏州河），长24.40公里，水域面积56万平方米。区政府机关设在大统路480号，紧邻铁路上海站，距市中心人民广场1.95公里，距吴淞码头18.1公里，距上海南站15公里，距虹桥国际机场19.5公里，距浦东国际机场55公里。　（姚荣仲）

【区域沿革】 境域原为吴淞江（今苏州河）流域处的沼泽地，1863年始，境地东南隅被划为美租界，后并为公共租界，自此城市化进程开始。1900年，地方绅商为抵制租界扩张，自辟华界商埠，设闸北工程总局。1911年，设闸北自治公所。1912年，建闸北市，设闸北市政厅。1928年，始建行政区，称闸北区，属上海特别市（后改名上海市）。上海沦陷期间，日伪改闸北区为沪北区。1945年，抗战胜利后改为第十四、十五行政区。1947年，两区分别改称闸北区和北站区。1956年，两区合并称闸北区。1958年11月，撤销北郊区，中山北路至场中路地区划入区境。1962年，虹口区罗浮路至宝山路之间地区划入区境。1982年，宝山县场中路至汾西路之间地区划入区境。1984年，从宝山县划入部分地区，区境北界扩至北长浜。1992年9月，宝山区彭浦乡塘南村、龙潭村划入区境。1997年9月，从宝山区划入部分地区，区境北界扩至共和新路以西，共康路南侧高压走廊线、共康路。1999年5月，恒丰路立交桥西沿部分地区划入普陀区，遂成现状。2010年，区辖天目西路、北站、宝山路、芷江西路、共和新路、大宁路、彭浦新村、临汾路8个街道和彭浦镇。有居民委员会209个。　（姚荣仲）

【旧址遗址】 境内有宋教仁墓、吴昌硕故居、上海总工会旧址、“四一二”惨案群众流血牺牲地、中国同盟会中部总会、中共三大后中央局机关历史纪念馆等遗址、纪念地。　（姚荣仲）

【交通运输】 闸北区是上海陆上北大门，南北高架连接虹桥国际机场、浦东新区和市中心。境内有铁路上海站、铁路北郊站（特等货运站），铁路客运占全市运输量的67.70%。轨道交通1号线在境内设汉中路站、上海火车站站、中山北路站、延长路站、上海马戏城站、汶水路站、彭浦新村站、共康路站8个站点。全年客流进站68665577人次。轨道交通3号线在境内设上海火车站站、宝山路站2个站点。轨道交通4号线在境内与上海火车站、宝山路站2座车站共线运营。全年客流量21828738人次。轨道交通8号线在境内设曲阜路站、中兴路站、中山北路站3个站点，全年客流量10190794人次。有20余家长途汽车客运公司，设有7个站点，通往苏、浙、赣、皖、闽、鲁、豫、湘、鄂、粤、京等11个省、直辖市方向班线1007条。有专、兼营长途货运公司81家，另有个体运输业户268家，占全市长途汽车客、货运输业的50%以上。铁路上海站、北区汽车站、彭浦新村和北站地区是境内4个重要公共交通枢纽。市内公共交通有始发线和过境线177条，占全市公交线路34%。　（姚荣仲）

【人口民族】 年末，全区常住人口83.05万人，出生人口6142人，出生率7.03‰；全年户籍总人口69.21万人，出生人口4775人，出生率6.9‰。全年死亡人口5753人，人口死亡率8.32‰。人口自然增长率-1.41‰。外来流动人口207186人，出生人口1367人，出生率7.43‰。户籍人口计划生育率99.6%，流动人口计划生育率86.2%。年内，区内有45个少数民族，人口10899人，其中回族、维吾尔族等饮食清真食品少数民族5800余人，上海市回民中学和共康中学有少数民族学生1884余人，登记来沪少数民族人员1500人。　（姚荣仲）

【区域经济】 经济总体保持健康快速发展态势。全年实现区增加值114.08亿元，比上年增长14.7%；区级财政收入46.30亿元，比上年增长27.7%；完成第三产业收入559.10亿元,比上年增长14.5%;完成固定资产投资100.43亿元,比上年增长33.6%;实现社会消费品零售总额180.05亿元,比上年增长17.0%。发展转型取得进展。经国家发改委批准,区成为国家服务业综合改革试点区域。服务经济快速发展,服务业实现区级税收34.41亿元,占区级财政收入比重为74.3%。四大重点产业发展继续保持良好增长态势,全年完成区级税收37.61亿元,占区级财政收入比重为81.2%。产业园区建设成效明显。面向全球征集设计方案,完成苏河湾地区城市设计,1、41、42街坊等地块成功出让,中粮大悦城正式营业。中国上海人力资源服务产业园区获批建设,集聚各类人才企业和培训机构47家;恒汇国际大厦、万豪万怡酒店等新建载体陆续投入使用。市北高新技术服务业园区数据港大厦地上建筑进入施工阶段,年内,园区实现区级税收4.80亿元,比上年增长50.2%。区域创新能力有所提高。推进高新技术产业化,支持重点创新基地建设。全年获批高新技术成果转化项目30项。上海云计算产业基地成功落户闸北,阿里巴巴、腾讯等国内外知名互联网应用商相继成为云计算产业基础设施平台客户。全区科技型企业超过3500家,高新技术企业达100家,获市认定的软件企业达63家,拥有市科技小巨人及科技小巨人培育企业28家。"引大引强"成效显著。全年引进内资102.27亿元,比上年增长55.5%,引进内资注册资金1000万元以上的项目137个,注册资金1亿元以上的项目18个;引进合同外资5.03亿美元。引资领域不断拓宽,引进上海新湖期货有限公司、盈科(上海)律师事务所、大公国际资信评估有限公司上海分公司等知名企业。推进国资国企改革。北方集团成功重组ST雅砻,成为区首家国有上市公司;加快国资国企"走出去"的步伐,北方集团启动泉州东海滩涂开发项目,上海市北高新(南通)科技城项目正式启动。

(黎晓寅)

【城市建设】 推进旧区改造。全面推广桥东二期新政试点经验,规范动迁管理;设立2亿元拆迁配套房源储备专项资金;落实市属大基地配套商品房8866套。聚焦苏河湾地区重点动迁项目,2、3、4街坊旧改土地储备进展有序。顺利完成336街坊5号地块、平型关路道路辟通工程、宝山路拓宽等7个动迁基地收尾工作。全区动迁居民5037户,旧区旧住房拆除面积16.82万平方米,其中二级旧里以下房屋拆除12.10万平方米。推进城市基础设施建设。重点工程建设有效推进,鸿兴路道路工程、绿洲雅宾利二期等项目竣工;市政设施加快建设,完成河南北路、广中西路等一批道路改扩建工程。福建北泵站建设达到形象节点进度,中兴路电站正在施工。市容环境得到改善。完成世博运行保障工作,市容环境重点由整治建设向常态长效管理转变。开展对乱设摊、乱停车、乱招贴以及区际交界处市容顽症的综合整治和跨门营业专项整治,城区市容环境得到改善。完成八街一镇市容环境责任区达标创建,临汾路街道成功创建市容环境综合管理示范街道。完成楼宇景观照明建设35栋,景观照明道路4条。新建各类绿地9.91万平方米。实施走马塘、彭越浦局部防汛墙改造及西泗塘河道疏浚工程。 (黎晓寅)

【社会事业】 教育事业均衡发展。开展"关注整体,减负增效"等深化教学研究系列活动,教育科研领域取得成果。加强领军人才培养,提升干部师资队伍素质。全年投入4500万元改善学校办学条件。18个"校安工程"校舍加固任务全部完成。彭浦十期C块配套幼儿园开工建设。文化体育活动日趋丰富。举办近百场世博文艺演出,开展"世博进社区·文化领新风"露天电影巡映活动。海上文化中心顺利竣工。完成宋园茶艺馆、集美广告服务部、新艺评弹团3家单位转企改制工作。新建2个社区公共运动场和3个社区健身点,更新21个社区健身苑点器材。开展全国第三次国民体质测试工作。成功举办区第九届运动会。参加第十四届市运会获得"最快进步奖"。闸北输送的运动员参加第十六届亚运会获得4枚金牌。卫生服务能力不断提高。落实全科医师规范化培养,以区中心医院为住院医师规范化培养基地,完成招生等各项工作。继续推进居民电子健康档案、区域卫生信息共享服务平台建设,不断提高区域卫生信息化水平。完成3个社区卫生服务站点标准化建设。市北医院改扩建工程完工。居民住房条件不断改善。继续加大住房保障力度,全区新增廉租住房受益家庭745户;319街坊等5个动迁配套商品房基地加快建设,其中340街坊新悦坊竣工交付,彭浦十期C块二期10万平方米的经济适用房项目完成土地招标。旧住房综合改造有序推进,全年完成改造53万平方米。促进就业工作切实开展。实施积极的就业政策,坚持创业带动就业,就业形势保持稳定。全区新增就业岗位24720个,城镇登记失业人员20200人,扶持成功创业662人,困难边缘群体就业3108人,"零就业"家庭保持动态为零。帮困救助工作全面推进。完善百户特困家庭个案帮扶计划,实施"世博关爱行动"。低保救助30.58万人次,金额8260.90万元;医疗救助5391人次,金额562.75万元;临时救助2.93万人次,金额795.74万元;举办"慈善帮困联合捐"活动,筹集善款1000余万元,捐款数额为历年之最。为老服务工作步伐加快,新增5个社区老年人助餐点和10个老年活动室。平安建设取得阶段性成果。顺利完成世博平安保障任务。启动社会治安顽症治理三年行动计划,加强治安管理和巡逻,铁路上海站地区、长安西地区、七浦路服饰商业街区和大宁国际商业广场等重点区域治安顽症得到初步遏制,社会治安状况明显好转,报警类案件总量下降14.2%,居民安全感逐步提升。深入开展打击非法违法生产经营建设行为、危险化学品安全管控等专项行动。严格落实消防和安全生产责任制,开展高层建筑、地下空间消防安全和建设工程隐患排查。加强校园周边安全检查,增配校园安保和技防设备。开展食品药品安全、产品质量等专项整治。 (黎晓寅)

区党政机关、民主党派、人民团体、区管重点企业负责人名录

（2011年6月30日前在任）

中共闸北区第八届委员会

书　记　方惠萍（女）

副书记　周　平　陈永弟

常　委　方惠萍（女）　周　平　陈永弟　许谋赛
　　　　陆　民　王宏伟　马效华　胡卫国
　　　　石宝珍（女）　张锡平　周建国

委　员　（按姓氏笔画为序）
　　　　马效华　王立新　王希佳　王宏伟
　　　　方惠萍（女）　石宝珍（女）　吕　远
　　　　庄建秀（女）　许谋赛　孙惠明　李原康
　　　　杨惠德　宋大杰　张宝妮（女）　张建国
　　　　张锡平　陆　民　陈永弟　陈光伟
　　　　金宝根　周　平　周建国　赵汝青
　　　　胡卫国　洪　流（女）　高修宗
　　　　郭怀保　虞国林

候补委员　（按得票多少为序）
　　　　刘志敏　李晓辉　王叶庆　陈必华
　　　　戈永錩

区委工作机构负责人

办公室

主　任　洪　流（女）

副主任　姚掌宏　潘国力　袁鹏彬

研究室

主　任　姚掌宏

副主任　谢华平

督查室

主　任　潘国力

机要局

局　长　洪　流（女，兼）

副局长　顾正华

组织部

部　长　王宏伟

副部长　纪效敏（兼）　卢松生（兼）　周　隽（女，兼）

党史办公室

主　任　周　隽（女）

副主任　孙良发

宣传部

部　长　张锡平

副部长　陈天宝（兼）　项　凯（兼）　林苏闽　潘枝青

精神文明办公室

主　任　项　凯

副主任　杨　俊

统战部

部　长　石宝珍（女）

副部长　江　萍（女，兼）　雷小叶（女，兼）
　　　　张劲松

台办

主　任　雷小叶（女）

副主任　张忠海

民宗办、侨务办

主　任　江　萍（女）

副主任　王智琦

社会主义学院

院　长　石宝珍（女，兼）

副院长　王必福　康德山

政法委员会

书　记　陈永弟（兼）

专职副书记　张建国

综合治理办公室

主　任　郑贵卿

老干部局

局　长　卢松生

副局长　张　影（女）

机关党工委

书　记　陈光伟

副书记　张　颖（女）

社会工作党委（社会工作办公室）

书　记（主　任）　叶　鸣

副书记（副主任）　王　震　潘文波

防范和处理邪教问题领导小组办公室

主　任　丁善敏

副主任　陈桂兰（女）

党校

校　长　王宏伟（兼）

常务副校长　唐发意

副校长　翁新玉　倪　辉

人民武装部

党委第一书记　方惠萍（女，兼）

党委书记、政委　钱　静

党委副书记、部长　周建国

中共闸北区纪律检查委员会

书　记　马效华

副书记　施文荣　施　东

常　委　马效华　施文荣　施　东　高文祝
　　　　顾伟强　成伟艳（女）　陈伟龙

区纪委工作机构负责人

办公室主任　　　　陈　捷

案件检查室主任　　陈伟龙

信访室主任　　　　成伟艳（女）

纠风工作室主任　　高文祝

综合监察室副主任　邱永春（主持工作）

案件审理室主任　　王宏南

党风廉政室主任　　顾伟强

宣传教育室主任　　董　剑

区第十四届人大常委会

主　任　杨惠德

副主任　竺小可　虞国林　金宝根　黄军龙
　　　　江天熙（女）

委　员（按姓氏笔画为序）
　　　王　曙　王学伟　王祥兴　卢松生
　　　华敏峰　庄建秀（女）　孙勇坚　李金柱
　　　李晓辉　吴　月（女）　吴　悦（女）
　　　邵智仁　赵宏生　赵金隆　赵家骏
　　　徐国忠　徐海蕾（女）　郭建建　唐国柱
　　　梁永兴

区人大常委会办事机构负责人

办公室

主　任　王全昌

副主任　江琪扬　王桢宇　余建清

研究室

主　任　江琪扬

区人大常委会工作机构负责人

代表资格审查委员会

主任委员　金宝根（兼）

副主任委员　卢松生

内务司法工作委员会

主　任　赵宏生

财政经济工作委员会

主　任　王祥兴

副主任　华敏峰

教科文卫工作委员会

主　任　徐国忠

副主任　张　聪

城建环保工作委员会

主　任　赵金隆

副主任　孙勇坚

人事代表工作委员会

主　任　卢松生（兼）

副主任　陈韵如（女）

区人民法院负责人

院　长　钱锡青

副院长　璩富荣　唐卓青　凌淑蓉（女）　王宗光

区人民检察院负责人

检察长　曾　勉

副检察长　杨玉俊　陈震屏　董　军

纪检组组长　杨伟强

区反贪污贿赂局

副局长　叶俊青

区第十四届人民政府

区　长　周　平

副区长　许谋赛　胡卫国　曹立强　孙国彪
　　　　鲍英菁（女）

区政府工作机构负责人

办公室

主　任　王立新

副主任　陆国征　唐克勤（兼）　孙丽娟（女）
　　　　曾纪忠　章　钧　洪明铭

研究室

主　任　陆国征

法制办公室

主　任　王立新（兼）

副主任　吕忆农

总值班室

主　任　杨力敏

副主任　潘　久　陈　凯

城市管理监督受理中心主任　潘　久（兼）
　　　　　　　　　副主任　傅凤祥（兼）　尤秀国

区城市网格化管理中心主任　潘　久（兼）
　　　　　　　　　副主任　傅凤祥（兼）
　　　　　　　　　　　　　尤秀国（兼）

外事办公室

主　任　王立新（兼）

副主任　孙丽娟(女,兼)

机关事务管理局

局　长　唐克勤

副局长　汪　渊

发展和改革委员会(统计局、物价局)

主　任(局长)　赵汝青

副主任　陈新光　戎志侠　许兴莉(女)　张　勇

商务委员会(经委、粮食局)

书　记　刘卫东

副主任　冯洪发　高巍慰(女)　陈　军　宛文岚　李新民

旅游局

局　长　任少南

副局长　赵伟明　李立文(女)

建设和交通委员会

党工委书记　吕　远

副书记、主任(局长)　胡广杰

副书记、纪工委书记　许美芳(女)

副主任　董　瑜　董伟毅　程　凯　应天元

工会主席　李毅民

科学技术委员会(信息委、科协、知识产权局、地震办公室)

书　记　马文成

主　任(主席、局长)　胡建民

副主任　张秋波　贾振宇　邱允生　毛贤良

科协副主席　张秋波(兼)　吴　月(女)

人口和计划生育委员会

主　任　谈惠兰(女)

副主任　王立南　茆训文

监察局

局　长　施文荣(兼)

副局长　施　东(兼)　高文祝(兼)　陈伟龙(兼)　顾伟强(兼)　成伟艳(女,兼)

纠风办公室

主　任　施文荣(兼)

副主任　高文祝

市公安局闸北分局

党委书记、局长　陆　民

副书记、政委　劳冠浩

副局长　冯斌元　王　奇　孙伟国　虞星波　王季强

司法局

党委书记　应　妹(女)

副书记、局长　米振荣

副书记、纪委书记　凌敬贤

副局长　邹其贵　吴　群　胡长春

人力资源和社会保障局

党委书记、纪委书记　杨　朝

副书记、局长　李雅平(女)

副局长　李华忠　卜尔东　武　斌　潘红眉

公务员局

局　长　纪效敏

副局长　武　斌

机构编制委员会办公室

主　任　纪效敏(兼)

副主任　陈　蕾(女)

医保办

主　　任　李雅平(女,兼)

常务副主任　金仕晔(女)

安全生产监察管理局

局　长　顾耀亮

副局长　黄京滨　殷越伦(女)　王建军　王志平

民政局

党委书记　赵国政

副书记、局长　靳东立

副局长　王来政　徐祥兴　蔡明水

社会团体管理局、老龄办

局　长(主任)　靳东立(兼)

财政局

局　长　杨德臣

副局长　俞　律　陈士林　镇　杨

金融服务办公室

主　任　俞　律(兼)

副主任　俞林伟

审计局

局　长　郑志勇

副局长　马国荣　陈　一(女)

教育局

党工委书记　孙惠明

副书记、局长　顾筱璞

副书记、纪工委书记　王万亮

副局长　朱正林　李国庆　刘新宇

工会主席　陈阿根

卫生局

党工委书记　周　健

副书记、局长　王光荣

副书记、纪工委书记　杨文萍(女)

副局长　叶　强　凌　云　祝友元　王志泉

工会主席　吴继民

文化局

党委书记　陈天宝

副书记、局长　陈　宏(女)
副局长　江　蕾(女)　陈　列

体育局

党委书记　唐其艳(女)
副书记、局长　李海波
副局长　刘琪钦　许俊华

绿化和市容管理局

党委书记　王希佳
副书记、局长　魏步良
副书记、纪工委书记　仇玉洁(女)
副局长　汝亚新(兼)　傅凤祥　罗扈倩　马辉力
　　　　吕立祥　尤文坚
工会主席　何贵明

城市管理监察大队(城市管理行政执法局)

党委书记　魏步良(兼)
副书记、大队长(局长)　汝亚新
副书记、纪工委书记　苑宅香
副大队长(副局长)　马辉力(兼)　苑宅香　张正平

环境保护局

局　长　袁　园(女)
党组书记、副局长　洪　骏
副局长　张懋通

规划和土地管理局

局　长　周伟良
副局长　吴炳怀　姜　鹤
总规划师　廖志强

住房保障和房屋管理局

党委书记　马启法
副书记、局长　武树红
副局长　曹为华　沈雪飞　陈溯宇　李　艳(女)
纪检组组长　吴春民

国有资产监督管理委员会

党委书记、主任　刘志敏
副书记　宣争鹰
副主任　吴　郁　顾　军
纪检组组长　徐德明

民防办公室(人民防空办公室)

党组书记、副主任　张云成
副主任　徐维达　丁崇辉

信访办公室

主　任　李晓辉
副主任　周　伟　朱晓俊　林　峰　胡慧芬(女)

上海站地区管理委员会办公室

主　任　曹立强(兼)
常务副主任　蒋凡湧
副主任　郁建伟　高洪根　周淑君(女)

不夜城开发办公室

主　任　蒋凡湧
副主任　郁建伟　高洪根　周淑君(女)

农业办公室

主　任　龚　勇(兼)

合作交流办公室

主　任　蔡建国
副主任　孙　华(女)

投资促进办公室(投资促进中心)

主　任　倪长根
副主任　李　帆　周　文　燕林华

档案局(馆)

局长(馆长)　孙臣康
副局长(副馆长)　胡伟祖

地方志办公室

主　任　孙臣康(兼)
副主任　姚荣仲

市税务局闸北分局

局　长　朱锦山
副局长　陈荣旗　张晓东
纪检组组长　曹　荃

市工商局闸北分局

党委书记、局长　张　瑾
副书记　厉　蕾(女)
副局长　邓国强　钱荣根　孙剑波

市质量技术监督局闸北分局

局　长　张金华
副局长　钱金龙　林文龙

市食药品监督局闸北分局

局　长　张广仁
党组副书记　金立诚
副局长　吴建平

区政协第十二届常委会

主　席　张宝妮(女)
副主席　石宝珍(女)　卢志强　严定邦
　　　　张广仁　季　铭
秘书长　金　伟(女)
常　委　(按姓氏笔画为序)
　　　　丁祖昱　卜尔东　王　蔷　王全昌　王志麟
　　　　叶　强　冯洪发　冯斌元　朱正林　朱祖光
　　　　刘继东　江　泓　江　萍(女)　江　蕾(女)
　　　　许遵鸣　芮彭年　杜国英(女)　杨文萍(女)

沈　刚　张劲松　张秋波　陆慧华(女)
陈犀禾　郑瑞恒　庞文俊　孟戈鸣
胡慧芬(女)　俞建国　洪湘龄(蒙古族)
贾陇西　顾大丰　顾宏伟　徐正标　郭其一
唐晨壬　梁立人　景　菊(女)　释永觉
曾　云　雷小叶(女)

区政协工作机构

办公室

主　任　金　伟(女)

副主任　刘尚宝　朱祖光

专门委员会办公室

主　任　祁　明

副主任　孙华东

区政协专门委员会负责人

提案委员会

主　任　卢志强(兼)

经济委员会

主　任　冯洪发

城市建设和管理委员会

主　任　蒋凡湧

科技委员会

主　任　张秋波

教育和文史委员会

主　任　朱正林

医卫文体委员会

主　任　杨文萍(女)

社会和法制委员会

主　任　冯斌元

民族宗教和港澳台侨委员会

主　任　江　萍(女)

区民主党派、工商联负责人

民革区委

主任委员　江天熙(女)

民盟区委

主任委员　王　钢

民建区委

主任委员　徐海蕾(女)

民进区委

主任委员　鲍英菁(女)

农工党区委

主任委员　张广仁

致公党区委

主任委员　任忠鸣

九三学社区委

主任委员　郭其一

区人民团体负责人

总工会

主　席　虞国林(兼)

常务副主席　陆慧华(女)

副主席　司　静(女)　杜嘉宝

共青团区委、青年局

书　记(局长)　李　卿

副书记　陆　怡　余文君(女)

妇女联合会

主　席　唐黎萍(女)

副主席　景　菊(女)　王　为(女)

工商业联合会

主　席　季　铭(兼)

副主席　王全昌　刘海泉　方建强

残疾人联合会

理事长　张少觐

副理事长　段春浩　汤剑平

红十字会

会　长　鲍英菁(女)

副会长　王小芳(女)

街道、镇负责人

天目西路街道

党工委书记　戈永锠

副书记、办事处主任　许　琦

副书记、纪工委书记　陆正明

副书记　傅林松

副书记、副主任　吴良华

副主任　蔡建华　郑　伟　宋　杰　贺　洁(女)
　　　　包宇忠

武装部部长　刘锦海

北站街道

党工委书记　褚福勤

副书记、办事处主任　王良荣

副书记、纪工委书记　王梅萍(女)

副书记、副主任　陈　平

副主任　张金富　邬建明　魏怀耀

武装部部长　徐京法

宝山路街道

党工委书记　梁秋仙(女)

副书记、办事处主任　赵　勇

副书记、纪工委书记　杨建华

副书记、副主任　桂新平

副主任　张　众　刘财明　何　涛　蒋　俊　张建光
武装部部长　黄建华

芷江西路街道

党工委书记　庄建秀(女)
副书记、办事处主任　赵剑峰
副书记、纪工委书记　辛　毅
副书记、副主任　陈　忠
副主任　张美海　王新华　徐礼根　谢　杰
武装部部长　钱兰喜

共和新路街道

党工委书记　宋大杰
副书记、办事处主任　申利侠(女)
副书记、纪工委书记　黄蓓华(女)
副书记、副主任　陈敏义
副主任　王田稳　陈　勇　王永军　汝熙玲(女)
武装部部长　顾向标

大宁路街道

党工委书记　王叶庆
副书记、办事处主任　章康平
副书记、纪工委书记　汪叶根
副书记、副主任　刘明刚
副主任　章泽明　邓　骅　桑益均　毛霆钧　虞红梅(女)
武装部部长　刘茂春

彭浦新村街道

党工委书记　陈必华
副书记、办事处主任　达　弘
副书记、纪工委书记　李　琳(女)
副书记、副主任　王全胜
副主任　陈富强　谢树勤　朱民铎　赵　勇　杨　文(女)
武装部部长　盛建设

临汾路街道

党工委书记　陈思群(女)
副书记、办事处主任　姜伟成
副书记、纪工委书记　高德政
副书记、副主任　邬金凌
副主任　罗　健　李　斌　张士友　汪惟娟(女)　王　勇
武装部部长　章树林

彭浦镇

党委书记　徐友法
副书记、镇长　龚　勇
副书记　方建量　窦建华
人大主席团主席　徐友法
人大主席团专职副主席　庄飞云
副镇长　谭洁群(女)　林　巍　滕　毅

区管重点企业负责人

北方企业(集团)有限公司

党委书记、纪委书记　薛在庭
副书记、董事长　朱贤麟
监事长、党建督察员　高修宗
副总经理　江传胜

市北高新(集团)有限公司

党委书记、董事长　丁明年
总经理　周　群(女)
监事长、党建监督员　李原康
副书记、纪委书记　张　青(女)
副总经理　邬书麟　黄之阳　陈永雍(女)　张　池

大宁资产经营有限公司

党委书记、董事长　史　方
副书记、总经理　陈洁莉(女)
监事长、党建督察员　郭怀保
副书记、纪委书记　朱纯匡
副总经理　仇红梅(女)　陈宏祥　李为杰

不夜城联合发展(集团)有限公司

党委书记、纪委书记、董事长　张冬平
副总经理　钟文虎　韩晓军(女)　徐仁羽

凯成控股有限公司

党支部书记、总经理　陈阿根
监事长、党建督察员　王力人
副总经理　牛文全　杨静宜(女)

苏河湾投资控股有限公司

党支部书记、董事长、总经理　罗岚
监事长、党建督察员　巢卫明
副总经理　李　军　顾欣融　朱文静(女)

(马士威)

中共闸北区委员会

编辑　庞雅琴

综　　述

2010年,区委常委会团结带领全区人民,坚持一手全力以赴迎办世博,一手坚定不移促进经济发展,世博任务圆满完成,经济发展取得突破,旧区改造克难推进,治安环境得到改善,民生保障稳步加强,干部队伍活力不断激发,取得经济建设、民主政治建设、文化建设、社会建设和党的建设的新成效。充分发挥区委总揽全局、协调各方的领导核心作用。牢牢把握“六对关系”(局部与全局、当前与长远、规划与实施、改革与创新、稳定与发展、信心与未来的关系),科学谋划部署全年“1+5”(1:世博迎办;5:经济发展、旧区改造、顽症治理、社区建设与民生保障、干部队伍建设)重点工作。支持人大及其常委会依法履行职能,支持政协围绕团结和民主两大主题履行职能,不断巩固和壮大爱国统一战线,扎实推进民族、宗教、港澳台等工作,支持工会、共青团、妇联等人民团体按章程履行职责。健全区委常委对口联系制度,完善区委中心组学习制度、舆情应对制度、舆论监督督查整改制度,建立区新闻发言人制度。圆满完成世博各项任务。加强“三控一管”(重点人员管控,重点区域和口岸查控,社会面巡控,行政管理)工作,大力推进突出信访矛盾化解,切实做好世博安保和社会面防控工作。积极做好世博接待和宣传志愿工作,共接待内外宾129批2129人次。全面加强世博运行保障和城市管理工作。及时总结世博经验,形成长效工作机制,放大后世博效应。统筹兼顾推动经济社会快速持续健康发展。全年完成区级财政收入46.30亿元,比上年增长27.7%。集全球智慧打造苏河湾,加快推进大宁商业文化休闲服务集聚区建设,深入推进市北高新技术服务业园区功能转型,申报成功“国家服务业综合改革示范区”、“中国上海人力资源服务产业园区”和“上海云计算产业基地”品牌。全年引进内资102.27亿元,比上年增长55.5%,成功引进华侨城、中粮集团等一批大企业项目落户。加快发展街道、镇经济,4个街道、镇完成区级税收“破亿”。加快旧改步伐,全年完成拆迁5037户,完成结转基地收尾7个。启动实施“治安顽症治理三年行动计划”,群众安全感和满意度有较大幅度提升。全年新增就业岗位24720个,完成市下达目标数130.1%,城镇登记失业人数20200人,控制在市下达目标数以内。切实做好低保救助、临时救助和慈善帮困等工作,开展“开开心心游世博,关心关爱‘寂寞人’”主题送温暖活动,成功创建全国残疾人工作示范城。促进教育、卫生、文化、体育等社会事业协调发展。成功创建全国学习型家庭示范城区。深入开展“三同”(同学创新理论、同树文明新风、同建和谐平安)活动,创建全国双拥模范城工作取得新进展。稳步推进妇女儿童、老龄、慈善、科普、人口计生、国防动员和民防等各项事业发展。有序推进第六次全国人口普查工作。全面加强和改进党的建设。加强区委常委会自身建设。完善区委全委会民主推荐提名干部办法。加大公开选拔干部力度,首次面向全市公开选拔正处级领导和区管重点企业经营管理者。加大干部交流力度,选调经济部门科级干部到街道、镇挂职锻炼。深入开展“世博先锋行动”、“我为旧改出份力、我为发展作贡献”等主题实践活动。落实党代表任期制。稳步开展“公推直选”工作。积极推进“群众测评党员、党员测评支部、支部测评党委”的“三测评”工作。建立单位党组织主动联系所在社区(街道)、镇党组织制度。加大“两新”组织党组织组建力度。与金山区开展城乡党组织结对帮扶活动。扎实开展世博纪律专项教育,加强办信规范建设,严肃查处腐败案件,围绕中心工作开展执法监察,深化岗位廉政评估管理工作,深入开展“勤政高效大作为”作风建设主题活动。狠抓文风会风,提高办文办会效率。狠抓政风行风建设,全力推进公共服务行业和窗口规范化建设,全面清理评比达标表彰活动。　(顾　黎)

区委全会和区委常委会

【召开八届区委八次全会】 该会于1月14～15日召开。全会由区委常委会主持。主要任务是:学习贯彻党的十七大、十七届四中全会、中央经济工作会议和九届市委九次、十次全会精神，分析当前形势，总结2009年工作，部署2010年任务。区委书记方惠萍作全会主题报告，总结区委常委会2009年工作并对2010年工作提出要求。区委副书记、区长周平就2009年经济社会发展情况和2010年经济社会发展工作安排作专题报告。区委副书记陈永弟就《中共闸北区委关于加强和改进新形势下党的建设的实施意见》起草情况作具体说明。全会分组讨论方惠萍、周平在全会第一次大会上的讲话及《区委常委会2009年工作报告》、《区委常委会2010年工作要点（讨论稿）》、《中共闸北区委关于加强和改进新形势下党的建设的实施意见》、《关于正科级干部公开竞争晋升副处级非领导职务的实施办法》、《区委常委会学习实践活动整改工作自查报告》等大会文件。方惠萍作总结讲话。出席全会的区委委员、候补委员共35人。区纪委委员和有关方面负责人等列席会议。

（顾　黎）

【召开八届区委九次全会】 该会于7月14日召开。全会由区委常委会主持。主要任务是：学习贯彻落实九届市委十二次全会精神，总结上半年工作，分析当前形势，部署下半年任务，谋划“十二五”发展，重点解决当前发展的瓶颈和问题。区委书记方惠萍总结区委常委会上半年工作。区委副书记、区长周平作关于经济与旧区改造工作的报告。出席全会的区委委员、候补委员共35人。区纪委委员和有关方面负责人等列席会议。

（顾　黎）

【召开八届区委十次全会】 该会于12月23日召开。全会由区委常委会主持。主要任务是：学习实践科学发展观，贯彻落实党的十七届五中全会、中央经济工作会议和九届市委十三次、十四次全会精神，结合区实际，谋划“十二五”规划，回顾总结全年工作，部署2011年工作，立足新起点，谋划新发展，为闸北“十二五”发展奠定坚实基础。区委书记方惠萍作重要讲话，区委副书记、区长周平作区委关于制定“十二五”规划建设起草情况的说明，并全面部署2011年全区经济社会发展重点工作。出席全会的区委委员、候补委员共32人。区纪委委员和有关方面负责人等列席会议。

（顾　黎）

【召开区委常委会议】 全年举行45次，其中审议各类报告18次，学习中央、市委领导讲话精神8次，研究信访稳定工作2次，研究各类请示22次，研究干部工作29次，研究目标管理工作2次，研究人武工作1次，研究召开区委常委民主生活会1次，研究世博工作11次，研究各类方案、意见、安排、工作、文件、会议24次。主要内容包括：针对经济发展工作，研究通过《中共闸北区委、闸北区人民政府关于进一步加强服务企业工作的若干意见》、《大苏河湾区域规划设计工作计划》；针对“十二五”规划工作，研究通过《上海市闸北区国民经济和社会发展第十二个五年规划纲要》的报告；针对世博工作，研究通过《关于我区世博会工作推进情况的报告》；针对旧区改造工作，研究通过《关于旧区改造及城市建设的报告》；针对治安顽症治理工作，研究通过《关于开展治安顽症整治工作的情况汇报》；针对民生与社会保障工作，研究通过《关于民生保障工作的报告》；针对社会建设工作，研究通过《关于进一步加强社区治理推进社会建设的实施意见》。（顾　黎）

纪律检查

【概况】 2010年，全区各级纪检监察组织以建立健全惩防体系为主线，以提高制度执行力为关键，以深化作风和政风行风建设为重点，认真做好反腐倡廉各项工作，为闸北经济发展走出低谷提供有力的政治保障。制定下发《关于严格遵守世博期间有关工作纪律的通知》，要求全区各部门各单位开展世博纪律专项教育。做好世博赠票、赠卡的监督和咨询投诉受理工作，确保全区27万份“世博大礼包”安全有序发放。会同区食药监等部门加强对涉世博资金使用、食品安全、安全生产等方面的检查，督促各部门落实迎办世博工作责任。加大旧区改造执法监察力度，重点查处动迁工作人员参与动迁资料造假等问题。会同区重大办等部门开展重点工程、实事项目的督查。抓好工程建设领域突出问题专项治理，加强对资金使用、工程质量、推进进度等方面的监督检查。加大办信查案工作力度，发挥办案治本功能。建立健全查办案件组织协调机制，制定《加强案件查处和预防协作配合工作实施意见》，办案合力明显增强。设立办案点，加强办案硬件建设，办案安全工作进一步强化。编写《纪检监察办信查案快速入门手册》，作为区纪检监察业务工作的简明指导教材。开展案件质量检查和申诉复查工作，办案质量得到提高。全区纪检监察组织受理信访举报462件（次），其中反映处级干部73件（次），科级干部46件（次）。全区立案20件，移送司法机关处理5件，结案21件，受到党、政纪处分21人，其中党员处级领导干部3人。开展“勤政高效大作为”作风主题活动。以服务世博为契机，针对存在问题，明确整改措施。推进迎世博窗口规范化建设，对民政、工商、绿化、市容等7个部门和供水、供电、供气、公交等八大行业窗口单位开展诚信服务在窗口等活动。推进政风行风评议。重点对区工商局、卫生局和房管局下属的工商所、社区卫生中心、房管办等26个基层站所开展评议，切实纠正不正之风，解决群众急、难、愁问题。强化对权力运行的监督和制约。深化巡察工作，制定完善《区巡察工作实施细则》等9项制度，成立3个巡察组，组织对区商务委等7家单位开展巡察。在全区推广廉政风险评估和防范管理工作，建立责任管理、廉政服务、诚信引导、监督纠正等4项防控工作机制。深化党风廉政建设责任制工作，突出责任签约、任务分解、监督检查等3个环节。12月，由区四套班子主要领导和区委常委带队对区建交委等12家单位开展责任制专项检查。深入开展区属社会团体和国有企业“小金库”专项治理，进一步巩固治理成果。

协调建立区行政服务中心，推行内外资企业设立并联审批制度，实现区工商分局等8家单位10项审批事项的告知承诺。贯彻落实中纪委《关于加强地方县级纪检监察机关建设的若干意见》和《关于县级纪检监察机关办公办案装备配置标准和实施办法的通知》精神，加强纪检监察干部队伍自身建设。建立加强区纪委常委会自身建设和发挥纪委委员作用“1+5”工作机制（《中共上海市闸北区纪委关于充分发挥区纪委委员作用的意见》及5个相关配套制度，分别为《中共上海市闸北区纪委关于纪委委员意见、建议办理的办法》、《中共上海市闸北区纪委关于纪委委员在办信查案和案件预防工作中发挥监督作用的办法》、《中共上海市闸北区纪委关于重大事项向区纪委委员征求意见和通报的办法》、《中共上海市闸北区纪委委员学习调研实施办法》和《中共上海市闸北区纪委委员询问和质询办法》）。制定下发《加强我区纪检监察机关建设的意见》，拓展培训渠道和层次，落实全员岗位责任制，践行作风建设“五个不让”（不让领导布置的工作在自己这里延误；不让需要办理的文件在自己这里积压；不让各种差错在自己这里发生；不让来办事的同志在自己这里受到冷落；不让本单位、本部门的形象在自己这里受到损害）。

（张晓菁）

【召开区纪委八届五次全会】 2月8日，区第八届纪律检查委员会召开第五次全体会议。会议深入学习贯彻中纪委十七届五次全会、市纪委九届五次全会和区委八届八次全会精神，回顾总结2009年党风廉政建设和反腐败工作，研究部署2010年工作。区委书记方惠萍出席全会第二次会议并讲话。区委常委、区纪委书记马效华代表区纪委常委会作题为《深入推进党风廉政建设和反腐败工作，为闸北实现“五个确保”提供坚强保证》的工作报告。

（张晓菁）

【召开区纪委八届六次全会】 5月7日，区第八届纪律检查委员会召开第六次全体会议。会议传达学习中纪委《关于进一步加强和改进纪检监察干部队伍建设的若干意见》文件精神和中组部、中纪委联合召开的“提高选人用人公信度”视频会议精神。会议表决并通过《关于撤销李玉琪同志第八届区纪委委员职务的报告》。

（张晓菁）

【学习贯彻《廉政准则》】 3月11日，区委中心组举行学习扩大会，区四套班子领导、区委委员等带头学习《廉政准则》。区委分管领导到处级单位作辅导报告10多次。4月底，制定下发《关于学习贯彻〈廉政准则〉的实施意见》，全面部署任务，明确按照学习宣传、检查整改、完善制度3个阶段的任务要求，学准则、查问题、定制度，整体推进《廉政准则》学习贯彻活动。通过专家辅导报告、专题学习月、集中宣讲、知识测试等形式，分层面深入学习贯彻。全区有1000余名科级以上干部听取辅导报告；《廉政准则》宣讲团集中宣讲61场次，各部门、单位7300多人次参加；3000多名党员干部参加知识测试。（张晓菁）

召开区纪委八届五次全会　　（区纪委供稿）

【开展党风廉政教育月系列活动】 将9月定为全区党风廉政教育月，组织开展“召开一次全区教育大会、观看一部警示教育片、安排一次专题组织生活会、举办一次廉政诗词歌曲创作征集、开展一次‘廉内助’座谈”等“五个一”系列活动。9月7日，召开区党风廉政建设教育大会，区委书记方惠萍到会并讲话，指出当前党员干部存在的突出作风问题，并剖析根源，明确整改措施，强调要努力打造一支与闸北大好形势相协调的党员干部队伍。全区科级以上干部参加会议并观看利用区内典型案件拍摄的警示教育片《底线失守的代价》。

（张晓菁）

【成立信息管理控制中心】 为贯彻市纪委关于“制度加科技”预防腐败的工作要求，进一步加大办案安全力度，7月21日，成立信息管理控制中心，并于12月中旬正式启用。中心包括IP数字监控、办案指挥、身份认证、数字归档、网络准入、视频会议、红外报警等12个系统，负责案件管理、信访接待、舆情监测和领导干部廉政电子档案管理等工作。9月9日，市纪委副书记唐周绍、李芬华到中心调研；9月20日，市纪委副书记徐文雄到中心调研，对中心建设给予肯定。

（张晓菁）

【开展纪检监察主题教育实践活动】 3月19日，在区纪检监察工作会议上下发《关于在全区纪检监察系统开展“内强卫士素质、外树公仆形象”主题教育实践活动的实施意见》，区委常委、纪委书记马效华对主题教育实践活动进行具体部署，提出明确要求。活动分为3个阶段。3～5月为动员部署、学习提高阶段，区属各纪检监察组织采取导读文件、专题研讨、交流学习心得等多种形式，加强学习，着力提高政治业务素质。6～9月为对照检查、岗位锤炼阶段，在纪检监察干部中开展“突破难点献计献策”征集活动，要求针对自身建设中存在的问题，提出整改措施。10～12月为成果验收、总结评比阶段，对全年开展的系列活动进行评比，评出优秀调研文章6篇，优秀金点子3条，经典廉政格言3条，“扬正气、促和谐”优秀摄影作品3幅，优秀廉政诗歌创作6首，优秀组织单位16家。（张晓菁）

召开区政府廉政工作暨行政审批改革工作会议（区纪委供稿）

【开展行政审批事项清理工作】 4月8日，召开全区行政审批事项清理工作动员大会，对清理工作进行全面部署，区委副书记、区长周平出席会议并对清理工作提出要求。为确保工作顺利完成，制定《闸北区行政审批事项清理工作实施方案》，并从相关部门抽调7名熟悉审改工作的同志组成专门清理工作小组，组织协调全区行政审批清理工作。6月底，全面完成清理工作，确认全区49个部门、街道（镇）行政审批项目623项，取消2项，保留621项。（张晓菁）

组织工作·党史研究

【概况】 2010年，全区组织系统围绕区委重点工作，认真开展创先争优活动，全面落实新形势下党的建设各项任务，切实加强领导班子和干部队伍建设、人才高地和人才队伍建设、基层组织和党员队伍建设。突出重点，抓好干部教育培训，配合区委举办以“办好世博、促进发展”为主题的党政主要负责同志专题培训班。首次开设“弘扬人文精神与提升领导力”干部选学讲座，有600余人参加培训学习。组织全区63个单位1620人参加上海市干部在线学习城学习。加大公开选拔干部力度，全年分2批开展处级领导岗位公开选拔工作，选拔11名处级干部。首次开展科级干部竞争晋升副处级非领导岗位工作，有23名科级干部走上副处级非领导岗位。加强干部交流，交流处级领导干部76人，从区相关经济部门和单位挑选9名中青年干部赴街道（镇）挂职。贯彻实施“四项监督制度”（《党政领导选拔任用工作责任追究办法（试行）》、《党政领导干部选拔任用工作有关事项报告办法（试行）》、《地方党委常委会向全委会报告干部选拔任用工作并接受民主评议办法（试行）》、《市县党委书记履行干部选拔任用工作责任离任检查办法（试行）》），严格执行“一报告两评议”（地方党委常委会每年向全委会报告工作时，要专题报告年度干部选拔任用工作情况，并在一定范围内接受对本级党委干部选拔任用工作和新提拔任用领导干部的民主评议）制度。根据中央和市相关文件精神，对全区人才工作认真梳理，研究拟制《闸北区十二五人才发展规划》（草案）。召开全区人才工作大会，命名表彰区第七届拔尖人才和第六届优秀青年人才。研究制定《闸北区关于进一步优化人才综合环境促进区域优秀人才创新创业创优的试行规定》等文件，优化人才居住、医疗、服务、子女教育、创业等综合环境。继续深化区校人才合作，安排复旦大学等9所高校的16名教师到区挂职。在创先争优活动中突出“双为”（我为旧改出份力，我为发展作贡献），党员领导干部到社区宣讲483人次，42000余名党员参加“双为”主题实践活动。开展“世博先锋行动”，全年发动59000余人次党员志愿者参与地铁保畅通、轨道交通出入口查疑防控等志愿活动。进一步深化党员责任区制度。组织全区党员处级干部参与居委会世博安保（平安建设）工作，帮助结对居委会协调解决有关问题252个。按照市委要求，组织26名市党代表、201名区党代表到居民联系点开展活动，接待社区党员群众3200余人次，收集意见和建议266条，办结意见和建议151条。稳步开展“公推直选”工作，全区301个党组织实行换届选举。逐步推广社区党员议事会制度，全区201个居民区（村）推行党员代表议事会制度。加强组织部门自身建设，积极参加市学习型党组织创建工作，坚持机关党员干部“学习月会”制度。按照“万名组织部长下基层”活动和深化拓展“讲党性、重品行、作表率，树组工干部新形象”活动要求，改进作风，深入基层，深入群众。全年发展党员476人，其中女党员255人，占53.57%；35岁以下新党员337人，占70.80%；一线党员340人，占71.43%；学生党员122人，占25.63%。至年底，全区有基层党委（党工委）71个，党组17个，党总支247个，党支部1771个。党员49992人，其中预备党员516人。女党员18952人，占37.91%；少数民族党员316人，占0.63%；35岁以下党员5856人，占11.71%；大专以上文化程度党员 20284 人，占 40.57%。年内，区委党史办开展《中国共产党闸北区组织史资料（1987.11～2010.12）》编纂工作，完成区革命遗址普查，举办“没有共产党，就没有新中国”征文活动，撰写《中共创建时期在闸北的发展及其经验》、《闸北，上海工运和工会运动的摇篮》2 篇文章，编写《2010 闸北区党史大事记》，编纂《抗战时期闸北区人口伤亡和社会财产损失》一书并出版发行。（陈 达 蒋明宝）

【加大干部教育培训力度】 对全区 42 名新上岗处级干部进行实务知识集中培训。世博会期间，举办 2 期区处级以上干部参加的“应急管理与处理突发事件”短期培训班。举办青年干部培训班。首次开设“弘扬人文精神与提升领导力”干部选学讲座。全年有 600 余人参加培训学习。组织全区 63 个单位 1620 人参加上海市干部在线学习城学习，全部完成学习任务。规范各类教育培训的登记与考核制度，完善处级干部教育培训积分制度。（陈 达）

【加强领导班子和干部队伍建设】 全年分 2 批开展处级领导岗位公开选拔工作，有 11 名干部走上处级领导岗位，占全年提拔 30 名处级领导干部总数的 36.7%。下半年依托市统筹开展局处级领导干部公开选拔工作的平台，首次推出 1 个正处级领导职位和 1 个区管重点企业经营管理者职位，面向全市进行公开选拔。制定《闸北区关于正科级干部公开竞争晋升副处级非领导职务的实行办法》。首次开展科级干部竞争晋升副处级非领导岗位工作，有 23 名科级干部走上副处级非领导岗位。全年交流处级领导干部 76 人（党政主要领导干部 36 人，副处级领导干部 40 人），交流人数占处级领导干部总数的 17.6%。从区相关经济部门和单位挑选 9 名中青年干部赴街道（镇）挂职。借调 99 人到基层一线工作，为完成区中心任务提供保障。贯彻实施“四项监督制度”，严格执行“一报告两评议”制度，并将“一报告两评议”工作向处级单位延伸。（陈 达）

【加快区域性人才队伍建设】 根据中央和市相关文件精神，对全区人才工作进行梳理调研，听取区内各部门、区属人才及专家、学者的意见建议，研究拟制《闸北区十二五人才发展规划》（草案）。研究制定《闸北区关于进一步优化人才综合环境促进区域优秀人才创新创业创优的试行规定》、《关于贯彻落实全国和市人才工作会议精神，加快建设区域性人才高地的实施意见》以及《闸北区人才工作专项资金使用管理办法》，优化人才居住、医疗、服务、子女教育、创业等综合环境。开展区拔尖人才和优秀青年人才命名表彰工作，经过层层推荐、评审，命名表彰区第七届拔尖人才 82 人和第六届优秀青年人才 82 人。继续深化区校人才合作，安排复旦大学等 9 所高校的 16 名教师到区挂职。做好高校研究生到区属企业实习锻炼工作，以政府出资、企业出岗位、高校出人才形式，为人才和企业搭建交流互动平台。（陈 达）

【推进创先争优活动】 在全区党组织和党员中开展“我为旧改出份力，我为发展作贡献”（简称“双为”）主题活动。各大口、党委组织 1862 个基层党组织举行“双为”专题组织生活会；党员领导干部到社区宣讲 483 人次，42000 余名党员参加“双为”主题实践活动。指导基层党组织积极投入以岗位行动、家园行动和志愿行动为主要内容的世博先锋行动，全年发动 59000 余人次党员志愿者参与地铁保畅通、轨道交通出入口查疑防控等志愿活动。年内，区 12 家基层党组织被评为市“创先争优，世博先锋行动”“五好”基层党组织，43 名党员被评为市“创先争优，世博先锋行动”“五带头”共产党员。（陈 达）

【加强和改进基层党建工作】 组织全区党员处级干部参与居委会世博安保（平安建设）工作，运用“十、百、千、万”（“十”，即 20 多名党员局级干部根据工作分工与全区处级单位和区域内重点企业结对联系；“百”，即 400 多名党员处级干部与全区基层党组织结对联系；“千”，即全区 1000 多个基层党组织书记和委员联系所属党组织的全体党员；“万”，即全区 40000 多名党员广泛联系身边的群众）网络，协调和化解各类社会矛盾，收到情况反馈表 596 份，帮助结对居委会协调解决有关问题 252 个。组织退休党员处级干部参与社区建设和管理，有 207 名退休党员处级干部到居住地的居民区党组织报到，参加社区各类活动。按照市委要求，组织 26 名市党代表、201 名区党代表到居民联系点开展活动，接待社区党员群众 3200 余人次，收集意见和建议 266 条，办结意见和建议 151 条。组织区党代表在社区党员服务中心开展接

召开区人才工作会议（区委组织部供稿）

待工作,开展党代表接待457人次,接待党员群众1419人次。稳步开展“公推直选”工作,全区有301个党组织实行换届选举,占应换届党组织数的96.5%,其中158个党组织实行公推直选。在全区逐步推广社区党员议事会制度,全区201个居民区(村)实行党员代表议事会制度。制定《闸北区党员教育培训工作实施办法》,明确党员教育的目标要求、重点内容和组织领导。开展党员世博专题培训和新党员培训。 (陈 达)

【开展区革命遗址普查】 年内,根据中央党史研究室《关于进一步做好全国革命遗址普查工作的通知》精神和市委党史研究室《上海市革命遗址普查工作实施方案》要求,在区开展革命遗址普查。通过8个月的走访调查、资料征集、史料整理、数据统计等工作,查明区有革命(其他)遗址45处,其中39处是革命遗址、遗迹和历史纪念馆,6处是其他遗址、遗迹和历史陈列室。在普查中,调查搜集与遗址相关的历史照片188张,现场勘测拍照363张,拍摄短片80分钟,制作《闸北区革命遗址遗迹寻访》资料片;征集和搜集相关红色闸北历史视频资料,制作《红色闸北革命历史经典集锦》资料片。在此基础上,按照《关于进一步做好全国革命遗址普查工作的通知》要求,填写《全国革命遗址普查登记表》39份,附历史和现状照片83张,《其他革命遗址普查登记表》6份,附历史和现状照片16张及《闸北区革命遗址统计表》、《闸北区其他遗址普查登记表》、《闸北区革命遗址遗迹总目录》、《闸北区革命遗址普查报告》各1份,完成遗址普查任务。 (蒋明宝)

宣传工作·精神文明建设

【概况】 2010年,区宣传思想工作和精神文明建设工作贯彻“高举旗帜、围绕大局、服务人民、改革创新”的总要求,坚持宣传思想工作的正确方向,围绕发展大局、营造发展氛围、服务发展进程,为区跨越发展、科学发展提供有力的思想保证、舆论支持和精神动力。以学习贯彻党的十七届四中、五中全会精神为主线,以创建学习型党组织为抓手,积极推进理论武装工作。完善处级干部个人自学、处级党委(党组)中心组学习、联组学习、大会交流的“干部学习链”。区委中心组学习《“动”“静”结合的务虚学习》项目获市2010年度中心组学习创新成果奖。结合开展创先争优活动,与《上海支部生活》编辑部合作举办以“创先争优重学习,树魂塑形促发展”为主题的微型党课教育活动。举办第四届“百姓出题,专家解答”活动,开展理论热点问题解读报告、党的十七届五中全会精神、区“十二五”规划等专题宣讲活动,达到解疑释惑、回应诉求、凝聚共识目的。加强企业文化建设,市北高新(集团)有限公司等2个企业被授予首批市企业文化建设示范基地称号。研究和把握媒体传播规律,整合舆论宣传资源,与新华社上海分社建立战略合作关系,进一步拓展宣传工作服务大局的领域。围绕区委、区政府重点工作,以迎博、办博为主线,协调中央和市级媒体对区迎办世博工作、苏河湾开发建设、云计算产业基地和中国人力资源产业园区建设、铁路上海站北广场综合交通枢纽建设、治安顽症治理三年行动计划、社会建设和精神文明建设等进行全方位、立体式宣传。年内,在中央、市级报纸发表宣传闸北稿件620多篇,其中头版55篇,仅《解放日报》头版稿件就达25篇。加强区属媒体建设,《闸北报》在2010年上海市区县报好新闻评奖中位列中心城区第一名。闸北有线电视中心开设“社会建设大家谈”栏目,全年提供新闻报道、专题片被上海电视台录用387条,连续两年位列中心城区第一。年内,区精神文明建设工作以迎、办世博为重点,广泛深入开展世博志愿服务和社会宣传活动。开展文明观博培训,培训42.2万人,超额完成市下达的24.94万人培训计划数;网上测试合格约26万人。杜君英等5名培训教师被授予市“优秀宣讲员”称号。组织召开区迎世博指挥部工作例会,为4次城市文明指数测评做好各项准备和保障工作。在全市文明路口、文明路段创建中,每月测评排名持续保持全市前列。推进文明小区、文明单位、节水型小区创建,全区有8个街镇获市级文明小区称号。 (沈红芳 曹建华)

区领导到社区作形势宣讲 (区委组织部供稿)

【营造迎办世博的浓郁氛围】 年内,加大社会宣传和舆论宣传力度,营造迎世博的浓郁氛围。加强世博安保宣传。组织协调中央和市级媒体对群众“看家护院”、构筑平安世博“第一防线”及铁路上海站南、北广场设立“钉子岗”和流动岗、加强世博安保的创新举措进行采访报道。做好社会宣传动员工作。协调有关部门做好区世博会开幕和闭幕、中秋、国庆及中国国家馆日期间的社会宣传工作，在全市首创“百屏进小区”实事项目，为89个市级文明小区安装世博电子宣传屏。开展“文明观博”培训和宣传，《解放日报》、《新民晚报》等媒体对大宁路街道“百姓TV”活动进行报道。加大世博先进典型宣传力度。先后推出首批“世博安保先锋”赖文波、铁路上海站武警三中队周伟、区民政局优抚科朱慧、铁路上海站和驻站军代表处等先进个人和集体服务世博、奉献世博的先进事迹。

（沈红芳）

【推进学习型党组织建设】 贯彻落实党的十七届四中全会作出的关于建设学习型党组织的重大战略部署，营造重视学习、崇尚学习、坚持学习氛围，积极推进学习型党组织建设。不断加强规范化建设。制定下发《关于进一步加强和改进处级党委（党组）中心组学习制度建设的实施意见》，规范基层调研、务虚会和学习通报等制度。精心安排中心组学习。围绕廉政建设、区域规划、干部队伍建设、区域经济发展等内容，安排区委中心组学习《廉洁从政若干准则》、讨论区“十二五”规划编制等。邀请市有关部门领导和专家就干部选拔任用工作四项监督制度、新一轮长三角地区发展战略、资本运作的意义和方法等作主题报告；赴世博会城市最佳实践区、长宁区、虹桥交通枢纽中心学习考察，拓展延伸学习效果。组织开展“向世界学习、促闸北发展”主题学习会、处级党委（党组）学习中心组交流会和处级党委（党组）中心组联组学习等活动，着力提高领导干部执政能力。表彰区建设交通党工委《拆迁基地党建探索》、天目西路街道党工委《“实效导向型”学习模式》等30个项目为2010年区处级党委（党组）中心组学习实践创新成果优秀项目。积极开展理论研讨活动。开展区创建学习型基层党组织征文交流活动，召开创建学习型基层党组织征文研讨暨活动表彰会，编发《闸北区创建学习型基层党组织征文交流汇编》，探索学习型基层党组织创建的方法和机制。（沈红芳）

【建立区新闻发言人制度】 年内，经区委常委会讨论决定，建立和推出新闻发言人制度，由区委常委、宣传部部长张锡平担任区新闻发言人，负责全区新闻信息的管理和发布工作。成立由区委外宣办（区政府新闻办）为主体的工作班子，协助新闻发言人完成所承担的工作。3月29日，区举行首次新闻发布会，由区新闻发言人张锡平主持。发布会上，副区长曹立强介绍国际茶文化节和苏河湾开发建设情况。《人民日报》、《光明日报》、中国新闻社、上海电视台、香港《大公报》等30多家境内外媒体参加。12月15日，区再次召开新闻发布会。张锡平在发布会上介绍区2010年经济社会发展情况和苏河湾地区规划和开发情况，境内外40多家媒体参加。（沈红芳）

举办以“创先争优重学习，树魂塑形促发展”为主题的微型党课演讲比赛

（区委宣传部供稿）

【提高舆论引导应对能力】 采取多项举措提高新兴媒体运用和舆论引导能力，为区经济社会发展营造和谐舆论环境。2月，在全市率先成立专门从事舆情工作的机构——区舆情收研应对中心。7月1日，区舆情收研应对中心正式运行，通过监测、收集、分析媒体所涉闸北舆情，以《舆情快报》形式每天报送区领导，并建立“分级评估，分级应对”舆情工作机制，负责舆情研判、应对方案制定和实施工作。年内，报送《舆情快报》247期、《舆情专报》21期，妥善处置区内20起较大舆情。推进“双版主、双进入”（“双版主”：居委干部与原有版主一起承担业主论坛管理工作；“双进入”：居委干部进入网络社区，原有版主进入现实社区）工作。为帮助社区干部提高利用网络收集民意、了解民情、解决民需的能力，在向基层和兄弟区县调研及排摸区内小区论坛情况基础上，联合东方信息苑和搜房网举办社区干部网络版主培训班。培训分理论培训和上机培训2个阶段，使社区干部掌握网上正面宣传和引导的方法、社区论坛管理技巧，提高网络论坛运用技能。开展媒体服务与舆情应对系列培训。举办2期“世博会媒体服务与舆情应对”培训班，提高区各级领导干部和宣传干部的媒体运用能力，增强危机公关意识和新闻应对能力。编制《媒体服务手册》，在世博会召开前下发到全区各部门、街道（镇）、居委会，指导各单位做好世博媒体服务与突发事件舆情应对工作。（沈红芳）

【做好区创先争优活动宣传工作】 按照区委部署和要求，做好区创先争优活动宣传工作，发现和挖掘全区在创先争优活动中的先进经验、典型事例和创新举措。承担区创先争优活

动简报组工作，全年出简报 33 期。《闸北报》、“上海闸北”政府网站开设创先争优活动专版、专栏，全面报道全区各部门、各单位、各街道（镇）活动开展情况。（沈红芳）

【举办世博区县论坛】 3 月 30 日，由市委宣传部、上海世博会事务协调局、区政府共同主办，新华通讯社上海分社提供特别媒体支持的“世博论坛·城市历史文化建筑的功能再造”在区举行。市委常委、宣传部部长杨振武，上海世博会事务协调局副局长、市文广局局长朱咏雷，区委书记方惠萍，区委副书记、区长周平，区人大常委会主任杨惠德等领导和市、区各有关部门、高校和研究机构的专家学者、企业界代表等 300 余人出席论坛。论坛邀请欧亚科学院院士、欧洲科学院院士、副院长、国际展览局名誉主席吴建民作主旨演讲，上海电气（集团）总公司党委书记、董事长徐建国，同济大学副校长伍江，中国科学院院士、同济大学建筑与城市空间研究所所长郑时龄等专家参与主题发言和深度对话。围绕“城市历史文化建筑的功能再造”主题，与会领导、专家针对区苏河湾这一上海中心区域最后一块尚未开发改造的黄金宝地，就如何借鉴国内外城市历史文化建筑保护、利用、开发的成功经验，展开积极研讨，以期进一步挖掘苏河湾的历史建筑文化内涵和商业价值，寻找商业开发与文化传承的突破，达到历史保护与功能再造的双赢，并探寻适宜的项目定位与业态规划，从而形成新的经济增长亮点。（曹建华）

“世博论坛·城市历史文化建筑的功能再造”在区举行 （区文明办供稿）

【制定区精神文明建设“十二五”规划】 为全面贯彻落实科学发展观，根据区“十二五”规划编制工作方案要求，围绕区经济社会发展大局，结合区精神文明建设实际，制定区精神文明建设“十二五”规划。推进公民思想道德建设。围绕社会主义核心价值体系建设，着力深化和拓展思想道德建设，弘扬民族精神、时代精神和上海城市精神，坚定社会主义理想信念。深入推进市民践行公共道德主题活动，拓展多种形式、富有成效的道德实践活动。推进精神文明创建工作。结合网格化建设的加快推进，完善精神文明创建长效管理机制。按照新版文明社区标准，坚持建管并举，重在管理，加大文明社区创建力度。结合推进住宅小区综合管理工作，扩大新建、改建小区及其楼组的创建覆盖比例。推进志愿者工作。建立政府推动为主，培育社团自治、以块为主的志愿者体制。多种途径招募志愿者，推动志愿者的社会参与，使志愿者组织实现专业化储备、规范化培训、品牌化培育、项目化使用、社会化运作、信息化管理。组织志愿者参与城市文明志愿服务行动，大力弘扬奉献、友爱、互助、进步的志愿精神。推进未成年人思想道德建设。加强区未成年人思想道德建设工作联席会议规范化、长效化建设。夯实学校、家庭、社会“三结合”工作网络的基础，为未成年人健康成长营造良好社会环境。健全完善爱国主义教育基地和公益性文化设施向青少年减免费开放的长效机制。推进学习型城区建设，巩固学习型组织“3+1”模式，开展学习型机关、企事业单位、社区和学习型家庭（“3+1”）创建活动。

（曹建华）

统战工作

【概况】 2010 年，区统战工作贯彻落实科学发展观，围绕区重点工作，发挥统一战线独特优势，凝聚人心、汇聚力量，围绕中心、服务大局，为上海世博会的成功举办和闸北跨越式发展作贡献。认真贯彻中共中央、上海市统战部长会议精神，推进区党外代表人士队伍打造行动、社会主义核心价值体系实践行动、民族团结进步创建行动等“十大行动”，促进政党、民族、宗教、阶层和海内外同胞关系和谐。统战工作被纳入 2010 年全区 6 项重点工作目标考核内容，区委统战部围绕考核的 7 个方面，制定 27 项细化指标，并到各街道（镇）、重点联系单位进行全面专题调研，促进各级党组织加强对统战工作领导，巩固和壮大新时期爱国统一战线。在全区统战系统开展树立和践行社会主义核心价值体系活动，通过教育引领，使执政党和参政党合作更紧密、更默契，使社会主义核心价值体系逐步内化为统一战线成员的行为准则和价值取向，使统一战线优良传统得到进一步继承和弘扬，使共同的思想政治基础更加巩固。结合换届工作，举办统战团体负责人培训班，加强统战团体领导班子队伍建设。举办台海形势报告会等专题讲座，继续做好《闸北统战》、《探索与交流》编辑工作及《闸北论坛》组稿工作，提高闸北统战影响力。以创建上海市学习型机关为抓手，完善处级干部和全体机关干部双周学习等学习制度。通过开展信息撰写、调查研究等业务技

召开区统战工作会议　　　　（区委统战部供稿）

能培训，举办统战干部培训班和文字录入、Power Point 制作、公文写作、演讲 4 个项目的比赛，提高干部工作能力，加强统战干部队伍建设。

（肖庆华）

【**做好服务世博工作**】　区委统战部成立世博工作领导小组，建立相关应急处置机制。在“为文明增色，为世博添彩”活动中，全区统战系统世博志愿者参加各类世博志愿者活动 48575 人次。由 151 名成员组成的区少数民族世博志愿者服务队，将服务世博与维护稳定、清真检查等 6 项工作紧密结合，为平安世博作贡献。市委常委、统战部部长杨晓渡对区少数民族志愿者工作给予肯定，并到铁路上海站地区进行慰问。藏族同胞白玛龙珍被评为市“平安英雄”、“世博杰出志愿者”，并赴京参加全国世博表彰会议。　（肖庆华）

【**做好区域经济服务工作**】　区台办、侨办与市北高新园区建立引智引资合作机制，主动服务经济发展。区工商联与区社管办签订《充分利用商会资源，推动街镇经济发展的合作协议》，主动与经济职能部门协作，共同做好宣传闸北、推介项目、招商引资等工作。年内，区统战系统介绍引进企业 27 家，注册资金 1.89 亿元。

（肖庆华）

【**参与治安顽症治理工作**】　各民主党派参与区治安顽症治理三年行动计划。各民主党派区委到结对共建的街道（镇），定向开展检查工作，并组成一支由 25 名年轻党派后备干部为主体的特邀监督员队伍，定期到“1 + 3”重点区域（铁路上海站地区和长安西地区、七浦路服饰商业街区、大宁国际商业广场）进行巡察，维护治安秩序和社会稳定。同时做好信息收集和分析工作，汇总 64 条意见和建议，供相关部门作决策参考。　（肖庆华）

【**做好民主党派工作**】　协助各民主党派区委开展“树立和践行社会主义核心价值体系”主题学习教育活动，夯实共同政治基础，明确肩负的历史责任，增强接受中国共产党领导的自觉性。协助各民主党派区委加强基层支部建设，为各民主党派 74 个基层支部顺利换届提供有力支持。举办民主党派基层支部主任培训班和民主党派区委委员学习班及党派骨干、新成员培训班等。强化“区委出题、党派调研、政府研处、部门落实”工作机制，完成人才服务园区投入与产出等 8 个方面课题的调查研究，并向全区各部门和街道（镇）进行成果发布。召开“对口联系”制度专题推进会，全面总结工作经验，为整合党派资源、发挥人才优势创设平台。　（肖庆华）

【**做好社区统战工作**】　根据市委统战部加强社区统战工作的文件精神，深入各街道（镇）调查研究，指导各街道（镇）优化和创新社区统战工作品牌。完善社区统战工作机制，健全每月统战干部工作例会制度。10 月 27 日，在全市率先建立侨务工作联席会议制度，整合区人大侨民宗工委会等 29 个涉侨部门和单位资源，将侨务工作融入社区工作中，夯实侨务工作基础。　（肖庆华）

【**加强党外代表人士队伍建设**】　认真实施《2009 ~ 2011 年闸北区党外代表人士队伍建设规划》，加快培养选拔党外代表人士。完善“两部联席会议”制度，加强与区委组织部联系，协

召开区各民主党派、工商联调研成果发布会　　（区委统战部供稿）

助做好党外代表人士有关工作。加强与区域内大企业和高校院所联系，争取引进区域高层次人才。加强与区各级党组织联系与合作，健全和完善党外干部工作的协商、考察、培养、推荐、选用等工作机制。加强党外干部和代表人士教育培训工作，推荐优秀党外干部参加中青年干部培训班和到基层一线挂职锻炼。完成闸北中青年知识分子联谊会换届工作，推进无党派人士和党外知识分子工作。开展区第三届非公经济人士优秀中国特色社会主义事业建设者的评比表彰工作，弘扬非公企业典型人物，发挥先进示范作用。（肖庆华）

举办区第四期高级经理研修班（区委党校供稿）

【做好统战调研工作】 制定《2010年闸北区统战系统调研工作计划》，推动全区统战系统调研工作。区委统战部各科室、各统战工作重点联系单位、各街道（镇）、区工商联共完成调研成果26篇。报送4篇调研成果参加上海市统战优秀调研成果的评选，其中区社会主义学院《提高民主党派区级组织参政议政能力和水平的研究》获二等奖，区司法局《关于发挥党的统战工作优势，推动律师队伍政治建设的思考》获三等奖。（肖庆华）

党校工作

【概况】 2010年，区党校工作贯彻《2010～2020年干部教育培训改革纲要》精神，结合形势和干部成长需要，发挥干部教育培训主渠道作用。年内，完成40个各类班次、40次各类会议的服务保障工作。配合市安监局完成150场、6000多人次的安检考试。教师分别到东方讲坛、社区街道、里弄居委、学校、医院、机关部门宣讲以世博为主题的专题报告20余次，参加学习人员5000人次。学习实践科学发展观活动中整改解决17个问题。参与全区事业单位岗位设置改革工作，完善各部门规章制度，汇编成册。领导班子成员共同参与的《在共同愿景中引领学习型党校创建》项目被评为2010年度闸北区处级党委（党组）中心组学习实践创新成果优秀项目。投资30万元建成干部考察选拔专用教室。健全组织架构，恢复党校党总支，设在职党支部、退休党支部和学员党支部3个支部。开展以“世博先锋行动”为主题的争先创优活动，重点开展“五个一”特色活动（一次廉政教育为主题党课活动、一次“我为旧改出份力、我为发展作贡献”专题组织生活、一次教育学习考察活动、一次爱心帮困活动、一次社区走访活动）。召开“学习型党组织建设”、“干部教育培训改革”、“廉政建设”、“十七届五中全会精神”、“‘十二五’规划”和“我为旧改出份力，我为发展作贡献”研讨型专题组织生活会。《闸北论坛》全年出版12期，发表文章190篇。（瞿医琳）

【做好干部培训工作】 全年完成24个培训班次，培训学员2513人。围绕“世博”主题，安排“世博”专题课程，开展全区处级干部“应急管理与处置突发事件”、公务员“世博安保与危机处置”等培训。为区域经济发展和基层企业服务，举办闸北区第四期高级经理研修班、闸北区园区经营管理者研修班、闸北区第七期优秀人才研修班、彭浦镇“两新”组织党支部书记培训班、市北高新技术服务业园区企业党组织书记培训班和闸北区“两新”组织入党积极分子培训班。培训针对能力提升的要求，设计案例分析、情景模拟、主题班会、学员论坛和现场教学等教学活动，提高培训实效。培训根据学员特性和办班时间减半、培训内容不减要求，对教学内容、时间安排和考核要求进行探索，重点在抓大放小、合理安排的“四性、四化”（加强针对性，培训定位特色化；体现实效性，党性锻炼全程化；突破时限性，网络班级延伸化；立足规范性，学员考核制度化）。配合区委组织部对干部选学进行首次探索，举办闸北区干部选学“弘扬人文精神与提升领导力”专题班。（瞿医琳）

2010年区委党校培训情况一览表

班　名	班次（期）	人数（人）	日　期
闸北区军转干部区情教育培训班	1	19	2月2～4日
闸北区处级干部“应急管理与处置突发事件”培训班	2	900	3月12日、3月16日

（续表）

班　　名	班次(期)	人数(人)	日　期
闸北区第三期公务员轮训班	1	40	3月16～18日
公务员"世博安保与危机处置"讲座	1	120	3月16日
闸北区党政主要负责同志专题研究班	1	129	3月23～24日
闸北区第八期青年干部培训班	1	21	4月7～23日
闸北区第四期高级经理研修班	1	48	4月7～12日
公务员"执行力的打造与提升"讲座	1	120	4月8日
公务员"提高政府管理效能"的讲座	1	120	4月8日
闸北区"两新"组织入党积极分子培训班	3	310	4月17～18日、4月24～25日、5月15～16日
区处级干部"弘扬人文精神与提升领导力"专题班	1	197	5月22日～7月3日
闸北区园区经营管理者研修班	1	34	6月22～24日
入党积极分子培训班	2	107	4月12～15日、6月10～13日
金山区居民区党组织书记培训班闸北区现场教学	1	80	9月27日
闸北区新录用公务员集中培训班	1	67	9月28～30日
闸北区第七期处级干部培训班	1	44	10月20～29日
闸北区第七期优秀人才研修班	1	38	10月20～23日
企业党组织书记培训班	2	100	3月17日、11月23～24日
云南文山州现代人力资源管理培训班	1	19	11月9～22日
合　计	24	2513	

（瞿医琳）

【采取多种途径提升教师素质】 以教学专题建设、教学模式建设、教学学科建设为重点，提高党校教学质量，提升教师素质。合理确定教师不同主攻领域，初步形成错位发展、布局合理、有利于长远发展的专题设计新格局。完善传统专题，包括"传统文化"、"青年干部的成长"、"反腐倡廉"、"创新思维"等，拓展新的专题，党校2名教师在云南文山班尝试开设"领导素质与领导能力开发"、"孙子兵法与执行力提升"等系列专题。抓方法创新，打破教师为单一主体、学员被动接受的习惯做法，探索互动式、研讨式、情景式教学方法，适当引入游戏、情商测试。组织教学研讨会，内容包括课前试讲、案例文本修改、专题拟定等。发挥"理论人才高地"优势，推出"党校学习论坛"。由教师轮流担任主讲，将教学上的精品课与政治形势、工作重点结合起来。推进成果转化，形成双向互动。以精品课工程为平台，每一节课由相关科研成果支撑，每一个科研成果均转化为教学专题。引导全校教师将科研专长转化为专题课方向，将科研成果转化为课堂精品课。

（瞿医琳）

【加强科研工作】 科研工作坚持聚焦战略，发挥在区域经济社会发展中的智库作用。编写出版《党校案例教学研究》一书。完成市委组织部下达的案例编写工作。编写3篇群众工作案例：《世博期间闸北曙光小区改造过程中的群众工作》、《闸北区党员责任区制度群众工作方式案例浅析》、《把居民的需求作为我们工作的追求》。参加市机关党建调研工作，调研报告《提高机关思想政治工作的针对性和有效性》获二等奖。加强为区委、区政府咨政、为经济社会发展服务的功能。承担市委党建领导小组"学习型党组织建设"和市委组织部"党校办学体制改革"课题调研。协助制定区残疾人事业发展规划。为市北高新集团挖掘企业文化，使其与宝钢、江南造船等大型国企同一批成为市优秀企业文化示范基地。为彭浦镇综合党委探索非公党建与企业文化的结合点。申报市委党校一般课题和青年课题10项，其中3项一般课题和2项青年课题立项，分别为《建设学习型党组织，深化学习型机关》、《构建社会主义核心价值体系，提高思想政治工作的针对性》、《加强党内监督的思考》、《加强党内民主建设，激发机关党组织的生机活力》、《关于建设马克思主义学习型政党的思考》。

（瞿医琳）

老干部工作

【概况】 2010年，全区有离休干部451人，其中正、副局级8人，享局级19人，易地安置离休干部42人，平均年龄82.2岁。3月9日，召开区组织和老干部工作会议。开展离退休干部"两项建设"（思想政治建设、党支部建设）调研工作，结合调研数据和反馈意见认真分析"两项建设"存在问题及原因，思考做好新形势下离退休干部"两项建设"对策。组织部分退休局级干部参加市第八十九期老干部读书班。全年举办2次离退休干部党支部书记培训班，定期召开离退休干部党支部书记例会，组织离退休干部党支部书记前往无锡、浙江参观考察。召开区2008～2009年老干部工作表彰会，对10个老干部先进集体、36名老干部先进个人、10名老干部工作先进个人进行表彰。向市老干部大学提供30余张反映区老干部大学运作情况和课程特色的图片，并附上相关文字材料，完成"上海市老干部大学网站——闸北篇"制作。区老干部大学继续开办交谊舞、国画、书法3个专业5个班级的学习活动。

（沈　红）

【开展老干部与世博同行主题活动】 年内，围绕"精彩世博，共创和谐——闸北老干部与世博同行"主题，开展系列活动。组织离退休干部党支部开展"我与世博同行"专题组织生活会。世博会举办期间，组织老干部分3批参观世博园。组织9名离退休干部参加市老干部大学组织的"上海市老干部迎世博"知识竞赛。做好"闸北老干部眼中的世博"摄影展和"信谊杯——2010我与世博同行"征文活动的组织动员和资料整理筛选工作。在《闸北老干部工作》开辟"世博窗口"专栏。举办"精彩世博、共创和谐——闸北区老干部庆世博文艺汇演"。根据市委老干部局"尊老敬老、共创和谐"典型事例征集活动的要求，征集典型事例28篇，有6篇被市委老干部局录用。向全区离退休干部党支部、社区学习小组发放《尊老敬老、共创和谐》一书。在各街道（镇）召开"尊老敬老、共创和谐"座谈会。

（沈　红）

召开区组织和老干部工作会议　　（区委老干部局供稿）

【组织退休党员参与和谐社区建设】 年内，由区委组织部、区委老干部局、区公务员局和区委党员责任区办公室联合发文，要求更好地发挥退休党员处级干部独特优势，鼓励和支持退休党员处级干部在参与和谐社区建设、促进世博安保工作中进一步发挥作用。全区退休党员处级干部主动联系居住地党组织，结合自身工作经验和兴趣特点，参与社区建设管理，促进社区团队活动紧贴党的中心工作，把社区群众凝聚在党组织周围，并积极参与社区平安建设和世博安保工作，当好"信息员、调解员、治安员"，帮助化解居住地的矛盾、纠纷。

（沈　红）

【开展关心下一代工作】 年内，组织报送关心下一代工作的赴京参展照片和电视专题片素材，共向市关工委报送影像资料5套、十大主题系列照片60余张。向市关工委报送区关工委成果展板的素材内容，通过文字、图片形式展示区5年来关心下一代工作取得的成果和工作特色。组织好"上海市关心下一代工作先进集体及先进个人"推荐、评选和表彰活动。开展抗日战争胜利65周年纪念活动，组织青少年走访看望革命前辈、抗日英雄，邀请参加抗日战争的老干部为青少年讲述革命故事。继续做好老干部与优秀中青年干部"一对一"结对工作。召开"闸北区老干部与结对大学生座谈会"，了解5名受助大学生的学习生活情况，继续开展第四学年的资助活动。依托社区关工委和教育系统退休老教师的资源优势，在全区9个街道（镇）分别建立"五老"（老教师、老劳模、老干部、老战士、老专家）志愿者网吧监督队伍，配合相关职能部门做好工作。（沈　红）

【推进社区老干部工作】 年内，召开社区老干部工作研讨会，各部门结合自身资源优势，针对社区离退休干部实际情况，提出具体服务项目和措施，结合研讨内容，研究制定《闸北区关于利用社区资源做好离退休干部服务工作的实施意见》。制作《闸北区社区老干部工作掠影》，总结各街道（镇）和居民区、社区卫生服务中心等单位的好做法、好经验，以进一步做好"四个就近"

（就近学习、就近活动、就近得到关心照顾、就近发挥作用）工作。组织召开社区老干部工作推进会，对进一步加强条块联动、携手推进新形势下区的社区老干部工作起到积极作用。定期举行专职社区老干部工作者培训交流会，提高社区老干部工作队伍整体素质。为方便老干部出行，为居住在区的孤老、独居离休干部办理电话叫车优先服务，为部分区属老干部补装呼叫器，为有需求的老干部家庭维修安全扶手。为区属老干部和社区老干部赠送保健用品和挂历。（沈　红）

召开区机关纪念建党89周年暨推进学习型党组织建设座谈会

（区机关党工委供稿）

区级机关党建工作

【概况】 2010年，区级机关党建工作围绕区委中心工作，把建设马克思主义学习型政党作为加强和改进党的建设的首要任务，推进机关思想政治建设，深化党员责任区制度，加强机关党风廉政建设，发挥工会群团组织作用。机关党工委全年发展党员23人，预备党员转正17人。现下属4个部门设机关党委、6个部门设机关党总支、45个部门设机关党支部，共有121个党支部（包括老干部局3个离、退休支部），2420名党员。年内，通过系列讲座等活动，抓好机关党员干部学习实践科学发展观活动。开展市级学习型机关创建申报工作。积极参与市级机关工作党委和市学习办开展的学习型党支部、学习型党员网上展评活动，有26个机关党支部和25名党员的先进事迹在“上海机关党建网”和“闸北机关党建网”上同步展示。围绕区重点工作，开展“我为旧改出份力，我为发展作贡献”主题实践活动。组织广大机关干部以“为群众作表率，为世博作奉献”为主题，开展“世博先锋行动”，全年组织机关干部6000人次投入岗位行动、家园行动和志愿行动，参加地铁值勤、社区维稳、群防群治等各类志愿活动。机关纪工委立案处理违纪科级干部2人，其中党内严重警告1人，开除党籍1人。对区纪委转来的2名违纪处级干部分别给出开除党籍和撤销党内一切职务的处理意见。做好机关群团工作，保障广大机关干部职工权益，增强组织影响力、号召力和凝聚力。召开区机关工会第六次代表大会，选出新一届机关工会委员和经审委员。（黄　静）

召开区级机关党的工作会议　（区机关党工委供稿）

【推进学习型机关创建】 贯彻落实市推进学习型机关建设大会精神，以《上海市学习型机关创建评估指标体系》为依据，组织开展市级学习型机关创建申报工作。在各单位申报基础上，区机关党工委前期及时召开工作会议，就评估工作各项要求作专项辅导，于10月中旬开展评估验收工作，形成初步评审意见，报市级机关工作党委和上海市学习型社会建设指导委员会办公室（简称市学习办）。参与市级机关工作党委和市学习办开展的学习型党支部、学习型党员网上展评活动，有26个机关党支部和25名党员的先进事迹在“上海机关党建网”和“闸北机关党建网”上同步展示。同时，加强走廊文化建设，注重展示科学发展、作风主流意识、廉政文化、服务世博等贴近区中心工作的内容。（黄　静）

【开展促进区域经济主题实践活动】 为贯彻落实区委八届九次全会精神，围绕区重点工作，推动区经济社会新一轮发展，为区域经济发展营造良好外部环境，在全区上下进一步掀起“创先争优”活动高潮，机关党工委联合区委组织部等8个部门共同倡议，在全区开展“我为旧改出份力、我为发展作贡献”主题实践活动，全区机关积极响应，结合各部门特点制定活动计划，为区经济发展作贡献。11月，区机关党工委召开主题实践活动推进座谈会，通过展示成果、经验交流等形式进一步深化主题实践活动。（黄　静）

【做好“双结对”工作】 不断丰富“双结对”（机关党支部与社区党支部结对、机关党支部与社区困难群众结对）活动内涵，增强“双结对”活动成效，明确党员要在工作区、居住区、社会活动区履行宣传员、联络员、服务员的责任要求。结合世博会召开，加强与居民区党组织的双向沟通和联系，将机关党组织开展“双结对”工作的情况作为评先创优依据，不断增强党员责任意识。（黄　静）

【加强机关党风廉政建设】 积极开展“讲党性、重品性、作表率”主题教育实践活动。制定《2010年廉政文化进机关实施方案》，按照党风廉政建设和反腐败工作总体要求，开展机关廉政文化建设活动。认真办理群众来信来访和领导交办信件，组织机关重要部门、重点岗位的干部开展座谈，使大家进一步认识到腐败行为的危害性，真正从内心深处更加自觉地防止侵蚀、提高抵制腐败的免疫力。全年立案处理违纪科级干部2人，其中党内严重警告1人，开除党籍1人。对区纪委转来的2名违纪处级干部分别给出开除党籍和撤销党内一切职务的处理意见。（黄　静）

【开展机关群团工作】 组织机关干部百余人参加区九运会8个项目的比赛，组队参加开幕式表演。结合区全民健身活动在机关中开展乒乓、钓鱼等比赛活动及联合区委办、计生委、公务员局等部门共同举办“浅谈数码摄影”、“优生优育”、“消防安全”、“桥牌入门”等专题讲座。全年为610名机关干部办理重病、住院、意外等综合保险，发放友爱互助基金4万元。在“三八”和“六一”等节日，开展妇科普查活动、高考咨询讲座和“六一”系列活动。在高温期间慰问一线职工，发放慰问金6900元。继续开展扶贫帮困保障工作，在元旦、春节、“五一”、“十一”等节日开展帮困活动，走访区属企业困难职工87户，发放慰问金12万余元。组织机关干部职工参加献爱心活动及向玉树灾区、上海“11·15”火灾受灾群众捐款活动，募集资金624416元，衣被379大包，其中183536元直接上缴市慈善基金会，定向用于“11·15”火灾受难群众。（黄　静）

“两新”组织党建工作

【概况】 2010年，区“两新”组织党建工作贯彻《闸北区非公有制经济组织和新社会组织党的工作覆盖和党员发展工作三年行动实施意见（2009～2011年）》精神，不断扩大组织覆盖和工作覆盖。至年底，全区有新经济组织26654家，其中非公企业10119家，个体工商户16535家。非公企业建立党组织562个，覆盖企业1326家，党组织覆盖率为13.1%。规模以上非公企业189家，建立党组织的188家，党组织组建率为99.5%。全区有新社会组织1175家，其中社会团体113家，民办非企业单位247家，社区活动团队786个，其他29家。登记类新社会组织建立党组织75个，覆盖组织208家，党组织覆盖率为53.5%。全区有“两新”组织党员5214人，占“两新”组织从业人员的3.8%。年内，会同区委组织部开展调研，从明确党委职责、完善机构设置、健全支撑保障、形成工作合力等方面提出进一步加强民营科技企业、律师行业、社会组织等重点领域党建工作的意见；继续深化商务楼宇、工业园区、商业街区、专业市场四大非公经济集聚区域党建工作。围绕参与世博、服务世博、奉献世博，积极开展以“世博先锋行”为主题的创先争优活动，动员组织广大“两新”组织党组织和党员践行岗位行动、志愿行动和家园行动，党组织和党员“忘我奉献、无私无畏”的精神感染和带动着身边群众，创先争优活动的效力不断辐射和延伸；围绕服务闸北经济发展和社会建设中心工作，在全区“两新”组织中积极开展“我为旧改出份力、我为发展作贡献”主题实践活动，努力使全区“两新”组织党组织和党员成为闸北新一轮发展的组

召开区社会建设推进大会　（区社会工作党委供稿）

召开区“两新”组织纪念建党89周年暨党建工作品牌展示大会

（区社会工作党委供稿）

织者、推动者和实践者。“七一”前夕，开展区“两新”组织党建工作品牌评选展示活动，表彰彭浦新村党建志愿者、彭浦镇“三全十送”工作法（党的建设全覆盖、促进发展全方位、劳资双方全满意，送信息、送教育、送知识、送文化、送平安、送法律、送健康、送环境、送技能、送稳定）、市北高新技术服务业园区“三个出来”工作法（发挥党员引领作用，把周围群众带出来；强化党员岗位责任，让身边群众看出来；精心设计活动载体，让党员把身份亮出来）等一系列工作品牌。进一步发挥好党建引领、品牌示范作用，使“两新”组织党组织开展创先争优活动动力更足、目标更明、思路更清。在试点工作基础上，全面推进区“两新”组织反腐倡廉工作。建立“横到边，纵到底”工作网络，完善“规范化、常态化”运行机制，开展“多形式，重实效”各类活动，培育“多层次，多类型”工作典型。加强各级党组织与业主、管理层的沟通，为非公企业科学发展提供全方位服务，为党建工作开展营造良好外部环境。制定《建立健全非公领域党组织与业主、管理层沟通机制工作方案》，重点推进“四个一”工作，即进行一次调查研究、举办一个主题活动、培育一批示范单位、制定一套工作制度。年内，通过举办区“两新”组织网上党校示范班、开展“我眼中的世博”摄影作品网上评选展示活动，积极探索运用网上信息技术提升党建科学化水平的方式和途径，进一步加强“两新”党建信息和信息化工作，为“两新”组织党组织和广大党员提供交流、展示、服务的平台。

（王燕婷）

【区社工委与区社工办（原区社管办）合署办公】 7月20日起，根据《中共闸北区委办公室印发〈中共上海市闸北区社会工作委员会、上海市闸北区社会工作办公室主要职责内设机构和人员编制规定〉的通知》规定，上海市闸北区社区管理办公室更名为上海市闸北区社会工作办公室，与中共上海市闸北区社会工作委员会合署办公，归口区委。合署后的区社会工作党委（区社会工作办公室）主要牵头、负责、协调区社会建设工作、“两新”组织党建工作及街镇经济发展工作。

（王燕婷）

【举办区党建信息和信息化培训】 3月11日，区社会党工委召开区“两新”组织党建信息和信息化培训会。会上下发《闸北区“两新”组织党建信息和信息化工作方案》，就如何提高党建信息报送质量、如何扩大党建信息化覆盖面、如何加强信息和信息化工作有效性提出明确要求。市社会党工委办公室主任出席会议并作培训。（王燕婷）

【举办区纪念建党89周年暨党建工作品牌展示】 6月29日，区委组织部、区社会党工委联合召开区“两新”组织纪念建党89周年暨党建工作品牌展示大会。会议以多媒体形式发布参与展评活动的党建品牌。彭浦镇“三全十送”工作法和市北高新技术服务业园区“三个出来”工作法获一等奖，彭浦新村街道“两新”组织党建工作志愿者等3个品牌获二等奖，大宁街道社区群众团队党建工作等4个品牌获三等奖，10个品牌获提名奖。区委常委、组织部部长方莉萍，市社会党工委秘书长袁建国出席会议并讲话。（王燕婷）

【召开区反腐倡廉建设试点工作总结推进会】 8月5日，区纪委、区社会党工委联合召开区加强“两新”组织反腐倡廉建设试点工作总结推进会。会上，闸北作为市“两新”组织反腐倡廉工作试点区总结区试点工作开展情况，天目西路社区（街道）党工委、上海上房物业管理有限公司党总支、上海民办扬波中学党支部介绍各自特色工作。区委常委、区纪委书记马效华，市社会党工委副书记、社会纪工委书记王宏伟出席会议并讲话。

（王燕婷）

闸北区人民代表大会

编辑　庞雅琴

综　　述

2010年，是区十四届人大常委会任期的第四年，区人大及其常委会以邓小平理论和“三个代表”重要思想为指导，以科学发展观为统领，认真贯彻落实党的十七届四中、五中全会和市委、区委全会及市、区人大工作会议精神，努力构建和谐社会，认真履行宪法和法律赋予的职权，按照区委提出的“五个确保”要求（确保迎世博各项任务圆满完成，确保加快经济发展和转变经济发展方式取得实质性进展，确保旧区改造和民生持续改善有新突破，确保社会和谐稳定，确保“十一五”各项目标任务全面完成），聚焦世博、聚焦区域经济发展方式转变、聚焦民生，推动全区经济和社会各项事业和谐发展。年内，召开区第十四届人民代表大会第六次会议和第七次会议。举行常委会会议9次，听取和审议25项议题，依法任免国家机关工作人员86人；召开15次主任会议，听取和讨论52项议题；补选上海市人大代表1人，补选区人大代表2人，终止5人区人大代表资格。依法选举产生区人大常委会副主任（不驻会）1人；成立区人大常委会侨民宗事务工作委员会。按照法律法规要求，重点开展对区“十二五”规划编制、旧区改造、社会保障、职业教育、就业、食品安全、社会稳定等工作的监督，对区科技进步与科技创新、城市规划、保障性住房建设、闸北籍服刑人员帮教、《档案法》实施、文化中心建设等工作进行监督检查，促进与世博相关工作的开展。举办主题为“发展养老服务事业，提升养老服务水平”的代表“议政日”活动。认真督办代表议案和代表书面意见，受理人民群众来信来访379件次。

（王　琛）

区人民代表大会及其常委会会议

【召开区十四届人大六次会议】　该会于1月19～22日在上海行健职业学院举行。会议听取和审议区长周平所作区政府2009年工作报告。审议区2009年国民经济和社会发展计划执行情况报告与2010年国民经济和社会发展计划。审查和批准区2009年国民经济和社会发展计划执行情况报告与2010年国民经济和社会发展计划。审议区2009年预算执行情况报告和2010年预算。审查和批准区2009年预算执行情况报告和2010年预算。听取和审议区人大常委会主任杨惠德所作区人大常委会工作报告。听取和审议区法院院长钱锡青所作区法院工作报告。听取和审议区检察院检察长曾勉所作区检察院工作报告。补选区人大常委会委员。会议应到代表261人，实到代表237人。会议收到代表书面意见80件。会议继续设立市民旁听席，来自全区各条战线的18名市民代表参与旁听。

（王　琛）

召开区十四届人大七次会议　　（区人大办供稿）

召开区十四届人大第二十六次会议　　（区人大办供稿）

【召开区十四届人大七次会议】　该会于8月10～11日在上海行健职业学院举行。会议听取和审议区长周平所作区政府2010年上半年工作报告。补选区十四届人大常委会副主任。会议应到代表260人，实到代表229人。　（王　琛）

【召开区十四届人大常委会会议】　年内，区十四届人大常委会召开9次会议。1月7日，召开第二十五次会议，听取和审议关于区十四届人大六次会议有关文件（草案），听取和审议区人大常委会工作报告（草案），通过花蓓等职务任免事项。1月19日，召开第二十六次会议，听取和审议区人大常委会代表资格审查委员会关于区第十四届人民代表大会代表资格的审查报告。2月25日，召开第二十七次会议，讨论通过区人大常委会2010年工作要点（草案），通过王洪太等职务任免事项。4月15日，召开第二十八次会议，听取和审议区政府关于区十四届人大六次会议议案拟办方案的报告，听取和审议关于增设区人大常委会华侨民族宗教事务工作委员会的决定（草案），通过金宝根等职务任免事项。5月21日，召开第二十九次会议，听取和审议区人大常委会代表资格审查委员会关于代表变动情况的报告。6月23日，召开第三十次会议，听取关于2010年区人大代表"议政日"活动情况报告，听取和审议关于接受王熙晏辞去区第十四届人民代表大会代表职务请求的决定（草案）。7月30日，召开第三十一次会议，听取和审议区政府关于区2009年财政决算及2010年上半年财政预算执行情况报告，听取和审议区政府关于区2009年度财政预算执行和其他财政收支的审计工作报告，审查和批准区2009年财政决算，听取和审议区政府关于代表书面意见办理工作情况报告，听取区人大代表补选工作情况报告，听取和审议代表资格变动情况报告，听取和审议关于召开十四届人大七次会议的决定（草案），听取和审议关于区十四届人大七次会议有关文件（草案），通过胡广杰等职务任免事项。10月27日，召开第三十二次会议，听取区政府关于"十一五"发展规划执行和"十二五"发展规划编制情况报告，通过黄兴平等职务任免事项。12月10日，召开第三十三次会议，听取和审议关于召开区十四届人大八次会议的决定（草案），听取和审议区政府关于代表议案办理情况报告，听取区政府关于城市规划实施情况报告（书面）。　（王　琛）

监督工作和人事任免

【推进"十二五"规划编制】　"十二五"规划的编制是事关全区未来5年发展的具有全局性、方向性的重大事项。区人大常委会加强对规划编制过程监督。通过走访相关部门听取工作汇报、召开工作沟通会和联席会等形式及时掌握"十二五"规划编制进展情况。通过开展"双月选民座谈"、"焦点网谈"活动，广泛听取代表和各方面专家、选民的意见建议，并及时反馈到相关部门，以进一步完善规划。针对区当前及未来发展两大重点——旧区改造和国资国企改革，牵头开展"关于'十二五'期间加速推进旧区改造工作"和"关于进一步推进国资国企改革发展"2项专题调研。通过严格的内部论证、专家论证、社会论证，从领导机制、旧改政策、资金来源、旧改房源、动迁队伍五个方面对旧改工作提出20多条建议；从优化产业布局、提升企业核心竞争力、创新和完善管理体制三个方面对国资国企改革发展提出10多条建议，既推动相关工作开展，又为区委决策提供参考。区人大常委会会议和主任会议听取区政府关于"十一五"规划执行和"十二五"规划编制工作进展情况报告，肯定"十一五"规划实施以来所取得成绩，要求相关部门在制定"十二五"规划过程中更加注重创新驱动、转型发展，更加注重统筹兼顾，更加注重以人为本，更加注重保障和改善民生，促进社会公平正义。　（韦胜利）

【加强对经济工作监督】　加快"调结构，促转型"是切实提高区经济发展质量、效益和长远发展后劲，"走出低谷"的关键。区人大常委会通过走访一线经济部门，听取工作汇报，及时了解区经济运行情况，努力推动区十四届人大六次会议确定的区经济和社会发展重点工作、重点项目、重点工程顺利实施。要求相关部门统一思想，形成合力，坚定不移推进经济发展方式转变，大力发展现代服务业，按照“一主三限”要求(一主：以发展现代服务业为主，重点聚焦金融服务业及延伸配套业、人力资源服务业、现代商贸商业、文化创意产业和信息服务业等五大行业。三限：限制新增制造业，现有的制造业将通过调整实现提升；限制“小分割、小市场”，禁止增量，控制存量，通过改造实现转型；限制高能耗和劳动密集型产业)，提升区域产业能级；按照“南高中繁北产业”发展战略，优化发展布局；更新招商理念，坚持引大、引强、引优，加快结构调整。区人大常委会会议听取和审议区2009年决算及2010年上半年预算执行情况报告，审查批准区2009年财政决算，要求政府进一步提高预算编制质量，加强预算管理，发挥财政杠杆作用，支持产业升级，促进经济转型。区人大常委会主任会议还听取区政府关于落实国有土地使用权出让收支管理制度情况报告，就区土地使用权出让所获资金的预算编制、监督管理及信息共享等工作提出意见建议。　(韦胜利)

【加强对世博相关工作监督】　世博会开幕前期，组织代表对铁路上海站、长途客运站、七浦路等重点区域的安保、消防、食品安全及清真食品供应网点建设等工作进行视察检查。开展“迎世博600天行动计划”执行情况的区情通报和以“营造良好环境，为世博添光彩”为主题的“焦点网谈”活动。组织200多名人大代表和机关干部参加世博园区试运行活动。世博会举办期间，按照区委分工要求，与有关部门一起承担区世博接待服务任务。共接待国内外来宾129批2129人次。组织各界代表1800人参加10个国家和国际组织的馆日或荣誉日活动。　(韦胜利)

【加强对民生工作监督】　为加强对养老工作监督，区十四届人大六次会议把《关于进一步加强养老工作》议案确定为一号议案。区人大常委会综合运用各种监督手段，全力督促并和区政府一起用心、用力、用情办好该议案。专题听取和审议区政府议案拟办方案报告及办理工作情况报告；组织代表深入社区，实地视察养老服务机构，走访居委会、老年协会了解养老现状；适时举办区情通报会，介绍区养老工作；以“发展养老服务事业，提升养老服务水平”为主题开展代表“议政日”活动；以“谈谈养老，说说建议”为主题举办“焦点网谈”活动，宣传养老工作，解答网民提问，发动群众共同参与。为进一步促进社会和谐稳定，支持、配合在全区开展的治安顽症集中整治，组织区人大代表对区20多个违法行为较为集中的治安顽症地点及部分小区的综合治理、群防群治等工作进行暗访。针对发现问题，从如何保持力度、深化治理，加强教育、落实责任，定期分析、确保实效三个方面提出30多条意见建议。区人大常委会班子成员还定期深入社区接待群众来访，区人大常委会机关内部坚持开展处级领导干部周四信访接待活动，听取意见，化解矛盾，促进社会和谐稳定。全年，接待群众来信来访379件(次)，其中全国人大交办46件，市人大交办55件，均按期办结。为推进旧区改造，区人大常委会加强对相关工作监督。结合专题调研，组织代表深入基地，视察检查，分析难题，提出建议，强化推进力度。主任会议听取区政府关于区重点工程、实事项目和旧区改造工作进展情况报告。建议政府相关部门坚持重点工程实施项目的常态化管理，完善管理办法；坚持立足长远规划，细化目标、任务、措施；坚持投资控制、工作进度、质量安全“三管齐下”，抓好预算、进度、质量。区人大常委会班子成员定点联系重点动迁基地，全面了解分析区旧区改造现状和实施旧改新政中存在的问题，积极探寻解决问题的新对策、新思路、新方法，推动区旧改工作，拓展新的发展空间。为进一步落实市、区教育工作会议精神，加快区教育事业发展，常委会组织代表参与对区政府各部门贯彻实施教育法律法规情况的督导检查。主任会议听取和讨论区政府关于区教育事业发展情况报告，并就区教育工作“十二五”规划编制、师资队伍建设、资源合理配置、学生培养模式创新、优质品牌创建等工作，提出具体建议。区人大常委会2次组织人大代表对区内

区人大常委会主任杨惠德(左二)率人大代表视察区食品安全监管工作

(区人大办供稿)

校园安保工作和中小学校舍安全工程实施情况进行专项视察，听取工作汇报，提出工作要求。（韦胜利）

【加强对司法工作监督】 针对区“两院”（检察院、法院）向行政机关发出司法建议、检察建议工作的总体情况、主要成效及存在不足开展专题调研，并广泛听取受文单位对司法建议、检察建议工作的意见建议。区人大常委会主任会议专题听取区法院关于司法建议工作情况报告。提出，要加强对司法建议工作的宣传，不断提高建议质量，推动政府依法行政，实现法律效果和社会效果有机统一。（韦胜利）

【任免国家机关工作人员86人次】 年内，区人大常委会依法任免国家机关工作人员86人次。其中：任免区人大常委会工作人员11人次；任免区政府组成人员及工作人员16人次；任免区法院和检察院工作人员59人次。补选上海市人大代表1人，补选区人大代表2人，终止5人区人大代表资格；成立区人大常委会侨民宗事务工作委员会。（韦胜利）

代表工作和自身建设

【开展代表联系社区活动】 区人大常委会探索建立人大代表联系社区制度，4月，组织200余名市、区两级人大代表深入社区，通过走访、座谈等方式，接待居民群众2300余人次。代表们所反映的问题及意见建议，经梳理归纳为世博举办、民生保障等七个方面240条，均及时转交相关部门办理。这些意见和建议全部参照代表书面意见办理完毕并走访答复代表，解决采纳或计划解决采纳率达85.06%。12月，组织第二次代表联系社区活动，了解社情民意，推动民生工作，并为提出代表议案和书面意见作好准备。（韦胜利）

【举行每年1次“议政日”活动】 为进一步推动区十四届人大六次会议一号议案办理工作，区人大常委会确定代表“议政日”主题为“发展养老服务事业，提升养老服务水平”。“议政日”活动当天，全区人大代表紧密结合区养老实际，联系视察、调研、走访中的所见所闻，围绕主题，畅所欲言，针对区养老工作的实际困难和面临的挑战，提出70多条有价值的意见和建议。（韦胜利）

【督办代表书面意见】 督办代表书面意见是维护代表法定职权，推进“一府两院”工作、为民办实事的重要工作。区十四届人大六次会议以来，代表们共提出80件书面意见。区人大常委会通过走访承办部门、召开代表座谈会、个别访谈、电话征询等形式，对代表书面意见督办做到全覆盖，促进办理质量提升。区人大常委会会议听取和审议区政府关于代表书面意见办理工作情况报告，提出办理工作要求。（韦胜利）

【开展代表报告履职情况活动】 根据《区人大常委会关于密切区人大代表与选民联系的暂行办法》规定，区人大常委会组织开展代表向原选区选民报告履职情况活动。着重把握好动员、报告、评议、测评和反馈及整改等5个环节，周密部署，加强指导，扎实推进。至12月中旬，有78名代表向选民报告履职情况，占代表总数的30.23%，参加评议的选民达1800多人次，选民满意率超过94%。通过开展代表述职活动，代表履职热情得到进一步提升，选民民主意识得到进一步增强。（韦胜利）

【加强自身建设】 加强思想、业务建设，提升履职能力。市、区人大工作会议对进一步做好新形势下人大工作提出新的任务和要求。区人大常委会及时组织班子成员和人大机关干部认真学习市委、区委主要领导讲话及会议有关文件，结合工作实际，讨论确定重点事项，由区人大常委会班子成员分别牵头加以推进，使会议精神真正落到实处。通过培训、研讨、集体学习和个人自学相结合方式，深入学习中国特色社会主义理论、十一届全国人大三次会议和市委、区委全会精神及人大业务知识，不断提高区人大常委会组成人员的理论水平和业务能力。加强调查研究，转变工作作风。在完成区委布置的专题调研任务同时，结合人大重点工作的推进，组织区人大常委会各工作机构、各街道（镇）代表组开展关于财政监督、旧区改造等方面的10多项工作调研，形成《提高财政预算监督实效的实践与思考》、《肩负使命谋发展，发挥优势推旧改》等一批调研报告，并注重成果转化，对相关工作起到促进作用。加强宣传、交流，提升人大工作影响力。区人大常委会不断加强宣传队伍建设，改进宣传方式，通过电视、报刊、网络及《区人大常委会公报》、《人大要讯》、《闸北人大简报》等向社会报道区人大工作动态，宣传区民主法制建设成果，宣传人民代表大会制度。编发《社情民意专辑》反映群众呼声、诉求。全年在市级以上媒体播发区人大工作信息460多条，被评为市人大网络信息资源建设优秀单位。区人大常委会通过组团参加全国十二城市区级人大常委会工作联席会议等渠道，加强与兄弟城区人大的联系，就监督工作、代表工作、人大常委会自身建设等方面开展交流，汲取经验，改进工作。8月，与哈尔滨市道里区人大常委会缔结为友好人大，并开展工作交流。（韦胜利）

闸北区人民政府

编辑　庞雅琴

综　述

2010年，闸北区人民政府（简称区政府）在市委、市政府和区委领导下，贯彻落实科学发展观，严格按照“五个确保”的要求（确保世博会成功举办，确保经济发展方式转变取得新进展，确保民生持续改善，确保社会和谐稳定，确保“十一五”规划目标全面实现和高质量谋划好“十二五”发展），一手抓世博服务保障、一手抓经济社会发展，全面完成区十四届人大六次会议和“十一五”规划确定的目标任务。全年完成增加值114.08亿元，比上年增长14.7%；完成区财政总收入112.35亿元，比上年增长22.6%，其中区级财政收入46.30亿元，比上年增长27.7%；完成固定资产投资100.43亿元，比上年增长33.6%；实现社会消费品零售总额180.05亿元，比上年增长17.0%。四个重点产业实现区级税收37.61亿元，比上年增长23.5%，占区级财政收入的比重达到81.2%。全年引进内资102.27亿元，比上年增长55.5%。金融服务、人力资源服务等行业成为引资重点，先后引进上海新湖期货有限公司、盈科（上海）律师事务所、大公国际资信评估有限公司上海分公司、上海合杰人才服务有限公司等企业。街道、镇全年实现区级税收8.82亿元，比上年增长57.8%，占区级财政收入的比重达19.0%，4个街道、镇区级税收突破亿元。探索整区域服务业综合改革试点，成功申报为国家服务业综合改革试点区域。中国上海人力资源服务产业园区正式挂牌，47家国内外人力资源企业和培训机构入驻。上海云计算产业基地落户市北高新技术服务业园区，云计算联合实验室、微软数据港云计算应用孵化中心等项目有效推进。市北高新技术服务业园区实现区级税收4.80亿元，比上年增长50.2%。软件和信息服务业快速发展，规模以上企业实现经营收入155亿元，比上年增长70%。科技企业实现区级税收9亿元，比上年增长36%。完成世博保障工作。迎世博600天期间，拆除各类广告1130块，整理调整户外广告1536块；完成1240万平方米外立面整治，215万平方米旧住房综合改造及358.9万平方米二次供水改造；完成106个小区“清洁家园”改造工程。世博会期间共接待中外客人129批2129人次，先后10次组织区各界代表1800人参加希腊、瑞士、蒙古等国家馆日活动。完成世博安保任务。没有发生重大刑事案件和重大安全事故。加快旧区改造。苏河湾东段、长安西和中兴城等重点地块旧区改造全面拉开。全年动迁居民5037户，完成平型关路道路辟通工程、92街坊等7块基地动迁收尾。推进重大工程建设。铁路上海站北广场综合交通枢纽主体工程和大统路下立交北延伸段等配套路网建成并投入使用。面向全球征集设计方案，完成苏河湾地区城市设计。建成中环共和新路、中环沪太路综合客运交通枢纽。加大环境保护力度。空气质量优良率达90.7%。全年新建各类绿地9.91万平方米，人均公园绿地面积达3.24

召开区招商引资工作会议　（区府办供稿）

召开区第十四届政府第十四次全体会议　（区府办供稿）

平方米。全年拆除违法建筑18.20万平方米。保持社会和谐稳定。启动社会治安顽症治理三年行动计划，组织开展43次集中整治行动，取得成效，报警类案件总量下降14.2%。建立安全生产隐患排查治理机制，严格行政执法，开展消防安全和危险化学品管控专项行动，打击非法、违法生产经营建设行为。开展食品药品安全、产品质量等专项整治。稳步发展教育事业。召开区教育工作会议，提出"提升优质教育内涵、加快教育现代化建设"目标。完成18所学校校舍抗震加固工程。推进公共卫生体系建设。完成市北医院改扩建工程、3个社区卫生服务站点标准化建设和4万人健康管理工作。海上文化中心竣工。完成有线电视数字化转换。成功举办区第九届运动会。闸北输送的运动员参加第十六届亚运会获得4枚金牌。开展第六次全国人口普查、入户登记等工作。区被评为全国创建学习型家庭示范城区、全国人民防空先进单位。群众生活水平有提高。就业工作有促进。全年新增就业岗位24720个，完成市下达指标的130.1%；登记失业人员20200人，控制在市下达指标内；"零就业"家庭保持动态为零。健全社会保障体系。全年对31.12万人次进行低保和医疗救助，救助金额8823.65万元。采取直供直销等措施确保菜市场价格稳定。逐步完善住房保障体系。全年新增受理廉租对象649户，落实配租745户；累计受理廉租对象6142户，落实配租5936户；全年新增养老床位420张，老年人助餐点5个，老年活动室10个，累计为14099名老人提供居家养老服务。深化四川省都江堰市大观镇对口援建工作。10项政府实事项目全部完成。　（王宗辉）

区政府全会和常务会议

【召开区政府全体会议】 年内，区政府举行全体会议4次。2月3日，召开第十四届政府第十二次全体会议。区委副书记、区长周平代表区政府讲话。会议要求全区各部门要认真贯彻落实市、区"两会"和区委全会精神，按照"五个确保"工作要求，统一思想、坚定信心，攻坚克难、加快发展，尽快启动全年各项重点工作，确保年初人代会确定的目标任务顺利完成。4月14日，召开第十四届政府第十三次全体会议。周平代表区政府讲话。会议要求全区各部门、各单位要坚持以科学发展观为指导，认真贯彻九届市委十一次全会精神，鼓足干劲、加快发展，努力实现"两个确保"：立足大局、服务世博，确保全面做好世博保障各项工作；坚持调结构、促转型，确保实现"时间过半、完成任务超半"。7月29日，召开第十四届政府第十四次全体会议。周平代表区政府讲话。会议要求全区各部门、各单位要认真贯彻九届市委十二次全会和八届区委九次全会精神，坚持"两手抓"，一手要善始善终抓好世博，一手要坚持不懈抓好发展，扎实做好各项工作。10月20日，召开第十四届政府第十五次全体会议。周平代表区政府讲话。会议要求全区上下要深入学习实践科学发展观，认真贯彻落实八届区委九次全会精神，坚持把保持全区经济平稳较快发展作为核心，集中精力、抓住关键、咬住目标、奋发有为，确保全面完成年度工作任务，确保全面完成"十一五"规划各项目标，为2011年各项工作和"十二五"开好局实现开门红奠定基础。　（王宗辉）

【召开区政府常务会议】 年内，召开区政府常务会议37次。会议议题248项，其中经济与社会发展类68项，城市建设和管理类38项，社区建设、社会治安和社会保障类34项，科教文卫社会事业类32项，人事和其他综合类76项。会议决定事项分别以闸府发、闸府、闸府办便函等形式下发执行。　（庄学顺）

实事项目和办理工作

【完成10件实事项目】 年内，区政府确定10件实事项目（21个单项），涉及13个责任部门，至年底，全部完成。由区人力资源和社会保障局负责实施：计划新增就业岗位19000个，实际新增24720个。由区民政局负责实施：完成新增养老床位400张，新设5个老年人助餐服务点，建设10个标准化老年活动室；计划新增1600名居家养老服务对象，实际新增1631名。由区食药监分局负责实施：为500名独居老人清理和调换过期药品。由区卫生局负责实施：对三泉路999弄、青云路755号及宜川路810弄3个标准化社区卫生服务站点进行规范化建设；计划为4万名居民开展健康监测和综合干预，实际完成48147人。由区红十字会负责实施：计划完成

1800名“红十字”救护员和14167名群众急救员培训工作，实际完成2300名救护员和15246名群众急救员培训工作。由区人口计生委负责实施：免费为25000名流动人口育龄妇女检查孕情环情，实际为26257名流动人口提供服务。由区质量技监局负责实施：计划免费为8000台家庭用水银血压计检定、校准和维修，实际完成14367台。由区绿化市容局负责实施：公共厕所导向牌新增40块、更新60块，公共厕所门楣新增20块，完成大统路(光复路)公共绿地建设。此外，由区体育局负责实施的新建2处社区公共运动场和3个健身苑点、更新21个健身苑点器材，由区安全监管局负责实施的5000名农民工安全生产培训，由区残联负责实施的在各街道(镇)建设一所社区精神残疾人日间康复照料机构“阳光心园”，由区商务委负责实施的在10家标准化菜市场设立便民维修服务点，由区公安分局负责实施的5000户老式居民住宅电气线路改造及在旧改动迁基地配置300辆消防移动灭火车等工作，都在年内完成。（王正平）

【办理人大代表书面意见和政协提案】 十四届人大六次会议和政协十二届四次会议以来，区政府收到人大代表书面意见80件，收到政协提案209件。经过各职能部门共同努力，意见和提案全部研究处理完毕，并答复代表、委员。在办复的书面意见中，办理结果为解决采纳的40件，占50%；正在解决的11件，占13.75%；计划解决的19件，占23.75%；留作参考的9件，占11.25%；暂难解决的1件，占1.25%。在办复的政协提案中，办理结果为解决或采纳的137件，占65.55%；逐步解决的56件，占26.79%；留作参考的15件，占7.18%；暂难解决的1件，占0.48%。（杨为嘉）

公务员和机构编制管理

【概况】 2010年，区公务员和机构编制管理工作围绕区域经济和社会事业发展大局，坚持以科学发展观为指导，坚持用科学理念统一思想，坚持从区情出发谋划工作，坚持用“人民满意”检验工作，不断提高公务员和机构编制管理工作科学化水平，全力打造一支“思想观念新、结构优化、能力提升、作风优良”的高素质公务员队伍。积极开展“服务世博、奉献世博”立功竞赛活动，努力为新闸北的大建设、大发展、大跨越提供组织和干部保证。6月、9月分别开展“服务世博奉献世博”立功竞赛评比表彰活动。根据区经济社会发展和旧改动迁的形势和任务，年内增设区国资委、建交委和房管局为新公务员基层实习锻炼基地。2010年10月11日~2011年9月30日，组织区新录用公务员67人到实习锻炼基地参加实习锻炼。落实机关事业单位工作人员工资福利待遇，组织开展机关干部健康体检，组织区级机关世博立功受奖(立三等功)、献血及即将退休公务员疗休养等活动。1月起，事业单位机构编制实名制信息建库工作进入实质性运转。（张 露）

【开展立功竞赛评比表彰活动】 6月，根据市委组织部、市公务员局《关于在世博会运行期间开展“服务世博奉献世博”立功竞赛评比表彰活动的通知》精神，结合区实际，制发《闸北区关于在世博会运行期间开展“服务世博奉献世博”立功竞赛评比表彰活动的实施意见》，于6月和9月组织开展两批世博立功竞赛评选活动，在分配评选比例上重点向服务世博一线部门和基层单位倾斜，评选出“上海世博工作优秀集体”3个，记二等功人员6人(由市委、市政府统一表彰)，记三等功人员54人，嘉奖507人(由区委、区政府统一表彰)。受表彰对象主要来自政法战线、城市建设和管理部门、服务世博基层一线单位。（张 露）

【加强区机关目标考核工作】 制定并下发《关于闸北区2010年机关目标管理综合考评工作实施意见》，具体部署2010年的机关目标管理工作。走访对区重大目标、重点工作目标实施考核的主考部门，了解考核工作推进情况。进一步强化平时考核和半年度考核，继续将作风建设作为公务员管理的重要内容来抓，通过“德、能、勤、绩、廉”五方面科学考评，使公务员在思想、作风、能力和素质方面不断提升。按照年度考核实施意见，做好年末区机关目标管理考核和公务员考核方案制定和实施工作。在考核方式上，适当调整目标考核、分管领导考核、社会评价的比例分配，调整重大目标和重点工作目标分值，坚持考核优秀比例向基层一线部门倾斜的考核导向。继续设置单项工作改革创新奖和突出贡献奖，营造勇于开拓、勇于创新、勇于突破的良好氛围。全区参加考核的机关部门中，被评为优秀部门10个，先进部门25个，达标部门32个。获单项工作改革创新奖项目14个，获单项工作突出贡

召开区机关考核总结表彰大会（区公务员局供稿）

献奖项目15个。（张　露）

【推进部分事业单位参公工作】根据《〈中华人民共和国公务员法〉实施方案》、《关于事业单位参照公务员法管理工作有关问题的意见》、《上海市参照〈中华人民共和国公务员法〉管理的事业单位审批办法（试行）》和《城管大队参照公务员法管理有关政策口径及要求》精神，做好区城管大队参公实施工作。对分流人员，坚持以人为本，制定科学合理的分流方案，做好深入细致思想工作，确保人员稳定过渡。做好区档案馆、区地方志编纂委员会办公室、区事业单位法人登记管理中心、区军队转业干部自主择业工作办公室人员情况梳理及上报请示工作。

（张　露）

【做好机构和编制调整工作】推进区文化体制改革，指导区文化局做好沪北电影院改制和在编人员身份确认及转移工作；完成区彭浦文化馆职工转入区图书馆的人员审核和审批工作，为彭浦文化馆的机构调整做好准备。围绕区中心任务，调整区社会工作委员会、区社区工作办公室机构设置。为提升区金融业聚集度和服务能级，在对区金融服务等职能分析、梳理基础上，制定区金融服务办、区不夜办机构调整方案，提出初步意见，提供领导决策参考。建立区舆情收研应对中心。加强区绿化、废弃物和户外灯光广告的管理力量，在区绿化和市容局事业编制总数内，调整所属事业单位人员编制。对区人民防空通信站实施更名，进一步明确职能。

（张　露）

【清理和规范区级非常设机构】根据机构改革有关要求，对至2009年12月底的133个非常设机构实施清理。经清理，保留非常设机构67个，合并、挂牌25个，撤销41个。根据区政府常务会议和区委常委会会议有关要求，修改和调整挂靠部门和领导分工等内容，以区委、区政府名义行文下发。（张　露）

【推进政务和公益域名注册管理工作】根据市编办部署和要求，区编办结合区实际，对区党政群机关及事业单位政务和公益域名注册管理工作进行再动员和推进，加大宣传推广力度，鼓励和督促已开通互联网域名的单位在对外宣传中积极注册使用中文域名。至年底，有65家单位网站注册和开通政务和公益域名。其中党政群机关注册政务域名有14家，事业单位注册公益域名有51家。

（张　露）

【建立事业单位实名制信息数据库】按照市编办《关于在本市实行事业单位机构编制实名制信息管理的通知》要求和统一部署，区于2009年11月完成事业单位机构编制实名制信息建库工作，2010年1月起进入实质性运转。该信息库采集全区261家事业单位、12000余名在编事业人员信息，内容有：人员基本信息、人员增减与调动信息、单位信息、编制信息等项目，并建立信息库数据定期维护制度，做到月月新，为加强对区事业单位的监管和数据信息准确性、时效性发挥重要作用。（张　露）

外事工作

【概况】2010年，区外事工作认真贯彻外事政策，加强外事管理，落实中央和市的因公出国（境）管理工作要求，创新工作理念，平稳推进各项涉世博外事工作，完善常态工作机制，夯实外事接待服务基础，完成市委、市政府、世博局、市政府外办下达的各项工作任务。区政府外办分别应美国驻沪总领馆商务处、市政府港澳办公室、驻英国总领事馆等机构的要求，协助妥善处理美资企业商务纠纷、香港居民房产纠纷、涉外人士房屋拆迁矛盾等事宜。根据市政府外办关于涉外安全工作会议精神，推进涉外安全管理工作，建立区外事安全协调机制，由区政府外办牵头区公安分局、安全分局等部门，强化对柬埔寨驻沪总领馆及总领事官邸、厄瓜多尔驻沪总领事官邸的安全防范措施。

（周　红）

【做好因公出访工作】全年，各相关部门落实外事工作要求，加强因公出国（境）管理工作，完成中纪委在“第二次全国制止公款出国（境）旅游专项工作电视电话会议”上提出的指标压缩任务。年初，按照区外事工作领导小组要求，制定并上报全区年度出访计划；在办理过程中，严格按照市有关要求，开展团组办理工作。全年因公出访团组和人数共37批98人次，分别比上年减少33.9%和44.9%。2月28日～3月5日，闸北八中刘京海赴美国出席第五十四届国际比较教育学年会；5月25日～6月3日，和田路小学张军瑾等师生赴美国参加第三十一届世界头脑奥林匹克决赛；7月4～13日，新中高级中学刘爱国等师生赴德国维兰德文科中学开展交流；10月12～25日，田家炳中学庞丽娟等师生赴日本参加高中生交流活动。年内，由区自行组织的因公出国（境）团组均由区政府外办、区纪委等部门共同开展因公出访人员行前教育，团组在出访前向区领导书面提交在外行程；团组完成出访任务后，由区政府外办将出访报告汇总成册，上报区委、区政府主要领导。

（周　红）

【开展友好城市交流】1～3月，韩国釜山广域市沙下区分别组派2个公务员代表团访问区相关机构，了解区经济社会发展现状。8月23～27日，韩国釜山广域市沙下区派员参加上海第二届韩国地方政府公务员短期研修班，并参观大宁国际商业广场。9月20～29日，区政府公务员代表团赴韩国釜山广域市沙下区、日本福岛县考察人力资源服务产业及社区公共卫生信息化应用。10月18～22日，以区厅长李京勳为团长的韩国釜山广域市沙下区政府代表团一行6人到区访问，区长周平与李京勳共同签署《中华人民共和国上海市闸北区与大韩民国釜山广域市沙下区2011～2012年友好交流协议》。10月27日，以议长金正植为团长的韩国釜山广域市沙下区议会代表团一行22人与区人大开展互动交流，并参观临汾社区和市北高新技术服务业园区。年内，区分别与爱尔兰科克市、美国帕蒙纳市、美国密歇根州马科姆郡、日本静冈县牧之原市、日本福岛县开展友好交往，初步形成开展经济合作、青少年文化交流、旅游开发等合作意向。（周　红）

【区领导重视做好涉世博外事工作】 年内，区高度重视涉世博外事工作，区委书记方惠萍，区委副书记、区长周平多次对涉世博外事工作作出批示；区人大常委会主任杨惠德、区政协主席张宝妮分别担任区世博外事接待服务指挥部总指挥和副总指挥；抽调区政府外办、区人大办、区政协办等部门工作人员成立区世博接待办公室开展具体工作。5月18日~10月16日，方惠萍、周平、陈永弟、马效华、胡卫国、张锡平、曹立强、孙国彪、鲍英菁、卢志强等区领导分别带队出席乌拉圭、瑞士、巴勒斯坦、安哥拉、博茨瓦纳、蒙古、希腊、吉布提、萨摩亚等9个国家馆日活动和国际博物馆协会荣誉日活动。全区有1800余名各界人士参与馆日（荣誉日）活动。（周　红）

【接待友好来访团组】 年内，有50批628人次的各国政要贵宾团组和友好团组到区访问。世博会期间，多批外国政要贵宾团组到访闸北。5月23日，以副总理兼贸工、旅游部部长米萨为团长的萨摩亚政府代表团到区考察市民文化生活。7月2日，以总书记亚马苏姆·纳古姆为团长的乍得爱国拯救运动代表团到区考察。7月21日，以民主党秘书长、政府第一副总理素贴·特素班为团长的泰国民主党代表团到区考察社区党建。7月31日，以总理图伊拉埃帕为团长的萨摩亚政府代表团到区考察社区管理。8月16日，以副知事大村慎一为团长的日本静冈县政府代表团到区进行友好交流。8月23日，以副总统达尼洛·阿斯托里为团长的乌拉圭政府代表团到区考察社区管理。9月21日，以总理阿基洛夫为团长的塔吉克斯坦政府代表团到上海海成集团洽谈中塔合作项目。10月25日，45名国际参展方代表到区参加“闸北行——中国2010上海世博会国际参展方进社区互动活动”，体验闸北文化。12月13日，以外长乌托尼·努乔马为团长的纳米比亚外交部代表团到区考察。各政要贵宾团组通过参观临汾社区、市北高新技术服务业园区、大宁国际商业广场、宋园茶艺馆等地，了解闸北经济建设发展情况，感受社区居民生活现状，体会“城市，让生活更美好”世博主题。年内，另有多批友好团组到访闸北。3月13日，巴勒斯坦“法塔赫”干部考察团参观临汾社区。3月21日，英国上院议员柯罗默伯爵等到区与区领导洽谈新能源发展项目并访问久隆模范中学和市北高新技术服务业园区。4月2日，西班牙共产党代表团参观临汾社区文化活动中心。4月6日，以泰国人民培力基金会主任莎丽达·塔雅罗思茨克为团长的周边国家非政府组织研修班成员参观临汾社区；同日，东亚十国妇女就业考察团访问大宁社区。4月7日，参加上海世博会演出的爱尔兰学生合唱团指导老师与岭南中学洽谈青少年交流项目。4月19日，印度印中友好代表团参观共和新社区文化活动中心。4月27日，韩国庆尚南道生活体育会代表团考察闸北八中、新中高级中学和区体育馆等单位，并洽商共同举办“2010中韩市民体育友谊赛”事宜。5月1日，以市长盖竹德玛为团长的柬埔寨金边市政府代表团到区了解产业发展和商业设施建设情况，并参观市北高新技术服务业园区和大宁国际商业广场。5月27日，以市长达拉·墨菲为团长的爱尔兰科克市政府代表团参观市北初级中学、大宁国际商业广场和市北高新技术服务业园区。6月18日，新加坡南洋女子中学排球队到市北初级中学进行交流。6月19日，以埃中友协副会长艾哈迈德·瓦利为团长的埃及埃中友协代表团访问临汾社区文化活动中心。6月30日，澳大利亚皇家墨尔本大学地理学院学生代表团到临汾社区文化活动中心和世博人家了解市民生活情况。8月3日，阿联酋沙迦酋长国代表团到区举行投资说明会；同日，日本大阪UNESCO协会小学生交流团到区青少年活动中心进行互动交流。8月11日，德国科隆体院暨北威州体育代表团与闸北八中和新中高级中学交流青少年体育教育。8月23日，韩国崇实大学师生代表团参观临汾街道居民学校。9月5~10日，新加坡武吉班让国立高中教师代表团入住世博人家。9月6日，澳大利亚奥新银行代表团参观临汾社区。9月8日，爱尔兰科克音乐家代表团为市北高级中学师生提供艺术指导。9月27日，安哥拉多斯桑托斯副总统夫人等人访问临汾社区文化活动中心。10月

日本静冈县牧之原市议会代表团到区访问　　（区政府外办供稿）

14 日，日本静冈县牧之原市议会代表团与区人大开展友好交流并考察大宁国际茶城和市北高新技术服务业园区。10 月 29 日，日本福岛县教育厅代表团与市北高级中学洽谈参加“全日本高中综合文化节”事宜。11 月 22 日，芬兰赫尔辛基理工大学 BIT 研究机构 HEMA 项目组与长征医院闸北分院交流医疗效益评定与管理。11 月 30 日，美国密歇根州马科姆郡教育代表团观摩新中高级中学艺术鉴赏课并作美国高中和大学教育体制专题讲座。12 月 13 日，韩国庆尚南道金海市青少年歌谣文化团与区教育局交流中小学艺术和体育教育。12 月 21 日，上海世博会波黑馆代表团与区政府外办洽谈友城交流事宜。（周　红）

【举行涉外文化交流活动】　依托世博平台，举办各类涉外文化交流活动。4 月 15 日，俄罗斯、日本等驻沪总领事馆官员出席在浦西洲际酒店开幕的“2010 年第十七届上海国际茶文化节”。6 月 13 ~ 16 日，大宁国际商业广场举行“中日文化观光交流周”，把世博园区的日本文化节目“搬”到大宁舞台。6 月 17 ~ 18 日，由区体育局、体育总会及韩国庆尚南道生活体育协会共同举办的“中韩市民体育友谊赛”在新中高级中学举行。6 月 19 日，彭浦新村社区文化活动中心举行“上海—旧金山友好交流演出”。7 月 3 ~ 4 日，大宁国际商业广场举办“大宁国际小丑节”，邀请小丑大师戴维·艾肯、吹泡泡大师戴伦·布瑞尔等国际知名艺术家演出。9 月 13 ~ 19 日，大宁国际商业广场举行“上海旅游节茶乡旅游美食周”，法国、德国、哥伦比亚、墨西哥等国友人出席活动。9 月 14 日，世界轮椅基金会和澳大利亚商会上海分会向彭浦新村社区捐赠 66 辆轮椅，帮助社区行动不便人士出行。9 月 27 日，肯尼亚赛赛瑞卡尔舞蹈团在彭浦镇社区文化活动中心举行专场演出。（周　红）

【做好外事服务与宣传工作】　区政府外办汇集外事资源和外事信息，形成区外事资源库；结合区位地理位置、历史文化底蕴、投资环境等特点，制定 6 条满足不同外宾参观要求和反映区发展重心的参观旅游线路，向来访团组进行宣传。在落实涉世博外事接待中，区旅游局、临汾路街道、区政府外办等部门共同打造世博人家“长三角世博主题体验之旅社区示范点”，使之不仅成为外国游客餐饮住宿新渠道，更成为与世博主题相一致的园外案例。年内，区政府外办通过闸北政务信息网、《闸北报》、《上海外事》、《友城动态》等媒体宣传区涉外活动，将参与馆日（荣誉日）活动人员的征文汇编成《难忘世博行——闸北区各界人士参加上海世博会活动集粹》。区政府外办协助新加坡亚洲新闻台驻上海新闻处、荷兰《新鹿特丹商业报》、捷克电视台驻京分社、瑞士德语电视台、日本 NHK 电视台、日本中日新闻社（东京新闻）上海支局、日本富士电视台、美国《华尔街日报》等境外媒体 30 余批次到社区、产业园区、文化场所、地区商业中心、铁路上海站地区及苏河湾等地采访，反映闸北经济社会与市民生活现状。（周　红）

法制建设

【概况】　2010 年，区法制建设工作的重点是进一步推进依法行政和建设法治政府，不断提高区依法行政的能力和水平。2 月，拟定《闸北区 2010 年推进依法行政实施方案》，确定 2010 年推进依法行政的指导思想、基本要求和主要任务，经区政府常务会议讨论通过，于区第八次依法行政联席会议下发。结合区依法行政工作实际，制定《关于做好本区 2010 年依法行政考核工作的通知》，下发至各被考核部门，并报区公务员局备案。3 月 11 日，召开区第八次依法行政联席会议。全面总结 2009 年依法行政工作，部署 2010 年各项主要任务，评点 2009 年区行政诉讼情况，区长周平对区依法行政工作提出具体要求。5 月，根据市政府法制办召开的市行政执法人员信息管理系统试运行工作布置会议要求，区法制办下发《关于启用上海市行政执法人员信息管理系统的通知》，并组织区各相关部门法制人员进行实务培训，将《上海市行政执法证》办理形式从书面申请转变为全程电子化操作。年内，组织 103 人参与基础法律培训，新办证 100 张，换证 18 张。6 月，市政府召开上海市规范和加强行政执法工作电视电话会议，区法制办认真组织分会场会议，区长周平在会上作“坚持依法行政，积极推进和谐拆违”交流发言，并在会后对区规范和加强依法行政工作提出具体要求。12 月，根据区依法行政联席会议成员单位自查及区法制办牵头进行核查测评情况，组织区年度依法行政考核。年内，完成区法制建设“十二五”规划编制。区法制办按照《上海市行政规范性文件制定和备案规定》要求，审核文件 40 件，确定 1 件为区政府规范性文件，按规定程序制定、发布、报备案，市政府法制办经审核准予备案。完成各类法规草案的意见征询 14 件。出版《上海市闸

举行“上海—旧金山友好交流演出”　（区政府外办供稿）

北区人民政府公报》7期，每期赠阅11410份。行政复议方面，办理行政复议案件60件。其中依法受理43件，不予受理17件。在依法受理的43件中，维持30件，终止7件，结转下年办理6件。旧区改造强制拆迁方面，审核批准《强制执行通知书》180件，比上年减少41%；实际监督强制拆迁24户，比上年减少55%。拆除违法建筑方面，审核下发强制拆除建筑《通告》21件。行政应诉方面，对周国华诉区政府信息公开决定一案，区法制办代表区政府出庭应诉，市第二中级人民法院一审驳回周国华诉讼请求，市高级人民法院二审维持原判。区法制办发挥参谋、助手、法律顾问作用，列席每周区政府常务会议，为区政府重大事项决策、政策制定提供法律意见。积极参加区动拆迁政策研讨会议、区稳定例会，处理领导交办件，就疑难问题的处理发表法律意见，提供法律建议。
（蔡颖婕）

【参与依法行政工作理论研讨】 4月，区法制办参加市政府法制办以“加强政府职能转变、加强政府自身建设”为主题的“十二五”规划交流讨论会，区法制办撰写《从行政复议的功能定位看其制度完善》研究文章并获优秀组织奖。同月，参加全国人大常委会法工委、最高院行政庭、国务院法制办在上海召开的非诉行政执法现状研讨会，并代表上海区县法制办作交流发言。8月，参加“中德行政赔偿制度学术研讨会”，区法制办副主任吕忆农撰写《旧区改造动拆迁中居住房屋的行政补偿》研究文章，并在研讨会上作主题发言。
（蔡颖婕）

【开展依法行政走访工作】 为加强对部门依法行政工作指导、监督力度，7月，区法制办成员走访区环保局、房管局，听取两部门2009年及2010年上半年依法行政工作情况，对部门在推进依法行政工作中存在的困难和问题有针对性地加以指导和督促，总结推广部门好的做法和工作经验，为完成区全年依法行政工作目标打下基础。（蔡颖婕）

召开区第八次依法行政联席会议 （区法制办供稿）

【清理规章规范性文件】 根据《上海市人民政府办公厅关于做好本市规章、规范性文件清理工作的通知》精神，6月，区政府办公室印发《关于做好本区规章、规范性文件清理工作的通知》。7月，区法制办组织召开规章、规范性文件清理工作会议，全面部署有关规章及规范性文件清理工作。其中《上海市铁路上海站地区综合管理暂行规定》的清理由铁路上海站地区管理委员会办公室牵头负责，会同各规章实施部门提出清理建议，经区政府常务会议讨论通过后，上报市政府法制办。经清理，区政府现行有效规范性文件继续有效17件，废止6件，由区政府发文向社会公布并报市政府法制办备案。区政府部门规范性文件，继续有效7件，废止2件。（蔡颖婕）

信访工作

【概况】 2010年，区信访总量18783件，比上年减少18%。其中来信总量4769件，比上年减少25%；来访总量9831批次，比上年减少14.1%；来电总量2229件，比上年减少15.1%；网络信件1954件，比上年减少18.9%。信访总量虽高位运行，但比上年有所下降，实现信、访、网、电4项基础工作全面下降的良好态势。区信访办接访科被评为2007～2009年上海市模范集体。（郭来官）

【化解疑难动拆迁矛盾】 根据区委、区政府领导提出的“化解才是硬道理、维稳才是硬任务”的要求，区信访办（督解办）全力推进区疑难动拆迁矛盾化解工作。至年底，区49件动拆迁突出矛盾化解14件，终结1件，化解率30.6%，列中心城区第四位；6件其他矛盾全部化解，化解率100%，列全市第一位；总化解矛盾21件，化解率38.2%，列中心城区第三位。
（郭来官）

【开展区四套班子领导大接访活动】 根据市委、市政府要求，于4月1日～11月30日开展区四套班子领导大接访活动。区领导主动“走进”矛盾，接待来访群众，倾听群众诉求，并亲自协调，有效解决一批疑难矛盾，为高效解决群众信访事项打开一条“绿色通道”，受到来访群众好评。年内，区四套班子领导大接访活动共开展7轮，累计接待接访矛盾49件。其中，动拆迁矛盾10件，占20.4%；城市建设管理矛盾8件，占16.3%；住宅物业管理矛盾7件，占14.2%；生态环境矛盾5件，占10.2%；涉法涉诉矛盾1件，占2.1%；户籍管理矛盾4件，占8.2%；综合性矛盾3件，占6.1%；医疗救助矛盾2件，占4.1%；其他矛盾9件（抚恤金、家庭矛盾等），占18.3%。其中已化解矛盾23件，化解率46.9%；办结33件，办结率67.3%。（郭来官）

召开区信访工作务虚会 （区信访办供稿）

【开展重信重访专项治理】 根据中央联席办、市联席办要求，为进一步加强信访维稳工作，从根本上减轻信访工作压力，按照“减少存量、放缓增量、控制总量”原则，在2010年开展第三轮重信重访专项整治工作，重点化解市交办区的40件重信重访矛盾。该轮专项治理分为5类，动迁安置类矛盾32件，占80%；住房及物业类矛盾2件，占5%；城市管理和城市建设类矛盾2件，占5%；劳动人事类矛盾3件，占7.5%；教育类矛盾1件，占2.5%。全年化解重信重访矛盾21件，化解率52.5%。其中市重点督查的6件矛盾，已化解5件。

（郭来官）

【推进信访代理工作】 为全面畅通信访渠道，反映社情民意，区自2008年来，探索创新，在总结试点工作经验基础上，结合区实际情况，大力开展信访代理工作，开创“群众动嘴、干部跑腿”新局面，有效提高信访工作效率和质量，切实发挥信访工作维护社会稳定的作用。在世博会期间，区通过建立“三级代理、四级平台”工作网络，强化“后台支撑”体系，加大信访代理员队伍建设，坚持程序代理和简易代理并重，实施“专代结合”模式，不断完善信访代理机制。4月1日～10月31日，区信访代理总量1068件，化解1031件，化解率96.5%。其中简易代理752件，化解739件，化解率98.3%；程序代理316件，化解292件，化解率92.4%。信访代理工作获得群众肯定和好评。为规范信访代理工作，加强对全区信访代理工作指导，在区委领导的高度重视和大力支持下，区信访办经区机构编制委员会批复，增设全国首家信访代理科，配置行政编制和科级领导职数。信访代理科工作职能是指导、检查各街道、镇信访代理工作的开展，组织培训信访代理员队伍，接受街道、镇信访代理员的代理矛盾诉求，组织区域范围内跨条块矛盾协调会议，代理涉及区的重大、疑难信访矛盾等。 （郭来官）

民族·宗教

【概况】 2010年，区内有45个少数民族，10899人（含户籍人口7084人，来沪人员3815人），其中回族、维吾尔族等饮食清真食品少数民族5800余人。年内，区民族宗教事务办公室（简称区民宗办）在区少数民族联合会协助下，牢牢把握各民族“共同团结奋斗、共同繁荣发展”的主题，把服务世博与做好民族工作有机结合，广泛宣传党的民族政策和民族法规，认真开展少数民族世博志愿者活动，协助做好清真“三食”（饮食、食品、副食品）供应和监督工作，努力做好来沪少数民族人员服务工作，民族团结进步事业进一步得到发展。年内，区内信教群众有2.7万余人，其中基督教信徒近7000人，天主教信徒400人左右，佛教信徒2万余人。宗教活动场所4处。基督教：闸北堂、灵泉堂（闸北堂分堂）。天主教：闸北天主堂。佛教：上海宝华寺。宗教职业者33人。年内，区宗教工作贯彻党的宗教信仰自由政策，开展区宗教法制宣传周活动，宣传服务37900人次，扩大宗教法律法规在社区群众中的知晓面。依法加强宗教事务管理，对区内4个宗教活动场所开展监督检查工作，建立和完善各项规章制度。2月，协助

研究市信访办交办件 （区信访办供稿）

宝华寺举行“迎新春撞钟敬香活动”，近3万名佛教信徒来寺敬香。4月，召开区民族和宗教工作领导小组工作会议，制定落实世博会区民族宗教工作总体方案、应急预案等，形成保障世博平安的工作合力。协助各宗教活动场所加强组织建设，增强爱国宗教团体领导班子力量。加强宗教界爱国主义教育，坚持走独立自主、自办教会道路，进一步学习领会全国《宗教事务条例》精神。积极开展世博宣传教育活动，组建宗教界迎世博志愿者队伍，参与世博、服务世博。加强世博期间各宗教活动场所安保工作，签订《闸北区宗教活动场所做好上海世博会期间安全稳定工作责任书》。强化硬件建设，宝华寺新建九龙照壁、方丈室回廊，修缮钟鼓楼，基督教闸北堂、灵泉堂分别完成大堂、门厅、门卫室等的大修与改建，使各宗教场所面貌一新，提升世博接待能力。区宗教界热心社会公益事业，为青海玉树地震、舟曲特大山洪泥石流灾区捐款12万元，完善宗教界爱心基金社会救助功能，与区民政局共同举办区“爱心传递”助学活动，捐赠助学款2万元。5月，区内150名天主教信教群众参加一年一度佘山朝圣活动。宗教教职人员文化素质教育取得成效，宝华寺10名僧人完成大专学业。以世博会为契机，精心组织以“城市，让生活更美好”为主题的讲经讲道系列活动。召开区宗教界迎世博讲经讲道交流会，引导7位教职人员结合宗教经典，围绕“和谐”主题，向100余名各教信徒宣传世博。7月，牵头与徐汇、卢湾区举行跨区交流会，三区12名教职人员进行主题演讲，激发来自三区350余名信教群众的爱国热情，强化促进和谐的责任感。9月，先后召开区纪念中国基督教三自爱国运动60周年座谈会、纪念上海市天主教爱国会成立50周年座谈会，加强各宗教团体、场所爱国爱教、独立自主自办教会传统教育，推进民主办教。12月24日晚，区内基督教、天主教界信教群众2500余人参加圣诞感恩活动。

（王莱莱　李　栋）

【开展少数民族世博志愿者服务活动】 区少数民族世博志愿者服务分队有15个少数民族成分、151名成员。世博会期间，他们活跃在全区的大街小巷，以强烈的社会责任感和饱满的工作热情，积极宣传民族政策，认真开展清真监督，努力协调民族关系，着重凸显“六个结合”（将志愿者活动与全区重点工作相结合、与维稳工作相结合、与维权工作相结合、与清真监督工作相结合、与社区世博工作相结合、与构建和谐邻里关系相结合），为促进民族团结、维护社会稳定无私奉献，为平安世博增光添彩，累计上岗总数超过1万人次，被评为市民族宗教系统“服务世博，奉献世博”先进集体，受到市委常委、市委统战部部长杨晓渡等各级领导的肯定和社区居民的好评。（王莱莱）

【做好世博会期间清真食品供应工作】 为确保世博会期间清真食品供应工作正常有序，区民宗办对清真单位员工、清真义务监督员和少数民族志愿者进行民族政策和业务知识培训，每月定期对清真行业进行监督检查，并会同区商务委，进行多方协调，全区清真供应工作状况有明显好转。铁路上海站南广场地区清真饮食基本供应网点得到恢复。清真知名企业洪长兴清真餐饮公司入驻环龙商厦，为进出该地区的少数民族同胞带来便利。彭浦清真馆和康乐清真饭店先后完成装修改造。全区设有病员食堂的医疗单以及彭浦新村街道第二老年公寓内设置清真专灶，较好解决少数民族病人和老人饮食清真食品问题，受到少数民族群众欢迎。世博会期间，全区清真网点生产经营活动规范有序，清真食品供应情况总体良好，货源充足，渠道正宗，未发生一起“清真不清”事件。（王莱莱）

【开展和谐寺观教堂、文明宗教场所创建活动】 深入贯彻落实《宗教事务条例》，指导各宗教活动场所积极开展创建全国和谐寺观教堂、上海市文明宗教场所活动，加强场所规范管理、完善场所规章制度、美化场所内外环境、热心社会公益事业等，帮助各宗教场所切实提高自我管理水平，提升参与世博、服务社会能力。宝华寺、闸北天主堂、基督教闸北堂、基督教灵泉堂均被评为2008～2009年上海市文明宗教场所，实现全覆盖；闸北区天主教爱国会、基督教闸北堂秦小林牧师被中央统战部、国家宗教局评为创建首届“全国和谐寺观教堂”先进集体、先进个人。（李　栋）

【参与市宗教界讲经讲道交流活动】 加强对宗教教职人员爱国爱教教育引导，注重提高教职人员宗教造诣和讲经讲道能力，积极参与“城市，让生活更美好”市宗教界讲经讲道交流活动，推荐基督教闸北堂秦小林牧师参

举办区民族和宗教法制宣传周、侨法宣传月活动　（区民宗办供稿）

参与“城市，让生活更美好”市宗教界讲经讲道交流会　（区民宗办供稿）

加市讲经讲道交流会，得到中央统战部副部长朱唯群，国家宗教局局长王作安，市委常委、统战部部长杨晓渡等领导的肯定。区民宗办获市讲经讲道交流活动优秀组织奖。　（李　栋）

侨务·港澳台事务

【概况】 2010年，到区探亲、访友、旅游、经贸考察的台胞22920人次，居民因私赴台219人次。协调解决台商经济和劳资纠纷11起。为飞利浦（中国）投资有限公司等单位员工赴台从事业务技术培训及其他商务活动办理初审109批150人次。3月31日，区台办组织由市台协会长李茂盛带领的100多名知名台商“看闸北”活动，区长周平等区领导出席活动。4月20日，区台办、民革闸北区委和区台联会联合举办主题为“传承中华茶文化，拓展闸台交流新领域”座谈会。区民革成员、区台联会理事及部分台商代表30余人参加座谈。5月5日，台资震旦集团董事长陈永泰率震旦高管一行到区考察。区委书记方惠萍会见考察团一行并陪同考察市北高新园区。6月24日，区台办、区社会主义学院联合邀请市台办研究室副主任张伟栋作当前两岸形势报告，区委统战部、区各民主党派、工商联和有关人民团体负责人，各街道（镇）、统战工作重点联系单位分管领导及社区群众330余人参加报告会。7月16日，由市教育科学研究院、市社区教育协会主办，区台办、区教育局及上海行健职业学院联合承办的“2010年海峡两岸社区教育学术研讨会”在上海行健职业学院举行。来自台湾成人和终身教育学会及市教育行政部门、各区社区学院、有关高校、科研院所研究人员150余人参加，市政协副主席李良园、区政协主席张宝妮等市、区领导出席会议。8月3日，区台资企业大润发有限公司向吉林大学捐赠100万元用于修缮校舍和改善教学条件。8月9日，大润发有限公司向甘肃舟曲灾区捐赠1万箱瓶装水缓解灾区人民饮水问题。9月11日，在中国2010年上海世博会甘肃活动周开幕仪式上，大润发有限公司向甘肃舟曲灾区捐赠100万元用于灾区重建。9月16日，区台办举办台商“中秋沙龙”，20余家台资企业负责人与区工商分局、税务分局、公安分局及商务委等单位负责人进行座谈交流。11月17日，区台办组织20余家台资企业负责人进行座谈，听取区委常委、统战部部长石宝珍介绍区“十二五”规划纲要，鼓励台商支持和参与区经济社会发展事业。年内，区侨办围绕区中心工作，做好服务世博各项工作，拓展引智引资渠道，探索建立区域侨务工作运行机制，完善社区为侨服务功能。发挥区海联会、侨商分会、新侨联谊会等载体作用，参与和开展“华侨华人回家看世博”系列活动，接待国务院侨办及海外华侨华人专家、新加坡中华总商会商务考察团、马来西亚雪隆华校董团等考察访问近20批600余人。承办“相聚闸北、合作共赢”上海侨商元宵经济信息沙龙活动。召开区海外联谊会第三届理事会第一次会议，市委统战部副部长、上海海联会副会长丁志坚，方惠萍、周平等市、区领导出席会议。与市北高新技术服务业园区建立引智引资合作机制，举行“携手合作、促进发展”——闸北区侨资企业政策咨询会暨引智引资合作协议签约仪式。8月3日，周平会见挪威籍华人、国际云计算协会会长容淳铭博

区委书记方惠萍（前排右三）会见台资震旦集团董事长陈永泰（前排右二）一行并陪同考察市北高新园区　（黄金珠摄）

士，就区云计算服务业发展进行交流探讨。推进区侨商分会建设，会员增至43家。坚持侨务干部联系侨资企业工作制度，定期走访侨资企业，协调有关部门帮助提供20余次（件）法律、政策、就医等方面服务。加强与区发改委、商务委协作，对全区140家侨企进行系统分析，完善数据库，拓宽党外代表人士挖掘、培养渠道。完成《闸北区侨资经济发展统计分析》报告。年内，有4家侨资企业和1名华人专业人士获市明星侨资企业、市华侨华人专业人士“杰出创业奖”。久隆模范中学、闸北第八中学被市侨办和市教委命名为第二批“上海华文教育基地”。开展侨法宣传月活动，举办“东方讲坛——上海侨务讲坛”侨法宣传、《侨务法律法规与政策讲解》主题讲座等活动16次，举行侨界志愿者活动26次，侨界志愿者400余人参与活动，分发宣传资料10000余份，出各类宣传板报190块。关注侨界民生工作，全年接待侨界人士来访17人（次）、来电咨询50余件（次），处理涉侨来信6件。出具三侨生考试加分、华侨子女来沪就读、照顾生育证明23件，并接受市侨办对出证工作的检查。协助市侨办做好2名上访户协调工作，24小时开通“小妹维权热线”。元旦、春节、“五一”、国庆前夕，为124名早期归侨发放重大节日生活补助专项经费49700元。向早期归侨赠送世博门票125张。发放帮困款19100元，受助侨界困难群众45人。完成32名侨界病困群众慈善医疗帮困卡申请工作。做好重大节日走访慰问工作，走访重点侨资企业和企业家，向区海联会海外理事、归侨侨眷和海外侨胞等侨界人士、侨资企业发送贺信贺卡、电子邮件500余件。

（黄金珠　杨丽萍）

召开区海外联谊会第三届理事会第一次会议　（区侨办供稿）

【开展区台两地民间交流工作】 应台湾中华企业资源发展协会之邀，4月，区委常委、副区长胡卫国一行7人，7月，区委副书记陈永弟一行7人，12月，区委书记方惠萍一行7人先后赴台交流。1月，台湾世界凤凰文化基金会董事长周海伦率台湾企业家大陆经贸考察团一行28人到区考察市北高新技术服务业园区。5月，由台湾南投县玉山布农族学生组成的“台湾原声童声合唱团”一行60人到区参访，并在区青少年活动中心与彭浦一小部分四年级学生进行互动交流。6月，由台湾台南市客家文化协会理事长、闻祺企业董事长王新财率领的台南市企业家世博参访团一行25人到区考察市北高新技术服务业园区，并在临汾街道“世博人家”与社区居民进行互动交流。7月，台湾澎湖县大中学生世博参访团一行82人到区参访，并与区台办、教育局工作人员进行座谈交流。是月，台湾成人终身教育协会一行29人到区参加由市教育科学研究院、市教育协会主办，区台办、区教育局及上海行健职业学院联合承办的“2010年海峡两岸社区教育学术研讨会”。9月，台湾南投泰斗茶厂、嘉义瑞梅茶园等实业公司组成的“正台湾好茶专卖”特展参展团一行12人到区参加在帝芙特国际茶文化广场举办的闸北首届“秋茶”采购节活动。10月，台湾台北县新莊扶轮社一行30人到区参访，并与区台办工作人员进行交流。10月，台湾醒吾技术学院一行5人到区与行健职业学院进行交流。（黄金珠）

召开区侨务工作联席会议第一次会议　（区侨办供稿）

【建立侨务工作联席会议制度】 6月1日，市侨办主任崔明华到区就探索建立区侨务工作联席会议制度进行调研。区侨办结合工作实际，积极探索建立较为完善的组织体制、工作制度、运行机制、创新工作载体等方面的长效机制。10月27日，召开区侨务工作联席会议第一次会议，市侨办国内处领导和联席会议成员单位领导30余人出席会议。11月底，在建立区侨务工作联席会议制度基础上，指导大宁路街道试点建立社区侨务工作联席会议制度，社区侨务工作得到有效开展。（杨丽萍）

【举办区台胞台属联谊活动】 9月10日，区台联会组织理事等30人参观爱国主义教育基地——四行仓库，纪念抗日战争胜利65周年。10月27日，区台联会组织台胞台属30余人赴苏州木渎古镇，开展“祖国在我心中，我为世博奉献”一日游主题活动。

（黄金珠）

档案工作

【概况】 2010年，区档案局（馆）完成区府办、区纪委、区人大办等10个部门（单位）1996～2000年档案正常接收工作。完成区民政局2009年婚姻档案提前接收工作。完成区委办、区府办、人大办、政协办和宣传部2009年照片档案提前接收工作。完成2009年闸北区有线电视中心的《闸北新闻》录像档案提前接收工作。接收案卷12180卷（含照片94卷1104张）、光盘26张、文件12810件。完成馆藏第九批档案鉴定开放工作，对馆藏13111卷档案进行鉴定划控，分两批（共708卷）向社会开放。在全区自查基础上，对15家单位进行行政执法检查。指导大宁路街道晋升为档案管理市二级单位，指导区人大办通过档案管理市一级复查验收。档案利用窗口接待查档11216人，查到8425人、涉及9473卷，查到率75%。实现“就地查询，跨馆出证”档案利用远程协同服务，为31人跨区提供档案证明。区政府信息公开受理点向市民提供咨询服务1068人次。完成馆藏婚姻档案全文扫描1054176幅，挂接1054176幅。对各街道（镇）2010年3870条独生子女档案数据进行整理及资源整合。更新磁带机和部分计算机。11月，按照市档案局要求，区档案馆首次尝试电子数据异地备份，数据移送重庆市档案馆保存。举办第20期档案管理岗位业务知识培训班，培训学员30人，考试通过率100%。完成档案继续教育培训班，举办8场专题讲座。年内，局（馆）创建成功市级学习型机关，区档案馆通过国家二级综合档案馆测评，1人被上海世博会事务协调局评为“上海世博工作优秀个人”。（刘　悦）

市档案局专家测评组对区档案馆创建国家二级综合档案馆进行测评

（徐建疆摄）

【创建国家二级综合档案馆】 根据国家二级综合档案馆的标准，区档案馆积极准备，迎接市档案局专家测评组的测评。改善馆库条件，添置温湿度控制系统、消毒柜、空气净化器、去湿机等设施设备；建立、完善和落实各项管理制度；完成馆藏到期短期卷档案鉴定销毁工作，鉴定57个全宗（8256卷），认定可销毁8230卷，另26卷建议提升为长期保存；对馆藏106盘录像带和13盘录音带进行整理、检查和数字化，刻录成光盘622张；完成馆藏1995年后短期卷文件级目录输入工作，共2688卷5459条；对近年工作成效进行整理汇编并制成台账等。9月21日，测评专家组现场评估，区档案馆以88.6分通过测评验收。

（刘　悦）

【做好世博档案接收工作】 开展以世博档案为重点的业务指导。区委办、区府办联合下发《关于加强区世博会档案工作的通知》，规范区迎世博指挥部和区世博会工作领导小组的档案工作，确保世博档案接收进馆。至年底，区迎世博指挥部和区世博会工作领导小组的档案基本整理完毕，进入目录输入和全文数字化阶段。主动为市世博档案工作提供服务，成立市世博档案志愿者服务队闸北分队，参与世博局档案整理工作。

（刘　悦）

【开展档案行政执法检查工作】 在对168家单位进行书面普查基础上，对区商务委、第二少年业余体育学校、建交委、图书馆、闸北八中、华灵学校、彭浦新村街道、法院、区委办、铁路上海站管委办、彭浦镇彭浦村委会、审计局、华山医院永和分院、民宗办、大宁资产经营有限公司进行行政执法检查，内容包括档案安全体系建设、世博建档、档案业务建设等，被查单位无明显的档案违法行为。对存在的一些问题发出《行政检查意见书》并督促整改。进一步规范执法检查,加强执法队伍建设,组织11人参加市法制办举办的行政执法人员基础法律知识培训班并通过考试,局(馆)全员均拥有行政执法证。

(刘　悦)

【做好档案宣传工作】 4月,在铁路上海站南广场举办以“世博,档案全记录”为主题的咨询宣传活动。9月,开展纪念《上海市档案条例》颁布15周年宣传活动,包括举办题为《法制建设新环境给档案事业带来的挑战和机遇》专题法制讲座、编写《闸北报》“档案,讲述普通人的故事”宣传专版、组织各档案协作组分别座谈等,进一步增强广大干部和市民的档案意识,提升档案工作影响力。

(刘　悦)

【加强档案协作组管理】 在认真总结近年工作经验基础上,制定《关于进一步加强档案协作组建设的意见》,成立一支由局(馆)人员组成的联络员队伍,加强与全区15个档案协作组的联系,积极开展活动。第四季度联络员机制开始运作,联络员借助协作组平台对各项重点工作进行布置和督促落实,完善对协作组的考评办法,促进协作组活动有效开展。

(刘　悦)

【做好珍贵档案鉴定和保存工作】 邀请上海博物馆专家对馆藏18件珍贵档案进行鉴定,并指导如何保存。根据专家建议,局(馆)健全完善有关珍贵档案保管及库房管理制度,更好地维护珍贵档案的完整和安全。

(刘　悦)

举办以“世博,档案全记录”为主题的咨询宣传活动　　(刘　悦摄)

地方志工作

【概况】 年内,区地方志办公室负责编纂的《闸北年鉴(2009)》获全国年鉴编纂出版质量综合评比一等奖。这是继《闸北年鉴》(2006～2008)获全国年鉴编纂质量检查评比一等奖以来,再次获奖,是连续4年获全国一等奖。1月,为提高年鉴编纂质量,区方志办召开一年一度的年鉴工作会议,会上对2010版《闸北年鉴》编纂工作作了回顾和总结,并对各部类条目的编纂质量、存史价值及存在的突出问题进行讲评。5月,负责编纂的《话说上海·闸北卷》出版发行,并分送全区各部门、单位、街道(镇)。为做好区续志工作,7月13日,区方志办召开《闸北区志(1994～2005)》编纂工作会议。会上,区府办、商务委、卫生局、市政署、妇联、文明办6个单位就如何做好续志的编纂工作作交流发言。区方志办副主任姚荣仲对前阶段续志工作作简要回顾和总结,区方志办主任孙臣康对下阶段工作提出要求。3月12日和12月15日,区方志办举办2期续志撰稿员培训班,讲评前阶段志稿初评存在的主要问题,并请市方志办专家讲授合格志稿的基本要求、修改中应注意的问题和编的分纂中应注意的问题。为提高续志的编纂质量,从8月起,区方志办对各部门(单位)上报的续志志稿进行反馈。反馈历时1个月,至9月17日,区属103个部门(单位)志稿全部反馈完毕,各部门(单位)上报的修改稿质量有较大提高。12月,完成最后一批《上海对口支援都江堰市灾后重建志》(1998～2010年)资料长编编纂工作。年内,区方志办认真做好《长江三角洲年鉴(2010)》、《上海年鉴(2010)》的组稿工作和市方志办交办的其他相关工作。

(丁唯涵)

【《闸北年鉴》连获全国年鉴一等奖】 11月,《闸北年鉴》获中国地方志指导小组办公室、中国地方志协会颁发的全国地方志系统第二届年鉴评比县区级地方综合年鉴一等奖。这是《闸北年鉴》连续4年获全国一等奖,也是区100多个编纂单位以及全体编纂人员共同努力的成果。为不断提高年鉴的编纂质量,区方志办始终做好“抓发动、抓培训、抓创新、抓质量”四个环节工作。抓发动。年初召开全区性的年鉴工作会议,市方志办、区领导到会讲话,提出要求,使各撰稿单位及编纂人员统一思想、提高认识、明确任务,对提高《闸北年鉴》编纂质量起到积极作用。抓培训。举办志鉴业务知识培训班,加强对编纂人员的业务培训。组织学习区委、区政府全会及区“两会”文件,把握区中心工作,并贯穿于年鉴编纂工作之中。抓创新。在专记、专文、专题调查等新设置的栏目及卷首照片中凸现全区重要政务和重要工作,体现区情特色。抓质量。把好年鉴组稿、改稿、审稿“三关”,通过交叉改稿、集体审稿、主编统稿及质量讲评等手段提高年鉴编纂质量。

(冯梅椿)

【召开《闸北区志(1994~2005)》续志工作会议】 7月13日,区方志办在区教育局大礼堂召开《闸北区志(1994~2005)》编纂工作会议,全区各参编部门(单位)续志工作小组正、副主笔和撰稿员100余人参加会议。会上,区府办、商务委、卫生局、市政署、妇联、文明办6个单位结合自身情况,就如何做好续志的编纂工作作交流发言。区方志办副主任姚荣仲总结前阶段续志工作情况,在肯定成绩的同时,指出还存在的“初稿资料的数量、质量与存史容量,节以下篇目与志书体例,附件资料与分纂、总纂,评议稿的质量与志书规范,区域参编单位的初稿质量与篇目大纲要求差距较大”等5个共性问题。要求下阶段重点做好“加强队伍建设、稳定续志人员,收集存史资料、提高志稿质量,抓紧志稿反馈、做好修改完善,做好附件审读、适时进行反馈,落实主笔负责、做好分纂准备”等5项工作。区地方志办公室主任孙臣康对做好下阶段工作提出5点要求:“要明确续志工作的意义;要提高编纂质量和把握时间节点;希望各参编部门(单位)的领导继续加强对该部门(单位)续志工作的领导和对区方志办工作的支持;工作中要讲规则、要熟悉工作流程、操作要规范,并要学会借脑;区方志办要增强服务意识、改进服务态度、多上门沟通交流。”

(丁唯涵)

【召开《闸北年鉴(2011)》组稿工作会议】 1月20日,区年鉴工作会议在区政府第一会议室召开。区方志办领导、各部类责任编辑及参与编纂年鉴的各组稿部门(单位)撰稿人员参加会议。会上,对《闸北年鉴(2010)》编纂工作进行回顾和总结,并对各部类条目的编纂质量、存史价值及存在的突出问题进行讲评。会议还通报《闸北年鉴》连续4年获全国一等奖的情况,并希望各撰稿单位及撰稿员要本着对党和人民高度负责的精神,突出区情、服务大局、精益求精,认真编纂好《闸北年鉴(2011)》。

(滕志刚)

【完成《话说上海·闸北卷》编纂任务】 为迎接世博会的召开,按照市方志办下达的《话说上海》系列丛书编纂任务要求,区方志办挖掘区域内独具特色事物,侧重于人文故事和纪念地、名建筑、历史遗迹、旅游景观等进行编写。通过查阅资料、实地采访、找相关老人访谈,挖掘出区域里具有重大历史价值、曾产生过重大影响的历史资料及近期重、大、特、新的资料,经过梳理,其中历史题材22篇、近期题材19篇,能够较好反映闸北历史文化,同时也能反映改革开放以来,特别是近5~10年来闸北的新变化、新面貌、新景观,并选配200余张具有存史价值的历史、新貌照片,力求图文并茂。书后附有《闸北区区级以上文物保护单位、纪念地一览表》和《闸北区主要宾馆、饭店一览表》,方便来沪参加世博会和到区参观、考察、旅游的人们使用。该书于世博会前由上海文化出版社出版发行。区方志办将该书分送全区各部门(单位)、街道(镇)。

(丁唯涵)

【做好续志初稿复审反馈】 根据《闸北区志(1994~2005)》编纂工作进度安排,为提高续志的编纂质量,区方志办对各部门(单位)上报的志稿进行反馈。反馈意见集中市方志办专家和区方志办全体人员的意见和建议,并注重志稿修改的操作性和规范性。从8月开始,分别采取集体、个别及登门反馈等方法,先由8个街道1个镇撰稿员到区方志办进行集体反馈,登门对8个民主党派的志稿修改意见进行反馈。8月18日开始集中时间、精力进行6个阶段的个别反馈。至9月17日,区属103个部门(单位)志稿全部反馈完毕,要求各部门(单位)于10月底前完成志稿的修改、补充和完善工作,并按时报送区方志办复审。

(丁唯涵)

【做好《上海对口支援都江堰市灾后重建志》组稿工作】 12月,《上海对口支援都江堰市灾后重建志》(1998~2010年)资料长编组稿工作全部完成。该项工作历时3年,分三批完成。在市方志办任务布置之初,时间紧、任务重、人手少的情况下,根据市方志办布置的编写方案,区方志办经过认真研究,制定《闸北区对口支援都江堰市灾后重建志》的编写大纲,主动与区合作交流办沟通联系,明确任务、理清脉络、抓住重点,于2009年11月召开相关对口支援的部门(单位)参加的编纂工作会议,采取以会代训的方法,抓典型、树样板,并以区卫生局的志稿作为样稿,要求全区各参编部门(单位)认真撰稿,

召开区年鉴工作会议　　(区方志办供稿)

依据区下发的编纂大纲规范操作，确保质量。经过大家的共同努力，如期保质保量完成编纂任务。区方志办报送的志稿得到市方志办的肯定，并作为样条网上通发全市18个区（县）及各部、委、办、局参照撰稿。区方志办撰写、发送的第二批稿件，并配上照片，同样受到市方志办好评。

（冯梅椿）

参加区续志培训班的撰稿员在听课　　（区方志办供稿）

【举办续修区志培训班】　3月12日，区方志办在区政务中心举办续志培训班，邀请市方志办编审颜小忠授课，各参编部门（单位）主笔、副主笔及撰稿员参加培训。重点讲授关于撰写编前概述、章前小序（引言）的规范要求及应注意的问题；关于撰写部门（单位）机构、内设机构、队伍的规范要求及应注意的问题；关于撰写大事记、人物，选送照片的规范要求及应注意的问题。会上，下发《编的概述、章的引言和机构以及大事记、人物的写法》讲稿。为统一、规范各参编部门（单位）大事记、人物的遴选和撰写，整理下发大事记（样条），人物传略、人物简介、人物表（范例），便于各参编部门（单位）规范操作。12月15日，区方志办在区政务中心再次举办续志培训班，培训的重点内容是如何做好各参编部门（单位）志稿的分纂。会上，针对有些部门（单位）报送的志稿还存在体例不太像、资料不太全、内容不太实、记述不完整、行文不规范等问题，区方志办将前期已培训的内容《编的概述、章的引言和机构以及大事记、人物的写法》的讲稿，《闸北区志（1994～2005）》志稿质量标准（试行）再次整理印发，将第三讲《编的分纂应注意的问题》授课稿整理下发，方便各参编部门（单位）参考、学习、操作。

（丁唯涵）

【《闸北年鉴（2010）》出版发行】　《闸北年鉴（2010）》由区地方志编委会主持编纂，区委常委、组织部部长方莉萍任主编，副区长鲍英菁任副主编。从1月起，在市方志办、《上海年鉴》编辑部和上海辞书出版社的指导下，在全区200多家撰稿单位和300多名撰稿人员共同努力下，经过组织发动、条目选题、编辑修改、图文编排、印发初稿分送各有关方面征求意见并报送区委、区政府、区地方志编委会及市方志办审定等阶段，于12月出版，发行1500册。《闸北年鉴（2010）》全面、系统、翔实地记述2009年全区自然、政治、经济、文化和社会诸方面信息。该书设32个栏目、134个分目、938个条目，91万字。有彩色地图1幅、卷首照片63帧、随文照193帧。卷末有32家单位的彩色宣传专版。全书采用大16开彩版印刷，随书附赠电子光盘。

（滕志刚）

对区政务大楼出入口进行改造，实现人、车进出分离　　（区机管局供稿）

机关后勤工作

【概况】　年内，区机关后勤工作深化“以人为本”服务理念，完成各项后勤管理、服务、保障任务，开创工作新局面。做好区十四届人大六次会议，区政协十二届四次会议，区委、区政府全会，党政主要负责同志研讨班，上

为武警官兵提供用餐服务 （区机管局供稿）

海国际茶文化节等大型会议、活动的后勤服务保障工作。做好区政务大楼、联合售票大楼和华象大楼物业管理，对政务大楼外立面、内外窗和副楼内外窗进行全面清洗；对政务大楼各楼层公共部位地面等公共场所进行清洗打蜡；完成联合售票大楼泛光灯改造。以“平安世博、安全机关”为目标，把安全工作放在首位，全年未发生消防、治安、食品卫生和劳动生产等安全事故。7月，联合区质监局、市电梯行业协会等单位组织电梯困人应急处置演练，提高特种设备安全管理和应急处置能力。对区政务大楼出入口进行改造，实现人、车进出分离。加强办公用房管理，做好办公用品采购。全年调整办公用房使用面积2056平方米，涉及部门12个。为机关和各部门采购办公家具及设备378件，经费32.3万元；采购办公用品价值22.84万元。推进节约型机关建设。对中央空调冷却塔实施改造，降低能耗。根据情况适当缩短空调日间运行时间，在各楼面部分房间安装中央空调流量电子控制阀，对空调效果明显的房间温度加以控制，将多余流量均摊到空调效果不明显的房间，提高空调使用效率。加强对大楼公共部位照明管理，严格控制公共部位照明灯开灯数量，对照明设备做到定时开关、责任到人。稳步推进机关干部住房改革工作，至年底，完成对新进机关工作人员和2004年5月1日后调整职务机关工作人员材料的初审，完成各批次中有异议的48名解困对象材料的会签，并经区住房改革领导小组审核通过。做好车辆编制、配备和使用管理。为各部门更新车辆28辆，新增5辆。车队现有车辆42辆，其中轿车36辆，面包车4辆，商务车1辆，货车1辆。除保障区领导公务用车外，还为机关部门提供工作、接待、视察、重大活动用车498批次。每月对车辆技术状况进行检查，定期邀请修理厂人员到区对车辆安全和技术状况进行检查，全年验车40辆，维修保养80次，安全行驶77.7万公里。详尽审核论证机械车库整改方案。9月25日，区政务大楼机械车库使用近一年后，发生车辆侧翻坠落，造成3辆小轿车不同程度受损。区机管局高度重视，要求车库设计制造单位上海剑锋停车设备工程有限公司限期制定整改方案，并先后组织3次专家审定会，对整改方案进行全面、细致、详尽的审核论证。12月中旬，整改方案经专家论证通过，全部整改费用由设计制造安装单位承担。

（赵利梅　杨顶光　闵奇胜）

【做好世博服务保障工作】 与世博会举办时间同步，开展为期184天的“三优一满意”（优质服务、优良作风、优美环境，做机关满意的后勤部门）暨服务世博劳动竞赛。根据世博会期间服务保障工作需要，延长食堂供应时间，提供无碘盐菜肴。从7月1日起为铁路上海站执勤的武警官兵提供用餐服务，在用餐座位紧张情况下，开辟专用就餐区，确保武警官兵用餐。为世博会期间区结对的10个国家馆日活动和外事、接待活动做好服务保障工作。在10个国家馆日活动期间，安排好往返车辆，配备各种防暑降温及防雨物品，经受高温、暴雨及大客流等考验。4～10月，共为世博提供保障用车201次。为区世博工作领导小组、区世博运行指挥部、接待服务部、市容环境指挥部等部门做好服务保障工作，落实办公用房、办公家具和设备采购等保障工作。

（赵利梅　邱瑞华）

【提升后勤服务保障质量】 坚持“以人为本”服务理念，不断提升服务保障质量。分别于3月和8月，召开政务大楼管理协调小组会议和机关事务联络员会议，并开设网上后勤服务评议专栏，征询意见、建议，从意见最多、问题集中的方面着手改进。5～10月，开展“三优一满意”暨服务世博劳动竞赛，组织多项专项检查，发现问题，及时整改。年内，对图书室进行扩容改造，扩大阅览面积，增加藏书量，新增杂志外借服务，并于11月正式加入上海图书馆服务网点，实现图书资源共享。（赵利梅　余祥明）

【加强区机关工程项目管理】 成立工程建设管理领导小组，由区机管局副局长汪渊担任组长，各科长、机关服务中心和联合售票大楼管理处主任及有关人员任组员，明确领导小组工作职责，为加强和规范工程项目管理奠定基础。完成区拆违办办公用房装饰装修工程和区行政服务中心办公场地装饰工程，建筑面积2000平方米。区人民法院诉调对接中心大楼改扩建项目9月底完成，10月交付使用，建筑面积4648平方米。（赵利梅　张捌斤）

政协闸北区委员会

编辑　庞雅琴

综　述

2010年，区政协在中共闸北区委领导下，以邓小平理论和“三个代表”重要思想为指导，深入贯彻落实科学发展观，带领全体政协委员，着力落实市政协工作会议精神和市委、区委关于加强人民政协工作的《实施意见》，着力服务全区中心工作，着力加强政协的基础工作和自身建设，在闸北全局工作中发挥积极作用。

贯彻党对政协工作的新要求，努力同全局工作合力合拍。认真学习贯彻中共中央总书记胡锦涛在庆祝人民政协成立60周年大会上的重要讲话，落实政协工作会议精神和《关于进一步加强人民政协工作的实施意见》。探索区政协各专委会与区政府有关职能部门的对口联系工作，试点建立界别召集人制度。调整区政协理论与实践研究咨询组成员，继续加强政协宣传工作。

聚焦平安世博的工作大局，组织政协委员献计出力。专题开展世博安保“啄木鸟行动”，政协委员组成暗访小组深入铁路上海站南、北广场和大宁国际商业广场、七浦路市场等区域，查访各类治安顽症和隐患。共开展活动25次，参与委员122人次，排摸问题53项，提出建议80余条，促进全区治安状况明显好转。重点办理45件世博提案，确保在5月1日世博会开幕前全部办复。先后围绕“世博安保”、“世博食品安全”、“校园安全”3个主题开展专题视察，开展“平安世博和治安顽症治理”专题协商，提出加强群防群治、治安宣传等22条建议，得到领导肯定和部门采纳。按照市政协统一要求和部署，两次组织30名区政协委员到世博园区开展监督评议活动。按照区委要求，参与做好全区的世博接待工作，接待中外宾客129批2129人次。

全力开展“南高中繁北产业”的发展政策和措施研究、苏河湾地区的功能定位与产业布局的专题调研。成立调研领导小组，邀请区政协7个专委会、16个政府职能部门和49名政协委员共同参与。调研组走访区发改委、规土局等30个部门（单位），召开40个调研座谈会，400余人次参加。组织2次咨询论证会，邀请市有关方面14名专家进行深入探讨。形成包括2份主报告、21个附件在内的调研成果，计86300字。调研成果得到区委高度评价，对于完善“南高中繁北产业”发展战略和聚焦苏河湾建设有重要参考价值。许多建议被纳入区“十二五”规划和苏河湾城市设计成果之中。

围绕科学制定“十二五”规划，积极建言献策。区政协主席会议、常委会议先后2次开展“十二五”规划专题协商，安排政协专委会和政协委员参加“十二五”规划各专题讨论，提出意见建议20多条。开展“我为‘十二五’献一计”活动，收到各类计策243条。举行以“拓宽融资渠道、发展金融服务业”为主题的银企合作恳谈会。围绕经济发展、城市建设、旧区改造、劳动就业、重大工程和实事项目

区政协主席张宝妮（左三）率区政协委员开展集中视察活动

（区政协办供稿）

建设等7个专题，组织开展年中和年末视察，300多人次政协委员参加。

加强政协自身建设，提高履职能力和工作实效。坚持每2周1次的主席会议制度和每季度1次的秘书长会议制度，坚持每年2次的党派团体负责人恳谈会制度，加强与各民主党派的合作共事。及时报送、传递党派团体反映的60条社情民意信息。在区政府支持下，制定下发《区政府有关职能部门与区政协各专门委员会开展对口联系的试行办法》。进一步发挥政协界别的重要作用，制定下发《关于进一步深化界别活动的实施意见》，在医卫、农工、九三、科技科协、工商联、共青团、青联等7个界别，试点建立界别召集人制度。探索实施提案办评分离机制，区政协十二届四次会议以来收到的216件提案全部办结。开发建设“政协信息系统”，推进政协信息化建设。支持区政协之友社根据章程开展学习、议政献策、反映民意、联谊交友等各项活动。重视政协机关的思想、组织、作风和干部队伍建设，不断提高机关政务性服务能力和统筹协调能力。（俞海华）

重要会议及活动

【召开区政协十二届四次全体会议】该会于1月18～22日在上海行健职业学院举行。会议应出席委员302人，实到269人。区政协主席张宝妮，副主席石宝珍、卢志强、严定邦、张广仁、季铭，秘书长金伟出席会议。会议审议通过张宝妮代表常务委员会所作工作报告、卢志强副主席代表常务委员会所作关于十二届三次会议以来提案工作情况报告。与会委员列席区十四届人大六次会议，听取并讨论区政府工作报告，讨论区法院工作报告、区检察院工作报告和其他重要报告。区领导出席开幕和闭幕会议，并分别参加联组专题会议，听取大会发言，与政协委员共商和谐新闸北建设大计。中共闸北区委书记方惠萍在闭幕会议上讲话。会议审议通过《政协上海市闸北区第十二届委员会第四次会议决议》（简称《决议》）。《决议》指出，在中共闸北区委领导下，高举社会主义、爱国主义伟大旗帜，认真贯彻落实科学发展观，以更加强烈的政治责任感和更加饱满的精神状态，和衷共济，开拓进取，为建设和谐新闸北、开创政协工作新局面而共同奋斗。会议补选王全昌、冯斌元、江蕾、徐正标、雷小叶为区政协常务委员。会议期间，收到提案232件，经审查立案213件。

（周樊平）

【召开区十二届政协常务委员会议】年内，召开7次常委会议。1月4日举行第十六次会议，决定政协上海市闸北区第十二届委员会第四次会议于1月18日举行，并审议通过会议议程（草案）、日程（草案）、分组及召集人名单、大会秘书长名单等。会议审议通过区政协常务委员会工作报告和关于十二届三次会议以来提案工作情况报告，审议通过补选区政协常务委员候选人名单。1月19日举行第十七次会议，审议补选区政协常务委员候选人名单（草案），审议区政协十二届四次会议选举办法（草案）和总监票人、监票人名单（草案），审议区政协十二届四次会议决议（草案），并决定将上述事项提请区政协十二届四次会议审议。会议听取区政协十二届四次会议分组讨论情况汇报。1月21日举行第十八次会议，审议通过补选区政协常务委员候选人名单，审议通过区政协十二届四次会议选举办法（草案）和总监票人、监票人名单（草案），并决定将候选人提请区政协十二届四次会议选举，将选举办法（草案）和总监票人、监票人名单（草案）提请区政协十二届四次会议通过。会议审议通过区政协十二届四次会议决议（草案），并决定将决议（草案）提请区政协十二届四次会议通过。会议听取区政协十二届四次会议期间提案审查情况报告。3月15日举行第十九次会议，审议通过区政协2010年工作要点暨重要会议、重要活动安排。会议邀请中共闸北区委常委、区公安分局局长陆民，区政法委专职副书记张建国到会通报世博安保及治安顽症整治情况，与相关职能部门进行协商。7月26日举行第二十次会议，邀请区法院院长钱锡青通报区法院上半年工作情况，邀请区检察院副检察长杨玉俊通报区检察院上半年工作情况。会议通报区政协上半年工作情况，书面听取区政协十二届四次会议以来提案工作情况汇报。10月28日举行第二十一次会议，邀请中共闸北区委常委、区纪委书记马效华通报区党风廉政建设和反腐败工作情况，并对党风廉政建设和反腐败工作进行评议。会议邀请中共闸北区委常委、副区长胡卫国通报“十二五”规划的主要思路、配套措施和下一步打算。会议邀请区发改委主任赵汝青通报“十二五”规划的编制情况和主要内容。会议听取“我为‘十二五’规划献一计”主要建议汇总汇报。12月27日举行第二十二次会议，会议决定政协上海市闸北区第十二届委员会第五次会议于2011年1月9～12日举行，并审议通过会议议程（草案）、日程（草案）、分组及召集人名单、大会秘书长名单等。会议审议通过区政协常务委员会工作报告和关于十二届四次会议以来提案工作情况报告，审议通过补选区政协常务委员候选人名单。

（孙玉蓉）

【召开区政协工作会议】5月26日，召开区政协工作会议，全面贯彻落实中共中央总书记胡锦涛在庆祝人民政协成立60周年大会上的讲话精神和《中共上海市委关于进一步加强人民政协工作的实施意见》的要求。会议下发《中共闸北区委关于进一步加强人民政协工作的实施意见》。中共闸北区委书记方惠萍、区政协主席张宝妮讲话，中共闸北区委副书记、区长周平主持会议。区领导与有关方面负责人、各界人士代表出席会议。

（周樊平）

【开展“‘南高中繁北产业’的发展政策和措施”专题调研】4～8月，区政协组成课题组开展调研。先后赴市北高新园区、大宁资产公司、中部开发指挥部、中粮集团等单位调研，赴黄浦、杨浦、闵行、普陀等兄弟区和深圳、大连、南京等地学习取经。组织部分成员赴上海世博园区城市最佳实践区参观，借鉴先进理念，完善调研思路，并以座谈会形式，听取有关专家和领导的意见和建议。在调研基础上，形成 9800 字调研报告和 45000 字附件材料报送中共闸北区委、区政府参考。调研报告在分析历史机遇、现实基础、发展思路和发展目标、重点项目基础上，提出“理顺体制机制”、“强化规划引领”、“完善政策扶持”、“拓展融资渠道”、“构筑文化软实力”、“优化各项配套”、“承接后世博效应”七个方面 23 项建议。调研成果专题向区委常委会议汇报，要求纳入全区“十二五”规划。（俞海华）

召开重点调研课题专家咨询座谈会　　（区政协办供稿）

【开展“苏河湾地区功能定位和产业布局”专题调研】 4～8 月，区政协组成课题组开展调研。先后赴区规土局、不夜办、教育局、投促中心、北站街道、中粮集团等 14 家单位和部门调研，赴黄浦区学习外滩源项目开发经验，赴深圳华侨城集团拜访高层领导，赴上海世博会“最佳城市实践区”参观学习国内外城市发展最新理念，并以座谈会形式，听取有关专家和领导的意见和建议。在调研基础上，形成 8500 字调研报告和 23000 字附件材料报送中共闸北区委、区政府参考。调研报告在分析苏河湾历史机遇和现实可能、发展目标和发展思路、功能布局和重点项目基础上，提出“加强领导，完善苏河湾开发的体制和机制”、“精心规划，加快旧区改造和土地储备”、“加快建设，大力发展楼宇经济”、“深度挖掘，重视开发利用历史文化和优秀建筑”、“转型升级，调整七浦路服装市场”、“优化环境，进一步完善各项配套措施”六个方面建议。调研成果专题向区委常委会议汇报，要求纳入全区“十二五”规划。（俞海华）

【开展“我为‘十二五’规划献一计”主题活动】 3～6 月，区政协开展“我为‘十二五’规划献一计”主题活动，倡导和组织各界人士为科学编制区“十二五”规划建言献策。征得各界人士计策建议 243 件，内容涉及落实闸北“南高中繁北产业”发展战略，“十二五”期间加快“调结构、促转型”，实现经济发展方式转变，加快旧区改造，保障和改善民生等诸多方面。经归纳整理，汇编成册，报送中共闸北区委、区政府参考。7 月 14 日区政协十二届七十四次主席会议审议决定，表彰“我为‘十二五’规划献一计”主题活动“金点子”一、二、三等奖和优秀奖及活动优秀组织奖获得者。（俞海华）

【开展“世博安保啄木鸟”行动】 5～10 月，根据区委关于“由区人大党组、区政协党组组织人大代表和政协委员参与顽症整治监督”要求，区政协在上海世博会期间组织开展“世博安保啄木鸟”行动。政协委员深入区治安顽症高发的铁路上海站南北广场、长安西地区、七浦路服装市场和大宁商业广场等区域，通过暗访排摸顽症线索，提出整改建议。总计开展暗访活动 25 次，排摸顽症问题 53 项，提出意见建议 80 余条。活动得到区委、区政府领导高度评价，多次对啄木鸟行动进行指示，很多反映的问题得到及时解决，得到各界好评。（杨鹤定）

【召开银企合作恳谈会】 11 月 23 日，区政协举行以“发展金融服务业，拓宽融资渠道，推动闸北中小企业实现新发展”为主题的银企合作恳谈会。会议邀请市金融办有关人员解读国务院、市政府有关扶持中小企业的政策，邀请区金融办有关人员介绍区金融产业发展情况和扶持中小企业发展的相关政策措施。33 家银行和企业负责人出席会议。（俞海华）

【开发建设“闸北政协信息系统”】 按照市政协信息化建设三年行动计划要求，根据政协工作发展需要，在市经信委、区政府、区委宣传部、区科委支持下，区政协信息系统经过一年开发建设，于 12 月 16 日正式启用。整个信息系统主要包括门户网站、网上提案系统、委员管理系统、会议管理系统四个子模块。该系统的主要特色是全新提升功能、全面共享信息资源、全程实现网上提案办理，特别是全部使用国产基础软件，被列入市国产基础软件示范项目。（冯仰龙）

提案工作

【办理提案】 年内，收到提案 245 件，经审查立案 216 件。根据提案分类标准，确定为意见建议类提案 193 件，解决具体问题类提案 23 件。在立案的提案中，党派、团体、专委会以组织名义提出的集体提案 25 件，委员个人或联名提出的 191 件。有关世博方面的 45 件，占 20.8%；有关经济方面的 35 件，占 16.2%；有关城市建设和管理方面的 53 件，占 24.5%；有关民生方面的60件，占27.8%；有关社会稳定等方面的23件，占10.7%。对不予立案的29件提案，经向提案人说明情况后，以委员来信建议或其他方式分别转送市、区有关部门阅处。经过40多个承办单位的认真办理，立案的提案到年底全部办复，其中办理结果为“采纳或解决”的150件，占69.4%；逐步解决的50件，占23.2%；留作参考或暂难解决的16件，占7.4%。提案者对提案办理的总体满意率为92.5%。 （杨鹤定）

2010年区政协重要提案一览表

序号	提案者	案　　由
1	农工党闸北区委	关于为办好世博营造良好的市容和治安环境的建议
2	民盟闸北区委	结合迎世博工作提升市民文明素质的建议
3	民建闸北区委	优化中小企业发展的生存环境
4	区工商联	关于加强金融支持，切实解决民营企业融资难的建议
5	陆有成	关于建立社区生活服务中心的建议
6	甘小的	关于多方位开拓就业渠道，解决大学生就业难问题的建议
7	致公党闸北区委	关于闸北大力发展培训服务业的建议
8	区政协经济委员会	关于抢抓机遇，做强闸北人力资源服务业的几点建议
9	区政协医卫文体委员会	强化重点人群综合管理，保障世博会期间闸北区社会和谐稳定
10	民进闸北区委	推进我区旧区改造可持续发展的建议

（杨鹤定）

2010年区政协优秀提案一览表

序号	提案者	案　　由
1	农工党闸北区委	关于为办好世博营造良好的市容和治安环境的建议
2	民建闸北区委	优化中小企业发展的生存环境
3	区工商联	关于加强金融支持，切实解决民营企业融资难的建议
4	民革闸北区委	优化服务，促进我区中小企业发展的建议
5	民进闸北区委	推进我区旧区改造可持续发展的建议
6	九三学社闸北区委	进一步完善维护稳定协调机制的建议
7	梁日忠	发挥区内重点园区科技和人才集聚优势，增强我区科技创新能力的建议
8	区政协教育和文史委员会	关于早日使规划落地，让南部地区的学生也能尽早享受优质的教育资源的建议
9	王　钢	关于发挥人才大厦效应，加快建设国家人力资源服务园区的建议
10	陆有成	关于建立社区生活服务中心的建议
11	民盟闸北区委	结合迎世博工作提升市民文明素质的建议
12	致公党闸北区委	关于闸北大力发展培训服务业的建议
13	区青联	关于合力营建我区青少年健康成长的网络文化的建议
14	甘小的	关于多方位开拓就业渠道，解决大学生就业难问题的建议
15	叶华平	建议将闸北区域的社会文化事业、商业、餐饮业、旅游业的资源整理编撰成册，让游客更好地了解闸北
16	区政协经济委员会	关于抢抓机遇，做强闸北人力资源服务业的几点建议
17	区政协医卫文体委员会	强化重点人群综合管理，保障世博会期间闸北区社会和谐稳定

（杨鹤定）

民主党派·人民团体

编辑　庞雅琴

民革闸北区委

【概况】 中国国民党革命委员会上海市闸北区委员会(简称民革闸北区委)下设7个支部、6个专委会。区委委员8人,主任委员江天熙,副主任委员芮彭年、孙洪林。年内发展党员3人,年末有党员237人,平均年龄59岁。主要由机关、教育、医务界、新社会阶层人士等组成。其中大专以上学历189人,占79.7%;高级职称53人,占22.3%;中级职称135人,占56.9%。副局级1人,正处级2人,正科级7人,副科级4人。有市人大代表2人,市政协委员2人,区人大常委1人,区政协委员12人(其中常委3人)。年内继续开展学习和践行社会主义核心价值体系学习教育活动。加强调研工作,积极参政议政。在区"两会"期间,民革闸北区委提交提案26件,其中3件被区政协评为年度优秀提案。顺利完成基层支部换届工作。完成《闸北区志(1994～2005)》"中国国民党革命委员会上海市闸北区委员会"章评议稿和送审稿的撰写工作。　　(朱　琦)

【开展社会主义核心价值学习践行活动】 继续开展学习和践行社会主义核心价值体系学习教育活动。民革闸北区委成立学习教育活动领导小组并制定实施方案,分学习、交流讨论、总结提高三个阶段,扎实有效开展学习教育活动,巩固学习教育成果。下发《社会主义核心价值体系学习读本》及《建设社会主义核心价值体系六个"为什么"专题解读》,帮助党员理解学习活动内涵。副主委芮彭年在中心组学习会上作学习践行活动主题演讲,提高党员对学习践行活动认识。领导班子带头学习,副主委孙洪林撰写《民主之澜》观后感《永不泯灭的精神支柱》,委员王蕴撰写《树立社会主义荣辱观》,芮彭年等受邀为支部作学习践行活动讲座,推动基层支部学习践行活动深入开展。支部和专委会结合自身实际,邀请援疆教师何崇亮作"践行社会主义核心价值体系——支边生活、学习工作体会"的报告,赴逸仙敬老院服务等,自主开展学习践行活动。支部和专委会领导撰写的学习感悟《践行社会主义核心价值体系,努力提高基层党务工作能力》、《学习社会主义核心价值体系心得》等,表达坚定的政治信念和更好履行职责的决心。　　(朱　琦)

【加强参政议政工作】 民革闸北区委围绕全区中心工作,关注重点问题,积极参与建言献策和反映社情民意,并选择其中的重要课题开展相关调研工作,提高参政议政工作的综合能力,力求做到提出的问题有针对性、对策建议有可行性。年度调研课题启动之初,民革闸北区委邀请有关专家,就人才服务业现状及人才服务业对推动经济发展的作用、公共经济应有的作用等专业问题进行辅导,以保证课题调研内容具有一定前瞻性。借助中国上海人才网(集团)有限公司平台,由王钢执笔、参政议政工作委员会修改完善形成《构建"中国上海人力资源服务产业园区"创新政府"投入—产出"机制调研报告》,该报告围绕区人力资源服务产业发展远景,分析区人力资源服务园区的发展现状和存在问题,提出人力园区发展三阶段效益的设想,并就进一步优化人力园区结构,创新"投入—产出"机制,提出五条硬件建设和七条软件建设建议,即"五硬七软"建议,为区人力资源服务产业可持续发展提供决策参考。11月,市政协副主席、民革上海市委主委高小玫赴上海人才网调研。强化"代表"和"委员"在参政议政工作中的主体作用。在区"两会"期间,民革闸北区委提交提案26件。其中民革闸北区委《优化服务,促进我区中小企业发展的建议》、王钢《关于发挥人才大厦效应,加快建设国家人力资源服务园区的建议》、陆有成《关于建立社区生活服务中心的建议》被评为区政协年度优秀提案,占17件优秀提案数的17.6%。吴大齐《关于世博期间更应保持公共场所时钟的相对准确性的建议》被《联合时报》2次分别以文字和图画的形式刊用。孙洪林在市第十三届人民代表大会第三次会议上提交的《关于规范上海市动拆迁的书面意见》被收入《2010年上海市人大代表书面意见及办理答复选编》。党员积极参与建言献策和反映社情民意。在参与区政协开展的"我为'十二五'规划献一计"主题活动中,民革党员建言献策98件,占总数的40.3%,其中4人获二等奖，1 人获三等奖，7 人次获优秀奖，占获奖总数的 30%。民革闸北区委连续第六次蝉联优秀组织奖。年内，9 人反映的 24 份社情民意被民革上海市委等部门录用，其中 8 份被市政协采用或报送全国政协。4 月，民革上海市委召开参政议政工作表彰会，民革闸北区委再次获反映社情民意信息工作先进（表扬）组织称号，孙洪林被评为先进个人，朱琦再次被评为优秀联络员。10 月，在民革上海市委研究室召开的社情民意信息联络员工作会议上，民革闸北区委作《认真履行职责，全力做好反映社情民意工作》交流发言。（朱　琦）

【做好基层支部换届工作】 2010 年是民革闸北区委的支部换届年。换届改选是民主党派政治交接重要内容，新一届基层支部组成人员充分考虑政治交接重要原则，结合基层支部换届，大胆培养优秀年轻党员进入基层支部领导班子。该届区委发展党员 16 人，有 7 人在支部换届中进入领导班子。8 月，举办新任支部委员学习班，制定《关于进一步加强支部工作制度化、规范化建设的指导意见》，就规范工作制度、落实工作目标、夯实工作基础、健全组织网络等工作要求进行细化，为支部工作可持续发展提供制度保障。（朱　琦）

【做好社会服务工作】 组织党员参与世博、服务世博。世博会期间，民革闸北区委组织 50 余人次的党员参观世博展馆。继续加强与区台办的对口联系工作，共同举办 3 次主题座谈会和参观活动。接待台湾学者覃怡辉、罗秋昭夫妇，并陪同瞻仰宋教仁墓园和民革爱国主义教育基地——共和亭。发挥民革党员在慈善公益事业中的作用。年内，周和平为民革闸北区委爱心帮困基金注资；民革闸北区委对特困家庭的 2 名大学生实行助学类帮扶；孙洪林向中国红十字基金会捐款，并与 2 名老劳模结对帮扶；上海和平企业（集团）公司向灾区捐款；章浩资助 20 名云南宋庆龄学校优秀教师，并再次向大宁路街道“蓝天下的至爱”慈善活动捐款；孙洪林任主任的上海申房律师事务所，每周四到彭浦新村街道开展义务法律咨询，为百姓解答法律问题。

（朱　琦）

召开民革闸北区委新一届支部干部学习会　　（民革闸北区委供稿）

民盟闸北区委

【概况】 中国民主同盟上海市闸北区委员会（简称民盟闸北区委）下设 20 个支部。年内发展盟员 21 人，年末有盟员 371 人，平均年龄 54 岁。盟内有高级职称 141 人，占 38%，中级职称 175 人，占 47.2%；教育界人士 286 人，占 77.1%。有区政协委员 15 人（其中常委 3 人，副秘书长 1 人），区人大代表 2 人，市人大代表 1 人。主任委员王钢，副主任委员王立南、顾大丰，委员 10 人。民盟闸北区委按照民盟上海市委要求，以社会主义核心价值体系学习为核心，提升政党意识，组织各支部及全区盟员开展形式多样的学习践行活动。以上海举办世博会及民盟基层支部换届等重要工作为契机，围绕区中心工作，加强组织建设和自身思想政治建设，继续建立完善盟务工作制度，确保盟务工作规范有序。认真履行参政党职能，积极参政议政，开展民主监督，深入开展调查研究，完成中共闸北区委、中共闸北区委统战部和民盟闸北区委课题调研工作。认真培育盟员骨干队伍，努力培养后备干部。关心老盟员政治生活，组织学习座谈。发挥专委会作用，更新工作思路，讲究工作方法，切实把闸北民盟工作做好。

（周天明）

【开展学习践行社会主义核心价值体系活动】 民盟闸北区委认真学习民盟中央及民盟上海市委有关文件精神，成立社会主义核心价值体系学习与践行活动领导小组，下发《民盟闸北区委关于学习和践行社会主义核心价值体系理论学习的通知》，拨出专款为盟员购买《社会主义核心价值体系学习读本》，下发学习辅导资料。组织全体盟员“学一组文章，听一次讲座，写一点心得，作一次交谈，提一项建议”，通过形式多样的学习践行活动，提升政党意识，明确参政党在国家建设中的地位，明确盟员政治责任。闸北民盟的学习经验得到民盟上海市委肯定。（周天明）

【做好基层支部换届工作】 按照民盟上海市委要求，民盟闸北区委积极落实基层支部换届工作，并到中共市北中学总支、风华中学支部等 18 个单位，与同级中共基层党组织沟通，争取支持。经全体盟员努力，19 个支部顺利完成换届工作，并新建司法支部。通过换届，各支部主任年龄结构更趋合理，支部更加充满活力。民盟闸北区委专门印制下发《支部活动手

册》，以保证支部活动更加规范有序。（周天明）

【履行参政议政职能】 围绕中共闸北区委核心工作和战略部署，完成《关于苏河湾地区经济发展的基础教育资源调整研究》，运用教育经济学等理论来分析推断教育发展对苏河湾地区建设的意义，受到重视和肯定。完成关于《产业发展与人才保障》的调研并运用翔实数据与比较研究，提出全区经济发展与人才需求的重要性和紧迫性及可操作性建议，受到关注。在区“两会”期间递交10件书面意见和提案，其中《积极规划建设高品质教育群，为苏河湾经济发展的“可持续”注入新内涵》提案在区政协会上交流。《结合迎世博工作提升市民文明素质的建议》提案被区政协评为年度优秀提案。在区政协“我为‘十二五’规划献一计”活动中，向有关部门提交多条社情民意信息及建议。（周天明）

【做好服务社会工作】 按照中共闸北区委统战部的部署，成立以民盟铁路支部为主，由民盟积极分子、后备干部和街道干部组成的工作队伍，坚持每2个月1次在铁路上海站地区、长途客运站、彭浦地区和星火电影院周边地区巡视、监督，并及时向中共闸北区委统战部反馈，与街道综合治理办公室沟通，促进区治安顽症综合治理工作有效开展。世博会期间，安排40余名盟员参加世博试运营活动，10余名盟员加入志愿者队伍，20余名盟员参加社区世博宣传和市容清洁工作，提出关于世博园区5号门外出租车导引牌的安放建议，受到有关方面重视并被采纳。民盟闸北区委的律师积极参加民盟上海市委组织的“上海市百名律师义务法律咨询”活动，在大宁国际商业广场义务为群众提供法律咨询服务，受到赞扬。（周天明）

召开民盟闸北区委支部换届总结暨社会主义核心价值体系学习辅导大会
（民盟闸北区委供稿）

民建闸北区委

【概况】 中国民主建国会上海市闸北区委员会（简称民建闸北区委），有区委委员16人，主任委员严定邦，副主任委员冯洪发、徐海蕾、卜尔东。民建闸北区委下设10个基层支部，其中4个综合支部，3个地区支部，1个企业联合支部，1个老年支部，1个新会员支部。设组织、学习宣传、经济研究、企业、社会服务、老年、妇女、青年8个专门委员会。年内发展会员13人，平均年龄36岁。年末有会员414人，平均年龄55.8岁，其中在职会员277人，占66.9%；女会员121人，占29.2%。40岁以下会员76人，占18.4%。会员中具有大专以上学历334人，占80.7%，其中研究生以上学历26人。具有中高级职称183人，占44.2%。会员中从事经济工作383人，占92.5%，其中新社会阶层人士154人，占37.2%；非公经济企业主51人，占12.3%。会员中有中共党员6人。有市人大代表1人，市政协委员1人，区人大代表11人（其中常委2人），区政协委员18人（其中副主席1人，常委3人）。在区人大十四届六次会议上，会员米光华等11名区人大代表提出的《关于合力建设有利于我区青少年健康成长的网络文化》的议案，作为重要书面意见转有关部门研究办理。在区政协十二届四次会议上，提交集体提案3件，个人提案11件。民建闸北区委就《关于在“十二五”规划中开发利用中部地区工业用地的建议》集体提案作大会发言。民建闸北区委《优化中小企业发展的生存环境》集体提案被列为重要提案。年内有18名会员撰写参政议政文章23篇，被市有关部门采纳6篇；有6名会员撰写10篇“我为‘十二五’规划献一计”文章上报区政协；有17名会员撰写18篇“纪念建会65周年征文”上报民建上海市委。年内，建立新会员支部，由13名新会员组成，设临时召集人1人，支部由民建闸北区委秘书长直接联系。年内刊出《闸北民建》会讯4期、《闸北民建简讯》12期。民建闸北区委按照民建上海市委《关于支持抗旱救灾，积极投入“思源·甘泉”行动的通知》和《关于响应民建中央号召，做好抗震救灾捐款工作的通知》要求，募集善款1.65万元，其中会员池晓彬第一时间捐款1000元，排在民建市委网页“捐款榜”第三位。会员季宝红为青海玉树地震灾区捐款18.75万元。会员李英捐助区“百户特困家庭”2名生活困难学生6000元。青年专委会第六年捐助临汾社区2名生活困难学生1600元。会员池晓彬和仇红娟分别捐款2000元和1000元，购置临汾社区“慈善爱心超市”内“闸北民建爱心专柜”捐助商品。民建闸北区委组织有专长的会员，连续第七年参加共建共育单位——临汾路街道“学雷锋义务为社区居民咨询服务”活动。年内,走访慰问老会员等90人次,有30人次获民建上海市委“帮困基金”帮助。在民建上海市委召开的“网站工作交流表彰会”上,民建闸北区委获先进组织奖,会员吴安祖获优秀通讯员奖,并在会上作交流发言。在民建上海市委召开的“《调研建言》创刊100期纪念表彰会”上,民建闸北区委获先进组织第三名,会员季宝红被评为先进个人。年内,民建闸北区委获民建上海市委“2010年度参政议政工作”先进组织三等奖。民建闸北区委综合三支部、企业联合支部分别被民建上海市委评为“综合先进支部”、“自身建设先进支部”。民建闸北区委副主委徐海蕾和会员林惠瑶被评为市“三八”红旗手和市百名优秀创业女性。（吴安祖）

【学习践行社会主义核心价值体系】 根据民建上海市委转发民建中央《关于开展“弘扬民建优良传统,努力践行社会主义核心价值体系”系列活动的方案》要求,5月,民建闸北区委下发《关于开展“弘扬民建优良传统,努力践行社会主义核心价值体系”活动的通知》,要求各支部和专委会结合纪念民建成立65周年,分两个阶段进行树立和践行社会主义核心价值体系活动。民建闸北区委在“集中学习阶段”,主要抓好区委委员(支部主任)、中青年会员和全体会员三个层面的思想教育工作,组织会员参加民建上海市委举办的“树立和践行社会主义核心价值体系辅导报告会”;要求各支部举行组织生活会时,学习民建中央编发的《努力弘扬民建优良传统,共同致力于中国特色社会主义事业》的文件;利用业余时间,观摩电视连续剧《黄炎培》。民建闸北区委开展多种形式教育培训工作,组织新老会员谈心会,组织新会员参加民建上海市委的新会员学习班,组织“2010年区委中青年会员学习会”,选送区委委员和支部主任参加中共闸北区委组织部、统战部、党校、社院联合组织的“2010年闸北区各民主党派区委委员培训班”和中共闸北区委统战部、社院共同举办的“2010年闸北区各民主党派支部主任培训班”学习。在“开展活动阶段”,结合纪念民建成立65周年活动,动员会员参与《上海民建会讯》举办的征文活动。有19名会员撰写20篇征文,民建闸北区委择优推荐3名会员,在“践行活动”中期推进会员大会上作交流发言。在此基础上,民建闸北区委召开“树立和践行社会主义核心价值体系会员大会”,推进和深化“践行社会主义核心价值体系”活动。民建上海市委以专刊形式介绍民建闸北区委开展践行社会主义核心价值体系活动的情况。（吴安祖）

召开民建闸北区委中青年会员学习会（民建闸北区委供稿）

【参与服务世博会工作】 民建闸北区委积极响应民建上海市委发出的“积极参与世博、服务世博,人人争当世博志愿者”的倡议,把“为世博出力、为上海加油、为民建添彩”作为履行参政党职能的重要内容。民建闸北区委引导会员争当服务世博会的社会志愿者,积极参与世博会的各项活动。为使全体会员都能及时参观世博会,民建闸北区委从有限的会务费中划出2.9万元经费,为会员参观世博会提供每人100元补贴支持。有7名会员的企业参与世博会的建设和服务。民建闸北区委副主委冯洪发和卜尔东多次参加市政协组织的政协委员赴世博园区“啄木鸟活动”,多次带队参加区社会治安顽症治理“啄木鸟行动”。冯洪发在中共闸北区委、区政府开展的“服务世博、奉献世博”立功竞赛活动中,获个人嘉奖。会员李欣任董事长的上海创图网络科技发展有限公司获中共闸北区委统战部授予的区统战系统世博先进集体称号。（吴安祖）

【创新履职方法】 民建闸北区委在努力践行社会主义核心价值体系过程中,明确履职方向,深入调查研究,创新履职方法,为服务区域经济社会发展大局,积极履行参政议政、民主监督职能。按照“区委出题、党派调研、政府研处、部门落实”的议政要求,区委副主委卜尔东组织课题调研组,就区行政审批制度改革的现状、存在问题、改进方向进行调研,完成《关于改革我区行政审批制度,实现机关行政效能提速的调研报告》(简称《报告》),并参加中共闸北区委统战部召开的“2010年度闸北区各民主党派、工商联调研成果发布会”。民建上海市委将该《报告》以“社情民意”报送市政协,引起市政府办公厅领导高度重视,委派市监察局副局长带领“市行政审批改革办公室社情民意调查组”到民建闸北区委进行交流沟通。民建闸北区委委派会员吴安祖和杨婳冰分别参加民建上海市委组织的市政协《关于上海水陆旅游资源整合研究》和中共上海市委决策咨询委员会《关于切实改善本市消费环境的建议》两项课题调研。民建闸北区委根据中共闸北区委统战部和区公安分局联合下发的《关于闸北区各民主党派在社会治安顽症治理工作中充分发挥民主监督作用的工作方案》要求，选派4名后备干部担任特约监督员，定期参加联动执法会议和集中行动，向相关部门反映情况和意见；与共建共育单位临汾路街道办事处2次联合召开"社会治安顽症治理工作会议"，组织居住在彭浦新村地区的会员集中暗访督查，反馈情况，提出建议。有20人次提供50件信息和建议。（吴安祖）

召开民建闸北区委社会治安顽症治理工作动员会 （民建闸北区委供稿）

【完成基层支部改选工作】 4月，民建闸北区委按照民建上海市委《关于做好2010年度支部改选工作的意见》要求，下发《关于做好2010年度支部改选和专委会调整工作的意见》。成立由严定邦任组长，冯洪发、徐海雷、卜尔东为副组长，各支部及专委会主任为成员的民建闸北区委2010年度支部改选和专委会调整工作领导小组。严定邦对被提名的11名年轻支委及其企业，上门走访考察，全面了解企业现状和个人能力。经支部班子改选程序，在民建闸北区委七届17次全委（扩大）会议上，民建闸北区委《关于2010年度支部改选的审查报告》获全体委员一致通过。在民建闸北区委"树立和践行社会主义核心价值体系会员大会"上宣布《关于2010年度基层支部改选的决定》。有12名原任主任和副主任及18名原支部委员自愿提出不再担任原职。改选以后的新支部委员平均年龄下降6岁，支部主任平均年龄48岁，呈现出有活力、有能力的特点。（吴安祖）

民进闸北区委

【概况】 中国民主促进会上海市闸北区委员会（简称民进闸北区委）下设17个支部。年内发展会员13人，年末有会员408人，平均年龄56岁。其中高级职称126人，占30.9%；中级职称252人，占61.8%。教育界人士322人，占78.9%。有市人大代表1人，区人大代表8人，市政协常委1人，区政协委员16人（其中常委3人）。主任委员鲍英菁，副主任委员曾云、袁园、蒋青，委员9人。年内，开展树立践行社会主义核心价值体系主题教育活动。聚焦区重点工作，积极开展调研，履行参政议政职能。加强支部建设，调整支部建制，原18个支部调整为17个。加强与共建社区联系，共同做好治安顽症治理和扶贫帮困等工作。（杜国英）

【开展学习践行社会主义核心价值体系主题教育活动】 年内，民进闸北区委根据民进上海市委要求，制定《民进闸北区委关于树立和践行社会主义核心价值体系、推进学习型参政党建设的方案》，下发《社会主义核心价值体系学习读本》，组织各支部认真研读，收到支部学习体会文章11篇。组织支部会员参加民进中央"六个为什么"有奖答题活动。举办以"树立践行社会主义核心价值体系，建设学习型参政党"为主题的新一任民进支部主委培训班。邀请民进上海市委副主委陈强努和市社会主义学院教授蒋连华作"树立践行社会主义核心价值体系"辅导报告。民进闸北区委把澄清思想认识作为着力点和切入点，及时掌握支部与会员学习动态，在《闸北民进》开辟学习主题专栏，选择在认识上有高度、实践中有操作性的文章在《闸北民进》发表，风华支部、中一支部、六十支部、行健支部、青云支部等多名会员的文章都在会刊上进行交流。（杜国英）

【履行参政议政职能】 民进闸北区委聚焦区重点工作开展调研，履行参政议政职能。加强对代表和委员的履职指导，召开区"两会"准备会，发挥代表委员作用，积极履职。在区政协全会上，《推进我区旧区改造可持续发展的建议》集体提案被评为区政协优秀提案。《关于进一步加大我区非正规就业劳动组织向小企业转化，缓解就业的建议》集体提案被区人保局采纳，《利用世博资源，丰富科普场馆建设，营造我区创新文化的建议》集体提案提出世博铁路馆的引进问题，被中共闸北区委、区政府采纳，并明确在2011年将世博铁路博物馆引进到闸北。委员个人提案《建议在上海站南北广场设置上海景点观光旅游线路示意图》，得到区旅游局等单位重视和采纳，相关示意图被制作成灯箱、信息栏设置在铁路上海站南广场显著位置，方便各方来客。代表、委员的另外13件提案2件书面意见均得到相关部门重视。加强组织领导，重视调研过程。民进闸北区委召开3次调研工作会议，认真落实好中共闸北区委交办课题《关于闸北区公益社会组织成长扶持和有效管理的调研》，开展《居委会干部能力建设》、《关于闸北区“体教结合”工作》、《加快推进我区文化产业发展》等调研，充分发挥民进教育文化界别特色，关注闸北社会建设和教育、文化、体育等各项事业发展。课题组分别到区民政局、社区办、教育局、体育局、宝山街道等部门开展调研。《关于闸北区公益社会组织成长扶持和有效管理的建议》研究成果在中共闸北区委统战部组织的课题发布会上交流。培育党派意识，重视拓宽基层议政面。民进闸北区委将支部组织生活与议政相结合，社情民意上报工作纳入支部考核，结果在《闸北民进》公布，全年收到社情民意信息 81 篇。组织会员参加区政协“我为‘十二五’规划献一计”活动，献计 19 条，2 名会员获“金点子”奖，2 名会员获优秀奖。其他涉及闸北窗口建设、环境整治、后世博效应等内容的社情民意信息，及时传递到相关单位和部门。《民进闸北区委直面动拆迁瓶颈》在《联合时报》刊出，并获首届区县政协好稿二等奖。行健学院支部《关于各网站在明显位置建立与上海世博会官方网站的链接》的社情民意被民进上海市委采用并被《联合时报》刊用。会员提出的轨道交通 1 号线上海火车站站 5 号出口和彭越浦沿岸环境卫生、交通及站点问题得到相关部门重视。（杜国英）

【做好基层支部换届工作】 民进闸北区委以激发基层支部活力为重点，以优化支部设置、优化班子结构为目标，明确“加强领导、认真总结，民主推荐，全员参与”工作原则，提出“作好回顾总结，选好候选人选，开好换届会议，定好支部计划”的换届工作要求。召开十届 23 次、24 次主委办公会议，对支部换届工作进行专题研究。召开全体区支干部换届工作动员会议，制定下发《民进闸北区委基层支部换届工作意见》。主委班子多次审议支部上报的候选人名单，并召开民进闸北区委退休老领导座谈会，听取对候选人意见建议。组成包括主委、副主委、区委委员在内的换届工作领导小组，并组建由正副主委担任组长、区委委员为组员的 4 个指导小组下基层指导。各支部严格按照民进闸北区委换届工作意见，认真做好 5 年工作总结。在人选物色上严格贯彻民主集中制原则，充分酝酿，集体研究决定，严格按照程序开展工作。民进闸北区委先后下发一整套规范化换届文件。为进一步加强联合支部建设，调整原支部建制，拆中教三支部并入中教二支部，原 18 个支部建制调整为 17 个。民进闸北区委注重抓好新任支部班子的学习培训工作。举办支部主委培训班，邀请民进上海市委副秘书长许政涛作支部实务工作辅导，推荐新任支部主委参加中共闸北区委统战部、民进上海市委举办的新任支部主委培训班，推荐新任支部班子成员 2 人参加民进上海市委 28 期中青年骨干学习班。

（杜国英）

参加民进全国先进地方组织、先进基层组织表彰大会

（民进闸北区委供稿）

【发挥民主党派社会服务作用】 配合中共闸北区委、区政府迎世博整体工作要求，民进闸北区委根据共建社区宝山路街道社区建设总体需要，发动和组织所属街道的民进支部，参与宝山路街道实事工程项目考察巡视、关注市容市貌，参与宝山路街道社区的市容“啄木鸟”行动等活动。积极响应并落实中共闸北区委统战部《关于闸北区各民主党派在社会治安顽症治理工作中充分发挥民主监督作用》要求，与宝山路街道合作，共同做好社区治安顽症治理工作。组织会员到青云路、虬江路市场进行暗访，走访宝山警署了解治安顽症高发路段，组织后备干部参加监督员工作。民进闸北区委上报 8 篇案例，得到相关部门重视和落实。在服务世博工作中，民进闸北区委上报的 1 篇案例被中共闸北区委统战部评为优秀案例二等奖，民进闸北区委被评为区统战系统服务世博先进集体。民进闸北区委以 4 名资深心理教师和 2 名中学校长组成的心理学团队继开展社区独居老人心理服务之后，承担由区民政局发起、市心理学会基础教育专业委员会运作、教授秦启庚领衔的“助公益组织，创和谐社区”快乐成长青少年心理服务项目，对社区 40 个家庭开展“快乐成长”心理指导，得到社区受益群众较高评价。民进闸北区委组织会员积极参与西南抗旱与抗震救灾捐款工作，募集善款 12050 元上缴民进上海市委。继续做好对天目西路街道和宝山路街道 2 名困难学生助学帮困工作。年内，民进闸北区委组织青云支部 2 名教师在暑期参与民进上海市委黔西安龙县的智力支边活动。（杜国英）

【做好会员工作】 做好关心老会员工作。民进闸北区委开展历任老领导迎春团拜活动，听取老领导对民进闸北区委工作的意见。召开离退休

工作组新春座谈会，向老会员汇报民进闸北区委工作情况。鼓励老会员老有所乐，举办老会员马孝敏《孟子精读》小型赠书仪式。结合民进闸北区委“送清凉”活动，组织民进闸北区委委员和医卫支部会员走访会内75岁以上老会员，开展上门送医服务；为让退休会员走进世博、感受世博，民进闸北区委在敬老节向全体退休会员赠送世博会门票，考虑到75岁以上老会员独自外出行动不便，民进闸北区委专门加赠家属陪同门票，让老会员感受到组织温暖。关心青年会员成长。在2009年青年教师与老教师师徒结对工作基础上，2010年民进闸北区委继续关注青年会员成长，召开座谈会，了解结对工作进展和个体发展情况，交流研究进一步做好结对工作具体措施。结合学习、评优、节庆等活动，加强与基层会员联系。结合庆祝“三八”妇女节，组织女会员参观会员潘斌创办的“星期八小镇”，通过分享身边同志创业经历和成功喜悦，鼓励女会员自强自立、岗位立功。在教师节、国庆节等节日组织会员参加民进上海市委组织的各类庆祝活动，加强基层会员与民进上级组织联系。结合“2009～2010年度优秀支部评选与表彰活动”，总结会员爱岗敬业取得的成就，鼓励会员岗位立功。在2010年民进中央开展的优秀基层组织评比中，中一支部被授予全国优秀基层支部称号。组织会员参加民进中央、中共上海市委统战部“国庆60周年”征文活动，2名会员获得三等奖。继续做好会员发展工作。民进闸北区委严格把握会员发展的数量与质量关系，重视联系期的考察工作，不断规范外调工作程序。全年发展会员13人。（杜国英）

【加强宣传工作】 根据《闸北民进》版面需要，在听取会员意见前提下，编委会对封面进行重新设计，并在排版体例上体现民进特色。全年出版《闸北民进》4期，在报道民进闸北区委会务信息、支部活动动态、会员学习体会等方面起到思想引领，增强交流作用。民进闸北区委反映社情民意、关注社会建设、创新活动形式的《民进闸北区委直击动拆迁瓶颈》、《关爱让生活更美好》、《世博安检走形式要不得》等30余篇稿件在《联合时报》、民进中央网站、中共上海市委统战部网站、民进上海市委网站刊出。民进闸北区委被评为2010年民进上海市委宣传报道工作先进集体。（杜国英）

农工党闸北区委

【概况】 中国农工民主党上海市闸北区委员会（简称农工党闸北区委）下设10个支部，其中独立支部6个，综合支部4个。区委设学习与宣传、组织、参政议政、妇女和老年、社会服务等6个工作委员会。年内发展党员13人，年末有党员312人，平均年龄57岁。医卫界人士211人，占总人数的69.6%。党员中有市人大代表1人，市政协委员2人，区人大代表5人，区政协委员17人。党员中有中高级职称297人，占总人数的97%；1名党员享受国务院政府特殊津贴。有中共党员5人。主任委员张广仁，副主任委员王曙、郭建建（兼秘书长）、叶强，委员7人。年内，农工党闸北区委继续抓好自身建设，不断提高参政议政质量和水平，履行参政党职责，积极为社区服务，较好完成了各项工作任务。（郭建建）

【开展学习践行社会主义核心价值体系主题教育活动】 落实农工党中央、农工党上海市委《关于开展为期三年“树立和践行社会主义核心价值体系的主题教育活动”》文件精神，农工党闸北区委多次召开主委会议和区委会，专题研究活动的目标和安排。成立由副主委王曙分管，区委委员张慧为组长，各支部主委为组员的领导小组，并在经费上予以支持。农工党闸北区委制定“学习和践行社会主义核心价值体系”主题教育活动实施方案，召开“树立和践行社会主义核心价值体系”主题学习教育活动动员大会，邀请农工党上海市委宣传部部长作专题辅导报告。购买理论学习书籍《社会主义核心价值体系学习读本》、《建设社会主义核心价值体系六个“为什么”专题解读》等，供党员学习。在《农工闸讯》刊登有关学习体会文章进行交流。开展征文活动，广泛动员全体成员积极参加。农工党闸北区委以东方大讲坛为学习平台，组织党员参加华东师大教授陈锡喜所作的“树立和践行社会主义核心价值体系”学习辅导讲座，对树立和践行社会主义核心价值体系重要性有进一步认识。农工党闸北区委与所属教育支部联合举行以“学习和实践社会主义核心价值体系”为主题的庆祝教师节活动，通过问题抢答、才艺表演等形式，展现教育支部成员开展树立和践行社会主义核心价值体系活动的成果。（郭建建）

【完成基层支部换届改选工作】 根据农工党上海市委《关于2010年市属支部委员会换届工作的意见》和《中国农工民主党章程》规定，农工党闸北区委成立换届工作领导小组。在中共闸北区委统战部关心下，召开农工党闸北区委支部换届动员会议，提出换届原则与工作要求，细化换届工作日程表。在广大党员参与下，各支部发扬民主，严格按照支部民主推荐、农工党闸北区委讨论初定、外调考察、农工党闸北区委集体确定、支部等额选举的“自下而上、自上而下”程序推荐支委人选。为扎实推进换届工作，农工党闸北区委多次召开办公会专题研究换届工作安排，并多次征求老同志和支部主委意见。农工党闸北区委还积极争取中共区卫生局党工委、各支部所在中共党组织对换届工作的支持和帮助，推荐和遴选各支部主委、副主委和委员候选人。通过半年努力，顺利完成支部换届。新一届支委班子中，大学以上学历占76.3%；中高级职称以上占87%；医卫界占65.8%，其他界别占34.2%；平均年龄47岁，45岁以下占47.4%。农工党闸北区委各基层支委年龄与知识结构进一步优化。（郭建建）

【开展建党80周年纪念活动】 农工党闸北区委召开庆祝中国农工民主党建党80周年大型座谈会，邀请农工

召开纪念中国农工民主党建党80周年座谈会　（农工党闸北区委供稿）

党上海市委领导作党史报告，组织全体与会者参观农工党第一次干部代表大会会址，收看相关内容的电视剧。组织参加农工党上海市委的相关纪念活动，张宝英、邬碧波、宗文红等获农工党上海市委纪念建党80周年征文二、三等奖，农工党闸北区委获征文和知识竞赛两项优秀组织奖。（郭建建）

【履行参政议政职能】 年内，有3名党员担任区治理治安顽症监督员，5名党员参加区政协的"啄木鸟"活动。通过参与以上活动，进一步提高广大党员带头践行文明礼仪，参与世博、宣传世博、奉献世博的积极性，为世博的顺利举行作出贡献。广泛动员、组织党员参与"我为区'十二五'规划献一计"活动。围绕区"十二五"规划中的经济、社会各项事业发展和旧区改造、民生改善、保持稳定、促进和谐等方面的突出问题，提出意见和建议26条。在此基础上将部分意见和建议进行归纳，形成相关提案和社情民意信息，及时向区政协和中共闸北区委统战部反映，得到有关领导和部门重视，部分意见和建议被采纳，取得一定实效。农工党闸北区委就中共闸北区委、区委统战部下达的《关于闸北区加强社会治安防控体系建设》调研课题，围绕促进经济发展和社会治安顽症整治，2次到区公安分局等部门进行调研。通过召开各类座谈会和听取各方意见和建议，查阅有关资料，不断充实调研报告的内容，提高质量，受到区有关领导肯定，多项建议被职能部门采纳，并在中共闸北区委统战部举行的调研课题发布会上进行发布。由副主委叶强领衔，承担农工党上海市委《关于社区卫生落实新医改中基本药物制度实施的调研》的课题调研。在调研过程中，注重方法创新，整合党内外资源，夯实工作基础，以保证调研工作出精品、出成效，努力提升参政议政工作水平。农工党闸北区委和中共闸北区卫生党工委举行2次制度性会议，其中以"闸北区医疗卫生'十二五'规划制定"为主题的对口协商会，邀请农工党上海市委多名专家参加会议，就卫生改革等问题提出16条意见和建议，受到区卫生局领导高度重视，部分意见和建议被采纳。（郭建建）

【做好服务社会工作】 农工党闸北区委继承和发扬农工党社会服务工作优良传统，开拓创新，提升社会服务工作水平。农工党闸北区委领导与大宁路街道沟通社区共建工作，并就社区医疗咨询等共建专题形成共识。农工党闸北区委组织区中心医院、北站医院、区中医医院、区疾控中心等4个支部的医学专家，在区多媒体谷园区、市北高新技术服务业园区及大宁路街道、闸北公园等地开展医疗咨询服务，举办讲座2次，为敬老院老人义务体检21人次。退休党员冯和胜为居民开展医疗服务200余人次，得到群众称赞。农工党闸北区委协助举办社区卫生与家庭医学国际论坛。农工党部分干部参与完成永和医院改革。农工党闸北区委对口帮扶1户特困家庭，连续2年前往该户了解情况，并送上2000元帮困助学金，资助其孩子完成大学学业。4月，青海玉树发生地震，农工党闸北区委动员党员发扬一方有难、八方支援精神，177名党员为地震灾区捐款15970元。（郭建建）

致公党闸北区委

【概况】 中国致公党上海市闸北区委员会（简称致公党闸北区委）由归侨、侨眷和其他有海外关系的代表人士组成。下设上海大学、第一、第二、第三4个支部。年内发展党员9人，年末有党员113人，平均年龄54岁。主任委员任忠鸣，副主任委员吴月（女）、顾宏伟。党员中有长江学者1人，博士18人，硕士14人，98%以上有大专以上学历。高级职称38人，中级职称57人。致公党中央委员1人，市政协委员1人，区政协委员7人（其中常委1人），区人大代表2人（其中常委1人）。年内，致公党闸北区委将树立和践行社会主义核心价值体系贯穿全年工作之中，以基层组织建设年活动为契机，加强组织自身建设。围绕闸北经济发展、旧区改造、治安顽症治理等开展多角度、深层次调研，提高参政议政针对性和有效性。动员和带领党员服务世博、奉献世博。（林艳红）

【开展树立和践行社会主义核心价值体系学习教育活动】 年内，致公党闸北区委按照致公党上海市委部署，坚持把树立和践行社会主义核心价值体系作为深入学习贯彻科学发展观的重要内容，结合致公党闸北区委和支部工作，开展学习教育活动。年初，致公党闸北区委制定树立和践行社会主义核心价值体系学习计划，成立学习教育活动领导小组。3月，召开动员会，部署学习教育活动。7 月，举办中青年干部学习班，学习交流树立和践行社会主义核心价值体系体会。通过树立和践行社会主义核心价值体系的学习，进一步巩固和夯实同中国共产党团结合作的思想基础。

（林艳红）

【加强自身建设】 2010 年是致公党上海市委基层组织建设年，按照致公党上海市委部署，致公党闸北区委坚持将基层组织建设年活动与树立和践行社会主义核心价值体系、推动中心工作结合起来，全年各项工作有序开展。加强基层支部建设。年内，致公党闸北区委给各支部下发基层支部工作手册，进一步规范基层支部各项工作。基层支部换届以后，支部班子成员工作积极主动，支部活动内容丰富、形式多样。党员发展重质保量。把吸纳高层次优秀人才、完善组织结构放在组织工作重要位置。全年发展党员 9 人，平均年龄 40 岁，其中博士学位 4 人，硕士学位 2 人，副教授以上职称 4 人。年内，致公党闸北区委委员王建敏、第三支部主委吴志强分别被致公党中央和致公党上海市委评为基层组织建设年先进个人。

（林艳红）

【履行参政议政职能】 年内，致公党闸北区委加强参政议政队伍建设，组织参政议政积极分子深入开展调查研究工作。在“中共区委出题，民主党派调研，政府研处落实”的调查研究中，《加强园区建设，提升园区能级》调研课题组深入东方环球企业中心、四行仓库创意园区等地进行调研，在充分调研基础上形成《加强园区经济，提升园区能级》调研报告，在中共闸北区委统战部组织的课题调研成果发布会上发布，得到区政府有关部门重视。年内，致公党闸北区委集体提案《关于闸北大力发展培训服务业的建议》，梁日忠《发挥区内重点园区科技和人才集聚优势，增强我区科技创新能力的建议》的提案被区政协评为优秀提案。在区政协组织的“我为‘十二五’规划献一计”活动中，王建敏《将物联网发展作为闸北经济转型的战略性新兴产业》获三等奖。

（林艳红）

【做好参与服务世博工作】 在世博会筹备阶段和会展期间，广大致公党党员立足本职，积极参与世博、服务世博。在世博会试运行演练期间，致公党闸北区委组织 50 名中青年党员分三批参加观博演练，并及时将演练中发现的问题整理成社情民意信息，向有关部门反映，为世博开幕后各项措施的改进献计献策。致公党闸北区委向每名党员赠送世博会门票，号召文明观博。致公党闸北区委中青年党员积极参加致公党上海市委组织的世博青年志愿者文明行动。致公党闸北区委组织致公党界别的政协委员和青年党员积极参与世博安保“啄木鸟”行动，分别在铁路上海站南、北广场和地下通道、校园周边等重点区域进行暗访，提出整改建议，得到区有关方面重视和采纳。世博会期间，致公党党员热情接待海内外亲朋，当好东道主。老党员、老归侨黄繁荣共接待国内外友人 100 多人次。党员谢春燕参加业余舞蹈队在世博会期间参加“喝彩世博综艺秀”、“欢聚世博、精彩人生”等演出 56 场。黄繁荣、谢春燕被致公党上海市委评为“参与世博、服务世博”先进个人，黄繁荣还被评为区统战系统世博工作先进个人。 （林艳红）

【加强凝聚力建设】 年内，致公党闸北区委继续做好凝聚力工作，通过走访慰问、组织活动等方式，联系、关心新老党员。致公党闸北区委坚持春节走访老党员、老领导制度，为老党员、老同志送上组织的关怀与温暖，并主动听取老领导对致公党闸北区委工作的意见。遇到老同志患病，致公党闸北区委、支部成员及时上门看望慰问。致公党闸北区委积极组织各项活动，团结党员，凝聚人心。致公党闸北区委组织全体退休党员赴昆山大唐生态园等地开展重阳敬老节活动。举办中青年干部学习班，组织中青年干部赴长兴等地考察。

（林艳红）

九三学社闸北区委

【概况】 九三学社上海市闸北区委员会（简称九三学社闸北区委）下设 6 个支社，有组织、学习宣传、参政议政、妇女、老龄、青年 6 个工作委员会。年内发展新社员 8 人，年末有社员 247 人，其中退休社员 155 人，占 62.8%，平均年龄 61.6 岁。社员中高级职称 147 人，占 59.5%；中级职称 89 人，占 36%。科技界人士 164 人，占 66.4%；教育、医卫界人士 50 人，占 20.2%；机关等界别 33 人，占 13.4%。社员中有市人大代表 2 人，区人大代表 3 人（其中常委 1 人），区政协委员 12 人（其中常委 2 人，副秘书长 1 人）。

举办致公党闸北区委中青年干部学习班 （致公党闸北区委供稿）

召开九三学社闸北区委六届三次社员代表大会

（九三学社闸北区委供稿）

主任委员郭其一，副主任委员王学伟、谭洁群、王志麟。年内，九三学社闸北区委学习中共十七大精神，贯彻科学发展观，树立和践行社会主义核心价值体系，结合与世博同行、庆建社65周年等主题活动，积极开展自身建设、参政议政、民主监督和社会服务工作，认真履行参政党职责，较好完成了各项工作目标。（黄强眉）

【加强自身建设】 年初，九三学社闸北区委召开2009年工作总结暨六届三次社员代表大会，总结2009年工作，部署2010年工作，表彰2009年九三学社闸北区委社务工作先进集体和优秀社员，传达区“两会”精神。九三学社上海市委专职副主任委员黄鸣，中共闸北区委常委、统战部部长石宝珍出席会议并讲话。九三学社闸北区委开展“树立和践行社会主义核心价值体系”主题教育活动，组织社员学习九三学社中央主席韩启德在九三学社中央十二届三中全会闭幕会上对“树立和践行社会主义核心价值体系”论述的讲话精神，要求社员把牢固“树立和践行社会主义核心价值体系”落实到各项工作之中。结合主题教育活动，举办加强自身建设学习班，九三学社闸北区委委员、支社主委、新社员等30多人参加学习。九三学社闸北区委将宣传世博、参与世博、服务世博作为义不容辞的职责。年内，组织社员参加世博会预演活动，宣传世博会知识和社员参与世博、服务世博、奉献世博的先进事迹，参加九三学社上海市委举办的“科普讲坛”世博专场报告会，鼓励社员参与社区世博志愿者行动和平安闸北建设志愿者活动等，为举办“成功、精彩、难忘”的世博会增光添彩。根据《九三学社章程》和九三学社上海市委有关文件精神，九三学社闸北区委基层支社领导班子进行换届。九三学社闸北区委贯彻九三学社中央“关于加强基层组织建设的意见”要求，在组织发展工作中，坚持注重质量、保持特色原则，处理好巩固与发展、质量与数量、重点与非重点的关系，积极稳妥、有针对性地做好组织发展工作，增加九三学社组织可持续健康发展的生力军。结合后备干部培养，选派3名后备干部参与区治安顽症治理督检工作，提出近20条意见和建议。通过后备干部参与区重点工作的民主监督，进一步提高九三学社闸北区委后备干部履职能力，提升后备干部培养工作有效性。年内，完成4期《闸北九三》出版工作，向闸北统战、九三学社上海市委网站提供信息40余条。完成《闸北区志（1994～2005）》相关内容编撰工作。组织庆祝“三八”妇女节、向老社员祝寿等活动。年末，九三学社闸北区委开展评选社务工作先进集体和优秀社员活动，三支社、六支社、宣传工作组被评为2010年社务工作先进集体，12名社员被评为优秀社员。在九三学社上海市委庆祝建社65周年评选先进活动中，九三学社闸北区委被授予社务工作先进集体称号。（黄强眉）

【履行参政议政职能】 九三学社闸北区委以经济建设为中心，围绕区经济和社会发展中的重大问题和热点、难点问题，参政议政履行职能。年初，召开参政议政工作会议，就“两会”的提案和议案进行专题研讨。区“两会”期间，提交提案和议案19件，其中九三学社闸北区委《进一步完善维护稳定协调机制的建议》集体提案被区政协评为优秀提案。根据中共闸北区委“区委出题，党派调研、政府研处、部门落实”调研工作要求，九三学社闸北区委完成《关于街道（镇）在招商引资中做好企业服务的对策研究》调研报告。组织社员参与九三学社中央《关于招聘与录用中的性别平等》及九三学社上海市委《关于企业退休专业技术人员养老待遇公平化问题》的调研活动。年内，组织社员参加区政协开展的“我为‘十二五’规划献一计”活动，提交建议18篇，刘明明《关于加快建设闸北国家级人力资源服务产业园区的建议》获金点子一等奖，徐靖《关于提升居家养老服务质量，设立养老服务岗的一点建议》获优秀奖。向九三学社上海市委报送信息4条，其中郭其一《取消“农民工”称呼》的建议，冯乙示《关于加快北上海轨道交通建设的建议》被九三学社上海市委采用，报送有关部门。年底，召开社员中的区人大代表、政协委员座谈会，加强对参政议政骨干的培训，提高参政水平和履职能力，更好地履行民主监督职能。九三学社闸北区委通过社员组织生活收集社情民意，使参政议政工作有的放矢，更具针对性。（黄强眉）

【做好结对共建和社会服务工作】 九三学社闸北区委将奉献社会、服务社会作为开展社务工作，增强凝聚力的重要抓手，利用社区平台，探索社会服务新举措。组织社员参与区百户特困家庭帮扶工作，募集帮困助学款2000元资助1名家庭困难的大学生。与共建社区彭浦镇共同举办“贺精彩世博，展阳光风采”活动，慰问彭浦镇阳光心园学员、老师和社区志愿者，并向学员赠送书籍等礼物。组织社员参加彭浦镇“科普周”、“文化周”等社区活动，发挥九三学社党派优势，为社区居民宣讲科普及养生知识，为彭浦镇社区文化建设作贡献。年内，郭其一、王志麟、胡文亮获第七届闸北区拔尖人才称号，刘明明、王寒梅获第六届闸北区优秀青年人才称号，王寒梅获中国地质学会第十二届青年地质科技奖——银锤奖、上海市“五一”劳动奖章，秦悦获中铁建筑总公司优秀工程设计一等奖，平志斌获上海市工程设计咨询三等奖，王晨获上海市科学技术奖三等奖。

（黄强眉）

闸北区工商业联合会

【概况】 闸北区工商业联合会（简称区工商联），又称闸北区商会。主席季铭，党组书记王全昌。年内，召开区工商联第十二届四次执委会议，调整和增补区工商联副主席、常委、执委。年内发展新会员107户（人）。至年底，有会员991户（人），其中企业会员782户，个人会员（原工商业者）209人。年内，区工商联围绕区委、区政府重点工作，按照全年工作计划，突出工商联组织的统战性、经济性、民间性特点，发挥工商联团体资源优势，促进非公有制经济健康发展和非公有制经济人士健康成长。认真履行参政议政职能，在区政协十二届四次会议上作题为《转变发展方式，促进中小企业健康发展》大会发言并提交集体提案2件，其中《关于加强金融支持，切实解决民营企业融资难的建议》被区政协评为优秀提案。开展闸北民营经济运行情况分析，及时了解和分析民营经济运行情况，形成《闸北区工商联部分会员企业区级税收情况分析》等报告。在对全区民营经济调研基础上，编写《闸北区民营经济“十二五”发展规划》，提出区“十二五”时期民营经济发展的指导思想和主要目标。加强对非公经济代表人士宣传教育引导工作。与区委组织部、区委党校联合举办闸北区第四期高级经理研修班。举办“2010国际国内经济形势及展望报告会”。全年编印《闸北民营经济》简报19期，并通过《中华工商时报》、《上海商报》、《闸北报》、闸北有线台等媒体宣传民营企业工作亮点，报道重大活动。加强信息员队伍建设，召开信息工作会议。继续做好经贸、融资、政策落实、法律、党建等服务企业的5个平台工作。与湖南省常德市人民政府驻上海联络处、区合作交流办公室联合举办“常德、闸北投资项目对接座谈会”。组织会员企业与外省市、会员与会员之间开展形式多样的经贸信息交流和考察学习活动，为会员拓展市场寻找商机。为区民营企业中重点项目的推动提供个性化融资服务。帮助会员企业上海金羊艺术设计有限公司承接世博会特许商品的设计制作任务，联系中信银行闸北支行融资1500万元。举办金融产品推介会，为企业与金融机构提供交流合作平台。为解决区民营科技企业融资难问题，按照区财政局、工商联、建设银行闸北支行三方合作协议，向建设银行闸北支行推荐骨干民营科技企业，进一步争取区域内金融机构对区民营科技企业的支持。建立与相关政府职能部门的常态信息交流反馈机制。推动政策信息传递和落企工作。举行“2010年闸北区民营企业自主品牌创建沙龙活动”，请区工商分局、质监局领导就如何申请“上海市著名商标”和“上海市名牌产品”等内容与30余家企业进行交流互动。请区建交委、科信委、财政局领导向会员企业通报区旧区改造建设项目、扶持科技民营企业政策、政府采购项目、扶持企业融资政策等，加强会员企业与政府部门之间的信息交流。引导民营企业依法经营，维护合法权益，“以法律企，以法护企”。按照区委部署，党建工作联谊会在区非公经济组织党组织和党员中开展“创先争优”活动。以“我为世博作奉献”的世博先锋行动为主题，开展立功竞赛活动，15家非公企业党组织和50名党员受到表彰。年内，对党建联谊会57家理事单位进行大走访，了解区内非公经济组织党建工作现状。做好招商引资工作。全年提供招商项目信息20个，招商引资落户项目15个，注册资金5158万元、美金14万元。召开“加强基层商会建设，服务街镇经济发展”工作会议，与区社管办携手合作服务区域经济。定期召开基层商会工作例会，部署工作，沟通信息。举办基层商会会长和秘书长培训班。开设辅导讲座，到兄弟区学习取经。制定区工商联机关干部联系重点企业和基层商会制度，7～12月，走访基层商会24次、重点企业

召开区民营经济“十二五”发展规划专题座谈会　　（区工商联供稿）

召开第三届区非公有制经济人士优秀中国特色社会主义事业建设者表彰大会 （区工商联供稿）

151次，帮助企业沟通协调事务31件。关心工商业者老会员生活，全年向老会员发放各类补助602人次17.85万元。年内，区工商联获区委党委（组）中心组学习创新成果奖和区机关改革创新奖。 （马英姿）

【加快发展民营科技企业工作】 按照八届区委八次全会确定的重点工作任务和目标，由区工商联牵头区商务委等7个部门共同做好加快发展民营科技企业工作。根据年初建立的沟通机制和分工方案，定期召开重点工作推进例会，共商如何加快发展民营科技企业工作，每月上报区委督查室关于加快发展民营科技企业工作推进情况报告。开展加快闸北民营科技企业发展的政策性研究的调研，从进一步完善促进民营科技企业发展的政策服务体系等六个方面提出对策与建议，形成《关于促进闸北民营科技企业加快发展的调研报告》，提供给区委、区政府和区有关部门作为决策参考。协同区科委、财政局等部门，落实有关扶持政策，为民营科技企业发展营造良好环境，全年在区科技发展基金中列支1909.76万元，资助区内2009年度市科技小巨人企业、市科技小巨人培育企业及专利费专项资助等项目。 （马英姿）

【开展区优秀建设者评选表彰活动】 为激励先进，树立榜样，促进区非公经济健康发展和非公经济人士健康成长，经区委同意，区委统战部、区工商联等8个部门决定，在全区非公经济人士和其他新社会阶层人士中开展第三届“闸北区非公有制经济人士优秀中国特色社会主义事业建设者”评选表彰活动。经区有关单位党组织和街道（镇）党工委推荐、区评选表彰活动领导小组评审及区新闻媒体公示等程序，4月6日，召开第三届闸北区非公有制经济人士优秀中国特色社会主义事业建设者表彰大会，丁祖昱等15名非公经济人士和其他新的社会阶层人士被授予第三届闸北区非公有制经济人士优秀中国特色社会主义事业建设者称号。市、区优秀建设者代表在会上作交流发言。区总工会、区社会工作党委、区工商联联合向全区企业发出“我们共同为世博作贡献”的倡议，第三届市优秀建设者、上海芷新（集团）有限公司董事长郭卫代表非公企业家作响应发言。市委常委、统战部部长杨晓渡，区委书记方惠萍出席会议并讲话。

（马英姿）

【举办光彩事业系列活动】 鼓励引导广大非公经济人士致富思源、富而思进，积极参与光彩事业，自觉承担社会责任，开展扶贫帮困、捐资助学、赈灾济困等社会公益活动。组织发动非公企业为区“慈善帮困联合捐”活动捐款160万元。其中上海芷新（集团）有限公司捐款50万元；段治白、耿英夫妇捐赠10万美元，通过区工商联、光彩会和市慈善基金会设立“方舟慈善专项基金”，用于儿童大、重病的医疗救助和残疾儿童的医疗康复。与区残联共同开展“百家帮千家，帮困送温暖”活动，向区内1011户困难残疾人家庭发放帮困款21.87万元；参与区百户特困家庭个案帮扶计划，资助17名困难家庭大学生助学金5.6万余元。区工商联获区慈善联合捐组织奖。开展非公有制经济人士感恩回报社会行动，动员区内48名非公企业家与91名老劳模结对。“八一”建军节前夕，组织民营企业参与慰问世博安保部队，向驻区世博安保部队赠送价值22万余元的夏令用品。组织13家民营企业参与“2010年上海百家知名民营企业世博会服务者专场招聘会”活动。12月21日，举行以“弘扬光彩精神，促进闸北发展”为主题的“2010年闸北区光彩事业活动日”仪式。季宝红等20名“上海市闸北区首届光彩之星”受到表彰。区光彩会副会长、市慈善之星施有毅宣读“自觉承担社会责任，积极投身光彩事业”倡议书。市工商联副主席金亮，区委常委、统战部部长石宝珍出席会议并讲话。 （马英姿）

闸北区总工会

【概况】 年内，闸北区总工会（简称区总工会）辖有系统工会15个，区管重点企业工会6个，直属单位工会15个，社区（街道）总工会8个，镇总工会1个，基层工会组织1745个，涵盖单位5645家，职工165526人，会员159133人，其中女会员55858人，农民工会员56045人。切实服务世博，在群众性建功立业活动上见实效。广泛开展建功世博主题活动。组织开展“当好主力军、建功世博会、展示新风采”为主题的立功竞赛和主题实践活动。在世博筹备阶段，全面实施“闸北职工迎世博600天行动计划”，配合区世博运行保障指挥部做好世博试运行方案制定和组织实施，完成试运行演练各项工作。在世博会期间，开展“保平安、促运行、重服务、创一流”世博运行保障立功竞赛，组织“闸北区迎世博劳模窗口服务巡访团”定期督查和服务行业对口检查。发动全区144家企事业单位参加“安康杯”竞赛活动。开展“文明服务、文明观博、文明出行”主题实践活动。10万余名职工参与培训，6万余名职工上网测试。开展“服务世博、奉献世博”立功竞赛评比表彰工作，27名职工被评为上海世博工作优秀个人，3个集体被评为上海世博工作优秀集体，150名职工和40个集体分别被评为区世博工作优秀个人和优秀集体。切实提升职工素质，在培育知识型、技能型职工上见实效。抓好劳模选树，弘扬时代精神。上海闸环灵石环境卫生工程有限公司公厕班班长李影、闸北八中校长刘京海被评为2010年全国劳动模范和先进工作者。14名职工被评为市劳动模范和先进工作者，5个集体被评为市模范集体。201名职工和135个集体分别被评为区先进生产（工作）者和区先进集体。召开区庆“五一”暨劳模、先进表彰大会，激励广大职工见贤思齐、争当先进。抓好劳动竞赛，深化创新发展。推进“我为旧改出份力、我为发展作贡献”主题实践活动。继续开展“争做招商引资最佳实践者”活动，8人被区政府授予区招商能手称号。开展“创建学习型组织，争做知识型职工”活动，新建3个“职工书屋”，积极推进市示范性“职工书屋”创建工作。关注就业问题，完善就业援助服务体系，重点抓实“百企千岗进社区”活动、农民工援助行动等工作，会同市总工会举办3场就业援助专场，组织121家用工单位、3家培训机构，提供岗位3150个，2200余人次参加招聘，达成就业意向1076个。开展创业示范点选树、推荐，组织2期创业者培训。关注困难职工，争取政府支持，加大社会化帮扶力度。节日期间，全区工会系统慰问救助10921人460.41万元。慰问特困劳模、支内回沪劳模103人7.6万元。加强防暑降温和劳动保护工作，筹集资金和实物42.87万元，慰问职工25195人次，其中农民工12738人次。切实促进和谐劳动关系，在维权和维稳中见实效。以职代会制度建设为载体，推进厂务公开民主管理。重点推进国有企事业单位领导人员收入公开、民主评议领导干部等工作。闸北区被评为全国推动厂务公开民主管理工作先进单位。制定下发《闸北区总工会关于推动企业普遍建立工会组织、普遍开展工资集体协商工作的实施意见》，着力推进集体协商机制成为企业协调劳动关系的基本制度。全区工资专项合同覆盖职工43129人，完成全年目标的119.8%，集体合同覆盖企业3332家，占已建工会企业的79.2%。女职工权益保护专项集体合同同步签订率90.6%。开展劳动关系和谐企业创建，会同劳动关系三方组织开展区劳动关系和谐企业、工业园区的创建评比表彰工作。加强劳动关系预警预防机制和调解网络建设，成立区总工会企业群体性劳资纠纷化解指导组，主动回应职工的意见愿望和利益诉求，充分履行职责。加强工会组织建设，在工会组建、干部能力提升上见实效。开展“百日集中行动”，以外资企业、非公企业建会和农民入会为重点，探索多种组建模式合力推进组建，全面完成市总工会下达的组建任务。制定实施《2010年闸北工会教育培训计划》，加强工会干部尤其是基层新任工会主席的教育培训。制定实施《闸北区总工会关于加强社区（街道）、镇总工会财务工作的实施细则》，加大依法收缴、管理、监督工会经费力度，收缴工会经费1325.05万元。加强工会经审组织建设和制度建设，提高经审监督效能。（黄　欢）

【做好厂务公开民主管理工作】　区厂务公开民主管理工作结合区实际，通过夯实基础、明确重点、探索难点、加强调研，不断健全完善体制机制，注重工作针对性和实效性，稳步有序推进。加强企事业单位职代会制度建设，不断提高建制率。至年底，全区公有制企事业单位职代会制度建制基本实现全覆盖，并通过小区、楼宇、市场等模式的区域性、行业性职代会制度建设，不断扩大非公企业厂务公开民主管理工作实施面。全区有4553家非公企业建立职代会制度，建制率为86.53%；有4520家非公企业实施厂务公开，实施率为81.93%。对领导收入公开、民主评议领导干部等问题积极探索，发挥厂务公开民主管理工作在协调劳动关系、维护职工合法权益、维护企业和社会稳定中独特的作用，形成许多宝贵经验，闸北区被评为全国推动厂务公开民主管理工作先进单位。（王立成）

【开展工会组建百日集中行动】　成立区推进“两个普遍”工作领导小组，制定下发《关于推动企业普遍建立工

参加第六次全国厂务公开民主管理工作调研检查汇报会　（区总工会供稿）

召开区庆“五一”暨2007～2009年劳模、先进表彰大会　（区总工会供稿）

会组织、普遍开展工资集体协商工作的实施意见》和《关于开展“广普查、深组建、全覆盖”工会组建百日集中行动的通知》，建立区总工会部室负责人定点联系社区（街道）、镇、市北园区工会工作制度，工会主席每月例会制度，工会指导员每周例会制度，工作进度周报制度和普查工作专项奖励制度。及时将全国第二次经济普查公布法人单位和分支机构名单按街道、镇和市北园区所属区域分解下发，制作工会组织普查通知、普查工作证和统一的普查项目表，做到一企一表，不漏一个单位。加强对普查工作的培训指导和检查督促，普查结果由区总工会统一录入数据库。按照工作数量和完成质量给予奖励。各街道、镇成立推进“两个普遍”工作领导小组，将该工作纳入党政工作议事日程，根据自身特点，整合各方力量开展普查工作，并与人口普查工作相结合，以村、小区联合工会干部和工会工作指导员为主力，借助党群工作者、物业、协管员等力量开展普查，并同步开展工会组建的宣传工作，发放建会通知，宣传建会政策，为下一步推进普遍建立工会组织工作打好基础。（王立成）

【签署法律服务协议】 年内，区总工会与区律师工会工作委员会共同签署《关于律师为本区职工提供法律服务的协议》，明确律师通过法律宣传、法律咨询、参与疑难劳动争议纠纷调处、代理诉讼案件等形式为职工提供法律服务。区总工会与律师工会合作开展基层劳动争议调解组织调解员培训，联合编写案例汇编，并邀请律师授课。参与企业劳动争议调解，进行必要的法律干预和保护。参与群体性事件防范处理，提供法律意见，做好防范预案，指导职工办理相关手续，帮助职工解决问题。

（徐梅生）

【做好职工维权工作】 7月13日，《劳动报》刊登《30名环卫工无奈住在立交桥下》一文，报道闸北区三泉环卫公司将环卫工人宿舍安排在立交桥下，居住环境恶劣，无应对高温、暴雨的制冷和排水设施。当天，区总工会领导到实地了解情况，召集相关部门共同研究，落实责任，制定整改措施并督促立即实施。报道刊登第三天，居住在立交桥下的30名环卫农民工全部搬进干净整洁的过渡房。区总工会首次采用《维权建议书》这一创新措施提出农民工生产安全监督、生活条件改善、合理工资增长、心理疏导关怀等建议，使工会主张和维护职能具体化、项目化。区总工会和区绿化市容局工会重点对农民工集中居住场所开展为期2个月的安全卫生、食堂食品安全专项调研和监督，改善一线职工生产生活条件。

（徐梅生）

【开展职业技能竞赛】 年内，为加强行业技能人才队伍建设，鼓励广大职工岗位学习、岗位成才和岗位奉献，区总工会先后与区建交委联合开展以“宣传新政、公平操作、维护稳定”为重点的旧区改造动拆迁立功竞赛，提高拆迁工作人员掌握政策水平和动迁协商能力；与大宁资产有限公司联合开展招商引资立功竞赛，提高招商人员谈判技巧；为应对世博会期间环卫汽修压力，与区绿化市容局联合举办汽车维修工技能竞赛，提高维修人员技能。对于竞赛活动中涌现出的先进个人和优秀经验，及时召开总结大会进行表彰、宣传，在汽车维修技能竞赛中有32名职工获中级资格证书，区总工会授予取得优异成绩的6名职工“闸北区职工技术能手”称号。（倪增强）

【做好劳模评选工作】 年内，在区委、区政府的领导和市评模办指导下，根据评模标准和程序，会同有关部门，开展2007～2009年闸北区先进和上海市劳模、全国劳模评选推荐工作。全区评选产生2010年全国劳动模范和先进工作者2人；2007～2009年上海市劳动模范和先进工作者14人，模范集体5个，闸北区先进生产（工作）者201人，区先进集体136个。为进一步弘扬劳模精神，以劳模先进评选工作为契机召开全区庆“五一”暨劳模表彰大会，认真总结劳模先进事迹，通过制作劳模画册、在《闸北报》刊登专版、劳模事迹演讲等形式进一步加大宣传力度，形成崇尚劳模精神，学习劳模、争当先进的良好氛围。（倪增强）

【开展世博运行保障立功竞赛】 年内，按照市总工会世博工作部署，区总工会开展“保平安、促运行、重服务、创一流”世博运行保障立功竞赛。围绕铁路上海站北广场综合交通枢纽工程建设与区建交委联合组织开展交通设施建设立功竞赛。围绕市容管理、公厕管理、清道保洁工作，开展以技术练兵比武、规范达标、群众满意度和争先创优为主要内容的市容环境立功竞赛。围绕城市建设、市政道路整修、道路设施建设和室外广告整治开展以提升城市形象为主要内容的立功竞赛。围绕提升窗口服务形象、诚信服务开展以“五比五赛”（比服务环境，赛整洁优美；比服务设施，赛安全便捷；比服务品质，赛仪态仪表；比服务水平，赛技术技能；比服务管理，赛常态长效）为主要内容的窗口服务行业立功竞赛。通过各项竞赛活动，有效推进区世博运行保障各项工作。通过组织中途检查、汇报会、学习会等形式推动竞赛活动深入开展。竞赛结束后，评选产生世博运行保障立功竞赛优秀个人150人，优秀集体40个。（倪增强）

共青团闸北区委·青年局

【概况】 年内，共青团闸北区委、闸北区青年局（简称团区委、区青年局）按照区委全年工作总体要求，围绕区重点工作，全力服务全区经济平稳较快发展，积极参与世博工作和社会建设，切实加强团的自身建设，有效服务青年成长成才需求，解放思想、勇于创新，团结带领全区广大团员青年为建设和谐新闸北作出积极贡献。以凝聚青年思想为基础，加强青年理想信念教育。结合纪念五四运动91周年，开展“五月，我们拥抱世博！”闸北区世博会志愿者誓师大会、“青春志愿展人道，无私奉献迎世博”青年志愿者迎世博造血干细胞集中采集行动等活动。以服务区域经济发展为重点，加强青年人才工作。开展“委员学习日”、“招商政策介绍会”、“共青团和人大代表、政协委员面对面”、“青春创意show——我为闸北经济发展献一计”等活动，带领全区团员青年积极投身闸北经济建设主战场。以服务青年民生需求为抓手，推进政府青年事务。开展《闸北区青少年发展“十二五”规划》编制工作。完成《2009年度闸北区青少年生存发展现状报告》和《闸北区青少年生存发展五年状况比较分析》（2005～2009年）。以迎办世博为契机，开展青春世博行动，提升青年文明素养。深入推进《闸北区青少年迎世博600天行动计划》。开展“情牵玉树凝团心，大灾有爱聚团情”、“一元一心助旱区，全心全力聚团情”两项救灾募捐活动。以夯实基层基础工作为目标，加强团组织自身建设。开展区第十三次团代会筹备工作，设立组织、宣传、秘书、会务4个筹备小组，做好起草修改会议文件、基层团代表选举和制作宣传短片等工作。按照区域化、网格化团建要求，开拓性探索区域团建新形式。开展“爱心学校”、“身边的世博”、“我与城市共成长”农民工子女结对等活动，形成社区大团建新格局。紧抓“两新”团建和居民区团建，按照“全覆盖”要求，重点支持和推进居民区团支部直选工作。针对青少年热衷网络的现象，加强共青团网络阵地建设，制定下发《关于开展闸北共青团信息化建设的实施意见》，开通“闸北青少年”门户网站，推进与青少年有关的信息发布，加强网上互动交流。（黄晓鸣）

【做好志愿者服务工作】 年内，作为区世博会园区志愿者、城市服务站点志愿者的组织和工作主体，团区委构建“区工作站”、“片区分站”、“服务站点”的三级志愿者管理构架，坚持“考核激励”与“人文关怀”并重的志愿者管理方式，搭建区工作站与志愿者双向交流平台，取得良好效果。区工作站在区设立52个世博会城市志愿服务站，其中外建站7个，内设站45个，覆盖区铁路上海站、长途客运站等交通枢纽，大宁商业广场、太平洋百货、七浦路等商业网点，宾馆、酒店等旅游住宿场所，上海马戏城和社区文化活动中心等文化活动场所和重点区域。为世博园区世博轴部、绿地片区和DE片区输送3批256名园区高峰岗位志愿者，协助应对周末观博高峰客流。通过面试、政审，选拔出区园区和城市世博会志愿者3806人。世博会期间，区上岗服务志愿者3390人，提供“信息咨询”、“语言翻译”、“文明宣传”、“应急救援”等志愿服务1453198人次。（黄晓鸣）

【引导团员青年服务经济工作】 年内，团区委围绕区委、区政府中心工作，充分发挥青联的组织优势，发动和引领全区广大团员青年投身闸北经济建设。发挥资源优势，服务招商引资工作。发挥区青联的桥梁纽带作用，通过“委员学习日”、“招商政策介绍会”等形式宣传、推介闸北，为相关部门提供招商引资信息数十条，永和食品（中国）有限公司、鼎捷软件有限公司等6家企业在区落户。引进内资1.03亿元、外资1575万美元。发挥人才优势，服务经济社会发展。不断吸纳为区域经济发展作出贡献的企业中的优秀青年加入区青联队伍，凝聚更多优秀青年人才为区经济社会建设服务。年内增补上海克而瑞

召开区世博会志愿者誓师大会（团区委供稿）

信息技术有限公司总裁丁祖昱、上海康诚仓储有限公司税务总监戴伯英、上海人才网(集团)有限公司董事长王钢等青联委员22人。　(徐　靓)

【编制《区青少年发展“十二五”规划》】　2010年是“十一五”规划收局、“十二五”规划制定之年,本着着眼于闸北青少年工作的长远发展和为政府青少年事务提供政策保障的立意,区青年局于1~2月就《闸北区青少年发展“十二五”规划》(简称《规划》)编制工作分别在职业青年、社区青年、来沪青年、在校学生四类群体中召开青少年专题座谈会,向青少年代表征求意见。3月12日、19日,区青年局分别召开“闸北青少年发展‘十二五’规划专家论证会”、“闸北青少年发展‘十二五’规划分管领导论证会”,通过青年座谈、专家论证、部门实证,进一步把握青少年工作发展方向,了解和掌握青少年生存和发展需求。在认真调研基础上,邀请上海社会科学院的青少年工作专家参与《规划》编制工作。《规划》(初稿)形成后,积极征求区青少年工作联席会议成员单位的意见和建议,最终完成《规划》编制工作。《规划》的制定明确了闸北青少年发展的六大优先领域,为区青少年工作的开展提供政策保障。　(吴　娟)

【完成居民区、“两新”组织团建任务】　年内,团区委继续以大力推进居民区、“两新”组织团建为重点,不断加强团组织自身建设,有效夯实团的基层基础工作。在居民区团建工作方面,按照“全覆盖”要求,重点支持和推进居民区团支部直选工作,完成全区(除动迁等原因无法建团的居民区以外)全部179个居民区的建团任务。在“两新”组织团建工作方面,紧跟党建工作步伐,充分发挥专职团务工作者的作用,至12月,全区“两新”团组织数量达162家,覆盖172家“两新”单位。以规模以上非公有制企业建团为工作重点,至12月共建规模以上非公企业团组织113家,全年新建规模以上非公企业团组织72家,超额完成团市委下达的完成规模以上非公有制企业建团60%的指标。对已建团的居民区和“两新”团组织,坚持“成立一个,活跃一个”原则,通过“基层优秀工作项目补贴”等形式支持基层团组织开展活动,焕发活力。　(杭静韵)

【开展送温暖活动】　春节前夕,落实区委、区政府关于春节期间帮困送温暖工作的要求,围绕上海世博会“城市,让生活更美好”主题,团区委、区青年局、区青联结合帮困送温暖工作的具体实践,开展“和谐送温暖、携手迎世博”春节“暖心”系列活动。以“暖心‘飘’千家”为主题,号召全区各级团组织和团员青年、区青联委员、团建联盟成员单位青年奉献爱心,募得善款用于购买世博会门票并赠送给区困难家庭的青少年。组织机关干部到世博园区建设工地,看望慰问坚守在岗的外来务工青年,送上长途电话卡,让外来青年能够向家乡的亲人报平安。　(黄晓鸣)

召开区学生联合会第八次代表大会　(团区委供稿)

【举办区应届毕业生巡回招聘会】　9月26~30日,区人保局、青年局、各街道(镇)举办9场为期5天的2010年闸北区应届毕业生巡回招聘会,组织代理招聘单位60家、自主招聘单位30余家,提供30多类400多个岗位,招聘人数900人,累计进场人数500余人次,现场投递简历330余人次。招聘会不仅为求职青年搭建就业平台,而且依托社区,建立信息沟通机制,对有就业意愿的应届生,实施跟踪服务与职业指导,进一步转变青年择业、就业观念,增强青年就业能力。　(吴　娟)

【举办区少先队庆“六一”活动】　5月28日,团区委、区教育局、区少工委在星火影剧院举行“共庆世博盛会,争当四好少年”——2010年闸北区少年儿童庆祝“六一”主题集会。区人大常委会副主任金宝根、区政协副主席卢志强等领导出席主题集会,与全区600余名少年儿童代表及全区少先队辅导员欢聚一堂。市少工委领导及区四套班子分管领导向区五星级和预备五星级少先队大队授予铜牌。市、区领导向获“闸北区优秀少先队员”及“闸北区优秀少先队长”称号的代表颁发荣誉证书。　(王　妍)

【召开区学联第八次代表大会】　12月18日,上海市闸北区学生联合会(简称区学联)第八次代表大会在风华中学开幕。全区131名学生代表和21名列席代表参加会议。区委副书记陈永弟、区人大常委会副主任金宝根、副区长鲍英菁、区政协副主席卢志强、市学联副秘书长王晶等出席大会开幕式。市北中学学生会主席孙熠璇代表闸北区学生联合会第七届委员会作题为《坚定理想信念,奋发成长成才,团结带领全区青年学生为实现闸北跨越式发展奉献青春》的工作报告。陈永弟代表区四套班子作重要讲话。大会选举市北中学、风华中学、新中高级中学等11所学校的学生会为上海市闸北区学生联合会第八届委员会委员单位。开幕式上启动闸北青少年“低碳生活我先行”十大行动，号召全区青年学生从我做起、从身边小事做起，倡导低碳生活，共建和谐社会。开幕式后，区学联开展青春创意秀——“低碳生活我先行”金点子网上论坛活动，学生代表们通过网络与全区青年学生互动交流，就如何做好一名低碳环保的先行者、实践者、宣传者各抒己见、献计献策。（徐　靓）

召开区巾帼建功行动、家庭世博志愿行动事迹报告会（区妇联供稿）

闸北区妇女联合会

【概况】　年内，闸北区妇女联合会（简称区妇联）以“上海巾帼世博建功行动”和“百万家庭世博志愿行动”为载体，团结引领全区妇女和家庭在参与世博、服务世博、奉献世博中践行“创先争优，争当表率”的承诺，为平安世博、和谐社会建设作出积极贡献。区被评为全国创建学习型家庭示范城区，区家庭文明建设协调小组被评为2008～2009年市家庭文明建设先进协调组织，区妇联获“精彩世博，文明先行”上海市民学双语活动优秀组织奖等。年内，区妇联在社区广大妇女和家庭中开展“看家护院、保世博平安”主题活动。会同区综治办在全区率先发出“争做平安世博的志愿者，争做平安家庭的建设者，争做文明新风的倡导者”倡议，全区各级妇女组织先后开展17类59项系列活动，吸引10万人次参与，涌现大批志愿服务典型，有14个集体被评为市、区级世博工作优秀集体，70人被评为世博工作优秀个人。召开以“梦圆百年迎世博、巾帼建功创新业”为主题的闸北区纪念“三八”国际劳动妇女节100周年大会，表彰全国、市、区级“三八”红旗集体56个，“三八”红旗手209人，迎世博600天市巾帼文明岗示范岗、巾帼文明岗55个，区巾帼文明岗76个。6名女企业家被评为“上海市优秀创业女性”。向全区妇女发出“创先争优、争当表率”的倡议，以“创巾帼业绩、保世博平安”和“微笑服务、文明礼仪、奉献世博”为主题，召开世博服务联盟负责人和巾帼文明岗负责人座谈会，对窗口服务行业等重点女性班组进行再动员和再培训。以“真情服务展风采，奉献世博建功业”为主题，召开“巾帼世博建功行动、家庭世博志愿行动”事迹报告会，宣传巾帼文明岗服务世博、奉献世博的女性班组典型。全年通过市、区媒体宣传报道各方面优秀女性40余人次。与区合作交流办、临汾路街道联合举办以“共襄世博盛世，欢庆中秋佳节”为主题的中秋联欢活动，慰问世博人家、世博人家庭及援藏、援疆、援滇的干部家属。与区双拥办联合走访慰问武警上海政治学院担任世博一线任务的女干部并开展座谈交流。与区公安分局签订世博共建协议，为全体女民警发放一张爱心妇检卡，举办2场专家讲座，开设健康保健、心理咨询、子女教育专家咨询等3条热线，开展以“困难女警、双警家庭、优秀女警和基层一线女警”等4类对象为主体的走访慰问活动。对工作、居住在闸北的130名世博人家庭开展“四送”（送健康、送快乐、送家政、送关爱）服务。区妇女心理健康咨询热线、老妈妈志愿者服务队等5个项目被列为市“你我牵手，服务世博”——世博人放心家园服务项目。（张　红）

【促进妇女创业就业】　依托区促进妇女就业服务中心、区巾帼教育培训中心，区妇联整合各相关职能部门资源优势，宣传就业创业政策和正确的就业观念。以女大学生和外来媳为重点做好女性就业推进工作。针对女大学生群体，会同区职业介绍所对上海行健职业学院200多名女大学生开展职前培训，举办“我的职业——闸北青年女大学生职业飞翔计划”辅导讲座。会同区就业促进中心举办女性创业系列讲座，对75名创业发展期的女性进行创业能力培训。开展就业招聘会、咨询会和辅导讲座等丰富多彩的就业援助活动，培训合格44人，正式上岗212人，全年为妇女提供就业服务952人次。（张　红）

【开展帮困助学活动】　区妇联与区民政部门协调，将区“贫困母亲儿童援助基金”的募捐与区“慈善帮困联合捐”活动有效衔接，全年募集慈善资金15万余元，发放帮困助学资金18万元，受益贫困妇女儿童224人。实施四川省都江堰市大观镇贫困家庭帮扶救助工作，向灾区家庭送上慰问信和御寒用品。与市计量测试研究院共同开展“倾情助学献爱心，奉献世博筑温馨”爱心助学活动。通过“8·18”帮困行动为33名考入重点大学、高中的贫困学生和残障学生发放帮困助学金3.66万元和学习用品。与区教育局、青保办共同举办“同享一片蓝天,同绘一个世博”“六一”儿童节主题庆祝活动,吸引全区750名残疾、外籍等少年儿童踊跃参与。有序开展退休妇女和生活困难妇女妇科病、乳腺病免费筛查,全年筛查1.7万余人,走访慰问重症困难妇女70余人次,提供专项救助金10万元。承办市妇联、市慈善基金会、瑞金医院开展的“远离乳癌·关爱生命”乳腺癌防治知识进社区活动,为200多名社区妇女开展宣讲和义诊。

（张　红）

举行区庆“六一”“欣和杯”儿童涂鸦比赛颁奖典礼　（区妇联供稿）

【维护妇女合法权益】 以“关注妇女民生·建设平安家庭·服务精彩世博”为主题,组织“三八”妇女维权周系列活动。3月,区妇联与区人保局、总工会等相关部门联合开展妇女劳动保障法实施情况专项检查,共检查用人单位53家,涉及女职工1478人。进一步建立完善区信访接待、司法援助、人民调解、心理疏导“四位一体”维权模式,组建区“开心家园”心理咨询志愿者队伍。做好妇联信访维稳和人民调解工作,全年处理信访246件;调委会调解婚姻家庭纠纷40起。推动防艾禁毒工作深入开展,成立领导小组,形成推进方案,开展综合防治“面对面”宣传教育及培训。积极参加“人福杯”禁毒征文活动,3篇禁毒征文获市级奖项。在全市先行先试妇联系统信访代理工作,制定下发《闸北区妇联推行信访代理试点工作实施方案》,以3个街镇为试点扎实推进,全年完成信访代理件25件,切实帮助妇女儿童解决外来媳户籍、特殊儿童入托、邻里纠纷等实际问题。区妇联以《关于妇联组织探索信访代理制的思考》为题在市“三八”妇女维权周启动仪式上作书面交流。

（张　红）

【深化文明家庭创建工作】 开展家庭教育指导,10月12日,区妇联举办第十二届家庭教育宣传周启动仪式暨专家进社区主题讲座。规范家庭志愿者管理,制定《闸北区家庭志愿者管理办法(试行)》,颁发志愿者服务手册1000本,举办25场专题讲座,3400户居民受益。北站社区家长学校被评为全国示范家长学校。与区纪委联合向全区处级领导干部家属发出《争当廉内助,树立好家风》倡议,并开展“廉洁文化进家庭示范点”专题调研。会同区民防办、红十字会向1.3万户家庭联合开展家庭应急包发放培训工作,提高防灾应急能力。与区环保局、科委共同开展“低碳家庭,绿色生活”主题活动,通过家庭环保“金点子”征集、环保知识竞赛等形式,引导社区家庭积极参与节能减排行动。2户家庭获全国低碳生活创新明星家庭称号。举办区第四届“苏河湾”杯家庭文化艺术节暨大型游园活动,展示区“五好文明家庭”、“学习型家庭”创建成果。大宁路街道、芷江西路街道获全国创建学习型家庭示范社区称号,2户家庭获第七届全国“五好”文明家庭称号,23户家庭获2008～2009年市“五好”文明家庭(1户为标兵户)称号,5户家庭获市“学习型家庭”示范户称号。加强重点课题调研,完成《上海家庭的学习趋向和学习方式研究》(获2010年市妇联妇女儿童理论研究优秀成果评比三等

召开区妇联信访代理试点工作座谈会　（区妇联供稿）

奖)、《上海外来未成年人犯罪问题及其综合预防与控制研究——以闸北为例》课题研究。《闸北区儿童健康成长干预手册》项目获国务院两纲项目实施专项经费支持。《社区家庭文明建设指导中心项目化运作的创新探索与思考》课题成功竞标为2011年上海市家庭文明建设重点立项课题。 (张 红)

侨界老人参观青浦博物馆 (区侨联供稿)

闸北区归国华侨联合会

【概况】 年内,闸北区归国华侨联合会(简称区侨联)在中共闸北区委领导和市侨联指导下,围绕区重点工作,认真履行侨联职能,组织侨界群众服务于上海世博,发挥侨界优势贡献于闸北发展,关心侨界民生营造和谐氛围,加强组织建设夯实工作基础。在街道、镇设立侨情民意"直报员",为市、区相关部门提供有关迎世博、办世博等方面的各类建议30余条。发挥侨界优势向海外宣传世博,组织侨界志愿者参与平安世博活动。联手区侨办及新加坡中华总商会,举办"相聚闸北·共谋发展"——新加坡中华总商会商务团考察闸北活动。利用世博接待等机会宣传推介闸北,介绍荷兰等国侨商到闸北考察咨询。组织侨界人士为闸北发展建言献策,区侨界政协委员在区"两会"上提交提案8件。向区政协报送7篇有关"十二五"规划的建议,其中区侨联《关于鼓励、引导民间投资,以推动我区经济社会健康发展的建议》获二等奖,4篇个人建议获优秀奖。向市侨联报送社情民意35篇,获市侨联社情民意上报工作优秀奖。全年发放帮困款25100余元,发放早期归侨节日生活补助款49400元,为困难学生提供助学金4000元。走访慰问侨联历届老领导、老同志40余人次,走访侨资企业、新侨等代表人士20余人次。举办"闸北区早期归侨迎春联欢会",区委常委、统战部部长石宝珍与全区早期归侨、历届侨联老领导和社区侨联干部等130余人共迎新年。组织两批次共40名侨界老人赴"侨爱心"休养中心休养,为81名早期归侨免费体检。开展侨法宣传月活动,举办侨法宣传讲座,组织侨界群众参加市侨联纪念《中华人民共和国归侨侨眷权益保护法》颁布20周年征文活动,1篇征文获一等奖、3篇征文获二等奖,区侨联获市侨联征文活动优秀组织奖。开展课题调研,撰写论文《建立健全联系服务侨资企业工作机制的探索》,获市侨联调研论文二等奖。与河北省石家庄市侨联缔结友好侨联,促进交流与合作。全年有6人分别被评为市归侨侨眷先进个人、市侨联系统先进个人,区侨联和共和新路街道侨联被评为市侨联系统先进基层组织。 (殷瑞兰)

与河北省石家庄市侨联缔结友好侨联 (区侨联供稿)

【完成世博接待服务任务】 年内,区侨联组织侨联老领导、新侨、侨商等侨界代表人士参观世博,为全区早期归侨、社区侨联骨干等发放世博门票200余张。参与接待全国侨联顾问、中国国际文化交流中心副理事长林丽韫参观世博。与区侨办共同接待"寻根中国·相约上海"海外华裔青少年夏令营成员参观世博活动。接待石家庄市侨联世博参访团。组织动员社区侨界群众投入"亲情中华世博行"活动,世博会期间,全区各级侨联组织共接待海外华人华侨230余批次、1600余人次。在市侨联"亲情中华世博行"表彰活动中,区有40名侨

界人士获优秀志愿者称号,区侨联获优秀组织奖。 (殷瑞兰)

【加强基层组织建设】 区侨联加强对天目西路、共和新路、彭浦新村、临汾路街道和彭浦镇5个街镇侨联换届工作的指导,制定下发《关于做好各街道、镇侨联换届工作的意见》;指导各街道、镇侨联根据市、区要求加强“侨之家”规范化建设,鼓励各街道、镇侨联根据侨情、社情,有序推动居委、楼宇“侨之家”的建立。共和新路街道侨联在23个居委会成立“侨之家”,实现居委会“侨之家”全覆盖。组织全区“侨之家”负责人、社区侨联干部赴浦东、杨浦、黄浦等5个区县参观学习。临汾路街道“侨之家”代表闸北参加全市特色“侨之家”展示活动,区侨联获优秀组织奖。 (殷瑞兰)

区黄埔工委会为百岁寿星何汉亭同学祝寿 (吕 力供稿)

黄埔军校同学会闸北区工委会

【概况】 上海市黄埔军校同学会闸北区工作委员会(简称区黄埔工委会),有同学15人,平均年龄91.8岁。主任委员吕力,副主任委员符祝宪,委员俞滨强、章策、周有声。年内,区黄埔工委会在市黄埔同学会和中共闸北区委统战部的领导下认真执行“发扬黄埔精神,联络同学感情,促进祖国统一,致力振兴中华”宗旨,积极参与各种活动。学习方面主要以自学为主,为充实自学内容,发给每人《黄埔》、《闸北统战》杂志,订阅《解放日报》和《老年报》等刊物。原定2个月1次的学习交流,改为结合节庆择日召开,年内主要活动有:1月28日,参加市同学会纪念东征誓师85周年座谈会,回顾东征的历史背景、过程及意义,强调继续继承并弘扬黄埔精神,为祖国统一大业作出贡献。2月5日,区黄埔工委会召开新春团拜会,市同学会副会长蒋术,中共闸北区委统战部副部长施东,区台办主任雷小叶等参加,施东代表中共闸北区委统战部发给每位同学2张世博会参观券。2月7日,亲属联谊会举办元宵联欢会,100多人参加活动。3月12日,市同学会组织前往中山故居举行纪念孙中山先生逝世85周年活动,并向孙中山先生铜像敬献花篮。3月30日,参加民革上海市委与市同学会联合举办的全国“两会”精神传达会议。4月28日,黄埔同学会总会会长林上元应邀参加世博会开幕式,是日晚林上元夫妇假座梅园村酒家会见上海市黄埔军校同学会普陀区主任委员夏世铎和闸北区主任委员吕力,市同学会秘书长戴鸿发陪同参加。5月10日,参与接待以台北海南同乡会理事长、海军少将符子正为团长的世博参访团一行,当晚,市同学会与民革市委假座名得舫酒家举行欢迎宴会。5月24日,参与接待以罗吉元中将为团长的台湾中华黄埔四海同心会访问团一行,当晚,在梅园村举行欢迎宴会。罗吉元团长对热情接待表示感谢,并表示通过“参与世博,共享世博”,一定会对两岸关系和平发展产生积极作用。6月2日,参加市同学会与民革市委举办的“台情报告会”,交大国际与公共事务学院教授林冈主讲。8月13日,参加纪念抗日战争胜利65周年暨淞沪抗战爆发73周年座谈会,中共市委统战部副部长吴捷出席会议并讲话。9月22日,区黄埔工委会召开“庆国庆、度中秋”座谈会,畅谈世博会情况,会上还发放市同学会发给每位同学慰问金300元。9月29日,区黄埔工委会为百岁寿星何汉亭同学祝寿,市同学会秘书长戴鸿发和区黄埔工委会全体委员等到宝山路街道养老院看望何汉亭,并送上祝寿鲜花、蛋糕和慰问金。12月21日,参加市同学会召开的六届七次理事会,会议总结2010年工作,部署2011年工作。中共市委统战部副部长丁志坚出席会议并讲话,指出世博精神带动了各方面工作,取得很好成绩,黄埔同学会在接待服务方面做了大量工作,创下建会以来之最,希望再接再厉,进一步做好各项工作。 (吕 力)

政法·人民武装

编辑　庞雅琴

陆晓华摄

公　　安

【概况】　年内,上海市公安局闸北分局(简称区公安分局)以“平安世博”为中心任务,精心组织,强化各项措施,全力维护社会政治安定,整治各类治安顽症,扎实推进基层基础建设,加强队伍政治思想工作,完成全年各项任务目标。区公安分局经市公安局综合考评为优秀等次,被区政府评为先进部门。为确保世博期间绝对安全和社会政治持续稳定,区公安分局党委成员深入基层检查指导,狠抓各项措施落实。全体干警连续作战,努力拼搏,实现既定工作目标。加强涉博、涉恐等情报信息收集、分析和研判,防范和打击破坏活动。配合政府职能部门及责任单位做好社会各类矛盾纠纷的疏导化解工作,维护社会安定。检查重点部位、重点单位3601家次,签订《世博消防安保责任承诺书》18505份,发现和整改火灾隐患5.6万余起,查获各类危险物品6921件。坚持严厉打击严重犯罪方针,强化队(刑队)所(派出所)协作,加大侦察破案力度,抓获犯罪嫌疑人1380人,其中决定起诉1149人、劳动教养231人。侦破“11·27”盗抢车辆燃油系列案、“3·22”诈骗团伙案、“1·12”公安部毒品目标案等各类刑事案件2106起。组织开展“打击假币”、“打击侵犯知识产权”等系列专项行动,侦破“3·3”出售非法制造假发票案、“4·22”信用卡诈骗案、“11·19”群蛀案等各类经济犯罪案件381起,挽回经济损失10761.68万元。2009年侦破的“3·5”出售假币系列案被公安部经济犯罪侦查局评为2010年打击假币犯罪精品“银奖”案例。加强社会治安管理,组织开展治安顽症整治集中行动45次,查处违法犯罪嫌疑人2946人,缴获假发票122万余份,查获各类“黑车”(非法营运的机动车、三轮车、二轮车、残疾人机动轮椅车等)1752辆。有收赃销赃嫌疑的旧衣旧鞋摊点和“两车”(自行车、助动车)非法交易市场基本清除,公开叫卖假发票、倒卖火车票现象基本遏制,“两怀”妇女(以怀抱婴儿或怀孕为掩护进行违法犯罪的妇女)和其他特殊人群违法犯罪活动得到有效制止。全年查处治安案件78302起,抓获违法犯罪嫌疑人11937人,其中行政拘留6856人。查处违法违规经营场所80家。加强治安巡逻,组织各警种联合作战,发挥群防群治队伍作用,加强对街面可疑人员、车辆拦截和盘查。全年“110”报警类案件接处警总量比上年下降12.7%,其中“两抢”(抢劫、抢夺)、敲诈、扒窃拎包、盗窃车内财物类警情分别比上年下降62.7%、8%、20.3%、32.3%。认真履行职责,加强公安行政管理。做好全国第六次人口普查工作,开展实有人口信息采集、核查工作,做到“全覆盖、动态化”管理。全年实有人口登记率96%,境外来沪人员信息登记准确率99.08%。加强交通安全管理,围绕“平安世博”、排堵保畅、事故防范、顽症治理开展交通专项整治行动。全年发生交通事故数比上年下降9.7%,其中交通死亡事故数下降7.1%,交通事故物损价值下降34.5%。加强消防安全监督管理。在全面检查整治基础上,开展公众聚集场所、高层和地下建筑等消防安全专项整治行动。为5000户老式居民住宅楼更换电线。下发消防移动灭火车210辆。年内,发生火灾166起,无人员死亡,受伤4人,火灾直接经济损失109.5万余元。完成千兆网络硬件升级、视频信息IP网络等硬件建设。从严治警,加强公安队伍建设。建立领导干部每月辅导讲座制度。组织开展“查思想、查执法、查纪律、查作风”教育整顿活动,建立以服务对象、执法对象为主体的群众评价机制,完善多层次接受群众监督机制,听取意见,整改不足。开展“闸北公安争上游”大讨论活动,培养干部民警求突破的闯劲、争上游的干劲,激发集体自豪感和团队精神。健全奖惩激励机制,发挥榜样引领作用。组织学习身边先进典型,倡导积极向上的主流思想。贯彻落实公安部《公安机关执法细则》,组织在编在岗民警进行“一法两规”(《中华人民共和国国家赔偿法》、《关于办理死刑案件审查判断证据若干问题的规定》、《关于办理刑事案件排除非法证据若干问题的规定》)培训和考核。开展世博安保工作培训19场次,其他各类专业培训35场次,培训民警4500人次,推进公安队伍执法规范化建设,提高民警业务技能和综合能力。年内,区公安分局28个集体、743人次受到市级和区级以上表彰,其中1

个集体、2个个人受到中共中央、国务院表彰。（李烈芳）

【俞正声到天目西路派出所调研】 4月3日，中共中央政治局委员、市委书记俞正声到区公安分局天目西路派出所实地视察派出所接待窗口、图像监控室运作情况并慰问派出所民警，与派出所民警座谈。俞正声详细询问重点单位（部位）安全防范、宾馆旅馆日常管理、进沪车辆通行证接待办理工作及基层工作中遇到的困难等情况，了解地区街道在世博安保工作中与派出所的协作支撑、盲流人员求助管理、铁路上海站北广场旧区改造等相关情况。对市公安局、区公安分局进一步加大表彰奖励力度，激励基层民警做好世博安保工作积极性和主动性的做法予以肯定。（李烈芳）

【贯彻《表扬告诫暂行办法》从严治警】 区公安分局党委把队伍建设放在重要位置。2009年9月，为提升队伍内在素质和外部形象，打造勤政、高效、规范、文明的公安队伍，制定《表扬告诫暂行办法》（简称《办法》）。从抓细节、促养成、防违纪入手，通过贯彻“三严”（严格教育、严明制度、严肃纪律）促“三不”（全体民警在各种违法、违纪、违规面前“不想为、不能为、不敢为”）的内部管理措施，使队伍逐渐走上正规化、专业化轨道，有力促进公安工作开展。该《办法》运行一年多来，表扬民警1054人次，9名领导干部因“履职不力”被告诫并通报全局，告诫民警619人次。查处违纪案件比上年下降66.67%，受理群众信访举报比上年下降33.3%，人民群众来信来访反映民警执法不规范、不文明等信访件比上年下降54.5%。（李烈芳）

【建立视频指挥调度台】 9月，区公安分局以深入推进派出所图像监控室规范化建设为契机，在各派出所建立集“指挥调度、视频巡逻、信息报送”为一体的视频指挥调度台，制定《关于派出所视频指挥调度台工作规范》、《派出所视频指挥调度台综合绩效考核办法》等制度，明确派出所主要领导、分管领导、专职警长职责，提升指导、参谋、服务实战能力，初步建成综合性战斗实体。至12月，通过视频指挥调度台抓获各类违法犯罪嫌疑人469人，通知城管、市容等执法部门处置3002起，拍摄照片1963张，摄录有价值录像资料1723段。（李烈芳）

【建立“五联”工作机制】 为进一步提升社会治安综合治理水平，维护辖区治安稳定，天目西路派出所以创新社会管理为契机，在街道支持下，整合辖区工商、城管、房地、市容等部门力量资源，建立部门联合、执法联动、平台联网、巡管联勤、治安联防“五联”工作机制，形成“上下贯通、条块结合、警社联动、整体作战”工作氛围。制定《关于实行“五联”工作机制实施方案》，明确工作内容、执法要点、联动方式、责任落实等，建立健全联席例会制度、巡查制度、评析共享制度、绩效考核制度，实现从各自为战向密切协作转变、从职责不清向齐抓共管转变、从被动应对向主动出击转变。年内，天目西路街道辖区“110”接报总量比上年下降21.1%，其中诈骗、“两抢”、入室盗窃、偷盗非机动车、扒窃拎包案件接处警数分别比上年下降17.4%、74.4%、64.7%、24.2%、46.7%，实有人口登记率98.9%。（李烈芳）

举办首期区公民警校结业典礼暨校友会成立联欢活动

（区公安分局供稿）

【组建闸北区公民警校】 根据市公安局《关于建立“上海公民警校”的工作意见》精神，9月17日，闸北区公民警校揭牌仪式暨首期培训班开班典礼在区政法大楼举行。仪式由区公安分局政委劳冠浩主持，区委常委、区公安分局局长陆民，市公安局政治部教育训练处副处长、上海公安高等专科学校校长助理范立华为闸北区公民警校揭牌。首期参训学员（由大学生、社保队员等组成）、授课教官及工作人员120余人出席仪式。闸北区公民警校设在区公安分局培训中心内，有教室3间，专职教官6人，兼职教官30余人。设置居家类案件防范知识、安全使用信用卡、交通执法管理、消防安全知识等19个公共类课程和互联网“陷阱”识别及防范技巧、反恐知识讲授、参观警务航空队等9个自选个性类课程。（李烈芳）

【开展治安顽症专项整治】 年初，贯彻落实全国及市政法工作会议精神，区公安分局提出以铁路上海站及周边地区为重点，以各类收销赃、贩卖“两票”（火车票、发票）、零包贩毒、盗销“两车”（自行车、助动车）、路边招嫖、“黑车”及特殊人群违法犯罪为重点整治项目，开展治安顽症整治专项工作。区委主要领导十分重视，将该项工作列为年度区重点工作之一，同时制定治安顽症治理三年行动计划，成立由区委主要领导任组长、区政府主要领导任副组长的治安顽症整治工作领导小组，构建“党委领导、政府负责、部门协调、社会参与”社会治安管理工作格局。经过一年持续不断整治，全区有收销赃嫌疑的旧衣鞋摊点和“两车”非法交易市场基本清除，公开叫卖发票、倒卖火车票现象基本遏制，“两怀”妇女和其他特殊人群违法犯罪活动得到有效遏制，全区特别是铁路上海站地区的社会治安环境明显好转。（李烈芳）

【侦破“11·27”盗抢柴(汽)油团伙系列案】 2009年10~12月，区境内发生多起盗抢柴(汽)油案件，被列为“区级挂牌攻坚案”、市公安局和公安部督办案件。区公安分局联合市公安局刑侦总队开展侦查。抓获河南等地来沪的张某某、晏某某等违法犯罪嫌疑人30人，破获发生在闸北、普陀、浦东等9个区的盗抢、收销赃柴(汽)油案件205起，缴获赃款300万元、成品柴(汽)油85吨、作案车辆13辆、作案工具7类79件。该案侦破工作被评为2010年“刑警803破案奖”金奖。市公安局给侦破组记集体二等功。（李烈芳）

【侦破“3·22”街面诈骗团伙系列案】 3月22日，被害人吴某(女，58岁)在平型关路被2名问路男女以帮助购买香港原始股票为名骗去10万元。该案定为区、市公安机关挂牌督办案件。经侦查，抓获苏某某等诈骗团伙成员13人，缴获作案用轿车3辆、手机10余部、银行卡20余张。经查，该团伙多年来在沪以问路送带路费为诱饵，以港币或秘鲁废币为道具，假冒购买境外原始股票，对中老年妇女诈骗67起，涉案金额134万元。该案侦破工作获2010年“刑警803破案奖”银奖。（李烈芳）

【侦破“11·19”群蛀案】 2009年11月19日，区公安分局接到报案称：某实业公司董事长陈某涉嫌重大经济犯罪。经过一年多侦查，抓获陈某等16名涉嫌合同诈骗、高利转贷等犯罪嫌疑人，追缴、冻结涉案赃款6800余万元，挽回经济损失26800余万元。该案侦破工作获2010年上海经侦系统“经济犯罪案件侦查破案精品案例”金奖。（李烈芳）

【侦破“4·22”信用卡诈骗系列案】 4月7日，被害人赵某报案称：其某银行信用卡从未丢失也没有借给他人使用过，但账户内钱款被盗划。在市公安局有关业务部门协助下，经侦查，摧毁一个以第三方支付平台为载体，以互联网为工具，实施窃取信息、网上交易、网上盗划的信用卡诈骗团伙，抓获姜某(27岁，浙江杭州人)等5名犯罪嫌疑人，缴获白卡5张、他人信用卡和身份证50余张、磁条信息近百条。经串并，涉及信用卡60余张，涉案60余万元。该案侦破工作获2010年上海经侦系统“经济犯罪侦查破案精品案例”金奖。（李烈芳）

召开侦破“11·27”特大盗抢汽、柴油团伙系列案件新闻通气会

（区公安分局供稿）

检　察

【概况】 年内，闸北区人民检察院(简称区检察院)在区委和市检察院领导下，在区人大及其常委会监督下，围绕社会矛盾化解、社会管理创新、公正廉洁执法和服务保障世博、强化法律监督，发挥和拓展各项检察职能作用，深化“五型”(学习型、和谐型、发展型、民生型和廉洁型)检察院建设，提高队伍素质，为保障区经济平稳较快发展和维护社会和谐稳定作出积极努力。区检察院集体、个人获各类荣誉30余项，区检察院被最高人民检察院评为“全国先进基层检察院”，被市检察院评为2009~2010年先进检察院、授予2009~2010年集体二等功。区检察院在办案同时将化解矛盾作为服务保障世博的有效手段，建立健全涉检信访工作机制。将传统的涉检来信来访日志内容向涉案件、涉世博、涉稳定、涉舆情扩展，对涉世博信息，要求向分管检察长报送《世博期间稳定情况专报》，世博会期间报送16起突出信访矛盾情况专报，都得到妥善处置。对涉检不稳定因素和信访积案进行“拉网式”清理，通过对其风险性、敏感性、重要性的分析评判，分级别进行预警。深化检察长接待制度和下访巡访制度。在临汾路街道和彭浦新村街道建立新的下访巡访联系点，扩大下访巡访工作范围。区检察院党组确定创建市级学习型机关的工作目标，成立院党组书记任组长的领导小组，建立“分层学习，责任到人”学习机制，努力争创学习型领导班子和学习型领导干部。区检察院以提高干警专业水平为目标，通过专家结对带教、举办理论研讨、组织对抗辩论、开展案例评析、观摩出庭公诉等多种形式，努力提高干警素质。开展优秀检察建议书评选、接待答复工作案例评析、优秀案例编写讲评竞赛的“两评一析”活动。建立“公诉青年学习小组”、“疑难案例研究小组”、“女检察官沙龙”等学习型团队。选拔干警参加“三优一能”(优秀公诉人、优秀侦查员、优秀侦查监督员、优秀办案能手)评比活动，1

名干警获"全国优秀侦查监督员"称号。组织50名干警参加世博平安志愿者服务,选派1名青年干部到市世博局挂职锻炼。区检察院根据最高人民检察院、市检察院的部署开展"恪守检察职业道德、维护公正廉洁执法"主题实践活动,开设活动专栏,举办专题辅导报告会、学习实践征文、初任检察官宣誓、"服务世博、履行职能优秀案例"评选、征集格言等活动,使干警增强"忠诚、公正、清廉、文明"的职业道德意识,全年收到锦旗、表扬信11件,干警拒收礼品、礼金计15472元。（贺　玲）

【依法履行刑事检察职能】　区检察院严厉打击暴力犯罪、严重影响群众安全感和社会治安的刑事犯罪。公诉部门设立专办金融犯罪和侵犯知识产权犯罪主诉组,开展打击侵犯世博会知识产权犯罪专项活动。重视敏感案件办理,成功办理利用邪教组织破坏法律实施案件,对全市首例高利转贷案提起公诉。与轨道交通分局签订《关于世博期间进一步加强舆情通报和办案协作的工作意见》,与区公安分局、法院会签工作协议,加大打击力度。全年受理公安机关提请批准逮捕案件895件1204人,经审查,批准逮捕882件1179人。受理移送审查起诉1046件1477人,提起公诉1016件1427人。在依法严厉打击严重刑事犯罪的同时,认真落实宽严相济刑事政策,对涉嫌犯罪但无逮捕必要的,依法不批准逮捕5人;对犯罪情节轻微,依照刑法规定不需要判处刑罚或者免除刑罚的,依法决定不起诉7人。探索刑事案件被害人救助制度,通过调解对2件案件促成刑事和解。（贺　玲）

【依法履行查办职务犯罪职能】　区检察院坚持反贪污贿赂与反渎职侵权并重,查办职务犯罪与预防职务犯罪并重,立足区位特点,重点查办有影响、群众反映强烈的职务犯罪案件,探索预防职务犯罪新途径和新方法,推进党风廉政建设。全年受理贪污贿赂等犯罪线索104件,初查67件,决定立案21件22人;受理渎职侵权类犯罪线索20件,初查20件,决定立案2件3人。把市容环卫、医疗卫生、工程建设等领域损害民生利益和社会公益的职务犯罪,以及司法不公背后的徇私舞弊与枉法裁判,行政执法不公背后的滥用职权、贪污贿赂等职务犯罪案件作为重点。区反贪局在彭浦镇市容管理领域查办4起受贿串案,区反渎局查办2起公安民警徇私枉法案。区检察院将依法查办职务犯罪案件作为检察机关服务区域经济社会发展的有效手段,力求达到"办理一起案件,解决一类问题"的良好社会效果。区反贪局在办案中发现铁路上海站南广场地下停车库管理存在严重弊端,发出督促整改建议,从根源上保障铁路上海站地区管理健康运行。区反渎局针对不法人员利用派出所相关证明文书实施犯罪问题制发检察建议,督促规范非道路交通事故的保险理赔管理。区检察院在打击职务犯罪的同时着力于有效预防职务犯罪。全年开展个案预防7件、系统预防1件,重点选择铁路上海站北广场综合交通枢纽等重大工程开展创"双优"(工程优质、干部优秀)活动。联合区纪委、区委组织部、区公务员局确定13家国家机关单位作为区第一批开展廉政风险评估试点工作的高风险部门。重点实施法律法纪服务保护专家人才。通过建立网上平台、上门走访、召开座谈会等方式,为保护高层次人才资源作出贡献。推进行贿档案查询制度建设。将2006年以来立案查办并判决生效的受贿、行贿信息计84件录入查询系统,并将查询犯罪拓展到政府采购环节,共受理涉及医疗器械、通信设备、交通运输、工程建设等行业的招投标查询申请87次。联合区相关部门共同构建公务员持廉守正服务站,开展岗位风险廉政教育。（贺　玲）

【依法履行法律监督职能】　区检察院坚持法律监督与自身监督并重,强化法律监督职能,完善内部监督制约机制。发出要求公安机关《说明不立案理由通知书》9件,公安机关接通知后立案9件31人。在侦查监督中严把案件审查关,不批捕30人,不起诉7人,突出对重大刑案和恶势力团伙犯罪、共同犯罪案件的法律监督,建议公安机关追捕到案33人,追诉到案15人。依托线索发现上报、线索分析评议、案件跟踪沟通3项机制,聚焦诉判不一案件,拓展刑事审判活动的监督渠道和范围。加强对量刑监督,防止和纠正罪刑不相适应问题。对确有错误的刑事判决,向法院提出抗诉3件3人,建议上级院抗诉2件2人,法院改判3件3人。落实第二次全国民事行政检察工作会议精神,受理当事人不服法院已生效民事、行政裁判的申诉68件,经审查,立案15件,建议提请抗诉3件,经再审,达成调解协

举行新任检察官宣誓仪式　（区检察院供稿）

议而改变原裁判的2件。成功化解1起铁路上海站北广场动迁工作中涉及3代10余人的动迁矛盾。探索开展民事督促起诉工作，对所办案件中侵害国家或集体财产，被害单位尚未起诉的，及时发出《督促起诉意见书》4件。加强刑罚执行监督，发检察公函51份，检察建议1份，纠正违法通知书2份。加强对缓刑、剥夺政治权利、管制、假释、暂予监外执行人员的检察，发出书面检察意见13份，检察建议4份，纠正违法通知书2份。加强对刑事判决、裁定的监督，向公诉部门移送适用法律错误的抗诉线索2件，均提出抗诉，其中1件已获改判。在全市率先建立在押人员进出看守所问卷调查制度，保护在押人员合法权益，得到市委政法委的肯定。世博会期间，会同看守所落实安全防范工作预案，确保监管场所安全。开展监外执行工作专项检查活动，通过送达公开信和承诺书加强对监外罪犯的管理。落实"查明、跟踪、通报"3项措施，督促各职能部门加强社区矫正工作。落实《规范检察人员在办案中与律师交往行为的试行规定》等廉洁从检制度，采取措施规范律师接待工作。从严格执法程序、提高办案质量和效率等方面入手，做好个案跟踪监督，全年督查案件1088件，重点督查18件，继续做好案件质量督查工作，对诉判不一案件进行专项督查，对车辆管理、网上办案系统和诉讼档案归档开展检务效能监察。健全接受人大代表、政协委员监督和联系工作的配套机制，由院领导分工联系16名市人大代表，听取意见和建议，邀请人大代表、政协委员等听庭评议、视察工作，办结1起市人大代表关心过问的专项督查案件。邀请7名区特约检察员、廉政监督员轮流参与每周四检察长信访接待，加强自身监督。

（贺　玲）

审　判

【概况】　年内，闸北区人民法院（简称区法院）贯彻落实科学发展观，推进社会矛盾化解、社会管理创新和公正廉洁司法工作，履行宪法、法律赋予职责，为保障世博、服务经济社会、建设和谐新闸北提供司法保障。全年受理各类案件12925件（含恢复执行、再审等案件69件），比上年增加0.8%；审结13401件，比上年增加2.9%，同期结案率为103.7%，列全市基层法院第一位；存案970件，比上年下降32.9%。案件审理继续保持良性循环态势。受理刑事案件1182件，审结1184件。受理民（商）事案件8959件，比上年增加11%；审结9305件，比上年增加13.8%，标的额15.3亿元。受理行政案件100件，比上年增加26.6%，审结100件。受理执行案件2615件，结案2746件，同期结案率为105%，标的额4.7亿元，执行标的清偿率110%。重视信访维稳，化解涉诉矛盾，接待来访783人次，清理涉诉信访积案53件，化解率76.8%。区法院强化世博稳控工作任务，成立信访维稳工作领导小组和应急处置小组，按不同阶段分别制定具体实施步骤，实行涉世博突发事件"每日零报告制度"。实施24小时值班制，完善应急处置预案，组建处理突发事件小分队，加强对外来车辆、人员安全检查，开展突发事件防范处置演练。开展服务保障世博专项活动，开展执行积案专项清理活动，查控财产800万元。参与市高院"立足岗位作贡献、能动司法保世博"系列活动，组建50人世博会应急机动平安志愿者服务队，到轨道交通车站、世博园区值班服务。成立诉调对接中心，作为化解矛盾前沿窗口，发挥诉调对接、分流案件、化解矛盾功能。全年调解民商事案件5299件，占民商事受案总数59.1%；调解成功4645件，成功率87.7%，委托调解率和成功率居全市基层法院第二位。设立"绿色通道"，对调解成功案件，交诉调对接中心直接立案；对调解不成案件，交原接待法官立案。做到随调随审，当天调解、当天立案、当天出具法律文书。加强审判管理，成立审判管理领导小组和审判质量效率评估指标调研指导小组，制定工作细则。完成规章制度汇编工作，对规章制度进行梳理、修订、完善，新制定38项，修订24项，汇集规章制度122项。健全案件审理期限预警、催办、督办制度。案件审理天数平均每件比上年缩短25天。审委会、庭领导和审判长继续加大督办案件力度，集中研判、定期审结，无18个月以上未结案件，居全市基层法院第一位。坚持审判质量检查通报机制。二审改判发回瑕疵率下降，案件质量居全市基层法院第五位。庭审程序公开，每月1次庭审网络直播，全年庭审直播16次，比上年增加100%。裁判结果公开，有3599篇裁判文书上互联网，上网率111.40%，列全市基层法院第二位；3490篇判决书附录法律条文，附录比例为99.50%，列全市基层法院第五位。审判信息公开，全年各类媒体宣传报道626篇，被最高法院评为全国司法宣传工作先进单位。做好未成年人案件审判工作。成立少年综合审判庭，选任资深民事法官充实少年审判队伍。创新未成年案件审判方式。作为全市首批未成年人远程审判基层法院，启动未成年人案件远程审判工作，缩短诉讼活动期限；继续开展心理干预，增强法庭教育针对性，提高庭审教育效果；探索未成年人刑事案件法定代理人缺位时"合适成年人"参与制度，维护未成年被告人合法权益。创建学习型法院，推进学习型班子建设，党组成员牵头开展19个课题调研，其中1篇调研报告被评为上海法院政治工作调研论文二等奖。提升干警业务水平，参与全市法院百个精品案例、百名办案标兵等评选活动，在全市评选中获奖17项。区法院被评为市2006～2010年成人教育先进集体。加强作风纪律建设，强化司法廉洁教育。加强对重点环节、岗位、人员监督。加强内外监督，在各部门设置廉政监察员，加强对审执工作监督。推进精神文明建设，拓展法院文化建设平台，创设法院文化长廊，激励干警增强荣誉感。成功举办区法院第十二届艺术节。深化党建工作，将"人民法官为人民"、"服务保障世博，公正廉洁司法"主题实践活动引向深入。区法院获全市法院系统集体三等功，审监庭获全市法院系统集体一等功，11名干警分别获全市法院系统个人二等功、三等功。在区十四届人大六次会议上,与会代表全票通过区法院工作报告。

(沈惠光　孙建国)

【依法惩处刑事犯罪】 年内,区法院受理闸北、黄浦、虹口、宝山、崇明四区一县未成年人刑事案件209件,审结209件。坚持宽严相济刑事政策,根据治安形势和治安顽症治理需要,依法打击严重危害社会治安犯罪、多发性犯罪及妨害社会管理秩序犯罪。审结故意杀人、故意伤害、非法拘禁等案件94件,盗窃、“两抢”案件473件,涉及毒品、寻衅滋事、聚众斗殴等案件253件。依法打击破坏市场经济秩序犯罪,审结信用卡诈骗、合同诈骗、非法经营等犯罪案件74件。严惩贪污贿赂、渎职等职务犯罪,审结15件。开展量刑规范化工作,成立工作指导小组,会同区检察院、公安分局出台《关于开展量刑规范化及做好相关工作的实施意见(试行)》,邀请上级法院及公安、检察等部门召开工作推进会,规范法官裁量权。依法对336名被告人适用缓刑、单处罚金等非监禁刑。规范非监禁刑适用考察程序和后续工作,参与社区矫正工作和社会治安防控体系建设。

(沈惠光　孙建国)

【审慎处理民商案件】 年内,区法院坚持“调解优先、调判结合”工作原则,把调解贯穿在诉前、立案、审判和执行等各个环节,尽可能促成调解。对于不能调解、不宜调解或调解不成案件,依法及时判决。全年审理婚姻家庭、继承案件1398件,人身和财产损害赔偿案件651件,相邻关系案件126件。针对房地产案件数量增长幅度大、集团诉讼多、矛盾易激化特点,运用调判结合方式,平衡双方利益。审结房地产纠纷案件比上年增加18.80%。妥善审理金融、企业改制、企业破产、消费信贷、股东权等各类商事纠纷,规范市场主体行为和交易安全。用19天时间调解解决4件农业银行闸北支行与不夜城联合发展(集团)有限公司金融借款合同纠纷案,标的额8000万元。审结涉及迅达(中国)电梯有限公司买卖、承揽合同纠纷案18件,依法支持该公司要求支付电梯货款或安装款及违约金等诉讼请求。

(沈惠光　孙建国)

【依法履行行政审判职能】 年内,区法院在审结案件中,判决维持具体行政行为、驳回起诉、驳回原告诉讼请求38件,裁定不予受理6件,原告撤诉56件(含行政机关改变具体行政行为,原告撤诉的2件)。深化行政诉讼协调和解机制,行政案件一审服判息诉率75.20%,列全市基层法院第二位。探索行政非诉执行令状试点工作,签发非诉执行令状31份,促进行政相对人自觉履行生效决定,得到全国人大法工委和最高法院行政庭好评。推行行政机关领导出庭应诉制度,6件行政案件行政机关领导出庭应诉,效果良好。配合最高法院、市高院开展行政案件专项治理工作,成功化解5件交办申诉案件。坚持行政审判情况通报制度,撰写行政审判“白皮书”,在区依法行政联席会议上通报行政审判情况,促进行政机关依法行政。平衡拆迁双方利益,妥善审结拆迁类行民案件71件,比上年增加108.80%。行政庭获区动拆迁优秀协作奖。

(沈惠光　孙建国)

民事法庭在认真审理案件　　(区法院供稿)

【采用综治手段开展执行业务】 年内,区法院加大执行力度,兑现生效法律文书规定权益,执行标的清偿率列全市基层法院第二位。开辟“民生案件绿色执行通道”,指派专人办理涉劳动报酬等民生案件,提高执行率。用4天时间妥善执结徐某等16人申请执行惠采士贸易(上海)有限公司群体性劳动仲裁案。开展委托执行案件、执行信访案件专项清理活动,通过源头治理减少积案,巩固集中清理执行积案活动成果。推进执行威慑机制建设,对有财产可供执行但故意拖延不予执行者,依法加大惩处力度。被告人杨某拒不执行生效判决,被依法判处拘役3个月。该案经多家媒体报道,取得良好效果。另有3件此类案件被移送至公安机关立案侦查。完善执行联动长效机制,加强与银行、工商、税务、证券等部门联系,拓展协助执行网络,用综治手段解决执行难问题。

(沈惠光　孙建国)

【完善多元纠纷化解机制】 年内,区法院发挥“诉讼服务中心”功能,健全信访登记、首问负责、上门立案制度。坚持院长每周一天接待和庭长、审判长轮流值班接待制度,化解涉法涉诉信访矛盾。完善信访排摸、报告、防范评估机制。做好初信初访、重信重访工作,依靠政府、街镇等有关部门,实现维稳联动。开展信访积案清理和案件评查工作,成立工作小组,制定具体实施意见,按时间节点清理涉诉信访积案53件,评查55

件。建立执行工作信访登记、案件督办、疑难研判、总结讲评制度,增强执行案件专人办理、庭长接待、定期通报机制功能。 (沈惠光 孙建国)

【审结高空抛物案】 小区内高楼业主在装修房屋时,施工材料坠落砸坏楼下停放的轿车挡风玻璃,10月18日,区法院巡回法庭前往事故发生地天目西路街道华康居委会公开审理该案,小区内40余户业主参加旁听。案件审理中,被告认为原告并无直接证据证明其轿车系被被告物品砸坏,不同意原告诉讼请求。合议庭评议后认为原告所举证据具有高度盖然性,故推定涉诉车辆受损与被告装修行为之间存在关联,并当庭判决被告赔偿原告车辆损失费1800元。判决作出后获得旁听居民一致好评,认为通过该次庭审,给居民们敲响了警钟。

(沈惠光 孙建国)

司法行政

【概况】 年内,区司法行政工作围绕区中心工作,以服务平安世博为核心目标,立足矛盾化解、管理创新和公廉执法三项重点工作,积极履行司法行政职责,充分发挥法律服务、法律保障、法制宣传三大职能作用,各项工作取得明显成效。全区各级人民调解组织全年受理各类矛盾纠纷15065件,调解解决14676件,达成书面协议7161份,涉及金额2000.68万元。至年底,全区完成社区矫正目标管理创建达标三年达到100%的目标任务。制定下发"五五"普法总结验收工作方案和验收指导标准。年内,全区67家律师事务所的723名律师,业务创收14225万元,业务创收比上年增加11.3%。全年公证业务创收1577万元,比上年增加21.9%。受理法律援助案件234件,提供法律咨询9544人次。基层党建责任制进一步落实,责权明晰、分工明确、齐抓共管、运转有序的党建工作体系初步形成。举办首届律师党建工作论坛,律师党建工作进一步深化。

(张 芳)

召开区平安建设、信访维稳、联动调解、禁毒和政法宣传工作会议

(区司法局供稿)

【加强人民调解工作】 年内,区司法局采取日常排查、专项排查和特别时期重点排查等方法,开展各类矛盾纠纷排查348次,排查出矛盾纠纷4489起,化解成功4481起,其中群体性矛盾纠纷35起。强化诉调对接中心建设,引导矛盾纠纷当事人通过合法渠道解决纷争,年内诉调对接中心参与化解调处芷江西路商业街、乐业小区等40余起群体性矛盾纠纷。探索建立劳动争议人民调解工作室。针对心理问题导致各种矛盾多发的态势,在充分调研和整合人民调解、行政调解和司法调解资源基础上,借助市红十字会,引入中国心融集团专业心理咨询师队伍,在彭浦新村街道设立"疏导心理、疏解矛盾"工作室,探索将心理疏导引入矛盾化解的新机制,取得初步成效,被区委列为后世博长效机制加以推广。 (张 芳)

【推进社区矫正和安置帮教工作】 年内,区社区矫正和安置帮教工作坚持"五个到位"(社区服刑人员中脱、漏管对象的查找工作到位,社区服刑人员中的"人户分离"对象异地委托管理到位,社区服刑人员中重点关注对象的防控工作到位,刑释解教人员中的"人户分离"对象地址核实与查找到位,刑释解教人员中"重点必控"对象的管控工作到位)和"两个做好"(做好刑释解教人员中"下落不明"对象的查找工作、做好来沪刑释解教人员的衔接帮教工作)相结合。在大宁路、彭浦新村、宝山路街道建立社区矫正宣告室。与区精神卫生中心联手,积极推进心理矫正工作,指导社区开展心理矫正活动。强化社区服刑人员在刑意识,全年举办4期社区服刑人员集中教育。与公安、检察院密切配合,清理和纠正监外执行罪犯脱、漏管现象,全区289名社区服刑人员无一例脱、漏管。迎世博期间,与社区服刑人员签订《平安世博自律书、承诺书》,社区服刑人员自律书签约率99%,家属承诺书签约率91%。该项全市首创工作被写入市司法局世博安保方案中,在全市推广。召开刑释解教人员世博安保维稳大排查工作推进会,掌握刑释解教人员动态。在重大节庆前开展安全维稳排摸工作,建立防范预案。协助做好区四套班子领导赴监所开展帮教活动相关工作。落实"关爱行动",与彭浦新村街道联合开展"点燃星光"特殊对象未成年子女关爱活动。与青浦监狱联手开展闸北籍罪犯心理矫治工作和大墙内外衔接互动工作。至年底,全区有刑释解教人员2183人。

(张 芳)

【开展法制宣传工作】 年内,区司法局举办12场迎世博社区法制宣传系列讲座。印制28万本世博市民法律

知识手册发放到全区每家每户。举办“迎世博、讲法制、促和谐”青少年法制宣传书画作品征集活动、“迎世博”社区法制文艺节目评选汇演活动、“迎世博”法律知识网上月月赛活动等,为“和谐上海、平安世博”发挥积极作用。做好世博安保有关政策宣传,各街镇在世博会筹办和举办期间,结合实际开展宣传,为实现平安世博营造良好法治氛围和舆论环境。根据区委部署,参与治安顽症整治三年行动,发挥法制宣传教育的先导作用,先后2次印发20万余份《告居民和单位书》和《再告居民和单位书》,配合整治行动全面铺开。围绕整治行动的各个重点设计3套宣传海报,配合整治行动深入推进。整合人民调解、法律援助、法律服务等社区基层的力量,建立三级司法信息网络,及时收集信息动态,全面掌握舆情信息,为宣传方向、内容的调整变化提供依据。结合律师事务所与街镇结对工作,将治安顽症整治宣传融入到社区法律服务中。（张　芳）

【引导律师做好区域经济服务工作】 年内,区司法局贯彻落实市《关于进一步发挥律师在法治政府、法治社会建设中重要作用的若干意见》文件精神,举办“矛盾大凸显情势下的律师大作为”专题研讨会,探索如何更好激活律师资源参与矛盾化解,建立和完善律师参与化解社会矛盾长效机制,破解社会矛盾化解难题。恒建律师事务所成功参与化解芷江西路商业街群体性矛盾。黄河律师事务所参与区49件信访积案核查,在收集材料和约谈信访户基础上,依法出具法律意见书。区12名律师参与政法机关百万案件评查工作。年内,细化政府购买法律服务运作项目,区司法局拟定《闸北区律师介入动迁服务规则》、《闸北区政府法律顾问团工作实施办法》、《闸北区律师参与专项矛盾化解工作实施办法》3个具有可操作性的规则,调动律师参与法治政府、法治社会建设积极性。选派一批政治坚定、业务精通并具有一定群众工作经验的律师从4月6日起参与区领导信访接待。制定招商引资信息联络报送制度,加强与区投资促进中心沟通联系,及时掌握招商信息,畅通律师参与招商引资的渠道。（张　芳）

【提高公证服务覆盖面】 区司法局与区房地部门沟通协商,从4月1日起在区房地产交易中心设立公证服务接待窗口,并与区房地产交易中心签订《迎世博共建文明窗口协议书》。建立“公证绿色通道”,为区50余家企业办理“公证绿色通道”服务卡。主动征求业务单位对公证服务的意见、建议,及时改进工作方法。聚焦“苏河湾”旧区改造重点工程,选派业务骨干参加区旧改工作组首次会议,听取工作部署,领会精神,接受任务,并建立由领导带队、资深公证员及相关工作人员组成的动拆迁公证服务工作组,努力服务“苏河湾”旧区改造工程第一线,充分发挥公证服务在保障重大工程建设中的作用。（张　芳）

【加强法律援助工作】 年内,区司法局加强与妇联、残联、老龄委、人武部等部门沟通,加强与街镇法律援助工作站、村居委法律援助联络点联系,健全法律援助服务网络,畅通申请渠道,扩大受援覆盖面,确保对困难群体的法律援助应援尽援。坚持每周二到铁路上海站北广场开展法律援助咨询接待,参与化解动拆迁中的矛盾纠纷。为在世博会期间更好开展法律援助、法制宣传和法律咨询,成立全市首个“世博法律援助青年律师志愿团”,举办2次业务培训。5月,以“服务世博,奉献世博”为主题,组织世博法律援助青年律师志愿者在闸北公园门口开展大型法律咨询活动,取得良好社会效果。10月,以“敬老在你身边,共建和谐社会”为主题,组织世博法律援助青年律师志愿者开展法律咨询活动,营造全社会关爱老年人、重视老年人的良好氛围。严格执行《法律援助案件质量管理制度》和《法律援助结案归档制度》,采取结案材料审查、案件服务跟踪、开庭旁听、案件抽查等措施,加强对法律援助案件质量管理,法律援助案件旁听率5%。不定期对案件进行抽查回访,征询受援人及公、检、法等相关部门的意见和建议,不断改进工作方法,提高工作效率。（张　芳）

治安综合治理

【概况】 年内,区委政法委充分发挥职能作用,以推进政法系统“三项重点工作”(社会矛盾化解、社会管理创新、公正廉洁执法)为主线,以世博安保为中心,建立健全各项工作机制,加强社会面管控,组建平安志愿者队伍,落实志愿服务工作,完成世博安保各项任务。以治安顽症治理为重点,健全顽症治理领导机制,在全区范围内形成“1+3+X”整治模式(1指铁路上海站地区,3指长安西地区、七浦路服饰商业街区和大宁国际商业广场,X指各街道、镇排查确定的治安顽症重点整治地区),探索破解法律适用难题,加强固守和宣传发动工作,有力打击各类治安顽症。以维护社会和谐有序为目标,强化突出矛盾排查化解,加强矛盾联调和信访代理工作,加强社会稳定风险分析评估,全面维护全区政治安定和社会稳定。以平安建设各项工作为抓手,不断夯实综治工作基础,深化禁毒和预防减少犯罪体系建设。坚持把队伍建设作为根本和保证,深入开展创先争优活动,强化政法队伍执法质量监督,促进执法工作公正廉洁,为区域经济社会发展提供政法保障。年内,区公众安全感调查得分达81.397分,排名比上年上升4位。闸北区首次被评为上海市“平安城区”。（梁　柱）

【做好世博安保工作】 年内,落实世博安保措施,确保世博期间未发生重大恶性案件、未发生重大安全事故、未发生去园区闹访事件。建立区世博安保指挥部和世博安保工作例会制度、区委常委联系街镇制度和“回头看”督查机制,组织开展多层次、多形式的督导检查活动,督促整改隐患,保证措施落实到位。加强社会面巡控，严格落实口岸查控措施，落实重点目标和区域安保措施，全面落实居民水箱“双人双锁”措施，强化中小旅馆管理和刀具、烟花爆竹等实名制销售管理。加强世博平安志愿者队伍建设，全面落实志愿服务保障和表彰奖励，有序开展社区、街面及重点目标巡查守护。世博会期间，涌现出市、区优秀平安志愿者370人，平安志愿服务标兵30人，平安志愿服务之星10人，优秀志愿服务队32支。其中7人分获市“世博先锋”、“平安卫士”称号，1人获市第三届“平安英雄”称号。

（梁　柱）

举行区世博会平安志愿者上岗宣誓仪式　（区委政法委供稿）

【做好治安顽症治理工作】　年内，启动治安顽症治理三年行动计划。1月21日，建立治理治安顽症工作领导小组，每月召开例会协调推进顽症治理工作，并将治安顽症治理纳入全区重大工作目标考核和年度综治考核，加强激励和引导。以铁路上海站地区和长安西地区、七浦路服饰商业街区、大宁国际商业广场为重点区域，以零包贩毒、扒窃拎包、贩卖“两票”（火车票、发票）等6类违法犯罪活动为治理重点，落实“日、旬、月”打击机制，各街镇积极排查整治辖区内治安重点区域，形成“1+3+X”整治模式，面上治安顽症得到初步遏制。全年开展45次集中整治行动，打击查处违法犯罪嫌疑人员2946人，全年实现全区“110”报警类案件总量下降12.7%，“两抢”案件下降62.7%，诈骗类案件下降8.0%，扒窃类案件下降20.3%，偷盗非机动车案件下降4.1%。主动破解法律适用难题，实施“黑车”（非法营运的机动车、三轮车、二轮车、残疾人机动轮椅车等）非法营运人员行政拘留和车辆查扣，解决执法主体不对位的问题。加大对“两怀”妇女（以怀抱婴儿或怀孕为掩护进行违法犯罪的妇女）教育力度，解决违法处理难问题。通过对涉艾（艾滋病）违法犯罪人员进行集中关押，缓解艾滋病人违法犯罪处理难问题。完善长效固守机制，区政府出资千余万元招募276名安保人员，在铁路上海站地区设置73处“钉子岗”加强治安管控。区人大、区政协、各民主党派、市民巡访团积极开展明查暗访，督促整改存在问题，形成“检查—通报—整改—反馈—再检查”工作机制。根据区委书记方惠萍“让居民群众知情、让居民群众参与、让居民群众一起看家护院”的要求，加大宣传发动力度，面向社区居民和企事业单位先后3次发放30余万份《告居民和单位书》，公布举报电话，开设网络论坛和短信平台，动员工企单位和居民群众参与顽症治理；充分利用市、区媒体，加大宣传力度，不断提升居民群众知晓率和参与度。　（梁　柱）

【做好化解社会矛盾工作】　强化突出矛盾排查化解，建立区稳定工作例会和街镇矛盾排查分析工作例会制度，加大区领导包案化解力度，主动协调化解、缓解突出群体性矛盾，实现市领导联系区县调研的突出群体性矛盾全部化解。及时稳妥处置河南大学生受骗滞留等一批突发事件。加强矛盾联调，区司法局积极引入律师参与调解重大疑难矛盾，试点建立“双疏”（疏导心理、疏解矛盾）工作室和“劳动争议”调解工作室，全区各级人民调解组织受理各类矛盾纠纷15065件，调解解决14676件，调解成功率97.42%。区法院强化诉调对接中心建设，探索实行巡回审判工作，全年巡回审理民事纠纷83件，当庭调解70件。在区信访办设立信访代理科，实行全员、全面、全线“三全代理”，全区信访总量比上年下降18%。邀请区人大代表、政协委员、律师等组成案件抽查小组，有序推进评查案件和积案清理工作。加强涉法涉诉交办案件化解工作，全年化解中共中央政法委员会交办案件4件，化解信访积案交办件80件。开展社会稳定风险评估，以场中路拓宽和闸北环卫基地为试点项目，组织职能部门开展培训，推进风险评估工作，探索从源头上预防和减少矛盾。

（梁　柱）

【做好“平安城区”创建工作】　坚持“打防并举、预防为主、专群结合、依靠群众”方针，紧抓“平安城区”创建目标，以提升城区公众安全感、满意度为重点，着力夯实基础，推进平安实事项目，解决人民群众反映强烈的治安问题。优化重点人群服务管理，预防和减少违法犯罪。开展群防群治，严密社会治安防控网络。深化基层平安创建，努力提升平安社区、平安小区、平安单位、平安家庭等“创安”活动水平。年内，全区社会治安综合治理成效明显，报警类案件接报总量比上年下降12.7%，城区公众安全感评价指数比上年上升12.8%，各街道（镇）全部创成“平安社区”，闸北区首次被评为上海市“平安城区”。

（梁　柱）

【推进社会管理创新】 在9个街道(镇)全部建立综治工作中心,组建铁路上海站地区和七浦路服饰商业街区2个社会治安综合治理委员会,形成社会治安综合治理"9+2"工作格局,推进204个居委会综治工作小组高标准、高效能、高水平"三高"建设,夯实综治工作基础。完成10项平安实事项目创建任务,其中铁路上海站及周边地区社会治安治理长效机制建设、16个居民小区治安整治取得显著成效,切实解决一批群众反映强烈的社会治安问题。加大涉毒案件查处力度,全年查处涉毒犯罪嫌疑人员647人,破获涉毒案件221起,收缴各类毒品18825克,全区吸毒人员总数占实有人口万分比下降16.2%,吸毒人员总数下降9.7%。落实吸毒人员帮教和康复措施,实现社区戒毒、社区康复实际执行率、3年戒断巩固率、吸毒人员动态管控率、人户分离吸毒人员查找率及吸毒人员就业率等均比上年有较大提升。加强司法社工管理,强化社工业务培训和绩效考评,推动"女子戒毒沙龙"、"点燃星光"等品牌项目衍生拓展,在临汾社区试点建立检察工作站,强化对涉罪未成年人的诉前帮教和诉后跟踪回访,进一步巩固预防和减少犯罪体系。

(梁　柱)

【开展创先争优活动】 年内,开展创先争优活动,宣传基层支部和优秀党员先进事迹,召开"弘扬世博精神,爱岗敬业奉献"政法系统创先争优先进事迹报告会,营造政法部门创先争优良好氛围。切实提高业务能力水平。区法院加强审判能力建设,扎实推进"人才高地建设工程"、"先进群体培育工程"。区检察院开展"恪守检察职业道德,维护公正廉洁执法"主题实践活动,切实增强干警职业道德意识。区公安分局以任务为导向,推广"精品案例"和优秀技战法,开展实战培训。强化执法质量监督。区法院设立廉政监察员,加强案件常规检查,审判质量、效率综合评估指数列全市第二。区检察院规范律师接待制度,邀请特约监察员、廉政监督员轮流参与检察长信访接待,加强个案跟踪监督。区公安分局狠抓部门审核、领导审批环节的执法监督,推行《表扬告诫制度》,运用短信平台开展110接处警、窗口办事、社区警务等工作满意度调查回访,执法办案质量明显提升。落实宽严相济刑事政策。区法院在全市率先实行未成年人刑事案件远程审判。区检察院推动建立未成年人刑事案件公安专办机制,建立闸北区"1+9"未成年人社会观护网络体系,将未成年人观护工作与社工体系相结合,以社会工作者为主要力量,在1个观护工作站下设9个观护帮教点,形成"1+9"网络全覆盖模式,试行未成年人刑事污点限制公开制度,有效保护未成年犯罪嫌疑人合法权益。

(梁　柱)

召开创先争优暨世博安保先进事迹报告会　(区委政法委供稿)

人民武装

【概况】 年内,闸北区人民武装部(简称区人武部)在警备区党委和区委、区政府领导下,深入学习贯彻党的十七大精神,努力践行科学发展观,按照"聚焦世博、扎实工作、锐意进取、不辱使命"的总体思路,以世博安保任务为中心,深化和拓展军事斗争准备,完成各项工作任务。认真抓好党委中心组理论学习和党委班子岗位练兵活动,以建设学习型人武部为目标,认真制定学习计划,严格落实各项学习制度。8月19日~9月19日,组织民兵到警备区训练基地进行世博安保集中备勤。通过加强一年一度兵役执法检查,扎实做好兵役登记,规范体检和政审工作,完成兵员征集和运送任务。12月,《上海市闸北区军事志(1991~2007)》(简称《闸北区军事志》)印行。

(王　恪)

【加强领导班子和干部队伍建设】 3月,区人武部党委结合世博安保任务,召开专题民主生活会,落实学习实践科学发展观整改措施,把"学实"成果转化为提高遂行多样化军事任务能力。开展党委中心组理论学习和党委班子岗位练兵活动。以建设学习型人武部为目标,制定学习计划,落实各项学习制度,把每周四定为学习日,通过严格考勤、定期讲评、以考促学等办法,不断浓厚学习氛围,提高理论学习质量。以世博安保任务为中心,以班子成员为重点,开展党委班子岗位练兵活动。参加警备区组织的世博安保演练,在区人武部党委开展争当"第一班"活动,通过学军事理论、学信息化知识、参加演练培训、课题研讨等形式,提高党委班子成员的指挥谋略水平。开展"拒腐防变"教育,参加警备区组织的《弘扬"好八连"艰苦奋斗拒腐防变优良作风,推进高标准"窗口"部队建设》主题教育,进一步筑牢干部职工思想道德防线,增强党委成员和干部拼搏进取、遵规守纪意识。加强干部队伍建设,落实定期讲评干部制度,与每位干部签定《安全管理责任制》,严格干部工作圈、生活圈、娱乐圈的监督。

(王　恪)

【完成世博安保备勤】 根据警备区和区委、区政府关于世博安保工作的安排,区人武部认真制定方案,组织动员全区民兵,做好集中备勤、辖区内轨道交通站点安检执勤和一、二级安保巡逻执勤、社会面防控等工作,为平安世博和区社会治安稳定贡献力量，完成警备区和区委、区政府赋予的世博安保任务。区人武部组织的民兵志愿者服务队被评为市“优秀平安志愿者服务队”。（王　恪）

【协助做好轨道交通站点安检】 4月20日～11月15日，根据区统一部署，区人武部组织百余名民兵，在区内8个轨道交通站点的多个出入口协助公安民警和轨道交通站点工作人员开展安全检查，民兵主要担负纵贯区境的轨道交通1号线及轨道交通8号线安检工作。轨道交通1号线上海火车站站作为市中心的特大型交通枢纽站，承担大量世博客流和市民出行任务，选派的民兵始终坚守岗位，做到既严格执勤，又热情服务。

（王　恪）

区民兵在轨道交通站点开展安检执勤　（区人武部供稿）

【做好双拥和国防教育工作】 区人武部组织每月1次的便民助军服务活动，协调驻区部队积极参加世博活动。1月，与区民政局共同召开“军徽映夕阳”军民共建助老专项活动部署会，组织部队与养老机构签订助老协约。2月，命名一批区级国防教育基地，编写国防教育基地故事集。对全区处级以上干部进行国防形势教育，增强领导干部国防意识。3月，组织协调驻区部队、街道（镇）武装部及部分专武干部开展“学雷锋便民服务活动”。5月，组织驻区部队代表参加世博会展览馆荣誉日活动。6月，协调驻区部队派队参加区第九届运动会，获乒乓球团体第二名，单打第三名和钓鱼比赛个人第三名。7～9月，加强对中小学生国防知识宣传教育工作，组织全区中小学生开展“我与国防”演讲比赛和征文活动。结合世博会安保备勤，组织民兵开展国防法律法规学习活动，提高民兵国防观念。

（王　恪）

【《闸北区军事志》出版】 区人武部根据《上海市军事志编纂工作实施细则》要求，成立闸北区军事志编纂委员会，于2006年5月开始编写《闸北区军事志》。编撰工作历经制定编纂大纲、召开驻区部队和有关部门编纂工作会议、收集整理资料、编写志稿的过程，并广泛听取意见和建议，不断修改、完善志稿。按志书出版要求，《闸北区军事志》经初审、复审，最后经上海警备区军事志办公室终审定稿，于12月下旬印行。《闸北区军事志》全书43万字，有彩色图片145张，设9章，记载1991～2007年闸北区军事环境、军事活动历史和现状。

（王　恪）

举办民防应急包使用培训　（区民防办供稿）

民　防

【概况】 年内，区民防工作以科学发展观为统领，以世博安保为契机，以人防战备为主线，全面贯彻新时期上海民防发展战略，主动融入区委、区政府工作大局，开拓创新，积极进取，区民防办被评为“十一五”全国人防先进单位。民防组织指挥体系建设得到加强。于世博会前建成配有视频会议、计算机、现场监控、卫星通信、短波通信和800兆通信系统的区民防机动指挥所，提高区民防指挥和应急处置能力。3月16～18日，区民防办参加市“民防——2010”指挥网上演习。国防教育日期间，组织全区1.7

组织学生开展逃生疏散演习　（区民防办供稿）

万人开展逃生疏散、应急避险等演习，增强市民群众安全防范意识，普及自救互救知识和技能，提高城市综合防护能力。更新民防特救车并增添侦检仪器。围绕世博安保，组织制定完善3类9种553个预案，实现从区级层面到社区、基层单位全覆盖。落实市政府实事项目，完成向全区1.3万户家庭免费提供民防应急包和培训任务。加强民防工程建设和管理。1~10月，完成结建审批项目34个，完成竣工备案10项，建筑面积41998平方米。继续做好早期公用民防工程治理工作，于世博会前对全区61个存在较多安全隐患的早期公用民防工程实施关闭，改造8个工程。依据市、区赋予的世博安保职责，从加强组织领导、保持指挥畅通、完善预案措施、整治隐患工程、坚持巡查督查、加强值班备勤等方面积极落实各项工作任务，取得实效。世博会期间，区民防特救队参加演练和应急出动9次。4月20日~10月31日，民防系统对全区地下空间检查出动2865人次，检查工程 14880个次，对查出的80多个问题进行跟踪督查整改，确保世博期间区地下空间安全无事故。加强值班备勤，区民防办机关、民防工程管理所严格执行24小时值班备勤和领导带班制度，全天在岗在位，保持通信畅通。3月25日，区编办根据《关于明确地方人防通信站管理体制等有关问题的通知》精神，同意上海市闸北区人民防空通信站更名为上海市闸北区民防指挥信息保障中心。（施晓云）

【举行“民防——2010”组织指挥演习】 3月16~18日，区民防办参加市民防办组织的“民防——2010”组织指挥演习。通过演习，检验和完善相关预案，锻炼和提高民防部门在突发事件发生时应急处置的组织指挥能力，切实做好世博会期间应急开设民防指挥所和组织民众疏散防护行动的准备。（施晓云）

【开展民众防护活动】 3月底前，区民防办组织编制完成3类9种553个预案，包括1个总体预案，即《区民防办世博安保工作群防群治方案》；《区民防指挥所应急开设预案》、《区民防应急通信和信息保障方案》等7个专门预案；545个社区和基层单位突发事件人员疏散撤离和应急防护预案，实现从区级层面到社区、基层单位全覆盖。做好民防应急箱管理工作，落实专人负责。落实2010年市政府实事项目，区民防办与区妇联、区红十字会联手，向全区1.3万户家庭免费提供民防应急包和培训任务。年底组织对社区民防建设验收，达标率100%，彭浦镇和天目西路街道蕃瓜弄、北站街道三生、宝山路街道象山、芷江西路街道123弄、共和新路街道柳营桥、大宁路街道667弄、临汾路街道299弄、彭浦新村街道424弄居委会受到市民防办表彰。广泛开展民防宣传教育，进一步增强市民群众安全防范意识，普及自救互救知识和技能，提高城市综合防护能力。4~5月，全区开展以“迎世博、保安全”为主题的民众防护集中宣传活动，在各街道、镇开展集中设点咨询、发放宣传资料等活动。区民防办与区教育局联手，组织部分学校师生开展民防演练。（施晓云）

【确保区域地下空间安全无事故】 世博期间，区民防系统充分利用巡查督查、联合检查、领导包干、抄告整改、各负其责等有效工作机制，坚持重点管控工程天天查、公用已用工程隔天查、非公用已用工程每周查，并天天汇总检查情况。4月20日~10月31日，共检查出动2865人次，检查工程14880个次。通过检查，查出乱拉电线、插座老化、存放危险品、应急灯具消防器具失效等安全隐患，责令有关单位限期整改并跟踪督查，确保世博期间全区地下空间安全无事故。（施晓云）

苏河湾地区建设与管理

编辑　滕志刚

综　　述

苏河湾地区地处闸北最南端，坐落于苏州河畔，总用地面积3.19平方公里。该区域东起罗浮路、武进路、河南北路，南临苏州河，西到恒丰路、苏州河，北至交通路、虬江路。苏州河闸北段素有“黄金走廊”之称，流经闸北境内4.7公里，是上海一块水岸黄金宝地，也是最适合建立人性化亲水空间的区域之一。打造苏河湾“黄金湾”的进程中，优势在于：区位禀赋优良。苏河湾坐北朝南，是苏州河北岸中距市中心最近的区域，距人民广场直线距离约1100米，距陆家嘴直线距离约1300米，高架、道路、轨道交通构成密集的立体交通网络，使苏河湾有条件引入苏州河以南地区的价值。人文积淀深厚。苏河湾临水而兴，素有“黄金走廊”之称。早在20世纪之初，即已雄踞上海华界经济、文化中心。当年的北苏州河畔，曾集聚17家银行和仓库，有商务印书馆、东方图书馆、27家影片公司等近、现代文化场所和企业。时至今日，这里依然留存有上海总商会、四行仓库、福新面粉厂等建筑。城市规划超前。2010年，美国RTKL公司在众多世界级设计公司中脱颖而出，成为苏河湾城市规划设计主角，华侨城、中粮等重量级集团分别入驻，苏河湾地区开发拉开了序幕。政策优势明显。近年，闸北获国家发改委批准，成为“国家服务业综合改革试点区域”；在苏河湾西片区，国内首个国家级人力资源服务产业园区正式挂牌，使苏河湾享受面上政策同时，还叠加了优惠扶持，给苏河湾注入了活力。“十二五”期间，黄浦江、苏州河流域开发将成为上海发展的战略重点，其中苏河湾是上海沿江沿河开发的重要平台。苏河湾地区建设全面启动，一系列引擎项目破土建设：区域西部出现高230米的宝矿洲际中心（苏州河以北最高建筑）、嘉里中心等高端商务商业楼宇；中部有中粮集团投资的大型中高端商业“大悦城”；东部有华侨城集团投资在建的苏河湾一号街坊。打造苏河湾“黄金湾”已初具雏型，一个核心CBD的拓展区域、金融中心的助力支点、国际都会的人才中枢、苏河文化的魅力舞台正在形成。　（滕志刚）

【完成苏河湾地区规划设计】 2010年3月8日，区政府在《解放日报》、《新民晚报》发布公告，面向全球征集苏河湾地区城市设计方案，全球有31家公司参与竞标，最终由美国RTKL公司中标。11月2日，该公司公布苏河湾地区城市设计深化方案终期成果。12月15日，“上海苏河湾投资控股有限公司”揭牌成立。按照规划，苏河湾地区力争“五年初具规模，十年基本建成”。重点是实施三个战略：除已启动的苏河湾一号和“大悦城”项目作为引擎项目外，将在苏河湾地区孕育三颗“希望种子”：(1)曲阜路、文安路东北角的悦广场，将周边高密度商业办公项目整合成一体，通过由滨河地带引出的开放空间走廊向北向东延伸，推动北侧及东北侧地块开发；(2)晋元路、曲阜路西南角的商务公园，形成商务集聚区，同时拥有滨水及公园的双重景观优势；(3)共和新路、北苏州河路东北角的苏河门户公园，采用紧密结合的独特

素有“黄金走廊”之称的苏河湾　　（区方志办供稿）

建筑形态和大地景观，塑造出标志性的门户形象。这三颗“希望种子”将凭借其自身的标志性、公共性，带动整个苏河湾地区开发。实施低碳环保战略，打造苏州河生态走廊和曲阜路林荫大道两条“生态横轴”，横向贯通整个苏河湾地区。其中，苏州河生态走廊将修建游艇码头，打造沿河休闲景观平台；曲阜路林荫大道将串联起浙北绿地、悦广场、晋元商务公园等多个公园广场，使未来的苏河湾在成熟的城市化地区中仍然保留绿树、碧水的生态环境。实施历史人文战略。将在西藏北路、浙江北路之间区域塑造一条串联起苏河湾过去、现在和未来的“时光轴线”，成为支撑起苏河湾开发的动力，让见证光荣的四行仓库、商贾云集的上海总商会、百年沧桑的石库门建筑、巍然矗立的高楼大厦等和谐共生，提升苏河湾地区的整体价值。（滕志刚）

【苏河湾一号街坊竞拍成功】 2010年2月11日，被媒体誉为“皇冠上的明珠”的苏河湾一号街坊成功拍卖。该地块东起河南北路，南邻北苏州路，西到山西北路，北至天潼路，出让面积35560.5平方米，出让金额70亿2000万元。竞得该地块的华侨城集团将发挥20多年成片综合开发运营的优势，注重强调文化品位，追求长期效益，与规划浙江北路绿地、慎余里、天后宫相得益彰，将苏河湾河滨打造成集人文艺术、时尚商业、高端居住、都市娱乐、符合可持续开发理念的上海新地标综合体。苏河湾一号街坊项目距外滩直线距离约700米，距人民广场直线距离约1100米。根据规划，该地块建筑面积约132997平方米，其中45%为高档住宅，其他为商业办公，地块内包含1个公交枢纽，以及上海总商会这幢优秀历史保护建筑。地块东侧为轨道交通10号线，北侧为轨道交通12号线，交通便利，区域优势明显。该街坊的竞拍成功，将提升苏河湾和上海的城市价值，为实现企业、区域、城市和社会多赢，发挥重要作用。（滕志刚）

【华森钻石商务广场竣工】 华森钻石商务广场紧邻铁路上海站，东沿恒丰路，南临长安路，西靠苏州河，北依一零四研究所，地块呈钻石状的多边形。基地面积13762平方米，总建筑面积88810平方米，其中地上建筑面积66810平方米，地下建筑面积2万平方米。项目于2006年6月开工建设，2010年12月交付使用。（周永春）

华森钻石商务广场外景　（区不夜办供稿）

【恒基147地块项目开工建设】 天目西路恒基147地块周围是繁华的商业区和住宅区。该地块与东南侧146地块相邻以普济路分割，东北面紧邻主要交通干道恒丰路，西北面为裕通路，东南面为普济路。地块业主为捷升发展置业（上海）有限公司。兴建一栋集乙级办公楼和商场为一体的综合楼。总用地面积为4791平方米，总建筑面积为44540平方米，其中地上建筑面积37592平方米，地下建筑面积6948平方米。施工单位为上海市第四建筑有限公司。（周永春）

【举行招商工作业务培训】 1月4日，不夜办站区管委办在联合售票大楼16楼会议室举办招商工作业务培训会。“两办”全体职工近40人参加培训。会议邀请区工商分局企业注册科相关人员讲授工商注册方面的业务知识，并就工商注册工作中所涉及的企业类型、名称、场地、注册资本、经营范围和相关行业所需前置审批手续等，进行详细的讲解。（周永春）

【召开商务楼宇管理信息报送工作会议】 9月10日，不夜办召开不夜城商务楼宇管理信息报送工作会议。会议总结不夜城地区商务楼宇信息报送工作，并就下阶段楼宇企业进出、空置面积的统计分析等提出要求。要求加大不夜办楼宇精细化管理力度，逐步探索和建立楼宇管理的工作机制、例会机制和信息报送机制，为深化不夜城地区楼宇入驻企业的管理和服务提供良好条件。（周永春）

【中海万锦城一期开工建设】 中海万锦城一期位于芷江西路街道191街坊，分为27丘（办公）和28丘（住宅）两部分，为办公、商业、住宅综合功能用房。总用地面积28400.6平方米，总建筑面积115589平方米，其中地上建筑面积76750平方米，地下建筑面积38839平方米。工程于年初开工，施工单位为中国建筑第四工程有限公司。（周永春）

铁路上海站地区建设与管理

【概况】 铁路上海站地区（简称站区）东起大统路西侧人行道，西至恒丰路东侧人行道（含恒丰路立交桥桥洞），南临天目西路北侧人行道，北迄中兴路南侧人行道，面积0.64平方公里。站区内闸北区政务中心大楼、闸北广场、汇贡大楼、新梅华东大酒店、联合售票大楼、中亚美爵酒店、广场长城酒店、邮电大厦、亚繁龙门宾馆、铁路大厦、庐峰饭店、北广场大酒店、中祥宾馆等构成主要建筑群体。站区拥有公共服务、交通运输、综合服务、文化娱乐等四大类的窗口服务单位1000余家企业（其中个体经营500余家）。铁路上海站，上海长途汽车客运总站，轨道交通1、3、4号线上海火车站站，44条公交线及专线始发站，是连接外省市和上海城郊客运的交通枢纽，是上海世博会的陆上迎宾大厅。站区每日旅客、乘客和顾客流量达30余万人次，节庆和春运期间日客流量达50余万人次。站区内设有治安派出所、工商所、环卫所、城管监察分队等18家行政管理执法部门和管理单位。上海市铁路上海站地区管理委员会（简称站区管委会）负责站区综合管理的总体方案、重要事项和重大问题的审议、部署和协调处理。站区管委会下设办公室（简称站管办），接受站区管委会和区政府的双重领导，负责站区日常综合管理和有关的组织、协调工作，督促相关管理部门依法履行各自的管理职责。年内，围绕区委提出的“全力以赴办世博，毫不松懈地抓好经济发展、旧区改造、顽症治理、社区建设与民生保障、干部队伍建设”这“1+5”重点工作，加快完成各项任务。主要包括：春运、“五一”、“十一”黄金周客运组织工作；迎世博环境整治；顽症治理；双拥工作。年末，站管办被评为上海市语言文字规范化工作先进集体。（张正一）

改建后的铁路上海站北广场站屋（站区管委办供稿）

【区春运工作指挥部再获市级先进集体称号】 3月10日，一年一度的40天春运落下帷幕。围绕和谐春运主题，1月30日~3月10日，全区发送旅客563.08万人次，约占全市春运客流的60%，其中铁路上海站发送旅客409.13万人次（2月12日最高峰日发送旅客15.7万人次），比上年上升2.79%。区内公路客运发送旅客153.95万人次，比上年增长3.4%。上海长途客运总站发送旅客94.04万人次（最高峰日发送旅客5.7万人次）。春运客流仍由基本流、学生流、民工流、旅游流和探亲流组成。区春运指挥部加强该区客运站点及周边地区治安联动，加强对铁路上海站地区无证设摊，流浪人员街头露宿、乞讨现象，“黑车”非法载客，出租车不规范营运，接客送客的社会车辆乱停乱放等问题的整治。交警部门对春运重点路口实施监控，通过优化交通管理模式、加强定期巡查和严格执法等措施，在第一时间发现和疏导交通堵点。市交通行政执法一大队持续开展春运长途客运大检查。上海铁路局公安处采取新举措，整治火车票非法代购、代售，端掉制贩假票、囤积倒票黑窝点，遏制倒票活动的猖獗势头。针对春运期间可能出现大雪、大雾等恶劣天气、客流高峰持续时间长、铁路上海站地区改造项目多等特点，区春运指挥部会同铁路部门，在中兴路设立200个大型临时火车票售票窗口，在南广场设立2200平方米大雨棚临时候车区、地下车库铁路临时候车区域。区卫生局制定春运应急预案，以保障铁路上海站地区及该区公共卫生安全。区城管执法局注重信息沟通、加强执法管理，重视救助工作，全力支持配合春运工作。区绿化市容局下属环卫公司从1月1日接管铁路上海站南广场保洁任务后，成立一支由23人组成的队伍，专门负责南广场清扫工作，并配置各类清扫、冲洗车9辆，清扫班采用24小时定员、定岗、定责、定设备，不间断循环保洁。年内，区春运工作指挥部再获市春运工作先进集体称号，3人被评为市春运工作优秀组织者，25人被评为市春运工作先进个人。（张正一）

【铁路上海站综合改造工程完成】 1月15日，铁路上海站综合改造工程于春运前完成并投入使用。铁路上海站综合改造工程于2009年2月开工，共投资50亿元。改造工程包括北广场站屋、站台无柱雨棚、南广场客运设施等。呈现四大特点：无柱雨棚美观大气。铁路上海站雨棚应用世界上最为广泛的“三跨一悬挑”的无柱雨棚。新的无柱雨棚横跨7个站台面，总宽135.15米，最高达18米，覆盖面积达53145平方米，建成后的造型如起伏的波浪，美观而大气。北广场站屋扩容15倍。改建后北广场站屋向东西两侧各延伸60米，向北延伸25米，总体呈“一”字形布局，面积由原先的1000平方米扩大到15560平方米。建筑立面宽度与南广场主站屋相一致，东西两侧加建的廊道与既有高架候车厅相连。进站大厅通过自动扶梯、楼梯在二层与上海站既有中廊道相连接，形成统一整体。地上一层为售票大厅，设人工售票窗口10个、自动售票窗口14

个，并预留5个窗口备用。地上二层为软席候车室。各类导向标识和信息查询系统一应俱全。南广场主站屋全面改造。主站屋全部采用玻璃幕墙，东西两侧行包房北立面全部翻新，墙面上部重新粉刷，4米以下全部更换成石材幕墙。改造后的贵宾室层高达5.5米。地道、廊道原来的水磨石地面全部换成大理石防滑地面，东西2个出口处的房屋布局重新归整。导向系统同步扩容。在新建的高架候车室里，旅客引导、资讯、查询、到发告示系统也同步扩容改造，新增各类资讯显示终端36套，多媒体查询终端6套，为上海站客运服务实现信息化创造条件。（张正一）

【召开上海站地区管委会年会】 4月1日，站区管委会召开年会。市政府副秘书长、管委会主任尹弘出席会议并强调，铁路上海站地区是上海的形象、世博会的窗口，管委会全体成员单位和市、区相关部门及站区各单位要切实加强沟通、加强协调、加强合力，全力以赴开展并圆满安全完成世博会各项保障工作。副区长颜建平作《以精细化管理，营造平安、整洁、有序、和谐的世博迎宾大厅》工作报告和铁路上海站地区交通组织优化的研究报告。会议指出，铁路上海站地区迎世博环境综合整治自倒计时1000天以来，特别是2009年管委会全会关于全面落实迎世博600天行动计划，确定"解决交通瓶颈问题、优化出行环境，开展平安站区建设、优化治安环境，深化精神文明建设、优化服务环境，落实责任区制度、优化市容环境，创新工作机制、优化管理环境，南北区域并进、优化综合环境"六个优化以来，站区面貌取得明显变化：户外广告及店招店牌由繁变简，建筑物立面由旧变新，楼宇灯光由暗变亮，沿街设施由乱变齐，人性化服务设施由无变有，出行环境由差变好。会议要求，全年铁路上海站地区总体工作要以世博安保为重点，转变观念，创新机制，充分行使好站区管委会及其办公室的组织、协调职能，把基础工作做好，把重点任务抓紧，把责任制工作抓实，把检查评估抓细，确保世博迎宾大厅的安全、整洁、有序、和谐，筹备召开好10月中旬在上海召开的全国大中城市火车站地区综合管理工作会议暨第二十一届年会，探索火车站地区长效管理新思路。（张正一）

【加强站区治安顽症治理】 年内，铁路上海站地区发挥联动执法平台作用，采取强力措施，重点对站区"黑车"、"二票"（非法贩卖火车票、发票）和出租车不规范营运、社会治安（扒窃、诈骗）、"黄牛"拉客等顽症开展整治行动23次，共刑事拘留57人，行政拘留304人，法制教育1228人次，捣毁贩卖火车票窝点5处、假发票窝点2处，查处"三车"和出租车非法行为1373起，查处无证设摊等影响市容行为214起，缴获火车票350张、假发票820本、零星假发票29491份、假图章9枚，查处印刷小广告窝点3处，收缴小广告30万余张。（张正一）

【整治站区交通秩序】 为确保站区交通秩序畅通、有序，针对"黑车"非法营运，残疾车、两轮摩托车非法载客行为，上海站地区治安派出所自3月中旬起开始警务机制改革，试运行交巡警网格巡逻新模式。站区综治委组织站区治安派出所、城市交通行政执法一支队、铁路交警一中队、站区综治办、联动执法大队，采取公秘结合、主动出击、设卡盘查等办法，对违法进站的两轮摩托车（包括电动车、助动车非法载客）行为人予以上限处罚，两轮摩托车非法载客现象得到控制；对残疾车非法载客行为以教育为主，处罚为辅予以处理；对"黑车"采取重拳出击，严厉打击。在道路保畅工作中，整合各方力量，联动执法。如华康路机动车、非机动车乱停放顽症问题，站区综治委召集站区治安派出所、城管十分队、站区综治办、站区联动执法大队等部门及沿线单位召开协调会议，联合进行整治。经整治，华康路上车辆停放有序，道路通畅。（张正一）

【开展站区反恐和安全生产大检查活动】 为推进和落实世博会期间站区反恐、治安、消防、安全生产管理工作，站管办与区安全生产委员会签订《世博安全保卫反恐怖工作责任书》，与站区重点单位签订《世博安保责任书》。组织站区联动执法大队、站区反恐办、公安、消防、工商、质检、安监等部门共同参与的联合检查小组，对铁路上海站、长途客运站、地下车库等19家站区反恐工作重点单位及654家宾馆、商店（商铺）等企事业单位反恐、治安、消防、安全生产管理工作进行排摸、调查。发现问题，及时告知，督促其整改，全年站区未发生由于安全生产监管不力而造成的重大事故。（张正一）

举行铁路上海站地区世博会安保人员上岗宣誓仪式 （站区管委办供稿）

【铁路上海站北广场综合交通枢纽工程竣工】 5月29日，铁路上海站北广场综合交通枢纽工程竣工并投入使用。铁路上海站北广场综合交通枢纽主体工程于2008年6月7日开工建设。工程东至大统路，南至交通路和铁路站屋，西至普善路和上海长途汽车客运总站，北至中兴路，占地面积约7.6公顷。新建成的站前中心广场占地面积约3.9万平方米，设计为地下二层结构，地下一层为人行换乘通道、出租车上下客区域，并布置连通长途客运总站、铁路出站口、轨道交通站厅的接口；地下二层为社会车辆环路、社会车辆停车库、设备用房等，并布置连接中兴路北侧地块的人行通道，可实现火车、轨道交通、长途客运、出租车、公交车等的“零换乘”。站前广场全部由大理石打造而成。广场上设有2个大型LED显示屏，建有通往地下一、二层的观光、步行、残疾人、垂直等各类电梯21部。铁路上海站北广场交通不便、秩序混乱的局面被彻底改变，形成火车、轨交、公交车、出租车、长途汽车换乘便捷，地上、地下衔接贯通，四周道路宽敞通达新格局。（张正一）

【铁路上海站南广场人行地下通道竣工启用】 4月27日，铁路上海站南广场人行地下通道竣工并投入使用，联合售票大楼前行人乱穿马路的顽症基本消除，实现人车分离，车辆通行能力提高。铁路上海站南广场地下人行通道工程位于天目西路以北，梅园路、秣陵路交汇处，是铁路售票、旅客乘车、轨道交通和公交换乘密集区域，人车混杂，给行驶车辆和行人带来较大的安全隐患，成为铁路上海站地区交通和管理上的一大难题。为此，市发改委、市建交委等有关部门批准建设人行地下通道，并于2009年6月10日开工，工程总投资7000多万元。该工程地下总面积为1300余平方米，有6个出口并与联合售票大楼、环龙商厦和南广场相连接，与轨道交通1、3、4号线换乘通道相连接，形成人在地下走、车在路面行的通行格局。（张正一）

改建后的大统路地道　　（站区管委办供稿）

【大统路地道改造工程竣工启用】 8月31日，铁路上海站地区大统路地道改造工程竣工并启用。通车后的地道原功能不变，主要用于行人和非机动车通行。地面增设辅道后，人流、公交将通行自如，东西向交通不再阻隔，并有效缓解中兴路主通道交通压力。大统路地道改建工程是铁路上海站北广场综合交通枢纽配套工程中的重要内容，于2009年5月8日开工。为确保施工过程中不影响轨道交通的正常运营，施工单位采用冰冻法围护施工，以杜绝渗水、流沙等可能出现的意外。改建后的大统路地道南侧出入口维持原状不变，北侧非机动车出入口由原来的大统路永兴路口延伸至中华新路口，整个地道长度增加200余米，全长达482米。（张正一）

【上海中亚美爵酒店开业】 7月27日，全球著名的酒店管理集团法国雅高酒店集团负责运营管理的上海中亚美爵酒店宣告开业。市旅游局副局长杨劲松、副区长孙国彪出席开业仪式。中亚美爵酒店位于铁路上海站地区，是在原三星级酒店中亚饭店基础上，按国际五星级酒店标准改建而成。该酒店主楼25层，有288间客房、办公用房以及套房，酒店24小时全天候供应世界各地美食，有自助式西餐厅和粤菜、上海本帮菜为特色的中式餐馆以及可容纳350人的宴会厅。该酒店设有水疗馆、体育锻炼场馆等文娱活动场所。负责中亚美爵酒店运营管理的法国雅高酒店集团，在全球90多个国家管理着4000多家酒店。雅高酒店集团大中华区首席副总裁马睿表示：“我们将借鉴成功运营管理上海宝隆美爵酒店和上海虹桥美爵酒店的经验，借助世博效应，将中亚美爵酒店打造成深受中外宾客欢迎的顶级酒店。”（张正一）

综合经济管理

编辑　姚荣仲　丁唯涵

计划（物价、统计）管理

【概况】　年内，区发改委在推进转变经济发展方式，促进经济建设和社会事业全面发展方面发挥职能作用。做好经济运行分析，确保全年经济又好又快发展。落实节能减排各项工作措施，完成年度目标和“十一五”的目标。做好全区经济发展和社会发展专题调研工作，为领导科学决策提供参考。成功申报国家服务业综合改革试点区域，完成区“十二五”规划编制和《关于闸北区2010年国民经济和社会发展计划执行情况与2011年国民经济和社会发展计划草案的报告》编制工作。发挥统计职能，认真配合第六次全国人口普查工作，完成国家和市统计局下达的各项统计专项调查。发挥价格监管职能，制定《2010年上海世博会期间闸北区价格监测工作方案》，强化世博价格监管，整顿和规范市场价格秩序。认真受理价格举报，有效维护群众利益。加强行政事业性收费和经营性收费管理工作，开展行政性收费年审，规范收费行为，维护百姓利益。

（区发改委）

【完成“十二五”规划编制工作】　根据《中共闸北区委关于制定闸北区国民经济和社会发展第十二个五年规划的建议》，区发改委广泛集聚民智，对闸北未来发展进行深入研究，牵头开展区“十二五”规划纲要编制工作，逐步明确“十二五”期间区发展的主线、战略目标、指标体系、产业布局、重点产业及主要任务与保障措施。经过区委、区政府多次专题讨论，对规划纲要进行修改完善，并广泛听取民意，开展面向全区的“十二五”规划意见大征集活动，顺利完成“十二五”规划编制工作。在规划编制过程中，组织开展“十一五”规划实施情况评估，协同各有关部门完成21项重大调研课题研究工作，并推进各部门开展专项规划和综合专题规划的思路研究工作，完成38项专项规划、4项综合专题规划及4项重点区域规划编制工作。《闸北区国民经济和社会发展第十二个五年规划纲要》提交区第十四届人民代表大会第八次会议审议通过。

（黎晓寅）

区领导出席“十二五”规划专家咨询会　（区发改委供稿）

【申报国家服务业综合改革试点区域】　根据国家发展和改革委员会关于开展服务业综合改革试点工作的相关精神，结合区域特色，区发改委组织开展申报工作，研究制定改革试点方案，确定试点主要任务和保障措施，创造性地提出在现有生产性服务业发展优势基础上，以工业园区转型和功能集聚区建设为重点，科学规划产业布局，以高新技术为支撑，大力发展人力资源服务、金融服务、信息服务、科技服务等生产性服务业，打造体现国际性、知识性、创新性、融合性的生产性服务业集聚发展示范区，争取在各项产业扶持政策和发展体制机制上先行先试。由于区的试点方案与自身老工业基地转型紧密结合,产业特色鲜明,且对全国的老工业基地转型具有示范性,经过两轮专家评审投票,闸北成为上海唯一一个参加全国评审的区,并代表上海参加国家发改委在6月下旬召开的专家评审会,区长周平代表区进行开展服务业综合改革试点的陈述和答辩。7月,按照国家发改委要求,区发改委对服务业综合改革试点方案进行进一步修改和完善,并于7月下旬形成《闸北区开展国家服务业综合改革试点方案》最终稿上报国家发改委。8月底,区正式被批准为国家服务业综合改革试点区域。（黎晓寅）

举行“十二五”规划部门研讨会（区发改委供稿）

【开展第六次全国人口普查工作】 根据国务院第六次人口普查领导小组通知要求,2009～2012年在全国开展第六次人口普查。区成立第六次人口普查领导小组,下设办公室(设在区统计局),在各街道、镇成立人口普查办公室,并落实办公场地、经费、人员和设备。为确保人口普查质量,由区分管领导和各街道、镇主要领导实行签约。选调普查员和普查指导员近4000人并组织业务培训。第六次人口普查登记标准时点为2010年11月1日零点。年内,区先后完成绘制普查小区图、户口整顿、清查摸底、上门登记、复查、快速汇总等工作,截至2010年11月1～10日,初步普查结果:区共登记总户数384399户、登记总人数1108059人、现有人口833134人、常住人口833983人、户籍人口693316人、出生人口6053人、死亡人口5997人、外籍人口4718人,普查工作通过国家和上海市的数据质量验收。（周淑仪）

【做好区节约能源统计工作】 完成市政府对区政府节能减排考核的刚性指标(“十一五”期间增加值能耗下降20%)。2010年是“十一五”期间的最后一年,为完成“十一五”期间GDP能耗下降20%的目标,区统计局注重抓好能源基础工作,充实能源统计人员,分别对街道、镇统计站和重点能耗企业的近200名统计人员进行专业培训,下发能源统计人员台账本。区统计局组织人员到企业了解能源统计工作情况,对能耗在800吨标煤以上的规模以上工业重点企业和能耗在500吨标煤以上的非工业重点企业进行跟踪统计,确保区“十一五”节能降耗目标的实现。（周淑仪）

【开展第二次全国研究与试验发展(R&D经费)清查工作】 根据国家统计局、财政部、工信部关于在全国开展第二次全国R&D清查工作的通知和市统计局、市财政局、市科委关于在上海开展第二次全国R&D清查工作的通知,区统计局、财政局和科委联合开展第二次全国R&D清查工作,落实人员和经费,明确职责分工,区统计局负责130余家非科技企业、区科委负责70余家科技型企业的清查。通过开展R&D清查工作,摸清闸北R&D情况,发布闸北R&D清查工作的公告。区的R&D清查数据质量通过市R&D清查办公室的验收。区统计局获全国R&D清查工作先进集体称号,区科委获市R&D清查工作先进集体称号,有2人被评为市R&D清查工作先进个人。（陈新光）

【加大“五五”统计普法工作力度】 区“五五”统计普法在区委、区政府领导的高度重视下,5年来统计普法工作得到加强,除按照国家和上海“五五”普法规划的要求完成任务外,还自我加压,注重加大统计普法的力度,采取多种形式向社会公众大力宣传统计法,分送各种统计宣传资料品5万余份。对全区统计系统人员加强统计法的宣传和培训,5年内共培训各类人员8000余人次,使区的统计环境得到改善。闸北“五五”统计普法工作成绩突出,区统计局被评为国家级“五五”统计普法先进集体,彭浦新村街道统计站被评为市“五五”统计普法先进集体,天目西路街道统计站站长陈志霞被评为市“五五”统计普法先进个人。（陈新光）

【完成国家、市统计局专项调查】 全年先后完成国家统计局、国家统计局上海市调查总队和市统计局下达的18项抽样调查和专项调查,并在人员配备、经费保障、设备添置上给予保证,确保完成调查任务。主要完成的任务有:人口变动情况及城镇劳动率、失业率跟踪、群众安全感抽样调查;企业固定资产投资意向抽样调查;工业企业科技创新抽样调查;非公企业人才抽样调查;组织工作满意度民意抽样调查;党风廉政群众满意度抽样调查;城乡划分清查;企业景气抽样调查、投资环境满意度调查等专项调查和抽样调查。（周淑仪）

【落实节能减排工作】 制定节能减排目标,完善基础工作机制。为确保实现目标任务,明确年内节能减排八大类31项重点工作,并对重点工作进行项目化管理,明确8个责任部门或单位具体组织实施。完善基础工作机制。继续落实重点工作项目台账制度,推进工作例会制度,及时研究解决工作中出现的问题。加强统计基础工作,规范能源统计上报程序,开展用能计量管理检查,提高企业的能源计量意识。继续推进结构调整,总量控制耗能、排放。不断优化区域产业结构,上海铁联电子技术有限公司等8家签约企业均完成搬迁或关闭的调整任务,共节约标煤620.27吨,其中危险化学品企业上海彭浦液化空气有限公司搬迁后年节约标煤408吨。严格实施耗能和污染总量控制。重点抓好区域内16家年耗能800吨标煤以上的企业,做好对区重点用能企业耗能月度分析监控工作。走访上海新中动力机厂等区重点用能企业,与企业商量降耗措施。聚焦重点耗能企业,落实目标考核管理。继续加强对重点用能企业节能降耗工作的跟踪,建立健全计量管理和检测制度,确保节能目标的完成。加强动态跟踪检查,建立与完善情况通报制度。监督企业贯彻落实《用能单位能源计量器具配备和管理通则》,帮助企业建立能源计量标准体系。对部分大型超市、卖场开展相关产品能效标识专项检查。年内加强与列入区能源消费统计的18家交通运输企业的沟通,督促做好能源消费统计工作。使用专项扶持资金,加强政策扶持引导。根据扶持资金管理办法明确的资金扶持重点,通过政策引导和资金扶持,充分发挥财政资金的作用,提高企业节能减排的积极性。全年共组织开展2次区节能减排专项扶持资金项目申报工作,上海彭浦液化空气有限公司等14家单位、企业的15个项目获得区节能减排专项扶持资金69.1万元。加大合同能源管理工作推进力度,指导挪信能源技术(上海)有限公司成功备案市节能服务机构。加强污染源头控制,促进排放达标。根据市、区总量控制的要求,凡是占用区二氧化硫总量控制指标的项目一律不予批准,共审批463个新建项目,无新增燃煤锅炉,二氧化硫增量为零,完成2台燃煤锅炉清洁能源替代工作。 (赵文俟)

【推广节能技术成果】 推广市北高新技术服务业园区在楼宇建设和改造中推广使用先进节能产品,在楼宇建筑中推广应用节能保温幕墙、选用罗伊玻璃幕墙,楼宇外墙改造中采用保温板,有效降低楼宇整体能耗。开展科技节能成果推广工作,组织区内多家科技企业参与上海世博会科技成果展示、节能环保、信息工程等方面项目,开展"政府补贴高效照明产品"推广工作,推广节能灯具63.42万只。多形式宣传节能知识,提高社会节能意识。继续普及节能减排知识,组织企业人员参与培训、讲座、交流活动,结合全国科普日、全国科技活动周的举办,通过展览展示、组织报告会、播放专题片等形式开展节能减排科普宣传活动。深入社区开展区级"绿色小区"、"绿色家庭"创建活动及"低碳家庭,绿色生活"主题活动;结合世博举办契机推进"世博绿色出行"活动,组织多个小区居民参与"世博绿色出行活动"。机关带头节能降耗,倡导勤俭之风。区政务大楼巩固原有节能管理措施,对大楼的冷却塔进行节能改造,继续在部分办公室安装中央空调电子流量控制阀,有效降低能耗。区教育局逐级签定目标责任书,努力打造节约型学校。区卫生局在市北医院改扩建工程中全部推广使用节能灯具。区体育局通过政府招标完成燃气锅炉的采购,替代原先的燃油锅炉。开展绿色旅游饭店创建工作,区内新增4家绿色旅游饭店。 (赵文俟)

【开展重要商品价格监测】 日常价格监测:完成全区房地产(含一、二手房和土地)价格、35种日报主副食品价格监测、23种(上海月报)和18种(国家旬报)工业消费品价格、64种旬报食品价格等重要商品价格监测;贯彻市物价局部署,重点做好猪肉零售价格和销量的监测旬报,及时了解成品油价格和市场供应情况,按时间节点准确及时上报,做到数据无差错。价格预警和应急监测措施:根据市发改委建立《价格监测调查巡视制度》的要求,重点以粮、油、猪肉等主副食品和成品油、房地产等重要商品为区调查巡视范围,从1月起于每月15日前将巡视和调查情况上报市发改委;年中对水产品中河鱼、海鲜部分产品及区房屋出租价格进行专题调查巡视,上报市发改委。根据市发改委《关于开展粳米价格监测的通知》要求,落实区3个超市和1个集市作为紧急监测点,开展粳米价格监测日报工作。根据国家发展改革委价格监测中心8月中旬发布《关于对绿豆等重点小农产品价格实行临时监测的通知》,区物价局根据要求增设价格监测点,于每月5日、15日、25日将绿豆、红小豆、大蒜、生姜、八角(大料)的监测价格上报市发改委。11~12月,根据市物价局及区政府要求,开展跟踪调研菜市场稳价活动。 (倪伟明)

【落实世博会价格监测机制】 根据《上海市发展改革委关于印发〈2010年上海世博会期间价格监管工作方案〉的通知》的要求,拟定世博会期间区价格监测工作方案,明确任务、落实责任,指定专人负责监测和分析工作。与区旅游局、商务委、建交委、房管局等主管部门沟通协作,结合区域实际,通过调查摸底、积极布点,落实宾馆住宿(包括社会旅馆)、餐饮、酒吧、美发、旅游纪念品、房屋出租、游览参观点门票、旅游及旅游客车出租等九大行业65家单位参与世博价格监测。价格监测干部参加市发改委(物价局)价督处组织的世博监测工作培训会后,对布点单位按照文件和网上操作要求开展业务培训,并进行上网操作演示,使监测点人员掌握上网报送采价数据的操作要领。年初,市发改委(物价局)在网上开通价格监测监督系统,要求各区县世博会期间价格监测数据在网上直报,1月15日全市开展第一次世博价格监测,区通过监测干部和监测点人员的共同努力,完成价格监测申报及审批任务。根据各区县世博价格监测数据网上直报的实施情况,区监测干部又从表式设计和排版等方面提出很多修改意见，并且起草价格监测指标解释和上网填报说明，被市发改委领导采纳，在全市推广运用。上海世博会期间，区的65个监测点共计上报1560余次价格监测数据，涉及80余个品种、服务或项目，数据全面真实，圆满完成市发改委布置的各项任务，为上海在世博期间的价格调控政策出台起到重要作用。 （倪伟明）

【加强行政事业性收费管理】 开展2010年行政事业性收费年审。1月制定年审工作方案，启动2009年度收费年审，通过系统汇总，区参加2009年度年审的有27个系统、144户国家机关、事业单位和社会组织。2009年度全年收费金额为13736万元。加强《收费许可证》管理。从3月1日开始，重点安排31户《收费许可证》执收单位（教育系统）开展收费年度审验。完成三年一次的《收费许可证》换证工作。年内，有26个系统、136户《收费许可证》执收单位。开展区治理和规范涉企收费工作。拟定《关于开展闸北区治理和规范涉企收费的工作方案》，作为开展涉企收费治理规范工作的行动指南。建立由区发改委、商务委、建交委、监察局、纠风办、审改办、民政局（市社团局）、审计局、财政局、规土局、房管局等11个单位联合组成区治理和规范涉企收费联席会议，整体部署、协调、推进市治理和规范涉企收费工作，落实组织保障。加强收费管理。根据市物价局出台的关于临床诊疗类医疗服务价格的文件，区物价局联系、邀请市物价局收费处有关领导，于3月26日到区对23家区属公办和民营医院进行政策培训。按照市物价局政策规定，在成本审核的基础上，对3家民办幼儿园和14家社会力量办学单位申报调整收费标准或增加收费项目予以备案；按规定对田家炳中学外籍班、民办扬波中学学费（原民办当代中学和扬波中学合并）的收费调整申请进行审核，完成审批发文，要求学校按规定公示和收费；在9月开学前对教育系统117家单位的收费项目和收费标准进行梳理审核，规范公示内容、格式。要求义务教育阶段学校将学生代办服务性收费项目一并对外公示，并将减免政策、投诉电话等一并纳入公示范围，要求各学校（含民办、职校等）张榜在醒目位置予以公示，做到每个学生和家长在开学前都能清楚交费的项目和金额，开学后及时组织干部上门检查收费公示落实情况。 （倪伟明）

【加强经营性收费管理】 根据市政府批准的市物价局、房管局制定的关于上海市住宅物业服务分等收费办法，区物价局联合区房管局物业科对2个商品住宅楼的前期物业收费进行确认；对7个商品住宅小区的业委会与物业公司签定的物业服务合同予以备案。联合区房管局对区新建住宅小区前期物业服务收费进行管理，对部分住宅小区服务收费进行二次审核。年内共参加市物业行业协会组织的区住宅物业管理收费论证会5次，参与市物价局关于市住宅物业服务分等收费办法的讨论和修改，完善管理办法。 （倪伟明）

【开展价格鉴定工作】 针对涉案物品价格鉴定工作，区物价局加强与认证中心的联系沟通，了解每月的业务数据，定期统计，全年共办理公安部门委托的涉案物品价格鉴定957件，涉案金额约290万元。与往年相比，虽案件数减少，但涉案金额没有明显降低，大案、难案明显增多。在工作中更加认真负责、实事求是，在严格遵照《价格鉴定行为规范（2010年）》的前提下，顺利完成年内的所有价格鉴定任务。 （倪伟明）

【加强世博期间及日常价格监督检查】 强化世博价格监管，密切关注节假日市场价格动态，建立价格异常波动应急机制，坚持日常巡查与节日监管相结合，实行“定区域、定人员、定时间”的市场价格巡查制度，坚持按区域包干，责任到组，落实到人，对重点商业区域推行双语标价，强化指导，定期巡查，突出示范效应。重点对粮油、副食品、成品油价格以及超市、卖场、餐饮、公用电话等行业开展价格巡查，规范企业明码标价和节日市场价格促销行为，重点打击各种价格欺诈行为，倡导价格诚信，规范明码标价，维护市场价格稳定。全年出动市场检查人员1300人次，检查各类企业650户次。 （吕 玲）

【做好价格服务】 坚持价格监管与价格服务相结合，开展各类价格服务进车站、进商场、进饭店等活动，采取上门送法、现场指导、提醒告诫、座谈会等方式宣传价格政策法规，做好价格服务工作，指导经营者合理定价，规范明码标价行为，发放各类价格政策法规宣传资料738份。通过服务活动，增强企业价格自律意识，倡导价格诚信。 （吕 玲）

【受理价格举报和咨询】 参与迎世博“冲刺100”、“3·15诚信服务在窗口”维权活动，认真受理价格举报和价格咨询。世博会期间坚持“先解决纠纷，后处罚违法”的快速处置原则，做到“五个快”，即受理快、批办快、调查快、处理快、反馈快，及时调解各类价格纠纷，提升价格举报工作效能，切实维护人民群众的利益，促进社会和谐。全年受理价格举报和价格咨询93件，查处价格违法行为17件，实施经济制裁总额7.28万元，其中退款6.7万元、罚款0.58万元。（吕 玲）

财 政

【概况】 年内，区财政局按照“调结构、促转型、保民生”的要求，充分发挥各项财政职能，加大财政扶持力度，全力组织财政收入，财政收入稳定增长。全年完成中央、市、区三级财政收入1123527万元（其中央级收入453844万元，市级收入206641万元），比上年增收206883万元，增长22.6%。区财政收入463042万元，比上年增收100404万元，增长27.7%，为区人大审议批准区级财政收入预算406100万元的114%。区财政支出691946万元，比上年增支117646万元，增长20.5%，为区人大审议批准区财政支出预算585000万元的118.03%。其中：用于一般公共服务支出42341万元，国防支出785万元，公共安全支出57484万元，教育支出98662万元，科学技术支出30035万元，文化体育与传媒支出8954万元，社会保障和就业支出63174万元，医疗卫生支出29851万元，环境保护支出1052万元，城乡社区事务支出193279万元，农林水事务支出407万元，资源勘探电力信息等事务支出117366万元，商业服务等事务支出7263万元，国土资源气象等事务支出2247万元，住房保障支出8506万元，其他支出30540万元，财政支出结构进一步优化。区级财政收入加市对区结算财力228948万元，区财力合计691990万元，与区财政支出相抵，当年预算结余44万元。（沈正欣）

【区财政完成各项预算任务】 年内，按照区第十四届人民代表大会第六次会议审议通过的支出预算，严格预算的执行和管理，有保有压，突出“五个重点保障”。重点保障民生支出，促进社会和谐稳定；重点保障社会稳定，确保世博会顺利召开；重点保障支持经济发展，加快闸北经济走出低谷的步伐；重点保障社会事业发展，提高公共服务能力；重点保障城市建设支出，改善闸北面貌。财政收入实现持续、较快增长，超额完成年初人代会确定的目标。财政支出结构调整优化，聚焦民生，重点保障公共领域及“迎世博”、“办世博”等专项资金，财政收支平衡，圆满完成各项预算任务。（沈正欣）

【契税收入首次突破5亿元】 年内，国家先后进行房产调控，全区增量房和存量房交易均出现明显下滑。针对不利局面，区财政局挖掘潜力，严格征收，通过引进房产技术评估，规范存量房价格申报，特别严格规范非普通住房纳税申报，避免征收漏洞。对增量非居住用房（商业用房、厂房、会所、车库等）进行严格询价评估，对价格明显偏低的非居住用房，一律按市场评估价征收。对土地契税申报，严格实行初、复、终审的三级审核制度，防止开发商漏报、瞒报现象。通过这些举措，促进区契税增长，全年，契税征收收入首次突破5亿元大关，成为区十大税种中持续增长最快的税种之一，超额完成年度征收目标。（沈正欣）

【区财政支出重点保障民生】 年内，及时落实市出台各项民生保障政策措施，用于安民帮困、促进就业支出28000万元，比上年增长7.7%；为改善群众居住环境，“彭三”等旧小区成套率改造支出2500万元；为保障居民基本生活，安排“稳定物价”专项资金500万元；为保障社会稳定和确保世博会顺利召开，安排“迎世博”安保专项经费支出17000万元，追加区公安分局派出所“三基”工程款200万元，区法院诉调对接中心建设经费380万元，区检察院设备更新经费250万元；为支持区经济加快走出低谷，安排“转方式、调结构”等促进区域经济及科技发展、中小企业融资担保等专项资金118130万元；为重点保障社会事业发展，提高公共服务能力，区食药监分局、市北医院、区精神卫生中心等改扩建及设备购置经费支出3439万元，海上文化中心基建及开办费支出1868万元；为重点保障城市建设支出，改善闸北面貌，支出“迎世博”专项整治经费4460万元，政府偿债贴息支出93420万元。财政支出重点保障民生，促进经济社会协调发展。（沈正欣）

2010年度全国十城区财政工作研讨会在区召开　（区财政局供稿）

【加大教育经费投入】 年内，区财政局根据《中华人民共和国教育法》、《中华人民共和国义务教育法》等教育法律法规，将教育列为公共财政支出重要领域。在预算安排时进一步调整支出结构，依法落实“财政拨款增长高于财政经常性收入的增长、在校学生人数平均教育费用逐步增长、教师工资和学生平均公用经费逐步增长”教育经费“三个增长”，全年安排教育系统教育事业经费110932万元（其中：教育事业费支出93426万元，教职工社会保障支出17506万元），比上年增加18632万元，增长20.19%，确保教育经费财政拨款增幅高于经常性财政收入的增长幅度。及时做好教育费附加和转移支付转拨工作，全年共转拨预算内教育费附加7944万元，预算外教育费附加7492.38万元，转移中央、市专项支付1995万元。全区18所学校、27栋房屋总建筑面积5276平方米的校舍加固改造任务顺利完成。（沈正欣）

【政策扶持促进招商引资】 年内，制定财政扶持政策，加强政策聚焦，促进全区招商引资工作。确保已有各项政策落地，加大宣传和及时兑现现行国家、市、区制定的各项财政政策，支持企业在区域内发展壮大；发挥政策导向作用，加大财政扶持力度，在调研基础上制定支持总部经济、金融服务业和人才咨询业等财政扶持政策，如《闸北区鼓励非区属企业发展经济及实施财政扶持政策的办法》、《关于促进股权投资企业和股权投资管理企业发展实施财政扶持政策的意见》、《关于闸北小额贷款股份有限公司实施财政扶持政策的意见》、《关于促进融资租赁业发展扶持政策的实施意见》等。还制定区新一轮区管重点企业、特定园区和“一事一议”企业财政扶持政策；全面完成2009年度区招商引资有关财政扶持政策及相关企业“一事一议”财政扶持政策清算、兑现工作。完成街道（镇）2009年财力的清算、兑现工作，确保街道（镇）服务社区财力得到充实和保障。

（沈正欣）

召开区人大代表意见政协提案办理工作座谈会　　（区财政局供稿）

【拓展财政监管服务职能】 年内，先后开展工程建设领域物资采购和资金安排使用突出问题专项治理工作。对区基本建设项目进行全过程的资金监控、财务管理、投资控制和绩效评价工作，提高资金运行效率和使用效益。开展对北广场综合交通枢纽、海上文化中心、市北医院、世博项目、旧公房成套率改造等财政资金监管工作。做好轨道交通12号线曲阜路站等财务管理和有关地块土地成本审核工作。配合市审计部门做好对区政府债务及地方政府融资平台管理工作检查，根据要求加强对政府融资项目财政监管，严格控制支出成本，确保专款专用。按照市治理小金库工作领导小组办公室要求，制定区“小金库”专项治理各阶段工作方案，下半年，根据区小金库专项治理领导小组会议精神，制定年度区小金库治理方案，并围绕“国有及国有控股企业和社会团体”治理重点，整合力量，明确任务，确保治理工作取得成效。对区财政2009年度安排部分专项经费、政府实事项目经费开展专项检查。配合区纪委、区监委，开展党风巡察工作。（沈正欣）

【多重举措推进政府采购上台阶】 年初，制定当年政府采购预算和计划，召开各主管部门年度政府采购协调会议，落实全年采购项目和时间节点。规范区政府采购信息公开制度，做好公开招标，做到采购程序公开、采购信息公开、采购活动公开、采购结果公开，加强对区采购中心、政府采购代理机构在市政府采购管理信息平台发布各类公告的审核，增强政府采购透明度。开展政府采购信息管理平台（一期）推广实施，做好制定方案、宣传部署和操作培训三个阶段工作，完成270户预算单位基础信息导入和全区预算单位300多名信息管理和审核人员应用培训工作。通过政府采购信息管理平台，规范政府采购程序，为加强政府采购预算管理奠定坚实的基础。在全区各预算单位的配合及区采购中心的共同努力下，全年完成政府采购金额108447.64万元（含国库直拨采购金额17034.61万元，占采购实际金额的15.71%）。其中：货物类81768.88万元（含药品采购金额61119.51万元）；工程类23494.3万元；服务类3184.46万元。与采购预算金额113631.22万元相比，节约资金5183.58万元，节约率为4.56%（如不含药品采购金额，则节约率为9.87%）。货物、工程和服务采购分别占实际采购规模的75.40%、21.66%和3.94%。与上年相比，采购金额增长4.17%，国库直拨下降24.63%。（沈正欣）

【加强财政资金监管】 提高部门预算编制水平和质量，逐步推进部门预算信息公开，扩大部门预算的编制范围，将与区财政存在经费领拨关系的市属条线等单位纳入区2011年部门预算编制范围，通过严格执行预算编制，降低行政经费。根据区人代会通过支出预算草案，严格执行和管理预算，强化对部门支出预算执行力，保障预算单位有关法定支出、年初安排项目预算及时足额拨付。在安排财政支出过程中，认真贯彻落实市、区政府对关于“厉行节约”要求，切实降低行政经费，在保证重点支出同时，严格控制一般性支出，加强预算支出审核，规范结余资金管理，严格控制各单位部门追加预算。落实《进一步做好预算执行工作的指导意见》和《关于加快地方财政支出进度的情况通报》的要求，认真抓好预算支出进度，平衡年度预算支出，调度各类财政资金，切实保障社会事业、世博专项资金、社会保障、偿债贴息资金等及时拨付。

（沈正欣）

【做好中小企业贷款担保工作】 年内，区财政加大对中小企业尤其是符合区产业发展导向企业贷款担保力度，扶小扶优，做好中小企业贷款担保服务工作。在完成中投保上海分公司业务同时，拓宽融资担保渠道，与上海银行闸北支行启动新担保业务平台，促进企业健康发展。加强对区2家小额贷款公司的管理和指导，2

家小贷公司全年贷款4.3亿元。根据市《关于做好本市金融功能区域规划工作的通知》要求，开展对本地区金融功能区域发展规划的调研，明确区金融功能区域建设目标、功能定位、重点集聚的金融产业、空间形态大致布局等。根据市金融办关于推进融资性担保公司会议精神和区领导要求，拟定《关于本区拟推进融资性担保公司试点工作的报告》，组建推进机构，召开工作推进会，沟通有关组建融资性担保公司具体要求。年内，中投保贷款达24300万元，比上年增加1935万元，在全市中心城区中位列第二，解除担保65户，解除担保贷款21585万元，未发生一笔逾期和代偿，在保户数67户，在保金额26680万元。通过区会计服务中心与上海银行合作平台担保贷款4950万元，两者合计担保贷款29250万元，比上年增加6885万元，增长31%，无论是担保贷款总量还是增长率，均创历史新高。逐渐做大担保规模同时，努力控制与规避担保风险，不良担保贷款率0.2%，为全市最低，取得担保规模和担保质量双丰收。（沈正欣）

【做好会计财务服务工作】 完成2009年度区内资企业的会计报表编报汇总工作和2009年度区会计综合管理的考核评比工作。召开一年一度的会计工作年会，树立典型、表彰先进，做好区会计人员网络教育的衔接协调工作，以财务会计诚信建设为抓手，推动区会计管理工作不断提高。根据区审改办要求，开展对区财政局内部行政审批事项的梳理工作，摸清行政审批底数，规范行政审批流程，提高行政审批效率。开展政府信息公开，梳理历年公开信息内容，规范信息公开程序，加强信息公开力度，按照市、区政府信息公开要求，主动及时准确公开相关财政信息，对于要求信息公开依申请项目，及时与相关部门协调沟通，严格按照时间节点及时答复。加强机关政风行风建设。根据政风行风测评具体要求，制定落实计划，开展自查及测评工作，对存在问题进行整改，特别是契税征收、票据、会计证办理、会计业务培训等窗口服务，做到热情、规范，优化财政服务环境，加强作风建设，提高财政工作效能。（沈正欣）

【社会保障资金支出比上年增加845万元】 年内，社会保障资金实际支出30202.22万元，其中区级支出28049万元。民政系统支出18178.62万元，其中："低保"支出7084.16万元，重残无业人员补助1214.1万元，困难人员实物帮困0.73万元，粮油帮困413.09万元，医疗救助费171万元，义务兵安置支出828.3万元，退伍士兵安置及生活补贴573.83万元，支援外地返沪、回沪人员补贴6205.9万元，临时救助1371.45万元，其他支出316.06万元。促进就业专项支出9950.9万元，其中：社区综合管理634.12万元，房屋协管员172.94万元，助老服务社900万元，交通协管员637.6万元，贴助残服务员51.66万元，市容协管员705.3万元，社区保安2444.45万元，特种设备41万元，河道保洁员36.33万元，环保协管员16.5万元，再就业专项4311万元。其他支出2072.7万元，其中："稳定办"105.67万元，领导慰问16.46万元，残疾人养护58.18万元，市民医疗保险361.4万元，高龄及中小学生医保890.26万元，卡办60万元，总工会帮困20万元，侨办5.84万元，公务员医疗196.86万元，老年基金300万元，其他支出58.03万元。（沈正欣）

与市公安经侦总队开展"保平安、迎世博、打假票"活动　（沈　欣摄）

税　务

【概况】 年内，区税务分局围绕全年工作计划与目标，全面落实国家税务总局、市税务局的各项税收政策，以组织税收收入为中心，全面完成各项税收计划，全年税收收入首次突破100亿元大关。基础管理、纳税服务、信息管税工作取得新进展。税收专业化管理、纳税评估工作扎实推进。干部队伍、政风行风、税务文化建设不断提高。（林寿荣）

【税收收入比上年增长23.3%】 全年税收收入达105.64亿元，比上年增收19.96亿元，增长23.30%。其中：中央级完成45.61亿元，比上年增收7.72亿元，增长20.37%；市级完成19.84亿元，比上年增收2.91亿元，增长17.19%；区级完成40.19亿元，比上年增收9.33亿元，增长30.23%。主税种收入情况：增值税26.71亿元，比上年增收1.64亿元，增长6.55%；消费税0.28亿元，比上年增收0.14亿元，增长93.67%；营业税25.62亿元，比上年增收3.86亿元，增长17.75%（其中社会服务业营业税7.62亿元，比上年增收2.70亿元，增长54.85%）；企业所得税26.36亿元，比上年增收6.89亿元，增长35.41%（其中2009年度企业所得税汇算清缴收入5.23亿元，比上年增收3.37亿元，增长181.18%）；个人所得税14.9亿元，比2009年增收2.88亿元，增长24.02%。（林寿荣）

【加强地方税管理】 落实土地增值税政策调整。从土地增值税的预征率调整工作着手，组织专项培训，理清有关业务变更的内容和流程，及时完成预征率调整的相关工作。召集区属房产企业负责人会议，统一宣传新政，辅导业务操作。落实房地产调控政策。认真学习房地产交易税收政策，对其中涉及的营业税、土地增值税等政策要点，及时理解，正确把握；到区房产交易中心做好政策宣解工作，利用税收征收管理系统中的相关数据，开发相应的辅助查询内容，便于及时分析。加强土地房屋信息登记工作。制发《关于开展房屋土地信息补充登记的通知》，重申房屋土地信息登记工作要求，按市税务局要求做好房屋土地信息登记工作。在新的辅助查询系统中加入房屋、土地登记及房屋、土地均未按规定登记的查询模块，及时监控房屋土地登记的进度，使全区税务登记正常户的房屋、土地登记率达95%以上。开展房产税、印花税自查。房产税、印花税自查与企业税收自查工作同步，与房屋土地信息登记工作紧密结合，突出对相关政策的宣传，明确重点。通过自查，56户企业补缴房产税843.79万元；4857户企业补缴印花税1882.18万元。加强货物运输业管理。全区货物运输业自开票纳税人130户，按照国税总局、市税务局加强货物运输业税收征收管理的要求，按时完成货物运输业自开票纳税人认定和年审工作，年审率100%。其中，年审合格122户，取消自开票纳税人资格6户，限期整改2户。在日常征管中，对单车运费收入超30万元的自开票纳税人加强实地审核，防止企业虚开运输发票。严格区分联运和货运代理，对外地异常货运抵扣凭证及时通过协查系统进行协查，加大对自开票纳税人的监管力度，建立和完善代扣代缴营业税制度。

（林寿荣）

【做好税收检查工作】 成立区税务分局税收自查工作领导小组，制定工作方案。全年企业税收自查户数为2257户，查补税款1.47亿元，入库率98%。持续开展打击假发票专项整治工作，加强与区公安分局、站区综治办协作联动，以世博会召开为契机，结合区整治顽症工作，根据区委、区政府和市税务局的工作布置，组织干部参加铁路上海站地区社会治安综合整治，深入开展“保平安、迎世博、打假票”系列整治活动，开展2次大规模的现场销毁假发票活动，加大对铁路上海站地区贩卖假发票行为的打击力度。在全年的整治工作中，共查处65起制售假发票的案件，涉案假发票131万余份，收缴假印章156枚，受到国税总局和市税务局表彰。

（林寿荣）

【推进税源专业化管理试点】 确定两个税务所先行试点，制定方案，在试点税务所成立专业化管理小组，设数据分析、纳税评估、税源监控、咨询服务等岗位，以大企业和重点行业为主要对象。以分类管理和专业化管理为切入点，突出依法治税、信息管税、强化监控、优化服务、促进遵从，力求以最小的征收成本，实现对最大范围纳税人的有效管理和服务。优化流程、简并资料，逐步实现涉税事项窗口受理办结，在先行先试、稳步推进的基础上落实税源专业化管理。

（林寿荣）

【开展纳税评估工作】 根据市税务局的工作安排，明确区税务分局工作目标，探索、深化纳税评估工作，加强税源监控。完善制度，制定计划并抓好落实。全年评估计划户数分解到各税务所，实行专职评估所和征管所评估相结合，提升全局纳税评估成效。全年对3566户企业进行评估，经评估后税收入库6430万元，企业所得税亏损调减9127万元。评估户数和税款入库数大幅度增长。开展行业评估探索。由征管科、专职评估所和主管税务所配合，对区交通运输自开票行业进行行业评估，通过上门访谈、召开座谈会等形式，探索建立货运行业预警指标；在对企业经营和纳税相关数据的汇集分析中发现问题并进行总结，完成调研报告并采取针对性征管措施，加强该行业的监控管理。开展纳税评估案例评比工作。在参加市税务系统首届优秀纳税评估案例评比活动中，区税务分局在初选基础上报送的纳税评估案例获市税务局十佳纳税评估案例并获二等奖。规范业务流程。及时调整纳税评估权限并调整纳税评估岗位，规范纳税评估简易流程文书，为税源专业化管理打好基础。（林寿荣）

【加强信息化管税】 尝试建立税收收入预测及税收与经济关系等数据模型，通过准确、完整的数据采集、模型运用及统计分析，开展预测分析工作，为税收收入工作提供技术支持。通过SPSS（社会科学用统计）软件，采用时间序列、线性回归等统计方法，预测2010年税收总量，初步建立GDP、CPI等经济指标与税收之间的关系模型。利用TRAS系统（重点税源监控系统）抽取重点税源企业销售额与缴纳印花税进行比对，对明显异常的企业，特别是有销售额或营业额但印花税缴纳为零的企业进行跟踪分析。对2009年税收100万元以上纳税户进行个人所得税专项分析，对当年度税收增长较大而个人所得税入库为零或增长较小的企业进行排查，及时发现征管中的薄弱环节，强化税源管理。加强信息采集和共享，保证数据的真实、完整和及时性，并实施分析比对。建立区税务分局、税务所、专管员三级数据分析清理小组，每月定期召开例会，根据市税务局数据通报情况进行专题分析，找出零申报户、税负率低、欠税增减、纳税申报表与财务报表等比对有差异的原因，由各业务科室结合自身的职责范围提出改善申报质量的方法，各税

参加政风行风建设与会人员听取区税务"迎评"情况汇报　（沈　欣摄）

务所明确任务，根据要求全面开展数据清理和跟踪管理工作。对零申报户进行分析核查，对非正常户通过法人信息查询清理，对低税负率企业进行纳税评估，对欠税企业跟踪管理。

（林寿荣）

【优化办税服务】　办税服务厅标准化建设。实现办税服务厅功能区域统一、窗口设置统一、标牌设置统一、服务标准统一、配套制度统一。办税服务大厅自助办税服务终端（ARM机）正式启用。纳税人通过ARM机可实现税控收款机及防伪税控IC卡抄报税、发票认证、零申报、完税凭证打印、服务业税控券式发票发售等10余项业务的自助操作。其他办税场所则在标牌设置、窗口设置、政务公开、服务标准方面做到统一；规范办税服务流程，制定标准化的工作规程，编制《新办企业纳税指南》；优化办税流程，将部分原由税务所和科室审批的涉税事项集中在办税服务厅审批，减少流转环节，缩短办结时间，为纳税人提供一门式快捷服务。完善纳税服务机制。以新设纳税服务科为契机，提升纳税服务工作整体水准。建立纳税服务例会制度，每月由分管局长召集各相关科所长例会，听取办税服务厅及区税务分局其他办税服务窗口工作人员反映在窗口接待过程中遇到的业务和服务问题，讨论并确定解决方案及落实部门。建立纳税人呼声月报制度，在区税务分局域网内综合反映纳税人的呼声及处理情况和结果。建立办税服务场所巡查制度，成立办税服务场所巡查小组，制定办税服务场所巡查工作制度，采取定期、不定期及专项巡查等方法对办税服务厅功能区域的设置、政务公开情况、办税环境、服务制度、服务纪律、服务态度进行巡查。做好计算机管理平台的开发和应用，借助管理平台，利用区税务分局辅助管理平台二次开发的机会，推进"办税指南"和"税企互动"两大模块的建设，逐步整合、完善纳税服务平台的各项应用。建立纳税服务分析制度，通过每月对办税服务厅窗口工作量的统计、分析，对典型问题的描述，形成纳税服务月度分析报告，提交纳税服务例会研究讨论。提高办税服务厅税务干部的服务技能，定期举行业务技能交流、培训。在参加"税徽为世博添彩"——上海市税务系统办税服务厅操作技能竞赛中，区税务分局以第三名的好成绩获"上海市税务系统2010年办税服务厅操作技能竞赛十佳示范单位"称号。　（林寿荣）

【加强政风行风建设】　开展政风行风建设进社区活动。根据市税务局政风行风建设要点及区税务分局"迎评"工作计划，区税务分局政风行风建设领导小组成员深入全区各街镇开展政风行风建设宣传进社区活动，召开9次座谈会，邀请180名居民、纳税人参加，就区税务分局政风行风建设听取意见与建议。组织特邀监察员对纳税人进行征询意见和实例调查等明察暗访活动，发放问卷320份，并对监察员、纳税人的意见与建议进行梳理和归纳，积极整改。组织开展人大代表、党代表及政协委员征询政风行风意见活动，广泛征求和听取社会各界的意见，切实做到"未测先评，未评先改"。　（林寿荣）

【开展廉政教育活动】　开展以"执行制度讲规范，优化服务树形象"为主题的三月廉政教育月活动。提高税务干部依法行政、廉洁从政的自觉性，开展以"七个一活动"为主要内容的系列专题教育活动。组织一次专题学习，开展一次案例警示教育，组织一次党纪政纪法纪专题报告会，召开一次"勤廉在我心中"区税务分局先进人物座谈会，开展一次以"遵制度、重服务、讲诚信"为主题的大讨论，开展一次"我的税务形象"征文活动，开展一次签订党风廉政责任书活动。开展以"廉洁从政、勤政高效"为主题的廉政建设教育月活动。根据区纪委、区监察局《关于组织开展2010年全区党风廉政建设教育月活动的实施意见》，开展"五个一"活动：开好一次教育动员会，观看一部警示教育片，安排一次专题组织生活会，开展一次廉政诗词歌曲创作征集活动，开展一次"遵制度、重服务、讲效率"作风养成教育"回头看"活动。

（林寿荣）

【做好服务世博工作】　年内，区税务分局220人次参加迎世博车站岗点平安志愿者活动；250人次参与世博志愿测试；3人借调世博局工作，其中1人获"上海市办博工作先进个人"称号；3人以"小白菜"、"小蓝莓"身份参与世博服务。世博期间区税务分局接待市税务局安排的外省市来宾40批次共416人。区税务分局阳光合唱团60人以一曲志愿者之歌《世界》参加世博会闭幕演出，充分展现税务系统公务员的风采。

（林寿荣）

国有资产管理

【概况】 年内,区管重点企业总体经济运行态势良好,资产规模、区级税收、招商引资等各项经济指标稳步发展。截至年底,区管重点企业资产总量299.76亿元,比上年增长8%;负债232.79亿元,比上年增长4.3%;净资产66.97亿元,比上年增长26%;实现利润1.88亿元,比上年增长5%。完成区级税收7.5亿元,比上年增长51%,区税贡献度为16.29%。引进内资31.56亿元,引进外资1.29亿美元。 (黄 宾)

【下发4个国资监管文件】 根据区委、区政府对国资监管和发展的新要求,结合企业对以往文件的执行情况,区国资委起草并经区委、区政府同意下发4个监管文件:《关于落实区管重点企业"三重一大"事项报告制度的补充意见》,细化报告审批的程序和要求;《闸北区国有资产收益收缴、使用管理办法》,加强国资收益的管理和使用,使国资收益真正用于企业的发展,努力实现国资收益的不断增值;《区管重点企业国有资产产权代表年度考核实施办法》,在原来任期契约化考核的基础上,结合企业发展的新要求进行重新修改,主要对企业原来三年考核改为一年度考核,考核目标分为基本目标和重点目标两大块,强化重点目标完成的考核;《关于区管重点企业党建督察员、监事长管理的实施意见》,加强企业党建和监事工作,充分发挥党建督察员、监事长的作用。 (黄 宾)

【完善区管重点企业法人治理结构】 年内,区委向市北高新集团、苏河湾公司委派党建督察员(监事长);区国资委通过公开招聘向市北高新集团、不夜城集团和大宁资产公司、凯成公司委派财务总监,加强区管重点企业监事会建设,完善区管重点企业法人治理结构。 (黄 宾)

【提高国资证券化率水平】 按照市国资委"资产资本化、资本证券化"要求,区国资委大力推进北方城投、市北开创公司"借壳"上市工作。北方城投成功上市,实现区资本证券化率"零的突破",并按照上市公司监管要求,健全法人治理结构,规范公司运作。市北开创公司"借壳"上市工作在有序推进之中。 (黄 宾)

【实施产业拓展"走出去"战略】 在区委、区政府和市国资委指导下,推动市北高新集团南通生态科技城项目实施。8月24日,区委、区政府领导与南通市委、市政府领导共同出席市北(南通)科技城项目签约仪式,标志区与南通方面战略合作正式开始。指导、协调、推进北方集团在上海松江广富林项目和福建泉州东海湾项目,与当地政府及有关企业进行项目洽谈。 (黄 宾)

【完成大宁公司资产重组】 近两年来,大宁资产经营公司整合、重组原大宁绿地公司、金贸公司、商资公司3家企业的存量资产,公司资产规模逐年扩大。年内,大宁资产经营公司的注册资本合并调整到11.3亿元。按照"以旧换新、以小换大"的战略思路,原先金贸公司、商资公司部分低估的资产经过重新评估确认,大宁资产经营公司的净资产从原先的13亿元增加到22.6亿元,夯实资产质量,为公司参与中部地区开发建设奠定坚实基础。 (黄 宾)

【组建苏河湾投资控股有限公司】 为贯彻落实区委、区政府"南高中繁北产业"战略格局,大力推进苏河湾地区高起点规划、高标准建设,经区委、区政府同意,区国资委以上海不夜城新发展公司为基础,组建上海苏河湾投资控股有限公司,注册资本10亿元,致力于南部高端商务商业集聚区开发建设。 (黄 宾)

工商行政管理

【概况】 年内,区工商分局继续做好为企业服务工作。新设公有制企业73户,比上年增长30.4%,注册资本31.13亿元,比上年增长304.3%;新设私营企业1766户,比上年增长15.2%,注册资本45.70亿元,比上年增长220.7%;引进外商投资企业136户,比上年增长63.9%,注册资本1.71亿美元,比上年增长201.8%;新设个体工商户2561户,资金数额0.41亿元。截至年末,全区共有各类市场主体34967户,比上年增长4.1%。区工商分局接待食品许可和安全监管工作咨询3722户,核发食品流通许可证1528户。理清区无照整治的难点,在区政府和街道(镇)两级政府支持及相关职能部门配合下,强化整治疏导力度,全年立案查处无照经营案件2385件,消除无照经营户843户、疏导办照104户。深入开展商标保护和广告规范工作,将重点区域世博会标志(商标)、国内外知名商标、涉博广告作为日常巡查监管重点,从源头严控世博商标侵权行为和涉博违法广告的发生。针对与人民群众生活密切相关的产品,加大商品质量抽检力度。共抽检美容美发用品、电线电缆、涂料、家用电器、儿童用品、助动车电池等近200批次,立案查处60余件不合格产品案件,并强化不合格商品的下架、退市制度。紧抓市场、超市联络点建设,建立大卖场季度维权工作例会制度,加强对重点市场的走访宣传培训,督促加强自律管理,推动消费纠纷和解在一线。从软硬件两个方面继续加强社区联络点建设,突出维权宣传和消费警示,促进维权关口前移,并新设9所中小学的消费者权益保护联络点。制定关于先行赔付制度的有关规定,引导辖区部分建材市场、手机市场、眼镜市场等建立和落实先行赔付机制,做到消费纠纷"不出商家大门",畅通消费维权渠道。全年受理举报1350件,比上年下降5.6%;受理申诉357件,比上年下降41.9%;查处侵害消费者权益案件77件,案件总值48.47万元。加强对有形市场和无形市场监管,深化网络监管工作,大力开展"三贩"(倒卖上海世博会票证、预约券和销售假冒世博会特许商品)整治行动,严厉打击网络虚假宣传和售假行为,开展社会面防控和人力资源市场和房地产中介整顿,促进商品交易市场主体和行为规范。区工商分局被评为“2010 年全国清理整顿人力资源市场秩序专项行动突出成绩单位”。（俞　娟　谢建训）

【设立企业并联审批和网上办事】 7 月 1 日起正式实行企业设立并联审批,凡在区新设立无需前置审批的企业,均由工商部门登记窗口一口收件、审核,然后协调质监、税务等部门同步完成企业设立所需的各种审批任务,企业办事人员无需到各审批部门逐一递交申报材料,有效减少企业设立登记总审批时限和办事人员的往返次数。实行并联审批后,企业申请设立审批时限平均每个部门缩短 3 天,企业办事人员的往返次数也由最低 6 次减少为 2 次,有 1030 户企业从 2010 年企业设立并联审批工作中受益。大力推行企业网上年检。年内,区企业参检 16637 户,由于宣传推广到位,网检率达 100%。推进电子政务建设,抽取一部分符合年检申报备案条件的一类企业试行无纸化网上年检,通过网络全面完成年检工作,使企业年检工作更为便捷、规范和高效。设置网上沟通交流平台。区工商分局设置 BBS 论坛等网上沟通交流平台,及时发布国家工商总局最新颁布的企业登记规范,定期公布各类登记优惠政策,指定专人及时解答网上当事人的咨询,定期更新办事登记信息、办理流程、申报说明、提交材料及规范等内容,并通过电子邮箱定期向注册会员发送通知、联系单等,加强“点”对“点”的沟通交流。（俞　娟　谢建训）

【为“南高”“北产业”开辟绿色通道】 为支持南部地区市首个国家级人力资源服务产业园区建设,区工商分局为从事人才培训、人才服务及服务外包等行业的企业落实“绿色通道”,试点包括前置、后置审批部门联动的并联审批和告知承诺制度,为注册登记、办证审批、税务证照等提供“一门式、一口式”服务,压缩周转时间。对登记数据进行“深加工”,做好园区企业存量、增量的统计分析,及时让政府部门掌握全面的发展动态,为政府决策提供依据。为支持北部地区产业升级,区工商分局以市北高新技术园区为服务重心,着重支持“云计算”等先进服务业的发展,由于此类新兴行业经营范围的表述没有先例可供参考,区工商分局主动加强与市工商局沟通协调,从名称登记起实行全程服务,按照“非禁即入”的原则,允许企业使用符合国际惯例、行业标准的用语来体现其行业和服务特点。加大对高科技园区的扶持力度,除走访、考察上海大学科技园区外,还主动为入驻企业解决切身问题。与各街(镇)招商部门建立服务对接机制,定人、定责、定期地与招商部门、重点企业进行面对面的沟通,提供政策引导、数据参考,并帮助各街(镇)解决在招商引资中遇到的问题。（俞　娟　谢建训）

区工商人员检查世博会特许商品　（区工商分局供稿）

【加大食品安全监管力度】 自 2009 年 6 月工商部门接手流通领域食品许可和监管工作起,区工商分局从人员配置、器材装备、能力培养、工作机制等方面着手,全面夯实食品安全监管基础。各工商所设立辖区食品安全专管员。装备食品安全流动检测车,各工商所配备食品安全快速检测箱。构建工商所设立食品安全专管员、居委会消费维权联络点设立食品安全联络员,超市大卖场设立食品安全信息员多层次的食品安全监督网络体系,定期开展法律法规和食品安全知识培训。对易引发事故的高风险食品建立监管干部管辖区域图、食品经营户分布图并逐级签订食品安全责任书。以政策法规宣讲、业务指导和日常巡查为手段,经常性地向市场主办方和食品经营者开展多层次、多角度的培训、教育和监督检查。将日常巡查与专项整治有机结合,运用食品快速抽检等新手段,注重打击销售过保质期食品、不合格食品等违法行为,建立食品违法行为发现、查处机制。在世博入园食品监管中,通过周密计划、严密监管,最大限度地防范食品安全隐患,实行“点对点”监管 6 次,确保近 20 吨发往世博园区的食品安全。开展问题奶粉、“地沟油”等多项专项整治,取缔无照食品经营 53 户,根据《食品安全法》立案 97 件,收缴、下架、销毁不合格食品 1617 千克。利用快速检测车和快速检测箱对蔬菜、肉类等开展快速检测 1753 件(合格率 99.35%),聘请第三方专业机构对 596 组 2218 件食品开展常规检测(合格率为 93.96%),对检验不合格的食品,依法采取责令停止销售、立案查处或由市场主办单位依据民事协议自行销毁等措施,坚决杜绝不合格食品上市销售,从而将食品安全风险降到最低点。（俞　娟　谢建训）

【开展商标培育及创自主品牌活动】区工商分局通过全面调查了解辖区企业商标发展状况，认真筛选、梳理并将企业商标作"梯次式"排列，确定对重点商标进行重点培育的工作方案，建立重点商标企业走访工作台账，健全走访、调研、指导、培训和扶持等工作机制。举办"如何运用商标促进企业健康发展"等系列讲座，就如何打造著（驰）名商标和扩大企业品牌影响力与企业进行交流互动。指导申报市著名商标的企业开展资料、数据的梳理、收集和核审。以七浦路服饰市场群为重点开展创自主品牌推展活动，力求通过品牌培育提升企业核心竞争力。年内，区工商分局共对80户企业进行重点培育和指导，14件商标被认定为市著名商标，七浦路服饰市场经营户在创自主品牌推展活动中新注册商标5件，新申请商标33件，引进品牌代理150件。

（俞　娟　谢建训）

【加强世博标志和注册商标专用权保护】区工商分局分析辖区经营者商标（标志）侵权特点和规律，制定并严密实施《关于进一步做好2010年世博商标保护工作行动计划》，明确防控商标侵权行为的工作原则，细化侵权高风险点的监管措施，进行内部职责分工并明确工作标准及要求，确保侵权行为在第一时间得到发现、制止和查处。组织全区89个商品交易市场及场内经营户分期分批召开培训会议，宣讲法律法规，倡导守法经营和诚信经营，使世博标志和商标保护工作的各项要求做到"家喻户晓"，并要求他们作出自律承诺，督促市场主办方加强日常管理及对各种侵权行为开展自查自纠，及时利用市场内公示栏或宣传栏曝光场内经营者的违法行为。在七浦路服饰市场建立一支由30名市场管理人员组建的志愿者队伍，进行精心选拔和培训，加强对侵权高风险点的防控，以提高区工商分局市场监管效能。以世博会标志（商标）及特许商品、60件禁售商标和《涉外商标保护联系名录》中的商标作为日常巡查监管工作的重点，加强对以七浦路服饰市场、铁路上海站地区、大宁国际广场为代表的重点区域的检查、督查力度，加强对生产加工企业和商标印制企业的专项执法检查，不断优化原有执法机制，严厉打击和有效防控各种侵权行为，力求从源头上严控世博商标侵权行为的发生。全年共查处商标侵权案件621件，查获侵权商品133667件。区工商分局与公安、城管等部门构筑联动执法平台，建立信息共享、要情抄送、联合打击机制，对倒卖世博会票证、预约券和销售假冒世博会特许商品的行为形成齐抓共管的高压整治态势，共立案查处违法经营户39户，查扣用于倒卖的世博门票、侵权世博商品27711件，收缴、销毁各类违法宣传物品229件。区工商分局被国家八部委评为"2010年世博会知识产权保护专项行动先进集体"。（俞　娟　谢建训）

举行"创自主品牌"授牌仪式　（区工商分局供稿）

【加强世博期间刀具销售管理】为贯彻落实《上海市人民政府关于加强刀具安全管理的通告》的要求，区工商分局对辖区各条商业街上的杂货店、百货店、超市卖场和农贸市场刀具销售情况进行全面排查，详细掌握销售刀具经营户的基本情况。组织召开辖区刀具销售定点单位会议，落实专人负责安全管理，认真查验购买刀具人员的身份证、电话等信息并严格落实实名登记和备案制度。深入非定点销售刀具的经营户宣传市政府《通告》精神，监督其将刀具下架封存或转往定点销售单位，消除刀具经营中的安全隐患。建立监管、应急处理、复查工作机制，全面落实工作责任，实现责任明确到组、明确到人，采取不定时、不定点进行梳理复查的工作方法，严防已下架刀具重新上架销售的回潮行为。整合资源，着力提高监管合力，将刀具销售管理与世博期间公共场所经营管理群防群治工作相结合，主动加强与公安、城管等部门的协作，特别是各工商所依托街道（镇）综合执法平台，建立联合执法和应急反应机制，对各职能部门在工作中发现的刀具销售违规行为及拒不服从教育管理的经营者实行联合整治。发挥红盾维权联络点的监察哨作用，动员各里弄居委和社工协助开展暗访工作。做好宣传告知工作，在相关市场、商场、超市卖场、居委会及其他集聚的公共场所张贴市政府《通告》，公布刀具定点销售单位及分局的举报电话等，使广大群众自觉到定点单位购买刀具并对违规销售刀具经营者进行监督和举报。世博会期间，区工商分局先后出动执法人员610人次，检查相关经营户525户，责令下架封存刀具492把，立案查处9起日用百货商店违规销售危险性刀具的行为，确保世博会期间辖区刀具销售市场的安全有序。

（俞　娟　谢建训）

【**成立世博志愿者服务队**】 年内,区工商分局成立一支由252名干部组成的世博平安志愿服务队,派出4名干部直接参与世博园区志愿者工作,8名干部参加区“钉子岗”平安志愿服务,安排30名执法干部组成12315应急分队处理群众反映的突出矛盾或纠纷,组织以军转干部和青年大学生为主体的民兵“维稳”应急队伍。在深入推进“窗口服务日”、“环境清洁日”、“公共秩序日”集中行动中,9个服务窗口的工作环境得到明显改善,人员素质得到明显提升,工作效率大提高,在历次窗口服务质量测评和政风行风测评中均名列前茅;志愿者响应区委、区政府关于优化市容环境的号召,先后有1700余人次清洁居民社区214个(次),清运垃圾3.24吨,清除乱涂写、乱招贴数千处,配合相关部门取缔乱设摊298处,发放各类宣传材料4000余份。志愿者在区内公共汽车站、轨道交通重要交通路口,倡导文明出行,主动协助维护交通秩序。在开展志愿者服务行动中,区工商分局被市工商局授予“优秀平安志愿者服务队”称号,1人被评为“中国2010年上海世博会优秀志愿者”,1人被评为市优秀志愿者,1人被评为市“优秀平安志愿者”,78人在市工商局系统“服务世博,奉献世博”活动中被评为先进个人,另有58人次在服务保障世博的各类活动中获得荣誉。

(俞 娟 谢建训)

2010年区内资企业工商登记情况一览表

行 业	法人单位数(户)	注册资金(万元)	分支机构数(户)
总计	3121	2692959.8504	1410
农、林、牧、渔业	3	701.0000	0
制造业	472	293795.6177	76
电力、燃气及水的生产和供应业	1	3000.0000	8
建筑业	141	197821.2000	64
交通运输、仓储及邮政业	146	164346.9000	60
信息传输计算机服务业	37	27256.0000	27
批发和零售业	1257	466665.2076	711
住宿和餐饮业	196	73200.9874	86
金融业	27	336778.4800	127
房地产业	197	276886.8500	38
租赁和商务服务业	281	539667.4000	103
科学研究技术服务地质勘查业	188	95793.1577	38
水利环境公共设施管理业	10	190192.8000	7
居民服务和其他服务业	98	5888.8700	48
教育	4	335.6000	0
卫生社会保障业	3	1260.0000	0
文化体育和娱乐业	58	19361.7800	17
其他行业	2	8.0000	0

(俞 娟 谢建训)

2010年区私营企业基本情况一览表

指 标	法人单位数(户)	投资者人数(人)	雇工人数(人)	注册资金(万元)
年末户数	13644	30334	93838	3077862.0468
制造业	664	1686	8089	123815.8088
建筑业	519	1323	6674	168230.5500
交通运输、仓储业	400	933	3813	89808.0900
信息传输计算机服务业	206	511	1995	42604.8888

（续表）

指　　标	法人单位数（户）	投资者人数（人）	雇工人数（人）	注册资金（万元）
批发和零售业	6241	13403	34447	1004038.0298
住宿和餐饮业	496	948	6347	32019.8000
租赁和商务服务业	2216	5050	11574	660984.7564
居民服务和其他服务业	492	775	2432	13790.7500
卫生社会保障业	18	36	390	15065.5000
文化体育和娱乐业	224	431	734	17563.3000
其他行业	2168	5238	17343	909940.5730

（俞　娟　谢建训）

2010 年区个体工商户基本情况一览表

指　　标	户　数（户）	从业人员（人）	注册资金（万元）
合计	17358	18740	16776.7950
制造业	54	54	69.4000
交通运输、仓储业	307	314	1096.7600
批发和零售业	15155	16068	13090.4150
住宿和餐饮业	666	946	1319.1600
居民服务和其他服务业	1033	1213	910.8100
其他行业	143	145	290.2500

（俞　娟　谢建训）

2010 年区外商投资企业基本情况一览表

指　　标	法人单位数（户）				投资总额（万美元）	注册资本（万美元）
	合　计	独　资	合　资	合　作		
年末户数	844	555	253	36	254712.4528	158024.0913
制造业	176	83	76	17	42436.0242	28804.5207
电力、燃气及水的生产和供应业	1	0	1	0	748.0000	688.0000
建筑业	12	3	9	0	1048.4050	859.5411
交通运输仓储业	9	6	3	0	9467.0718	4102.2060
信息传输计算机服务业	55	42	12	1	16928.3488	14318.1092
批发和零售业	258	211	47	0	24164.3068	16309.6507
住宿和餐饮业	19	11	4	4	6045.6727	3289.0593
房地产业	24	7	16	1	86111.3847	39741.3916
租赁和商务服务业	199	130	62	7	34381.8128	24643.4531
科学研究技术服务地质勘查业	80	57	21	2	32072.9116	24133.9702
居民服务和其他服务业	7	5	1	1	583.2199	573.2199
其他行业	4	0	1	3	725.2945	560.9695

（俞　娟　谢建训）

质量技术监督

【概况】 年内，区质量技术监督局（简称区质监局）认真贯彻市质监局、区委、区政府的一系列指示要求，把握"世博安保"的工作主线，开展"质量提升"和"安全生产年"活动，全力保障上海世博会期间区的特种设备安全、食品生产安全和产品质量安全。加强宏观质量管理，"质量兴区"工作成效显现。充分发挥标准化在世博工作中的引领示范作用。对铁路上海站南北广场、长途客运总站区域及不夜城地区的公共图形标识进行全面检查，帮助区站管办审查全部南广场设计的公共图形标识。配合铁路上海站南北广场公共图形示范区项目的申报，并获批准。配合市质量协会对临汾社区世博人家进行调研，申报获批"世博人家服务标准化示范区"项目，于年底通过评审验收。组织市标准化推进专项资金申报工作，区共申报4个专业技术委员会、2项采标项目。申报1项上海欣丰电子有限公司节能和环保标准化试点项目，并获批准。企业标准备案111份。共办理代码14945户，其中注销653户、新办2908户；换证、换卡6945户、验证4439户。世博期间，共出动执法人员580人次，开展各类集中性专项检查15次，查获假冒世博特许产品200件、汽车配件60件、手机1132部、U盘192个，不合格眼镜70副、毛巾300条、羊毛衫64件，无证生产的餐具洗涤剂3000余公斤。共查处各类案件37件，全为立案案件，没有发生行政诉讼和行政复议案件。受理产品质量申诉和咨询总量达198件，其中受理申诉39件，挽回经济损失3.6万元。会同上海机动车检测中心技术人员一起开展汽车配件专项执法检查，检查20余家单位销售的汽车灯具、喇叭、后视镜、制动软管等产品300余批次产品，对12批次的产品进行抽样检验，查获假冒汽车配件60余件。全面完成为全区居民、养老院、居委会免费检修水银血压计的区政府实事项目。 （刘树华）

【做好世博期间特种设备安全保障】 世博会期间，共出动9676人次（其中，特种设备安全监察员602人次，协管员9074人次），检查单位9600家次，检查设备58870台次，开出特种设备安全监察指令书116份，查处并督促整改隐患196处，责令拆除非法安装的"土锅炉"1台、"土电梯"4台，对4家违规单位实施行政处罚共计24000元。对世博安保重点监控单位进行全覆盖地毯式的全面检查。对37家世博特种设备重点监控单位388台套设备安全管理情况和设备运行情况进行核对清查，实现动态监管，并注重抓好隐患整治工作，对发现的问题坚持发现一起，治理一起，确保重点监控单位设备始终处于有效监控之中。针对承压类特种设备安全运行特点，突出抓好7家LPG加气站、2家液氨储罐冷库的安全检查，确保承压类重点监控设备始终处于安全受控状态。发挥行业主管部门及相关职能部门的作用，多次联合公安、教育、卫生等部门开展安全大检查，对世博会期间区域安全保障工作实施全面综合治理。开展特种设备防火及安全生产大检查。特种设备安全大检查中共开出特种设备安全监察指令书3份，查出安全隐患7起。开展针对性的专项整治活动。以"安全生产年"活动为主线，以保障世博会特种设备安全为重点，开展公共浴室锅炉专项整治、废品收购站特种设备专项检查、地下空间特种设备专项检查、户外起重机械专项整治、大型游乐设施专项检查、场内车辆专项检查等专项整治活动。在快开门式压力容器安全大检查中，采取紧急行动，对辖区内的快开门式压力容器使用单位，特别是重点对辖区医院的快开门式压力容器安全使用情况开展安全检查。针对重大节假日、敏感时段和季节性特点，对辖区特种设备安全情况进行地毯式排摸，有效掌握安全底数。 （刘树华）

区质监人员查获假冒世博会特许产品 （区质监局供稿）

【开展食品生产专项整治】 以保障世博会食品质量安全为重点，推进各项食品安全专项整治，主要内容涵盖食品添加剂、三聚氰胺奶粉、蜜饯、豇豆、地沟油、淀粉、发光肉、烤鱼片、下脚料猪油、大米、蜂蜜、含岩盐卤水酱腌菜等食品及食品包装材料、食品相关产品共计25项食品安全专项整治工作。巡查企业44家次，巡查抽检覆盖率100%。巡查中发现因各种原因存在问题的企业6家次，责令整改6家次，回访6家次，在限期内整改完毕，回访率、整改率达100%。全年56批次样品抽检结果中，50批次样品在感官指标、理化指标和微生物指标方面检测合格，合格率89%，区内食品安全状况总体平稳。各类专项整治出动执法检查550人次，检查企业305家次。经过2年的深度整治清理，区实际开业食品生产企业26家。按量化分级，A级2家、B级21家、C级3家，其中未纳入生产许可企业3家，进出口生产企业1家。全年结合“质检邀您看企业，食品安全大家行”巡访督查活动，邀请区部分人大代表、政协委员、民主党派等各界人士3批次70余人次参加巡访督查。广泛宣传，深入发动市民群众和食品生产企业员工参与。全年共有1400余人次参与形式多样的相关活动。接待食品投诉、举报、咨询35起，在“3·15国际消费者权益保护日”和“质量月”期间，组织多种形式活动，包含讲座、征文、实地参观、培训班及大型宣传活动等，全力推动食品安全监管工作社会化。 （刘树华）

【检查辖区内世博产品质量】 在世博会举办初期，通过缜密调查摸排，会同区工商分局查获一个假冒世博特许产品的窝点，查获假冒世博海宝玩具和世博海宝手机扣件200余件。组织开展迎世博劳防用品专项执法打假行动。对辖区内上海双盾劳防制品有限公司、上海工业防护用品有限公司2家劳防用品生产企业进行检查。重点检查企业的生产资质、原材料、产成品等，宣传“产品质量法”等法律法规，指导企业加强生产管理，严把产品质量。组织开展涉博宾馆等场所的综合专项执法检查行动。以三星级以上宾馆和连锁酒店为重点开展专项检查，主要检查35家涉博宾馆、酒店在经营活动中使用的列入强制性认证产品目录的产品和用于贸易结算的计量器具。针对检查中发现的少数宾馆、酒店在经营活动中使用的产品没有加贴强制性认证标志，部分用于贸易结算的计量器具未经强制检定等问题，依法作出处理，及时消除安全隐患。针对部分宾馆、酒店管理人员专业技术和法律知识缺乏等问题，执法人员及时对企业相关人员进行强制性认证知识和质量技术监督法律法规方面的宣传和培训。 （刘树华）

【做好“质量兴区”工作】 发挥质量兴区联席会议办公室的作用，建立区委宣传部、区发改委等14个部门参加、覆盖各街道（镇）的质量兴区工作联席会议制度，与联席会议成员单位进行联系和沟通，形成部门、街（镇）联动；齐抓共管的工作机制。召开联络员会议和质量兴区推进会，分析质量工作形势，协调处理质量兴区工作中的重大事项，共同推进区域产品质量、工程质量、服务质量和环境质量水平不断提升。编辑《质量兴区》简报8期。为确保世博平安举办，延续放大世博效应，把开展“质量提升”活动作为全年工作的重中之重和切入点。借助“质量兴区”平台，加强与区有关部门的沟通交流，联手联动，深入开展“质量提升”。在机动车安检机构整治活动中，联手区交警支队，资源共享，取得良好效果。组织区内重点名牌产品生产企业和重点行业企业，以市长质量奖和市质量金奖获奖企业、国内外先进企业为典型样板，开展“产品质量对比提升”活动，共发动30余家企业开展“质量对比提升”活动。为建立健全质量状况分析与报告制度，发动各科室青年干部完成《2009年闸北区质量状况综合分析报告》的编制工作。报告分析区工业产品质量现状、质量发展形势、质量问题形成原因，并提出解决质量问题和促进质量发展提升的建议，为区委、区政府宏观政策制定提供科学依据。 （刘树华）

【组织计量器具检查和检修】 年内，组织3次对31家菜市场3100台电子计价秤、34台公平秤使用情况、人员及制度执行情况的监督检查。对“龙群”、“谈盛”等2家“诚信菜市场”做好受理申请、组织咨询服务，配合市质监局进行现场评审验收并督促菜市场评审后的整改工作，1家菜市场被评为2009年市创建诚信计量示范集贸市场。对保健品市场、超市卖场的定量包装、自包装商品、电子计价秤、食品标识进行监督检查。开展对全区医药批发部、零售商店销售的红外体温仪、玻璃体温计、耳温计等调查摸底与专项计量检查。对医药商店销售的红外体温检测仪制造许可证、进口计量器具型式批准证书及进口检定证书、玻璃体温计首次强制检定标志进行监督检查。对区域内的大学、职业学校、火车站、汽车站等使用的红外体温检测仪的数量、型号、生产厂家等进行调查摸底。组织对6家大型超市、卖场专项计量检查及家电能效标识检查。组织对区域内的48家清真单位的强检计量器具的检查。根据区政协提案，组织对铁路上海站、大宁国际商业广场等公共场所时钟进行现场调试、校准。组织一次对25家个体民营医疗卫生单位在用医疗计量器具计量检查。开展对8家出租汽车公司使用的里程计价器的计量专项检查。落实区政府实事项目——为全区居民、养老院、居委会免费检定、修理水银血压计。深入街道（镇），组织“市计量器具强检中心”技术人员现场检修血压计（表）14725台（件），发放小砝码8000个、环保袋30500个及《血压计使用维护保养小常识》5000份、《节能小常识》500份。 （刘树华）

食品药品监督管理

【概况】 年内，区食药监分局共受理餐饮服务许可申请334户，新发餐饮服务许可证174户，相对人共1791户。受理药品许可86户，新发药品许可证6户，受理医疗器械许可申请218户，新发医疗器械许可证52户，核准从业药师挂牌84人。食品企业标准备案13件，医用氧经营企业备案3件，一类医疗器械生产备案1件。出动监督人员17706人次，监督检查食品、保健食品、化妆品企业7082户次，查处案件60件，处罚金额25.8万元。监督检查药械企业320家，共立案41件，罚没金额23.37万元，协办案4件。抽检食品1110件，合格1071件，合格率91.6%；食（饮）具抽检3430件，合格2645件，合格率77.1%；保健食品125件，合格率97.6%；化妆品81件，合格率100%；快速检测食品原料及环节10485件，合格率95.0%。共完成药品抽样906

开展电梯安全知识宣传　　（区质监局供稿）

件，收到检验报告书752份，不合格15份，合格率98.01%。区集体性食物中毒起数为零，连续4年未发生集体性食品安全事件。受理投诉举报226起，其中食品类201起，转立案24件；药品医疗器械25件，转立案8件，均在规定时间内处理和反馈。开展集体用餐单位、乳制品、食用油、一次性餐具、化妆品等专项检查、专项整治及紧急突击检查行动共20项；围绕节日重点开展“五一”、“中秋”、“十一”保障和夏季食品安全专项检查3次；开展重点区域、重点行业专项检查10次。开展“野山人参”、冬虫夏草等贵重中药材专项检查、药安Ⅲ号行动专项行动等15项药品医疗器械专项检查。先后有10名监督员和实验室检测人员进入世博园区工作和执行保障任务。世博期间，区内共开展食品安全重大保障12次，其中涉博Ⅰ级保障5次，Ⅱ级保障3次，其他社会面保障4次，快检食品原料及环节1517件，合格1515件，保障79餐次、8716人次的用餐安全。年内，区食药监分局有35人次和8个集体获得各类奖项。　（王兆林）

【保障辖区世博食品安全】 年内，区食药监分局成立世博领导小组和四个工作小组及督察督办组，全面开展世博食品药品安全保障工作。全程保障区境中心厨房运转。区内2家中心厨房（潮府酒家和上海华铁旅客服务有限公司）分别承担世博园内大宁潮府和中国铁路馆的食品原料配送任务，自4月底正式运转以来，对两家中心厨房供博食品原料开展监督抽检242件，合格率97.9%，快检食品163件，合格率100%。全程保障2家中心厨房供博食品配送35次，计配送供博食品8125公斤及10690人（份）。完成世博重大活动保障并对世博接待宾馆开展全覆盖检查。出动169人次，开展对智利、越南、乌拉圭、柬埔寨、瓦努阿图等国家元首食品安全保障12起，顺利完成世博开幕浦西洲际酒店总统团、大使团等5个国家元首代表团的一级保障任务。对新亚明珠大酒店实施每周巡检Ⅱ级保障。快速检测食品原料及食品环节1050件，合格率100%。共保障50餐次，3748人次用餐安全。全覆盖检查8家世博签约宾馆和1家世博推荐餐厅。开展世博旅游接待饭店食品安全专项检查行动，检查旅游接待饭店35户，督促其建立起5桌以上菜单审查责任制度和食品留样制度。对30家“世博人家”开展食品安全操作规范指导，现场保障西班牙共产党总书记一行到世博人家用餐。开展专题培训45批次，培训单位1811户，1500多家企业负责人签订食品安全告知承诺书。发放《世博人家接待食品安全指南》、《旅行者食品药品安全指南》、食品药品安全知识读本、宣传单片等宣传资料2000多份，发送食品药品安全预警短信18375人次。

（彭　菲　陆颖颖）

【开展辖区世博药品检查】 开展世博药品零售专项检查行动。检查覆盖辖区所有单体药房和连锁企业门店105家，通过组织召开工作会议、企业签署承诺书、自查整改、成立“巡视组”巡查评议和明查暗访等工作措施，重点检查药品分类管理、处方药销售规定执行情况、含麻黄碱复方制剂限量销售规定执行情况、非药品冒充药品销售情况、杜绝违法药品广告执行情况、店容店貌规范执行情况、药师和药学技术人员的在岗情况和提供药学服务与用药指导的情况等，发出限期整改14户次。开展药安Ⅲ号行动，重点打击非法收购药品、地下制售假劣药品及药品、医疗器械、保健食品违法广告，共收缴、收购药品信息牌32块，查获“开同”、“心通口服液”等十余种药品。检查免费体验点9家，发放规范经营书9份。强化突发事件处置。世博会期间，通过和公安、安检部门联合，在交通运输枢纽区域对来沪人员随身携带的批量可疑药品开展检查，查处旅客涉嫌无证经营药品案件7起，涉案药品和医疗器械近3000盒。成功阻截查处一批来源不明的假人血白蛋白200瓶，此案作为行刑结合案件移交公安部门。　（王小光）

【加大常规食品检查力度】 巩固提高创建食品安全示范街成果，发挥其食品安全管理水平的示范作用。检查餐饮单位2646户次，按照风险高低确定监督检查频次，全面实施监督公示制度，并规范餐饮业标准化管理，逐步提高量化等级的A、B级比例。针对夏季食物中毒高发期的特点，开展夏季餐饮食品安全整治行动，重点加强对餐饮单位自制冷荤、熟食制品和水产品等高危险性食品加工管理，落实一次性消费5桌以上的宴席申报备案制度。会同教育、建委、工会、民政等有关部门，加强对集体供餐配送企业、学校食堂、企事业单位食堂、建筑工地食堂、社区老人助餐点等高风险领域的监督检查，开展集体用餐配送单位专项检查，学生集体用餐专项检查，落实防范食物中毒关键措施，及时消除严重危及食品安全的隐患。以临汾社区为试点，开展小餐饮综合管理达标创建活动，对经营环境、餐饮具消毒、个人卫生、进货渠道实施重点监督，督查指导41家无证经营户改建并办理申请许可手续，其中8家通过现场审核要求，发放餐饮服务许可证。在全区组织开展综合整治，取缔无证餐饮单位及无证流动摊点42个，收缴不洁食品117公斤。完成765户经营单位的换证，注销327户，换证完成率93.51%。共出动监督人员1845人次，监督检查保健食品经营单位614户次，重点抽样保健食品65种，立案处罚1户。开展化妆品联合检查专项行动，监督检查化妆品经营单位533户次，抽检61件，责令整改4户。落实餐饮场所控烟措施，张贴禁烟标志1510个、海报925张，公布统一的控烟监督电话，总体情况良好。落实2008问题奶粉紧急查处工作，对辖区内餐饮单位使用的所有乳粉及乳粉的产品（如复原乳、炼乳、炼奶酱等）开展逐产品、逐批次的清查，检查餐饮单位525户次，检查乳制品及其产品数量177个，未查见使用问题乳粉情况。开展调味料专项抽检，紧急检查小餐饮24户，抽检调料20件，抽检结果均合格。（张　琳）

【加强日常动态监管】 对区内药品生产企业定期开展日常监督检查和QC（质量控制）专项检查，督促整改投料不规范等问题，促进企业不断提高自身质量管理力度和水平。加强对医疗机构制剂室日常管理，区内两家医疗机构制剂室通过GPP（医疗机构制剂配剂质量管理规范）换证检查。对重点高风险医疗器械开展专项检查，监督检查生产企业24家，经营企业40余家，完成35家医疗器械生产企业网上信息登记工作。对2家一类医疗器械生产企业实行备案登记。继续以医院“放心药房”建设为载体，促进医院加强药品质量的管理，年内新创建成功1家“放心药房”，全区有24家医院创建成功并按标准管理。通过开展一次性产品使用情况专项检查，加强医院医疗器械的管理。对高风险进口医疗器械产品总代理商（总经销）开展摸底统计工作。开展“野山人参”、冬虫夏草等贵重中药材的专项检查，立案2起。开展医用氧专项检查，检查生产和使用单位11家，未发现工业氧冒充医用氧的行为。开展疫苗专项检查，共检查疫苗163批次，总体良好。开展医疗器械专项抽样工作和小容量注射液“可见异物”专项抽验。开展以非药品冒充药品的专项整治行动，并与区卫生部门建立长效监管机制。在集中治理利用互联网发布虚假药品信息非法销售药品专项行动中，取证违法行为两起，一起发送行政告诫书，另一起联合公安开展调查。继续推进不良反应监测报告制度的实施。加强药品不良反应的监测及对心脏支架、起搏器、血透机、髋关节金属假体等高风险医疗器械不良事件报告，紧密跟踪监测以甲型H1N1为重点的疫苗等重点产品不良反应情况，全年收集上报ADR（药品不良反应）548件。加大对药品、医疗器械广告的监测，并对易出现倾向问题的社区宣传点、免费体检点开展检查和宣传。（胡伟中）

【提高食品药品检验能力】 1～11月，共完成药品检测2130件，比上年增长40.6%，不合格36件，不合格率1.69%。完成市食药监局专项检验任务共6项：头孢克洛类产品专项检验94件，全部合格；清热解表类中药材（饮片）专项检验38件，不合格3件；可见异物专项检验80件，现场发现可疑样品9件，经确认6件不合格。外省市饮片专项检验26件，不合格5件，不合格率19.2%。基本药物专项检验335件，全部合格。落实制度，完善质量体系，顺利通过国家实验室复审。主动派检验人员配合普陀、虹口等分局对药品生产企业的原辅料、成品检验能力等进行专项检查，共检查药品生产企业8家，检查出企业QC实验室原始记录不完整、细菌内毒素测定方法有误等12项问题。开展示差检测糖类样品（特色）、顶空进样法检测溶剂残留、微生物限度检验方法验证、无菌检查方法验证和开展药品质量标准研究等项目。为12家药企（蔡同德、信谊药厂、信谊研究所、先锋药业、新亚药业、信谊嘉华药业、云峰药业、延安万象药业、华拓医药科技、上海天赐福生物工程有限公司、禾健和品升等）开展委托检验。开展药品质量标准研究4项（牛磺酸滴眼液、辛伐他汀片、阿扎司琼注射液、雷贝拉唑钠和多巴丝肼胶囊）。（余岳林）

【确保“校安工程”食品安全】 针对大量学校搬离原址在外过渡，师生在

召开确保世博会食品药品安全誓师大会　　（区食药监分局供稿）

做好世博会期间浦西洲际酒店食品保障　　（区食药监分局供稿）

校用餐面临新变化，为确保“校安工程”期间在校师生用餐安全，区食药监分局创新机制，与区教育局联合开展“校安工程”食品安全专项工作指导，立足监管实际，制定分类指导方案，研究制定《关于闸北区“校安工程”改建学校食品安全工作意见》。针对原地改建、搬入过渡地改建两大学校类型，推出不同的监管措施。明确在外过渡的学校、接纳学校（单位）的集体用餐要求及学生盒饭企业的供餐配送要求。抓住关键环节，采取针对性指导措施。紧扣食品安全关键控制点和关键环节，严把食品的温度和时间关，并对配送单位资质和加工能力、配送距离、配送数量、配送车辆、运输条件、分装场所和要求、储存条件和时间、食品留样等方面提出具体细化要求，制定《操作指南》，严格落实各项监管工作规范，并对学校食堂改、扩建许可进行严格审核把关。明确职责分工，强化管理工作责任制。校长为食品安全第一责任人并作出安全承诺，建立重要事项申报制度，为在校师生用餐提供安全、有序、放心的食品安全环境。　（刘　俊）

审　　计

【概况】　年内，区审计局贯彻落实全国审计工作会议精神，围绕“五个确保”的中心任务，牢固树立科学审计理念，加大审计跟进力度，突出迎世博项目、新增投资项目和重大工程项目的跟踪审计，强化对涉及民生的专项资金审计，深化党政领导干部经济责任审计，在促进依法行政、维护经济秩序、推进廉政建设、服务全区经济社会发展等方面充分发挥审计的建设性作用。全年共开展审计（调查）项目21个，审计（调查）单位256家，审计（调查）金额274.14亿元，查出管理不规范金额8.94亿元，督促落实整改问题资金2.25亿元，促进被审计单位制定整改措施20项，帮助被审计单位建立健全规章制度8项。　（许小玲）

【完成预算执行审计】　区审计工作突出五个“注重”：注重创新审计模式，采取“1+3”模式，即在开展预算执行审计的同时，对社会各界广泛关注的3个热点项目开展专项审计调查，分别是土地出让金使用管理情况、政府扶持资金使用管理情况及“迎世博600天”项目的审计调查。注重深化审计内容，不仅关注预算内和预算外的政府性资金，还横向审计土地出让收益金、政府债务、非税收入等方面的收支管理情况，纵向审计政府性专项资金的管理、使用、绩效情况，审计政府性资金建设项目的管理控制情况，拓展审计的广度、深度，防止审计“盲点”。注重改进审计手段，推进计算机辅助审计，利用“金财工程”财政预算数据平台，通过审计软件的数据采集归类功能，开展对预算系统数据的综合分析，有效提高工作效率与质量。注重转化审计成果，强化对普通性、倾向性问题的归纳总结，从体制、机制、制度上揭示问题，分析原因，提出切实可行的审计意见，加大督促整改力度，通过区政府督查的形式，使审计意见落到实处，取得良好效果。注重公开审计执法，增强审计实施的透明度。做到审计计划、审计方案、审计程序和审计结果的公开，让审计在履行监督的同时，也接受被审计单位的监督。　（许小玲）

【完成13项经济责任审计】　以《经

召开区财税和审计工作会议　　（区审计局供稿）

济责任审计条例》颁布实施为契机，转变经济责任审计方法和内容，规范经济责任审计程序和报告格式，不断提高经济责任审计工作水平。组织实施区境13个部门(单位)的领导干部经济责任审计。在审计中认真总结以往经验，创新经济责任审计的内容、方法，突出三个“重点关注”。重点关注内控制度的建立和执行。把内控审计作为经济责任审计的首要环节，对部门(单位)内控制度的建立和执行情况，包括部门(单位)下属二、三级事业(企业)单位制定的各项制度、规定执行情况进行审计。主要采取检查有关制度执行的文件记录；询问某项内部控制的执行人员；进行新内控制度与原执行制度相对照等方式。重点关注专项资金的使用和管理。从以往审计财务收支真实性、合法性向审计重大经济决策和重大资金使用的效益性方面发展，特别关注专项资金的使用管理及其效益效果，用以评价领导干部的经济责任。在审计时着重检查部门取得专项资金立项等文件依据；检查专项资金用途和具体项目、要求、资金拨付时间进度等会议记录和财务核算等情况。重点关注财经纪律的贯彻和执行，强化对领导干部任职期间所在单位财政财务收支真实、合法性及遵守财经纪律情况的审计，加大对严重违法违纪问题和经济犯罪案件的查处力度，及时为区委、区政府加强对领导干部的管理监督提供依据。　(许小玲)

【开展固定资产投资审计】　根据政府投资审计的特点，围绕“三重一大”项目和资金，组织开展旧区改造项目跟踪审计调查、区迎世博600天投资项目审计调查和区中小学校舍安全工程跟踪审计调查等投资审计工作。在审计中将跟踪审计与效益审计有机结合，采用问卷调查、摄影摄像和座谈会议等多种审计调查方法，发现投资项目管理实施中存在的一些问题，并提出切实可行的审计建议，得到被审计对象的采纳和认真整改，为规范项目建设、提高投资效益发挥作用。全年审计资金46.11亿元，督促被审计单位整改问题资金2.14亿元，审计成果得到区政府肯定。　(许小玲)

【部署中介审计管理工作】　牵头召开区政府2011～2012年度审计(审价)工作会议，对2011～2012年度区委托审计(审价)工作进行部署安排。政府委托社会审计模式在整合审计资源、降低审计成本、提高审计质量与效率等方面发挥巨大优势。2009年1月～2010年10月，通过业务管理平台委托社会中介实施各类审计(审价)项目116项，审计金额99.85亿元，调账处理16.35亿元，核减工程造价5519.65万元，核减动迁成本2697.80万元，归还原渠道资金398.58万元，移交违法违纪线索1件。

(许小玲)

召开区委托社会中介机构服务座谈会　(区审计局供稿)

【完成专项审计工作】　对区2009年度财政扶持资金使用管理情况进行专项审计调查，审计调查从宏观着眼，微观入手，注重分析个体、局部问题，深入剖析财政扶持资金管理政策和使用过程中存在的问题，从体制、机制层面深入查找原因，并提出建设性建议，为区领导科学决策提供重要依据。按照中央和市委、市政府的决策部署，继续深入推进对国有企业及社会团体的“小金库”治理工作。为建立和完善预防“小金库”的长效机制，从源头上防治“小金库”问题的发生，会同区纪委、区财政局对“小金库”产生的根源及如何有效预防进行广泛调研，从加强监管、完善制度等方面研究治理对策，形成建立“标本兼治”、“纠建并举”等长效机制的调研文章。完成对大宁国际社区开发建设指挥部专项审计调查、桥东二期旧区改造项目跟踪审计调查。　(许小玲)

【指导内审工作】　加强内审指导工作，全区内审机构和内审人员完成各类审计项目279个，其中财务收支审计6个，经济责任审计51个，基本建设审计207个，其他审计15个，提出审计建议230条，较好地发挥了内部审计的作用。　(许小玲)

现 代 交 通

编辑　滕志刚

铁路运输

【概况】　上海铁路局是铁道部下属的国有特大型运输企业，是全国唯一跨四省市（安徽、江苏、浙江省和上海市）的铁路局。全局固定资产原值1433.6亿元，职工17.31万人。下辖61个运输站段。设徐州、蚌埠、南京、杭州4个铁路办事处，有合九、合武、芜湖长江大桥、新长、浦东、萧甬、金温、皖赣、衢常、沪宁、宁杭、丰沛、海洋、宿淮、沪杭、杭甬、宁安、阜六、杭州枢纽、上海金山、京福客专安徽有限公司、沿海铁路浙江有限公司、沪昆客专浙江有限公司、金丽温铁路有限公司、漯阜铁路有限公司等25个合资铁路公司。全局铁路营业里程达6945.2公里，其中时速200公里及以上线路营业里程1687.8公里；复线营业里程3874.3公里，比上年增长13.8%，复线率达55.8%；电气化铁路3194.8公里，比上年增长17.1%，电化率达46.0%。全局设564个运营车站，其中特、一、二等站98个（含合资公司）。全局配属客车6012辆，其中动车组139组；配属机车1705台，其中HXD型大功率电力机车223台。全局运输业务辐射全国各地，日均图定开行客货列车2169对，其中客车539对，货车1630对。2010年，全局主要运输指标全面增长，完成旅客发送28907万人，比上年增加3032万人，增长11.7%，发送量居全路第一。货物发送完成23204万吨，连续3年突破2亿吨，比上年增加1489万吨，增长6.9%。完成运输总收入465.4亿元，比上年增收81.8亿元，增长21.2%。上海市境内完成旅客发送6095万人，货物发送959万吨，运输总收入96.2亿元，比上年分别增长18.7%、1.8%和22.7%。全年完成多元经营营业收入210亿元，比上年增长31%，实现考核利润2.4亿元。

（李青旻）

“和谐号”列车英姿　（区方志办供稿）

【沪宁高速铁路建成通车】　7月1日，历时两年建设的沪宁高速铁路建成运营。沪宁高铁连接上海、南京两大城市，全长301公里，最高运营时速350公里，共设21个运营车站，其中上海市境内46公里，设有4个车站。沪宁高铁建成运营，是中国乃至世界上标准最高、里程最长、运营速度最快的一条城际高速铁路。运营初期开行动车组列车106对，其中高速动车组列车85对，普通动车组列车21对。上海至南京最快73分钟到达。沪宁高速铁路的开通运营，在上海、江苏之间形成一条便利快捷的铁路高速运输通道，从根本上缓解沪宁交通走廊运输紧张的状况，标志着长三角地区1小时都市圈的构建取得重大突破。　（李青旻）

【沪杭高速铁路建成通车】　10月26日，历时1年半建设的沪杭高铁建成运营。沪杭高铁连接上海、杭州两大城市，全长202公里，全线共设9个车站，设计时速为350公里。运营初期安排开行动车组列车 80 对，其中高速动车组列车 50 对，普通动车组列车 30 对。沪杭高铁建设首次运用桩板结构处理软土路基技术，线路采用 CRTS－Ⅱ型板式无砟轨道结构，横潦泾特大桥创新施工方法，跨沪杭高速公路特大拱桥采用转体法施工，创造多项中国高铁建设新成果。沪杭高铁的建成运营，在两地间形成一条更加快捷的高速铁路运输通道，可加快人流、物流、资金流和信息流的快速流动，推动长三角地区一体化进程。

（李青昊）

【京沪高铁先导段创世界铁路运营试验最高速】 京沪高铁枣庄至蚌埠段是京沪高铁建设先导段，承担着示范引导全线建设的重要任务，全长约 220 公里，起点为枣庄西站，途经徐州东、宿州东站，终点为蚌埠南站。12 月 3 日，在京沪高铁枣庄至蚌埠间的先导段联调联试和综合试验中，国产“和谐号”CRH380A 新一代高速动车组最高运行时速达到 486.1 公里，刷新世界铁路运营试验最高速纪录。

（李青昊）

【世博会期间铁路运输旅客 1950 万人】 围绕举办一届成功、精彩、难忘的世博会，上海铁路局通过管理创新、服务创新，全面提升客运服务水平。世博会期间(5～10 月)组织开行世博列车 5406 列，输送参观旅客 1950 万人，位居世博会各交通运输方式首位。全局旅客发送量同比增长 15.3%，比 1～4 月、11～12 月的增幅分别高出 8.3% 和 5.3%。（李青昊）

上海站

【概况】 地址：秣陵路 303 号，占地面积 43 公顷。上海站东依大统路，西傍恒丰路，南临天目西路，北靠交通路，主站屋建筑面积 4.5 万平方米，候车室总面积 2 万平方米，南北广场总面积 9.3 万平方米，采用“高架候车，南北开口，高进低出”布局。车站有候车室 19 个，计 10448 个座位，最高可聚集 1.5 万人。设有长 500 米的高站台 7 座 13 股道，电梯 40 部，其中坡度电梯 25 部、垂直电梯 15 部。有 10 吨锅炉 2 台、6 吨 1 台，250 万和 200 万大卡溴化锂机组 3 台，620 万千瓦热泵机组 3 台等大型设备。车站坚持以人为本的原则，遵循“服务只有起点，满意没有终点”的服务理念，为旅客提供亲情化、便捷化、个性化的服务。先后获全国文明单位、全国先进基层党组织、全国“五一”劳动奖状、全国精神文明创建活动示范点、全国创建文明行业先进单位、国家质量管理奖、全国用户满意服务企业、上海市红旗集体等称号。连续 15 次获得上海市“文明单位”称号，连续 28 次夺得全路客运大站评比第一名。

副市长屠光绍(左四)视察铁路上海站北广场　　（铁路上海站供稿）

（邵俊逢）

【加强铁路运输安全管理】 年内，树立大运输、大协调理念，以沪宁、沪杭高铁开通运营为重点，开展安全大检查和专项整治活动，确保铁路运输安全。建立高铁规章制度，先后制定和完善 22 个高铁规章和办法，并汇编成册，基本形成科学严密、统一规范、具体可行的高铁规章制度保障体系。随着车站管理区域的扩大，重新划分安全责任区域，明晰管理职责。完善安全管理制度，推行施工流程网络图，严格执行“五位一体”(安全、能力、秩序、服务、售票)防范检查制度，修订应急预案，制定图像表等。制定和完善各类制度办法 90 个，其中行车类 45 个，客运类 25 个，其他类 20 个。推进标准化行车室建设，建成安全生产指挥中心，夯实安全基础。组织沪宁、沪杭高铁联调联试，从临时行车办法、人员选拔培训、作业把关等方面落实措施，确保联调联试和试运营顺利进行。建立安全质量绩效考核体系，制定考核办法，加大安全管理力度，建立安质效典库 1341 项，明确量化检查标准，完善安全生产落实机制。至年底，车站实现无铁路交通事故 5971 天，创历史新纪录。

（邵俊逢）

【提前完成铁路运输经营计划】 以高铁开通运营和世博会为契机，制定营销行动计划，并完成全年运输任务。开展沪宁、沪杭高铁开通运营的营销宣传工作，加大市场开发力度，充分释放高铁运营优势。加强高铁售票组织，开发高铁客运新产品，抓好市场培育。高铁开通至年底，共发送旅客 503 万人，其中沪宁高铁日均 2.7 万人，沪杭高铁日均 0.9 万人。世博会期间发送旅客 1742.9 万人，运输收入 24.6 亿元。发挥自助售票机和代售点分销渠道作用，全年发送旅客 3251.82 万人，比上年减少 3.44%，提前 35 天完成年度计划；全年运输收入 43.1 亿元，比上年增长 43.28%，提前 50 天完成年度计划。　（邵俊逢）

【举办“和谐之旅，精彩世博”客运服

务质量年活动】 围绕举办一届成功、精彩、难忘的世博会，开展“和谐之旅，精彩世博”客运服务质量年活动。推进上海站站区北站房等改造项目，客运设施得到整体提升。推出世博服务举措，选树100名世博服务示范员，设立世博志愿者之家、志愿者服务基地和服务站。接待贵宾要客2301批33124人次，接待全路“感受世博、奉献铁路”先进劳模代表27批7360人。完善列车开行方案、售票组织、旅客乘降、餐饮服务、导向标识、换乘衔接等各项工作，提升服务质量。落实首问首诉首帮负责制，抓住上海虹桥站竣工启用，沪宁、沪杭高铁投入运营的契机，以“学标对标”活动为抓手，在服务语言、服务行为、服务程序、服务标准上高标定位。开展服务质量现场考评，全年服务质量评价平均指数为87分。收到旅客赠送锦旗35面、表扬信98封，媒体表扬13起。先后获“全路客货窗口用户满意单位”、“全路文明车站”、“全路信访工作先进集体”和“上海世博工作优秀集体”等称号。 （邵俊逢）

【开展科学优化岗位培训】 根据“按作业流程设置岗位、按生产岗位核定定员、按定员组织生产”的原则，完善各岗位管理职责和各岗位说明书、作业指导书，开展车站内部劳动力优化配置和劳动力跨车间、跨工种调剂，科学确定劳动班制，推进兼职并岗、一岗多能、一岗多职，实现全站运输业人员精干高效，劳动力资源配置科学合理。加强预算管理，严格控制成本支出，增强全员节约意识，制定虹桥等站的节能措施，成本支出控制在有权范围内。按照年度职工教育工作计划，以岗位素质达标为目标，以沪宁、沪杭高铁人员和行车主要工种人员为培训重点，针对虹桥站和沪宁城际高铁站技术装备、技术标准、规章制度、生产组织、作业程序和作业环境等内容，组织涉高岗位培训，全年举办各类培训班102期，培训13986人次，持证上岗率达100%。推进班组建设，调整优化各车间的班组设置，理顺工班、作业组，发挥班组长在现场管理中的骨干作用。开展质量管理体系2008版标准转换工作，通过第三方监督审核，保持质量管理体系有效运行。增强科技自主创新开发能力，承担路局“售票业务模拟操作系统”科研开发项目，完成路局“非正常接发列车模板控制辅助系统”科研开发项目，被评为“上海铁路局科技管理优秀单位”。开展“十百千”人才培育工程，向路局推荐“十百千”人才76人。 （邵俊逢）

【超额完成多元经营目标】 年内，贯彻全局多元经营工作会议精神，明确客运服务精品化、商业经营规模化、设备维护专业化、站区管理一体化的经营发展目标，理顺车站多元经营管理结构，优化专业管理模式。抓住运输需求扩大和沪宁、沪杭高铁开通运营的有利时机，以完善客运配套服务功能为重点，以高起点、高标准、高品位、高效益为目标，大力开发虹桥站多元经营项目，引入国内外知名品牌，推进规模经营。利用上海站改造契机，全面规划商业经营格局，抓好商业设计和品牌引进。支持文广公司广告、书刊经营和旅游公司旅游推介、代售点拓展及集经发展等项目，促进多元经营健康发展，实现主辅双赢。全年完成经营收入3.36亿元，为年计划3.01亿元的112%；实现利润2367.3万元，为年计划1880万元的125.92%。 （邵俊逢）

铁路北郊站内景 （铁路北郊站供稿）

北郊站

【概况】 地址：共和新路3501号。上海铁路局南翔站北郊站是办理整车、集装箱等货物的特等货运站，开设行包专列和五定班列运输。年发送货物90万吨，运输收入2亿元。年内，全面推行作业标准化管理，编制实施行车、货运等相关工种岗位作业标准书，推进标准化车间、自控型班组和标准化岗位创建活动。开展安全生产宣传月、安全隐患排查整治等活动，增强职工的安全责任意识和危机意识；定期开展“学标、对标、执标”和“飞翔杯”职工学技练功竞赛活动，表彰技能标兵和技术能手，实现安全年目标。加强货源营销，大力组织集装箱、班列等长距离、高运价货源装车。适时召开货主座谈会，了解货源增量和运能需求。推行货运“集中受理、优化装车”服务模式，以效益优先为原则，全年完成运输收入20735.4万元，超计划任务735.4万元，货物发送吨完成94.6万吨，超计划任务4.6万吨。北郊站连续多年被铁道部评为四星级优质货场。 （施忠庆）

轨道交通

【概况】 2010年，上海地铁完成世博会前建成420公里网络的重大目标，建成轨道交通2号线东延伸线(张江高科站—广兰路站—浦东国际机场站)、2号线西延伸线(淞虹路站至徐泾东站)、11号线北段一期支线段(江苏路站—嘉定新城站—安亭站)、10号线和13号线世博专用线等5条新线,为世博会交通服务提供充足运能。上海地铁开通运营线路有轨道交通1、2、3、4、5、6、7、8、9、10、11号线和13号世博专线,车站282座,长度425公里。世博会期间,围绕世博保障主题,完成世博服务保障任务,得到中共中央、国务院和市委、市政府领导的高度评价。上海申通地铁集团有限公司被中共中央、国务院授予"上海世博会先进集体"称号。上海地铁志愿者服务总队被中共中央、国务院授予"上海世博会先进集体"称号。上海申通地铁集团有限公司获"全国追求卓越绩效管理模式先进企业"、"第十一届全国职工职业道德建设先进单位"、国家交通运输部"文明行业"等称号。4个共青团组织获"全国青年文明号"称号,74个共青团组织获"市级青年文明号标杆团队"称号。至年底,全路网列车配属数达440列2732辆,全年开行列车88.5万列次,运营里程15157.5万公里,连续安全运营6475天,运送客流19亿人次,日均521万人次,比上年增长44.5%。全路网运营行车正点率98.1%,断面运力最高达每小时35.8万人次,运行图兑现率99.55%。单日最高客流超过754.8万人次。经区境内运营的有轨道交通1、3、4、8号线。其中区境内的轨道交通1号线有8座车站,全年客流进站68665577人次。轨道交通3、4号线在区境内共线运营的车站有2座,全年客流进站15399844人次。轨道交通8号线在区境内设有3座车站,全年客流进站10190794人次。世博会期间,上海轨道交通网络运送客流10.5亿人次,占上海市公共交通出行总量的34%。其中5条涉博轨道交通线路、12座轨道交通涉博车站运送观博、参博客流约3000万人次。世博会期间开行的13号线专用线运送客流近2000万人次(13号线建设需要原因,世博会后停运),占观博总客流的42%。

(张君龙)

【完成服务保障世博运营任务】 上海世博会期间,上海地铁面对网络化运营刚起步、世博保障周期长、员工队伍新、新线投运时间短等不利因素,党政分工负责组建6个工作组,分线包干负责重点枢纽和涉博车站,加强对世博运营的组织领导。按期完成迎世博600天整治目标,对15座车站整容、33座车站整修、109座车站保洁,整饰车站外墙32万平方米,整治车站和高架沿线环境。做好世博运营指挥调度方案和应急预案,运营车站联合消防、公安等部门做到"一站一预案",开展联合演练。组建6支维护保障专业应急队伍,21个区域性应急抢修点。动态分析世博会期间运营客流变化情况,及时更换4整套全网络运营组织方案,更新列车运行图76张,全网日开行列车超过4800列次,临时加开列车6000余列次。协同武警、公安、平安志愿者在车站入口、站厅、站台、车厢等设置4道安全保卫防线。全网519座车站进口闸机处配备安全检测仪,全覆盖展开检查,安检5.6亿人次,收缴各类危险品5.6万件。全网设置五级预警和维护保障专业三级设施设备保驾制度,参与专业保驾41.7万人次,其中邀请15家供应商以专业志愿者方式参与保驾12万人次,确保世博会期间地铁网络运行安全可靠。优化客流组织方案,调整车站服务设施布局和岗位配置,增加客流引导和调节设施。在上海电视台早新闻节目播出上海地铁实时信息。上海轨道交通网络经受世博大客流的考验,16次刷新单日客流纪录,创最高日客流754.8万人次新纪录。

(张君龙)

【开展地铁运营安全大检查活动】 年内,上海地铁强化安全基础建设,开展"大检查"、"大反思"、"回头看"等安全管理活动,举行轨道交通运营"百日安全"竞赛,健全绩效挂钩考核机制和安全检查考评制度,修订安全规程规章和作业管理制度,健全安全互控机制,开展安全隐患排查和整改,排查和整治12个直接影响行车安全的风险源。集中推进标准化建设。以通信信号、牵引供电、车辆轨道等专业为重点,对六大专业机房(工作室)进行标准化建设。开展以运营单位岗位作业标准化为重点的服务系列标准化活动,提升安全服务能力。完善安全监察检查体系。地铁路网实现安全年目标,累计实现安全天数6475天,运营安全事故杜绝指标等达到控制要求,严重故障类指标明显下降,运营生产安全、平稳、有序。

(张君龙)

【轨道交通3、4号线上海火车站站改造完工】 年内,上海地铁完成对开通运营近10年的轨道交通3、4号线上海火车站站的改造,建成17个窗口的综合售票亭,对原闸机位置移位90度并增补5台新进站闸机。5台自动售票机移至墙边,安检机南移3米,增加北面第二收费区面积100多平方米,新增北面第三收费区一处进口,为乘客进出站和排队买票留出空间,以防客流滞留。站厅改造后,成功突破该站"售票窗口少、进站速度慢"的瓶颈。

(张君龙)

【推广黄色斑马线提示标识】 年内,上海地铁在区境内的轨道交通3号线宝山路站等车站站台,推出醒目的黄色斑马线"高峰非停留区"提示标识。之前,负责轨道交通3号线运营管理任务的上海地铁第三运营有限公司在试点和乘客问卷调查的基础上,逐步完善3号线高峰站台的黄色斑马线的"高峰非停留区"候车提示标识,并推广实施,以缓解站台候车区域客流集中拥堵现象。

(张君龙)

2010年区境内轨道交通1号线各站客流情况表

站　名	进站人数(人)
汉中路站	5224551
上海火车站站	24227733
中山北路站	6059590
延长路站	8466987
上海马戏城站	5200340

（续表）

站　名	进站人数(人)
汶水路站	4484798
彭浦新村站	9592166
共康路站	5409412
合　计	68665577

2010年区境内轨道交通3、4号线各站客流情况表

站　名	进站人数(人)
上海火车站站	15399844
宝山路站	6428894
合　计	21828738

2010年区境内轨道交通8号线各站客流情况表

站　名	进站人数(人)
曲阜路站	2711205
中兴路站	3467081
西藏北路站	4012508
合　计	10190794

（张君龙）

道路运输

【概况】 2010年，闸北区道路运输业呈持续快速发展的良好态势。上海长途客运总站在区道路运输中发挥重要作用，日均发车1200余班，年接发送旅客1800万人次以上。区内有7个长途客运站点，分别为：上海长途客运总站、巴士长途高速客运股份有限公司上海总站（沪太路站）、巴士长运高速客运股份有限公司北区站（公兴路站）、交运集团高速客运有限公司客运站（恒丰路站）、锦江太平洋客运有限公司客运站、沪铁长途客运公司客运站、中山交通客运有限公司客运站，经营苏、浙、皖、豫、赣、闽、鲁、鄂、湘、川、渝、晋、粤、京等方向班线1000余条。（滕志刚）

【上海沪铁长途客运有限责任公司】 地址：恒丰路783～785号。由四大股东共同投资组建而成（2010年初完成股东变更，股东单位由原来的6家减至4家），是交通部评定的全国道路旅客运输二级经营资质企业，也是中国道路运输协会、上海市交通运输协会、市旅专会、市道路交通安全协会及市质量协会的会员、理事单位。公司有员工101人，外聘驾驶员172人。年内，公司对机构部门进行整合，撤销客运业务部，完成铁路汽车销售公司歇业手续。下设3个部门（综合管理部、计划财务部、安全质量部）、1个子公司（上海铁路汽车修理厂）、2个分公司（客运分公司、长途汽车站）、2个经济实体。公司注册资金4200万元。至年末，拥有营运大客车107辆、38条省际道路客运班线及40余条代办班线，经营范围辐射苏、浙、闽、皖、鲁、豫等省40多个沿海发达城市或地区。全年完成旅客运输120余万人次，客运周转量为每公里2.6亿人，完成收入3400万元，完成利润138万元。围绕上海世博会安保重点保障任务，公司以“高标准、讲科学、不懈怠”为要求，坚持“安全第一”理念，加强经营基础管理，各项工作取得预期成效。在上海市城市交通工会、上海市城市交通运输管理处、上海市城市交通行政执法总队、上海市道路运输行业协会旅客运输专业委员会等4家单位联合开展的“省际客运行业世博安全运营服务立功竞赛”活动中，公司被授予“优秀企业”称号，客运站客运班组获“巾帼文明岗”称号；被市运管部门授予“上海市2010年春运工作先进集体”称号。在上海市城市交通行业企业诚信考核等级评定中，公司首次被评为最高级别的“省际客运行业AAA级”，首次实现全年无责任交通人身伤亡事故的安全目标。公司通过重组、整合、改造，形成集省际客运站、省际包车、省际班车及汽车维修等相关产业为一体具有较大规模的产业链企业，初步实现集约化、规模化经营，成为上海新上铁实业发展集团有限公司的骨干企业之一。（费振海）

上海沪铁长途客运站外景　（沪铁长途客运公司供稿）

【上海长途汽车运输有限公司】 地址：公兴路88号。公司是由上海市人民政府批准组建的专业从事跨省公路客、货运输的国有企业。主营跨省公路普通货物及危险货物运输、仓储、汽车安全检测等，具有货运一级、ISO 9001、ISO 14001、GB/T28001、海关监管、危险品运输、车辆自检单位等资质，多年来一直被评为上海市的“重合同、守信用”单位，信用等级AAA级。年内，公司以世博会为重点，编制完善安全反恐维稳工作方案与专项应急预案。落实世博运输的专项检查，排除隐患，严抓安保管理。针对经济发展、市场拓展中存在的薄弱环节，做好客户铺垫及业务准备工作，进一步拓展新项目。公司全年实现主营业务收入15936万元，完成计划目标的109.9%；固定资产投资1139万元，新增、更新车辆54辆；新设南京办事处；6月，在浦东开设分公司。公司在吴泾、安亭基地分别改建600平方米与800平方米的仓库用于仓储物流一体化运作。全年公司三大信息系统稳定运行，其中确保公司重要制度和关键流程顺利执行的OA系统年内完成数据清理与升级，并新制定《网站信息维护管理规定》。根据业务发展情况，引进营销、业务等方面的人才，为企业发展做好人才储备。全年有4名青年走上见习经理岗位，引进人才21人。企业注重科技创新与品牌形象建设，“一种车辆油箱测量装置的浮子结构”获专利证书，长途汽车运输定额油耗标准测算系统软件V1.0获计算机软件著作权。6月，“SLT”公司商标注册成功，并完成公司质量管理体系2008版标准的转版，AAAA级物流企业通过复评。年内，公司获得“2010年度上海名牌服务类企业”、“2008～2009年度党风廉政建设先进单位”。获2010年度上海交运(集团)公司货运车修理工技能操作比赛团体第二名、计算机技能操作比赛团体第三名。四分公司获得“上海市模范集体”称号。1人在纪念建国60周年评选中被评为“上海市物流业突出贡献人物”。公司工会获得上海交运日红国际物流有限公司工会“2010年读书交流学习会”优秀组织奖。 (姜尧君)

上海太平洋长途汽车站外景 (太平洋客运公司供稿)

【上海中山交通客运有限公司】 地址：中山北路806号。公司是中国道路运输协会、上海市道路交通安全协会、上海市道路、水路运输行业协会的会员理事单位。公司注册资本1500万元，主要从事跨省市道路旅客运输和省际道路客运站代办服务及房地产开发等经营项目。为确保上海世博会期间运输安全，公司将世博保畅工作放在各项工作的首位。组建平安志愿者队伍，签订世博服务工作责任书，加强对全体员工及平安志愿者的培训和业务指导。开辟到站旅客安检专用通道，添置1台安检仪，招用10余名大龄就业困难人员，高峰时段安排平安志愿者到岗安检。世博会期间共发送班次19780班，接、发送旅客52.08万人次，查收各类违禁物品1725件，其中民用刀具1034把，管制刀具3把，仿真手枪2把。经受住一、二级世博安保的考验，被评为世博安全保畅立功竞赛先进集体。年内，公司被评为全国“安康杯”竞赛上海赛区优胜单位和上海市文明单位。在经营方面，公司加大对长途客运的投入，全年更新和新添14辆营运大客车，新开上海—远安、上海—武宁2条省际客运班线。全年发送班次31125班，接、发送旅客93.77万人次。公司坚持“以人为本，旅客至上”的服务宗旨，推行ISO 9001：2000质量管理体系标准，在历年的春运工作中，公司均被评为市、区春运工作先进单位。 (吴新华)

【上海锦江太平洋客运服务有限公司】 地址：恒丰路710号。公司是上海锦江商旅汽车服务股份有限公司的下属公司，从属于锦江国际集团，是经营省际道路旅客运输及客运代办服务的专业长途汽车公司。公司有员工210人，专职驾驶员95人。公司的经营业务、市场占有率、安全服务、服务质量、社会效益和经济效益均居行业前列。公司地处铁路上海站南广场，周边有轨道交通1、3、4号线及30多条公交线路。日发往江苏建湖、溧阳、陈集、仪征、金湖、大伦，浙江台州、温州、瑞安、临海等地区的长途客运班车60班，拥有自营及代办车辆百余辆，年发车近2.4万班次，发送旅客40余万人次。投入运营的车辆有奔驰、五十铃、凯斯鲍尔、沃尔沃、金龙、现代等高级车型。公司以“锦江”品牌为依托，始终坚持“旅客至上”的服务宗旨，坚持不挂“免战牌”，即不管何时遇上客流高峰，都能让旅客随到随走。公司连续多年获得行业和社会先进集体称号，为上海市长途客运行业首批达标企业。

(丁水俊)

【上海交运巴士客运集团有限公司】 地址：中山北路1015号。公司是由上海交运集团、上海久事公司和上海交投集团以资产整合重组而诞生的一家服务中外旅客的大型省际道路客运企业。公司注册资金2亿元，总资产9.48亿元，净资产3.42亿元，下辖5家全资公司、7家控股公司和2家参股公司，有各类中高档大客车743辆，营运线路561条，线路辐射苏、浙、皖、鲁、赣、闽、粤、湘、鄂、豫、川、渝、晋等省市，营运车日营运里程40余万公里，日发班次1700余班，日运送旅客约3万人次，高峰时达10万人次。集团场站遍布上海。有上海浦东长途客运东站(浦东南路3843号)、上海长途客运南站(柳州路36号)、上海虹桥枢纽长途客运西站(申虹路298号)、南汇客运站(惠南镇人民东路丰海路)、吴淞客运站(泰和路5号)、沪太路客运站(中山北路1015号)、恒丰路客运站(恒丰路258号)、川沙客运站(妙境路998号)、高桥客运站(草高支路198号)。其中公司所属上海长途客运南站、上海长途客运西站和上海沪太路长途客运站是国家交通部命名的一级站。公司弘扬"尊重自己,善待他人,共建新家园"的企业文化,坚持"航站楼管理、航空式服务"的服务理念,贯彻"效益优先、文化支撑、管理保证"的经营方针,努力保持行业领先地位。根据公司制定的五年规划,形成"四主若干辅"的站点资源,其中上海长途客运东站、上海长途客运南站、上海长途客运西站(虹桥枢纽长途客运站)和沪太汶水路新站作为主站,形成上海新的东南西北四大长途客运站点布局;而在崇明和长兴岛建客运站与吴淞、南汇、川沙等站一同作为辅站,使主站与主站、主站与辅站联动,有效节能减排。

(曹　康)

【上海交运高速客运站有限公司】

地址:恒丰路258号。公司系上市公司上海交运股份有限公司全资子公司,是拥有经营道路旅客及各类包车运输资质的专业企业。公司有尼奥普兰、宇通、北方等中高档大客车30余辆,有一支技能素质较高的驾驶员队伍,其中驾驶员中级技能及以上者占75%。公司主要从事通勤车业务以及旅游包车业务,有一套较为完善的运营管理模式以及服务规范。公司为上汽集团乘用车公司、上海交运股份公司精冲件厂及中加合资英提尔公司等单位提供通勤车服务,公司的业务管理能力和服务质量均得到客户单位的好评。公司依托上市公司平台,把握"做专、做优、做强"的经营方针,深化"以诚待客、以情感人、以优取胜"的经营理念,展现"服务四方客、温良恭俭让"的企业精神,体现"真心、真诚、真情"的服务特色,以安全优质的服务提升企业的公众形象和服务品牌。

(童　劼)

【上海阿尔莎长途客运有限公司】

地址:中山北路1017号(沪太办公楼6楼)。公司是由西班牙阿尔莎集团所属香港豪华世纪有限公司与上海交运巴士客运(集团)有限公司在1997年9月28日合资组建,总投资9240万元,注册资金4620万元。拥有江苏、安徽、浙江3省线路资源76条,专营跨省市道路旅客运输,包括省际高速公路运输、旅游包车、客运包车业务,是具有高速客运二级资质的专业公司。公司有员工125人,其中管理人员18人、驾驶员88人、机修工19人。公司自有停车场、技术维修场地、调度中心等5000多平方米。全年旅客发送量达95万人次,营业额1899万元。公司加强安全生产管理,定期开展安全生产宣传、教育和培训,记录归档,建有各类安全管理台账。公司以"以人为本、旅客至上、信誉第一"作为自己的服务宗旨,树立一切以旅客为重,一切围绕规范服务及安全经营的企业理念。年内,公司被上海城市交通管理处授予"春运先进"称号,沪B-67796及沪B-42362两辆大客车被上海城市交通管理处评为"省际客运行业世博安全运营服务立功竞赛优秀长途车"称号,李翔雄获上海市城市交通运输管理处颁发的"上海世博交通保畅先锋"。

(娄颖莹)

中共中央政治局委员、市委书记俞正声(右一)视察上海长途汽车客运总站　(上海长途汽车客运总站供稿)

【上海长途汽车客运总站有限公司】

地址:中兴路1666号。总站位于铁路上海站北广场西侧,东至孔家木桥路,南至交通路,西至恒丰北路斜拉桥,北至中兴路,占地29476平方米,地块东西长360米,南北最宽处140米,东宽西窄,呈三角形形状。客运总站建筑面积5.8万余平方米,其中地下车库面积22441平方米,商场面积1万平方米,候车室6900平方米,另设停车场面积3.4万平方米,地下售票大厅2000平方米;该站共设售票窗口83个、检票口26个、发车位52个,设地下一层、二层共5个候车室,可于3个层次同时立体发车,营运指挥系统全部实现信息化管理。5月,作为上海市重点市政工程改造项目——铁路上海站北广场综合改造工程基本结束,其地下广场与客运总站贯通,从火车站出站的旅客可通过地下通道直接到总站售票大厅购票乘坐长途汽车,真正做到零换乘,既方便旅客,又减轻市区交通压力。其硬件设施列上海市同行业之首。至年末,总站营运线路通达全国23个省市120个地区,营运线路333条,日营运

39.24 万公里，日均发车 1200 个班次，日均发送旅客 2.39 万人次，“十一”黄金周创日发送旅客 7.5 万人次的上海市行业纪录。全年共发车 445334 个班次，发送旅客 868 万余人次，分别占全市省际客运总量的 34.47% 和 36.15%。省际客运班线、营运公里、客运人次等指标连续 6 年列上海市同行业乃至全国行业之首。为迎接上海世博会，全力建设好全市最大的陆上“世博迎宾大厅”，总站投资 1000 余万元进行设施改造：清洗、粉刷外墙立面；增设候车室 3 个层面的立体通道电梯、购置 7 台安检仪、20 把手持式金属探测仪、4 把底盘反光检查仪、4 只防爆毯（筒）、90 个电子监控探头（总量达到 218 个）和大量消防器材；设立军人优先购票窗口、军人残疾人母婴专用候车室；开放过夜候车室，开通 24 小时通宵售票窗口，实行电话订票、上门送票等便民服务，为旅客提供尽可能的方便。通过岗前培训、岗位练兵的方式提高服务质量。世博会期间，共发车 232655 个班次，4944055 人次，到达 219933 个班次，4606715 人次，往返客运量达 9550770 人次，比上年增加 26.13%，净增旅客 1978393 人次。（李树军）

【上海芷新（集团）有限公司】 地址：中兴路 1666 号。注册资金 6000 万元。下辖 6 个子公司和 1 个分公司，其中跨省市公路旅客运输业和客运站服务业是其支柱产业。年内，其子公司——“上海芷新客运有限公司”经营省际客运班线 91 条，营运车 218 辆，在管理上通过 GPS 监控设备对所有营运车辆进行全程监控，制定《GPS 卫星定位系统运行管理规定》、《安全生产操作规程》、《关于班车在营运途中违法违规的处理规定》、《驾驶员安全行车操作规程》等规章制度，提高服务质量，确保安全生产。在企业文化教育方面，注重品牌培育，所有营运车辆均喷涂为银灰色，车身中间配以紫色的“上海芷新”标识，不断提高社会知名度。其子公司——上海长途汽车客运总站有限公司（公路客运一级企业），客运量占全市总量的 34.47%，连续 6 年列全市第一位。在建设“陆上迎宾大厅”的活动中，以安全、优质的服务完成世博会期间的客运任务。芷新集团涉足的其他行业还有旅游、汽车修理、机动车安全检测业等。全年上缴税金 4566.4 万元。公司发展不忘回馈社会，1 月，捐赠芷江西路街道帮困基金 3 万元、“蓝天下至爱”50 万元、上海市慈善基金会 10 万元。（李树军）

公共交通

【概况】 区境内有公共汽车、电车线路 177 条。其中市区全日常规线路 62 条，无轨电车线路 6 条；高峰车线路 10 条，夜宵线路 18 条；市区专线线路 63 条；郊区线路新嘉专线、北嘉线等线路 23 条；由北区汽车站开往佘山的定班车 1 条。年内，公交公司对 210 路车队永和小区调度实行智能化管理，提高公交调度的科技含量。优化线网实施方案。先后撤销锦秋班车、58 路区间、114 路、761 路和 710 路；取消 46 路大站车；增加 722 路、741 路、78 路、528 路和 702 路短驳区间车。铁路上海站、彭浦新村、北区汽车站、北站地区是区境内公共交通的 4 个重要交通枢纽。铁路上海站周边的始发和过境线路有 60 余条。继续开展信息化建设工作，对主要道路上的站牌进行电子化改造。公交线路的调整以及公交专用道的开辟，对填补部分道路的公共交通空白，加强城郊之间的沟通，支持动迁房基地的启用，方便公交线路与轨道交通的衔接及改善居民的出行条件作用显著。（凌祚録）

【上海巴士五汽公共交通有限公司】 公司按照集团公司的部署和要求，围绕世博各项任务，优化人力资源配置。本着“控制职工总量，挖掘内部潜力”的原则，大幅降低人工成本，优化营运业务管理。制定《巴士五汽公司营运车辆进出场管理规定》，通过基层管理队伍实施“管事率”考核，违章、违纪、服务质量投诉明显下降，社会满意度指数显著提高。开展“世博在心中、低碳在脚下”节能减排竞赛活动。优化行车安全管理。通过安全公里激励机制、“管事率”考核和信息化监控跟踪考核，实现公司最佳管理效果。优化信息化智能化管理。建成公司数据中心以及综合查询管理平台，为传统化管理转化为现代化管理奠定基础。为将轨道交通 7 号线开通所造成的客流减少及其他客观因素的影响降到最低限度，公司通过对路况及客流动态的调研，调整行车作业计划，采取灵活的调度措施，调整公里投放，确保路线车百公里收入比上年上升。年初，公司对线网的调整优化进行分析，制定优化线网实施方案。撤销锦秋班车、58 路区间、114 路、761 路和 710 路；取消 46 路大站车；调整 845 路、851 路走向；在 850 路、851 路、845 路和 853 路实施无人售票；增加 722 路、741 路、78 路、528 路和 702 路短驳区间车。46 路大站车取消后，每天营收增千余元。撤线调整，减少营运车 31 辆。850 路等实施无人售票后节约劳动力 123 人。推出“亮点”和特色服务项目，营造温馨乘车环境，提升企业整体服务水平。40 路、46 路、206 路、世博 7 路、20 路等 5 条线路被集团评为“优胜线路”，维修分公司 2 次被评为优胜修理单位。世博会开幕前，完成 323 辆高等级客车的更新，清理车身广告 631 辆次，完成车辆罩漆 305 辆，发动机整理 71 台。年内，公司对站点重新整修，完成 43 个站点“四牌一图”更新，20 个站点统一标色。对 210 路永和小区站实行智能化调度及站点 GPS 推广等。公司大力倡导服务要“精雕细刻、精耕细作”，在世博专线车上推出雨天配备雨伞，车厢内放置鲜花、方便盒等特色服务，凸显人性化服务。公司世博 7 路、20 路被集团公司授予“世博优胜线路”称号。（张荣芬）

商贸·都市型产业

编辑　姚荣仲　丁唯涵

工业·商贸服务业

【概况】 年内，全区规模以上工业总产值实现154.79亿元，比上年增长17.5%，总量列全市9个中心城区第四位。区属工业总产值实现95.77亿元，比上年增长10.7%。区属规模以上工业产值实现83.88亿元，比上年增长10.7%。工业区级税收实现3.4亿元，比上年增长8.5%，占全区比重7.4%。1～12月，第三产业地区生产总值实现363.66亿元，比上年增长7.2%。其中批发零售业生产总值实现75.88亿元，比上年增长13.4%；住宿和餐饮业生产总值实现9.36亿元，比上年增长27.0%。区属第三产业营业收入实现559.10亿元，比上年增长14.5%。区社会消费品零售总额实现180.05亿元，比上年增长17.0%。　　（曹济南）

区政府与市商务委签订《共同推进闸北商务全面发展的合作协议》

（区商务委供稿）

【做好工业、商业经济运行分析】 年内，13家生产性服务业抽样企业营收达30.4亿元，比上年增长386%。其中新能源、信息技术等行业表现突出，晶澳太阳能光伏有限公司全年实现营收27.6亿元，比上年增长556%。复高数字信息技术有限公司营收比上年增长58.2%。全区生产性服务业实现区级税收7.8亿元，比上年增长47.1%，占全区税收总额的17%。技术创新活力增强。企业技术改造和高新技术产业化为经济发展注入新的活力。截至12月，组织28家企业申报国家技改、市重点技改、市高新技术产业化、市企业技术中心、市专利新产品、市总集成总承包等各类技术创新、技术改造项目，共获扶持资金3404万元。组织申报、验收区级企业技术中心6个，获扶持资金48万元。产业园区贡献扩大。重点园区税收属地率明显提高，22个都市型工业园区958家企业，税收属地率75%，全年上缴税金总额6.1亿元，比上年增长30%；上缴区级税金2.4亿元，比上年增长68%。全区商业总额大幅度上升。社会消费品零售总额增速加快，连续3个月突破17%，增速位居9个中心城区第二位。全区商业税收贡献度大幅度上升。批发零售业实现区级税收7.68亿元，比上年增长28.3%；住宿餐饮业实现区级税收1.00亿元，比上年增长41.5%；租赁和商务服务业实现区级税收7.30亿元，比上年增长51.5%。主力店销售规模稳步增长。大宁国际商业广场保持月均销售过亿的良好态势，全年销售总额达14.6亿元，比上年增长11%；大润发闸北3家门店实现销售额达14.3亿元，比上年增长40.2%。家电、汽车销售增长加快。受国家家电和汽车以旧换新政策刺激，区域内永乐、苏宁5家家电专卖店全年实现销售额6.62亿元，比上年增长25%。斯柯达、别克等汽车销售额41.7亿元，比上年增长28%。　　（曹济南）

【做好“十二五”规划编制工作】 在充分调研的基础上，摸清全区商业商务设施总量，梳理“十二五”期间重点开发建设项目27项。完成《闸北区“十二五”经济发展规划》、《闸北区重点产业发展“十二五”规划》、《闸北区外向型经济发展“十二五”规划》等专项规划工作,开展《“十二五”期间闸北区调整产业结构、促进产业发展的思路研究》、《闸北区重点区域发展思路研究》、《关于加快发展现代商业商务》等7项重点课题调研,为区服务业发展提供新的发展思路。（曹济南）

【为促进中小企业发展提供服务】制定《闸北区关于进一步促进中小企业发展的实施意见(初稿)》,组织筹备促进中小企业发展联席会议。制定《关于推进闸北区企业上市工作的实施意见(初稿)》,建立区拟上市企业资源库,有11家企业有上市意愿。组织12家企业申报“上海市第二批中小企业发展专项资金项目”,其中4家通过评审,获资助资金85万元;组织5家企业申报国家“2010~2011年地方特色产业中小企业发展资金项目”,其中1家通过初审;推荐2家企业申报“2009年度国家中小企业公共服务示范平台”,4家企业申报“2010年上海市中小企业信息化应用示范企业”;建立有65家中小企业纳库的区“专、精、特、新”企业数据库,进行跟踪监测,推荐纳税贡献突出、吸纳就业能力强的前10位中小企业进入市重点中小企业数据库;为7家企业办理融资补贴手续,通过中介担保,共贷款3725万元。（曹济南）

【加快促进企业技术创新】高新技术产业化推进工作:组织9家企业申报市高新技术产业化项目,其中2家企业获专项资金300万元;组织卡斯柯信号有限公司、上海亨通光电科技有限公司参加世博会期间高新技术产业化展览会。企业技术改造工作:提出2010~2012年区技改项目三年滚动计划,区内工业企业三年内争取投入2.9亿元进行技术改造。组织4家企业申报国家重点技改项目,获资助资金560万元。指导8家企业开展“引进消化吸收与创新项目”验收,其中3家通过验收。组织4家企业申报市重点技改项目,获资助资金1034万元。

市经信委领导到区调研（区商务委供稿）

企业技术中心建设:组织上海亨通光电科技有限公司成功申报市企业技术中心,获资助资金60万元。组织申报、验收区级企业技术中心6个,获资助资金48万元。区市级企业技术中心达16家,区级企业技术中心达15家。专利新产品项目:1家企业新品被评为“2010年度上海市专利新产品”,获资助资金2054万元。（曹济南）

【加强对创意产业园区发展指导】推动园区健康发展,创意产业园区经济效益大幅上升。年内,8个创意产业园区入驻企业260家,税收属地率61%,税收总额2650.34万元,比上年增长37%;区级税收1113.67万元,比上年增长44%。都市型工业园区结构调整深化。至年底,22个都市型工业园区入驻企业958家,税收属地率75%,全年税收总额60916.97万元,比上年增长30%;区级税收23988.16万元,比上年增长68%。园区注重以园引资,以资建园,加大招商引资力度,全年产业园区引进企业73家,引入资金6432万元。（曹济南）

【开展节能降耗工作】实施8家企业产业结构调整,其中搬迁6家、停业2家。开展主要用能企业日常用能监督和检查,重点抓好区域内16家年耗能800吨标煤以上企业能耗工作。执行能源利用状况报告制度。开展“政府补贴节能空调”核查,监督核查2582台节能空调状况,有效率75.4%。组织1家合同能源管理企业申报“上海市节能服务公司”;组织1家企业开展电能平衡工作;督促1家企业开展“4吨及以上工业燃煤锅炉”改造。组织4个项目申报区节能减排专项扶持资金,共获扶持资金23.1万元。截至10月,全区工业企业能源消费总量3.35万吨标煤,万元产值能耗比上年下降11.88%,均大幅度超额完成市下达目标,顺利完成“十一五”期间工业系统节能降耗目标。在全区9个街道(镇)200余个居委会成功开展高效照明产品推广工作,共推广节能灯具63.42万只,为市政府下达50万只推广任务的127%。支持飞利浦公司向区内1.4万户低保家庭、残障人士家庭赠送2.8只节能灯的举动,做好相关协调服务工作。在街道(镇)、机关大楼放置废旧节能灯回收箱。（曹济南）

【加强产业园区、重点行业综合管理】促进产业园区就业。引导产业园区承担促进就业社会重任,年内,在岗职工10080人,新增就业岗位992个。强化产业园区安全管理,开展“安全生产年”活动,30个园区签订《2010年安全生产、消防安全工作责任书》;组织实施元旦、春节、“两会”等重要节点的安全检查和隐患排查,全年检查企业985家,整改238处;会同区安监局对产业园区危险化学品进行安全专项整治检查，出动332人次，检查园区24个、企业256家，排查隐患85处。油、电、煤调控有序。对289户企业进行电力迎峰度夏管理；为确保世博会期间的柴油灌桶零售安全，严格审批70家企业的柴油灌桶零售，同时对区30家成品油经营企业进行年检（其中中石化23家、中石油7家）。（曹济南）

【推动苏河湾现代服务业建设】 区与市商务委签订《共同推进闸北商务全面发展的合作协议》，双方在“苏河湾”、上海人力资源服务业园区、大宁商业中心建设和服务外包、总部经济等重点领域开展全面合作。在市商务委支持下，区成功创建成为全市第二批唯一的“上海市服务外包示范区”。与市商务委合作，结合上海国际贸易中心功能建设，加快构建贸易认证检测服务等平台建设，使之成为上海国际贸易中心重要服务平台。（曹济南）

【加快推动“南高中繁北产业”区域商业商务布局建设】 南部：以“苏河湾”开发为核心，推进“中国上海人力资源服务产业园”建设；依托浦西洲际酒店、中粮大悦城等载体。着力引进高档消费品牌，打造高端商务商业区。中部：发挥大宁国际商业广场辐射作用，引进品牌企业和新型业态，加大闸北体育场地块招商力度。大力推进万荣路313地块、凯科广场和第一机床厂改造等项目建设。北部：着力抓好彭浦新村地区临汾路社区商业中心、阳曲路餐饮街等社区商业发展，临汾路全国社区商业示范区和阳曲路上海市特色商业街成功创建。协调推动市北祥腾财富广场、北郊佳城项目等商业商务载体业态布局和招商。（曹济南）

【开展迎、办世博会各项活动】 以“欢乐消费汇闸北，服务世博展风采”为主题，组织大宁国际商业广场、太平洋百货、大润发超市、世博特许商品销售网点等区主要商业服务企业开展“迎世博”系列营销活动。推进世博特许商品销售，先后与数十家特许生产商、零售商接触，帮助有合作意向的特许商在区内太平洋百货、不夜城商厦、大宁国际商业广场、大润发超市等设立世博特许商品柜面。全区开设特许商品专柜（点）41个、团购中心1个，世博特许商品销售额达2.78亿元，获上海世博会特许经营优秀组织奖金奖。借世博之机，以“扩大消费、繁荣市场”为目标，围绕“世界风、中华情、上海韵”三大主线，组织开展2010上海购物节“缤纷欢乐购物节，流光溢彩新闸北”为主题的闸北“品味、时尚、休闲、体验”四大板块11项活动，其中3项活动被列入全市购物节活动重点。组织开展每月5日全区“窗口服务日”、10万人次商业服务业员工培训等活动，协调推进上海站地区、大宁地区商户与市银联等单位联手推进POS机联网及商业企业无障碍设施建设。制定区打击侵犯知识产权和制售假冒伪劣商品专项行动实施方案，开展打击侵犯知识产权和制售假冒伪劣商品专项行动，加强酒类市场查处，共566人次进行执法检查，初检企业178家，联合执法检查64家，查处违法案件41起。（曹济南）

举办上海茶文化节茶业博览会　（区旅游局供稿）

【完善社区便民服务】 推进菜市场、连锁超市等企业实现“农标对接”和“农超对接”，对全区标准化菜市场摊位费实施补贴，支持农贸市场推出蔬菜平价摊位，引进菜农设立自产自销蔬菜专柜，确保蔬菜价格平稳。启动“10家标准化菜市场设置设立便民服务维修点”区政府实事项目，推进“副食品价格补贴”纳入街道、镇社区服务中心等全区社区便民服务网络建设。做好粮油加工企业年报、粮油流转年报等工作。（曹济南）

旅游业

【概况】 年内，区旅游工作以服务世博和转变旅游业发展方式为主线，把握“世博年，兴旅游”的主题，落实世博旅游服务接待和安保工作，确保一方平安。不断强化行业监督和管理，探索长三角地区茶乡旅游活动新机制，开辟闸北旅游新线路，精心组织旅游节庆活动，促进区旅游业健康发展。全年旅行社、旅游饭店和旅游景点共接待境内外旅游者888.13万人次，实现旅游收入36.6亿元。（唐　凯）

【举办第十七届上海国际茶文化节】 4月15日，第十七届上海国际茶文化节在浦西洲际酒店开幕，4月18日在四川省都江堰市闭幕，历时4天。该届茶文化节以“中国茶喝彩世博”为主题，由主题展示、经济旅游和文化传播三大板块组成，组织开幕式综艺茶会、世博与茶文化论坛、上海茶业·

茶乡旅游博览会、茶乡旅游合作联盟成立大会、央企看闸北、闭幕式系列活动等10多项活动，20多个省市区和日本、俄罗斯等国的友人、茶商、游客及上海居民共20多万人次参与茶文化节活动。 （唐 凯）

【做好世博旅游服务工作】 针对世博社会住宿业管理工作要求和区社会住宿业管理服务水平参差不齐的现状，主动上门沟通，联合公安治安等部门，向区旅游行业发出“确保安全、注重规范 、服务世博、展示形象”的倡议，制定全区旅游行业企业签订《世博旅游接待安全责任书》的工作计划。落实迎世博行动计划。在继续推进饭店总经理例会基础上，利用世博和节庆活动的契机，联合公安等相关部门，通过“旅馆业数据共享与服务平台系统”，采取宣传和整治相结合的方式，狠抓落实住宿登记安全防范工作制度，初步与公安等部门建立“社会住宿业”管理机制，共同下发“消防及安全工作要求”并实施检查，依托世博完善区大型社会住宿业企业的“应急疏散预案”的制定，建立区旅游企业营运车辆的登记档案和备案制度。编印《闸北故事》宣传手册。世博会前夕，区旅游局精心编辑印刷2万册《闸北故事》旅游宣传手册，手册汇集区旅游、文化、商业、景点、网点、特色介绍，推介区都市旅游经典线路。宣传手册通过车站、机场、旅游集散中心、区内星级宾馆、旅游咨询中心等渠道发放到广大旅客手中。通过位于铁路上海站的2个世博旅游咨询服务亭，向前来上海观博的万名游客和市民发放。 （唐 凯）

【完成世博人家接待工作】 位于区临汾社区的世博人家服务示范点，在世博会期间为中外游客提供多方位的都市文化体验，成为世界感知上海的一张名片。世博会期间，全市范围共有世博人家（示范点）187户，区临汾路街道有27户住宿型世博人家，占全市世博人家数量的14%。世博会期间，全市世博人家共接待参观、住宿的中外游客2700多人次，临汾路街道世博人家共接待游客211批次，1100余人，占全市总量的40%以上，是全市住宿型世博人家数量最多、最集中的区域之一。世博人家为游客提供文化交流、餐饮、住宿、旅游咨询等都市文化体验项目服务，缓解上海在世博期间客源高峰的住宿困难，提升上海世博会的综合服务能力。 （唐 凯）

开展阳光旅游进社区活动 （区旅游局供稿）

【举办上海旅游节闸北活动】 9月13日，上海旅游节闸北花车巡游活动在大宁国际商业广场举行。来自美国、英国、泰国、柬埔寨、马来西亚等6个国家，香港、澳门特别行政区、台湾及上海、湖北、江苏、浙江和世博花车20余辆进行展示。花车以宣传和推介各地经济文化和旅游资源为主题，给观众留下深刻印象。这次闸北花车巡游活动共吸引市民和游客8万多人前来观赏。9月13～18日举行茶乡美食周。本次美食周活动以“弘扬美食文化，服务世博盛会”为宗旨，共有来自浙江安吉、新昌和江苏宜兴等全国7个省市11个茶乡的特色美食、土特产品在大宁商业广场参加展示展销。6个茶乡以特色菜系为主题，在大宁商业广场雍丰饭店进行明火加工，广大市民积极参与其中，品赏茶乡美食。9月30日～10月4日在上海帝芙特国际茶文化广场举行秋茶采购节。本次展会共有来自浙江、江苏、安徽、福建、云南、湖南、上海和台湾等地的30多家茶叶企业参展，展出的主要品种有武夷山大红袍、安溪铁观音、金骏眉、凤凰单枞、坦洋功夫茶、正山小种、宜兴红茶、祁眉、大益普洱茶、湘益茯茶、台湾乌龙茶和安吉白茶、六安瓜片等精品、名品茶叶。活动安排多场由社区文艺爱好者表演的各类文艺演出和商家有奖促销，约2万市民参与。 （唐 凯）

【举办千家百企看闸北活动】 11月6日，“闸北区阳光旅游进社区——千家百企看闸北活动启动仪式”在大宁国际商业广场举行。组织邀请全区各街道、镇1000户居民家庭代表、100个“两新”企业职工代表参加“看闸北变化，游闸北美景”活动，其中包括世博志愿者家庭、民主党派成员家庭、特残人家庭、人大代表家庭、政协委员家庭、居委会干部家庭、企业先进生产工作者代表家庭和建设者家庭等，游览线路主要是闸北区域内景观道路、历史文化遗址、现代建筑、文化休闲旅游设施和产业发展项目等。活动为期一周，安排导游全程陪同游览讲解，通过实地参观，使市民游客切身感受到闸北的发展和变化。 （唐 凯）

【举办宝华寺新年撞钟活动】 2010年12月31日晚至2011年1月1日凌晨在宝华寺举行新年撞钟活动。副市长赵雯，市旅游局、市有关部门和区四套班子领导参加开幕仪式、鼓楼启用揭幕仪式和撞钟活动。开幕仪式上，举行“闸北区自强不息好少年帮困基金”首笔慈善基金捐款仪式。该届宝华寺撞钟活动以“和韵禅音”为主题，开展猜谜增睿智、民俗工艺互动、品尝素斋点心、春联展如意、元旦大喜会等10项活动，6000多名市民和游客参加挂许愿带、点平安香、撞吉祥钟、吃越年面、智猜灯谜、喜看烟火等各项活动，共同祈福新年更加美好的生活，呈现出一派“和谐、欢乐、喜庆”的迎新氛围。（唐　凯）

【成立上海茶乡旅游合作联盟】 4月16日，召开茶乡旅游联盟成立大会。为把茶经济与茶乡旅游有机结合起来，打造全新的茶旅平台，上海国际茶文化节组委会携手浙江、福建、四川等7省市13个地区，共同组建茶乡合作联盟，浙江金华、安吉、新昌、诸暨、天台，福建三明、武夷山，江苏宜兴、溧阳，湖南常德、安徽六安、四川都江堰、上海闸北等13个地区的旅游局和部分旅行社，共同推出以世博茶文化主题旅游线路和茶乡为主线的19条特色旅游线路，并共同签署《茶乡旅游合作联盟备忘录》，商讨联盟组织的常态化运作，提升上海国际茶文化节的品牌效应。该联盟成立后，将致力于搭建茶乡旅游六大平台，即宣传推广、线路开发、信息发布、推荐选评、互送游客和世博借势，并面向国内外旅游市场，开展缤纷四季活动、自驾旅游活动等，实现“永不落幕的茶文化节”。（唐　凯）

【绿色旅游饭店工作达标】 6月，区大宁福朋喜来登酒店、紫金东悦大酒店、中土大厦酒店、北方智选假日酒店通过银叶级绿色旅游饭店评定。完成区三星级（含）以下的星级复核和换证工作，区中悦苑景宾馆通过重评，景缘假日酒店取消星级（经营业务调整）。至年底，区拥有四星级宾馆5家，三星级宾馆7家，二星级宾馆4家，共16家。完成旅游饭店文明餐厅评定工作。经过认真筛选，区新梅华东大酒店、紫金东悦大酒店被评为上海市文明餐厅。（唐　凯）

对外经济贸易

【概况】 年内，区商务委以调结构、转方式、促发展为核心，以迎世博、保平安、惠民生为重点，积极推动全区“南高中繁北产业”发展，“十一五”规划目标顺利实现，产业经济大幅增长。全年引进合同外资5.03亿美元；完成外税总额34.4亿元，比上年增长16.8%；完成区级外税10.3亿元，比上年增长14.5%。（曹济南）

【引进外资项目】 年内，全区共新批外商直接投资项目211个（第三产业210个），比上年增长61.1%，其中合资项目19个，比上年增长111.1%，合作项目2个，独资项目190个，比上年增长55.7%。引进合同外资50312万美元，直接投资合同26765万美元。（曹济南）

举行2010年区中外企业国庆招待会　（区商务委供稿）

【外税实现较快增长】 引进纳税能力优良的总部型、结算型企业和专业服务类公司，如鼎捷软件公司、任仕高管理咨询有限公司等企业。全年全区实现外税总额34.4亿元，比上年增长16.8%；实现区级外税10.3亿元，比上年增长14.5%。在上海9个中心城区中，区外税规模排名第六；在苏州河以北四区中，区外税规模位居第一。1～12月，飞利浦、大润发、港沪房地产、科勒、迅达和特易购6家外资企业税收总额超过1亿元，占全区外税总额50.6%，其中飞利浦（中国）投资有限公司和上海大润发有限公司分别以7.65亿元和4.16亿元位居前两位。43家纳税总额超过1000万元的外资企业，有18家区级税收超过1000万元。（曹济南）

【扩大总部经济效应】 利用《上海市鼓励跨国公司设立地区总部的规定》政策，加大引进跨国公司地区总部力度，成功引进投资方为台湾最大的专业化汽车营销企业——和通汽车投资有限公司（投资性地区总部，注册资本3000万美元），注册在区市北高新技术服务园区（国家级）。嘉吉投资（中国）有限公司以增资方式收购关联公司股权，净增5146.23万美元。区跨国公司地区总部达9家。扩大大项目效应，共批准100万美元以上项目57个，比上年增长29.5%，涉及合同外资45705万美元。（曹济南）

【引进数家知名企业】 重点聚焦人力资源服务业、金融服务业、信息服务业、商贸服务业和专业服务业的领域引资，引进区首家外资劳务派遣公司——任仕高企业管理咨询（上海）有限公司，首家外资汽车租赁公司——上海一嗨汽车租赁有限公司，首家外资翻译公司——统益翻译（上海）有限公司，以及“DKNY”品牌经销商——丽华坊商贸（上海）有限公司和“丽婴房”经销商——上海丽寇贸易有限公司等知名商业企业。（曹济南）

2010 年闸北区利用外资情况一览表

吸引外资方式	批准外资企业			合同外资	
	项目数（个）	投资总额（万美元）	比上年增减幅度（%）	外资金额（万美元）	比上年增减幅度（%）
外方直接投资	211	40207.5	-21	26765.18	-25
其中:合资企业	20	3369	-65	3431	126
独资企业	189	24686.2	-40	19338.75	-43
合作企业	2	12152.3	—	3995.43	—
增资企业（不计入合计）	58	47093.4	17	23546.7	34.8

（曹济南）

2010 年闸北区吸纳外商投资行业（产业）分布情况一览表

行业或产业	项目数		投资总额		合同外资		实到外资	
	个数	占比（%）	金额（万美元）	占比（%）	金额（万美元）	占比（%）	金额（万美元）	占比（%）
合计	211	100	40207.5	100	26765.18	100	—	—
生产性项目	5	2.3	2161.5	94.6	1286.35	4.8	—	—
非生产性项目	206	97.7	38046	5.4	25478.83	95.2	—	—

注:以上数据不含增资项目。

（曹济南）

2010 年闸北区外商投资主要来源地情况一览表

国家（地区）	项目数（个）	投资总额（万美元）	合同外资（万美元）
中国香港	66	12867.2	12057
英属维京群岛	7	4684.3	4417.3
巴巴多斯	1	9122.5	3000
美国	22	5042.6	2519.6
德国	4	1103	1060
日本	24	1965	902.7
新西兰	2	777.6	530.6
荷兰	5	675.7	501.6
意大利	4	1494	341
中国台湾	21	371.3	320.8

注:以上数据不含增资项目。

（曹济南）

2010 年闸北区出口商品主要输往地情况一览表

国家（地区）	出口额（万美元）	占出口总额比重（%）	国家（地区）	出口额（万美元）	占出口总额比重（%）
美国	9414	21.13	印度	2126	4.77
日本	6287	14.11	韩国	2040	4.58
东盟	3700	8.30			

（曹济南）

2010 年闸北区主要出口商品情况一览表

出口商品	出口额(万美元)	占出口总额比例(%)	比上年增减幅度(%)
机电、音响设备	17832	40.01	0.82
纺织原料及纺织品	9841	24.02	1.54
贱金属及其制品	8241	18.49	87.25
鞋帽伞等	1993	4.47	47.69
杂项制品	1350	2.52	-28.78

(曹济南)

【完善外企服务机制】 推进企业审批"一门式"服务,修订区内外资企业项目审批与企业监管服务流程。强化联系企业制度,加强与对口企业联系,及时帮助企业解决发展中面临的各类问题。年内,参加年检企业 631 家,其中合资企业 106 家,合作企业 25 家、独资企业 497 家,合计投资总额 45.5 亿美元,吸纳就业人数 33175 人,纳税总额 23.4 亿元。(曹济南)

【外贸进出口总额比上年增长 9.9%】 年内,全区实现外贸进出口总额 72616 万美元,比上年增长 9.9%;其中进口额 28047 万美元,比上年增长 9.1%;出口额 44561 万美元,比上年增长 10.4%。出口总额中,出口美国、日本、东盟、印度、韩国占 50% 以上。外贸出口贸易总额,按企业性质分:三资企业 17120 万美元,外贸公司 7856 万美元,自营进出口企业 19593 万美元。按贸易方式分:一般贸易 42311 万美元,加工贸易 2256 万美元。按产品类型分:机电产品 17833 万美元,纺织产品 9841 万美元,贱金属及其产品 8241 万美元。(曹济南)

招商引资

【概况】 年内,区引进内资企业 1846 家,引进内资 102.27 亿元,比上年增长 55.5%,完成年度计划的 157.3%。引进外资企业 268 家,总合同外资 5.03 亿美元,完成年度计划的 100.6%。引进上海邮政速递物流有限公司、上海盛泰医疗科技有限公司和上海东方骆驼实业有限公司、上海星舜置业有限公司等一批大企业。

(张丽华)

【加大引进资金工作力度】 年内,引进注册资金在 1000 万元以上的内资项目 137 个,引进资金 86.78 亿元。其中,注册资金达 1 亿元以上的大项目 18 个,引进资金 58.85 亿元,占引进资金总额的 58%。引进资金 1000 万元以上的项目数、引资数比上年增长 78% 和 63%。(张丽华)

【推进企业服务工作】 深化"百人团队联系百家企业"工作,对企业反映的诉求及时与相关职能部门沟通并予以协调解决。通过举办形式多样的"闸北区情通报会"、"企业家座谈会"、"国庆招待会"等活动,帮助企业全面了解和解读市、区政府出台的有关扶持企业发展的最新政策,加强政府与企业之间的沟通。筹划成立区行政服务中心,健全窗口服务企业功能,优化窗口办事服务效能。按照"便捷、高效、规范"的基本要求,让企业享受到便捷的"一条龙"服务。

(张丽华)

【创建中国上海人力资源服务产业园区】 经国家人社部批准,在区苏河湾筹建首个国家级人力资源服务产业园区——中国上海人力资源服务产业园区。园区下设联席会议办公室,并建立定期工作交流机制,商讨决定园区建设的重大事项、扶持政策及督导相关工作的落实,协调解决工作中遇到的问题,确保园区建设的顺利进行。园区围绕"民生为本、人才优先、服务发展"主线,把"集聚产业、拓展业态、孵化企业、培育市场"作为主要任务,完善扶持政策和工作机制,努力把中国上海人力资源服务产业园区建设成为立足上海、联动长三角地区、服务全国、面向世界的人力资源服务产业高地。在区投资促进办的协调和努力下,园区建设工作取

区商务委与特易购(上海)有限公司签订战略合作框架协议

(区商务委供稿)

得初步成效。11 月，园区正式挂牌，集聚包括上海对外服务、中智、任仕达、万宝盛华等中外知名企业在内的人力资源服务企业和机构 47 家。

（张丽华）

【举行区企业家迎春团拜会】 1 月 27 日，区委、区政府在浦西洲际酒店召开“聚焦闸北、共谋发展”2010 年区企业家迎春团拜会，区四套班子领导等出席会议。区“百人团队联系百家企业”的党政领导、结对企业、部分知名企业负责人、市专业部门和中介机构代表共 350 余人参加团拜会。会议由区委常委、副区长许谋赛主持。会上，区长周平简要回顾 2009 年区经济发展情况并作 2010 年工作展望，区委副书记陈永弟宣读获得 2009 年度区发展经济“杰出贡献奖”和“贡献奖”的企业名单并颁奖，随后举行新入驻企业证照发放仪式及战略合作协议签约仪式。

（张丽华）

【召开区招商引资工作会议】 3 月 17 日，区委、区政府召开 2010 年区招商引资工作会议。区委书记方惠萍、区长周平、区政协主席张宝妮、区委副书记陈永弟等区四套班子领导出席会议。会上，周平回顾总结 2009 年区招商引资工作，从突出重点产业、围绕功能园区、加强税收属地、创新招商模式和完善政策服务等方面对 2010 年的招商引资工作作全面部署。陈永弟宣读对 2009 年度区级税收及引资工作先进单位、2009 年度区招商能手进行表彰通报的决定；宣读区总工会关于授予“争做招商引资最佳实践者”活动有关先进集体区工人先锋号的决定，并举行颁奖仪式。方惠萍对招商引资工作提出要求。

（张丽华）

召开 2010 年区招商引资工作会议（区投资促进办供稿）

召开区境内企业家座谈会（区投资促进办供稿）

【成立区行政服务中心】 根据市有关部门要求，下半年在原先企业服务大厅的基础上对原有的行政服务窗口进行整合增加，对原有的办公环境进行整修改善，成立区行政服务中心，并于 7 月 1 日正式运行。制定《闸北区企业服务大厅管理办法》、《闸北区行政服务中心日常工作制度》、《流动红旗评比试行办法》等制度，确保大厅规范、高效运行。组织入驻行政服务中心的部门分管领导和窗口负责人前往长宁区和嘉定区行政服务中心考察学习，逐步将“三联动”（工商、税务、质监）的审批时限由原先的 9 个工作日缩减至 6 个工作日，并会同区审改办、区科委共同研究建立区行政服务中心网页，加强信息化工作，提高行政服务管理水平。截至 12 月 31 日，区行政服务中心接待服务总人数为 32787 人次，共受理各项业务总数 19306 件，接受各类咨询 14479 次，办结或发证总数 12875 件，参与服务评价总人数 22210 人次。窗口服务“非常满意”及“满意”率 99.94%。由区工商分局牵头的“三联动”审批数为 913 件。

（张丽华）

【举办央企看闸北活动】 邀请中国商用飞机有限责任公司、中国移动通信集团上海有限公司、国药控股股份有限公司等近 30 家央企负责人参观闸北并进行座谈。区领导介绍区经济社会发展、产业结构调整、苏河湾建设、发展街镇经济等情况，着重就“南高、中繁、北产业”的发展格局进行诠释，希望更多的优秀央企能关注闸北，参与开发建设。与会央企负责人踊跃发言，表示对新载体建设和发展规划留下了深刻印象，将全力支持区的建设发展。

（张丽华）

区委书记方惠萍(右)出席中铁上海工程局有限公司成立揭牌仪式

(区合作交流办供稿)

合作交流

【概况】 年内,区对口支援与合作交流工作以"立足大局、扩大开放、服务全国、互融共进"为指导,围绕"解放、开门、创新、务实、发展"10字方针,在推动区域经济合作、统筹对口支援、增强各地企业服务、世博公务接待工作上取得明显成效。年内,对口支援云南帮扶资金1038万元,实施项目41个;对口支援都江堰大观镇灾后重建资金408万元,实施项目9个;对口支援新疆、西藏人才培训资金15万元,实施项目3个。接待外省市党政代表团41批812人次,其中世博内宾接待23批446人次。通过区内证券营业部实施大小非减持为区招商引税8147.56万元。服务沪办、企业工作有力推进,解决实际问题72项。

(施慧靓)

【援建都江堰市大观镇"闸北茶道"】 按照市委、市政府援建都江堰灾后重建工作三年任务两年完成的目标,2010年是上海完成对口支援都江堰灾后重建任务最后一年,5月,区根据当地群众实际需求,经调研考察,出资300万元援建大观镇桃源村"闸北茶道"。道路为沥青混凝土,总长度8100米,宽4米,建成后将切实解决大观镇桃源村祖祖辈辈行路难、运输难等问题,同时促进当地旅游业发展。

(施慧靓)

【推进滇贫困县对口支援工作】 按照市委、市政府统一部署,自1996年上海确立对口云南帮扶关系以来,区对口帮扶云南省文山州麻栗坡县、砚山县。年内,区坚持"动真情、办实事、求实效"的方针,围绕"民生为本、产业为重、规划为先"主线,对口帮扶两县协议内市区统筹资金960万元,实施帮扶项目24个,其中整村推进项目20个,投入资金830万元;产业帮扶项目4个,投入资金130万元。协议外帮扶资金78万元,其中人力资源培训项目8个,投入资金35万元;捐赠抗旱水车、电脑设备、教学信息化设备、"1+1"助学金等项目9个,投入资金43万元。较大程度改善农民的生活水平,农村经济有较大发展,城乡面貌发生较大变化,群众自我发展能力不断增强。选派6名支教老师、青年志愿者到当地开展支教工作。

(施慧靓)

【召开区合作交流与对口支援工作会议】 3月11日,区合作交流与对口支援工作领导小组会议召开。区委副书记陈永弟、副区长孙国彪出席会议,区合作交流办主任蔡建国作2009年工作总结及部署2010年合作交流与对口支援工作,区人保局、教育局、卫生局等部门作交流发言。陈永弟充分肯定合作交流与对口支援工作所取得的成绩来之不易;提出服务上海世博、服务闸北发展是年内合作交流与对口支援工作最大的任务、最大的考验;要求做好年内工作要善抓世博契机、主动宣传闸北,要善用世博接待、增进合作交流,要善挖世博资源、深化援建帮扶。此外,年底要调整合作交流与对口支援工作领导小组名称和组织架构,将区合作交流与对口支援工作领导小组更名为区对口支援与合作交流工作领导小组,由区

区委副书记陈永弟(后排左四)赴区对口支援地区——云南文山州砚山县视察工作

(区合作交流办供稿)

委书记方惠萍任组长,区委副书记、区长周平任第一副组长,区委副书记陈永弟,区委常委、组织部部长方莉萍,副区长孙国彪任副组长,为开展工作提供坚强的组织保障,体现了区委、区政府领导对对口支援与合作交流工作的重视。　（施慧靓）

【完成世博内宾接待工作】　世博会期间,在区世博接待服务指挥部的领导下,区合作交流办坚持"机遇共抓、资源共享、主题共演、活动共办、声势共造"的方针,注重操作性向创新性转变,加强与全国各省市、友好地区、长三角地区、对口支援地区交流合作,顺利完成世博内宾接待任务,直接参与接待内宾23批446人次,其中厅局级领导56人,涉及13个省份。制定完善《内宾接待服务工作方案》、《接待信息报送制度》,制作《闸北区世博接待服务意见征询表》,实行"接待工作问责制"。利用各省市馆活动周期间,邀请友好城区和对口支援地区到沪观摩世博,考察访问闸北。设计新颖接待服务手册、用餐席卡,并作为平台宣传区历史文化底蕴、区域规划重点、产业发展亮点、优越投资环境,为做好、做实、做细世博内宾接待工作夯实基础。（施慧靓）

【召开市政府公务接待单位第四组工作会议】　12月3日,市政府公务接待单位联谊会第四小组工作会议在上海市科技馆举行。区合作交流办作为市政府公务接待单位联谊会第四组组长单位牵头主办,上海科技馆承办,20家成员单位负责人出席会议,会议总结世博期间公务接待工作所取得的优秀成绩,研讨世博后公务接待服务工作。提出希望通过搭建交流平台,实现接待资源共享,促进成员单位交流,为做好世博后公务接待工作打下了坚实基础。（施慧靓）

【举办国内优势企业主题活动】　5月29日,国内优势企业"看世博、谋发展、促合作"主题活动在区举行。活动由市合作交流办主办,各区县承办,旨在为优势企业到沪投资发展提供服务平台,副市长胡延照在活动期间会见并宴请各区邀请的123名企业家。区邀请山东钢铁集团、深圳长园集团、安徽浙东集团、黑龙江飞鹤乳业集团、北京盈科律师事务所等国内5家国营企业及民营企业500强主要负责人一行20人到沪参观世博,考察闸北,寻求合作商机。区委副书记、区长周平,副区长孙国彪参加活动。7月9日,区邀请银河证券、智联易才、新湖期货等3家国内优势企业到闸北参观考察,活动促成北京盈科律师事务所、新湖期货落户闸北。（施慧靓）

【联系沪办、服务企业取得新实效】　年内,区合作交流办以"联系沪办、服务企业'个、十、百'工作制度"为抓手,走访69家各地投资协会企业和驻沪办事机构,为企业解决60件生产经营中的实际困难;为沪办牵线搭桥,解决难题12件;提供项目信息、推进招商引资、招商引税工作18件;促成中铁工程总公司华东地区总部、中铁上海工程局落户闸北;落实2家外地企业员工子女在沪借读工作。联系沪办、服务企业注重服务内容向服务内涵转变,注重宣传建设闸北为己任,通过介绍宣传,让各地在沪投资企业增强热爱闸北、忠诚闸北、奉献闸北的责任和使命。注重企业间合作共赢,搭建企业双向交流的互动平台,让企业间实现资源共享、信息互通、互惠互利、合作共赢。注重政府服务企业内涵,帮助解决在生产经营中的实际难题,使企业不断做大、做强。出台合作交流办树闸北形象,服务"四二一"工作模式,即"四让"(用真情奉献让对口支援以人为本、科学实践;用热情周到让公务接待得体有序、规范节俭;用海纳百川让合作交流联动发展共赢共建;用贴心服务让沪办企业互惠互利、互补互献)。"二赢"(用廉洁勤政赢得党风民生,用精益求精赢得高效无憾)。"一成为"(用大局意识让各方诉求成为共赢。尽快办、合力办、协调办、争取办是我们共生的语言、共有的行为、共同的承诺)。（施慧靓）

泰国民主党代表团到闸北社区参观　（区方志办供稿）

金　融

编辑　滕志刚

陆明华摄

银行·保险

【概况】 区境内有中国银行股份有限公司上海市闸北支行等10余家银行及各支行所属网点100余家。2010年,各金融机构面对复杂多变的经济形势,调整结构,完善经营体系,经营业务稳健增长。主动介入区政府的合作项目,拓展中小企业贷款业务,为地区经济建设作出贡献。个人金融服务领域不断推出个人投资理财新产品,银证转账、公用事业费解缴自动转账等业务,使居民享受方便、快捷、安全、高效的服务。区境内有中国人民财产保险股份有限公司上海市闸北支公司、中国太平洋财产保险股份有限公司上海市闸北支公司、中国平安人寿保险股份有限公司上海分公司长寿营业区3家公司。随着市场的发展变化,保险品种不断拓展,业务发展呈逐步上升趋势。境内有典当公司多家,其中上海市华联典当(连锁)有限公司影响力较大。

(滕志刚)

【中国银行股份有限公司上海市闸北支行】 地址:恒丰路218号。下辖8个营业网点,有员工180人。年内,在分行党委、行长室"调结构、扩规模、防风险、上水平"总体工作方针指导下,面对宏观经济环境和市场经营环境的变化,支行把握形势,抢抓机遇,夯实客户基础、寻求突破,增强业务持续发展的后劲。注重队伍建设,不断提升营销能力。强化监督与制约,不断完善内控管理长效机制。落实相关要求,配合做好IT蓝图投产准备。优化人力资源配置,做好世博金融服务,提高服务和技能水平,支行多项业务取得新突破。经营利润达2亿多元,比上年增长42%,达建行以来最高水平。

(卢英杰)

中国银行股份有限公司上海市闸北支行营业网点一览表

网点名称	地址	电话
支行本部	恒丰路218号	61408555
中兴路支行	永兴路75~85号	56901305
共和新路支行	共和新路1988号	33870053
海宁路支行(附自助银行)	海宁路681号	63248708
天目中路支行	天目中路347号	63179526
恒丰路支行	恒丰路600号	63179677
大宁支行	宜川路837号	56614080
彭浦新村支行(附自助银行)	汾西路439号	56912652
洛川东路支行	洛川东路285号	56337520

(卢英杰)

【交通银行股份有限公司上海市闸北支行】 地址:恒通路211号。支行下辖7个营业网点,有员工190人。年内,支行根据金融形势的发展变化,不断开拓创新,较好完成年度各项工作目标,主体业务保持良好的发展势头,风险管理内涵进一步丰富。支行以建设"和谐交行"为宗旨,以"举全行之力促倍增计划"为指导,努力提升服务水平,满足客户需求,提供超值的金融服务,共谋发展的合作关系。支行关注集团经济与区域经济的协调发展,通过短期融资券、蕴通财富等创新型产品为集团客户提供综合性金融服务。以"交银展业通"产品为纽带,大力扶持小企业发展、融资零售业务发展,加强营销策划,加快渠道建设,以"轻松安居贷"、"个人留学贷款"、"得利宝"、"外汇宝"、"满金宝"、"基金定投"以及保险等产品为抓手,为客户提供全方位的理财服务。支行提升网点功能,为客户提供更好、更快、更优质的服务。

(王根深)

交通银行股份有限公司上海市闸北支行营业网点一览表

网 点 名 称	地 址	电 话
支行本部	恒通路 211 号	63549090 - 120
芷江路支行	芷江西路 1300 号	63537165
共和新路支行	共和新路 2400 号	56654409
大华支行	新沪路 1139 号	66370024
彭浦新村支行	汾西路 388 号	56812539
市北工业区支行	江场西路 518 号	66525185
虹桥枢纽支行	申昆路 1500 号申虹国际大厦 A 座 DF405 室	

(王根深)

【中国工商银行股份有限公司上海市闸北支行】 地址:河南北路 485 号。支行下辖 34 家分支机构,有员工 674 人。年内,面对错综复杂的经济金融形势,支行围绕分行"同业领军、系统最优、世界一流"的三年发展战略要求,以世博服务为抓手,加快业务发展,加大"行商"营销力度,不断增强经营发展能力,盈利水平首度突破 10 亿元,总体发展状况平稳。至年底,支行全部贷款达 297.2 亿元,全部存款达 414.1 亿元。支行面对贷款规模约束及政策变化影响,强力拓展优势业务,存、贷款及中间业务等主要总量规模均居区域四大行首位,市场占比都保持在 50% 以上。支行对公存款、储蓄存款、法人贷款及个人贷款等业务总量增长突出,年度增量排名均列四大行第一。大力拓展铁路资产市场,业务增长和贷款余额双双创历史新高,全年新增贷款 28 亿元。积极介入区域经济,成功发放曲阜路站点动迁贷款 12.4 亿元。坚持"以客户为中心"服务理念,深化总行"服务价值年"举措,以网点 5A 达标为抓手,强化服务意识、完善服务管理、提升服务质量,有效应对世博服务考验。建立紧急联系机制,强化专业支撑。增加排队叫号设备投放,提高自助机具开机率及运行率,做好夜间 ATM 机处理。引入外包机制,增配英语接待专员,为世博接待提供支持;分流高峰客流,保证窗口充足,采取二次叫号、指导填单等措施,缓解排队时间长等问题。支行按照上级行总体部署,继续加快轨道交通有人网点与自助机具建设。4~5 月,建成轨道交通静安寺站支行、轨道交通徐家汇站支行和轨道交通镇坪路站支行,并投入运营。10 月,为响应铁路发展布局,建成铁路虹桥枢纽站支行,成为继南站支行后,轨道交通银行站点延伸到交通枢纽的又一实践。支行在轨道交通多条线路上分批投放自助机具,为全市居民提供快捷便利的金融自助服务。

(宋 敏 邢 峰)

工商银行大宁支行夜景　　(工行闸北支行供稿)

中国工商银行股份有限公司上海市闸北支行营业网点一览表

网点名称	地址	电话	网点名称	地址	电话
支行本部	河南北路485号	63642288(总机)	虬江路支行	虬江路1199号	56904046
天目东路支行	河南北路487号	63648912	和田路分理处	西藏北路866号	56321754
北站支行	天目东路109号	63079796	马戏城支行	共和新路2411号	56030939
天潼路支行	天潼路761号	33011381	大宁支行	广中西路1109号	66250161
宝山路支行	宝山路251号	66543275	市北工业新区支行	江场西路160号	36030344
铁联大厦支行	天目东路228号	53540400	延长中路支行	延长中路320号	56779897
上汽支行	康定路1199号	62313318	沪太支行	沪太路653号	56093934
不夜城支行	秣陵路88号	63532780	彭浦支行	岭南路368号	56834060
中兴支行	中兴路1568号	56973311	三泉支行	临汾路1274号	56408623
大统支行	大统路161号	63174587	汾西路支行	汾西路763号	36061015
中山北路支行	中山北路177号	56635058	闻喜支行	闻喜路970号	66690982
共和新路支行	共和新路740号	56636993	永和支行	原平路839号	66621045
东宝兴路支行	宝山路584号	56631123	彭浦新村支行	闻喜路721号	36061014
西藏北路支行	芷江中路535号	36173660	阳城路支行	阳城路138号	56516861
平型关路支行	平型关路161号	56387107	东方环球企业中心支行	永和路11弄43号103、104室	36520812

（宋　敏　邢　峰）

【中国建设银行股份有限公司上海市闸北支行】 地址：天目西路290号。支行下设12个营业网点，有员工276人。支行以“立足闸北，服务铁路，面向全市优质客户”为经营指导思想，不断开拓公司及个人金融业务。支行经营效益稳步增长，资金规模大幅增加，资产业务稳步提高。全年实现利润3.37亿元，贷款100.58亿元，存款148.50亿元。大力发展个人贷款和中小企业贷款业务，谋求可持续健康发展。顺应市场发展要求，拓展战略性业务。加快网点建设，提高服务质量。支行面对复杂的市场环境，加强风险监控，防范金融风险，保持业务发展与资产质量良性平衡，安全防范工作有所提高。（朱鸿发）

中国建设银行股份有限公司上海市闸北支行营业网点一览表

网点名称	地址	电话
支行本部	天目西路290号	63178800
第六支行	天目东路228号	63645532
曲阜路支行	西藏北路79号	63800998
海宁路支行	海宁路725号	63060268
中山北路支行	中山北路470号	56300965
共和新路支行	共和新路1545号	56303622
延长路支行	延长中路523号	56655801
大宁路支行	大宁路613号	56032880
阳城路支行	阳城路90号	66502934
彭浦支行	临汾路272号	56819728
临汾路支行	共和新路4534号	66247090
芷江路支行	芷江西路666号	51603223
共和新路自助银行	共和新路666号	56300965

（朱鸿发）

【华夏银行股份有限公司上海闸北支行】 地址:秣陵路38号。华夏银行是一家全国性股份制商业银行,主营人民币存款、贷款、结算业务,本外币储蓄、个人贷款及人行批准的其他业务。支行有职工24人,其中营销人员10人。年内,支行各项业务实现跨越式发展。至年底,支行各项存款达22.26亿元,其中储蓄存款余额2.13亿元,各项存款日均余额达16.57亿元,实现利润4200万元,累计发放各项贷款金额142394万元,开立银票12413万元,个人贷款7739万元。国际业务结算量8465.13万美元。

(张飒敏)

【中国农业银行股份有限公司上海闸北支行】 地址:天目西路488号(长安大厦)。支行设立办公室、人力资源部、内控合规部、信贷管理部、财会运营部、公司金融部、国际业务部、个人金融部等8个职能部门,辖10个营业网点,有员工243人。支行按照三年营销规划和年初工作会议确立的总体目标,落实总分行各项要求和措施,扎实推进各项工作。在业务经营上,增强市场拓展和客户维护力度;内控管理上,增强风险控制和监督管理能力;队伍建设上,增强干部员工队伍的战斗力和凝聚力;抓好负债业务拓展,优化结构,拓展优质资产业务。整合资源,推进网点转型工作。防范风险,强化精细化管理工作。 (郑　晖)

中国农业银行股份有限公司上海市闸北支行营业网点一览表

网点名称	地址	电话
支行本部	天目西路488号1号楼12层	63530776
不夜城支行	天目西路488号1号楼底层	63172179
宝山路支行	永兴路105号	56903979
共和支行	洛川东路339号	56384586
天潼支行	天潼路768号	63931800
普善路支行	洛川中路858号	56773270
沪太支行	高平路199号	56061125
大宁支行	运城路277号	56940119
马戏城支行	广中路977号	66315968
平顺路储蓄所	平顺路931号	66838601
江杨路储蓄所	汾西路42号	56795123

(郑　晖)

【上海浦东发展银行闸北支行】 地址:天目西路123号,下辖4个营业网点,附设5家自助式银行,有员工118人。支行主营人民币存款、贷款、结算业务,人民币储蓄业务;兼营经中国人民银行批准的代理业务。经中国人民银行外汇管理局核准的自营外汇业务,项目包括外汇存款、外汇贷款、外汇汇款、外币兑换、国际结算、结汇、售汇。支行秉承“笃守诚信、创造卓越”的经营理念,积极参与区域经济发展建设,建立适合市场竞争环境的经营模式。业务发展迅速,资产规模持续扩大,经营实力不断增强。至年末,支行本外币日均存款余额82.47亿元,本外币日均贷款余额63.06亿元,规模、效益、质量得到同步发展,取得较好的经营业绩。 (陈蓓君)

上海浦东发展银行闸北支行营业网点一览表

网点名称	地址	电话
支行本部	天目西路123号	63531008
中华新路支行	中华新路496号	56974144
芷江支行	普善路139号	66076592
平型关路支行	平型关路387~389号	56388362
彭浦支行	保德路505号	56913078

(陈蓓君)

【中国光大银行上海闸北支行】 地址:天目西路 218 号(太平洋百货南门)。有正式员工 24 人,办公和营业面积 1080 平方米。面对国内经济结构调整和经济发展方式转变的压力,以及银行监管的日益强化,商业银行经营活动面临诸多不确定因素,支行及早部署,上下努力,取得较好经营业绩。至年底,对公存款日均余额 2.8517 亿万元,比支行的全年计划多完成 178 万元;对公交叉销售 5.58 亿万元,超计划 15.029 万元。在全行 40 多家支行中排名靠前。年内,支行利用新春黄金时期,通过公私联动、私私联动,形成柜台营销、客户经营营销和班子营销等多层次全员营销和服务机制,夯实对私存款基础。通过集团联动、资源互换,走访优质券商等,加大第三方存管营销、资金回流力度。年末,支行第三方存管有效客户 2300 户,新增 365 户,新增对私存款 3789 万元,新增对公存款 1.5 亿万元。加强对员工的行为规范、风险教育、合规操作以及业务培训等。将分行收集的银监会、上海银监会、总行有关案件防控材料,汇编成《员工案件防控手册》,提高柜台操作风险意识,整改薄弱环节。支行将打造"老百姓身边的银行"为立行之本,每逢节假日,支行走进社区,为周边小区的居民提供专项理财服务,与所在地派出所联合举办"反电信诈骗"主题宣传活动,取得较好社会效益。

(闵美华)

【中国光大银行上海不夜城支行】 地址:天目中路 383 号(海文大楼二楼)。支行办公和营业面积 1000 平方米。有员工 20 人。支行是中国光大银行上海分行在上海地区具有理财业务特色的财富型支行。支行在面向大众客户的同时,为中高端客户特辟理财专区,配有多名专业理财经理为客户提供有针对性的理财指导。多功能厅为不同层次、不同需求的客户提供各类免费专家讲座。开设洽谈室、茶水室等让客户有宾至如归的感觉。支行除拥有上海地区分行系统唯一一名金牌理财师之外,还有注册财务策划师 1 人、中国金融标准委员会颁发的金融理财师(AFP)2 人、上海市注册财务策划师(高级)岗位证书获得者 1 人、国际葡萄酒行业协会品酒师 1 人,及时为客户提供各种有针对性的服务。面向大众的主要业务有对私理财、对私结算,个人贷款,各类优质基金和理财产品销售,为客户提供理财策划和咨询,个人网上银行业务,对私自助机具的推广,证券交易第三方存管,出国留学,私营小企业融资等各类对私贷款业务,对私公共业务缴费等,是一家金融产品和品种比较全面的股份制对私业务财富中心支行。支行拥有 1100 名 VIP 客户,对私业务个人存贷款、理财等资产规模 12 亿元。年内,支行获得"中国银行业同业协会文明规范服务示范单位"称号。

(钱魏彪)

【广发银行上海闸北支行】 地址:天目中路 267 号 2 楼。支行有员工 18 人。主营人民币存款、贷款、结算业务、储蓄业务、国际业务,兼营中国人民银行批准的各项代理业务。支行本着"稳健为本、服务至上"的经营理念努力打造一流商业银行。支行营业大厅宽敞明亮,有整齐划一的营业柜台、配备排队叫号机等服务设施以及点钞机、老花镜、报刊架、饮水机等便民设施。支行支持区域内企事业单位的发展,不以降低资产质量和流动性为代价盲目追求高速度、高利润;坚持业务发展与自身的管理相结合,在科学把握发展节奏的同时,以市场为导向,不断提升风险管理能力,通过创新和管理,使银行自身效益和社会效益最大化。支行零售业务规模不断扩大,企业人民币业务和国际结算业务得到发展,创利能力不断加强。

(胡 懿)

【中国民生银行股份有限公司上海市北支行】 地址:沪太路 549 号(近中山北路)。支行有员工 40 余人,经营面积 1200 多平方米。年内,支行围绕分行的经营战略目标,重点抓好中小企业业务营销和优质大型企业全方位业务营销;大力推动储蓄业务、企业代发、贵宾卡、信用卡、理财客户和按揭客户等;第三方存管营销以及大堂和柜面服务进一步优化。支行在做好业务工作的同时,抓好安全防范工作,确保全年无事故及各类案件发生,并再获"平安单位"称号。

(林之毅)

【兴业银行股份有限公司上海闸北支行】 地址:天目西路 500 号。经营中国银行业监管管理部门批准的各项本外币的存、贷款金融业务。支行坚持"依法经营、稳健经营、文明经营"的方针,以客户至上的服务理念,为企业和个人提供全方位的金融服务。年内,面对国内经济通涨和货币政策调控的形势,支行倡导"绿色金融"可持续发展的经营理念,支持闸北区地方经济建设,支持市、区重点企业,扶持中小企业成长,为经济建设和企业发展继续提供资金保障;同时服务社区,开展反假币和防范金融诈骗宣传活动,为百姓提供丰富的理财和储蓄等金融服务。坚持公司业务和零售业同步发展,至年末,支行全年实现利润约 4900 万元。

(卓恺农)

【上海银行闸北支行】 地址:梅园路 228 号(企业广场 13 楼)。支行有员工 120 人。辖公司金融一部、二部、个人金融部、会计结算部及 13 个路支行和 1 个理财中心。支行坚持改革创新,不断推出渐趋成熟的个人金融产品:公用事业费解缴自动转账、银证一户通、个人通知存款、本外币储蓄存款、个人住房贷款、个人额度房贷、小额质押贷款等各类理财产品,并以"慧通理财"专柜为个人提供全方位的金融理财服务。公司金融产品有本外币存款和结算业务、票据贴现、中小企业贷款、银证转账、保函、银行承兑、资信证明等业务。至年底,支行存款 151.2 亿元,贷款 73.6 亿元,全年考核利润为 2.81 亿元。年内,支行营业部被上海银行命名为"迎世博文明金融服务先进集体"。

(张天吉)

上海银行闸北支行营业网点一览表

网点名称	地　址	联系电话
支行本部	梅园路228号	63817902
宝昌支行	西藏北路565号	56630910
宝通支行	芷江中路258弄1号	56639282
广中支行	广中路879号	56776192
北站支行	洛川东路287号	56385094
市北工业园区支行	江场三路126号	36321508
彭浦支行	共和新路4378号	56475784
临汾路支行	临汾路432号	56833898
永和新城支行	阳城路183号	56371724
灵石路支行	灵石路1251号	66340646
沪太支行	沪太路659号	56521331
延长支行	万荣路12号	36395305
虬江路支行	虬江路1510～1516号	56908401
慧通理财中心	虬江路1510号二楼	56301131

（张天吉）

【上海农商银行股份有限公司闸北支行】 地址：中兴路1286～1288号。支行下辖6家分支机构，有员工81人。支行成立后，贯彻“做强郊区、扩展城区、立足上海、辐射周边”的市场定位，秉承“立足闸北、依托区域、服务中小、打造零售”的发展战略，围绕闸北区“十二五”发展规划要点和区域经济发展特点，扶持市、区中小企业建设，注重与区域经济建设的协调发展。支行以“专业、快速、灵活”为经营特色，推出“鑫居卡”、“青联鑫卡”、“公务卡”、“鑫连鑫”、“鑫意”理财等一系列为个人客户专门设计的创新理财产品以及“鑫通融”、“鑫通保”、“鑫透易”等一系列为中小企业量身定做的创新信贷产品，为中小企业发展提供便利。至年末，支行为中小企业提供各项信贷支持达8.06亿元。年内，支行以建设“服务大众、贴心周到的便民银行”为宗旨，加大力度建设创新金融服务模式的营业网点——金融便利店，并以延时、错时服务为金融服务特色，把自助机具与人工服务相结合，功能涵盖为四位一体的自助银行、个贷服务中心、个人理财中心和业务营销中心，为社区居民、中小企业提供便捷、便利、贴身、贴心的金融服务。

（赵旭峰）

上海农商银行股份有限公司闸北支行营业网点一览表

网点名称	地　址	电　话
支行本部	中兴路1286号	56625056
彭浦支行	灵石路729号	56032998
幸福分理处	保德路1156	56834801
阳城分理处	阳城路315号	66108845
永和金融便利店	平遥路102号	36323461
七浦路金融便利店	七浦路225～235号1楼	36328913
共和新路金融便利店	共和新路1165号	36320002

（赵旭峰）

【中国人民财产保险股份有限公司上海市闸北支公司】 地址：天目西路488号1号楼13层。隶属于中国人民财产保险股份有限公司上海市分公司，有员工44人。年内，公司围绕“促发展、增效益、防风险”的工作主基调，面对内外部环境复杂多变、业务发展面临诸多困难的新情况，通过转变发展方式、调整业务结构、抓好经营整改、强化内控合规、推进转型发展，使公司业务朝有效益发展的轨道迈进。全年实现保费收入16416.5万元，实收保费16213.7万元，支公司实收保费规模在分公司系统居第七位。（周静芳）

【中国太平洋财产保险股份有限公司上海市闸北支公司】 地址：天目中路383号（海文大楼13楼）。中国太平洋财产保险股份有限公司上海市闸北支公司是中国太平洋财产保险股份有限公司上海分公司下属分支机构，有员工30余人。支公司秉承“诚信天下、稳健一生、追求卓越”的企业精神，以客户需求为导向，为客户提供各种保险服务。开办的险种有财产保险、机动车辆保险、建筑工程一切险和安装工程一切险、货物运输保险、个人抵押住房综合保险、安居理财综合保险、社区综合保险、雇主责任保险、公众责任保险、船舶保险以及各种团体和个人人身意外伤害保险等业务。全年支公司实现实收保费1.32亿元。在业务发展的同时，严格按照保监会的工作要求，规范经营，加强风险防范和风险管控，并注重将防灾、防损的宣传工作贯穿于客户服务的全过程，以一流的品牌服务于社会，以优质的理赔服务赢得广大客户，不断提升太平洋保险的品牌效应。（姜凤麟）

证券·典当

【概况】 区境内有东方证券有限责任公司裕通路营业部等20余家证券公司。2010年，证券市场行情大幅波动，各证券公司坚持以客户需求为中心，以优质服务为先导，不断推出特色化的证券投资理财服务，全方位满足投资者的理财需求和多元化投资选择，获得投资者的信赖，取得较好业绩。区境内还有上海市华联典当有限公司等金融企业。由于市场竞争日趋激烈，各典当公司不断拓展新业务，营业额和企业知名度逐年上升。（滕志刚）

【海通证券股份有限公司上海临汾路证券营业部】 地址：临汾路1040号。营业部经营面积2400平方米，拥有可容纳近千人的交易大厅及10多间宽敞明亮的大户机构室，全面提供沪深A、B股，基金（封闭式、ETF、LOF），权证，国债，企业债，回购和开放式基金，海通集合理财产品等各种投资交易品种。在传统的柜台、自助等交易模式的基础上营业部还具备网上交易、电话委托、手机炒股等一系列安全、稳定、便捷的现代远程交易平台，并开通交行、建行、工行、农行、中行、民生、兴业、深发展等多家银行的第三方存管及银证转账通道。营业部各项经营指标稳居海通证券全国系统和上海闸北地区券商营业部前列，多次被评为公司“先进集体”和“青年文明号”。（王 俊）

【中信证券股份有限公司上海恒丰路证券营业部】 地址：恒丰路1号。2009年12月14日经中国证监会批准正式加入中信证券，成为中信证券在上海的12家营业部之一。营业部始终坚持“稳健、规范、诚信、高效”的服务宗旨，秉承“规范经营、稳健发展”的经营理念，依托中信证券强大的资产管理实力，大力开拓创新业务、私募基金业务、高端客户资金增值计划、定向增发业务、定向资产管理计划、股指期货及其套利交易、企业年金基金投资管理计划等多项业务，为客户资产保值增值提供更多的选择和服务。销售收入名列地区证券营业部前茅。围绕“平安世博”目标，营业部强化安保维稳工作，自内而外，加强员工安保意识，坚持预防为主，从严管理，完成上海世博会期间维稳工作。营业部热心社区公益活动，出资、出力，协助恒通路居委会为社区贫困家庭送温暖、送关怀。（叶 敏）

【首创证券有限责任公司上海共和新路证券营业部】 地址：共和新路1346号，营业部经营面积1721平方米，拥有可容纳千人的交易大厅及数十间宽敞明亮的贵宾室。公司在上海地区有3家证券营业部。营业部秉承“稳健经营、规范管理”的经营原则，重视内部管理体制和风险防范机制，形成一套具有自身特色、合乎证券业规范运作要求的制度化管理体系。在客户服务渠道上，营业部依托公司强大的呼叫中心和客户关系管理系统，为每位客户提供周到细致的服务；在服务产品上，营业部通过客户细分，设计针对不同类型客户的个性化咨询产品和理财服务产品；在客户服务方式上，有一支由30余名投资顾问组成的专业投资顾问队伍，全部为大学以上学历，为VIP客户提供专业的理财服务。（张 斌）

【申银万国证券股份有限公司上海洛川东路证券营业部】 地址：洛川东路303号。营业面积逾4000平方米，整洁优雅的环境，周到详尽的理财服务，专业细致的经纪人团队，以及迅捷多样的交易方式，使区内外投资者纷至沓来。年内，依托公司的著名品牌和股市的反弹行情，营业部获得利润约3939万元，名列地区证券营业部前茅。营业部秉承“依法、合规、规范”的经营理念，成立15年来，先后获“上海市公安局治安保卫先进集体”称号1次，“上海市公安局治安保卫先进个人”称号1次，公司“最佳安全营业部”称号3次，公司“文明窗口”称号7次。年内，还获得合同“品牌营业部”称号。营业部16名员工中有硕士2人、本科生9人、大专生5人。营业部积极参与社区活动，如无偿献血、捐款捐物、与特殊家庭结对等。营业部还是东方明珠商业街商会的常务理事单位，为社区建设尽微薄之力。（黄启发）

【中国银河证券股份有限公司上海安业路证券营业部】 地址：安业路124号。原为中国东方信托投资公司设在区境内的一家证券营业部，随总公司改组而更名。营业部始创于1993年，营业面积近2000平方米。营业部秉承“为客户服务亲仁诚敬；为百姓理财谨信周至”的宗旨，以“服务为主、规范第一、效益至上”为原则，内强管理，外树形象，以优良服务奉献社会，取信客户。经营品种包括：沪深A、B股，基金，国债，企业债及三板交易。年内，获准开展期货IB、融资融券试点等创新业务。营业部研究市场需求，相继采取一系列便民举措：在一楼散户大厅设立咨询专柜现场答疑，为上班族推出免费电话热线，电话通知重要业务和免费邮寄交割单、发送短信和电子邮件等，并相继开通中行、农行、工行、建行、交行、招商、华夏、民生、浦发、光大、上海、兴业、中信等银行的第三方存管业务，维护客户资产安全，方便资金出入，大力推广网上交易等非现场交易手段。为便于客户监督，设立经理信箱、举报电话、电邮等。至年末，营业部取得较好业绩，经营能力也有一定提高。（吴　佶）

【上海证券有限责任公司西藏路证券营业部】 地址：西藏北路1号（近南京路步行街）。营业面积1500平方米，是上海市“共青团号”文明单位。营业部配备60余台自助委托机及74根电话委托专线，提供沪深A、B股及各类基金、债券交易，并常年兑付各类逾期国债，同时提供工行、农行、中行、建行、浦发、招商等银行的A股第三方存管业务，方便客户的选择。营业部注重人性化服务，不定期举办各类投资咨询活动。（杨正莉）

【上海证券有限责任公司大统路证券营业部】 地址：大统路988号。营业面积2200多平方米，交易大厅配备50多台自助委托机、60多台钱龙行情机，有中大户室230多个席位。现场交易、电话委托、自助终端、网上交易、手机炒股等多种委托方式一应俱全。服务品种包括沪深A、B股，基金，国债，企业债券，国债回购，权证交易，ETF，LOF，各类开放式基金的认购、申购、赎回业务及代办股价转让的开户、确权和买卖等，全方位地满足投资者的理财需求。A股全面开通工行、农行、中行、建行、浦发、招行、光大、兴业、交通、华夏等银行的第三方存管业务；B股开通中行、工行和招行的银证转账业务，使客户资金存取更为方便快捷。（杨正莉）

【上海证券有限责任公司平顺路证券营业部】 地址：平顺路108号（二楼、三楼）。营业部营业面积2000平方米，大厅可容纳近200个座席的中户室，多间豪华大户室。交易品种包括沪深A、B股，权证，基金，债券，回购；代理销售开放式基金，代办股份转让；并开通十多家基金公司的上百只开放式基金的认购、申购和赎回业务。该部拥有钱龙和大智慧分析软件，提供公司研究所专业分析报告，提供多方面信息咨询服务，公司研究所资深证券分析师还定期举办“谈股论经”。该部与工行、建行、农行、中行、兴业、招商、交通、浦发、光大等银行开通第三方存管业务。可开办沪、深两市A、B股账户及基金账户。该部秉承“诚信、专业”的核心价值观，为客户提供良好的投资环境和优质服务。（杨正莉）

【东方证券裕通路营业部】 地址：裕通路100号。东方证券股份有限公司（以下简称公司）是一家经中国证券监督管理委员会批准的综合类证券公司，其前身是成立于1998年3月的东方证券有限责任公司。公司资产质量优良，业务品种齐全，涵盖证券承销、自营买卖、交易代理、投资咨询、财务顾问、企业并购、基金和资产管理等国内所有证券业务领域。公司以上海为总部所在地，在全国20个城市设有60个分支机构，成立香港分公司，形成依托上海、立足中心城市、辐射全国的大型证券公司经营网络。裕通路营业部于2010年6月，从秣陵路80号迁到裕通路100号，新址位于5A级写字楼洲际中心9楼，有1800多平方米的营业面积，营业部客户约万余人，员工40人。营业部遵循公司“规范经营、依法经营、防范风险”方针，各类业务取得较大成果，当年完成基金销售约1亿元，利润在公司排名第十八位。（周　旭）

【上海市华联典当行有限公司】 地址：虬江路1000号11楼。公司隶属于中国最大的商业流通集团——百联集团。公司创建于1992年，注册资金1亿元，是中国第一家以资产为纽带、以拓展市场为目标、以连锁集约经营为模式、以服务社会为宗旨的现代典当连锁企业。公司是全国典当专业委员会主任单位和上海市典当行业协会会长单位。公司下设虬江路店、威海路店、浦东大道店、齐河路店、江苏北路店、虹桥路店、斜土路店、邯郸路店、四平路店、漕宝路店、闸北分公司等11个经营网点。华联典当主要经营民品、产权房、生产资料、股票、机动车等财产权利的抵押、质押业务以及部分绝当商品销售。华联典当秉承“诚信第一、服务一流、为您理财、助你发展”的企业经营宗旨，业务迅速发展，在社会上享有一定的知名度和信誉度，市场竞争能力不断提高，成为行业中的排头兵。年内，华联典当行在巩固传统当品经营的基础上，适时加大房地产典当业务，拓展当品范围，开展钢材质押业务，发挥典当连锁公司多元化营销的战略作用。公司进一步强化对中小企业的融资服务，取得良好的社会效益和经济效益。全年华联典当实现经营规模37.16亿元，比上年增长67.16%；主营业务收入9140万元，比上年增长29.7%。公司旗舰店——虬江路店利用自身客户资源，做大房产业务，房产典当规模38046万元，比上年增长47%，收入637.07万元；闸北分公司主要从事大额典当业务，全年典当规模188948万元，实现收入2551.65万元。（陆秦敏）

区管重点企业

编辑　姚荣仲　丁唯涵

上海市北高新（集团）有限公司

【概况】　上海市北高新（集团）有限公司（简称“市北高新集团”）是由区国资委履行出资人职责的有限责任公司，现有4家全资子公司、4家控股子公司和6家参股子公司。市北高新集团的主要任务是对市北高新技术服务业园区（简称园区）进行开发建设、招商引资、企业服务、综合管理等。截至12月底，园区有注册企业2780家，管辖面积3.13平方公里。年内，市北高新集团完成区级税收4.8亿元，比上年增长50.4%，对区域经济贡献率达10.4%，园区第三产业主营业务收入493.9亿元，排名全市开发区第三位，成为区域经济的重要增长点，被列为上海“创新驱动、转型发展”的成功案例之一。　（周学强）

【利用平台招商提升引资质量】　年内，园区坚持“引大引优引强”的招商理念，着力搭建并完善“上海云计算产业基地”、“上海国产基础软件产业基地”、“金融后台服务业”三大平台，招商引资呈现新态势。在云计算方面，8月17日，市云计算产业基地落户市北高新园区后，园区相继和微软中国、中国网络电视台、腾讯、阿里巴巴等国内外领先的云计算应用企业签约，与园区共同建立研发、计算、应用联盟和平台。在国产基础软件方面，相继引进中标软件有限公司、达梦数据库有限公司、上海东方通软件有限公司、上海锐道软件等十几家专门从事国产基础软件的公司，在园区初步形成国产基础软件核心企业的集聚。在金融后台服务业方面，年内引进国际最权威的大公国际资信评估有限公司、全球最大的对冲基金管理公司思高方达（上海）信息技术有限公司、中科软公司，金融后台服务业集聚的雏形基本形成。年内，先后引进和通汽车投资有限公司、特易购企业管理（上海）有限公司、威世（中国）投资有限公司3家跨国公司地区总部，全年引进企业201家，其中内资企业180家，外资企业21家。

（周学强）

举行上海市北高新（南通）科技城项目签约仪式　（市北高新集团供稿）

【实施产业转移和“走出去”战略】　年内，园区主动融入长三角地区一体化进程。8月24日，区政府与南通市政府正式签署开发建设市北高新（南通）科技城协议。9月19日，项目正式启动。11月19日，园区成为首批长三角园区共建联盟成员单位。南通科技城项目以示范性、前瞻性、科技性、差异性、集约性和可持续性为产业定位，集“产业、城市、环境、生态、人居”五位于一体，着力打造融生产性服务业、区域总部经济和国家战略性新兴产业于一体的国际化、生态型、综合性科技城和宜居创业商务城。年内，园区积极开展对外合作交流，园区管委会与台北内湖科技园区发展协会缔结友好园区，合作之路越走越宽广。　（周学强）

【完善园区服务体系】　年内，园区实

与微软(中国)签订云计算战略合作谅解备忘录　（市北高新集团供稿）

施“服务增值战略”,针对不同类型的企业,深化重点企业培育、服务内容拓展等个性化服务,使优质企业持续发展,在产业能级提升、税收产出等方面为园区提供强有力的保障。完善科技创新服务体系建设,成功申报市知识产权试点园区;成立园区科学技术协会,加大对科技型中小企业的扶持力度;完善企业孵化器建设,年内完成41家企业入孵,使孵化服务成为企业服务新亮点;完善园区商业、餐饮网点的建设工作,园区配套服务体系不断健全;继续组织开展特色活动,企业服务工作得到企业、行业和社会的肯定。8月,园区被市开发区协会授予上海市“企业服务优秀园区”称号。（李怡青）

【扩大园区品牌效应】　年内,市委副书记、市长韩正,市人大常委会主任刘云耕、市政协主席冯国勤等市领导先后莅临园区视察,对园区加快产业结构调整和功能转型表示充分肯定。年内,上海国产基础软件产业基地、上海市云计算产业基地、上海企业文化建设示范基地、上海市知识产权试点园区、上海市品牌园区、上海市企业服务优秀园区等品牌资质和有荣誉称号的企业先后落户园区,受到市主流媒体的高度关注。园区还成为中国浦东干部学院现场教学点,品牌实力得到进一步提升。（李怡青）

【开展“创先争优世博先锋行动”活动】　年内,园区党委开展“创先争优,世博先锋行动”,推进岗位行动、家园行动和志愿行动。组织输送一批高素质职工参与世博园区中国馆管理和服务,并组织城市志愿者在上海马戏城设点服务,涌现一批获得市各级荣誉称号的世博先进团队和先进个人。9月30日,市北高新集团党委被市委授予“创先争优,世博先锋行动‘五好’基层党组织”荣誉称号。12月24日,园区综合党委被中组部、中央创先争优活动领导小组授予“上海世博会创先争优先进基层党组织”荣誉称号。（李怡青）

上海北方企业(集团)有限公司

【概况】　年内,上海北方企业(集团)有限公司(简称北方集团)、西藏城市发展投资股份有限公司(简称西藏城投)在区委、区政府的领导下、在区国资委的指导下,围绕区中心工作,落实各项任务指标。全年完成房产销售金额117883万元,房产租赁收入1959万元,直管公房物业租金收入2292万元,上缴税收16700万元,利润总额(税前)16204.55万元。（施　轶）

【实施多元化发展战略】　5月7日,西藏城投全资子公司上海北方城市发展投资有限公司以18.4亿元成功竞得松江区广富林2～6地块,地块面积167588平方米,容积率为0.8,规划开发别墅项目。11月,北方集团、西藏城投与西藏金泰工贸有限责任公司签订《西藏阿里圣拓矿业有限责任公司股权转让及增资协议书》,北方集团及西藏城投受让西藏阿里圣拓矿业有限责任公司共计61%的股权,并于年内完成工商变更手续。西藏阿里圣拓矿业有限责任公司持

区人大代表到北方集团调研　（北方集团供稿）

有西藏阿里地区日土县龙木错等盐湖矿区的《采矿许可证》，盐湖有碳酸锂、氯化钾、硼酸等资源。12 月，北方集团与上海实业发展股份有限公司签订《关于泉州市上实置业有限公司的增资扩股协议》，约定北方集团将通过增资扩股的方式持有泉州市上实置业有限公司（泉州东海滩涂整理项目三期地块项目公司）90% 的股权。（施　轶）

召开苏河湾 2、4 街坊旧区改造第一轮民意征询大会　（北方集团供稿）

【加快旧区改造步伐】 年内，西藏城投下属全资子公司北方城投主要承担桥东二期及苏河湾 2、4 街坊的动迁任务。截至 12 月 31 日，桥东二期签约 1484 证 1954 户，签约率为 100%，旧房基本拆平。苏河湾 2、4 地块动拆迁于 4 月 10 日以 98.17% 的同意率完成第一轮征询工作。10 月 1 日，第二轮征询正式拉开，截至 12 月 31 日，签约 1450 证 1503 户，签约率 70.63%。（施　轶）

【加大物业管理力度】 年内，北方集团制定《房屋修缮管理的操作程序》，同时加强对公房租赁业务的管理，明确操作口径，做好"租赁管理"工作，减少信访、投诉，保护好权利人的合法权益。同时，加强对各物业公司的监管，结合"世博会"、"治顽"和防台防汛工作，落实各项安全保卫措施，执行好安保工作等各项制度。（施　轶）

【推进岗位建功活动】 按照"创先争优"活动要求，党委为广大员工提供岗位建功和岗位实践的平台，并鼓励员工在平凡的工作岗位上建功立业，做到"履职尽责创先进，立足岗位争优秀"。同时为务实深入推进物业服务企业创先争优争做"五带头"优秀共产党员活动，党委依托物业党总支，开展"共产党员示范岗"创建活动，在基层企业推出 12 名人民群众服务员。（施　轶）

集团公司领导慰问工作人员　（不夜城集团供稿）

上海不夜城联合发展（集团）有限公司

【概况】 年内，上海不夜城联合发展（集团）有限公司（简称不夜城集团）实现"一个突破、三个确保"，即"突破政法大楼的经营瓶颈，确保动拆迁任务全面完成，确保旧公房补贴全面推进，确保招商引资工作全面展开"，有条不紊开展各项工作，较好地完成年度契约化工作目标。至年底，实现营业收入 9355.27 万元，税收 591.97 万元，按区考核指标 430 万元超出 37.67%。（周　淳）

【确保政法大楼正常运转】 在区委、区政府和区国资委的关心和支持下，不夜城集团与中国银行等相关银行进行沟通和协调，商谈还贷打折方案，以挂息还本的方式支付银行借款，确保区政法大楼的正常运转。经与中国银行多次协商，并报区委、区政府和国资委同意，年内，不夜城集团又以打折还贷的方式解决部分历史遗留的贷款问题，为今后尽快解决整幢大楼的银行贷款问题提供参考。（周　淳）

【成功实现招商引资】 2010 年是不

夜城集团开展招商引资工作的第一年。年内,共引进招商引资项目5个,其中注册资金1000万元以上的大项目1个,计注册资本1080万元。引进的企业全部当年产税,完成税收属地任务。成功引进但尚在办理工商税务登记手续的项目有10余个,涉及注册资金3000余万元。（周 淳）

【推进旧改动迁】 年内,不夜城集团旗下的动迁公司都稳步推进动迁工作,负责的动迁基地有12个,包括中兴城一期、二期、长安西、桥西B块、中粮新兰西北块、宝山路改建工程、江场路道路工程等。由于安置房源较远、只有期房无现房及居民对政策能否保持前后一致性有所怀疑,造成许多居民抱着观望的心态。动迁公司和街道旧改指挥部一起深入一线做区属干部和动迁居民的思想工作,在多方位宣传动迁政策的同时为居民细算利益得失,并郑重向动迁居民书面承诺"前后一致"、"结果公开",使部分居民逐步认清动迁形势,并相信动迁政策的前后一致性。年内,共完成动迁数2141户,占全区动迁完成总量5037户的42.51%,其中4个结转基地被拆平(92基地、336街坊5号地块、宝山路改建工程、泽州路拓宽工程),3个当年新开基地被拆平(平型关路道路辟通工程、彭浦街道445街坊物流9号地块、寿阳路)。年内,还完成青—12一期联合动迁的清算

【加强小区物业管理】 为确保世博期间社区的稳定与和谐,全兴物业公司实行小区经理以上干部"5+2"和"7-7"的作息时间。面对严峻的防火和消防安全形势,全兴物业公司针对消防设施设备、楼道堆物、消防车道、小区乱停车占道、违章搭建、群租、小区值班带班等可能存在防火安全隐患的环节开展安全大排查,并对排查过程中发现的问题提出方案,加以整改。年内,物业公司继续在管辖的14个小区推进旧公房小区物业达标补贴工作。8月,不夜城集团向区房管局上缴达标补贴款79.2万元,比上年多缴15.5万元。（周 淳）

【加强北广场交通枢纽管理】 年内,不夜城集团继续派骨干力量参与铁路上海站北广场交通枢纽工程的建设,参与完成结构收尾、装修、水电设备安装、弱电工程、3.5万伏变电站的安装与调试、供水、供电等各项配套工程。至年底,铁路公寓及管理用房结构封顶,二结构达到9层;轨道交通3、4号线换乘大厅1号基坑完工,完成2、3、4号基坑维护工程设计,设计方案正在评审中。长途客运站连接通道开通,并经受国庆节超大客流的考验。集团公司以代建制形式参与的工程建设得到市、区主要领导的高度评价。受区政府和站管办委托,不夜城集团全面接管北广场交通枢纽的管理工作,包括地下一层、地下二层的设备维护、保安、保洁、监控、出租车管理、停车场管理等。为确保北广场交通枢纽的正常运转,组建250多人的管理队伍。年内,市四套班子主要领导视察北广场交通枢纽。12月,不夜城集团凌北分公司在北广场地下二层停车场举行大规模的消防演习,并邀请区消防局、安监局、质监局、站管办、总工会、人防办、站区综治办等单位的领导观摩点评。消防演习取得成功,并得到各观摩单位领导好评。（周 淳）

改建后的大统路地道 （区方志办供稿）

【推进不夜城商厦整治工作】 为确保不夜城商厦市场稳定和繁荣,年内,不夜城集团下属龙晓市场管理公司在区不夜城商厦工作组的关心和支持下,一手抓企业的内部管理和制度建设,一手抓市场经营秩序的管理,取得明显成效。龙晓公司着手建立经营户与业主的信息档案,并对所有商铺经营人员发放胸卡,签订市场管理服务合同的铺位达99.6%。市场公司还会同物业公司组成市场巡检小组,对吸烟、打架斗殴、柜台外移和乱拉电线等违规现象进行集中整治,发现问题,立即予以整改。龙晓公司多次召开商厦全体经营户安全稳定会议,为成功办博创造和谐的氛围。此外,龙晓公司还多次邀请工商、税务、消防等部门指导市场工作,并对经营户及市场公司员工开展消防安全、知识产权、市场管理、消费维权等方面的培训。"11·15"特别重大火灾事故发生后,不夜城集团领导非常重视不夜城商厦的防火安全,在隐患排查和及时整改的基础上,开展每天多方位的巡查、自查和抽查,并协同物业管理公司开展消防疏散演练。（周 淳）

上海凯成控股有限公司

【概况】 上海凯成控股有限公司于1994年成立,是区管重点企业之一,与区轨道交通建设有限公司(简称轨道公司)是两块牌子、一套班子。主要任务是完成市、区重大市政工程的前期配套、融资贷款和拆迁工作,完

区长周平(左二)视察浙江北路公共绿地　　(凯成公司供稿)

成区政府下达的危棚简屋改造工作。配合处理、协调、安置好成都路高架道路、轨道交通3号线、共和新路高架道路、轨道交通1号线北延伸段、轨道交通8号线、轨道交通10号线工程、福建北路引桥拓宽工程、福建北路拓宽工程抢险项目、汉中路综合交通枢纽项目、轨道交通12号线曲阜路站基地、浙江北路公共绿地A块(主体部分)项目和中兴城旧区改造项目和施工所涉及的工作及一切遗留问题。同时,管理和使用好轨道交通闸北段沿线的零星土地,确保国有资产保值升值。　(沈锋钢)

【做好融资贷款工作】　为配合区委、区政府、区国资委实施组建政策性融资公司,继续深化以三块牌子一套班子的形式作为政策性投融资公司的基本架构,梳理政府举债项目,研究分析债务重组方案,将整合归并后的政策性投融资公司作为政府实施项目的举债主体,逐步增强融资贷款的能力。年内,为各项项目贷款25亿元,贷款余额182亿元。　(沈锋钢)

【配合动拆迁工作】　凯成公司配合市成都路高架道路工程闸北段指挥部、市轨道交通3号线闸北段指挥部、共和新路高架道路工程闸北段指挥部、轨道交通杨浦线工程闸北段前期工程指挥部、区中兴城旧区改造会战指挥部、轨道交通10号线前期工程闸北段指挥部和上海轨道交通建设前期工程闸北段指挥部的工作。年内,完成动迁居民1928户,单位40家。

(沈锋钢)

闸北区国有资产投资公司

【概况】　闸北区国有资产投资公司(简称区国投公司)注册资金38000万元。年内,国投公司作为区的投融资主体,是政府建设项目的贷款、担保平台。面对国家宏观调控政策的重大变化,区国投公司发挥投融资企业的综合功能,根据国家宏观调整的新形势,扩大融资渠道,主要用于汉中路交通枢纽前期动迁等新项目。同时,通过借新还旧,缓解区以往贷款项目的还本压力;做了大量工作,完成年内的政府建设项目贷款的支付利息工作;除按要求配合银行完成对区国投公司的年度审计工作外,区国投公司又在区财政局和区融资小组的牵头下,配合国家银监会对上海部分区进行的政策项目融资情况做抽样调查。　(郭丹伟)

苏河湾投资控股有限公司

【概况】　7月,经区委第二次书记办公会议、区政府第133次常务会议讨论通过,决定成立上海苏河湾投资控股有限公司(简称公司),注册资金10亿元。公司成立后重点参与苏河湾地区的市政基础设施、政府公用性配套设施代建,旧楼宇的升级改造,房产开发及保留建筑的收购、修建管理,直属区国有资产监督管理委员会管理。原上海不夜城新发展公司成为苏河湾投资控股有限公司全资子公司。8月,建立中共上海苏河湾投资控股有限公司支部委员会,撤销原中共上海不夜城新发展公司支部委员会,所属党员组织关系随之转移。12月15日,苏

区委书记方惠萍(右三)视察上海滩大宁城　　(苏河湾投资公司供稿)

举行苏河湾投资控股有限公司揭牌仪式　　（苏河湾投资公司供稿）

河湾投资控股有限公司在浦西洲际酒店举行成立揭牌仪式。截至12月底，公司资产总额为26.7亿元，净资产10亿元。（成　佳）

【制定“十二五”战略规划】 公司成立筹备期间，领导小组制定战略规划，自5月起，历时3个多月，通过几轮调研、访谈和反复论证，形成公司“十二五”发展规划。明确要在经营体制和盈利模式上实现三个转型，即商业地产投资从盘活自有存量物业向投资改造商务商办楼宇转型，合作开发模式从项目公司短期合作关系向战略伙伴长期合作关系转型，代建制工作从单项委托形式向全面承担政府投资项目形式转型。将主营定位于以苏河湾地区乃至全区范围内的市政基础设施和政府公用性配套设施的代建；参与苏河湾地区旧区改造、土地开发和经营；苏河湾范围内相关保护保留建筑的收购及综合体改造、管理及招商引资为主营的城市投资建设型企业。（成　佳）

【“新悦坊”配套商品房竣工交付使用】 定向用于2010年上海世博会重点工程——汉中路三线交汇综合交通枢纽工程动迁安置的“新悦坊”，作为首批被列入“就近安置”动迁配套商品房的项目。经过20个月的施工建设，于5月底通过竣工验收，6月底居民开始进户，是上海首个竣工的就近安置动迁配套商品房项目。截至11月底，完成所有居民的进户工作。该项目获市优质结构奖、市文明工地，项目负责人张辉获市重大工程立功竞赛记功个人。（成　佳）

【新发展大厦改扩建项目按期竣工移交】 新发展大厦项目（原不夜城电话局大楼）是为配合“迎世博600天行动计划”，挖掘新招商载体而启动的改扩建工程项目。2009年7月开工，经过12个月的施工建设，大厦由原先的14层增加到20层，建筑面积达到15000多平方米。2010年6月项目通过质监验收并移交物业，17～19层办公区域历时45天完成主体装修。10月28日，苏河湾投资控股有限公司如期迁入新大楼。（成　佳）

【“上海滩大宁城”开盘销售】 “上海滩大宁城”由公司与上海建工房产开发有限公司、上海电气集团资产经营有限公司合作储备开发，位于中山北路普善路，占地79000平方米，总建筑面积25万平方米，总投资40亿元。至12月底，项目整体施工进度达到形象要求。7月16日和8月21日，“上海滩大宁城”分别进行一期和二期的开盘销售，共计约6.4万平方米。（成　佳）

【启动投资项目代建平台】 区十四届政府第122次常务会议批准苏河湾投资控股有限公司作为政府相关投资项目代建制单位。根据闸府发〔2010〕24号文关于批转区国资委《关于推进闸北区政府投资项目代建制的实施意见》的要求，年内，公司的代建制工作扎实推进，代建委托单位从原来局限于建设系统向全区各大部门拓展。年内，完成铁路上海站北广场地区全长1500米文化围墙工程。分别与区市容局、民政局签订委托代建合同，启动环卫基站、养老院两个代建项目的前期工作。完成恒丰路、长安路、共和新路、鸿兴路等4条道路的改造建设。（成　佳）

举行大宁中心广场一期奠基仪式　　（大宁资产供稿）

大宁资产经营有限公司

【概况】 年内，大宁资产经营有限公司（简称大宁公司）完成区级税收22638.6万元，完成区政府下达指标的105.6%；引进内资109311万元，完成区政府下达指标的364.4%；引进外资2779万美元，完成区政府下达指标的55.6%；共计引进企业240家，其中内资企业215家，外资企业25家，内资1000万元以上大项目共18个，外资注册资金100万美元以上的大企业5户，新引进的企业中有97户企业产税。 （李 华）

【召开工程项目创“双优”联席会议】 11月23日，区人民检察院与大宁公司联合召开系统工程项目创“双优”活动联席会议暨签约仪式。今后三年，区检察院将与大宁公司党委联手，通过强化教育、完善制度、加强管理、依法治理等手段，形成预防职务犯罪的有效机制，确保大宁公司在多项区内重点工程项目建设中实现“工程优质、干部优秀”的目标。根据区委、区政府“中繁”的规划要求，大宁公司承担区域中部地区改造的多项重点工程项目，项目总投资规模预计达30亿元。其中包括已开工建设的上海第一机床厂厂房综合改造项目，即大宁中心二期项目，313街坊电器成套厂地块项目，即大宁中心一期项目，以及近期计划开工建设的大宁灵石公园内的宝贝当家（BABYBOSS）儿童乐园项目、430地块项目等。为加强这些项目工程建设中的反腐倡廉建设，把各建设项目建成优质、高效、文明、安全的样板工程，同时造就一支廉洁、勤政、善战、优秀的管理队伍，大宁公司在与区检察院沟通协商后，本着预防在先、防范未然的方针，加强预防和监管，为顺利推进区多媒体谷和商业地产项目的开发建设提供有力的队伍保障。 （李 华）

举行上海第一机床厂厂房改造项目签约仪式 （大宁资产供稿）

【签订租赁项目合作协议】 2月26日，大宁公司与上海电气集团资产经营有限公司签订租赁项目合作协议，上海电气集团资产经营有限公司将上海第一机床厂内近5.4万平方米的建筑面积租赁给大宁公司，用于上海多媒体谷整体规划中商业配套设施项目的开发建设。该租赁合作项目也是区迄今为止最大面积的租赁合作项目。上海多媒体谷以创业企业孵化、创新人才培育、科技成果转化三大功能为核心，通过搭建商务物业服务体系、人力资源服务体系、企业支持服务体系、资本技术服务体系，组成园区的创新服务平台，协助高新科技企业集聚，引导企业步入拥有自主知识产权、掌握核心技术的良性发展轨道。园区共规划企业总部、研发中心、孵化中心、培训中心、医用中心等五大功能区，并配有五星级酒店、国际会展中心、酒店式公寓等商务配套设施。该租赁项目建成后，将成为上海中心城区又一新的文化娱乐中心，商业影响力辐射大宁周边地区，从而带动区中部地区商业的快速发展。 （李 华）

【启动多媒体谷配套设施综合改造建设】 7月15日，大宁公司与上海绿地建设（集团）有限公司在万荣路700号正式签订规划中的多媒体谷园区内上海第一机床厂厂房综合改造项目合作协议，并举行该项目的开工奠基仪式。上海多媒体谷位于上海中心城区最大绿地——大宁灵石公园北侧，南临广中西路，北临灵石路，东至新梅共和城，西至彭越浦河，整体规划占地面积560亩，建筑面积80余万平方米。上海第一机床厂综合改造项目将于2011年底正式竣工，落成后将更名为“大宁中心广场”，总建筑面积近8万平方米，其中商业面积约2万平方米，成为闸北中部的新地标，并带动多媒体谷及周边其他项目开发建设全面铺开，尽快实现区“南高中繁北产业”战略决策中中部地区的崛起。 （李 华）

非公有制企业选介

编辑　姚荣仲　丁唯涵

【**概况**】　闸北非公有制企业在中共十七大关于大力发展非公有制经济的政策指导下，有长足的发展，至年底，非公有制企业有8808户（含分支机构），其中私营企业4698户，个体企业4110户。雇工人数3.999万人。注册资本86.15亿元，比上年增长54.06%。非公有制企业主要从事现代交通服务业、商贸服务业、房地产业、都市型工业等四大支柱产业。非公有制企业对闸北经济的发展起着举足轻重的作用，拓展了就业和创业的渠道。非公有制经济成为闸北经济和社会发展的重要增长点，在振兴区域经济、促进社会事业发展以及就业等方面发挥着不可低估的作用。闸北要构建南高、中繁、北产业跨越式的发展战略都离不开非公有制经济。　（姚荣仲）

【**上海洪远实业有限公司**】　地址：青云路598号洪远公寓2楼。联系人：徐永义。联系电话：56317446。邮政编码：200071。上海洪远实业有限公司（简称上海洪远）成立于1993年1月8日，公司独立投资人、法人代表、董事长杨玮。公司注册资本800万元，资产1800余万元，有员工100人。上海洪远投资设立上海洪远国际贸易有限公司、上海洪远幼儿园、上海洪远加油站有限公司、上海金秋建设工程有限公司，海外投资有新加坡瑞文福德国际企业等。年内，公司为抗击国际金融风暴，通过2009年调整管理班子、加强经营能力等一系列的措施，2010年初见成效。管理班子年龄结构趋向合理，呈现出年富力强、勇于开拓的特征。全体员工表现出“同命运，共发展”的思想共识，主人翁意识不断增强，成员意识不断增加。经全体员工的努力，销售总额突破1亿元大关，上缴各类税收400多万元。特别是国际贸易的低温、能源两大业务呈现出并驾齐驱的良好态势。销售业绩保持增长，新品开发持续进行，后续发展能力不断增强。产品范围从工业气体领域拓展到LNG汽车发动机等新能源行业，前景广阔。洪远加油站新投入60余万元资金，完成油气回收改造工程，把节能减排、提高环境质量放在首位，改造工程一步到位，达到三次回收的高标准目标。即使在实施施工、暂停营业的情况下，全年销售各类油品仍然达到6000余吨。上海世博会期间，上海洪远积极当好东道主，全体员工参加世博预展和萨摩亚国家馆日活动。邀请美国、日本、新加坡等多国合作伙伴参观世博会。开展各类商务活动，参加在世博园区内举行的多场国际商贸洽谈会。洪远幼儿园和加油站消除安全隐患，确保“零事故”，分别获得“平安单位”称号。党支部围绕企业持续健康发展的工作主题，形成能引领地区党建工作的“三个紧扣”工作法。既助推企业发展，也为其他党组织建设提供可借鉴的范例。在市、区“两新”组织中创出“洪远党建”经验。　（徐永义）

【**上海洪远幼儿园**】　该园创建于1994年，地址：宝昌路52号，电话：56983050。校舍面积2600余平方米，有12个教学班，对2～6岁幼儿进行

公司员工参加国际气体设备和技术展览会　（洪远公司供稿）

区委统战部领导视察洪远幼儿园　　（洪远公司供稿）

学前教育。法定代表人：杨玮，园长：陈小敏，有教职员工 40 余人。洪远幼儿园是区第一所真正意义上的民办幼儿园，幼儿园建成 17 年来，以“儿童喜爱、家长满意、教师乐业”为办学宗旨，为儿童创设一个“健康、快乐、和谐、向上”的学习氛围，形成“幼小无缝衔接”的办学特色，在社会上赢得较高声誉，已有 1100 余名儿童毕业。年内，上海洪远实业有限公司再度对幼儿园进行大规模扩建和装修，以新校舍迎接入园高峰，在园学生数创历史新高。在入园儿童骤然翻番的形势下，确保教学工作平稳开展，同时缓解现阶段周边地区适龄儿童入园难的矛盾。　（徐永义）

【上海室内装饰（集团）有限公司】
地址：共和新路 3050 号 11 幢 301 室。办公地址：延安西路 376 弄 22 号东楼。联系人：庄明。联系电话：62487678。传真号码：62483473。邮政编码：200040。年内，集团公司围绕发展主线，母公司装饰业和重点发展企业奋力开拓，全年，集团公司完成主营业务收入 76427 万元，缴税总额 3591 万元。集团公司首次获得 2009～2010 年度第十五届“上海市文明单位”的荣誉称号。（1）装饰业。自 2007 年参加世博建设推荐供应商评选起，集团公司为世博建设进行周密筹划、用心准备和精心施工。公司承接涉博项目 8 个，其中纯装修项目 3 个、纯设计 1 个、设计与施工项目 4 个，计完成业务量 1 亿多元。世博会开幕之前，集团公司承接的所有世博项目全部如期顺利完成。世博洲际酒店、世博新闻中心和民营企业联合馆等重大项目都得到业主和监理单位称赞，也获得业内同行的认可与敬佩。公司承接的民企馆是所有自建企业馆中立项最晚的，比其他场馆节约 2/3 的建设时间，却是最早交付使用的。世博新闻中心在施工过程中，文明施工的场容场貌和装修完毕后的整体效果，得到市委领导及世博组织方的认可和称赞。经过这次世博项目的历练，集团公司以施工水平打响室装品牌，开阔了眼界，提升了掌控大项目的能力，锻炼和涌现出一批综合素质强、吃苦耐劳、能打硬仗的团队和个人，也为集团公司赢得多项荣誉。世博新闻中心设计和搭建布展工程、中国民营企业联合馆获上海世博工程全国装饰奖，集团公司 4 名项目经理和 6 名设计师分别获“上海世博建筑装饰优秀项目经理”和“世博工程优秀设计师”的称号。世博项目的圆满完成，充分体现室装公司在装饰业务上组织有序、管理到位、协调有方。集团公司坚定地立足以装饰为主营的定位，充分调动资源，丰富服务内容，增强支撑力度，多方探索新的业务合作模式。通过近 年的尝试，设计中心和材料中心建设迈出关键一步，取得重要突破。年内，设计中心完成销售收入 659.2 万元，与上年 431.4 万元相比，增幅达 52.8%。单位面积的设计收费较以往也有最高达几倍的增长。凭借自身力量，设计中心夺得高档次五星级酒店镇江国宾馆的设计项目。材料中心基本完成平台搭建工作，全年成功为第三、第六、第七等数家分公司的多个工程项目供货，并实现为业外市场客户的项目供货，共计完成销售收入 402 万元，迈出从无到有的关键一步。集团公司不断完善自身建设，强化公司的资质资历和企业形象，增强参与市场竞争的综合实力。公司顺利完

公司承建的世博会新闻中心　　（室内装饰公司供稿）

成设计资质证书、安全生产许可证的换证工作。公司完成企业形象策划的全部工作，母公司经过重新包装，打造出焕然一新的企业形象，得到分公司和行业同仁的首肯。集团母公司完成ISO质量体系2000版至2008版的转版换证工作，还同步申报并取得环境管理体系和职业健康安全管理体系的认证证书，加上新一轮上海市“守合同重信用企业”称号的取得及AAA级的信用等级评价，诚信等级由“诚信企业”升级到“星级诚信企业”，这些都是对集团母公司社会信誉的肯定。年内，集团公司再次蝉联“上海市建筑装饰行业30强企业”、“上海市信得过建筑装饰企业”的荣誉称号，在上海建筑装饰企业的领先方阵中稳固占据一席之地。(2)环保五金业。年内，子公司上海红箭机箭厂有限公司(上海申华声学装备有限公司)取得突破性发展，自2009年主营业务收入迈上5000万元台阶后，2010年又突破9000万元，比上年增长63.87%。在电网、高铁等市场领域，红箭公司取得新的突破。在与国家电网合作多年的基础之上，企业成功打入南方电网市场，成功中标深圳宝安换流站工程。企业瞄准高铁的声屏障业务，全年共承接高铁声屏障订单近2000万元，为今后取得更多更大的项目奠定基础。年内，红箭公司培育数年的新产品通风隔声窗实现规模化生产。企业的又一项新产品，煤气热水器余热利用装置正式取得发明专利，并正式申报上海市高新技术成果转化项目。企业加紧对年初购入的兴利路厂房改造、修缮，添置生产设备，主要用于消声器、声屏障和通风隔声窗的生产。新厂房的正式启用为企业配备、扩充足够的生产能力，使之与红箭公司未来几年的高速发展相适应。子公司上海安字实业有限公司全年完成主营业务收入15975万元，与2009年受到全球金融危机的冲击、业绩大幅下滑相比，实现恢复性增长，比上年增长33.81%。安字公司抓住海外市场复苏的机会，在果断扭转原来欧洲市场过度依赖独家代理的局面后，通过积极拓展新市场、发展新客户，与外商建立浮动价格机制、加大高附加值产品的出口等措施，多管齐下，全年实现出口创汇1027.71万美元，比上年增长39.57%，高于内销30.04%的增幅。企业在铆接工具上的拓展也收到良好效果，合计实现销售3137.14万元，比上年增长54.33%，超过铆钉29.59%的增幅，成为企业的新亮点。年内，企业获得上海市知识产权示范企业、上海市科技兴贸企业和青浦区信息化管理推进资助企业等各级政府颁发的多项荣誉称号，并获得100万元的资金支持。 （庄　明）

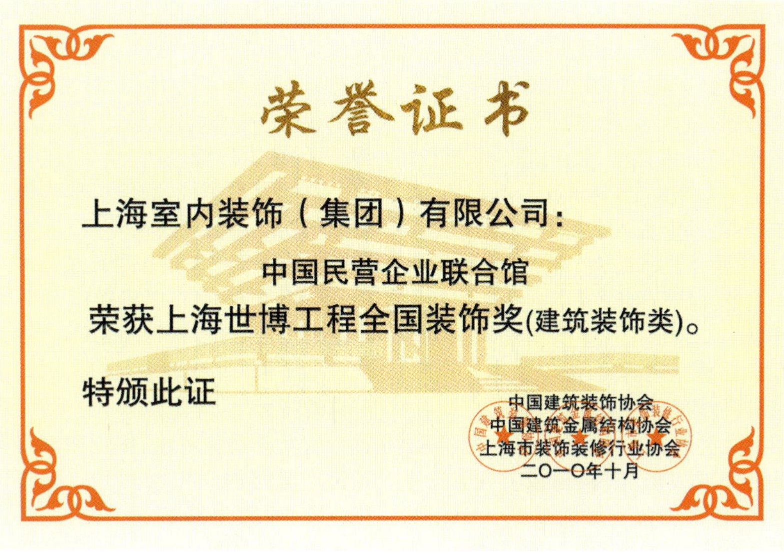

中国民营企业联合馆获市世博会工程全国装饰奖 （室内装饰公司供稿）

公司召开一届六次职工代表大会 （保安公司供稿）

【上海市保安服务总公司闸北区公司】 地址：武进路579号202室。联系人：徐进德。邮政编码：200085。联系电话：63098616。E-mail：zhabei@security.sh.cn。上海市保安服务总公司闸北区公司(简称闸北保安公司)组建于1988年3月，系全市较早的专业保安公司之一，中国保安协会、上海安全防范报警协会、上海停车服务行业协会会员单位，上海市保安服务行业协会理事单位，拥有工程施工二级技防资质证书。国家质量管理体系ISO 9001:2000认证单位。内资企业，注册资金300万元。企业法人徐胜和。公司建立有党支部和工会组织。部门设置和经营业务：公司设总经理室、人防部、技防部、人事培训部、综合部、财务部、停车场经营管理部、督察队 8 个部、室、队，员工 1549 人。人防部下属 4 个大队和娱乐场所大队，为人防客户单位提供门卫、巡逻、防火、防盗、守护、护卫等保安服务。技防部设有工程队和“110”接警中心，为用户提供接处警服务。配合交通管理部门，为全区道路停车场提供停车服务。年内，闸北保安公司围绕世博安保中心，服务闸北经济社会发展大局，圆满完成公司人防、技防、停车场各项保安服务。有人防客户单位 191 家，派驻保安员 1480 人，技防用户 1729 家，道路停车场 46 个，全年营业收入超 6400 万元，比上年增长 29%，上缴税金 306 万元，比上年增长 19.8%。取得了良好的社会效益和经济效益。公司在建设“平安世博、平安闸北”工作中，始终把人防工作重点放在贯彻区委、区政府和闸北公安分局整治治安“顽症”三年行动计划上，与站区派出所通力合作，克服“时间紧、任务重、要求严”等困难，在缺额 400 多人的情况下，按时完成“钉子岗”保安队组建工作。4 月 10 日，“钉子岗”列队参加世博会铁路上海站地区安保人员暨闸北平安志愿者上岗宣誓仪式。73 个岗点分布长途客运总站、公交车站、地铁出入口和主要道路交汇处，与公安民警一起执行街面治安巡逻和口卡安检工作，发挥重要辅警作用。协助公安机关抓捕各类违法犯罪嫌疑人 21 名；整治取缔违法行为 3604 起，其中叫卖假发票 517 起，兜售假海宝商品 168 起，“黄牛”994 起，“三车”944 起，扒窃嫌疑人 443 名；帮助旅客排忧解难，答复询问近百万人次；收到锦旗、表扬信 9 封。世博期间，铁路上海站地区“110”接处警和案（事）件接报数分别比上年下降 51%。市、区主要领导和闸北公安分局等领导多次看望、慰问“钉子岗”保安队，南广场一分队获市社会治安综合治理委员会颁发的“上海市优秀平安志愿者服务队”奖牌。发挥技防优势，保障世博安全。完成“闸北区重点目标图像监控系统建设”工程，527 只监控探头施工任务在世博会开幕前按时竣工。其间，得到闸北公安分局业务部门、区建交委、科委和中国电信北区局、上海电信工程公司、区工程管理所、市容、城管等有关单位大力支持，确保工程如期交付使用。公司拓展技防业务，完成监控工程 40 余个，发展报警系统新用户 100 多家，接警中心规范化运作程度不断提高，良好售后服务取得用户信赖。世博期间，技防部在人手紧、任务重的情况下，对重点单位技防设备进行认真普查和巡检，保证联网报警系统在世博期间正常运转。完善停车服务，保障道路畅通。在市、区交通管理部门领导下，公司停车场经营管理部积极投入平安世博建设，新建道路停车场 26 个，停车泊位数增幅达 130%。天目路、恒丰路主干道两侧新建道路停车场，缓解世博期间铁路上海站地区停车难的问题。为提高停车服务质量，公司狠抓停车服务“四个规范”落实，即规范用语、规范着装、规范登记、规范收费。开展全员世博轮训，普及世博常识，增强员工服务世博、奉献世博的自觉性。道路停车场防火、防盗工作得到加强，公司为每个停车场配备灭火器，分发《安全须知》，提醒车主保管好车内物品。通过增加安全巡逻次数，做好夜间停放车辆的安全看护，预防车辆油料被盗，协助公安机关打击各种违法犯罪活动，保障道路停车安全。公司作为全市世博园区保安服务推荐单位，获浦西园区德国杜塞尔多夫市城市案例馆和万科企业馆的保安服务，这是公司发展史上的重大专项保安服务任务。在 184 天世博场馆保安服务中，保安队经历“初期的忙乱”、“高温下的坚持”和“大客流的考验”，主动适应新环境、新要求，严格按照馆方标准提供优质服务。世博会闭幕前夕，连续一周每天 70 万游客，10 月 19 日达到 103 万，队员们牢记使命决不退却，认真做好保安服务。世博期间，保安队开展重点区域巡逻 1288 次，协助民警处理突发事件 6 起，为游客救助病人 15 起，为游客寻找亲人 80 起，发现和阻止险情并避免游客受伤 2 起，值勤时捡到手机、摄像机等贵重物品 5 件，价值约 1 万元。8 名保安员获得上海世博局颁发“月度冠军”证书，队长陈智勇被评为市“上海世博优秀保安员”，为公司争得荣誉。获奖情况。8 月，市总工会、市城乡建设和交通工作委员会授予上海市保安服务总公司闸北区公司道路停车场经营管理部副经理张海“上海世博交通保畅先锋先进个人”荣誉称号。12 月，市总工会、市城乡建设和交通工作委员会授予上海市保安服务总公司闸北区公司共和新路高架下道

宣传《保安服务管理条例》　（保安公司供稿）

路停车场“上海世博交通保畅先锋”先进集体荣誉称号。同月，市总工会、市城乡建设和交通工作委员会授予上海市保安服务总公司闸北区公司道路停车场经营管理部经理顾雨顺“上海世博交通保畅先锋”先进个人荣誉称号。同月，市社会治安综合治理委员会授予铁路上海站南广场“钉子岗”保安一分队“上海市优秀平安志愿者服务队”奖牌。（徐进德）

机械工艺所门景（机械工艺所供稿）

【上海欧维希市场信息咨询有限公司】 地址：陕西北路66号2705室。联系人：杨新安。联系电话：32100002。传真号码：62712857。邮政编码：200041。上海欧维希市场信息咨询有限公司成立于2003年1月，属外商独资企业，注册资金为35万美元。主要经营企业管理咨询，贸易信息咨询，市场调研。主要的研究领域涉及快速消费、医疗制药、金融服务、房屋建材、资讯科技及工程机械领域，并且对于客户的忠诚度，员工的满意度，品牌的管理，即市场的评估具有一套严谨的研究方案。公司在注重研究质量同时，扩大新的客户。从开业以来，公司与多个国际顶级公司建立合作关系，其中包括微软公司、碧辟石油公司、美国国际集团（AIG）、美国航空公司（UA）、拜耳制药公司、爱克法医疗器械、IBM公司、LG、三星等国际性大型公司。特别是2010年，公司在上年拓展的情况下，自己建立通过软件开发来做研究模型，提高研究的质量，使公司在研究的规模上达到同行业的较高水平，并与许多城市和地区的合作不断增加，同时得到客户好评。（杨新安）

【上海市机械制造工艺研究所有限公司】 地址：中兴路960号。联系人：王毅。联系电话：56977377。传真号码：56638012。邮政编码：200070。上海市机械制造工艺研究所有限公司（简称机械工艺所）是以新材料、新工艺应用技术开发研究为特色的基础性应用型科研院所。2007年由国有科研院所改制为有限责任公司，隶属于上海电气集团股份有限公司，注册资金2850万元。机械工艺所主要从事金属材料热处理及表面改性工艺研究和理化检测诊断及失效分析的技术服务、开发、咨询等公共科技服务；生产及销售用于金属材料铸造生产的系列铸造辅料（铸造涂料、粘结剂、孕育剂等）。有员工120人，其中科技人员和高级技师84人，占员工人数70%。年内科研经济主营业务收入8080万元。机械工艺所长期致力于发展现代科技服务，充分发挥处于现代制造业产业链中关键的技术工艺扩展环节优势，在工程材料基础研究与制造业产业化之间起着承上启下的重要作用。在行业的结构调整和转变经济发展方式上起到科研引领的作用，符合产业转型升级的国家战略发展方向，是上海市高新技术企业。机械工艺所50多年来的科技投入和开发形成金属材料改性和检测工艺技术的行业定位和核心专业优势，在市和区科委的支持下，2006年成为上海市研发公共服务平台中的“金属材料检测诊断及改性应用服务平台”，2010年成为“上海金属材料改性工程技术研究中心”，专业从事金属材料改性处理控制、理化检测及失效分析等行业的基础性、前瞻性、共性技术的技术研发和科技应用服务。机械工艺所重视和全面推进知识产权工作，在区科委的支持下，被上海市知识产权局列为“专利示范企业”，将知识产权战略实施作为企业科技

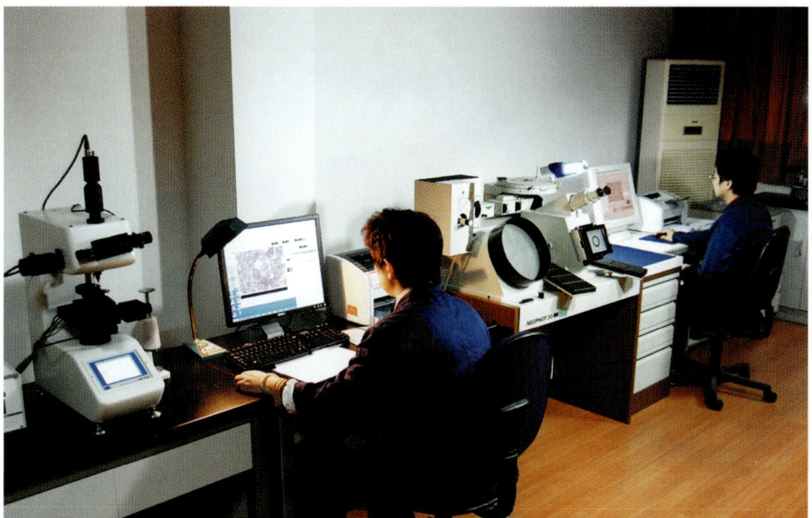
技术人员进行项目研发（机械工艺所供稿）

公司开发的"上海花园洋房"楼盘　　（恒联公司供稿）

规划战略的重点，充分体现技术创新的再发展再创造和无形资产，从而加强企业在技术和市场中的竞争优势。近年来申请专利37项，其中发明专利35项，实用新型专利2项。授权发明专利9项，其中发明专利7项，实用新型专利2项，登记计算机软件著作权2项。发展现代科技服务，构建公共服务平台。机械工艺所大力整合资源，优化配置，集中人财物，用先进适用技术改造提升传统工艺，经过数年对优势学科的集中投入，使科研专业、基础设施和技术后劲得到很大提升和改观，为公共服务平台的提升建设打下良好的基础设施条件。目前，科技服务平台的使用场地扩展到3000多平方米，拥有各类大型先进检测、分析设备10余台，其中包括带能谱扫描电子显微镜、等离子体发射光谱、高低温万能材料试验机等高端的科学仪器。在科技服务人员方面，经过多年的不断优化、发展，形成一支由业内高级专家领军、年龄结构合理、学历职称层次均较高的科技服务人才队伍。年内完成市科委、市经信委下达的"高性能机械构件非调质强韧化工艺研究及应用"、"真空热处理工艺精细化和信息化应用研究"、"金属材料检测诊断分析信息化服务平台"等科研项目11项。机械工艺所作为行业领头羊，高度重视标准制定、修订的引领作用，不断增强转制科研院所的标准创制能力，近年来负责主导制定、修订一系列热处理工艺和检测专业方面的国家标准和行业技术标准，如《钢件深冷处理》、《真空热处理》、《钢铁件气体氮碳共渗》、《钢件渗碳淬回火金相检验》、《热处理工作场所空气中有害物质的限值》、《热处理盐浴有害固体废物无害化处理方法》、《热处理盐浴（钡盐、硝盐）有害固体废物分析方法》、《热处理盐浴有害固体废物污染管理的一般规定》等热处理专业技术和环保控制方面的GB/T国家标准，以及《铸造用水玻璃》等行业标准。《GB/T22561－2008真空热处理》获市质量技术监督局颁发的2010年上海市标准化优秀技术成果一等奖。《GB/T22560－2008钢铁件气体氮碳共渗》获市质量技术监督局颁发的2010年上海市标准化优秀技术成果二等奖。

（王　毅）

【上海电气集团恒联企业发展有限公司】 地址：虹桥路1970号。联系人：陆晓。联系电话：62622607。传真号码：62621986。邮政编码：200336。2003年7月，上海电气集团恒联企业发展有限公司（简称恒联公司）由国有独资企业转制为多元投资民营控股的新经济组织。注册资金2000万元。主要经营房地产开发经营、物业管理、国内贸易、实业投资等。原有职工60人，现有50人。改制后保留党委建制，党委委员5人，同步建立纪委，委员3人，纪委书记为党委委员担任。下设4个党支部，党员45人。改制后改选、建立工会组织，工会委员5人，下设4个工会班组。年销售额11000万元，比上年下降17.9%；税收50万元。公司先后被评为"2009～2010年度上海市文明单位"、"上海市厂务公开民主管理先进单位"。　（蒋金强）

【上海悦华旅行有限公司】 地址：共和新路66号2204室。联系人：虞世平。联系电话：56971556。传真号码：

恒联企业新办公楼外景　　（恒联公司供稿）

51002883。邮政编码:200070。公司成立于2001年3月13日,是经市工商管理部门登记注册,市旅游局批准,具有独立法人资格的境内旅游企业。注册资金50万元。公司主要经营国内各地旅游、疗休养、会务及商务考察业务。公司拥有一批懂经营、善管理、高素质的旅游从业人员,本着“游客至上,诚信为本”的服务理念,提供个性化的旅游产品及旅游服务。年内,公司销售额673万元,比上年增长2%。在团队质量上,公司坚持多年如一日细致的工作作风,贯彻“细节决定成败”的工作态度,全心为游客安排精彩旅程,从而保持多年团队零投诉的业绩。在报价上,执行“明细报价,以维护客人得益为上”的阳光报价、明白消费政策,让游客钱花得明白、玩得开心。公司不忘投身社会公益事业,为市癌症康复俱乐部的残奥运动员捐款、捐物,并得到癌症康复俱乐部的荣誉证书及癌症康复学院的“善爱”奖牌。　(虞世平)

公司设计的金桥研发楼　(艾亚公司供稿)

【上海艾亚建筑设计咨询有限公司】

地址:光复路181号201室。联系人:智茉。联系电话:63810066。传真号码:63810602。邮政编码:200070。公司成立于2004年12月21日,性质属外资企业。注册资金13万欧元。上海艾亚建筑设计咨询有限公司(简称艾亚公司)下属单位:艾亚公司北京分公司。主要经营项目:建筑设计、建筑工程、建筑技术咨询。原有员工50人,现有60人,增长12%。成立工会。年销售额2800万元,比上年增长40%。年内,公司突出的亮点业绩:湖南省博物馆扩建工程,济南省文化艺术中心建筑工程项目,宁波东部新城SOHO塔楼工程,上海张江惠生工业园区设计,劳力士外滩展示中心室内设计,上海喜马拉雅演艺中心室内设计,上海临港新城谢稚柳陈佩秋艺术馆概念建筑方案设计。　(智　茉)

【上海欣影国际传播有限公司】 地址:曹杨路540号中联大厦7楼。联系人:尤海平。联系电话:62444869。邮政编码:200063。上海欣影国际传播有限公司成立于1995年2月,属中外合资企业,公司注册资本185万美元。2010年总产值4800多万元,比上年增长26%。利润203万元,税金205万元,比上年有较大幅度提高。公司是集策划、设计、制作、影视、会展、发布于一体的多功能、综合性广告专业公司。现有员工70余人,其中大专以上学历的62人,占员工人数的88%,公司拥有一批毕业于上海大学广告系、南京艺术学院艺术系、宁波大学广告系及东华大学装潢艺术设计系等具有相当专业水平、精力充沛、热爱广告事业的专业人才。公司有专业广告策划人15人;资深设计师8人,其中境外设计师3人。达到可运作大型广告综合项目和国际项目的能力。公司自成立伊始紧紧抓住“以客户为中心,以市场为导向”的经营方向,努力提高为客户服务的质量和水准,不断拓宽服务客户的层次和内涵。为客户提供最优质的服务。公司凭借不屈不挠的敬业精神和专业职业素质与客户建立良好的服务关系,主要客户遍及全国、面向国外。从形象整合推广、大型活动策划、展览展示到多媒体编程制作,体现公司的综合能力。几年来公司成功为中国电力企业联合会、国家电网公司、南方电网公司、秦山核电联营有限公司等企业度身打造品牌设计系统;成功策划亚太电协大会、广西龙滩水电工程开工截流央视直播仪式、缅甸水电

公司设计的中国电力成就展展台　(欣影公司供稿)

站开工仪式、中核集团开工仪式等大型活动;设计制作完成国家教育安全馆、中国兵器博览馆、上海电力科普馆(风力发电)、广西电力发展史展馆、土耳其第五届世界水展中水电顾问集团展馆、法国马赛上海馆、国电集团国电展示厅、东北电网展厅等大型展馆,深受国内外客户好评。公司在抓物质文明的同时注重精神文明的建设,历年来公司连续被评为中国广告一级企业、全国广告行业文明单位、上海广告行业重信誉创优质先进单位、上海信用等级AAA企业、上海诚信明星企业。 (尤海平)

【上海联富服饰市场经营管理有限公司】 地址:河南北路99号。联系人:薛蓓。联系电话:63579988×677、15026792807。邮政编码:200085。上海联富服饰市场经营管理有限公司(简称联富公司)成立于2007年6月22日,注册资金30万元,属内资企业。经营项目:为该市场内服装、服饰商品经营者提供市场管理服务和停车场管理。原有员工150人,现有174人,增长13.7%。年销售额2410万元,比上年增长38%,上缴税金134万元。年内,市场结合区内开发苏河湾、提升七浦路商圈品牌内涵、培育一批自主原创品牌的大趋势,敏锐捕捉到七浦路商圈发展原创自主品牌的大趋势,进行较大规模的业态调整,引进新鲜血液,制定女装品牌市场的新规划,提出"联富万商,吹响品牌集结号"的经营口号,向着具有"品牌化、专业化、规模化"优势的精品服装市场的总目标阔步前进。充分发挥市场硬件设施在商圈内较为突出的特色,筑巢引凤,通过改扩建扩大重点商户的经营面积,变单门独户的作坊式经营方式为旗舰专卖店的经营模式。此外,为让品牌商户安心经营,解除后顾之忧,市场在实行租金优惠的基础上,最大限度地延长租约期限。经过一系列举措,3U名店、零库存、拓谷、列依、女主角、穿名堂等七浦路知名商户纷纷将旗舰店落户市场,形成一波专业品牌商户进驻的热潮。在新进品牌商户的带动下,市场原有的许多代理商户也充分认识到原创品牌给自身业绩提升带来的机遇,纷纷改换门庭,寻找设备场地自建工场,创建品牌展示中心,发展连锁经营模式,打造自己的品牌梦想,形成良好的品牌经营氛围。 (薛 蓓)

【上海印亿包装印刷有限公司】 地址:浦东新区宣桥镇宣镇东路1089号。联系人:唐忠。联系电话:13801625002。传真号码:58948291。邮政编码:201314。公司成立于2001年6月8日,属内资企业。注册资金150万元。公司下属单位:上海印亿包装印刷有限公司浦东分公司。主要经营项目:食品糖果包装、冷冻(饮)食品包装、速食产品包装、产品包装标贴、糖果涂蜡包装、文具包装、内衣包装、饲料包装及其他复合软包装产品等印刷产品,是专业从事塑料膜、镀铝膜、珠光膜、热缩膜、卷筒牛皮纸、铝箔纸、奶面纸及涂蜡纸等各类包装、装潢印刷的企业。公司有130人。2004年成立上海印亿包装印刷有限公司党支部,有党员10人。年销售额8500万元,比上年增长6%,上缴税金400万元。3月通过ISO 9001:2008质量体系转版认证。9月,通过全国工业生产许可证(QS)——食品用塑料包装的复审认证。同月,通过全国工业生产许可证(QS)——纸品用塑料包装的复审认证。年内,获首批全国诚信印刷企业、中国联合会"中华名特优产品指定供货单位"、中国包装印刷质量评比"金奖"、上海印刷质量评比"银奖"等荣誉称号。 (徐晓韡)

【上海七浦路服装批发市场经营管理有限公司】 地址:七浦路303号。联系人:任浩青。联系电话:63072902。传真号码:63072902。邮政编码:200085。上海七浦路服装批发市场经营管理有限公司(简称七浦路服装公司)成立于2005年12月2日,注册资金100万元,性质属内资企业。主要为市场内服装、针纺织品、鞋帽、箱包、日用百货经营者提供市场管理服务。现有员工23人,年销售额223万元,比上年增长139%,上缴税金23.8万元。 (任浩青)

【上海中亚建设工程有限公司】 地址:恒丰路218号1502室(上海现代交通商务大厦)。联系人:印陶富。联系电话:51822782。传真号码:51822780。邮政编码:200070。E-mail:zhongyajianshe@126.com。上海中亚建设工程有限公司(简称中亚公司)成立于1993年12月,注册资金3200万元,性质属内资企业。公司是集房屋建筑工程、机电设备安装、装修装饰、市政公用工程、地基与基础、钢结构和消防设施工程于一体的国家二级施工总承包企业。公司现有在册员工568人,公司设有党支部、工会等组织。年内,完成施工产值1.8

公司参建的轨道交通10号线马当路站获市"申安杯"奖 (中亚建设供稿)

公司获市住宅建设实事立功竞赛奖牌　　（中亚建设供稿）

亿元，比上年增长 7.8%；上缴税金 500 万元，比上年增长 10.8%。连续 17 年保持工程施工无重大质量事故、无安全生产伤亡事故、无经济案件和各类刑事案件的发生。奉献世博：以“参与世博、服务世博、奉献世博、共享世博”为载体，公司积极组织员工志愿者队伍，在天目西社区（街道）的安排下，参与各类社会公益活动。要求员工“从我做起，讲文明、讲礼貌、改陋习、知礼仪”，当好东道主。在全市“迎世博 600 天建筑改造（整治）”、世博园区世博轴、新加坡展馆和轨道交通 10 号线马当路站机电设备安装等工程中，通过精心组织、规范操作、严格监督、文明施工。在保证工程质量、确保施工安全的前提下，先后圆满地履行 15 个施工项目的合同承诺。世博会开幕前后完成 128.5 万平方米的综合改造（整治）工程，确保轨道交通 10 号线马当路站在世博会前的整体试运行，为政府改善上海世博会交通条件和落实实事工程，改善居民的生活质量和居住环境，提升上海国际大都市的整体形象作贡献，公司被上海市人民政府授予“十二、十三、十四、十五届文明单位”；连续多年被市工商局评为“重合同、守信用 AA 单位”；被市税务局评为“A 类纳税信用单位”；2009～2010 年连续两年被市住宅建设实事立功竞赛领导小组评为“先进公司”；被市总工会评为“工人先锋号”。年内，参建的轨道交通 10 号线马当路站机电设备安装工程，以“质量优良、确保工期、运行良好、安全保证”的良好业绩，被市安装行业协会评为“申安杯”。公司工程师张玉波因热爱关心社会公益事业、常年坚持义务献血，继 2006～2007 年度被国家卫生部、中国红十字总会、解放军总后勤部卫生部联合授予“全国无偿献血奉献奖铜奖”。年内，被授予“2008～2009 年度全国无偿献血奉献奖金奖”，同时被市卫生局、红十字会、解放军驻沪部队献血管委会授予“2008～2009 年度上海市无偿献血纪念奖”。　　（中亚公司供稿）

【上海麦盛莉餐饮管理有限公司】
地址：阳曲路 670 号。联系人：张沛。联系电话：66222001 × 805。传真：66222070。邮政编码：200435。E－mail：msl@maishengli.com。网址：http://www.maishengli.com。公司成立于 2002 年 10 月 17 日，属独资（内资）企业，注册资金 100 万元。公司（麦盛莉酒楼）下属 3 个门店，其中阳曲店位于闸北区内。公司现有在册员工 300 人，年内创税 300 余万元。公司建有党支部、工会、团支部等组织。酒楼经营取各菜系之长，有自主创新的新海派菜肴，定位于中端及大众消费群体，以环境幽雅和温馨服务，吸引顾客。企业的公益慈善、回馈社会善举，率先倡导环保健康餐饮，严守行规诚信经营，赢得社会、百姓的良好口碑，并获得各区政府、行业协会颁发的多项殊荣。公司还是临汾路街道餐饮企业联席会会长单位。公司十分重视企业文化建设。企业的竞争力和向心力都来自企业文化。在培养机制、价值实现和承担社会责任诸多方面，麦盛莉的企业文化有鲜明的特色。3 月，组织多人团队专赴餐饮行业的全国明星企业青岛海景大酒店学习培训，将其“亲情化服务”的精髓转化融合于企业的待客之中。行政总厨出国考察，企业骨干外出轮训，多举措向员工灌输企业文化。麦盛莉独特的 24 项福利，对外来务工的员工实行全方位关怀，包括员工生日活动，寄给员工父母的感恩津贴、购房补贴等。这些制度有力地稳定人心，促进爱岗敬业，使企业在激烈的竞争中保持可持续性发展。在刚性制度的保障下，实行柔性的人性化管理。重大决策，工会全程参与，店

公司经营的阳曲店酒楼　　（麦盛莉供稿）

公司员工赴青岛海景大酒店学习考察　　（麦盛莉供稿）

务公开，民主管理，员企沟通渠道畅通。年内，公司被评为“劳动关系和谐企业”，还被市餐协授予“餐饮业六T实务示范店”、“上海市文明餐厅”等铭牌。中国烹饪协会和市餐协会数次组织多省市同行到麦盛莉考察、交流。面对荣誉，麦盛莉自我施压。公司设立督察员地毯式飞检，建立顾客回访记录档案。公司的多项奉献社区活动，受到各区街道和政府职能部门的好评。“家常菜进社区”活动成为临汾路街道乃至上海的公益活动品牌。年内继续开展“为周边地区双职工家庭学生暑假期间提供免费营养餐”等活动，体现主动服务、无偿奉献的职业素质，既履行社会责任，又扩大企业在消费者中健康向上的企业形象。这些敢为人先的做法，受到同行经营者的好评与效仿。　　（米志顺）

【上海爱德夏机械有限公司】　地址：江杨南路2号。联系人：许业中。联系电话：56815681×321。传真号码：56881727。邮政编码：200434。公司成立于1994年8月8日，注册资金1210万美元，属中外合资企业。主要经营各类轿车门铰链、门限位器、前后盖铰链、手刹车等。公司有员工600人。1994年9月设立党总支，1996年1月选举产生工会委员会，1997年1月成立团支部。年销售额4.1亿元，比上年增长40%。上缴税金2931万元。年内，公司被“盖世汽车网”和“VDA中国”评为“最具竞争力”汽车零部件供应商百强企业，并被评为上海市外商投资双优企业、上海市外商投资先进技术企业、国家二级安全标准企业。　　（许业中）

【上海环宇消防工程有限公司】　地址：大统路1051号四楼。联系人：陈敏。联系电话：56986316。传真号码：56986316。邮政编码：200070。公司成立于1998年5月27日，是由原上海市武警消防总队直属企业改制而成，主要经营消防安装工程、技术指导、业务咨询、消防维修、保养。注册资金1500万元。公司具有消防设施工程专业承包一级资质、装饰装修工程专项承包二级、机电设备安装专业承包二级资质。通过ISO 9001：2008质量体系认证，是上海市消防协会产业委员会副主任单位，在同行业中具有很高的知名度，是品牌企业之一。公司2003年成立党组织，有党员11人，于2005年成立工会，有会员28人。年销售额8000万元，比上年增长25%。税收426.40万元。年初，公司成功召开“党建与新闻媒体工作恳谈会”，《解放日报》、《建筑时报》、《组织人事报》、《人民日报》报社主办的《东方消防》及《浙商》等10余家媒体的领导和编辑、记者莅临会议，就民企党建工作进行热烈的互动交流和研讨，取得良好成效。世博会开幕前，公司联合国泰、兴盛、上消3家行业骨干企业，在《建筑时报》、《东方消防》杂志上向全市消防行业同仁发出倡议：建立世博消防安全应急响应机制，集聚专业优势，共筑世博消防安全百里长堤，确保平安世博的消防安全。5月，公司创刊《环宇报》，在报纸上开辟公司视角、特色党建、股权激励、招贤纳才、企业文化、改革视点、环保科技、产学研报道、工会新闻、乡情乡音、合作交流等栏目，成为思想碰

上海爱德夏公司门景　　（爱德夏供稿）

撞、文化交流、党建共建、典型宣传、袒露心声、凝聚人心、推动发展、促进和谐、友好往来、广结善缘的港湾。打造出具有公司特色的“走廊文化”。公司把近年来在特色党建、品牌文化、深化改革、廉政建设、尊老扶贫方面的内容进行提炼，制作成12幅大型图片悬挂在走廊两侧，形成一道亮丽的具有公司特色的“走廊文化”风景线，增强员工的荣誉感，提升企业形象。服务世博。公司凭借实力，参与“世界贸易馆”、“天下一家馆”、“乌克兰馆”世博场馆的建设。这三个世博场馆的施工难度大、技术标准高、监督管理严、时间要求紧，其中有些施工困难是从来没有遇到过的。为保证施工进度和工程质量，公司从各个施工队伍中抽调技术骨干组成4支世博施工队伍精心施工。为确保按期完工，工人甚至放弃回家过年与家人团聚的机会。公司承建的“天下一家馆”的消防工程获得“上海市2010优质消防工程(世博场馆)贡献奖”。4月14日，青海玉树发生7.1级强烈地震，公司工会在第一时间召开紧急会议，主动发起赈灾捐赠。公司捐助5万元，办公室各位员工共捐款3100元，合计53100元送到区慈善基金会。“11·15”胶州路特别重大火灾事故发生后，国务院办公厅、市政府办公厅、市消防协会相继发出通知，要求切实做好消防工作和安全生产工作。公司作为消防工程建设企业，在按照文件精神认真做好自身的消防安全生产工作的同时，主动承担社会责任，积极从消防专业角度为企事业单位和市民提供有关消防自救知识、消防维修的咨询服务。为提高广大市民的防范意识和自防自救的能力，公司专门编发1000多份消防安全自救防范脱险资料向社会各界发放。公司在第一时间向1500多家企事业单位发出《关于为各企事业提供消防知识、消防维修咨询服务》的函。发出函后，有联合汽车大厦等十几家企事业单位来电咨询，有的要求公司派员举办消防安全培训讲座。公司总工程师刘洪全接受东方卫视采访，就市民自备何种消防器材提供专家意见。上海电视台新闻综合频道、央视十二台等也相继播出采访内容。公司董事长杜桂潭先后接受《人民日报》和《闸北报》的采访，就住宅自救避险，提高市民防范意识，规范行业分包、挂靠、无证施工等方面提出建议，建议媒体扩大宣传并呼吁消防行业自律、规范，要建立长效安全机制。年内，公司党组织与上海洪远实业有限公司、上海道亨·天成工程机构、上海随园装饰工程有限公司、上海泰影实业有限公司、上海元始律师事务所5家党支部开展党建联建活动。公司承建的“桃浦白丽生活广场”获2010年上海市优质消防工程麒麟奖，公司连续三届获该消防行业的最高奖。 (陈　敏)

公司参与设计建造的盐城国际软件园和服务外包基地 (诚唐数码供稿)

公司参与设计建造的射阳科技创新展示馆 (诚唐数码供稿)

【上海诚唐文化传播有限公司】 地址：天目中路380号18、20楼。联系人：王锡娟。电话：63536677。传真号码：55952299。邮政编码：200070。公司成立于2007年8月28日，注册资金500万元。现有员工55人，比上年增长22.22%。设有工会，团支部等组织。公司年销售额960万元，比上年增长27%，税收52万元。公司是一家专业从事大型展馆策划设计执行的综合性企业，致力于提供从策划咨询、内容策划、展示设计、工程搭建、多媒体制作及后期维护等全方位的服务和支持。公司下设策划部、设计部、多媒体部、工程部及运维部等部门。业务领域涵盖展示馆、博物馆、纪念馆、陈列馆等场馆。公司始终坚持以策划为核心，成立至今，参与一系列大型展馆的建设，积累丰富的专业经验，形成有效的控制体系，打造出一支具有较强执行能力的核心团队。核心团队中主要成员具有多年重大展馆的工作经历，更提升企业在这个特定领域的核心竞争能力。根植于创意行业，创新是公司的不懈追求。公司始终秉承“创新”的策划设计理念、“专注”的服务意识，以“专业”的运作控制体系，确保展示项目实施的准确高效，在提升项目品质的同时体现诚唐服务的品牌价值。

（王锡娟）

【上海环境工程设计研究院有限公司】 地址：山西北路433号。联系人：甘遐霖。联系电话：63938705。传真号码：63562299。邮政编码：200071。E－mail：ganxl53@ciliz.net。公司成立于1991年4月10日，注册资金1075万元，属内资企业，下属单位有辽宁铁岭分院。主要经营环境保护工程设计、施工，建筑工程设计。具有废气、废水治理国家专项资质。现有员工125人。设有党委、团总支、工会等组织。年销售额2600万元，比上年增长4%，上缴税金124万元。公司主要从事工业废气的无害排放、工业和民用污水的净化处理和民用固废物的无害处置等环境保护工程的设计、施工。隶属于泛亚环保集团有限公司（香港上市公司，股票代码HK0556），是中国环保产业协会常务理事单位。公司作为泛亚集团进军环保产业领域的龙头企业。有员工中工程技术人员占70%以上，高级工程师占20%。公司拥有环保工程咨询甲级资质、环境工程设计甲级资质、环境保护设施运营资质、建筑工程设计乙级资质等。公司完成过各类环保、节能、技术改造、市政等工程。掌握多项国内外领先的环保高新技术，其中在工业烟气净化、废水处理、民用固废物处理以及建筑工程等方面有多项技术填补国内空白，并在环境工程咨询、设计、施工、运营管理等领域积累丰富的经验。（甘遐霖）

公司设计、施工的燃煤发电机组烟气脱硫装置

（环境工程供稿）

【上海信谊联合医药药材有限公司】 地址：江场西路165号办公楼4层。联系人：胡永良。联系电话：66319997。传真：66319992。邮政编码：200436。公司成立于1994年1月28日，注册资金2065.3万元，属内资（国有控股）企业。主要经营项目：中成药、化学药制剂、第二类精神药品（制剂）、抗生素、生化药品、生物制品的销售。公司有员工285人。年销售额80709.69万元，2010年公司销售指标89049.87万元，比2009年增长10.33%。公司前身系闸北区药材公司。1997年11月，原上海佳博经营公司改制成立上海市闸北药材有限公司（以下简称“闸北药材”），成为一家区级公司制企业。为深化企业改革，按现代化企业制度建立产权清晰、权责明确、政企分开、管理科学的多元化投资的企业法人实体，1999年在区政府的大力支持、推动下，由历史悠久的老牌国有药企信谊药厂将品牌、商誉等优质资产注入闸北药材，共享闸北药材销售渠道、商业网点等有利资源进行企业重组，重组后更名“上海信谊联合医药药材有限公司”沿用至今。隶属上海医药集团股份有限公司，由上药集团子公司上海信谊药厂有限公司直接管辖。全国独家代理上海信谊

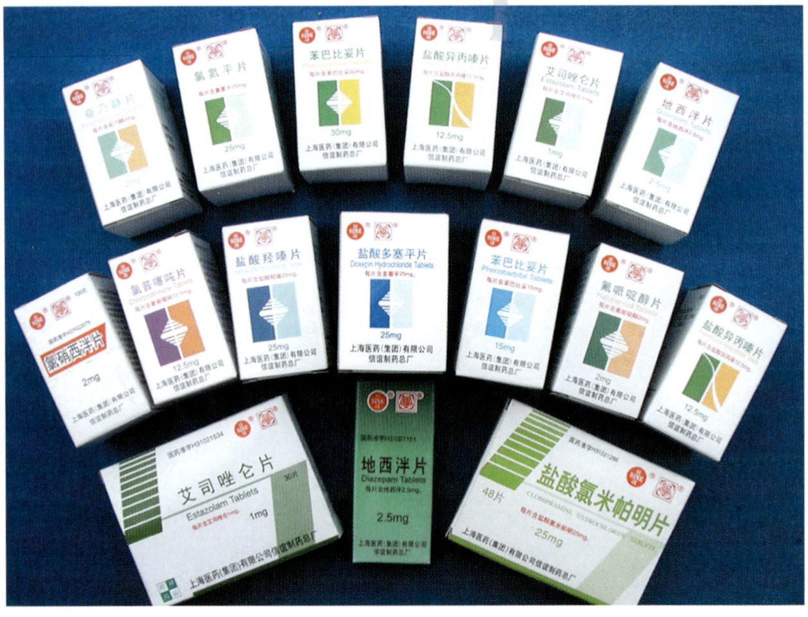

公司生产的部分药品　（信谊联合供稿）

药厂有限公司、嘉华、万象、金朱、康捷、九福、延安、黄河、天平、福达等多家知名制药企业的普药营销工作。公司销售网络可直接覆盖沪、港、澳、台以外的全国各个省级行政区划。公司经营的主要产品注射用糜蛋白酶、柳氮磺吡啶片、华法林钠片、地高辛等在全国市场占有率多年保持第一,此外还有甲氨喋呤片、青霉胺片、鱼精蛋白、炔诺酮片等产品为全国独家产品。公司经营产品多为人民群众所认可的经典普药,质优价廉,市场认可度较高。随着国家新医改政策陆续出台,各省份基本用药目录相继确定,公司经营产品大多被列入各省份的基本用药目录,成为各地医院、社区等医疗单位必备用药。2010年是上海世博年,公司作为世博合作伙伴上药集团的下属单位,于5~10月组织“游世博·看信谊”大型活动。陆续邀请来自全国26个省、直辖市、自治区的客户来沪参观世博,合计接待6批客户542人,此次活动将世博会这一举国盛事与公司活动相结合,取得较好评价。（金　鑫）

【上海信谊天一药业有限公司】 地址:老沪太路210号。联系人:赵丽。联系电话:56039446。传真号码:56772291。邮政编码:200072。公司成立于2000年12月29日,注册资金350万元。下设上海信谊天一药业有限公司信谊药房。主要经营项目:中成药、化学药制剂、化学原料药、抗生素、生化药品、生物制品、第二类精神药品(制剂)、中药饮片、医疗器械、化工原料(不含危险品)、包装材料、劳防用品、化妆品、日用百货、食品销售管理(非实物方式)、货物及技术的进出口业务(销售)等。公司有员工252人,比上年增长8.1%。党支部有党员33人,团员25人。工会会员211人。年销售额7.2亿元,比上年增长10.8%。年内,做大药品零售市场,5月,对上海OTC零售市场业务实施整合。经过对上海整体营销模式的调整,使上海市场更细分化,更专业化。公司OTC部销售组织整合,流程统一,网络门店分类、产品选择、社区营销、制度建设等一系列工作有序开展。下半年,陆续实施销售队伍、品种、客户数据库、计划与考核、社区与团购、产品宣传等的整合。公司全年的销售额达到7.2亿元,比上年增长10.8%。辅酶Q10、氨溴索、银黄含片是公司的重点品种。辅酶Q10完成率91%,比上年增长34%,氨溴索完成率82%;银黄含片完成率91%。年初,正式启动仓库搬迁扩建项目。划分相应功能库区,设有专库。并于8月可以正式启用。年内,引进嘉扬人力资源管理系统,从部门职能、岗位描述、员工基础信息到员工培训记录、工资、社保数据等全部通过嘉扬系统实现科学管理。彻底摆脱费时费力差错率又高的手工填制报表方式,使人力资源部能有更多时间关注员工培训以及人才储备、内勤管理等工作。2010年是天一成立10周年,公司决定举行以“见证、分享、超越”为主题的10周年庆典活动内容,涵盖了公司从初建到发展以及今后的远景。该次活动约有1000名客户代表参加,创新的答谢形式及简单隆重的庆典仪式得到与会领导和客户的首肯。（赵　丽）

【上海华东建设发展设计有限公司】 地址:北京西路1828号9楼。联系人:王国培。联系电话:13601641844。传真号码:52394839。邮政编码:200040。年销售额:7838万元,比上年增长45.6%;税收情况:389万元,比上年增长25.4%。公司成立于1996年5月,是在华东八大省设计院联营经济体的基础上改革创新,1997年9月经建设部批准成立,具有国家甲级工程设计(编号:A131001623)、甲级工程总承包资质(编号:建承甲字3332),注册资金1280万元。主要经营建筑工程设计、总承包管理。公司系全国最早改制的设计股份有限公司之一,坚持设计为主体工程总承包,国内建筑业首家实施ISO 9001:2000版国际标准质量体系(2001年7月16日经英国UKAS国际标准验证通过。现升级为ISO 9001:2008版)。设有综合设计所、总承包部、分院等8个工程部门,共有专业技术人员200余人,其中技术骨干80人,高级职称50余人,一级注册建筑师、一级注册结构工程师近30人。还聘任美国、法国、日本、新加坡注册建筑师和中国香港设计师主创设计。近年来,公司完成一批超高层办公楼、五星级国宾馆、航天实验楼、大学校区、体育中心等重要大型建筑设计,并完成一批如上海鸿翔商厦、静安新时代广场、卢湾“新天地”及无锡华瑞制药厂、德国科隆测量技术(上海)公司等重要工程的设计与施工管理,实施以设计为主体的施工、安装、装饰建设全过程总承包,取得有效控制投资、缩短建设周期,达到优质工程目标的经验。

公司参与设计建造的长兴岛配套商品房基地效果图　（华东建设供稿）

公司以奉献、创新、优质、高效为创业精神，“精心设计，技术创新，文明服务，顾客满意”为质量方针。年内，公司通过 ISO 换证认证，由原来 ISO 9001:2000 版升级为 9001:2008 版，提高质量体系的保障要求，使设计质量得到进一步保障。年内，先后承接设计的主要项目有长兴岛镇西区配套商品房动迁基地，基地面积 1350 亩、总建筑面积约 81 万平方米、南通体臣卫生学校整体迁建项目，总建筑面积约 15 万平方米；山东济宁市万象和商业办公中心（含超高层建筑、五星级酒店及商务楼等），总建筑面积 47.15 万平方米。（王国培）

公司参与造价审核的上实发展哈尔滨楼盘（吉励公司供稿）

【上海吉励建设造价咨询有限公司】 地址：锦西路 185 号 605 室。联系人：李家洪。联系电话：65021336。传真号码：65021316。邮政编码：200092。E－mail：JILILIJH@126.com。年销售额 454.15 万元，比上年增长 8.97%。为区政府创造税收 23.84 万元。上海吉励建设造价咨询有限公司是一家具有甲级资质的造价咨询专业公司，主要从事建筑行业造价咨询业务，注册资金 100 万元。2010 年获得 ISO 9001 质量管理体系认证。公司自 2003 年 5 月成立以来，造价咨询业务快速发展，承接的重大项目造价咨询业务日趋增多，规范的造价咨询工作流程保证了造价咨询工作质量，在行业内有着良好的造价咨询质量信誉。主要的全过程投资控制项目有哈尔滨盛世江南工程、锦江之星西京国际饭店工程和陆家浜路、南京西路、武胜路道路整治工程，总造价分别为 5.58 亿元、1148.63 万元、3490.96 万元；主要的结算审核项目有上海大学巴士汽车学院二期工程、锦江饭店客房装修工程，送审结算价分别为 2443.58 万元、1679.78 万元，审定价分别为 2015.81 万元、1426.97 万元，核减率分别为 22.46%、15.05%。（李家洪）

公司领导与员工商讨工作（文喻公司供稿）

【上海文喻实业有限公司】 地址：宝山路 450 弄 12 号 505 室。联系人：刘佩珍。联系电话：56637710。传真号码：66289852。邮政编码：200071。E－mail：wenyu0505@yahoo.com.cn。公司网站：www.wenyu505.com。公司创立于 1996 年 8 月，是以制版、印刷为主业、经市新闻出版局核准的专业印刷企业，注册资金 150 万元。公司业务主要为产品样本制作及相关广告、画报、书刊、报纸和各类表格的排版印刷等。公司使用与各大新闻媒体相同的排版软件，使客户的宣传印刷品更显专业特色。公司成立 10 多年来，本着诚信服务，质量第一的宗旨，业务得到迅猛发展，客户遍及各行各业。公司参加的比较重大的业务活动有：为中国第七届大学生运动会提供新闻出版保障，世博会部分宣传品的制作印刷；台湾打击乐团和台湾京剧团访沪节目单的印制等。1999～2008 年，公司多次被市工商行政管理局评为“重合同守信用”单位和市合同信用 A 级企业；2009～2010 年，两次被区政府评为“文明单位”。（徐永义）

城市建设与管理

编辑　滕志刚

城市规划管理

【概况】 闸北区规划和土地管理工作以“聚焦苏河湾，打造新闸北”为契机，围绕“南高中繁北产业”的发展战略，做好城市规划编制、规划管理、土地管理和各项服务工作。2010年，规土局组织规划编制、评估和修编工作6项，推进控详规划局部调整19项，《苏河湾地区城市深化设计》得到闸北区政府、市规土局领导以及市规划委员会专家肯定。完成参与多项区“十二五”调研工作：《“十二五”规划社会发展专题》、《大宁国际社区“十二五”发展规划（规土篇）》、《闸北区“十二五”保障性住房规划》等。推进41幅土地储备工作、完成12幅土地出让工作，提高土地资源综合利用效率，坚持开源和节流并重。认真执行《闸北区规划例会议事规则》，重大项目规划和设计方案提交规划例会审议，完善“一书二证”及建设项目开竣工审批程序，建立执行“绿色通道”试行办法。服务经济发展，不断提高审批效率；统筹协调，不断推进社会事业设施建设；聚焦重点，不断优化事务性工作。做好区规土局信息公开、城建档案、测绘管理以及人民群众来信来访等工作。（陶秀琴）

【编制调整新一轮城市规划】 年内，市规土局推出进一步完善控制性详细规划管理的有关管理规定、技术标准、成果规划和操作规程，新的规划审批程序共有17个步骤，审批周期达一年左右时间。区规土局以加强城市重点项目建设为重点、以提升城市品位为主导，全面做好规划编制和调整工作。组织规划编制、评估和修编工作6项，即《彭浦镇二次创业概念规划编制》、《闸北区客运交通系统规划编制》、《单元控制性详细规划评估》、《天目社区控制性详细规划修编》、《市北高新技术服务园区控规修编》、《闸北区总体规划编制》。推进控详规划局部调整19项，其中完成上报审批项目7项、进行规划编制8项、处于前期准备阶段4项，即《上海大学科技园控详调整规划》、《北广场C1、C2、D地块局部调整规划》、《新、老闸北体育场迁建控详调整规划》、《苏河湾1号街坊局部调整规划》等。协助教育局完成近期教育设施布点规划，兼顾全市教育布局，坚持近期与远期相结合，为全区教育事业发展做好指导和引领工作；协助区土地发展中心完成《闸北区土地储备规划》，扩大土地储备库容的工作要求，加强政府对土地市场调控能力；结合闸北土地利用实际情况，完成首份关于中心城区土地利用规划纲要文本，即《闸北“十二五”土地利用规划》。（陶秀琴）

【做好重点项目批后管理】 区规土局围绕区委、区政府提出“走出低谷，尽快实现发展方式转变，形成南高中繁北产业”奋斗目标，学习《上海市建设工程设计方案规划公示规定》、《规土综合验收管理办法》等文件，完成“规土合一”网络迁移工作，实行规划土地并联审批、“一个窗口”联合会审制度，在控规调整同时对项目进行先期预审，并在项目设计阶段通过方案

区领导听取苏河湾城市设计成果汇报　（区规土局供稿）

评审会的方式收集各个业务管理部门的意见，缩短方案审批时间，切实提高项目推进速度。加大区域内重点在建项目的巡视力度，提前梳理拟建项目、时刻关心在建项目、提前介入即将竣工项目。对旧区改造工作出谋划策，使旧改工程早出形象、早出功能、早出收益，推进的项目有中海189项目、青-12地块项目等。对产业类项目实行“提高服务效率，能快则快”的原则，使重大招商项目早办理、早启动、早见效，办理的项目有第一机床厂、市北高新7号地块等。对中部地区项目实行“高起点规划、高品质建设”原则，使项目更加精品，办理的项目有凯科大宁广场、明园森林都市三期等。年内，区规土局核发建设项目选址意见书13件，核发建设用地规划许可证15件，建设用地面积42.12万平方米；核发正式建设工程规划许可证73件，建筑面积128.83万平方米，核发临时建设工程规划许可证3件，建筑面积13048平方米，核发门面装修等零星工程许可证13件；核发建设工程方案设计要求74件、设计方案批复35件；建设工程开工放线检验56件，核发建设工程竣工验收合格证33件，建筑面积66.99万平方米，完成土地核验项目22件。配合区房管局认定违章件数13件；配合城管部门认定违章件数15件；受理并处理“12319”城建热线和投诉共23件；立案查处违法建筑10件。（陶秀琴）

【加快旧区改造项目审批】 年内，区规土局围绕“旧区改造是闸北最大民生，百姓得实惠为第一”精神，坚持“能快则快、平稳有序”原则，集中力量，推进旧住房改造、保障性住房、基础教育设施和公共卫生服务设施建设。旧住房改造主要是指“成套率”实事工程，区规土局重视信访反映问题，通过拆除重建和局部加建相结合方式，完成共和新路2205弄11～14号、彭三小区24号、沪太路651弄7～8号扩建等7件项目审批；保障性住房建设方面主动服务、跟踪报批进程，采用审批绿色通道，推进的项目有彭浦十期C块（367街坊）、桥东二期（171、177、178、179、181街坊）、机械刀片厂（319街坊）等地块；基础教育设施建设方面，调研项目基地及周边情况，为工程实施出谋划策，第一时间审理发证，如共康中学图书楼、和田路小学西教学楼等。公共卫生服务设施建设方面打造区域医疗品牌，核发第十人民医院门急诊大楼大修工程、皮肤病医院医学教育培训和营养综合楼建设工程。为落实年度区政府新建养老机构计划，会同民政部门选定将风华初级中学场地改建成养老机构，确保新增400张养老床位。（陶秀琴）

【推进土地储备出让工作】 年内，对41幅土地进行储备，其中：完成储备土地13幅，计64.47公顷，涉及企业26家，动迁居民150户；推进收储28幅土地，计145.78公顷，包括保障性住房用地5幅，26.71公顷；旧区改造用地8幅，18.75公顷；其他地块15幅，100.32公顷。完成12幅土地出让工作，其中经营性土地9幅、保障性住房土地3幅，12幅土地面积40.18公顷，挂牌出让总价1614518.13万元，区得收益92738.76万元。完成存量房产补土地出让金27幅土地，共收入土地出让金15094.12万元，其中区得出让金7547.06万元。按时完成全区闲置土地25宗登记工作，面积74.732公顷，登记率100%。修测变更地籍图形6257323.17平方米，占全区21.44%，全年共发生土地发证调查宗地161宗，涉及土地面积89公顷。完成征地费包干管理项目3项，征地面积4公顷。（陶秀琴）

【完成苏河湾地区城市设计方案】 年内，区规土局开展苏河湾地区城市设计和控详修编工作，组建苏河湾工作小组，专题策划苏河湾区域规划设计工作。3月8日在《解放日报》、《新民晚报》上发布公告，面向全球征集苏河湾地区城市设计方案。征集活动吸引31家境内外知名设计公司报名参加，其中美国RTKL、美国GENSLER、德国SBA、澳大利亚COX、英国H&D等5家设计公司入围，最终确定美国RTKL公司为中标单位。RTKL公司在吸取其他设计方案优点的基础上对苏河湾城市设计进行深化，上海市城市规划设计研究院同步开展控制性详细规划的评估和修编，把该次城市设计成果纳入法定规划成果内，成为真正有效指导苏河湾地区城市建设的规划管理文件。11月2日，RTKL公司公布苏河湾地区城市设计深化方案终期成果。12月15日，区政府在浦西洲际酒店召开苏河湾地区城市设计深化方案终期成果发布会，当日，上海苏河湾投资控股有限公司揭牌成立。（陶秀琴）

地名管理

【概况】 2010年，闸北区地名管理工作强化主动服务意识，规范管理，依法行政，认真做好地名管理行政审批工作，全年审批明园森林都市叠翠苑、龙盛佳苑、长泰企业天地广场等居住区、建筑物地名命名、更名9件。经区建交委申报并报市地名办审批，批准平陆路、江场西路延伸道路命名2件。为依法行使地名管理职责，区地名办坚持地名巡视制度，检查全区地名使用情况，年内，发现建筑物地名擅自命名“华天大厦”、“都会豪庭”等5件。参与完成《上海市地名管理导则》编写，增强地名工作职能，规范和统一地名工作人员处理地名具体事务的意见。参与《上海市地名规划》研讨，通过对全市范围内各类地名总体布局和整体设计，按照规范化、系统化和层次化要求，与历史文化名城相适应，与城乡规划相协调，构筑科学合理的地名体系。接待居民来访，帮助居民因道路更名，居民住房产权证没有及时更改，无法交易，无法抵押等问题提供解决方法。完成区地名办岗位设置说明书编写、工作职责以及地名管理标准化业务流程梳理。（陶秀琴）

2010 年闸北区居住区、建筑物命名更名一览表

标准名称	所在地	用地性质	发证日期	备　注
中铁中环时代广场	大宁路街道	商业、办公	1. 26	
明园森林都市涵翠苑	大宁路街道	住宅	2. 23	
明园森林都市叠翠苑	大宁路街道	住宅	2. 24	
龙盛佳苑	彭浦镇	住宅	6. 17	
永泰国际商务广场	北站街道	商业、办公	6. 18	
歌林商务大厦	彭浦镇	办公	7. 19	"歌林春天馨园"部分更名
长泰企业天地广场	北站街道	商业、办公	8. 5	"永泰国际商务广场"更名
和源祥邸	彭浦镇	住宅	8. 16	
大宁龙盛雅苑	彭浦镇	住宅	9. 10	

（陶秀琴）

道路桥梁工程建设与管理

【概况】 2010 年，区加快推进交通枢纽建设步伐，由区建交委负责协调建设的铁路上海站北广场综合交通枢纽于世博会前投入使用；中环共和新路综合交通枢纽在 4 月底完成并在世博会期间投入营运；中环沪太路于世博前基本完成建设，公交设施部分投入使用；汉中路综合交通枢纽完成前期腾地。市政道路建设：铁路上海站北广场综合交通枢纽配套的中兴路、大统路、恒丰北路、普善路、永兴路、太阳山路、长兴路于世博会前完成施工并投入使用；中环交通枢纽配套的平陆路、江场西路、规划路于 4 月底建成并投入使用；广中西路拓宽工程于 9 月底完工；宝山路拓宽工程完成前期动迁；寿阳路、江场路、平型关路新建工程在建；场中路拓宽工程和康宁路辟通工程完成灾害评估、环境评估等工作，落实各项前期准备工作及优化方案。另外，中兴电站（绿洲雅宾利接建）完成土木施工建设。由市排水公司建设、区配合的福建北泵站、苏三期工程、西干线工程等项目都在施工过程中。（浦建龙）

【完成迎世博市政工程整治任务】 年内，对全区道路实施全面整修，完成 27 条道路整修工程：海宁路（河南北路—天目中路）道路整修工程；沪太路（晋城路—灵石路）"白"改"黑"工程；中山北路（东宝兴路—止园路）道路整修工程；彭越浦桥栏杆改建工程；中华新路（共和新路—普善路）道路整修工程；梅园路（汉中路—恒通路）道路局部拓宽工程；天目西路恒丰路天桥整治工程；天通庵路（止园路—宝昌路）道路整修工程；陈家宅路（西藏北路—平型关路）道路局部拓宽工程；俞泾港路（西藏北路—和田路）道路局部拓宽工程；新疆路（大统路—乌镇路）道路整修工程；民和路（西宝兴路—和田路）道路整修工程；洛川东路（北宝兴路—共和新路）道路整修工程；延长路（北宝兴路—平型关路）道路整修工程；平型关路（延长路—柳营路）道路整修工程；黄山路（平型关路—西宝兴路）道路整修工程；汶水路（共和新路—沪太支路）道路整修工程；中华新路（普善路—沪太路）道路整修工程；大统路（中华新路—芷江西路）道路整修工程；沪太路（大统路—中华新路）道路整修工程；沪太路（灵石路—宜川路）"白"改"黑"工程；延长路（平型关路—共和新路）道路整修工程；广中西路（共和新路—彭越浦）大修及局部拓宽工程；中环线汶水路、沪太路交通枢纽道路配套工程；平型关路（中山北路—俞泾港）道路整修工程；宝昌路（中山北路以北—芷江中路）

道路整修后的中山北路（东宝兴路—平型关路）　（区市政署供稿）

区长周平（右二）与重点项目单位负责人签约　　（区重点办供稿）

道路整修工程；青云路（止园路—宝昌路）道路整修工程等。此外，按照上海市水务局“关于继续开展全市排水管道养护大会战的通知”的工作要求，在全区开展排水管道养护大会战，完成管道疏通445400米，清捞窨井16249座、进水口89448座，清捞污泥6499吨，修复排水管道215米。

（杜莉敏）

【区长周平调研区重点工程】 新年伊始，区领导周平、曹立强专题研究2010年重点工程预选工作。区建交委、财政局、房管局、规土局相关负责人参加会议。在听取区建交委有关工作汇报后，区领导对全年重点工程逐项进行研究讨论，最后初步选定87个重点项目，其中重点工程正式项目50个，跟踪项目16个，预备项目21个。周平要求，全年旧改工作要聚焦苏河湾东段地区；要千方百计筹措动迁房源；要改善融资平台质量，保障旧改动拆迁资金需求；在具体工作中抓好政策设计、人员培训等关键环节；抓紧时间与市土地储备中心和市城投公司洽谈，尽快启动联手实施的土地储备地块的动迁工作。

（盛　萍）

【签订重点工程目标责任书】 为高质量、高标准完成全年重点工程建设任务，3月17日，区长周平代表区政府分别与区建交委、区商务委、市北工业园区等16个年度区重点工程正式项目责任单位的第一负责人签订《重点工程建设目标责任书》，周平要求重点工程建设要围绕旧改抓竞赛，加快全区经济社会发展步伐；要围绕世博抓竞赛，努力提升区域环境面貌；要围绕民生抓竞赛，切实改善群众生活水平；要围绕安全抓竞赛，全力提升重大项目建设安全管理水平。

（盛　萍）

【表彰重点工程先进集体和个人】 年内，承担区重点工程实事项目建设和城市管理相关任务的单位，坚持开展重点工程实事立功竞赛活动，以立功竞赛为舞台，赛科技创新，赛环境管理，赛文明施工，赛依法动迁，有力推动重点工程和实事项目建设任务顺利实施和城市管理上新台阶，同时涌现出大批先进集体和先进个人。经各单位评选申报，市重点工程实事立功竞赛领导小组审批，上海振沪房屋拆迁有限公司北广场项目部等4个集体获“市先进集体”称号；巢卫明等2人获“市建设功臣”称号；王孔良等9人获“市记功个人”称号；蒋凡湧等2人获“市优秀组织者”称号。

（盛　萍）

【加强重点工程项目管理】 按照区委、区政府总体部署，区重点工程、实事项目建设围绕“聚焦苏河湾建设、打造南高中繁北产业功能格局”的发展战略，加快推进。根据《闸北区重点工程建设管理办法》，按照总体协调、确保重点、分类指导、分级负责的原则，各责任单位狠抓任务落实，确保措施到位，加快推进。区重点工程建设进度、安全质量始终处于总体受控状态。苏河湾2、3、4号地块旧改土地储备等31项重点工程正式项目提前或按时完成年度形象目标。宝山路改建工程拆迁、彭越浦6号地块拆迁配套商品房等24项重点工程正式项目均按年度目标确定的时间节点实施。重点工程跟踪项目总体按形象节点推进。其中鸿兴路道路工程竣工通车，共和新路1301号厂房改建交付使用，绿洲雅宾利二期竣工，中兴城二期旧改基地开始拆迁，其余跟踪项目均处于结构或装饰施工阶段。重点工程预备项目作为明年储备项目，前期准备工作按计划推进，部分储备项目进入实质性开发阶段，如慧芝湖三期，明园森林都市三、四期，青-12一期商品住宅等。区每年安排一批预备项目，从而形成重点工程项目每年储备一批、开工一批、建设一批、竣工一批的良性发展格局。

（盛　萍）

【区“两会”代表视察区重点工程】 7月14日，区人大常委会主任杨惠德，副主任虞国林，区人大常委会办公室、研究室、各工委负责人及部分人大代表，分别视察中环共和新路综合交通枢纽工程、祥腾财富广场、铁路上海站北广场综合交通枢纽建设工程、桥东二期动拆迁基地以及共和新路、光复路公共绿地等重点工程实事项目。代表们一致认为，闸北城市建设振奋人心，杨惠德说，这次重点工程视察，让代表和委员亲身感受闸北在城市建设发展的新变化，全年重点工程项目项目多、投入大、效益好、任务重、时间紧、要求高，总体进展情况令人满意。12月8日，区政协主席张宝妮、副主席季铭带领部分政协委员视察区部分重点工程、实事项目，实地查看319地块配套商品房建设、铁路上海站北广场综合交通枢纽等项目，听取区建交委（重大办）关于区重点工程、实事项目完成情况的报告。政协委员认为这些重点工程、实事项目是区建设史上数量最多、完成最好的。（盛　萍）

区人大代表视察铁路上海站北广场　（区重点办供稿）

【深化区城市网格化管理】 年内，区城市网格化管理中心（简称中心）整合资源，细化网格工作，以主动发现、快捷处置、解决高效、监督有力为核心，拓展网格功能，提高网格运行水平。全年，中心立案数48756件，立案率99.97%；结案数48756件，结案率100%；区城市网格化管理在上海中心城区居于中等偏上水平。根据市、区城市管理工作重点，中心重点开展6次专项调查，具体是：人行道无障碍设施专项调查，查出问题256处、无盲道路段65处、盲道被占57处；行道树及其附属设施专项调查，查出问题343处；道路护栏专项调查，查出缺损31处；街面时钟专项调查，查出问题4处；乱拉横幅专项调查，查出问题17处；道路围墙上的安全套自助售货机专项调查，查出问题91个。世博会前后，中心强化市容市貌问题的发现和督办，均取得良好效果。受理东方网“我有话对区（县）长说”闸北专栏中网民提问82件，内容分别涉及动拆迁、住宅物业、交通等，均处置完成；收到工地文明施工案件60件，均派遣至区质监站处置，结案率100%。其中围墙污损31件，防尘网脱落21件，工地大门不达标1件，门牌破损1件，施工铭牌破损1件，排污3件，扬尘1件，道路破损1件；收到上报治安顽症案件824件，其中乱设广告16件，涉嫌收销赃物10件，其他违法犯罪9件，人群不正常聚集4件，路边招嫖3件，贩卖车票1件，路边无证设摊涉嫌收销赃1件，贩卖假发票2件，流浪乞讨778件，均派遣处置完成；收到《闸北区社会舆论快速反应情况表》56份，均派遣处置完成。涉及的案件主要包括夜排档、路灯照明、交通、火灾等；12319督办共收到市12319城建热线派遣到闸北145件，立案128件，结案128件，结案率100%，居前三位的是：占道无照经营58件，其他井盖缺损20件，跨门营业12件；为准备应对世博会期间城建热线投诉量的增加，中心成立3个接诉组，确保不遗漏一个投诉电话。全年城建热线共立案283件，结案283件，结案率100%。占前三位的是：乱设摊26件，小区公共区域保洁22件，房屋维修20件；通过视频巡视发现城市案件767件，占前三位的案件是：跨门营业及乱设摊501件，暴露垃圾105件，道路保洁71件，所有发现案件均派遣处置完成；网格平台立案46556件，结案46556件，结案率100%，占前三位的是：乱涂写、乱招贴、乱刻画16387件，占道无照经营8883件，暴露垃圾5135件。4月，整合各方资源，将市容局质量投诉中心、城管大队指挥中心、区防台防汛指挥中心、房地局、环保局等全部集中到网格监督中心集中办公，对发现的问题当场快速研判，及时通过各部门快速处置。年内，完成社区分中心硬件建设，所有8街1镇的网格分中心开始初步运行，社区分中心实现全覆盖。

（田国墉）

2010年闸北区重点工程正式项目一览表

序号	项目分类	项目名称	项目地址	责任单位	第一责任人	年度目标
1	旧区改造动拆迁项目	桥东二期第一期动迁地块	虬江路、轻轨、新马路、新路	旧区改造动迁总指挥部办公室	巢卫明	完成动迁
*2		闸北区92街坊	长安路、梅园路、光复路、五矿大厦			完成动迁
3		苏河湾2、3、4号地块旧改土地储备	新泰路、天潼路、三泰路、福建北路			启动动迁
*4		长安西地块	普济路、光复路、裕通路、天目西路			完成动迁70%
*5		地铁12号线曲阜路站	西藏北路、曲阜路			完成动迁
*6		桥西B块(190地块)	长兴路东、太阳山路北			完成动迁
7		宝山路改建工程动迁项目	虬江路、东宝兴路			完成动迁

（续表）

序号	项目分类	项 目 名 称	项 目 地 址	责任单位	第一责任人	年 度 目 标
*8	动迁配套商品房项目	340街坊40丘动迁配套商品房建设项目	共和新路3616弄	不夜城新发展公司	罗 岚	年内竣工
*9		彭浦十期C块动迁配套商品房一期项目	江杨南路、保德路	北方集团	朱贤麟	装饰阶段
10		彭浦十期C块动迁配套商品房二期项目	江杨南路、保德路			开工建设
*11		彭越浦6号地块动迁配套商品房建设项目	大宁路、万荣路	区建交委	巢卫明	主体结构
12		319街坊动迁配套商品房	沪太路、沪太支路口			主体结构
*13	市政基础设施建设项目	铁路上海站北广场综合客运交通枢纽	铁路上海站北广场	区建交委	巢卫明	地下工程、站前广场、配套路网工程世博前竣工
*14		中兴路拓宽	共和新路—恒丰路			年内竣工
*15		大统路下立交北延伸项目	天目西路—芷江西路			年内竣工
*16		中环共和新路综合客运交通枢纽	共和新路、汶水路			年内竣工
*17		中环线（汶水路—沪太路）综合交通枢纽	沪太路、江场西路			年内竣工
18		广中西路道路大修	广中西路（共和新路—区界）			年内竣工
*19		中兴路11万伏变电站	中兴路绿地内			主体结构
20		宝山路改建工程	东宝兴路—天目中路			开工建设
21		柳营路拓宽工程	北宝兴路—普善路	区房管局	胡广杰	年内竣工
22		灵石路拓宽工程	平型关路—共和新路	大宁国际社区指挥部办公室	季 铭	年内竣工
23		江场路道路工程	共和新路—粤秀路	市北高新园区管委会办公室	丁明年	开工建设
24		寿阳路道路工程	汶水路—北郊站南大门			开工建设
*25		铁路上海站南广场地下人行通道	民立路、梅园路			年内竣工
*26	公共服务设施建设项目	市北医院改扩建工程	共和新路4500号	区卫生局	王光荣	基本竣工
27		第十人民医院（内科）综合大楼	延长中路301号			完成八层结构
28		第十人民医院门急诊大楼改建工程	延长中路301号			开工建设
*29		新华书店储运部整体改建工程	沪太路785号	区科委	胡建民	3#楼年内竣工
*30		闸北区文化馆和大宁社区文化活动中心	彭江路200号	大宁国际社区指挥部办公室	季 铭	年内竣工
31		天目西街道文化中心建设项目	中华新路860号	天目西路街道办事处	许 琦	开工建设
32		闸北区18所中小学校舍安全项目	另附	区教育局	顾晓璞	年内竣工
33		281地块配套中学	中山北路903号	不夜城新发展公司	罗 岚	开工建设
34		电话局扩建工程	共和路169号			年内竣工
35		彭浦十期C块一期配套幼儿园	江杨南路、保德路	北方集团	朱贤麟	开工建设
36		区法院诉调对接工作中心	共和新路3009号	区机管局	唐克勤	年内竣工
*37		中兴绿地二期地下空间开发	止园路、中兴路	区建交委	巢卫明	开工建设

（续表）

序号	项目分类	项目名称	项目地址	责任单位	第一责任人	年度目标
*38	功能性产业建设项目	嘉里不夜城三期	共和新路277号	不夜办	马文成	开工建设
*39		191街坊中海商办(住)楼	长兴路888弄			年内竣工
40		189街坊中海商办楼	大统路东、交通路北、长兴路西、太阳山路南			开工建设
*41		恒基147-2,3号地块商办楼	恒丰路、普济路			主体结构
*42		隆宇406地块(商办楼)	恒丰路299号			办公楼主体结构 商业楼地下结构
*43		阳名公寓式办公楼	恒丰路10号地块			基本竣工
*44		祥腾财富广场	汶水路215号 327街坊	市北高新园区管委会办公室	丁明年	年内竣工
*45		市北5号地块商办楼	东至海关走私犯罪分局、南至规划江场支路、西至万荣路、北至江场西路			开工建设
*46		广中西路430地块(宝华国际广场)	广中西路451~521号	上海多媒体谷管理委员会办公室	史　方	基本竣工
*47		大宁凯科广场(凯德置业)	广中西路北、万荣路东			完成基础
*48		嘉利商业广场	平型关路108弄	区商务委	洪　流	年内竣工
*49		397街坊38丘(上海汽车广场一期)	沪太路1108号			主体结构
*50		397街坊27/2丘(上海汽车广场二期)	沪太路1108号			主体结构

注:带*号为续转工程。

（盛　萍）

2010年闸北区重点工程跟踪项目一览表

序号	项目性质	项目名称	项目地址	责任单位	第一责任人	年度目标
1	旧区改造动拆迁项目	鸿兴园二期	宝昌路、临山路、公兴路、中兴路	旧区改造动迁总指挥部办公室	巢卫明	启动动迁
2		中兴城(二期)东块	通阁路、中华新路、西藏北路、天通庵路			启动动迁
3	市政基础设施建设项目	鸿兴路道路工程	宝山路—永兴路	区房管局	胡广杰	年内竣工
*4		平型关路道路工程	汶水路—场中路	市北高新园区管委会办公室	丁明年	开工建设
*5	公共服务设施建设项目	大宁第二国际幼儿园	待定	大宁国际社区指挥部办公室	季　铭	力争启动
6		闸北区环卫基地	汶水支路8号	区市容管理局	武树红	力争启动
7	功能性产业建设项目	市北高新园区7号地块通用厂房	江场西路395号	市北高新园区管委会办公室	丁明年	开工建设
*8		五月花生活广场	芷江西路、大统路	区商务委	洪　流	主体结构
9		永和路201号厂房改建	永和路201号	区科委	胡建民	开工建设
10		共和新路1301号厂房改建	共和新路1301号	共和新路街道办事处	宋青铜	年内竣工

（续表）

序号	项目性质	项 目 名 称	项 目 地 址	责任单位	第一责任人	年 度 目 标
*11	商品住宅项目	绿洲雅宾利二期西块	止园路、公兴路、中华新路	区建交委	巢卫明	年内竣工
*12		高福坊	永兴路、公兴路、虬江路、宝山路			主体结构
13		281 街坊商品住宅	中山北路 903 号（普善路）	不夜城新发展公司	罗　岚	主体结构
14		295 街坊商品住宅	延长中路北、彭越浦河西、老沪太路南			70% 主体结构
*15		北方·和源福邸（悦公馆）	共和新路、永和路	北方集团	朱贤麟	基本竣工
16		309 街坊商品住宅	灵石路 820 号			主体结构

注：带*号为续转工程。

（盛　萍）

建筑业管理

【概况】 2010 年，区建筑业管理确立“世博维稳为先、安全质量为重、市场监管为魂”理念，建管业务平稳发展，建筑市场、建管队伍保持稳定。全年完成建筑营业税 5248 万元。全署 54 名职工报名参加世博志愿者服务队。委派安质监科技术人员参与四川都江堰地区灾后重建的工程质量监督工作。年内，建管署获上海市建筑建材业市场管理总站颁发的“2010 年度招投标监管工作考核评比先进奖”；获区建交委颁发的“2010 年度考核先进单位”称号；业务受理中心服务窗口获区妇联颁发的“迎世博 600 天文明窗口”称号。（陈　亮）

【完成年度建设工程管理业务】 年内，共受理工程报建 88 个，总投资 6.56 亿元；招投标项目备案管理 45 项，中标价 27.37 亿元，其中公开招标项目 31 项，公开招投标率 100%；施工合同登记备案 362 个，金额 45.93 亿元；发放施工许可证 61 张；项目报监 125 个，土建建筑面积 129 万平方米；工程竣工备案 138 个，土建建筑面积 78 万平方米；实施行政处罚 25 起，处罚金额 53.08 万元。（陈　亮）

【建设工程质量安全总体受控】 围绕世博会主题，重点加强以文明施工管理为主线的安全质量管理体系，加大建筑安全质量、文明施工监管力度，落实安全质量主体责任，通过聚焦安全生产，深化标准化工作，严格危险性较大部分工程监管，落实安全生产隐患排查治理等措施，加强施工企业安全自控、责任落实的管理机制。质量监管突出重点，实施深基坑、建筑节能工程的重点管理，同时加强现场建材质量抽检和建筑节能材料的检测工作。加强执法，规范参与各方经营行为和企业用工管理，组织务工人员安全生产培训。开展“打击建筑施工非法违法行为专项行动”、“建筑工地防火安全专项检查”、“建筑工地文明施工测评专项检查”等工作。（陈　亮）

【加大建设领域突出问题专项治理力度】 年内，根据市建设交通系统工程建设领域突出问题专项治理工作部署，做好区自查和抽查阶段发现的招投标和工程建设实施及质量安全监管方面问题的整改工作，针对市政和装修项目中普遍存在的不办理施工许可、不进行竣工备案等现象，逐一进行梳理，查找问题，寻求对策。至年末，自查阶段发现问题整改率为 89.7%，抽查阶段发现问题整改率为 91.9%。（陈　亮）

【建立保障性住房和重点实事项目绿色通道】 年内，大力推进迎世博市政交通基础设施重大项目建设，建管署组织专门人员对铁路上海站北广场、中环共和新路、中环线（汶水路—

召开区安全生产、文明施工工作会议　（区建管办供稿）

沪太路)三大综合交通枢纽进行对口咨询服务。对保障和改善民生的保障性住房340街坊40丘拆迁配套商品房、彭浦十期C块拆迁配套商品房、彭越浦6号地块、319街坊拆迁配套商品房等项目建立绿色服务通道,采取提前介入、主动上门服务、制定监督管理计划等措施,给予程序上和技术上的支持,保证建设项目顺利进行。(陈　亮)

【妥善处理各类投诉和突发事件】年内,针对施工扰民等影响居民生活的投诉事件,结合网格化管理平台,实行快速处置。全年受理各类投诉74件,其中质量投诉18件,施工扰民投诉43件,拖欠农民工工资投诉13件。通过各项管理措施的落实,提升区建筑工地的综合面貌,使区建筑工地的文明施工管理水平达到全市中心城区的中游水平。(陈　亮)

【强化建筑务工人员维权力度】年内,为规范建筑工地劳务用工管理,共发放务工人员信息卡583张;综合保险人数达98721次;组织岗前培训1865人次;各类职业教育培训589人次。处理拖欠务工人员工资投诉案件13起,解决拖欠工资132.6万元,涉及人员186人。组建施工企业联合工会12家,独立工会6家。落实务工人员入会数982人,签订集体合同入会14家。(陈　亮)

2010年闸北区"闸北杯工程"名单一览表

项目名称	施工单位	法人代表	项目经理	建设单位
塘南村330街坊2号标段21号楼	南通华新建工集团有限公司	陶昌银	钱忠勤	上海城联房地产开发有限公司
塘南村330街坊2号标段22号楼	南通华新建工集团有限公司	陶昌银	钱忠勤	上海城联房地产开发有限公司
裕年国际商务大厦	中国建筑第八工程局有限公司	黄克斯	杨爱忠	裕年发展置业(上海)有限公司
中兴城(西华园)商品住宅项目C1号	龙信建设集团有限公司	陈祖新	程　岗	上海硕诚置业有限公司
中兴城(西华园)商品住宅项目C2号	龙信建设集团有限公司	陈祖新	程　岗	上海硕诚置业有限公司
327街坊30号地块祥腾财富广场2号楼	中国二十冶集团有限公司	李　勇	曾学周	上海中冶祥腾投资有限公司
闸北区文化馆和大宁社区文化活动中心	江苏南通三建集团有限公司	徐竹林	季正冰	上海市闸北区机关事务管理局
闸北区340街坊40丘动迁配套商品房1号	舜杰建设(集团)有限公司	李寿祥	徐德颐	上海不夜城新发展公司
闸北区340街坊40丘动迁配套商品房2号	舜杰建设(集团)有限公司	李寿祥	徐德颐	上海不夜城新发展公司
闸北区340街坊40丘动迁配套商品房3号	舜杰建设(集团)有限公司	李寿祥	徐德颐	上海不夜城新发展公司
闸北区340街坊40丘动迁配套商品房4号	舜杰建设(集团)有限公司	李寿祥	徐德颐	上海不夜城新发展公司
闸北区市北医院改扩建工程项目	上海市第四建筑有限公司	朱海根	房志斌	上海市闸北区市北医院
市北工业新区12号地块新建商品厂房2号楼	江苏省建筑工程集团有限公司	陈正华	沈　淦	上海开创企业发展有限公司
市北工业新区12号地块新建商品厂房4号楼	江苏省建筑工程集团有限公司	陈正华	沈　淦	上海开创企业发展有限公司
市北工业新区12号地块新建商品厂房5号楼	江苏省建筑工程集团有限公司	陈正华	沈　淦	上海开创企业发展有限公司
市北工业新区12号地块新建商品厂房6号楼	江苏省建筑工程集团有限公司	陈正华	沈　淦	上海开创企业发展有限公司
市北工业新区12号地块新建商品厂房10号楼	江苏省建筑工程集团有限公司	陈正华	沈　淦	上海开创企业发展有限公司

(陈　亮)

2010年闸北区文明工地名单一览表

项　目　名　称	施工单位	法人代表	项目经理
彭浦十期C块一期二标段	通州建总集团有限公司	张慎林	陆　余
圣和圣广场二期12号地块	中天建设集团有限公司	楼永良	钮国兴
不夜城406地块项目	中国建筑第八工程局有限公司	黄克斯	杨爱忠
中国人民银行上海重点库改扩建工程(二期)	上海市第一建筑有限公司	张香田	陈建国

(陈　亮)

2010 年闸北区优质结构工程名单一览表

项　目　名　称	法人代表	项目经理
上海市第二建筑有限公司承建的中环线(汶水路—沪太路)综合客运交通枢纽	叶卫东	谢剑彬
通州建总集团有限公司承建的彭浦十期 C 块一期动迁安置配套商品房 5 号楼	张慎林	陆　余
通州建总集团有限公司承建的彭浦十期 C 块一期动迁安置配套商品房 6 号楼	张慎林	陆　余
舜元建设(集团)有限公司承建的彭浦十期 C 块一期动迁安置配套商品房 7 号楼	陈炎表	李安乐
舜元建设(集团)有限公司承建的彭浦十期 C 块一期动迁安置配套商品房 9 号楼	陈炎表	李安乐
中天建设集团有限公司承建的圣和圣广场二期 12 号地块 9 号楼	楼永良	钮国兴
中天建设集团有限公司承建的圣和圣广场二期 12 号地块 10 号楼	楼永良	钮国兴
上海同济建设有限公司承建的阳名公寓式办公楼	苏耀华	朱　春
上海市第二建筑有限公司承建的闸北区 33 号街坊旧区地块商品住宅 1 号楼	叶卫东	石震东
上海市第二建筑有限公司承建的闸北区 33 号街坊旧区地块商品住宅 2 号楼	叶卫东	石震东
上海市第二建筑有限公司承建的闸北区 33 号街坊旧区地块商品住宅 3 号楼	叶卫东	石震东
上海市第二建筑有限公司承建的闸北区 33 号街坊旧区地块商品住宅 4 号楼	叶卫东	石震东
上海市第二建筑有限公司承建的闸北区 33 号街坊旧区地块商品住宅 5 号楼	叶卫东	石震东
上海市第二建筑有限公司承建的闸北区 33 号街坊旧区地块商品住宅 6 号楼	叶卫东	石震东
上海市第一建筑有限公司承建的闸北区 281 街坊商品房 1 号楼	张香田	孙建毅
上海市第一建筑有限公司承建的闸北区 281 街坊商品房 3 号楼	张香田	孙建毅
上海市第一建筑有限公司承建的闸北区 281 街坊商品房 4 号楼	张香田	孙建毅
上海市第一建筑有限公司承建的闸北区 281 街坊商品房 5 号楼	张香田	孙建毅
上海市第一建筑有限公司承建的闸北区 281 街坊商品房 6 号楼	张香田	孙建毅
上海市第一建筑有限公司承建的闸北区 281 街坊商品房 10 号楼	张香田	孙建毅
上海市第一建筑有限公司承建的闸北区 281 街坊商品房 11 号楼	张香田	孙建毅
江苏南通三建集团有限公司承建的闸北区文化馆和大宁社区文化活动中心	徐竹林	季正冰
上海市第一建筑有限公司承建的中国人民银行上海重点库改扩建工程(二期)	张香田	陈建国
上海市第四建筑有限公司承建的天目西路公共活动中心 147－2、147－3 地块项目	朱海根	尹惠强
上海市第四建筑有限公司承建的闸北区市北医院改扩建工程项目	朱海根	房志斌

(陈　亮)

防台防汛

【概况】 2010 年,上海汛期为 5 月 1 日～10 月 31 日。汛期内,区汛情较为严重,呈现出“二多一少”的特点,即暴雨次数多、高温天数多、梅雨量少。在 184 天的汛期中,区境总降雨量为 711.6 毫米,其中梅雨量仅为 150 毫米(只有往年平均梅雨量 244 毫米的一半左右),梅雨期为 30 天(比常年 24 天多 6 天)。整个汛期区经受 1 次大雨、8 次局部暴雨袭击,其中 6 月 29 日临汾泵站雨量为 66.3 毫米,7 月 3 日大洋桥泵站雨量为 74.8 毫米、7 月 4 日铁路上海站地区雨量为 32.9 毫米,7 月 16 日彭江泵站雨量为 53.6 毫米。8 月,区境遭遇 4 次暴雨侵袭,分别是 8 月 4 日大洋桥泵站雨量 50.2 毫米,8 月 17、26 日西藏北泵站雨量为 73.5 毫米、55 毫米,汛期中遭受的 1 次大暴雨袭击发生在 8 月 27 日下午,在不到 1 个半小时内,彭江泵站雨量达 77 毫米。9 月 1 日广肇泵站雨量为 74.2 毫米。汛期中,受到“圆规”、“狮子山”2 次台风外围影响,但未造成严重灾害。此外,区境还经受 12 次天文大潮汛和 30 天极端高温天气的严峻考验。受汛期暴雨和台风外围影响,整个汛期区域内有 10 条市政道路(段)积水,主要集中在大宁路(共和新路—广延路)、广延路(广中路—大宁路)、天目西路(大统路—梅园路)等路段。汛期中,区境有 137 户居民家中进水受灾,未发生户外广告牌和塔吊等高空构筑物坠落、树木大面积倒伏、房屋倒塌伤人等事件，未发生人员伤亡事故，基本实现年初区防汛指挥部提出的“不死人、少损失”的目标，完成区委、区政府年初提出安全度汛工作目标。（张伟权）

【解决居民街坊暴雨积水问题】 共和新路2205弄小区是区积水比较严重的地区，主要原因是小区地势低洼、设施陈旧及地处泵站末梢，一遇暴雨，极易积水，是区防汛排涝工作的重中之重。为尽早缓解该小区积水之患，改善居民居住条件，区防汛办会同区建交委、房管局、大宁路街道等单位，经过多次现场踏勘和协调，制定好整街坊下水道改造设计方案，通过重新翻排小区管网，提高小区的排涝能力。年内，区防汛办及相关街道投入数十万元资金实施改造工程，汛期前开工，6月10日完工。该居民街坊在当年数次局部暴雨和大雨中，仅发生1次积水现象，积水率比以往大大降低，有效缓解该地居民积水之苦。（张伟权）

【疏浚泵站进水口河道】 为保障区境内河道汛期安全，确保防汛排水畅通，保证排涝泵站正常发挥作用，提高抗灾能力，区防汛办会同彭浦镇政府，重点对彭浦镇境内东营房河、沈家浜河、南孙宅河、祝家浜河等4条泵站进水口河道进行清障疏浚，清障长度总计800米，清障管道长度370米，清淤2150立方米，清捞垃圾210立方米。通过河道整治，使汛期河道排水、蓄水、防洪功能明显增强，防汛抗灾综合能力得到提高。（张伟权）

河道治理

【概况】 2010年，全区有河道12条段，其中市管河道5条，长17.814公里；区管河道7条，长6.123公里，水域面积约50万平方米。另有湖泊1个，水面积6.8万平方米。年内，水域保洁面积近50万平方米。清捞水面垃圾301吨，实现水域保洁全覆盖。设置河道里程桩244个、河道铭牌32块，新铺道路266平方米，新砌窨井41座，改建防汛墙520.94米，对37995米的河道堤防、4003米的护栏进行维修和养护，对3座水闸泵站进行维护。完成彭越浦、走马塘引清调水3340万立方米。（徐　皓）

【完成河道疏浚及改造工程】 走马塘、彭越浦、西泗塘均为市级骨干河道。在区中北部大开发和建设商务交通中心的大背景下，3条河道的综合治理和整体水环境改善显得尤为重要。工程于2009年年底开工，2010年7月完工，疏浚淤泥23982立方米，改建薄弱段防汛墙520.94米，11月通过验收，疏浚后的河道状况明显改善，对区域经济发展有良好作用。（徐　皓）

河道疏浚后的西泗塘河（区河道所供稿）

【完成夏长浦（灵石路—沪太路）应急疏浚工程】 夏长浦是区级骨干河道，流经10余个住宅小区，其中灵石路—沪太路段是闸北区同宝山区的界河。工程于9月开工，10月竣工，疏浚淤泥6400立方米。改造后的夏长浦水质和整体水环境面貌明显改善，成为沿河居民休闲散步的好去处。（徐　皓）

【完成彭越浦（广中西路—灵石路）防汛墙护栏安装工程】 工程于4月开工，5月竣工，共安装护栏2479米，设置安全警示牌15块。护栏安装后，不仅确保行人的行路安全，更提升该段河道的整体环境。（徐　皓）

【完成先锋河、江场河应急疏浚工程】 位于彭浦镇科技园的先锋河和江场河是区级骨干河道，与宝山区毗邻。工程于9月开工，10月竣工。共疏浚淤泥2682立方米。经过疏浚的河道水质大为改善，成为科技园中的一道风景线。（徐　皓）

自来水·电力·燃气

【概况】 年内，上海市自来水市北有限公司对区境内止园路167～171号，165弄1号、2号，延长中路800弄1～107号，热河路146～214号，延长中路519弄1～8号等居民用水困难地区自来水管网进行改造，受益户数3000户，受益人数1.2万人。完成恒丰路（天目西路—恒通路）、轨道交通7号线沪太路站（一期）沪太路（上大路口）、轨道交通7号线沪太路站（二期）沪太路（上大路北）、彭江路（共和新路西）、梅园路（汉中路—恒通路）拓宽工程等市政自来水管网排管工程。市北公司还做好各类房地产开发的自来水配套服务，完成临汾路899弄1～10号、共和新路3616弄1～8号、宝昌路399弄1～5号、永兴路888弄1～8号、共和新路2203弄3～10号等房地产项目自来水配套工程，竣工面积50万平方米。在闸北区域内，市北供电公司供电面积为28.23平方公里，占总面积的96%。至年底，闸北区市北供电范围内有万荣、恒丰、会文等220千伏变电站3座，总变电容量1620兆伏安，110/35千伏变电站22座，35千伏开关站1座，总变电容量1185兆伏安。全年闸北区最高负荷62.53万千瓦，较上年增长13.63%。其中10千伏及以下负荷55.86万千瓦，较上年增长12.64%，负荷密度22.15兆瓦/平方公里，负荷增长率及负荷密度均位列市北供电的6个行政区之首。110/35千伏电网容载比1.9457，电网供电能力和用电需求总体基本平衡，但区域间用电不平衡，彭浦、临汾居住区、共和新路沿线、不夜城等地区负荷增长较快，宝通、普善、运城、曲沃、临汾等站的主变最高负载率均超过90%，供电矛盾相对突出，不能满足地区用电增长的需求。年内，市北供电公司完成闸北区内架空线入地的工程有柳营路、中兴路、大统路、恒丰北路等4项，总长3.16公里。受市北高新(集团)有限公司委托，公司开展市北高新技术服务业园区东区(原市北上海现代物流商务园区)高中压(10千伏及以上)配电网络专业规划的编制工作。市北公司在上海市政风、行风网上测评中，名列供电行业测评第二名。燃气集团全年在闸北地区新增燃气用户10496户(人工煤气+天然气)，对保德路、柳营路、延长路进行旧管改造，对保德路、岭南路、平顺路、汾西路、景凤路、阳曲路、安业路、临汾路、场中路、闻喜路等地区进行天然气转换。年内，新增便民举措，在世博会召开前夕，对闻喜路555号爱建花园内的28户世博人家全部免费安装燃气报警器，向全体世博人家发放燃气服务联系卡，指定所属服务窗口分管领导为联系人，及时提供燃气服务。另外，对世博人家所在小区，全部进行燃气安检，确保地区供气安全。公司闸北办事处安全员倪福林获由市精神文明建设委员会、市迎世博600天行动社会动员指挥部、城市管理指挥部和窗口服务指挥部共同颁发的“迎世博贡献奖——优质服务贡献奖”。

(张晴君　刘　俊　刘志杰)

邮　政

【上海市邮政公司市北邮政局】 上海市邮政公司市北邮政局，位于吴淞路529号(邮政编码200080)，隶属于上海市邮政公司，其中在闸北区范围内有4个邮政支局：闸北邮政支局(中兴路1397号，邮编：200070)、天目路邮政支局(天目东路215号，邮编：200071)、共和新路邮政支局(共和新路3014号，邮编：200072)、火车站邮政支局(秣陵路280号，邮编：200077)和9个邮政所。市北邮政局及各邮政支局的经营业务范围包括：函件专业，包括国内国际信函、邮资封片卡、商业信函、邮送广告、银企对账单等业务；储汇专业，包括邮政本外币储蓄、质押贷款、邮政电子汇兑、代理保险、代理基金、代理电信、代收公用事业费等业务；速递专业，包括国际国内同城特快专递、节日鲜花礼仪等业务；集邮专业，包括集邮邮票、个性化邮票、定向制作邮品等业务；包裹专业，包括国际国内包裹、快递包裹等业务。在服务世博方面，全局开展“世博安全、服务世博”全员培训；组织各支局“红缎带”导邮员代表赴市南邮政局思南路支局现场取经，学习“旗舰局”在网点环境、服务形象、现场管理等方面的经验做法；开展“优质示范员”窗口服务展示和“红缎带”服务现场评比活动，带动窗口人员服务水准共同提升；落实市公司服务世博誓师大会精神，进行“我与世博同行、我为世博奉献”全员主题教育；在5个支局建立邮政内设志愿者服务站，为市民提供“便民指路”7765人次，其中电话指路5722人次，网络指路2043人次；为曲阳社区“阳光之家”的智障人士捐赠世博门票和中国馆木雕模型。对单位内部可能发生的不安定因素加强分析，对以往排查工作中发现的重点人员进行家访并落实一对一帮教；全年组织召开12次邮银联席会议，并针对存在问题及时制定互通资金安全的相关管理办法和制度，组织员工进行反恐和突发事件演练，参与率达到100%。世博会期间，共查处禁限寄邮件2012件，控江支局在开箱邮件中查出运动员训练子弹，及时有效地进行处理。另外，杨家宅邮政所协助警方抓获网上通缉犯1人，为世博会的安全守好一方的大门。“11·15”重大火灾事故发生后，对51个营业网点和生产场地进行消防大检查，整改消防隐患，共检查192次，查出隐患12处，添置新灭火器30只，填充旧灭火器50只，更换损坏应急灯27个。

(赵琦俊)

【与驻区92118部队建立军民共建关系】 代表上海市邮政公司参加上海市双拥办举行的企业与世博安保部队——“上海市服务世博军民共建”签约仪式，与属地92118部队建立世博军民共建关系。世博会召开后，多次上门走访，解决部队官兵用邮需要，为他们订阅《解放日报》、《解放军报》、《人民海军报》等16种报纸，赠送各类杂志书籍200余册。世博会期间，到驻地为执行世博保障任务的308名官兵拍摄、制作1602版世博个性化邮票。“八一”建军节前夕，与部队开展“庆世博、迎八一”军邮共建文明联欢会。(赵琦俊)

【开发银企对账单业务】 建立“市北邮政局银企快函专业处理平台”、Callcenter专业平台，先后与农业银行、中国银行、招商银行等多家商业银行签订合作协议，承揽数十万银企对账单的处理。(赵琦俊)

【召开学习弘扬先进劳模精神推进大会】 贯彻落实上海邮政“劳模十强精神”，掀起学习弘扬先进劳模精神新高潮，结合该局四川路桥支局“红缎带便民服务队”和共和新路支局营销员刘剑平被评为2007～2009年度上海市劳模集体和上海市劳动模范的契机，召开“学劳模 学先进 投身世博比贡献”的学习弘扬先进劳模精神推进大会，深化“月月争上好事榜”活动，加强“一局一品”和“一局多品”的建设力度，运用局内先进加强宣传引导，在干部员工中树立争先意识，使先进典型不断涌现。(赵琦俊)

【彭浦新村邮政支局】 地址:岭南路360号(邮政编码:200435)。支局隶属上海市邮政公司宝山区邮政局。有职工93人。支局下设平顺所(闻喜路711号)、汾西所(汾西路783号)和阳曲所(阳曲路137号)3个邮政所,承担东至江杨南路,西至共和新路,南至江场路,北至共江路的邮件报刊收寄、投递和办理储蓄、邮寄业务,服务面积约6平方公里,居民近20万户。全年投递报刊、杂志756.61万件,进出口函件915.12万件。支局投递现场管理严格推行"5S"(整理、整顿、清扫、清洁、素养)、"四统一"(统一服务管理基础资料、统一现场环境布置、统一服务人员着装、统一文明服务用语)标准,加强内部管理,提高投递质量;加强局外投递服务,对有特殊困难用户和重点用户提供延伸服务。支局营业组部分青年团员、志愿者组织成立"阳光服务团队",与社区进行结对共建,参与社区各项公益活动,为社区阳光之家特殊人群、老年公寓中的孤寡老人、邮区内驻地官兵等特殊服务对象进行上门服务。年内,收到表扬信81封,锦旗5面,连续7年被市邮政公司评为市局先进。4月,支局被评为上海市劳模集体。 (王惠英)

【上海市邮政公司市北邮政投递局】 地址:中山北二路1621号(邮政编码200092)。投递局辖10个投递支局,分布于杨浦、闸北、虹口等3个行政区域内,服务总人口约250万人,服务总面积约75平方公里。市北邮政投递局在闸北区区域内设3个投递支局:闸北投递支局,邮编200070。3月,为配合中兴路扩建,由原址中兴路1397号搬迁至沪太路129号。服务人口约15万人,服务面积约4.75平方公里。全年国内、国际函件投递量(含给据邮件)15535615件,报纸投递量1180万份,杂志投递量25.31万份。天目路投递支局,邮编200071,位于虬江路1090号,服务人口约12.5万人,服务面积约6.2平方公里(含虹口区部分区域)。全年国内、国际函件投递量(含给据邮件)14361953件,报纸投递量735.46万份,杂志投递量18.74万份。共和新路投递支局,邮编200072,位于共和新路3014号,服务人口约12万人,服务面积约9平方公里。全年国内、国际函件投递量(含给据邮件)16035316件,报纸投递量1379.42万份,杂志投递量34.55万份。各投递支局主要经办的业务有:投递各类国内、国际平常信函和挂号信函、商业信函、直投广告、包裹、账单等,以及全国8000多种邮发报刊杂志的收订和投递业务。 (吴根宝)

【开展世博投递安全演练活动】 为确保上海世博会期间投递安全,市北邮政投递局相继与下属各投递支局第一责任人签订安全生产责任书、世博安全责任书和个人安全承诺书,将安全生产责任落实到每个具体岗位及员工,逐级落实"月度自查、季度评价、年中督查、年终综评"考核制度。各单位同时根据《市北邮政投递局安全应急预案》,对突发火灾、爆炸事件、大面积停电等灾难应急管理和应急响应程序进行预案演练,提高各投递支局安全应急能力。 (吴根宝)

【完善投递便民服务举措】 年内,市北邮政投递局完善和深化投递便民服务举措。搬迁转邮服务:让用户在地址变更(动拆迁、搬迁)后能继续收到邮件,邮局主动办理转邮业务。邮件、报刊暂存再投服务:单位遇到节假日或个人长期外出时,邮局可按用户书面申请要求,代保管用户的邮件或报刊,并在约定时间再行投递。包裹投递到户服务:快递包裹免费投递到户,普通包裹投递先投"邮件到达通知单",用户可持通知单和有效证件到相关投递支局领取,也可根据"邮件到达通知单"上的联系电话与邮局预约,按时投递上门。上门收订报刊服务:用户可在各投递支局(报刊门市部)办理报刊订阅,也可拨打支局电话或邮政服务热线11185预约上门收订。限时补报服务:上海主要三报(《解放日报》、《文汇报》、《新民晚报》)的订户若未收到当天的报纸,可在晚上8点以前致电投递支局,相关支局将在接电后1小时内予以补报;对服务区域内重点用户、残疾用户等有特殊服务需求的对象建立特需用户服务档案,提供特需延伸服务。 (吴根宝)

【开展千人技术大练兵活动】 为提高业务操作水平,缩短内部处理时间,将报刊或信件尽早交到用户手中,市北邮政投递局借上海世博会举办契机,将活动面覆盖到全部生产工种,开展千人技术大练兵活动,涉及的练兵项目有报刊点数嵌报、函件改(址)退(回)、电脑打字、邮件盖戳及投递线路排序、机动车辆故障排除等。 (吴根宝)

电 信

【电信北区局】 地址:彭江路500号。根据上海电信服务世博,完善公共服务、推进两化融合的信息化建设主导思想,北区局在3月18日与闸北区人民政府签署"2010年信息化建设合作协议"。通过项目合作,为闸北区社会、经济发展提供完备的信息化基础设施和应用平台。参与区"十二五"信息化规划工作,北区局项目小组先后到区科委、规土局、发改委等相关部门进行调研,并请第三方公司配合编写区政府"十二五"信息化规划,将北区局未来5年的发展与区域经济发展相结合,紧密跟踪政府信息化需求,探索行业信息化解决方案,服务社会经济。年内,客服中心以提高投诉一次解决成功率,把控重复投诉和升级投诉为抓手,投诉处理质量始终名列公司前茅。客服中心重视本地升越级(公司层面)、重复投诉,加强投诉处理的过程管控,提高首次投诉处理的成功率。关注投诉热点,落实整改措施。每月对用户反映集中的问题进行分析,并上报职能处室,不定期与三级处理单位召开投诉分析会,寻找服务及投诉处理工作中的短板,督促责任部门落实预防整改措施,杜绝类似问题重复发生。建立重大投诉快速响应机制和批量投诉预警机制。针对线路资源缺乏或封锁影响预约安装时间等问题,建立工程信息快速传递制度,及时掌握工程进展动态。 (耿 晖)

房 地 产 业

编辑　滕志刚

旧区改造

【概况】 2010年,区旧改工作贯彻区委、区政府"百姓得实惠、发展得机会"的指导思想,根据市统一部署,坚定推进旧区改造工作,全年动迁居民5037户,拆除旧住房建筑面积14.68万平方米,其中二级旧里以下面积9.46万平方米;动迁单位159家,拆除单位建筑面积3.06万平方米,完成动迁收尾基地7块。动迁居民户数位居全市中心城区第一。　(郜明才)

【推进旧区改造工作】 年内,按照市政府年初出台的《关于贯彻国务院推进城市和国有工矿棚户区改造会议精神加快本市旧区改造工作的意见》(市政府5号文)的要求,区旧区改造工作加快在拆基地收尾工作,做好拆迁基地环境整治,确保世博维稳大局。在相关部门协作下,加强动迁队伍管理,完善工作机制,加大动迁资金和房源筹措。聚焦苏河湾东段(2、4街坊和3街坊),带动长安西块(118、119、120街坊)和中兴城2个地块,抓好新政试点,集全力抓紧结转基地收尾,并启动7块动迁基地。动迁配套商品房彭浦十期C块一期、319街坊、彭越浦6号地块等项目建设进展顺利。　(郜明才)

【桥东二期成功实施新政试点】 年内,市领导俞正声、韩正、沈骏等多次到桥东二期基地,实地调研解决问题。区采取领导靠前指挥,房源优先保障,资金重点倾斜,人力多方支援等措施,至年底,全市第一个集"两次征询,'数砖头'加套型保底、就近安置"的"多合一"新政试点基地——桥东二期按期收尾,共动迁居民1954户,个体户51家,单位48家。2011年1月12日,桥东二期就近动迁安置房项目开工,将建造12万平方米,1286套旧改就近动迁安置房,用于旧改居民定向安置,计划于2013年竣工交付使用。　(郜明才)

【苏河湾沿岸2、4街坊通过第二轮征询】 苏河湾东片核心区2、4街坊是2010年和"十二五"期间上海市中心城区旧区改造14个重点地块之一,2217户居民需要动迁。在桥东二期基地取得初步经验的基础上,该基地亦实行"数砖头加两次征询"的拆迁新政。苏河湾专项指挥部、北站街道和动迁部门等发扬"5+2"(5个工作日加2个双休日)、"白加黑"的连续作战精神,发挥各自优势,克服房源不足、房型不配套等困难,加大宣传力度,逐步解决各种矛盾。该基地从10月1日启动签约,3个月内签约率达67.2%,12月17日,区旧改总指挥部举行搬场欢送仪式,苏河湾2、4街坊签约居民告别旧居,搬进新居。　(郜明才)

住房保障和房屋管理

【概况】 2010年,区房管保障和管理工作围绕区委、区政府提出的"全力以赴办世博,毫不松懈地抓好经济发展、旧区改造、顽症治理、社区建设和民生保障、干部队伍建设"这"1+5"重点工作,突出平安办博工作要求,推进住房保障体系建设,完成旧住房综合改造222.8

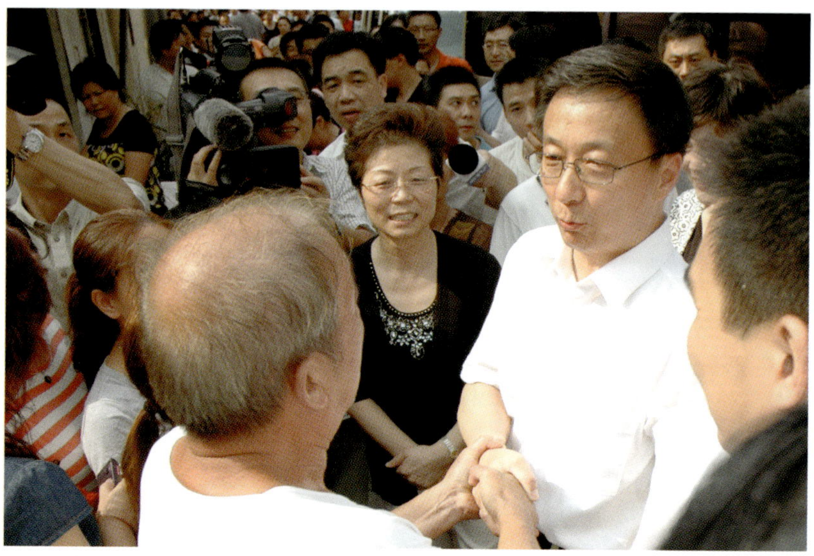

市委副书记、市长韩正(右二)视察区桥东二期基地　(区旧改办供稿)

万平方米。认真服务百姓,建立962121物业服务统一呼叫平台,较好地完成全年各项目标任务。（孟 娜）

【加强房地产行业监管】 年内,加强房地产市场调研分析,密切跟踪市场变化,做好措施预案,超额完成区委、区政府确定的新建商品房销售目标。全年发放新建商品房预售许可证25张,批准预售建筑面积78万平方米,其中商办约34万平方米,比上年增长32.3%。完成新建商品房预售和现售58.8万平方米,实现销售金额107亿元;二手房成交59万平方米,实现销售收入92亿元。规范市场秩序,开展房地产交易秩序和市场调控政策执行情况检查。加强居住房屋租赁管理。受理房地产经纪机构备案、延期等147件,对51家中介机构开展联合检查。组织租赁房屋检查4197户,拆除"群租"房屋44户,分隔173处,疏散"群租"人员466人次。（孟 娜）

2010年闸北区房地产市场交易一览表

项 目	面积（万平方米）	套数（套）	金额（亿元）	均价（元/平方米）	与上年同期比较(%)			
					面积	套数	金额	均价
商品房预售	30.50	3337	63.15	20701	-11.6%	6.5%	-7.5%	4.6%
商品房现售	23.58	1766	39.27	16651	-8.6%	-34.0%	1.3%	10.8%
存量房交易	58.95	8523	92.00	13559	-37.9%	-37.1%	-23.9%	22.7%

注:商品房现售不包括车库。其中车库面积0.82万平方米,套数111套,金额0.94亿元。全年累计车库面积4.76万平方米,套数532套,金额5.06亿元。（孟 娜）

【试点落实旧改新政】 围绕桥东二期、轨道交通10号线曲阜路站、宝山路拓宽、桥西B块等重点旧改基地,推进行政裁决全覆盖。在桥东二期进行试点,落实"两次征询"、"数砖头加套型保底"、"住房困难家庭托底保障"等动迁新政,推进房屋拆迁执法的规范化、精细化。落实强迁风险评估机制,联合相关部门对拟执行强迁的被拆迁居民户情况进行强迁风险评估,确保世博会期间社会稳定。全年完成拆迁5037户,完成扫尾基地7个。核发房屋拆迁许可证10张,受理房屋动拆迁裁决621件,下达裁决449件,召开房屋动拆迁行政强制执行前听证会242场,实施强迁36户。（孟 娜）

【推进迎世博建筑整治行动】 年内,推进"迎世博600天建筑整治行动"。于世博会开始前完成所有计划任务量,包括旧住房综合改造215万平方米,1996年前交付使用的高层建筑综合整治95.6万平方米,二次供水改造358.9万平方米,外立面整治1240万平方米,历史保护建筑修缮1处。在此基础上,完成旧住房综合改造7.8万平方米,1996年前交付使用的高层建筑综合整治2.4万平方米,二次供水改造19.9万平方米及106个小区的"清洁家园"改造工程。做好竣工项目的验收、审计和后续管理工作。配合市优秀历史建筑保护中心做好原上海总商会大楼修缮前期工作。（孟 娜）

"清洁家园"改造后的临汾路街道恒安小区中心广场　（区房管局供稿）

【加大旧住房成套改造力度】 在旧住房成套改造工作中,加强政策宣传,提高改造范围内居民对相关政策的知晓率,同时将意见征询结果、改造方案、居民一对一回搬方案等全部上墙公示,做到改造过程全公开、全透明。加大工作力度。联合街道和部分群众,分类分阶段化解居民矛盾,争取群众的理解和支持。启动芷江西路285弄三期、共和新路625~655弄、彭三小区三期等约25万平方米旧住房成套改造项目,完成共和新路710弄,芷江西路285弄一、二期,共和新路2205弄等约15万平方米旧住房成套改造,受益居民2700余户。（孟 娜）

【强化"四位一体"住房保障】 扩大廉租住房受益面。全年新增受理廉租家庭649户,落实配租745户;累计受理6142户,落实配租5936户,累计发放资金10895.35万元。租金配租年度指导性任务指标完成率达到102%。完成第一轮配租家庭的摇号、选房工作,有9户家庭最终签订住房租赁合同并办理入户手续。对804户旧改动拆迁安置家庭转化为落实配租家庭。启动经济适用住房相关准备工作。调整区住房保障领导机构,制定下发《闸北区开展经济适用住房工作实施方案》,组织5次大规模经济适用住房政策培训,在9个街镇开展经济适用房政策咨询周活动,共接待咨询家庭10669户。落实公共租赁住房工作。起草《闸北区发展公共租赁住房实施意见》,组建公共租赁住房主管机构,对单位租赁住房进行摸底调查,研究公共租赁房运营机构的落实。加快区保障性住房建设。重点推进沪太路319街坊等9个动迁配套商品房建设,其中340街坊40丘地块新悦坊于2010年6月底交付使用,彭浦十期C块一期、沪太路319街坊、彭越浦六号等项目加快建设。彭浦十期C块二期10万平方米经济适用房项目完成土地招标。 (孟 娜)

区房地产交易中心受理部被评为"全国巾帼文明岗" (区房管局供稿)

【加强进物业服务"达标补贴"、"达标奖励"】 年内,推进全区127个直管公房和售后房小区、34个街坊旧里物业服务"达标补贴"和32个系统公房小区物业服务"达标奖励"。加强世博会期间住宅小区的安全防范工作,确保全区11838个水箱、238个水池、1204台水泵、1955台电梯使用安全。实施住宅小区综合管理,加强物业管理行风建设,提高物业行业公众满意度。建立962121物业服务统一呼叫平台,提高区物业应急服务能力和保障能力。牵头开展物业管理专题调研,形成《关于进一步加强我区物业管理工作的调研报告》等成果。指导新建业委会15个,改选38个。指导物业服务企业公开招投标,实现3家物业企业属地管理,完成区级税收4000多万元。指导新市北物业申报一级资质。加强房管办事处队伍建设,统一接待窗口、服装、标识,建立房管办事处考评机制,做好基层站所政风迎评迎检工作。 (孟 娜)

【加强新建住宅建设质量管理】 年内,住宅建设新开工39万平方米,竣工交付23万平方米。完成"四高"优秀小区和住宅性能认定工作,创建慧芝湖花园、卓悦居、绿洲雅宾利花园3个"四高"优秀小区,大宁瑞仕花园通过建设部住宅性能2A级初审评定。在第六届上海市优秀住宅评选中,慧芝湖花园获上海市优秀住宅银奖,绿洲雅宾利花园二期、上海滩大宁城、彭浦十期(C块一期)获规划建筑奖,绿洲雅宾利花园二期、上海滩大宁城、和源福邸、阳城贵都、彭浦十期(C块一期)获房型设计奖,绿洲雅宾利花园二期获绿化环境奖。严格把好入户许可关,以"质量通病防治"为切入口,加强住宅建设质量管理。配合市房管局探索全装修房质量控制的新方法,做好全装修房一房一验工作。 (孟 娜)

【落实市政道路和公建配套建设】 完成柳营路(北宝兴路—普善路)拓宽工程(1.66公里),实施鸿兴路、虬江路道路工程建设,推进宝昌路、沪太路、公兴路和泽州路前期工作,协调平遥路、止园路、永和南泵站以及永和西辟通等遗留项目的移交。指导开发单位做好公益性公共服务设施认定,与9家开发单位签订公共服务设施配套合同,配置居委会、业委会、物业和老年活动等用房4.8万平方米,进一步落实社区配套用房建设。征收住宅配套费1.3亿元,落实市政公建配套资金6500余万元。 (孟 娜)

【区房地产交易中心受理部被评为全国"巾帼文明岗"】 区房地产交易中心受理部是区房地产交易中心对外办证服务窗口,有受理人员18人,女性职工12人,占66.7%。受理部始终坚持"热情微笑服务、规范高效办事、廉洁克己奉公"的工作理念,不断提升服务质量,呈现别具一格的服务特色:科学配置窗口女性及青年比例,凸显活泼、热情、甜美的窗口形象。合理布局窗口功能,减少办事环节,缩短居民办事流程。探索一条龙服务机制,将利民措施落到实处。专设爱心服务窗口,对老弱病残及需特殊照顾的办证居民提供爱心服务。实行引导服务,帮助解答疑难问题。对特殊居民或滞留时间较长而未领证的居民,由受理部人员利用下班业余时间提供上门送证服务。开展服务质量回访活动,主动上门听取客户对办事效率、服务质量以及廉洁自律等方面的意见和建议,并开通居民短信意见回馈活动,就窗口服务态度、办证质量、领证时效等情况进行跟踪了解,提高服务质量。年内,区房地产交易中心受理部被评为全国"巾帼文明岗"。 (孟 娜)

【14家单位获市住宅建设实事立功竞赛先进集体】 年内,市重大工程立功竞赛领导小组、市城乡建设和交通委员会、市住房保障和房屋管理局在筹博办博、大型居住社区建设、旧住房综合改造等工作中开展"三强化、三展示"(强化世博会的保障工作,展示中华民族的灿烂文明、改革开放的辉煌成就和建设者的精神风貌;强化安全质量意识,展示建设者科技创新实力、上海的建筑精华和政府关爱民生的爱民精神;强化文明施工管理,展示上海的优美环境、市民热情好客和社会的和谐安祥)为主要内容的立功竞赛活动。闸北区住房保障和房屋管理局住房建设管理科等14家单位(部门)获"2010年度上海市住宅建设实事立功竞赛先进集体"称号。 (孟 娜)

市容环境建设与管理

编辑　滕志刚

市容环境管理

【概况】 2010年，区市容管理工作聚焦上海世博会和区中心工作，紧抓世博会这一历史性机遇，坚持科学发展观，统筹兼顾，着力夯实市容环境基础，治理顽症，净化美化市容市貌，完成包括世博保障在内的年度各项工作目标，区域绿化和市容环卫总体水平大幅提高。　　（屠宝迪）

【完成区域世博保障任务】 按照区世博会工作领导小组的统一部署，1～4月，区市容局集中优势人、财、物等资源，按质按量完成上级下达的22个大项79个子项整治任务。5月后，又围绕“四个确保”（保安全、保稳定、保有序、保市容），在600天整治基础上，着力增强市容环境管理服务能力，解决市民群众“最关心、最直接、最现实”的问题。加强世博会运行服务和应急保障，对完成整治项目进行全面查漏补缺。适时将工作重点由“迎博”向“办博”转变，整治建设向常态管理转变，确定“整洁、有序、美观、平稳”4项目标、10项工作任务及具体标准和要求。4月17日，召开区誓师大会，进行再发动、再鼓劲。基层各绿化市容管理所调整勤务模式，作息时间调整为每日早7:30到晚22:00，取消“做一休一”轮班制度，管理范围从各类道路延伸至居住区内，管理内容包括门责落实、道路平整、设施完好、停车有序、广告合规、店招店牌规范、标线标志合规、建筑整洁、绿化美观、水域清洁等各个方面。勤务管理上做到“时间全天候、范围全方位、人员全落实、内容全覆盖”。由于运行机制和保障措施到位，顺利完成区世博市容环境管理“整洁、有序、美观、平稳”的目标任务。　　（屠宝迪）

【完成区政府年度实事项目】 年内，区下达的实事项目有两项：完成共和新路光复路绿地建设（6000平方米）；完成辖区内95座公共厕所的规范化建设，更新95座公厕门楣和公厕公示牌，更新、新增公厕导向牌180块。在重点区域和主要道路新增带有导向标志的废物箱141个，新增导向标志包含公厕标志、中英文对照、所指方向距离、所在位置等要素，初步形成“找公厕、到路口”的概念。经过绿化、环卫两条线干部职工努力，于一季度完成任务，为世博会期间的保障工作奠定良好基础。　　（屠宝迪）

【区绿化建设迅猛发展】 年内，区域绿化建设规模扩大、绿化景观亮点突出，管理水平进一步提高。完成区政府实事项目——共和新路光复路绿地6000平方米、铁路上海站北广场绿地7000平方米、屋顶绿化3300平方米，新建临时绿地1.5万平方米。全区新增绿地面积9.91公顷，其中，公共绿地3.14公顷；人均公园绿地面积3.24平方米，全区绿化覆盖率22.89%。完成中兴路、恒丰北路、广中西路、柳营路、大统路等道路绿化建设改造工程。世博会期间，在铁路上海站等重点区域、主要道路和部分公园建设主题景点7处，布置花卉1万平方米，花箱、花柱、花球等组合花

区委书记方惠萍（左二）视察交通公园　　（区绿化市容局供稿）

普及道路水冲洗保洁作业法　　　　（区绿化市容局供稿）

卉1000余组。为确保世博会期间绿化景观，对全区绿化景点、花坛花境、组合花卉等绿化景观及时加以维护、养护，换花量达150余万盆。海宁路和白玉兰广场“绽放的玉兰花”景点被评为2010年上海世博会最受市民欢迎的“十佳绿化景观道路”和“十佳绿化景点”。组织全民义务植树活动，开展爱绿护绿宣传、绿化服务指导进社区、花卉“三进”（进家庭、进学校、进军营）以及园林式居住区评选等活动，为倡导绿色生活、低碳生活起到助推作用。　（屠宝迪）

【完成区域景观灯光建设】　年内，完成苏河湾地区、不夜城地区（二期）、铁路上海站北广场中兴路沿线景观灯光建设，共完成3个地区38幢楼宇景观灯光建设、18幢平改坡楼宇以及阳泉路、岭南路的景观灯光。实施铁路上海站地区、大宁商贸地区节庆景观工程，提升服务窗口夜间景观效果。配合世博庆典活动和“五一”、“十一”节庆，开展市容景观布置，完成铁路上海站北广场中兴路沿线、恒丰路等道路世博宣传版面1.125万平方米，提升户外广告、店招店牌品质和亮灯率，营造热烈、隆重、祥和的庆典气氛。　（屠宝迪）

【规划区域户外广告管理】　按照户外广告设置管理办法，区户外广告（展示区）规划编制完成终审，户外广告（控制区）规划正在编制中。户外广告规划编制力求体现合理性、前瞻性、公平性原则和提升户外广告的品位、质量和科技含量。全年拆除、调整不符合规划和存在安全隐患的各类户外广告980处（块），基本解决户外广告数量过多、设置太乱、质量偏低的问题。　（屠宝迪）

【完成市容环境责任区达标街道（镇）创建】　以街镇市容环境责任区达标创建为抓手，加大市容环境管理力度，促进市容市貌明显改观。上半年完成北站、宝山路、芷江西路、彭浦新村4个街道达标创建，标志着区8街1镇市容环境责任区达标街道（镇）创建全面完成，在此基础上，临汾路街道率先通过市容环境综合管理示范街道（镇）创建验收。　（屠宝迪）

【提高环境卫生公共服务水平】　年内，以世博会为中心，按照世博会市容环境运行保障和应急服务工作方案，推进落实环卫各项工作。道路保洁工作。在全区18条主要道路和重点地区实行“夜间作业、白天养护”的24小时保洁法，通过推行道路洁净工程和精细化保洁，各类废弃物污染停留时间控制在20分钟以内。148条中小道路清扫保洁全覆盖，满负荷实施二班半保洁制，在延长保洁时间的同时增加保洁频率。道路机扫率达到93.43%，冲洗率达到94.61%。“五一”、“十一”等节日期间在日常道路冲洗的基础上，增加对主要干道、重点场所及易污染道路的冲洗班次，确保道路保洁质量。垃圾清运工作。加强对垃圾清运车队的管理，并派遣现场联络员，确保世博会期间生活垃圾日产日清。世博会184天，共清运生活垃圾13万余吨、粪便7万余吨、无主垃圾2万余吨、渣土垃圾13.5万余吨，清除乱招贴80万余处。生活垃圾分类工作。选择共和新路、芷江西路和宝山路街道的40余个小区和41个机关企事业单位开展生活垃圾分类工作，加大宣传力度，对每个小区赠送1组4只分类垃圾桶。全区共有170个居住小区、260个单位实行分类投放，覆盖7个街镇。通过采取分类、分流、放水等措施，实现生活垃圾负增长，达到生活垃圾减量化控制目标，粪便基本做到无害化处理。环卫设施、设备建设。完成华盛路等4座公厕的新建工作、10座公厕的大修工作，完成光复路苏州河路等4座垃圾箱房的新建工作，完成海宁路1132弄31号1座垃圾箱房的大修工作，新增1000只废物箱、3500只垃圾桶、50辆三轮电瓶收集车以及62辆环卫车，为区环境卫生保障工作有序开展奠定基础。渣土垃圾偷、乱倒现象大为减少。大力加强建筑渣土处置的行政许可和全过程监管，与公安、建管、城管等部门联手，重点查处大型工程车超载超重、非法营运等违规行为。综合运用考核、督办、通报等手段，督促专营和加盟企业落实责任、规范运输、车辆达标、降低违章率。通过工地自律、专营单位联动、街道联防、市容联勤、部门联办的方式，对渣土垃圾实行多管齐下的监管和防治，渣土垃圾偷、乱倒现象大为减少。加强小型电动机具管理。根据市局关于加强对环卫小型电动机具管理的工作要求，组织开展局下属环卫作业企业、市容管理所及绿化养护单位的小型电动机具注册登记及驾驶人员的全员培训，提高小型电动机具驾驶操作

人员的综合素质，确保小型电动机具的安全运行。（屠宝迪）

【加大市容环境管理力度】 区市容局以“门责制”和网格责任区管理为抓手，推行以定人、定岗、定时、定责、定量为主要内容，市容、城管、协管、环卫作业四方紧密协调和相互支撑的巡查、处置模式，加强日常化巡查力度，对道路及居住区各类问题做到早发现、快处理、效果好。全年共纠正处理违法违规案件约3万件（次），寄发违法行为处理告知书5000余份，处置率在85%以上。充分利用区市容环境联席会议平台和联动执法机制的作用，有针对性地开展菜市场尾巴、夜排档、乱设摊等专项整治2367次，劝阻乱设摊6373处，纠正跨门营业30261处，对一些居民生活确实需要的集聚设摊点实行易地控制，跨门营业现象明显减少，乱设摊现象处于可控状态。（屠宝迪）

【改善非机动车停放秩序】 年内，通过采取划线定位、增设停车支架等措施，增设非机动车停放点508处，扩大停放容量，满足实际停放需求；同时加强日常巡查和固定点管理，规范、引导车主自觉将车辆停放整齐。联合交警、城管部门对铁路上海站北广场等重点区域开展专项整治活动40余次，对无主车辆依法进行清理，使道路两侧的机动车、非机动车乱停放问题得到明显改观。（屠宝迪）

【拆违工作再列全市区县之首】 发挥区拆违工作的计划、组织、协调、检查、监督、考核作用，牵头组织区法制办、信访办携手区规土局、房管局、城管执法局三大拆违实施部门和8街1镇，坚持依法行政，有计划拆除历史存量违法建筑。1～4月，在全市率先完成“迎世博600天行动计划”40万平方米的拆违任务，5～10月，又率先完成世博会期间拆违任务。年内全区共接到有效举报304件，比上年下降14.6%，查处并拆除新违法建筑6322平方米。对发现并举报的违法搭建行为实行2小时现场查看、24小时快速处置、100%拆除，皆为全市首创。全年共拆除违法建筑1421处、14.2万平方米，区拆违工作连续9年获全市各区县之首。（屠宝迪）

城管监察

【概况】 2010年，区城市管理执法工作贯彻落实区委关于“城市管理人人有责，城市管理我们为先”的指示，发挥城市管理执法主力的作用，推进队伍建设、勤务建设、执法建设和社会建设等基础性工作，参与治安顽症治理、应急行动、抢险救灾、维持旧改秩序、保障性施工、整治无照经营和食品安全、知识产权保护等配合性工作，共出动执法队员84691人次、执法车25200车次，开展大小整治行动8636次，教育取缔乱设摊93573处次，整改纠正跨门营业53940处次，整改乱吊挂、乱晾晒13435处次，引导护送流浪乞讨人员6835人次，取缔夜排档“钉子户”34户、流动点心车380余辆、烧烤摊460余处，整改夜间跨门经营800余家，拆除各类违法建筑34167平方米（含新搭建违法建筑711平方米），旧改地区违法建筑30582平方米。配合区规土、房管等部门拆除违法建筑2874平方米，发挥城市管理执法主力军作用，促进全区城市环境面貌好转。（陈建明）

【加强城管队伍规范化建设】 年内，认真学习《上海市人民政府关于进一步规范和加强行政执法工作的意见》、《上海市行政执法人员执法行为规范》等系列文件，加强队伍规范化建设。在规范执法方面，做到“五在先”，即“敬礼在先、亮证在先、告知在先、劝导在先、教育在先”，逐步实现执法工作由“简单驱赶型”向“综合服务型”、“劝导教育型”、“依法处罚型”转变。在暂扣物品管理方面，重点抓好3个环节：暂扣环节，明确必须有2名以上执法人员对暂扣物品进行清点并如实记录；告知环节，必须当场明示当事人的权利，确保执法公开透明；保管环节，设立统一的物品保管仓库，建立物品交接、登记、入库、保管等制度，确保暂扣物品得到妥善有序保管。在执勤方式方面，建立和推广“形象岗”、“形象巡察队”，向社会公众展示规范的执法形象，热心为民服务，拉近与人民群众的距离。在执法监察方面，充实局、分队两级督察力量，健全工作机制，细化现场监察，严防不规范执法行为发生，及时处置损害执法形象的行为。（陈建明）

【开展迎世博城市管理环境整洁活动】 年内，会同区相关部门，加大所有道路包括边角、冷角、死角的监查力度，实现城市管理环境秩序检查全覆盖。强化景观道路、主干道、窗口地

城管执法局队员在七浦路巡逻　　（区城管执法局供稿）

区和旧改地区等重点区域的重点整治与监管，增强沿街经营者法制意识，主动做到不跨门营业、不乱堆物品、不乱搭乱建，提高城市管理环境秩序规范程度。增强打击整治非法张贴发放小广告力度。除巩固主要街面战果外，增加中小支路巡察力度，深挖小广告张贴人匿藏窝点，并抽调力量加强午间执法，不让小广告有张贴空隙。发挥三级联动执法机制的作用。依靠公安、工商、市容、房管、规土、拆违等相关部门，发挥其在整治城市管理环境秩序方面的作用，尤其是发挥街道、镇的协调托底作用和公安部门的保驾护航作用，发挥市容协管员的辅助作用。开展“城市管理环境与世博会”主题宣传活动。通过座谈、宣传海报、政策咨询等形式开展宣传，动员社区各方共同参与，共建和谐的世博环境。（陈建明）

城管执法人员对乱设摊点者进行教育　　（区城管执法局供稿）

【开展第七次城市文明指数测评工作】 7月24日，市文明办开展第七次城市文明指数测评工作，区城管执法局紧急动员，采取严格整治措施。成立现场指挥组，负责指导执法整治行动，掌握面上信息情况。成立4个督察组，负责督促具体执法行动，各执法分队巡察设岗与教育处罚相结合，保证重点，确保实效。全局370名队员放弃双休日休息，从早晨7点到夜里10点，不顾高温和疲劳，连续奋战15个小时，完成区委、区政府下达的任务。在严格执法前提下，对少数栖居绿地的盲流人员、新疆人设摊等顽固特殊情况，注入服务元素，进行人性化处置，最大限度解决问题、平息矛盾。发现职责以外或职责交叉的违法违规现象，在控制事态或先行处置的情况下，及时与相关部门沟通，形成管理执法合力。在执法过程中，首次穿着新制服参加全区性迎检活动，推行“形象岗”、“形象巡逻队”等体现城管队员新形象的做法，倾心打造与闸北城市文明指数同步上升的人文风景线。（陈建明）

【开展高温季节流动食品摊专项整治】 以七浦路服饰街、铁路上海站地区、大宁国际商业广场以及菜集市场、超市卖场、居民小区周边地区和主干道、公交车通行道为重点地区，重点整治兜售早点熟食、烧烤煎饼等食品安全隐患较高、易引发食品安全事故的食品摊点。主动与消防、公安、工商、食药监等部门联系，对无证食品摊点，特别是使用液化气钢瓶等存在安全隐患的无证摊点，发现一处，取缔一处，对其使用的液化气钢瓶一律扣留，移送消防部门依法处置，对擅自安装的增压阀一律拆除收缴，消除安全隐患。对利用固定场所跨门经营食品的，除依法纠处外，还根据其无证无照或有证无照、有照无证等情况，移送工商、食药监等部门依法处理，直至依法取缔，关门停业。组建4个处置督导小组，对专项整治食品摊情况进行督查指导，同时，加强对辖区食品流动摊分布状况和活动规律分析评估，做好应急处置准备工作，提高应急处置能力。（陈建明）

【树立窗口地区执法形象】 为确保世博会期间的城市环境面貌，区城管执法局把“整治窗口环境，展示城管形象”作为世博保障的首要任务。在七浦路服饰街抽调精干队员，组建2支着装整齐的巡逻小分队，每支队伍4人，以纵队方式在街上来回巡察，发现摆摊、跨门营业、占道堆物等违反城管法规的行为，则指导当事人纠正违法行为，最后视情节予以处置。在铁路上海站地区，城管队员除正常执法外，要求执法形象端正，掌握站区公交线路站点方位和走向、世博场馆路线、以及上海重要旅游场所方位的知识，及时解答旅客询问，体现城管执法人员的良好形象。同时，采取走出去请进来的方式，向市民、商户和摊主发放形象评议卡，聘请社会监督员，深入社区听取市民意见，并邀请商户代表担任城管形象社会监督员，现场挑毛病，受到社会各界广泛好评。（陈建明）

【构筑铁路上海站北广场城市环境秩序管控体系】 第一层是外围区域，指紧邻北广场周边的天目西路街道、芷江西路街道相关地区，这些地区老旧建筑多，流动摊贩、拾荒、乞讨、露宿等盲流出没频繁，影响北广场的城市管理环境。该区域执法体现“围追堵截”特点，结合治安顽症治理，加大整治力度，不让流动摊贩、拾荒、乞讨等盲流进入北广场。同时依靠街道牵头，与相关部门加快拆除历史遗留的违法建筑，压缩流动摊贩和拾荒、乞讨等人员的活动空间。第二层是交界处，指与北广场交界的大统路、中兴路、沪太路、中华新路、恒丰北路等路段，交界处涉及3个街道(站区)管辖，容易出现“三不管”地区和管理死角，该区域执法体现“严防死守”特点，相关城管分队相互交叉、及时支援，加大巡查密度，严防违法行为渗透进入北广场。第三层是中心广场，属于北广场的核心区域，该区域执法体现铁面无情特点，加大机动巡查和定点看守，一旦发现进入北广场的流动设摊、叫卖兜售、张贴发送小广告等现象，城管队员以快速简易的方式严格处置，所售物品和未贴小广告一律予以收缴，对拾荒、乞讨、露宿等盲流人员则联系民政、公安部门将其送往救助站。（陈建明）

【集中整治七浦路服饰街】 为迎接世博会开幕，给各方宾客和市民提供一个整洁、有序的购物环境，4月1日起，区城管执法局在北站街道配合下，出动80余名队员，对七浦路服饰街及其周边道路（人行天桥）开展主题为“笑迎八方客，亮丽七浦路”的为期15天的第一阶段综合整治行动。行动中共取缔各类乱设摊390个次，整改跨门营业470家次，清除违法户外广告、灯箱、立柱和破损店招店牌87个（处），暂扣各类服装、箱包等百货物品1300余件，收缴无牌无证三轮车、自行车16辆，盗版碟片80余张，清理各类杂物9吨。对7家擅自改变经营内容且严重污染环境的烧烤店责令立即停业。配合行动的公安交警还对乱停乱放、无牌无证的非机动车进行整治，腾出地面空间，方便购物市民。为保证整治顺利进行，区城管执法局制订行动方案，成立5个专项工作组，事前向所有沿街经营者和摊贩发放宣传告知书，拍摄取证照片310余张。整治过程注重行为规范和源头治理，强调柔性教育和严格处罚并重。在此基础上，区城管执法局会同街道和公安、工商等相关部门研究推出长效管理的措施。（陈建明）

【联合整治高危无证摊点】 8月15日起，区城管执法局会同区消防、交警支队、工商、食药监等部门，对危险性大的无证摊点，开展联合集中整治专项行动。整治行动在全区8街1镇1站区全面展开，重点是使用液化气钢瓶的无证摊点。发现无证摊点使用液化气钢瓶作为经营工具的，联合整治队伍依法一律予以扣留，对擅自加装的增压阀则予以拆除收缴。2天内，联合整治队伍共查处无证食品摊点55个，扣留液化气钢瓶32个，收缴擅自加装的增压阀20个，涉及公共秩序和安全的烧烤炉、大小三轮车、“黑摩”等杂物一大批。全年共查处暂扣无证液化气钢瓶143个，收缴擅自加装的增压阀109个，之后，整治工作延伸到中小型餐饮门店。会同公安部门对铁路上海站、沪太路长途客运站和彭浦新村地区危害公共安全秩序的“黑车”、“摩的”和“残疾车”非法载客现象进行整治，维护社会秩序。（陈建明）

【整治学校周边环境】 为确保学校周边环境秩序规范有序，区城管执法局于2、6、8三个月的开学和考试期间对学校周边环境进行整治。局所属各分队在学校开学、考试之前，对辖区内学校周边环境进行全面检查，发现学校周边道路及学校校门两侧各100米范围内存在乱设摊、乱堆物、乱张贴、乱涂写、乱吊挂、乱晾晒、跨门经营和违规广告等违反城管法规的现象，立即进行整治，问题严重的立案查处，对涉及其他影响社会秩序的问题，各分队跨前一步，先行予以制止，并通报相关部门。全年，共出动城管队员1350人次，执法车420车次，巡察各级各类学校810个次，取缔无证设摊528个，清除乱堆物107处，清除乱张贴、乱涂写442处，纠正乱晾晒229处，查处跨门营业195处，拆除违法广告31处，劝导带离流浪乞讨人员23人。（陈建明）

【采取灵活手法整治夜排档】 区城管执法局根据季节变化，相应转化整治重点。6月30日起，在前期治理治安顽症的基础上，对夜排档采取灵活多样的整治行动。根据夜排档出来时间晚、分散经营的活动特点，区城管执法局适时调整整治时间，整治时间从晚上8点开始，并按照不同区域，相对集中若干个整治小组分别对事前锁定的摊点进行处理。夜排档整治行动每周开展2~3次，持续5个星期，晚间整治时间延伸到11点半。全年区城管执法局出动执法人员1360余人次，取缔夜排档摊点874个，收缴经营夜排档的板车、炉子、桌椅、自行车等杂物549件，暂扣煤气钢瓶77只，有效维护城市夜间环境秩序。（陈建明）

【打击非法小广告窝点】 6月7日，区城管执法局联手区公安部门，在浙江北路402弄3号查获一处非法小广告藏匿窝点，当场查获未张贴的非法小广告5万余张，同时查获张贴人窝藏的管制刀具两把。非法小广告是社会顽疾。城管执法局发挥城管、公安联动机制威力，对乱张贴非法小广告现象开展不间断和拉网式的重点打击。全年共查获张贴人250余人，开展法制学习班150期，250余人参加，移送公安部门30余人，通过民政救助平台，劝导回乡50余人，查获窝藏地26处，收缴小广告纸30余万张，查处通信号码5605个，停机1584个，查处非法小广告工作量约占全市60%，有效遏制乱张贴非法小广告现象的泛滥。（陈建明）

园林绿化

【概况】 2010年，全区新增各类绿地9.91公顷，其中公园绿地3.13公顷，居住区绿地4.07公顷，单位附属绿地2.71公顷，新种行道树380余株。完成区政府实事项目——共和新路光复路绿地建设，建设屋顶绿化3300平方米。区绿地总面积为601.93公顷，人均公园绿地面积达3.24平方米，绿化覆盖率达22.92%。在世博会开幕前和举办期间，在重要区域完成多个道路绿化主题景点和花卉布置，为全区绿化景观增添亮点。加大行业监管力度，新增各类机械作业设备，做好安全、景观和应急处置等保障工作。在岭南公园等处开展全民义务植树活动，提高各类投诉处置效率。在科技兴绿方面推出新举措。位于铁路上海站白玉兰广场的“绽放的玉兰花”景点和海宁路被评为“2010年上海世博会最受市民欢迎的十佳绿

区领导参加义务植树活动　（区绿化市容局供稿）

化景点和十佳绿化景观道路”。彭浦公园创建为三星级公园。区绿化志愿者薛成勇获上海世博会执行委员会授予的“中国 2010 年上海世博会杰出志愿者”称号。大宁灵石公园绿化志愿者队长赵尔明获上海世博会执行委员会授予的“中国 2010 年上海世博会优秀志愿者”称号和上海市志愿者协会授予的“上海市优秀志愿者”称号。区绿化署建设养护管理科获上海市总工会授予的“工人先锋号”称号。（蔡　杰）

【完成世博会区绿化运行保障任务】 年内，在铁路上海站、天目路、海宁路、共和新路、广中西路、西藏北路等重要区域、道路以及各公园布置各类花卉景观。建设主题景点 7 处，布置花卉近 1 万平方米，花箱、花柱、花球等组合花卉 1000 余组，总用花量 160 余万盆。在 2010 年世博花卉景观评比中，区选送项目获银奖 2 个、铜奖 2 个。在公园花坛、花境竞赛中，获三等奖 3 个。协助有关部门完成铁路上海站北广场 7000 平方米绿地建设。完成中兴路、恒丰北路绿化建设工程，共栽植银杏 180 株，香樟 90 株，新建临时绿地 1.5 万平方米。建成广中西路中央隔离带绿地 2000 平方米，完成柳营路绿地改造 8000 平方米，种植行道树 97 株。完成大统路绿地改造。投入专项资金，重点对悬铃木白粉病、方翅网蝽进行防治；拆除岭南公园违法建筑，完成 3000 平方米绿化改造工程。在大宁灵石公园举办“留念世博，影像闸北”主题摄影展。加强游艺机运营管理，闸北公园游艺机委托具有专业资质的企业运营。完成不夜城绿地大草坪改造和闸北公园紫藤花架重建；世博会举办期间，落实 24 小时值班制度，按时向市、区绿化市容局应急保障中心上报日报表和公园游客量。及时处置应急事件 161 件，上报游客量 478 万人次。落实防汛防台应急队伍和物资储备。加强养护管理，购置绿化电动巡视车、电动保洁车、高空作业车、洒水车、粉碎机等，用于日常巡视和养护作业；组织绿化志愿者开展每月 15 日的“环境清洁日”活动，在公园、绿地捡拾垃圾、烟蒂，擦洗园内设施等。协助公园迎接文明指数检查，做好各项保障工作，解决各类矛盾问题。

（蔡　杰）

【完成共和新路光复路绿地建设】 共和新路光复路绿地建设是区政府年度实事项目之一。该绿地位于共和新路光复路东北角，属规划公共绿地，原址为一处违法建筑。可实施面积约 6000 平方米。绿地于 2009 年 11 月开工。为节省工程费用，建设中的大型乔灌木基本采用柳营路拓宽工程中的迁移苗木。3 月，工程完工并对外开放，项目总投资近 200 万元。绿地设计简洁流畅，将开放式活动广场与大片绿地相结合，流线型红色挡土墙座椅与直线型矮墙形成鲜明对比，为绿地增添趣味。该绿地由北京中外建建筑设计公司设计，上海绿金绿化养护工程公司施工，上海园鼎园林建设监理公司负责施工监理，上海联合工程监理造价咨询公司负责投资监理。（蔡　杰）

【开展区域系列义务植树活动】 春季，在区内开展一系列义务植树、认建认养和宣传活动。3 月 4 日，新闻晨报社职工在广中路绿地和中环线绿地开展认养树木回访活动；3 月 12 日，区委副书记、区长周平，区人大常委会主任杨惠德，市绿化市容局副局长黄兴华，区政协副主席季铭等领导和区绿委成员共 40 多人，在岭南公园参加全民义务植树劳动；3 月 13 日，在’99 广中绿地开展面向全市的树木认养活动，共有 43 名市民和 4 家单位认养树木 202 株。（蔡　杰）

【彭浦公园创建三星级公园】 按照星级公园评定标准，彭浦公园对园内重要设施和管理措施作出系列调整：提升绿化景观，调整部分树坛，重新布置花境，对观龙亭旁大草坪进行改造，增设竹质景观护栏；完善基础设施。铺设鹅卵石和园路，添置警示标识和植物识别铭牌。为解决厕所用水困难，增加水箱等设备；增添便民设施。添置便民钩、垃圾箱，更新便民医药箱、轮椅、拐杖、童车等；加强日常养护管理。加大保洁、除草、修剪和病虫害防治力度，及时对亭廊进行油漆、粉刷，维修损坏设施；加强公园“三位一体”管理，发挥绿化志愿者作用，及时劝阻游客不文明游园行为，参与解决晨练团队之间的矛盾，确保游园环境安全有序。年内，彭浦公园创建为三星级公园。（蔡　杰）

【开展绿化服务进社区活动】 全年举办绿化宣传咨询服务 20 次，约 2600 人次参加。为家庭、学校和军营送盆花 3200 余盆。结合居住区综合改造,指导绿化调整工作,协助彭浦镇政府完成灵石路896弄小区绿化改造。对部分老居住区影响居民通风采光树木进行修剪。悠和家园和嘉利明珠城2个小区被评为上海市园林式居住区。（蔡　杰）

【提高区域绿化科技水平】 在建设主题景点中,初步掌握立体绿雕制作、植物更换、喷滴灌、灯光设备安装等技术;对新品种(加拿大红枫,花卉、花境植物等)种植养护技术有一定提高;在树枝循环利用技术方面,运用粉碎机粉碎树枝,作为绿地覆盖物,提高作业效率,节约绿化垃圾处理成本;加强信息化平台建设。在市绿化林业遥感和地理信息系统上及时更新绿化数据,对遥感信息进行判读,确保绿化数据准确。（蔡　杰）

【加强区域公共绿化管理】 年内,试行绿化管理重心下移。与各街道(镇、地区)绿化市容所建立工作联系制度,重点做好绿化巡查、行政许可事后监督、有害生物预警防控宣传等方面工作。与环卫作业公司建立密切协作机制;接收区环保局(大宁国际社区开发建设指挥部)新建和改造的平型关路、广中路、苏州河沿线绿地养护管理2.17公顷,将公共绿地纳入长效管理范围;对中环线绿地和不夜城绿地养护管理实施公开招投标。（蔡　杰）

环境保护

【概况】 2010年,区环境保护工作严格执行环境影响评价制度,加强对污染源的源头控制,审批建设项目环境影响评价463项,竣工验收308项,试运行33项。加强对污染源的监管,全年出动3524人次,现场监察1762户次。对违反环保法律法规的行为立案处罚14件,处罚金额8.2万元。提高环境质量监测和污染源监测水平,提供环境监测数据111537个,其中污染源21129个,环境质量90408个,为环境管理提供客观、公正、科学的监测依据。全年接到并处理环保信访投诉493件,按时办结率达100%,按时完成5件区人大代表书面意见、政协委员提案办理工作。（陈民强）

【推进第四轮区环保三年行动计划】 围绕环境保护能力建设34项主要任务,逐步推进落实。水环境治理方面,完成西泗塘、先锋河、江场河等河流的疏浚工程,疏浚土方2.6万余立方米;继续开展彭越浦、走马塘引清调水工作,引清调水3040万立方米;完成彭越浦、走马塘局部520.94米防汛墙改建工程;加强工业企业日常监察,确保工业废水达标排放。大气污染防治方面,加强建筑工地扬尘污染控制,配备环卫冲洗车辆,提高机扫率,区域平均降尘量7.8吨/平方公里·月。固废和噪声防治方面,加强对危险废物产生、处置单位的监管,确保危险废物按规定妥善保存、安全转移、无害化处置;开展违法鸣喇叭集中整治,加强执法检查,强化宣传教育,共处罚机动车违法鸣号33264起,机动车鸣号率平均为2.56%。绿化建设方面,建成共和新路大统路绿地6000平方米,中兴绿地二期开工建设。开展屋顶绿化建设,完成市北中学、闸北公园等处屋顶绿化3000平方米。（陈民强）

【环境保护投入6.80亿元】 年内,完成环境保护投入6.80亿元,其中市财政投入0.62亿元,区财政投入4.08亿元,其他投入2.10亿元。这些投资中,用于污染源控制的1.81亿元,用于城市环境基础设施建设的4.99亿元,用于环境管理能力建设的24万元。（陈民强）

【推进污染减排工作】 将排污企业搬迁或产业结构调整作为污染减排的重要措施。对列入调整或搬迁名单的企业定期上门,敦促企业加快产业结构调整步伐。了解企业在实施产业结构调整过程中遇到的问题与困难,并尽可能帮企业解决。年内,长江砂轮厂、上海铁路车辆段、四方锅炉厂3家企业搬迁后,年削减工业废水排放24.76万吨、燃煤使用90吨、二氧化硫排放3.84吨。（陈民强）

【完成区域世博环境保障任务】 世博保障工作是全年环保工作的重中之重。区环保局按照区世博保障工作要求,开展环保专项检查,推进社会面防控和环境矛盾化解等工作,对放射源单位、重金属企业、餐饮矛盾投诉企业等重点对象反复巡查,对发现问题的单位责令整改,整改不力的严肃查处,共发出责令改正通知书10余份,行政立案处罚1家。通过不间断的巡查执法,有效维护世博期间的环境安全,较好完成各项世博环境保障任务。（陈民强）

【开展保障群众健康专项整治行动】 年内,区环保局编制完成《闸北区

召开区环境保护"十二五"规划汇报会　（区环保局供稿）

2010年整治违法排污企业保障群众健康环保专项行动方案》;开展扬尘污染整治、机动车冒黑烟整治、锅炉炉窑烟尘整治、挥发性有机物(VOCs)整治、机动车鸣号噪声整治、界河环境整治、放射性安全整治等世博环境保障工作,开展涉铅、镉、汞、铬和类金属砷的污染源专项检查,规范重金属排放企业的环境管理,梳理查处群众信访投诉中涉重金属污染的案件等,加强对"两高一资"(高污染、高能耗、资源型)行业重污染企业专项检查的后督察工作。共出动执法人员2482人次,执法检查1241户次,对专项行动中发现的5家违反环保法律法规的企业作出行政处罚。 (陈民强)

居民参观环保创意展示 (区环保局供稿)

【开展环保主题宣传活动】 围绕世博会、"6·5"世界环境日等主题,多层次、多方位地进行环保宣传。先后开展"迎世博绿色出行"活动、"6·5"世界环境日"低碳家庭,绿色生活"主题活动、"共同的家园"环保家庭秀活动等,其中宝山路街道三宝小区、芷江西路街道北方家苑小区被组织方授予"世博绿色出行绿色小区"荣誉称号。全年发放环保手册、环保袋等资料5000余份,宣传面涉及全区各街道、镇。加强媒体宣传报道,9月28日,《中国环境报》上海世博会系列报道在头版对区苏河湾历史、现状、功能开发等进行介绍。 (陈民强)

2010年闸北区环境空气质量综合评价表

二氧化硫浓度年平均值毫克/立方米	二氧化氮浓度年平均值毫克/立方米	总悬浮颗粒物浓度年平均值毫克/立方米	降尘浓度年平均值吨/平方公里·月	空气质量指数	质量程度
0.030	0.052	0.138	7.8	0.72	质量标准

(陈民强)

2010年闸北区地表水环境质量综合评价结果表

河流名称	苏州河	彭越浦	走马塘	西泗塘	彭越浦
断面名称	浙江路桥	延长路桥	共和新路桥	临汾路桥	汶水路桥
功能类别	V	V	V	V	V
综合指数	0.71	1.02	1.16	1.46	1.02
质量程度	合格	污染	污染	污染	污染

(陈民强)

2010年闸北区功能区声环境质量评价表

结果和评价	二类区		三类区		四类区	
	昼间	夜间	昼间	夜间	昼间	夜间
噪声值	54.2	51.2	57.5	51.3	59.6	51.3
污染程度	好	污染	好	一般	很好	一般

(陈民强)

科学技术·教育

编辑　冯梅椿

科学技术

【概况】 2010年,区科技围绕发展“科技经济”这一主线,加快推进高新技术产业化,加大科技企业服务力度,着力培育战略性新兴产业。年底,增加国家认定的高新技术企业19家,市认定软件企业10家,增加市科技小巨人(培育)企业7家,增加市技术先进型企业3家。形成一批自主创新能力强、产业化实施实力雄厚的骨干科技企业,全区科技型企业超过3500家。其中,获国家认定的高新技术企业突破100家、获市认定的软件企业65家、获市认定的科技小巨人(培育)企业28家、市技术先进型服务企业9家。形成软件与信息服务、新能源、新材料、先进重大设备、生物医药(医疗器械)、云计算、物联网、智能电网等高新技术产业化重点领域的集聚。全年申报市高新技术产业化项目30项。建设企业技术中心、工程技术研究中心和研发公共服务平台,为高新技术产业化提供技术支撑。区域拥有国家、市级企业技术中心21家,市级工程技术研究中心7家,市研发公共服务平台6家;提出创建“北上海创新走廊”的园区化推进的崭新思路,完成《市北科技创新走廊发展规划》(2010~2015)。推进上大科技园整体改造进入实质性启动阶段。推进上海3G媒体产业园、上海新华文化科技园、上海久合金融信息服务科技园和上海信息融合孵化基地4个特色科技园的改建工程,有总量超过10万平方米的招商载体投入使用,为吸引更多的科技企业创新和创业开拓新的空间。完成基于国产基础软件的基础教育信息综合服务平台、社区事务管理综合信息服务平台、电子政务平台一体化解决方案等3个上海市国产基础软件应用示范项目,构建“一、四、九”格局的国产基础软件应用示范基本框架。围绕上海“云海计划”重大战略,推进云计算产业发展,成功实现市首个云计算产业基地落户闸北,研究制定“政务云、健康云、中小企业云”等示范工程实施方案,推动云计算技术创新项目“云积木”研发。推进科普惠民提升工程。开展社区科普讲堂、家庭系列科普论坛、科普文艺汇演等长效品牌活动,出台《闸北区科技成果科普化指导意见》,重点推广社区文化中心LED节能灯改造、社区学校绿色能源改造、社区文化活动中心实施的雨水收集和屋顶绿化建设项目等惠及百姓家庭生活和社区公共生活的节能科技成果。　(黄学才)

【完成科技企业总税收19.4亿元】 年内,区科技企业完成总税收19.4亿元,占全区总税的19.2%,比上年增长36.13%,其中区级税收完成9.79亿元,占区级税收总额的18.73%,比上年增长35.59%。　(黄学才)

【高新技术产业总产值378亿元】 年内,云计算产业联盟、国产基础软件产业联盟、科技小巨人联盟、智能电网产业联盟等一批“产学研”相结合的科技创新联盟向纵深发展,高新产业优势显现。根据市“9+3”高新技术产业化重点领域,区域内涌现出“软件与信息服务、新能源、新材料、先进重大设备、生物医药(医疗器械)、云计算、物联网、智能电网”等高新技术产业化重点领域,实现高新技术产业总产值378亿元。　(黄学才)

【科技园区呈现新格局】 上大科技园区完成延长校区改造一期工程,新建1.3万平方米的文武大楼,引进易居(中国)总部与上海克而瑞信息技术有限公司。市北高新技术服务业园区成功实现从形态到功能的转型,开发面积超过50万平方米。年内,园区引进201家企业,引进当年产税超过4000万元区税,园区申报成功知识产权示范园区,入围“上海企业服务优秀园区”。上海多媒体谷作为国家数字媒体技术产业化基地,建成各种载体13万平方米。年内,总产值完成28.36亿元。龙软科技园、新慧谷科技园、新华传媒科技园、3G媒体产业园等,建成载体面积超过10万平方米的一批特色科技产业园区。至年底,区域内形成以三大国家级科技园区为龙头,5个特色科技园区为支撑,7个科技孵化基地为基础的科技园区发展的新格局。　(黄学才)

【年专利申请总量1620项】 推进国家知识产权战略,发挥各类科技政策的导向作用，支持鼓励企业创新发展。年内，全区专利申请量质量有提高，专利申请总量1620项，比上年增长21%；其中发明专利申请量469项，占专利申请总量的29%，比上年增长1%。专利授权量1089项，其中发明专利授权量120项。组织区域内高新技术企业申报"第六届上海市发明创造专利奖"，经评审，3个发明专利成果分获发明专利奖一等奖、发明专利奖三等奖、实用新型专利奖，实现了发明创造专利奖项的突破。

（黄学才）

【首个"上海市云计算产业基地落户闸北】 年内，首个"上海市云计算产业基地"落户闸北。启动亚太数据港建设工程，集聚一批国内外云计算方面的国际企业和云计算技术创新、应用示范项目，与中国电信、阿里巴巴、腾讯等企业签订提供数据中心和云计算服务相关项目的合作协议。共组织申报上海市高新技术产业化项目25项，其中，上海亚太数据港投资有限公司"云计算IaaS服务平台研发及产业化"、上海天脉聚源文化传媒有限公司"海量电视云计算内容智能处理及新媒体视频物流港基础平台"、上海东方通泰科技有限公司"云中间件产品研发及相关典型行业示范应用"等项目列入上海市高新技术产业化重点项目。 （黄学才）

【实施"百屏进百区"工程】 年内，新建幻唯数码影视动画科普教育基地。实施"百屏进百区"工程，在全区八街一镇的市级文明小区安装建设93台LED电子科普宣传屏，率先在全市实现文明小区全覆盖，形成由市级资源共享平台、区级信息发布平台、小区LED电子宣传平台构成的三级科普资源网络。还完成48台电子科普触摸屏和23处传统科普画廊的维修，禁毒科普教育馆和铁路博物馆被评为全国科普教育基地。

（黄学才）

【开展"世博科技"科普宣传活动】 以上海科技节和全国科普日两大活动为抓手，着重宣传和普及世博会上所展现的前沿科技知识和先进科技理念。先后组织开展"青少年玩世博"竞赛、"揭开世博奥秘，发现科学精彩"市青少年校园科技环保DIY、暑期青少年"走进世博"摄影、"青春创意show"青少年世博创意海报制作大赛等28项市、区级科普活动。发放世博宣传资料近千册，赠送世博门票750张，发动全区2.7万人参加全市组织的"看世博，讲科学"市民节能科普网上知识竞赛。举办"相约名人堂——与院士一起看世博"闸北专场活动。组织"启思带你畅游世博，科技带你点亮和谐生活"大型社区科普巡展，举办"解读世博"系列讲座9场。 （黄学才）

国内首个"上海市云计算产业基地落户闸北 （区科委供稿）

【构建国产基础软件应用示范基本框架】 年内，区打造国家基础软件应用示范区，构建"一个信息资源共享与交换中心"，"四套领导班子电子政务"，"9个街道（镇）社区信息化"为主要内容的"一、四、九"国产基础软件应用示范基本框架，并在教育、卫生、市容、环保等若干重点条线应用，形成国产基础软件区域信息化标准体系，为国产基础软件在其他区域和领域推广提供事实标准体系，并且提供基于全国产基础软件整体解决方案的信息化建设模板。

（黄学才）

【市长韩正调研区科技型中小企业】 8月6日，市长韩正，市政府副秘书长、市发改委主任周波，市科委主任寿子琪等一行到区市北高新技术服务业园区调研科技型中心企业发展状况。12月7日，市长韩正再次莅临市北高新技术服务业园区调研上海基础软件产业基地，走访中标软件公司，听取达梦数据库、东方通等企业负责人的介绍，并专门察看中国首个商用集装箱数据中心"云积木"。市政府秘书长姜平及市相关部门领导陪同调研。 （黄学才）

【举办"2010年云计算产业发展与科技创新上海高峰论坛"】 8月18日，由区政府和上海大学共同主办的"2010云计算产业发展与科技创新上海高峰论坛"在市北高新技术服务业园区举行。来自中国工程院、中国科学院、复旦大学、交通大学、伦敦大学等高校院所，市、区政府有关部门，区内外计算机与软件科技企业的专家及代表数百人参加。同时，首次成立的"云海产业联盟"举行揭牌仪式。

（黄学才）

【召开科技创新表彰奖励大会】 年初，区委、区政府隆重召开科技创新表彰奖励大会，通报表彰2009年获得国家科学技术进步二等奖的上海铁路通信工厂、获得上海市科技进步一等奖的卡斯柯信号有限公司、获得上海市技术发明二等奖的上海申传电气有限公司等15家单位的20个项目。区长周平主持会议，区委书记方惠萍、市科学技术委员会秘书长徐美华出席会议并作重要讲话。

（黄学才）

召开区科技创新表彰奖励大会　（刘必龙摄）

教　育

【概况】 2010年，区现有各级各类学校和其他教育机构及教育事业单位141所。按性质分：公办中小学、幼托园所104所（含特教），民办中小学、幼托园所24所，其他教育机构和教育事业单位13所；按学段分：高中6所，完中8所，九年一贯制学校4所，初中18所，小学34所，幼托园所54所，特殊教育学校4所（含彭顺和聋青技），中等职业学校1所，全日制高职1所，教师进修学院1所，其他教育事业单位10个。区现有学生65374人，其中基础教育58936人（高中生8641人，初中生17833人，小学生20449人，幼儿园13885人，特殊教育331人），职业教育6438人（中职校1156人，全日制高职5098人，聋青技184人）。区现有职教职员工7239人，其中专任教师5921人（高中教师820人，义务教育阶段教师3556人，幼儿园教师779人，其他教育事业单位教师525人）。

年内，完成新一轮小学校长任期制工作，72名校长书记上岗。组织召开区教育系统"世博先锋见行动，创先争优展风采——教育系统世博志愿者风采展示暨表彰大会"，22个基层党组织获"优秀组织奖"，38个党组织获"组织奖"，61名党员获"优秀党员志愿者"称号。制定下发《2010年学校安全与稳定工作目标责任书》和《关于加强世博会期间各项工作的通知》，区教育局党政主要领导与区各学校党政负责人签订《学校安全与稳定目标责任书》，明确校园安全目标责任。签约率达100%。同时，开展校园安全专项督查，制定下发《闸北区学校门卫安保人员管理规定实施意见》，对学校门卫安保人员的条件和各级各类管理责任作出明确要求，下拨保安专项经费，建立起覆盖全程的安全责任体系。年内，区教育局还投入近4500万元用于改善学校办学条件，完成2所学校的改扩建任务，15所学校的校舍修缮任务，7所学校场地维修和近20所学校的专项维修任务，缩小学校间办学条件的差距。提高德育工作实效。开展世博主题活动。启动由师生和家长志愿者代表共同参与的"绿色传递，微笑创造"迎世博大型主题活动仪式。举行"各族少年情系海宝自主创意点亮世博"区各族学生迎世博主题活动，承办上海市中学生世博论坛。优化学生成长环境。开展"关爱生命，自主成长"区、市生命教育试点学校联合展示活动。举行第二十五届三市一区德育工作研讨会，探索新时期学校德育工作新机制、新载体、新方法。提高课堂教学效益。强化教研引领，增强教师课程执行力，举行"上海市小学语文课堂教学设计实证研究"的研究活动。提高教育信息化水平。在交互式电子白板亚太高峰论坛上，区工作经验和共康中学的公开教学展示受到亚太地区15个国家政府官员和60余位专家教师的好评。在全国第七届交互式电子白板应用优秀课例评选中，大宁国际小学获一等奖。完成第五轮园长任期制签约，启动"准保育员"再就业工程，为幼儿园后续发展提供人力保障。制定《闸北区特殊教育三年行动计划实施方案（2009～2011年）》、《闸北区随班就读支持保障体系试验区研究方案》和《闸北区开展医教结合工作试点方案》，建立全市第一个学习资源中心。深化职业教育改革。完成视觉多媒体开放式实训中心和美容美发实训中心建设。扩大社区教育的示范效应。深化社区教育理论与实践研究，以社区学院功能建设等市招标项目为抓手，加强社区学院建设，发挥其在社区教育工作中的引领作用。承办2010年海峡两岸社区教育学术研讨会、教育部"成人继续教育体系建设推进计划"座谈会和市第六届"全民终身学习活动周—'闸北杯'手工艺品制作竞赛"活动。重视教师专业化发展，师资队伍素质进一步提升。组织艺术、德育骨干教师走进大剧院，走进经典，提高艺术修养。组织新教师走进世博园，实现新教师入职教育、教师节主题与世博元素精彩互动。开展"四期四奖"申报对象的学科评审和表彰工作，评出新苗奖34人，春蕾奖48人，百花奖216人，金穗奖27人。启动全市首批8个班主任工作室之一的童莹莹班主任工作室。

（丁立强）

【开展"创先争优"系列活动】 5月，区教育局党工委结合区域经济社会发展和市基础教育的实际情况，确立"立足岗位，推进教育现代化；着眼大局，服务闸北新发展"的实践载体，分别以党组织、党员领导干部、中层干部、教师为对象，有所侧重地开展八大系列活动。"创先争优强教育，多党合作促发展"；"为了每一学生的终身发展,为了每一位教师的全面成长”;“求真务实有作为,奋勇争先攀新高”;“以人为本办教育,创先争优谋发展”;“世博先锋见行动,创先争优促和谐”;“理论创新思想先行,实践创先理论指引”;“世博先锋见行动,创先争优展风采”;“民主办学促和谐,创先争优谋发展”等系列活动。“创先争优”活动延续科学发展观学习实践,夯实区“党员经常受教育”的活动机制。(丁立强)

【迎世博多项工作获奖】 年内,在迎世博600天和举办世博184天里,区教育系统广大干部、党员和师生积极投身宣传世博、参与世博、奉献世博的活动中,区教育局先后获上海世博涉外综合工作优秀集体;上海世博会志愿者工作优秀团队;上海市迎世博优秀创意项目贡献奖;上海市迎世博宣传教育贡献奖。回民中学、共康中学获上海市教委世博先进集体;共康中学党支部获上海市“创先争优、世博先锋行动”“五好”基层党组织等称号。多名个人分别获上海世博工作优秀个人、上海市“创先争优、世博先锋行动”“五带头”共产党员、上海世博会志愿者工作杰出个人、上海世博会志愿者工作优秀个人(师生)、上海市世博志愿者先进个人、上海市世博优秀平安志愿者、上海市教委世博先进个人、上海市公安局世博治安保卫先进个人等称号。(丁立强)

【举办第二十五届三市一区德育工作研讨会】 第二十五届三市一区德育工作研讨会于10月21~23日在区教师进修学院举行。三市一区德育工作研讨会是上海市闸北区和无锡市、杭州市、开封市德育领域交流与合作的常态化工作机制,成为德育领域的品牌。区教师进修学院常务副院长王曙主持开幕式,副区长鲍英菁致欢迎辞,区教育局局长顾筱璞作题为“抢抓机遇、奋发有为、提升区域德育实效”的主题发言。开幕式上,无锡市、开封市、杭州市的相关领导分别作交流发言。为期3天的研讨会,成功举办“点亮梦想、引领青春”解说课和“600秒德育论坛”,并赴新中中学参加上海市中学生论坛活动。(丁立强)

【陈波宇获第三届丘成桐中学数学奖金奖】 12月16日,市北中学高三(10)班陈波宇同学凭借论文《Weierstrass函数在不可列的稠密集上不可导的一种证明》,摘得第三届丘成桐中学数学奖的唯一金奖。至年底,市北中学学生共获各级奖项近500项。(丁立强)

【久隆模范中学举行九届“自强奖”颁奖仪式】 11月11日,上海市久隆模范中学举行上海市教育发展基金会第九届“自强奖”颁奖仪式,出席仪式的有第十届全国政协副主席、中国工程院院士徐匡迪,市教育发展基金会理事长谢丽娟,市政协副秘书长、办公厅主任管维镛。(丁立强)

【回民中学举办庆祝建校65周年系列活动】 10月9日~12月25日,上海市回民中学举行庆祝建校65周年系列活动。在近3个月里,以“凝敦厚之德,聚化育之行,攻坚克难,提升内涵”为主题,学校举行丰富多彩的庆祝活动,包括:各届校友庆祝活动、退休教工庆祝活动、在校教工庆祝活动、学生文艺体育活动、全国民族中学信息技术与课程整合活动、中新(新加坡)中学生联谊活动、上海市台球协会青少年台球培训中心成立10周年庆祝活动。通过校庆七大系列活动,传承敦厚化育的学校精神,凝聚回民中学人心,增进民族团结。(丁立强)

【市聋青技校举行纪念陈鹤琴先生诞辰118周年活动】 5月26日,上海市聋青技术学校举行纪念陈鹤琴先生诞辰118周年暨深入学习践行“活教育”思想交流会在聋青技校举行。全市19所陈鹤琴研究会基地学校、聋校的领导和老师,陈鹤琴研究会领导、区教育局领导、陈鹤琴家属参加该次活动。(丁立强)

【举行区各民族学生迎世博主题活动】 4月14日,举行“各族少年情系海宝自主创意点亮世博”区各族学生迎世博主题活动。以“快乐游园会”为载体,通过由学生自主设计、自主创意的“五洲风尚廊”、“民族文化互动场”、“闸北区‘世博之星’颁奖仪式”、“世博亲子文明签约”等活动,展现各世博参展国之风采,宣传中国各民族文化之精髓,倡导参与世博、服务世博、奉献世博之精神。该活动获市迎世博贡献奖“优秀创意项目”。(丁立强)

【承办“从研究到实践——性教育及性与生殖健康研讨会”】 在世界卫生组织(WHO)和国家人口与计划生育委员会支持下,与市计生科学研究所、复旦大学公共卫生学院联合主办“从研究到实践——性教育及性与生殖健康研讨会”,通过专业团队的介入和指导,探索在新时期开展以生命教育为主题的青春期教育的途径、方

举办“两纲”教育课堂研讨活动 (区教育局供稿)

法、载体等，从而推动中小学的生命教育和青春期教育专业化发展。彭浦初级中学、向东中学在研讨会上作专题交流。市北职高、三中心小学、共康中学、宝山路小学、向东中学等作主题班会展示。（丁立强）

【做好校园安全工作】　年内，区教育局在区安委办的年度目标考核中再次被评为标兵单位；回民中学、共康中学获“上海市教育系统世博安保稳定工作先进集体”，胡伟东等4人获“上海市教育系统世博安保稳定工作先进个人”，顾晓燕等2人获“区世博优秀平安志愿者”，李杰获“上海市世博优秀平安志愿者”。加强消防等重要场所的检查和整治，每月至少一次开展全员化的应急疏散演练，加强校门口的护校力量，应对校园涉爆事件；投入1.2亿多元用于技防设施设备的改善，门岗、校车物防的配备等，完成18所学校抗震加固工程和13所学校室内消火栓系统的改造；每年投入1000多万元用于学校聘请专职门卫安保，确保学校师生的人身安全。（丁立强）

【确保区域特殊教育三年行动计划落实】　确保区域特殊教育三年行动计划落实到位。6月，区政府组织区教育局、发改委、民政局、财政局、人保局、卫生局、区编办、残联等八部门，召开特殊教育联席会议。9月，区教育局整合区域优质资源，在止园路小学筹建片区式闸北区学习资源中心，健全区域特殊教育支持与服务保障体系，更好地满足区域小学阶段特殊教育需要学生的需求。11月，区启慧学校被国家教育部命名为全国10所特殊教育学校“医教结合、综合康复”实验基地之一。（丁立强）

【基础教育研究项目数量获全国第一】　在代表中国基础教育课程与教学领域最高成就的全国首届基础教育课程改革教学研究成果评选中，区的《成功教育课堂改革新探索》和《新课程和物理实验改革——中学物理数字化实验系统(DIS)的开发与应用》

学生艺术科技教育分获世界、国家、市奖励　（区教育局供稿）

2个研究项目均获一等奖(上海共有7个项目获一等奖，最高奖数量名列全国第一)。《艺术教育资源的区域整合与推进》获教育部全国第三届中小学生艺术展演活动艺术教育论文一等奖。（丁立强）

【提升幼儿教育品牌】　年内，在安庆幼儿园举行《优化幼儿园教育品牌经营提升品牌成长速率研究》的成果推介会。落实市幼儿园自制玩教具评选工作，芷江中路幼儿园在第二届全国幼儿园优秀自制玩教具展评活动中获一等奖；芷江中路幼儿园、彭浦新村幼儿园、大宁国际幼儿园、金鹭幼儿园获市托幼机构保育工作先进集体称号。（丁立强）

【职业教育就业率达90%以上】　年内，区完成视觉多媒体开放式实训中心和美容美发实训中心建设，配备管理队伍，先后承办两期全国美容美发专业教师师资培训。近三年，区中职毕业生就业率保持在98%以上，就业巩固率达91.2%；高职毕业生就业率保持在95%以上，就业巩固率95.3%。新闸北职业技能培训中心承办多期“共享阳光”外来务工人员子女教育就业援助行动，学员计600余人；先后开展农民工培训1000人次，政府项目培训、艺术类培训计1554人次。（丁立强）

【学生艺术科技教育分获世界、国家、市奖励】　在第六届世界合唱比赛中，市北中学获爵士组金奖和民谣组银奖，市北中学获“全国学校艺术教育先进单位”称号。在全国第三届中小学生艺术展演活动中，市北中学、新中高级中学获一等奖。在首届中国青少年摄影大赛中，塘沽学校获少年组唯一1个金奖。在第二十五届“英特尔”青少年科技创新大赛中，彭浦实验小学获1个全国一等奖。在VEX机器人亚太区青少年机器人竞赛、“南海大沥杯”VEX中国青少年机器人竞赛、VEX机器人华东地区青少年竞赛及“西南位育杯”上海市青少年机器人竞赛中，区少科站少年宫、市北初级中学、一中心小学共获国家和市级一等奖6个。在第二十三届中国上海头脑奥林匹克创新大赛中，和田路小学、大宁国际小学、一中心小学、宝山路小学、市北初级中学、新中初级中学、田家炳中学、新中高级中学均获一等奖，区获“明日科技希望之星”2个。参加全国信息学联赛“上中杯”上海赛区比赛，市北初级中学获10个一等奖。参加第八届全国“中小学信息技术创新与实践活动”上海赛区信息技术基础知识竞赛，区少科站少年宫、永兴路二小、童园实验小学等学校近50名学生获一等奖。（丁立强）

文化·卫生·体育

编辑　冯梅椿

文　化

【概述】 区内文化事业单位有海上文化中心1座(区属)、文化馆(站)10座(其中区属1座),图书馆(室)11座(其中区属2座)。电影院4座、茶艺馆1座、革命史料陈列馆(中共"三大后"中央局机关历史纪念馆)1座、评弹团1家。市级文物保护单位2家,市级文物纪念地7处,区级文物保护单位4家,区级登记文物保护单位17家,区级纪念地5处。区域内现有娱乐场所192家,棋牌室136家,互联网上网服务营业场所66家,出版物经营场所95家,音像制品经营场所33家,美术品经营单位9家,专业演出场所3家。年内,完成近百场世博园区内外文艺演出任务,其中,园区内33场"腾飞闸北·跨越梦想"上海世博会闸北专场演出获上海市"迎世博优秀创意贡献奖";区历时2年、投资逾3亿元,建成海上文化中心,其中的剧场部分(下称"大宁剧院")填补了上海苏州河以北地区甲级剧场的空白。海上文化中心的落成,是区实施"文化惠民"战略的实事工程,也是推动文化事业和文化产业双轮驱动的重点项目;结合第十二届上海国际艺术节,共同举办以"全球化时代的艺术力量"为主题的首届"2010国际艺术节(上海)论坛",严格按照"务实、具体、细化"的工作要求,加快推进文化馆新馆和图书馆分馆各项运营筹备工作;文化体制改革和有线电视数字化整转工作有序推进,截至12月31日,全区共完成有线电视整转206227户(有效户数),提前全面完成全区有线电视整转任务,整转进度全市排名第二,整转率全市排名第一;第三次全国文物普查实地调研阶段全部工作顺利通过验收,编纂反映闸北百年历史的《岁月印痕——穿越百年闸北》一书;开展"迎世博、保平安"文化市场系列检查,处置泰山电影院等历史遗留问题;深化社区文化活动中心新机制,《闸北区完善公共文化服务内容配送》工作情况在市委宣传部《宣传文化工作简报》专题刊发;探索"文化辅导员"下社区机制;通过项目引导,支持街道、镇做强"一街一品";全年共开展各类群众文化活动11453场次,参与人数48.3万人次。

(史　娟)

【完成近百场世博演出】 5月1日~10月31日期间,举办近百场文艺演出。举办"腾飞闸北·跨越梦想"中国2010年上海世博会"社区市民活动"闸北专场演出,整台节目融合"茶乐"、"雅韵"、"风情"等中国元素,以"印象昨日"、"魅力今朝"、"璀璨未来"的城区发展为主线,彰显闸北所固有的历史特色、地理位置、人文精神,表达闸北人民在"海纳百川、追求卓越、大气谦和、开明睿智"的上海城市精神鼓舞下,情系世博、奉献世博、参与世博、拥抱世博的豪迈情怀。精彩的节目赢得了广泛好评。在大宁国际商业广场举办"璀璨耀浦江"上海城市世博广场文化活动"周周演"活动,商业与文化的联动联合,扩大了广场文化的影响力,凝聚大宁地区的人气,促进了商旅文协同发展,助推了闸北区中部繁荣,尤其是6月20日举行的法国音乐专场,爵士、摇滚等音乐表演受到现场观众的热烈追捧,促进了中外文化交流。闸北优秀文艺节目赴兄弟区县的文化广场演出,并组织区内优秀合唱队参加上海市举办的"世博合唱节"。

(史　娟)

【举办艺术节系列活动】 9月28日,以"节事活动与城市发展"为主题的"2010国际艺术节(上海)论坛暨第三十八届解放文化讲坛"在浦西洲际酒店开幕。文化部副部长赵少华,市委常委、宣传部长杨振武,区委书记方惠萍等在开幕式上分别致辞。国内外著名艺术节总监、优秀艺术家等100余人出席。方惠萍在致辞中指出,我们不仅要锻造城区的"筋"和"骨",更要提升城区发展的"气"和"神",要丰富闸北文化内涵,提升闸北城区品位,点燃闸北发展激情,让闸北成为上海文化发展中的一张闪亮名片。区长周平进行"关于闸北区文化建设的探索与思考"主题发言。周平指出,区将发挥文化资源优势,大力繁荣文化事业,培育文化产业,规范文化市场,推动区域文化建设。下一步,区将打造"苏河湾"区域文化品牌,提升国际茶文化节品牌,培育社区文化活动品牌。区将坚持把握正确的文化发展导向,坚持经济效益服从社会效益,坚持民族优秀文化传统与世界先进文化成果相融合,尤其是要加强对话与交流，把借鉴和吸收世界各国文化的有益成果和坚持中国特色、时代特征、上海特点结合起来，赋予区域文化更深厚的内涵。2010国际艺术节（上海）论坛主要围绕大型节庆活动对城市的影响、艺术节庆铸就城市、城市如何培育文化艺术活动和文化建设等主题进行探讨与交流。作为论坛相关活动，9月25日，欧洲艺术节联盟（EFA）和亚洲表演艺术节联盟（AAPAF）共同举办以"打开交流之门，促进对话与合作"为主旨的亚欧艺术节联盟首次对话会议，并发表与会各方共同签署的、促进各国艺术节特别是亚欧两大洲节庆活动间交流与合作的《上海宣言》。

（史 娟）

【做好海上文化中心等场馆运营筹备工作】 协助推进海上文化中心（大宁剧院）和区图书馆分馆建设，做好运营前的筹备工作。完成海上文化管理中心机构设置，引进"文化央企"中演集团共同管理经营大宁剧院，共同将海上文化中心打造成为弘扬高雅艺术、发展演艺产业、推动国际文化交流、促进公共文化建设的文化中心，尤其是推动公共文化事业和演艺产业纵深发展。与高标准的剧院配套，区还引进有影响力的文化载体和便捷的文化服务平台，中国最大的票务中心之一、长三角地区票务龙头企业——东方票务入驻海上文化中心，使演出与票务形成一个产业链。由香港著名艺术家韩秉华先生领衔的上海韩秉华视觉艺术原创设计大师工作室入驻海上文化中心，致力于各类艺术设计和高端艺术品研发。国家级工艺美术大师刘远长工作室入驻海上文化中心，致力于打造国际陶瓷设计创新品牌，开拓都市创意产业链。King空间画廊入驻海上文化中心，展示台湾当代艺术，加强海峡两岸文化交流。同时，海上文化中心内的文化馆和社区文化中心将进一步发挥公益性文化设施服务"两个基本"的作用，为区域老百姓提供公益性、均等化、便利性的公共文化服务。做好区图书馆分馆运营筹备。为配合彭三小区综合改造项目建设，区图书馆分馆在原彭浦文化馆旧址上新建。年内，区文化局做好区图书馆分馆功能定位、室内装潢整体设计方案等，明确馆藏特色，将数字化图书馆的建设、少儿馆内小舞台的设计等作为区图书馆分馆的"亮点"。同时，室内设计方案经专家论证，进入装潢施工、弱电系统、空调设备等招投标阶段。

（史 娟）

【举办"世博进社区·文化领新风"百场露天电影巡映】 7月1日～8月31日，由区文化局主办、区文化配送服务中心承办的"世博进社区·文化领新风——2010年闸北区百场露天电影巡映"举行，为全区部分居民小区、各社区文化活动中心（站）、星火影剧院免费放映露天电影106场。两个月来观映人数超过4万人次。该次露天电影巡映内容非常丰富，采集大量近一二年内公映的新片，且影片全部由百姓通过社区文化活动中心点映。为让全区居民了解相关信息，方便居民观影，举办者将全部放映日程以海报的形式公布，并在区级媒体上刊登。百场露天电影巡映既是展现闸北人民满怀热情、欢庆世博的舞台，又是都市人文化休闲的一道新景观，社区群众在纳凉的同时，欣喜地观赏自己点映的影片，使老百姓走出小家庭，融入和谐社会大家庭。

（史 娟）

【做好区域文化遗产传承保护】 完成"三普"实地调研阶段全部任务。普查范围涵盖区域内9个街道（镇）206个居委会（行政村），全区合计完成77处（包括复查56处，新发现21处）不可移动文物点和40处消失文物点的调查、登录。完成率、普查覆盖率、区域到达率都达到100%，达到全面普查、摸清家底的预定工作目标。普查成果通过上海市第三次全国文物普查领导小组办公室检查验收，全部合格。编撰《岁月印痕——穿越百年闸北》一书。系统梳理百年闸北历史沿革，以近代闸北历史为陈述重点，兼顾当前，展望未来，全面、系统地展现闸北的发展脉络。推进"非遗"保护工作。规范确定区上海市非物质文化遗产名录项目保护单位5家，推荐并确定第二批上海市非物质文化遗产项目代表性传承人3名。

（史 娟）

【推进区文化体制改革】 通过深化改革，明确产权关系，转换经营机制，逐步建立法人治理结构和人事制度及分配制度。着力解决制约文化事业、文化产业发展的深层次矛盾与问题，解放和发展文化生产力，努力培育有利于出精品、出人才、出效益的文化主体和发展环境。制定《2010年闸北区经营性文化事业单位转企改制工作方案》，重点推进宋园茶艺馆、

举办"璀璨耀浦江"上海城市世博广场文化"周周演"活动

（区文化局供稿）

集美广告公司等单位的转企改制工作,摸清各单位历史遗留问题底数,开展经营性资产的审计,制定转企改制方案,做好转制单位职工的思想工作,有序推进转制工作。在推进过程中,坚持以改革促进发展,坚持依法依规维护职工权益,坚持具体指导和积极稳妥的工作方法。（史　娟）

【完成有线电视数字化整转工作】 制定《关于闸北区有线电视数字化整体转换工作的意见》及《闸北区有线电视数字化整体转换工作计划》,区有线电视数字化整体转换工作有序推进,年底前,完成有线电视整转206227户(有效户数),提前全面完成全区有线电视整转任务,整转进度全市排名第二,整转率全市排名第一。

【保障世博文化市场平安】 开展专项整治。结合世博安保,对区域内417家文化企业进行"拉网式"排摸检查,突出重点市场、重点区域、重点场所进行重点整治与监管;开展电子游戏(艺)机市场专项执法行动、迎世博音像制品市场专项整治行动、净化出版物市场专项治理行动、知识产权宣传和执法月活动等近20项专项整治行动,以及全国哀悼日期间停止公共娱乐活动专项执法检查。加强教育引导。开展"精彩世博,阳光娱乐"宣传周活动,在闸北公园、文化娱乐场所进行宣传提高网吧、文化娱乐场所的合法营业意识;完成闸北《文化之娱》宣传手册编发,在世博园区和大宁国际广场、闸北公园、各娱乐场所发放1万余册。进行管理创新。启动文化市场"三级联动"日常监管巡查员制度,制定实施方案和巡查员工作制度,落实巡查员名单;成立区文化企业联合会,充分调动行业协会在市场管理方面的能动性;利用网吧、娱乐、棋牌志愿者队伍和社会义务监督员队伍的作用,实施动态管理,共同维护区文化市场稳定。做好企业服务。对区域内300余家娱乐场所、音像制品、书刊、影剧院等文化企业进行年检换证,开展统计年报工作;引进大地院线等重点文化企业,为24家文化企业进行开业前期的辅导、咨询等服务。推进窗口建设。在中国2010年上海世博会期间,迎接上海市文明指数测评8次,提高文化窗口服务能力,提升区域文化行业形象;推进区文化市场行政许可受理服务窗口建设,提高服务效能。

（史　娟）

【制定区"十二五"文化发展规划】 在全面调研的基础上,完成"十二五"文化发展规划的编制工作,确定"加大改革、增强基层、文化惠民"的发展理念。在《闸北区"十二五"文化发展规划初步思路研究》的基础上,编制并完善《闸北区"十二五"文化发展规划》,于4月底上报区政府,使该规划成为全面贯彻落实科学发展观、促进文化事业全面协调可持续发展的规划。

（史　娟）

卫　生

【概况】 年内,全区各级各类卫生机构83个,其中各级各类医疗机构41个。各级各类医疗机构中有医院37所(综合医院4所、中医医院2所、专科医院3所、老年护理医院1所),社区卫生服务中心9个,妇幼保健院1所、专科防治院(所)2所。全区医疗机构共有床位4928张,每千人口床位7.12张。共有卫生技术人员5453人,其中执业医师19456人、助理执业医师58人;注册护士2377人、每千人口注册护士3.43人。全区医疗机构诊疗为8509813人次,比上年增长7.96%,门急诊9131519人次,住院手术29889人。全区户籍人口平均期望寿命为82.50岁,其中男性80.62岁,女性84.40岁;全区户籍人口婴儿死亡率3.68‰、户籍人口孕产妇死亡率21.64/10万,常住人口甲、乙类传染病报告发病率207.01/10万。

（张　勤）

【做好世博服务保障工作】 年内,区卫生局成立世博会医疗卫生保障工作领导小组,下设疾病控制、医疗救治、卫生监督、对外宣传、综合协调5个组,明确工作职责。积极应对各类传染病疫情和突发事件,有效控制疫情的流行和蔓延,开展流行病学调查和处理各类疫情及突发卫生事件共65起。加强手足口病防控,制定《加强世博期间学校传染病防控工作方案》,进行学校手足口病等重点传染病防控工作全覆盖的督查。完成甲流疫苗和季节性流感疫苗接种工作。加强辖区内公共卫生安全风险分析,开展二次供水情况监管,确保世博期间生活饮用水安全。制定本区重性精神病人治疗管理方案和收治、出院管理等工作流程,按时完成世博扩建精神病床位的任务。全力做好精神病人管控及滚动排摸工作及精神病人入院收治、社区看护及日间照料,没有发生精神病人肇事肇祸事件,有效保证了区域社会的安定和谐。

（张　勤）

【探索家庭医生制新模式】 根据新医改要求,探索家庭医生责任制,它是以社区卫生服务中心为依托,以居住、工作、学习在闸北的人员为对象,以健康管理为主要工作内容的新型社区卫生服务模式。根据对象的不同,包含三类服务内容,即针对社区居民——建立健康服务家庭责任制;针对学校学生——建立健康服务校园责任制;针对企业员工——建立健康服务园区(楼宇)责任制,努力达到"一居一医"、"一校一医"、"一园区(楼宇)一医"目标。同时,调整现有社区卫生服务中心行政科室设置,设"三部一室",即健康管理部、医疗质量控制部、公共卫生质量控制部及行政综合办公室。各社区卫生服务机构充分利用信息化手段,结合闸北卫生信息整体发展规划,建立信息化管理平台,提升工作效率。年底,全区所有社区卫生服务机构全面实施健康服务责任制,覆盖率100%。

（张　勤）

【拓宽社区全科医生培养渠道】 为培养高素质的全科医师,区卫生局与美国凯斯大学家庭医学系连续举办5届社区卫生与家庭医学国际论坛,2010年主题为"基于社区的家庭医学发展和家庭医师培养"的论坛,聚焦家庭医师培养体系及家庭医师责任制。2009年，该区成为中法全科医师培训试点基地，根据中法两国卫生部长签署的《关于发展卫生领域中法合作意向的声明》要求，基地以全国各地全科医学带头人为主要培训对象，每年进行为期一周的中法全科医师培训，年内，该项培训从上海扩展到全国，受训全科医师服务理念及知识技能得到明显改善，培训取得良好的效果。区中心医院作为上海市全科医师规范化培训基地，招生17名学员，8月，正式培训，进一步拓宽了全科医生培训渠道。 （张 勤）

中法全科医生进行交流 （区卫生局供稿）

【区中心医院举办50周年庆典活动】 4月10日，闸北区中心医院在迎世博倒计时20天之际，举办50周年庆典，特别推出服务世博系列活动，医院邀请长征医院廖万清院士、贾连顺、梅长林等知名教授和该院50名专家为社区居民举行大型医疗咨询活动，解答现场居民的困惑，两小时的咨询为近1000名居民进行医疗服务。区委书记方惠萍，区长周平，长征医院院长郑兴东，政委张安祥，以及中国工程院院士廖万清等领导和专家出席该院庆典仪式。庆典现场，医院表彰为医院建设作出突出贡献的劳模、国务院津贴享受者和获得过全国先进称号的个人。市区领导还为“闸北区慢性病防治合作组织”、上海市全科医师规范化培训基地、上海市非物质文化遗产——石氏伤科进行揭牌和授牌。同时，医院还向50名闸北特困老人发放爱心健康体检卡。

（张 勤）

【卫生部统计信息中心到区调研卫生信息化建设】 9月8日，国家卫生部统计信息中心主任孟群率卫生部卫生信息化专家调研区卫生信息化建设工作。孟群一行参观彭浦镇社区卫生服务中心的“健康教育小屋”，听取该中心关于“健康信息管理平台”的介绍，对中心的信息化建设取得的成绩表示认可。区卫生局局长王光荣作题为“区域卫生信息共享与协同服务模式的思路与实践”的报告，介绍区卫生信息化的起步溯源、卫生信息化的主要特点、卫生信息化取得的初步成效，以及下一步计划创建数字化智能型健康城区等内容。卫生部信息化方面的领导和专家对区卫生信息化取得的成就给予高度肯定，并对下一步的工作提出建议和期望。 （张 勤）

【成立国内首个社区临终关怀科】 9月29日，“城市社区临终关怀发展研讨会暨临汾路街道社区卫生服务中心临终关怀科揭牌仪式”举行，以期通过加大政府投入、建立体制机制、形成规范标准、培养人才队伍等多种措施使社区卫生服务中心能满足临终病人的服务需求，提供温馨、高效、优质的临终关怀服务。中国生命关怀协会理事长李家熙教授、卫生部疾病控制局副巡视员张立、市人民政府参事胡锦华、市卫生局副局长李卫平、区副区长鲍英菁等出席会议。会上，临汾路街道社区卫生服务中心介绍该院15年来开展临终关怀服务的情况，从当初的2张床位逐步拓展到40张床位，从在老年护理病房内设立安宁病床到形成独立的安宁病区，服务功能和理念都得到进一步的拓展。临汾路街道社区卫生服务中心在国内率先成立社区临终关怀科，并提出临终关怀科基本设置标准和管理服务指南（试行稿），规范社区临终关怀机构的准入标准和服务规范。

（张 勤）

【开展卫生系统科级行政领导岗位竞聘】 为加强区属医疗卫生单位领导班子建设，5月中旬至6月底，区卫生局党工委对区内9个社区卫生服务中心25名行政领导和6个空缺行政领导岗位在全区卫生系统开展公开竞聘。区卫生局党工委高度重视竞聘工作，在竞聘的各个环节先后召开6次党工委会议，进行专题研究。同时，成立干部竞聘工作领导小组，先后4次召开会议，分别就竞聘方案、资格审查、考察对象的确定等进行研究，切实贯彻民主集中制原则，在充分酝酿讨论的基础上，达成共识。在选拔过程中坚持3个原则：公开、平等、竞争、择优的原则；德才兼备、以德为先的原则；人尽其才、优化组合的原则。整个竞聘工作规范程序，严密组织，提高选人、用人的公信度。经过资格审查、笔试、面试、述职、考察、公示等程序，任命30名干部，进一步完善干部选拔选用机制。 （张 勤）

【完成世博期间重性精神病人管理】

在长达184天的世博会期间，加强对区世博重性精神病人治疗管理。重性精神病人治疗管理联席会议办公室坚持每周工作例会制度并不断完善

"发现、报告、联动、康复"工作机制。将重性精神病人治疗管理工作分为社区层面和医院层面两大部分,通过街道、镇和各部门的联动,确保重性精神病人"管得住、管得好"。对全区在册5015名精神病人进行滚动风险评估,对高风险重点病人84人进行每日随访落实监管责任,成功阻止和有效处置各类突发事件,全区平均每天出动精防工作人员1800多人,为社区病人送上特殊的关爱。全区紧急扩增应急床位120张,收治精神病人221名,医务人员加班加点不计其数,出色完成世博安保的艰巨任务。 (张 勤)

【推进医药卫生体制改革】 年内,区政府成立区深化医药卫生体制改革领导小组,区卫生局在认真调研基础上,草拟《闸北区卫生事业发展和改革的基本思路》、《闸北区医改工作进展情况报告》、《上海市深化医药卫生体制改革初步方案解读》,为筹备区医改领导小组第一次会议做好充分准备。继续加强指导与服务,努力为长征医院托管区中心医院、亿仁公司托管北站医院营造良好环境。积极与华山医院协商,签订永和分院新一轮合作协议,根据国家新医改精神,调整完善合作方案,探索建立新型的医院治理结构,推动华山医院永和分院健康发展。 (张 勤)

【第二十届健康教育周开幕式在区举办】 由市卫生局、市爱国卫生委员会主办,市健康教育所和区卫生局承办的以"健康迎世博"为主题的第二十届健康教育周活动1月16日在大宁国际商业广场开幕。副市长沈晓明出席开幕式。在开幕式上,举行"上海市健康教育名医专家团"成立和聘任仪式。由市卫生局聘请的胡锦华、杨秉辉、朱明德、丁文祥等64名著名医学和健康教育专家共同组成的"上海市健康教育名医专家演讲团"将深入社区、学校、企事业单位传播健康知识。区长周平鸣枪宣布"迎世博,万辆自行车健康大巡游"发车仪式启动。由各区县健康促进志愿者组成的自行车队,围绕大宁社区巡游一周,并派发健康教育资料500余册。 (张 勤)

【召开区卫生系统"十二五"规划专家征询会】 7月6日,区举行卫生事业发展"十二五"规划专家征询会,区领导许谋赛、鲍英菁和张广仁参加征询会。参加征询会的专家有复旦大学公共卫生学院教授龚幼龙,市卫生发展研究中心主任、复旦大学公共卫生学院教授胡善联,市卫生局疾妇处处长李善国,市第十人民医院副院长陈正启。在征询会上,专家充分发表意见和建议,充分肯定区卫生事业发展"十二五"规划,评价此规划思路清晰,目标明确,措施有力,照此规划执行,5年后,区卫生事业发展水平将达到一个更高的高度。专家纷纷建议要加强区域医疗中心建设,继续发扬闸北原有的中医药进社区、临终关怀、信息化等优势,并寻找新的增长点。区卫生局坚持开门做规划,广泛动员方方面面参与,听取方方面面意见,经过几轮的征询意见和修改,编制完成《闸北区卫生事业发展"十二五"规划》,为下一轮卫生事业发展描绘出蓝图。 (张 勤)

【完成麻疹疫苗接种工作】 为加强麻疹强化免疫工作,完成世界卫生组织"2012年消除麻疹"工作目标,区卫生局9月中旬集中开展麻疹疫苗强化免疫活动。成立以分管区长为主任,卫生、教育、街道等9个部门参与的区接种办。区政府牵头召开公共卫生联席会议,卫生先行,教育配合,街道辅助,公安保驾,财政支撑,部门职责明确,分工合作,稳步推进接种工作顺利开展。卫生系统内部成立麻疹AEFI专家诊断小组,制定按区域分管的医疗抢救分工负责制度,设立预防接种不良事件救治绿色通道。全面培训,全程督导,全程反馈。先后开展相关培训14次,涉及对象529人次。先后派技术骨干分组进行接种点全程督导9次,发现问题及时指出,或以工作动态、简讯下发至各接种单位,同时重点追踪,严查落实,确保整个接种工作自始至终安全、有序、高效、规范进行。多途径、多方式广泛宣传。充分利用报纸、电视、电台、海报、板报、横幅等方式开展宣传,有效提高市民的知晓率;制作宣传画,在学校、楼宇开展强免接种流程、禁忌症和接种后须知的宣传。张贴、发放各类宣传资料93989份,发送手机短信10441条。活动首日,区公共卫生首席专家接受"五星体育健康一百FM94.0"电台连线采访,详细讲解百姓关心的麻疹强免问题。截至10月20日,全区接种56602人次,同意接种率100%。发生AEFI 75人次,其中一般反应47人次,异常反应(皮疹)20人次,偶合反应5人次,心因性反应3人次,均得到妥善处置。 (张 勤)

【卫生部领导视察社区卫生工作】 10月10日,国家卫生部妇幼保健与社区卫生司司长秦怀金、副司长刘利群到区视察社区卫生工作。市卫生局基层卫生处处长刘红炜、副处长杨颖华以及区卫生局局长王光荣、副局长祝友元等陪同视察。秦怀金等一行视察临汾路街道社区卫生服务中心全科医生门诊、"治未病"健康评估自测系统、临终关怀病房以及中医科,参观彭浦镇社区卫生服务中心的健康教育小屋,了解该中心"健康管理平台"和健康服务责任制开展的情况,以及辖区内居民健康档案的动态管理等内容。秦怀金等领导对区社区卫生工作给予高度的评价,并希望进一步探索服务模式,为社区居民提供更优质的服务。 (张 勤)

【第五届社区卫生与家庭医学国际论坛在区召开】 12月3日,以"基于社区的医学教育和家庭医师培养"为主题的第五届社区卫生与家庭医学国际论坛在大宁国际会议中心拉开帷幕。市政协副秘书长张喆人、副区长鲍英菁、区政协副主席张广仁等出席开幕式。来自国内外相关领域的专家学者150余人参加论坛。此次论坛由农工民主党上海市委员会、区卫生局、复旦大学公共卫生学院与美国凯斯大学联合举办。在为期两天的论坛上,来自世界卫生组织、复旦大学公共卫生学院、美国凯斯大学家庭医学系和农工民主党社区医学领域的10名专家教授，围绕“社区的医学教育和家庭医师培养”这一主题进行精彩演讲。区卫生局局长王光荣介绍说：区在社区探索建立“家庭医生责任制”，将来会由责任制医生为社区居民、学生、企业员工等特定人群提供个性化健康服务。为更有效地培养责任制医生，区采取“五三三”多维立体全科医师培养模式，即针对公共卫生、护理、西医、中医、管理五类人员，分准入培训、普及培训和提高培训三个层次，建立临床实践、公共卫生实践和社区实践3个培训基地，以脱产培训和半脱产培训相结合的方式开展培训。经过多年的尝试，区社区人员队伍整体素质得到大幅提升，本科学历人员从2004年的7%上升到21.5%。　（张　勤）

【各省市专家考察区卫生信息化工作】　11月15日，来自全国各省市卫生厅、信息中心领导和卫生信息管理专家在上海参加全国卫生信息化工作会议期间，考察区卫生信息化建设工作。在区域卫生信息管理平台，专家参观区域卫生信息资源共享交换平台和管理决策平台等信息化技术的运用及成果。在彭浦新村街道社区卫生服务中心，专家们考察卫生信息化技术在全科医疗、儿童保健、计划免疫、放射诊疗及居民健康管理的实际运用。卫生信息化专家们对区卫生信息化建设工作给予高度赞誉。区卫生信息化在临床医疗、公共卫生预警、健康档案管理、卫生行政管理等方面发挥着越来越大的作用，并规划“健康云”的进一步探索和发展。彭浦新村街道社区卫生服务中心广泛运用信息化提高为民服务水平，加强卫生管理。在候诊大厅内，可查询到实时门诊挂号人次、各科室就诊预计等候时间、检验结果、医保账户信息、药品价格等内容。在医生工作站内，可查询居民的健康档案、居民在不同医疗机构的诊疗信息。通过“医联工程”，可调阅居民在上海市23家三级医院的诊疗信息。该中心还将努力打造数字健康社区创新中心，创建数字化社区卫生服务站。　（张　勤）

体　育

【概况】　年内，区体育工作依据《中华人民共和国体育法》、《全民健身条例》等法律法规，在区委、区政府的正确领导和市体育局的指导下，以筹办区九运会和备战第十四届市运会为契机，以唱响“全民健身与世博同行”为主旋律，团结一致、群策群力。体育工作为区域经济发展，为和谐社会建设，为上海体育事业的进步作出了一定的贡献。年内，区体育局获国家体育总局“2010年全民健身活动先进单位”称号；获市体育局颁发的“‘十一·五’上海市社区公共运动场建设先进单位”称号，上海市体育馆世博服务先进集体，2010中国上海国际大众体育优秀组织奖，获广州亚运会贡献奖、上海市健身气功交流展示活动优秀组织奖、上海市体育系统世博服务保障工作贡献奖、上海市第十四届运动会体育道德风尚奖、上海市第十四届运动会最快进步奖、2006～2009年度上海市业余训练先进集体。　（钱　骏）

【举办区第九届运动会】　8月7日，区第九届运动会开幕式在闸北体育馆举行。开幕式由副区长、该届区运会执行主任鲍英菁主持，区长周平致开幕辞，市体育局副局长李伟听致贺辞，区委书记、该届区运会名誉主任方惠萍宣布全民健身日暨上海市闸北区第九届运动会开幕。开幕式前，举行2007～2010年度区群众体育先进表彰大会，对四年来区群众体育先进单位、先进居委会、先进楼组、先进家庭、先进体育设施、先进个人、优秀健身团队、优秀社会体育指导员进行表彰。9月27日，区第九届运动会闭幕式在区政府五楼会议室举行。周平和区四套班子分管领导出席闭幕式。闭幕式由鲍英菁主持。闭幕式上，宣布该届区运会各组别团体总分名次；表彰获得体育道德风尚奖的运动队、运动员、裁判员代表以及获得优秀组织奖的代表，并为他们颁发奖牌和奖杯。区委副书记、政法委书记陈永弟致闭幕辞。周平宣布区第九届运动会闭幕。区第九届运动会自4月24日第一个将棋项目开始至9月17日最后一个广播操比赛结束，全部竞赛项目比赛历时147天。比赛设老年组、成年组、学生组和残障组四个组别；33个竞赛项目、209个小项；参加运动会代表团58个、参赛单位99个、运动队663支、参赛运动员6018名；其中女运动员2596人、男运动员3422人。加上各参赛单位的领队、教

全国卫生信息化会议代表参观彭浦新村社区卫生服务中心移动查房系统

（区卫生局供稿）

区举行第九届运动会　（区体育局供稿）

练员、裁判员、工作人员以及参加开、闭幕式的领导、表演团队、互动观众和大会工作人员，共1万余人参与该届区运会。经过半年的角逐，该届区运会共有35个代表团分获各组别团体总分名次；评选出95个运动队、119名运动员、57名裁判员获体育道德风尚奖；15个竞赛委员会获竞赛优秀组织奖、58个代表团获参赛优秀组织奖。　（钱　骏）

【组队参加上海第十四届运动会】 上海市第十四届运动会于10月12日～11月13日举行。区代表团共有472名运动员参加青少年组19个大项、331名运动员参加大众组26个大项的比赛，共获得60.5金、28.25银、39铜的成绩，其中青少年组8项系列赛获19金、10银、7铜，列全市第十名，较上届排名上升三位，并获得组委会颁发的"最快进步奖"、"体育道德风尚奖"。　（钱　骏）

【区运动员在亚运会和国际比赛中获奖】 2010年第十六届亚运会在广州举行，区输送的运动员朱倩蔚获得女子200米自由泳第一名，女子4×100米自由泳接力第一名，女子4×200米自由泳接力第一名；输送的运动员周健超获得国际象棋团体比赛第一名；金迪获得男子飞碟双向团体第三名。区输送的顾超和何晶在"2010年李宁杯全国羽毛球锦标赛"上获得男子团体第二名；孙东韦在2010年"全国体操锦标赛"上获得团体第三名等优异成绩；孙奕慧获得"全国女子沙排联赛"第二名；张翌获得"全国男子排球联赛"第一名。　（钱　骏）

【开展"全民健身与世博同行"比赛活动】 年内，在做好世博各项工作的同时，开展一系列的全民健身活动，充分展示闸北人民参与世博、参与全民健身的风采。1月23日，在彭浦新村街道举行"迎新春、迎世博"全民健身跑活动，区机关干部、区体育局、辖区单位、驻区部队、中小学生以及社区居民等组成的59支队伍近2300人参加长跑活动。5月28日，联合市北工业园区共同举行市北工业园区第四届运动会开幕式，在开幕式上首先进行广播操的比赛，随后进行篮球、足球、乒乓球、羽毛球、趣味运动、拔河、游泳、体质监测等8个项目的比赛。8月8日"全民健身日"，与各街道（镇）共同开展社区体育团队大检阅的表演展示活动，有6支百人团队参与表演，同时，邀请企业的百人团队参加表演，还有街道的特色团队进行展示。世博会开幕前，彭浦新村街道社区体育俱乐部承办上海市社区体育大联赛暨第一届"墨斗娱杯"80分、桥牌比赛，吸引全市45个街道社区体育俱乐部的64支队伍、384名运动员参加。9月12日，举行2010年百城千村健身气功交流展示活动，共有7支团队70多名气功爱好者对国家推广4个健身功法（八段锦、五禽戏、易筋经、六字诀）进行交流展示。10月23～24日，承办首届机关6部门运动会的拔河、女子定点投篮、花式组合跑和飞镖4个项目的比赛，来自区委办、区府办、区委组织部、区委宣传部、区委统战部、区纪委的机关公务员参加比赛。全民健身节期间，区体育局和临汾路街道办事处共同举办上海市社区健身俱乐部乒乓球比赛，共有来自全市32支队伍近300名业余乒乓爱好者参加比赛。此外，区社区体育俱乐部还积极组队参加市局的各类比赛，如长风杯手杖操、殷行杯篮球赛、洋泾杯羽毛球赛等，使社区体育俱乐部成为社区体育、全民健身工作的重要载体。　（钱　骏）

【新建2个公共运动场、3个健身苑点】 年内，新建2个社区公共运动场，3个健身苑（点），更新、整新21个健身点。为确保实事项目落实，区社区公共运动场建设打破常规，创新思路，把公共运动场选址定为马路边、公共绿地旁，为更多社区居民提供健身场所，也使社区公共运动场的利用率最大化。同时，结合市第八次文明指数测评，对全区健身苑（点）的三牌（标识牌、功能牌、须知牌）和健身器材情况及数量进行地毯式检查和核对，对存在隐患的标识牌、功能牌、须知牌以及器材进行维修、整新，对破损的进行更换。　（钱　骏）

【第三次全国国民体质监测闸北测试结束】 9月10日，第三次全国国民体质监测闸北区测试阶段工作结束。该次体质测试根据全国第四次国民体质监测工作的文件精神和上海市国民体质监测工作的具体要求，国民体质测试对象为3～69周岁，具有本市户籍的上海市民，分为幼儿（3～6岁）、成年人（20～59岁）和老年人（60～69岁）三个年龄段。体质测试指标有身体形态、身体机能、身体素质三部分，测试项目有身高、体重、胸围、腰围、皮脂厚度、血压、脉搏、反应时、坐位体前屈、纵跳、仰卧起坐、俯卧撑、台阶测试等27个检测指标，根据测试结果，为测试对象提供科学的健身方法和饮食，也为他们今后有目的的选择适合自己的健身项目和方法提供依据。截至9月10日，全区体质监测人数完成3160人，其中城镇体力1124人，城镇非体力1008人，城镇老年人468人，幼儿560人，远超2880人的指标。（钱　骏）

【夏季游泳场所开放管理安全有序】年内，闸北体育馆开放共接待53730人次，其中乒乓球接待2814人次，羽毛球50916人次；体育馆健身房吸引11112人次；台球房接待3780人次；空手道会馆接待2484人次。年内，共开放16家游泳场所，开放时间为6月26日～9月5日，共开放6588场次，接待游客204904人次，举办小学生培训班502次，计7276人，中学生培训班159次，计1588人，其他培训班65次，计345人，学会游泳8288人，合格率90%。区体育局被评为2010年上海市游泳场所夏季开放服务工作优秀单位。（钱　骏）

【完成闸北体育场拆除工作】为支持全区“南高中繁北产业”的发展格局，区委、区政府在上海世博会开幕前拆除闸北体育场。区体育局接到任务后，党政领导班子高度重视、闸北体育场和闸北区体育开发管理部联合支部积极配合，制定与《大宁路街道体育场拆迁维稳工作方案》相互有机衔接的《闸北体育场拆除期间社会安全稳定工作预案》，成立“闸北体育场拆除期间社会安全稳定领导小组”，及时向区委、区政府报告有关工作进展情况，并向区重大办、市容绿化局、区委宣传部、总值班室、信访办等部门通报有关情况；联合召开闸北体育场拆除工程社会安全稳定协调会。施工单位在3月26日进场，3月28日奥莱公司全部撤离，体育系统驻场单位全部搬出，3月30日，体育场拆除工程正式开工。仅用两个星期就完成搬迁驻场单位、简易办公用房分割装修、固定资产清点、水电煤封管拆除施工、办公室搬迁打包等前期准备工作。4月底，完成闸北体育场拆除工作。（钱　骏）

【做好体育指导员培训配送工作】区现有健身团队412支，各街道（镇）都建有社区社会体育指导站。5月25～27日，开展70名三级升二级社会体育指导员培训，扩大社会体育指导员的队伍，提高社会体育指导员层次和水平，对辅导社区居民科学健身提供坚强的后备力量。全年计培训社会体育指导员150人。以社区体育技能指导基地为抓手，充分利用上海市社会体育指导员协会的资源，结合区的实际，按照年初配送计划，有目的地开展体育配送服务，为机关企事业单位以及社区居民科学锻炼提供更多的便利和实惠，达到互惠互利、资源共享、共同提高的目的，真正发挥社会体育指导员技能指导基地的作用，年内，开展科学健身讲座、海宝排舞、木兰拳（剑、操）、健身气功、太极拳（剑）等项目的配送，共有65次近5000人次参加，得到社区群众的一致好评。（钱　骏）

【体育彩票销售创新高】年内，体育彩票销售指标为“即开型”960万元、“电脑型”5536万元，总量6496万元；1月～12月“即开型”销售1239.72万元，比上年增长46.57%（2009年为662.34万元），电脑型实际销售6331.2019万元，比上年增长28.81%（2009年为4507万元）。年内完成7570.9219万元销售额。（钱　骏）

【组织中韩市民体育友谊赛】6月17～18日，2010中韩市民体育友谊赛在闸北举行。区市民体育爱好者与韩国庆尚南道的市民体育爱好者约60人，分别开展羽毛球和乒乓球两项市民喜爱且参与度高的比赛项目。双方在热情友好的氛围中切磋球艺，更好地促进两地人民大众体育文化的交流与合作，增进两国人民的友谊。市人民对外友好协会常务副会长汪小澍、副区长鲍英菁、韩国庆尚南道生活体育会会长琴大昊、韩国庆尚南道政府上海代表处代表郑源奎等领导出席在新中中学举行的开幕仪式。（钱　骏）

【承办“盈德杯”第三届上海城市将棋国际邀请赛】12月4～5日，闸北区体育总会联合上海市体育总会、上海许建东将棋俱乐部，举办“盈德杯”第三届上海城市将棋国际邀请赛，来自12个国家和地区的37支代表队近200名棋手参与比赛，该次比赛成为2010中国上海国际大众体育节中的亮点赛事之一。（钱　骏）

2010中韩市民体育友谊赛进行羽毛球比赛　（区体育局供稿）

社会生活

编辑　冯梅椿

人口与计划生育

【概况】 区人口计生工作连续5年在市人口计生工作目标管理考核中被评为优秀。区计划生育协会获全国计划生育协会先进单位，共和新路街道锦灏居委获全国计划生育协会乡级先进单位，共和新路锦灏居委会、天目西路街道和泰花园居委会获人口计划生育基层群众自治万村示范点（首批）。全区常住人口89.7万人，出生人口6142人，出生率7.03‰；户籍人口69.2万人，出生人口4775人，出生率6.90‰；户籍人口自然增长率-1.42‰，完成户籍人口控制在70万人以内的“十一五”规划目标。户籍人口和流动人口计划生育率分别为99.6%和86.2%。户籍人口出生性别比为110。流动人口出生性别比为124。人口老龄化程度加快，户籍人口中60岁及以上老年人口比例达23.9%，80岁及以上高龄老人比例为4.7%。落实奖励扶助政策。全年共办理独生子女伤残死亡家庭、特扶家庭、未参保人员年老计划生育一次性奖励对象2397人，发放补助、奖励经费402万元。深化生育关怀行动。投入资金24万元，完成福利彩票专项扶助。扩大帮困送温暖对象和范围，投入资金近98万元，扶助独生子女死亡、伤残、大病、困难家庭3097户。发动独生子女家庭自愿认购独生子女保险661份，推广女性安康保险4296份。募集“幸福工程”资金近21万元。促进流动人口有效管理。开展流动人口高危人群免费孕前优生健康检查，0～3岁婴幼儿家庭科学育儿指导等优生优育服务。通过免费基本项目计生技术服务，环情孕情检查，发放避孕节育药具服务，促进计生服务水平。全区流动人口家庭计划指导覆盖率达85%。深入开展“关爱女孩”行动，与宝山路街道共同组织苹果俱乐部五周年总结、展示活动。推进优生优育工作。做实宣传指导服务网络。结合区婚姻登记处改扩建工程，与区民政局、卫生局共同推进婚登、婚检、计生咨询“一门式”服务工作。临汾路街道、共和新路街道、宝山路街道、彭浦镇建立4个市人口计生系统对外宣传窗口示范点，共接待国内外、兄弟省市代表参观67批次。做强优生优育服务项目。关注高危人群，做好出生缺陷一级预防工作。继续做好为新生儿家庭免费提供科学育儿行为启蒙“四个一”服务。开展科学育儿“四季行动”，推出《0～3岁科学育儿指导记录册》。开展《社区早教对家长科学育儿意识的影响研究》课题研究，完成3个分课题研究报告。做精特色优质服务品牌。总结小海豚成长乐园婴幼儿早期教育工作经验，与彭浦镇共同开展3周年成果展示和研讨活动。区卫生局开展妇幼保健信息化服务，建立全区妇女儿童健康分类管理档案。推进生育关怀行动。在市慈善基金的支持下，区计生协会“幸孕妈咪爱心基地”品牌项目，列入2010年社会慈善公益项目。通过市区项目合作签约方式，共同投入项目经费36万元，加大对爱心基地项目培育力度，全年开展“幸孕妈咪沙龙”主题活动6次，为辖区外来孕产妇提供价值260元的免费“爱心套餐”。闸北区“促进流动人口计生协作能力建设项目”被列入上海市计生协2010年3个市区（县）合作项目一。优化药具工作。推进避孕药具“易得”向“优得”转变。开展避孕药具社会营销进宾馆、进世博人家、进健康小屋活动。推进窗口服务标准化向人性化转变。坚持依法行政。加强依法行政和行政执法力度，办理再生育子女审批332项。完成计划生育行政审批事项清理登记，梳理登记区级行政审批事项11项，街镇行政审批事项13项。实施行政效能大提速，8项行政事务办理时间平均缩短30%。与区法院共同开展非诉类行政执法督促令试点，全年送达督促履行令12份。完成计划生育公共服务目标。落实区政府实事项目，免费为25167名流动人口育龄妇女提供查孕查环服务。全面完成1个区级人口计生指导中心和9个社区综合服务站标准化建设，其中，市级示范单位达到30%以上。建成72个星级人口和家庭计划指导室，建成率30%以上。完成人口文化载体建设的规划目标。确保经费投入。确保稳定的财政投入，区和各街道、镇全年投入人口计生事业经费2520万元，比上年增长19%。其中，用于政策性奖励、补助和服务共计443万元。（张　茜）

【制定区人口计生事业“十二五”发展规划】 5月13日，举办区人口计生事业“十二五”规划大讨论座谈会，华东师范大学社会发展研究院院长丁金宏参加，与会专家与人口计生干部就规划的进一步完善和细化进行讨论。5月24日，由市人口计生委牵头，区召集部分区县人口计生委主任召开“十二五”人口计生事业发展规划大讨论座谈会，市人口计生委副主任赵勇、市人口计生委主任助理周少云率市人口计生委发规处等相关处室和闸北、徐汇、长宁、静安、浦东、松江、崇明等7个区县计生委主任以及宝山路街道、共和新路街道分管领导出席会议。各区县主任围绕市“十二五”规划（初稿）展开讨论，根据各自区县的实际情况提出意见和建议。6月29日，副区长鲍英菁到区人口计生委调研“十二五”规划制定情况，强调人口计生事业“十二五”规划要紧紧抓住人口计生工作特点，突出“三个转变”。规划制定过程中，着重“三个坚持”。7月14日，区人口计生委召开“十二五”闸北人口计生事业发展规划征求意见座谈会，听取区发改委、综治办、人口办、教育局、卫生局、民政局、规划局、团区委、妇联等部门建议。8月12日，市人口计生委副巡视员张梅兴率市人口计生委流管处来区调研“十二五”规划编制工作。闸北区人口计生事业“十二五”发展规划编制工作在全区率先启动并完成，区人口计生工作联席会议审议通过《“十二五”闸北人口计生事业发展规划》。（张 茜）

【完成世博会各项任务】 世博信访工作。为保证世博期间闸北一方平安，确实做好世博期间信访工作，区人口计生委实施“领导包案制、一人一方案”，与相关街道（镇）、居委会做了大量工作，世博期间未发生再次上访事件，得到市里充分肯定。世博接待工作。5月25日，内蒙古自治区人口计生委主任王苏布道一行17人，在副区长鲍英菁等人陪同下参观临汾社区文化中心“海贝亲子乐园”，区委书记方惠萍、市人口计生委主任谢玲丽等参加欢迎宴。5月25日，国家人口宣教中心与北京市丰台区人口计生委一行23人，在区人口计生委副主任茆训文等人陪同下参观“小海豚成长乐园”。6月19日，四川省人口计生委副主任仝来龙一行21人，在人口计生委主任谈惠兰等陪同下参观“小海豚成长乐园”。9月18日，黑龙江省人口计生委李明主任率队，在人口计生委主任谈惠兰等陪同下参观“小海豚成长乐园”。世博期间开展人口计生与世博同行纪念“7·11”世界人口日暨志愿者大型服务活动。提高人口计生服务窗口的服务水平，为广大市民和世博会参观者提供全面、优质的人口计生服务。（张 茜）

【召开《围绝经期妇女避孕节育指导服务》汇报会】 1月14日，区人口计生指导中心召开《围绝经期妇女避孕节育指导服务》课题结题汇报会，会议由区人口计生委调研员邓学军主持，市药具管理中心领导以及区市北医院妇科主任杨华等专家出席会议。指导中心负责人介绍课题研究背景和《闸北区围绝经期妇女避孕节育指导服务》课题报告。与会领导和专家对课题成果给予高度评价，并希望闸北区能通过对围绝经期妇女的避孕节育知识宣传、指导、医疗等服务，保障围绝经期妇女身心健康，深化人口计生公共服务内涵。（张 茜）

【市计生委领导到区慰问社工困难家庭】 1月15日，市计生委主任谢玲丽一行3人在区人大副主任鲍英菁、区计生委主任谈惠兰、天目西路街道办事处主任姜伟成等陪同下，到天目西路街道普善居民区人口计生社工唐晓波家中进行帮困慰问。谢玲丽详细了解唐晓波家庭的生活状况和目前工作情况，对奋战在第一线的人口计生社工付出的辛勤努力表示慰问和感谢，强调人口计生工作是天下第一难，基层工作非常重要，鼓励基层人口计生干部在今后工作中发挥更大的作用。市人口计生委党委办公室主任傅成文、市计生协会秘书长段锦宏等参加慰问。（张 茜）

【区领导调研人口和计生工作】 3月4日，副区长鲍英菁、区政府办公室副主任曾纪忠到区人口计生委调研。区人口计生委主任谈惠兰汇报2009年区人口计生工作情况和2010年人口计生工作思路，鲍英菁充分肯定区人口计生委取得的工作成绩，强调：要充分认识人口计生工作在区域发展中的地位和作用，认真谋划“十二五”人口计生事业发展规划；要结合实际，在制度、服务和管理上不断创新、提高；要抓住重点，深化品牌，保持人口计生良好的发展势头。对现有品牌项目要不断总结、评估、深化、保

市计生委主任谢玲丽（左二）到区慰问计生社工困难家庭

（区计生委供稿）

中国计生协秘书长李艳秋(右二)到区考察“小海豚成长乐园”

(区计生委供稿)

持品牌的持续生命力。要加强基层计生队伍建设,配齐配强人口计生干部,确保各项人口计生工作做好、做实、做强。11月16日,副区长鲍英菁到区人口计生委就2010年工作情况和2011年工作思路进行调研。区人口计生委主任谈惠兰回顾总结“十一五”期末区人口计生工作主要指标完成情况,以及2010年重点工作、特色工作,简要分析全市和闸北区人口形势和面临问题,提出2011年发展思路、9项主要工作和4项保障措施。鲍英菁充分肯定2010年区人口计生工作,并提出“三个坚持”,对人口发展课题的调研、人口计生干部队伍建设和深化特色工作等方面提出具体的指导意见。 (张　茜)

【召开区人口和计生工作会议】 3月29日,召开区人口和计划生育工作会议。会议总结2009年工作,部署2010年工作。区民政局、宝山路街道、共和新路街道延新居委在会上作交流发言。市人口计生委副主任孙常敏讲话:巩固深化学习实践科学发展观活动成果,促进人口计生工作科学发展;积极推进人口计生事业规划和人口问题研究,为领导科学决策提供服务;有序推进人口计生综合改革,不断创新统筹解决人口问题的工作思路、工作机制和工作方法;始终关注民生,让改革发展成果让群众共享。副区长鲍英菁强调:认真谋划“十二五”人口计生事业发展规划;全面推进优生促进工程;加强流动人口计划生育管理服务;深化人口计划生育服务品牌。努力开创统筹解决闸北人口问题新局面,为全面建设和谐新闸北的战略目标作出贡献。 (张　茜)

【举办区人口计生系统培训班】 4月27~28日,区人口计生委举办为期两天的人口计生系统业务培训班。培训班围绕世博相关工作,结合年内区人口计生重点、难点,分别就执行人口计生政策法规、药具管理、信息报送、宣教和协会在世博期间和前后开展工作,作系统介绍。培训班还特邀市人口计生委相关处室、市计生协会、市药具管理中心领导亲临现场授课指导。全区各街道(镇)、居(村)委人口计生干部、社工及窗口工作人员等250余人参加培训班。 (张　茜)

【举办纪念世界人口日暨志愿者大型服务活动】 7月9日,区人口计生委、区计划生育协会以纪念“7·11”世界人口日为契机,在彭浦镇社区文化中心举办“人口计生与世博同行——闸北区纪念‘7.11’世界人口日暨志愿者大型服务活动”。区人口计生委主任谈惠兰致辞。市人口计生委、计生协有关领导为“迎世博人口计生对外宣传窗口示范点”授牌,并向为落实国策作出贡献的计生家庭代表赠送世博会门票和社区文化中心会员卡。计生志愿者代表宣读倡议书。市人口计生委副主任孙常敏指出,自20世纪70年代实行计划生育以来,全国少生4亿人,实现人口再生产类型的历史性转变,有效地缓解人口对资源、环境的压力,有力地促进经济的发展、社会的进步和人民生活的改善。仪式结束后,市、区领导慰问计生特殊家庭。活动现场还请来内外科、妇科、儿科、心理、计生政策法规等方面的专家作现场咨询,同时社区文艺团体还为与会人员献上一台精彩的以弘扬科学、健康的人口文化为主题的文艺演出。 (张　茜)

【召开人口和计生工作联席会议】 8月5日,召开区人口和计划生育工作联席会议,会议介绍区人口计生事业“十二五”规划,通报上半年人口计生工作情况,部署下半年工作,副区长鲍英菁作讲话。34个联席会议成员单位分管领导、区人口计生委科级以上干部40余人参加会议。会上,区人口计生委副主任王立南介绍区人口计生事业“十二五”规划研讨、起草工作情况。区人口计生委主任谈惠兰传达市、区会议有关精神,回顾总结区上半年人口计生工作,并部署下半年工作。鲍英菁对规划起草工作和会议给予高度评价并提出:认请形势,切实增强做好人口计生工作的责任感与紧迫感。振奋精神,认真落实统筹解决人口问题的各项任务。深入研讨,高质量完成“十二五”规划编制工作。 (张　茜)

【国家计生协领导到区视察计生工作】 7月27日,国家计生协会秘书长李艳秋到区视察。在实地考察彭浦镇“小海豚成长乐园”和宝山路街道青苹果俱乐部并听取工作汇报后,李艳秋肯定“小海豚成长乐园”、青苹果俱乐部在提高出生人口素质,为计生困难家庭提供关怀关爱方面所作的探索和努力,同时寄希望于区社区生育关怀等各项工作,以人为本,围绕区域发展和计生群众的需求,进一步探索创新,优化服务,让人口计生

民生实事惠及更多家庭。　（张　茜）

【区长周平到彭浦镇视察婴幼儿早教工作】　8月19日，区长周平到彭浦镇小海豚成长乐园视察社区0～3岁婴幼儿早教工作，区人口计生委主任谈惠兰、彭浦镇镇长龚勇等陪同视察。在听取区人口计生委主任谈惠兰对小海豚成长乐园的活动开展情况、活动成果以及发展设想的汇报后，周平对“小海豚”的前期规划、运作模式和发展设想等工作予以肯定，并希望在今后的发展中，进一步优化早教工作，将社区育儿服务惠及更多家庭，不断形成自己的品牌，使社区0～3岁婴幼儿身心得到全面发展。

（张　茜）

【泰国民主党代表团参观临汾海贝亲子乐园】　7月21日，由泰国民主党秘书长、政府第一副总理素贴·特素班任团长的泰国民主党代表团在区委常委、组织部部长方莉萍陪同下到临汾社区参观访问。临汾社区（街道）党政领导陪同接待。泰国客人参观海贝亲子乐园，特素班副总理与小宝宝一起合影留念。热闹非凡的活动内容给泰国客人留下深刻印象。世博会期间，临汾海贝亲子乐园接待海内外嘉宾56批次。　（张　茜）

【举办区计生系统知识竞赛】　8月17日，区人口计生委以“基本理论、基本知识、基本技能”为内容的“三基”岗位练兵知识竞赛在市人口与发展研究中心一楼多功能厅举行。区指导中心和各街镇的人口计生干部经过选拔后，组成10支参赛队30名选手参加比赛，经过激烈角逐，彭浦镇代表队获得一等奖，宝山路街道和区指导中心代表队获得二等奖，芷江西路街道、共和新路街道和彭浦新村街道获得三等奖。　（张　茜）

【开展人口与计生工作系列宣传活动】　值中共中央发布《关于控制我国人口增长致全体共产党员、共青团员的公开信》发表30周年之际，区人口计生委组织开展主题系列宣传活动：举办“共同的责任——闸北区纪念9.25《公开信》发表30周年暨上海青苹果俱乐部5周年、小海豚成长乐园3周年成果展示汇演”，市计生协会长左焕琛、区委书记方惠萍、区长周平出席活动并作讲话，总结30年来闸北人口计生工作成绩，展示区人口计生项目品牌。市人口计生委副主任赵勇，市计划生育协会副会长、市慈善基金会副理事长周剑萍，市计生协会副会长刘永良，区领导江天熙、鲍英菁、张广仁等出席活动；以区委、区政府的名义发表《致为计划生育作出贡献的全区市民的感谢信》，感谢广大市民对计划生育的理解和支持，感谢广大人口计生干部和志愿者在人口计生岗位上辛勤耕耘；举办人口计生战线上的老领导、老同志座谈会。邀请人口计生战线上的老领导、老同志参观项目点，召开座谈会，共叙人口计生事业的光辉历程，畅谈人口计生发展的美好未来。举办《环境及行为因素与优生优育》知识讲座，普及并提高社区居民优生优育的理念与科学知识；开展走访慰问送温暖活动。结合“生育关怀行动”，走访慰问独生子女困难家庭885户，发放慰问金、慰问品达28.35万元，使计划生育家庭和基层干部感受到党和政府的温暖。　（张　茜）

【联合举办“男性健康日”社区专题讲座暨服务活动】　10月26日，区人口计生委、彭浦新村街道计生办邀请上海市国际妇婴保健医院男性科主任朱惠斌作“男性自我保健”专题讲座，近300名男性居民参加讲座。朱惠斌用通俗易懂的语言，通过多媒体形式，生动形象地向居民讲述男性更年期、前列腺、不育症等男性疾病的系列防治方法，讲座达到预期的效果。区计生委、街道分管领导参加讲座。市北医院泌尿科主任李志华、妇产科主任杨华在会场内免费为社区居民进行专家咨询。　（张　茜）

【召开青苹果俱乐部5年发展规划专家研讨会】　12月13日，区人口计生委、宝山路街道办事处举办青苹果俱乐部5年发展规划专家研讨会，市人口计生委副主任孙常敏，知名社会学者顾骏等8名人口学、社会学、心理学、教育学专家、医生、记者受聘成立青苹果俱乐部专家组。区人口计生委主任谈惠兰、宝山路街道办事处主任赵勇分别介绍俱乐部前5年发展情况和2011～2015年发展规划。专家畅所欲言，就如何体现“人文、创新、奉献”主流价值的发展主线，提出许多宝贵建议。副区长鲍英菁与会并指出：青苹果俱乐部应站在新起点上，充分研究确立适应新形势发展的机制，按照“区街共建、关怀为本、活动为主、自愿服务”的运作方式，进一步“突出重点、作出亮点”，力争用5年时间，创建成为城市“关爱女孩”最佳实践区。　（张　茜）

【共和新路街道通过“市级社区优生优育指导服务示范单位”成果验收】　12月3日，共和新路街道创建市级社区优生优育指导服务示范单位接受市、区领导、专家的验收评估。市人口计生委孙常敏副主任亲自带队，由相关处室领导、专家组成的评审团，在区人口计生委茆训文副主任的陪同下对共和新路街道创建“市级社区优生优育指导服务示范单位”进行创建成果验收。自2010年4月起，共和新路街道人口和计划生育办公室根据市、区人口和计划生育委员会工作要求，联手闸北区哈贝早教指导中心，共同创建“上海市社区优生优育指导服务示范单位”。年内，共和新路街道已通过验收并被正式命名为“上海市社区优生优育指导服务示范单位”。　（张　茜）

民　政

【概况】　年内，区民政工作坚持“一口上下”，不断完善“保基本、广覆盖、多层次”的社会救助帮困体系，提高困难群众的基本生活保障水平。年内，区城镇居民最低生活保障对象24866人，粮油帮困对象7757人，实物帮困对象12人。区用于社会救助的资金支出中，城镇居民最低生活保障金8260.9万元，落政救助50.38万元，粮油帮困418.02万元，实物帮困

7500 元，临时救助 795.74 万元；筹建惠丰宜家敬老院，新增养老床位 420 张，全区有养老机构 27 家，养老床位 3288 张，各类养老机构入住老人 2188 人。新建社区老年人助餐服务点 5 家，新建星光老年活动室 10 家，新增居家养老服务对象 1631 人，计服务老人 14099 人。福利彩票总销售额 1.12 亿元，其中电脑彩票 1.03 亿元，即开型彩票 918 万元，积累福利金 519.3 万元。至年底，区民政局被评为上海市学习型机关创建工作先进单位。（汤卫俊）

【开展社区市民综合帮扶工作】 年内，首次组织“慈善联合捐”活动，筹集善款 1100 余万元，捐款数额为历年之最。慈善帮困 1.34 万人次，479.63 万元。区心惠家园服务中心被评为全市区县级社区市民综合帮扶组织规范化建设首批达标单位。实施综合帮扶 5538 人次，使用帮扶资金 315.13 万元，其中个案帮扶 918 人次，金额 208.15 万元；项目帮扶 4620 人次，金额 106.98 万元。（张进轩）

【对口支援灾区工作】 春节前，投入 25 万元对四川省都江堰市大观镇 1500 户受灾困难家庭进行实物帮困。4 月，由区慈善基金会出资 144 万元在大观镇援建“闸北茶道”。4 月 18 日，在大观镇桃源村举行“守望相助”活动签约仪式，明确工作交流、业务培训、社工服务、募捐物资等援助内容。10 月，分两批组织接待大观镇村支部书记、村长 31 人开展社工专业培训，与临汾路街道场中路 1011 弄居委会、浦东新区六灶镇其成村开展社区交流。11 月，区各街道（镇）民政干部赴大观镇开展结对共建活动，参观闸北援建的大观镇迅达幼儿园，并慰问都江堰市青城山仙山寿星颐养院老人。继续深化“送温暖、献爱心”社会捐助活动，为四川、云南等灾区募集过冬衣被 20.6 万件，募集捐款 7 万多元。（张进轩 张 宇）

【加强救助管理工作】 成立区世博会流浪乞讨救助管理工作领导小组，制定实施《闸北区世博会专项救助方案》和《闸北区世博会流浪乞讨救助管理应急预案》，按照条块结合、以块为主的原则，深化“加强流浪乞讨救助管理、净化社会环境”联席会议制度，全天候 24 小时开展公安、城管、民政和各街道、镇叠加式“三合一”巡查救助，对难点区域组织力量开展专项救助行动。全年救助城市生活无着流浪乞讨人员 3260 人次，其中未成年人 531 人次、18～59 岁 2408 人次、60 岁以上老年人 321 人次。救助残疾人 142 人次、精神病和痴呆患者 29 人次（其中联系家属领回 8 人、送回原籍 18 人，留院继续治疗 3 人）、送医院医疗救治救助 36 人次。移送弃婴、弃儿 51 人次。（盛德亮）

2010 年春节，区赴对口援建灾区大观镇开展帮困送温暖活动
（区民政局供稿）

【规范养老机构管理】 年内，出台《关于进一步促进闸北区养老机构发展的政策扶持办法》，从 4 月 1 日起，根据综合评估结果，以补服务、补老人、补硬件形式对区内养老机构和社区老年人日间服务中心给予资金补贴。开展“两规范一标准”（《老年人建筑设计规范》、《老年人社会福利机构基本规范》和《养老护理员国家职业标准》）检查，对全区养老机构的设施设备、服务管理、队伍建设等方面进行检查，编制《闸北区养老机构基本信息统计表》，形成总结分析报告。对全区养老机构开展世博知识、从业人员职业道德和操作技能培训，参加培训约 600 人次。（张进轩）

【完成世博会赠票赠卡工作】 年内，制定实施《闸北区关于上海世博会期间向市民赠票赠卡方案》，邀请试点区县民政局开展培训，统一制作工作证、海宝章等相关材料，妥善接待处理信访矛盾和政策咨询 40 余件。全区实际发放世博会赠票赠卡 264115 份。（张 宇）

【加强居委会建设】 年内，对全区居民区基层队伍建设情况进行调研，调查分析居民区基层队伍的人员现状、福利待遇、居委会工作经费和办公用房情况等。以“社区剧场”的形式完善居委会培训基地、实践基地、研究基地建设，开展培训课程实务研发。“社区剧场”被列入 2010 年全市居委会主任培训课程，举办培训 17 场次，培训居委会主任 3700 人次。临汾路街道场中路 1011 弄居委会被市民政局确认为首批“迎世博居委会自治家园”观摩点，共接待来自法国和四川、云南、新疆、广西、浙江等国内外 17 批 600 余人次参观考察。（张 宇）

【推进社区公益服务项目化工作】 年内，全区共中标实施 12 个公益招投项目、4 个创投项目。其中，为老服务项目 5 个，为 3.6 万余名老年人提供心理慰藉、精神文化、活动交流、健康

干预、空巢老人的生活照料等服务；助残项目3个，为1100名智障、盲人低视力、肢残人群提供定向行走、技能、康复、融入社区等各类服务；救济困难项目3个，为530名各类困难人员及其困难家庭学生提供助学、能力拓展、帮困等服务；其他项目5个，为社区890人次居民提供邻里互助、帮教、青少年服务等。项目招聘社工23人，调动志愿者3920人，服务社区居民97.7万人次。《中国社会报》、《文汇报》、《上海社会建设工作简报》分别以“社区项目化运作：多元化管理新探索”、“在‘三个基地’中找到‘金钥匙’——看闸北区居委会的研究、培训、实践基地建设成效”、“政府购买服务的新探索——闸北区社会公益服务项目化运作的实践与思考”为题进行专题宣传报道。（张 宇）

举办“心惠家园”大学生与阳光学员互动活动 （区民政局供稿）

【服务世博安保部队】 年内，召开驻区部队政治部领导沟通会，集中了解世博会期间部队困难和需求。区双拥成员单位、各街道（镇）和社会各界走进共建部队、世博园区、驻沪世博安保部队开展形式多样的走访慰问活动，赠送慰问金、慰问品共计1120余万元。彭浦新村街道、临汾路街道、彭浦镇与武警上海政治学院建立2个警民联系点。向全区889名重点优抚对象发放价值14.2万元的世博门票，发放8.9万元的交通费餐费补贴。天目西路街道和大宁路街道与承担世博会礼乐演奏任务的中国人民解放军军乐团，举办“同系世博情缘，高奏共建心曲”——中国人民解放军军乐团与天目西社区、大宁社区共建签约仪式，资助7万元就餐补贴，组织官兵游览苏州园林、环球金融中心，参观中共一大会址等。举办“同系世博情缘，共创和谐平安”——闸北区庆祝中国人民解放军建军83周年音乐会。（朱 慧）

【加强军地融合共建】 深化武警上海政治学院党委与临汾社区（街道）党工委党建工作共建共创活动，召开两周年座谈会，“中国军网”对座谈会进行网上直播，中央人民广播电台、《解放军报》分别将共建经验以内参形式报中央军委、中央办公厅、民政部。成立区“军徽映夕阳”军民共建助老专项活动协调办公室，召开“军徽映夕阳”军民共建助老活动动员部署会暨助老帮困物品发放仪式，6家部队分别与2个养老机构和4家街道老年协会进行结对签约。驻区部队和民兵预备役代表为社区老人发放帮困物品。敬老节前夕，组织驻区武警上海政治学院和61486部队官兵参加“流金晚霞”——庆祝第二十三个敬老日表彰大会的演出活动；邀请专家创作《忠诚的融合》主题歌曲，组织社区居民、学生和驻区部队学习传唱；会同铁路上海站管委办等火车站地区驻站单位研究制定《火车站地区拥军优属实施细则》。举办区2010年迎新春军政联谊会；组织区委常委与上海警备区常委举行迎新春联谊活动；组织区四套班子领导多次赴驻区部队开展军地互动联谊活动和军营一日活动。（朱 慧）

【落实双退安置工作】 年内，共接收安置2009年冬季退役士兵207人，安置率100%、自谋职业率76.2%。对全区124家企业下达安置指标，并送达《上海市退役士兵安置暂行办法》。组织召开退役士兵欢迎和政策宣讲会、退役士兵和企业单位座谈会、双向选择预备会和双向选择招聘洽谈会。做好退役士兵档案移交工作，发放自谋职业费496.4万元、退役士兵奖励费41.1万元。为202名退役士兵发放待安置期间生活费35.89万元。做好自谋职业退役士兵社会保障金申报工作，为158名自谋职业人员办理两年社会保险。全年接收安置军休干部103人（其中师职干部3人）。为118名异地和无军籍退休职工发放春节一次性生活补助费，调整养老金；完成军休老干部、异地和无军籍退休退职职工医疗信息核对工作。（朱 慧）

【开展关爱功臣活动】 结合中国人民解放军建军83周年，在全社会开展“关爱功臣活动”，组织50名优抚对象赴黄山和上海双拥大厦疗休养；组织104名烈属到龙华烈士陵园祭扫英烈；为495名享受国家抚恤补助的优抚对象发放春节一次性生活补助19.31万元；为319名生活困难、年老体弱的重点优抚对象发放困难补助金16万元；为5名“三属”子女办理就学补助金4.7万元；为520名享受定期抚恤和定期定量补助的优抚对象发放世博会期间一次性生活补助金20.68万元。（朱 慧）

【规范社会组织管理】 年内，全区经核准登记注册的社会组织401家，社会团体125家，其中学术性社团31

家，专业性社团77家，联合性社团17家。社团成立3家，变更15家，注销2家，筹备3家。完成社会组织年检工作，合格率88.1%。继续优化社会组织枢纽式管理新平台，推进社区民间组织服务中心的规范化建设，加强工作指导、培训和服务。结合世博会期间安全稳定的工作要求，调整社会组织预警网络建设领导小组及信息员队伍，区三级预警网络工作被市民政局评为2009～2010年度预警网络建设一等奖。按时完成区所属的13家企业协会"政社分开"工作。成立区社会团体治理"小金库"工作领导小组，全面启动开展社会团体"小金库"专项治理。启动区"两新"组织党组织和党员创先争优活动。　（许家永）

【做好婚姻收养登记管理工作】　以世博会为契机，认真落实"以人为本、依法登记、热情服务"的理念，坚持依法行政，规范婚姻登记与服务质量。全年办理结婚登记6360对，10月10日单日办理结婚登记437对；办理结婚补证1131份；出具无婚姻登记记录证明3368份；办理离婚登记2427对；办理离婚补证68份；接待来电来访咨询服务2万多人次。办理收养登记8例；解除收养登记2例；撤销收养登记1例；补领收养登记1例；收养咨询接待服务近400人次。　（应晓晨）

老龄工作

【概况】　年内，区老龄工作协调各方，落实涉老实事；以办理人大一号议案为契机，落实两项惠老新政策；对委员单位及街道、镇老龄工作进行评估；开展释疑解惑的维权服务；以节庆为重点，开展敬老爱老宣传活动，在全区开展敬老爱老助老评选表彰工作；以独居老人为重点，开展关爱工作；围绕"六个老有"，开展为老服务。2010年末，闸北区人口总计69.21万人，其中，60岁及以上的16.51万人，占闸北区总人口的23.9%；65岁及以上的11.26万人，占闸北区总人口的16.3%；80岁及以上的3.27万人，占闸北区60岁以上老年人口的19.8%。百岁老人38人，其中，男性4人，女性34人。每10万人中有百岁老人5.5人，占全市百岁老人的3.8%。年末，闸北区的"纯老家庭"共2.72万人，其中，80岁及以上"纯老家庭"共1.117万人；独居老人共0.85万人。　（顾丹红）

【办好为老人服务实事】　年内，新增420张养老床位。新建2个社区公共运动场，3个健身点，更新21个社区健身苑点器材。新建10家标准化老年活动室。设立5个老年人助餐服务点。新增1409名居家养老服务对象，继续为13889名老人提供居家养老服务。为1000名困难老人提供500元一年的慈善医疗卡。向491名95岁以上老人免费提供1000元一年的医疗关爱卡。向2000名高龄纳保困难老人赠送米和油；向1000名生活困难老人送冬令补品；向1000名独居困难老人赠送夏季清凉防暑食品；向新进入百岁的25名老人赠轮椅车。开展"冬季为老助浴"工作，落实老年人10800人次免费沐浴；为4364名80岁以上卧床不起、经济困难、有需求的老人上门免费理发。组织585名独居困难老人和700名老年优抚对象参观世博；向1600户患慢性病困难老人赠送健康理疗产品；为500名80岁以上独居老人清理小药箱并赠送常用药。为宝山路、共和新路街道139户80岁以上高龄独居行动不便老人家庭安装方便扶手；为7400名特困老人购买"银发无忧"意外伤害综合保险；向38名高龄纳保身患癌症的独居老人发放急难帮困经费1.9万元；组织40名老年人参与市老年基金会的"白内障"复明工程。　（顾丹红）

【开展助老帮困"五送"活动】　元旦、春节期间，开展助老帮困"五送"活动，开展送温暖活动：元旦、春节期间对百岁、高龄、独居、特困、孤老、一老养一老、重病大病及老劳模、老专家、特殊贡献的老年人进行走访慰问；对发生临时生活困难的老年人提供急难帮困救济；通过各街道（镇）、委员单位以聚餐、送餐、送元宵等形式为孤老、纯老家庭、独居困难老人1万名送年夜饭或元宵；向1000名高龄纳保困难老人赠送米和油；向1000名生活困难老人送冬令补品；向新进入百岁的25名老人赠轮椅车；向长期活跃在公园内并经社团登记备案的老年文艺团队赠送8台音响设备。送清洁活动：组织13家沐浴单位向10800人次的困难老人提供免费沐浴；倡导独居老人巡视报告员、志愿者、辖区部队官兵在元旦、春节期间为结对老人家庭以及独居老人家庭进行年前的清扫或清洗工作，让老人干干净净过新年。送健康活动：为发挥部队资源优势，在社区开展老年健康知识讲座，为

开展助老帮困"五送"活动，上门为老人免费理发　（区老龄委供稿）

老人送上健康保健常识;向近千位老年人赠送关于老年常见病预防的书籍和光盘;协调卫生部门对高龄、困难老人和离休干部做好免费上门医疗服务,开展医疗咨询;对残疾、独居、95岁以上老人等开展送医送药上门及健康关爱活动。送问候活动:向全区老年人送一封慰问信,表达节日问候,提示亲情关怀;向100名困难老人赠送一年《上海老年报》和《金色年代》杂志;发挥各类老年文艺团队作用,向社区居民、养老机构送戏、送节目;倡导各委员单位以送书、送电影、送对联等多种形式向老年人送上关爱。困难送安全活动:元旦、春节期间,协同上海燃气市北销售有限公司闸北办事处做好高龄、独居、纯老人家庭燃气设备安全检查工作,宣传安全知识;同时协调各街道(镇)对老人家庭的水电、家用电器等设施进行检查,消除隐患。

(顾丹红)

【做好高龄老人服务工作】 结合一号议案办理的契机,结合区实际,经区政府常务会议讨论同意,从2011年3月起,提高闸北区90~99岁高龄老人养老待遇:为90~99岁老人每人每天提供一瓶牛奶,95~99岁老人营养费由原来的50元/月提高到100元/月。增加独居老人巡视报告员人数和补贴:巡视报告员由原来36名增加到50名,补贴由原来的800元/月增加到1000元/月。提高高龄老人的养老服务水平,逐步将惠老政策由救助型向普惠型发展。 (顾丹红)

【举办闸北老人庆元宵节活动】 元宵节,区老龄办、市老年基金会闸北区分会在雍丰饭店举办闸北老人庆元宵活动,以聚餐、分送到家的方式让区万名困难独居老人共同欢度元宵佳节。区民政局领导与百位老人代表吃元宵、话元宵、庆元宵,并在区老年艺术团的精彩表演中共度元宵佳节。区老龄办、老年基金会闸北区分会还向千名困难老人分送元宵。各街道镇作为分会场,也以聚餐、茶话会、猜灯迷、送汤圆、品汤圆等方式庆元宵节。 (顾丹红)

举办老年人庆元宵猜谜活动 (区老龄委供稿)

【开展"敬老日"暨首次"敬老月"活动】 敬老节期间,闸北区举行各种形式的活动,庆祝第二十三个"敬老日"暨首次"敬老月"。10月12日,区老龄办在上海铁路文化宫影剧院举行了"流金晚霞"——庆祝第二十三个敬老日表彰大会暨文艺演出。区委书记方惠萍,区委副书记、区长周平,市民政局副局长、老龄办副主任高菊兰,区委常委、副区长许谋赛,区委常委、组织部部长方莉萍,区人大副主任金宝根,区政协副主席卢志强和市老年基金会、区老龄委委员单位领导及各街道镇领导出席。会上,方惠萍代表区委、区政府向全区15万老年人致以敬老日诚挚的问候,并号召全区共同营造"时时想想老年人、事事关心老年人"的良好氛围。会上还通报区上海市老龄工作先进集体、上海市老龄工作先进个人、上海市敬老模范单位、上海市孝亲敬老之星提名奖、上海市孝亲敬老之星获奖名单。表彰区老龄工作先进单位、区老龄工作先进个人、区孝亲敬老之星。各委员单位、街道(镇)相继开展各类活动庆祝敬老节。 (顾丹红)

【开展敬老助老评比表彰活动】 年内,根据市老龄办下发的《关于开展上海市第四届敬老爱老助老主题教育活动评选表彰工作的通知》(沪老龄办发〔2010〕16号),经各街道镇的推荐与评选,戚光海、虞瑞娟、孙松林、梁苏琴、王臻、吴根娣、米光华、钱月明、凌长泽9人被评为"上海市孝亲敬老之星";区教育局、卫生局、司法局、大润发有限公司被评为"上海市敬老模范单位"。天目西路街道办事处等21家单位被评为"闸北区老龄工作先进单位"、孔繁昌等11人被评为为"闸北区老龄工作先进个人"、吴惠娥等18人被评为"闸北区孝亲敬老之星"。 (顾丹红)

【举办"百万老人刷卡无障碍计划"社区培训】 由市科技协会、市老龄工作委员会办公室等10个单位主办,市老龄事业发展中心、市老年学学会等8个单位承办的"百万老人刷卡无障碍计划"社区培训工作在区推广,对区1万名领取养老金的老年人进行培训。3~6月间,采取集中培训和分散培训方式举行,培训内容包括便捷领取养老金小贴示、使用自动取款机(ATM机)的优点、ATM机自动取款操作步骤、如何识别第五套人民币的真假及金融小知识(防金融诈骗)等。

(顾丹红)

【区领导走访慰问百岁老人】 10月15日,区委常委、副区长许谋赛慰问天目西路街道的百岁老人田玉英,走访彭浦新村第二老年公寓。许谋赛在田玉英家中,详细询问老人的生活起居情况,并赠送鲜花和慰问金。在彭浦新村第二老年公寓,许谋赛代表区委、

区政府向院内老人致以节日的祝福，并送上慰问金和重阳糕。（顾丹红）

【做好关爱独居老人工作】 年内，区聘请的36位独居老人巡视报告员对1148位重点的老人进行巡视，通过问候和走访，了解老人安危、需求，帮助排忧解难。同时依靠社区志愿者以"一帮一结对"、"邻里包护"、"老年协会会员牵手"等形式落实13442位独居老人结对关爱。（顾丹红）

【维护老年人合法权益】 举行大型法律咨询服务，为老人释疑解惑，4.5万多老年人受益。认真接待调处涉老纠纷，全年接待受理来信、电、访共计2609起，其中涉及老年人赡养权1359起，居住权689起，财产权221起，婚姻权75起，人身权79起，其他186起。（顾丹红）

残疾人工作

【概况】 年内，区残联始终坚持服从和服务于全区"1+5"重点工作，以本市全国残疾人工作示范城市的创建为助推器，以残疾人"两个体系"（社会保障和服务体系）的建设为助力器，振奋精神，扎实工作，全面完成年初确定的残疾人康复、教育、就业、社会保障、无障碍建设等各项任务，达到"三个稳定"（稳残疾人收入、稳残疾人岗位、稳残疾人队伍），确保残疾人基本生活水平不下降的预期目标，为残疾人事业发展"十一五"目标任务的顺利完成夯实基础。（林　玲）

【建成9所"阳光心园"】 年内，面对街道（镇）资源紧张、筹建难度大等难题，区残联整合资源、自我加压，经过努力，建成9所"阳光心园"。有病情处于稳定状态的注册学员83人，接受包括日间照料、心理疏导、娱乐康复、社会适应能力训练等内容的康复服务。"阳光心园"配备专职管理和服务人员各9人；兼职精防医生18人。世博会期间，区精防医生每月两次，社区精防医生每天一次对该街镇学员情况进行巡视。"阳光心园"成为世博会期间闸北区精神病人控管的有效平台。（林　玲）

【创建工作】 2010年作为创建全国残疾人工作示范城市的决战年，各牵头单位、相关责任单位和各街道（镇）切实承担起工作职责，依照市残工委达标预审会上提出的整改要求，坚持标准，认真整改。经过努力，2月1日通过市残工委的正式评审。3月27日，作为上海市区县代表，接受中残联的检查验收，完成区创建全国残疾人工作示范城市任务。（林　玲）

【开展残疾人康复服务与救助】 年内，与1621名有需求的残疾人签约，提供"送康复服务上门"服务。完成白内障复明手术3340例，为52名智力残疾、孤独症、听力残疾儿童提供机构训练，为268名重残无业人员提供机构养护服务，为620名重残人员提供居家养护服务；组织2423名残疾人参加市、区健康体检，对175名儿童实施"0～7岁残障儿童康复救助"，配发残疾人辅助器具6258件，残车年检976辆。为108户中、重度残疾人家庭提供辅助器具组合适配评估服务。（林　玲）

【做好残疾人就业安置】 区残联以培训辅导为基础，以岗位开发为抓手，以市场需求为导向，做好残疾人就业安置工作。年内共安置残疾人就业281人，超额安置174人。全区9所"阳光基地"为347名残疾人提供就业援助，开设小家电维修、专业洗涤、成品衣吊牌加工等简单劳动项目，为学员发放培训和社会保险补贴，既实现职业康复训练的目的，又提供生活和社会保障。其中，芷江西路街道"阳光基地"开设的全国首个残障人士速录外包项目，为残障人士实现较高层次就业搭建平台。全年组织918位有就业愿望的残疾人参加各类培训。会同市残联、华师大、特教所等学术机构，研究编制《职业适应》和《生活适应》教材，用于"阳光之家"学员培训。该套教材向全市推行，并面向全国市场发行出售。全区"阳光之家"共有注册智障学员453人，开设包括简单劳动、教育培训、康复训练、特奥运动等各项活动。（林　玲）

【完善残疾人社会保障体系】 在全市率先设立"残疾人特困救助金"，对因大、重病等原因造成困难的残疾人家庭予以政策之外的救助，根据使用情况，费用由50万元提高到100万元。拿出100万元为2000名家庭贫困的精神残疾人给予服药补贴。将重残无业人员的大、重病医疗救助标准从每人每年3000元增加到6000元。全年，各级领导走访慰问残疾人42人；发放节日帮困金、特困金83.45

举行"阳光之家"系列丛书发行仪式　（区残联供稿）

万元，3017 名残疾人受益。为 1621 名重残无业人员发放最低生活保障金，为 91 名重残推保人员缴纳社会保险金 131.24 万元。对百户特困结对家庭发放救助金 2.35 万元。对 8 户重点特困帮扶对象按照每户每年 1200 元标准实施救助；对 96 户一户多残低保、低收入家庭予以助医、助困、助业等不同类型的帮扶。发放重残医保门急诊救助补贴 29 万元。开展“扶残助学春雨行动”，为 198 名残疾学生、残疾人家庭子女发放助学金 45.6 万元。为 70 名残疾人配偶申报户口，为 134 名盲人申办、补办乘车证，为 40 名聋哑人申办聋人信息卡，为 315 名视力障碍者办理固定电话补贴。受理来电、来访咨询 310 人次，处理信访件 47 封，提供法律咨询 370 人次、法律援助 8 件。成立区首家个人名义助残基金会，即“段治白 · 耿瑛闸北区残疾儿童医疗救助基金会”，用于救助 14 周岁以下贫困残疾儿童的医疗康复。会同区工商联、区光彩事业促进会发动区内民营企业家对区内 1000 户社区贫困残疾人家庭开展“百家帮千家、帮困送温暖”活动，共筹集善款 22 万元。会同区红十字会筹集善款 1.85 万元。会同区文明办，发动区内 19 家市级文明单位与 21 户困难残疾人家庭子女结对助学，共筹集善款 6.3 万元。（林　玲）

【开展残疾人宣传文化体育活动】 第二十次“全国助残日”、第十一次“上海助残周”期间，会同区残工委成员单位，围绕“参与精彩世博会、关爱贫困残疾人”主题，开展包括文艺汇演、专场就业招聘会等系列活动，获得良好社会效应。组织 1200 名残疾人和残疾人工作者代表参观“生命阳光馆”，邀请聋人志愿者与大家交流世博志愿服务感受。每周二在闸北有线台播出手语新闻，上海电视台“迎着阳光”栏目先后 5 次播放区创建示范城市工作专题片。组织开展全国“爱眼日”、“爱耳日”，“世界精神卫生日”等主题活动，宣传普及残疾预防等知识。组团和承办区第九届运动会——残障代表团竞赛工作。161 名运动员参加田径、羽毛球等 6 个大项 15 个小项的比赛，获得金牌 41 枚。组织残疾人参加市残联举办的肢残人钓鱼、聋人桥牌等 13 个单项的群众性体育比赛。开展“第四次全国特奥日”活动，共有 300 余名特奥运动员和 250 名志愿者参加该次活动。选拔 6 名特奥篮球运动员代表上海市参加“第五届全国特奥会”，获团体金牌 1 枚。（林　玲）

开展残疾人宣传文化体育活动　　（区残联供稿）

【推进无障碍督导工作】 以世博会为契机，完成本区无障碍电子地理信息系统信息采集和补录完善工作。组织各街道（镇）督导员参加专项业务培训，系统学习电子地理信息系统信息采集和网上信息查询、更新方法，有效提高队员的业务素质。对 372 户有需求的残疾人家庭进行无障碍设施安装。对公园、菜场、银行、大型超市等重点公共场所无障碍信息进行全面检查和督导，为世博会良好无障碍环境的创造打下扎实的基础。（林　玲）

人力资源和社会保障

【概况】 2010 年，是区人力资源和社会保障局三部门整合以后完整运行的第一年。区人力资源社会保障局（简称区人保局）围绕“世博和发展”中心，一手聚焦民生保障、强化人才服务，一手抓全局自身队伍建设，超额完成市、区两级政府下达的各项工作指标，创历史新高。新增就业岗位 24720 个，为市下达目标的 130.11%；城镇登记失业人数 20200 人，控制在市下达目标的 99.21%；帮助成功创业 662 人，为市下达目标的 132.4%；工资集体协商覆盖 51555 人，为市下达目标的 143.2%；援助困难边缘群体就业 3108 人，为区下达目标的 129.5%；外来从业人员综合保险覆盖 8.8 万人；超法定时限劳动争议仲裁案件为零；区“零就业”家庭保持动态为零。（徐　俊）

【全方位援助就业困难人员】 年内，完善地区劳动力资源“一户一表”的工作制度，全方位掌握就业困难人员，特别是“零就业”家庭和困难边缘群体情况；开展就业困难人员认定，认定就业困难人员 1680 人；继续发挥好公益性岗位托底安置作用，调整 7 家由区促进就业专项资金全额出资的千百人劳动组织的岗位补贴，并对区其他千百人就业项目和社区“四保”公益性组织社保费作同步调整；加大军嫂就业服务力度。举办“迎八一、送政策、送岗位、送服务”系列活动，对区 12 个驻区部队进行走访排摸，对未就业的军嫂逐一上门走访，并制作个性化职业指导分析报告，召开军嫂就业专题辅导会和专场招聘会，邀请成功就业的军嫂代表和招聘单位代表现身说法，为军嫂树立

正确的择业观念，共安置军嫂就业406人。（林　海）

【丰富创业企业服务形式】 年内，丰富创业服务形式，制作并发放创业服务联系卡和扶持创业服务手册；开通创业服务E-mail邮箱；开发扶持创业服务管理系统，开展开业能力测评，并做好后续跟踪服务指导，测评411人，其中35岁以下209人；创新完善工作沟通平台，开通区“零点创智”创业博客，通过网络技术与创业服务对接，打造创业政策宣传、咨询服务以及创业交流的平台，开通博客点击量超过3500人次；与区工商部门定期沟通，及时获取更新注册登记小企业信息，做好跟踪服务；加大小企业扶持力度，开展扶持创业、扶持微小型企业优惠政策宣讲进街镇活动；组织开业指导专家与小企业结对，对初创期企业主遇到的问题与困惑，进行“一帮一”咨询指导服务；加强非正规就业劳动组织管理，制定区加强对非正规就业劳动组织管理的实施意见，并将非正规就业劳动组织的经营项目缩减至3项，规范该类组织运作。（崔云鹏）

【做好人才服务工作】 参与中国上海人力资源服务产业园区建设，加强相关配套政策研究；将人才中介机构审批时间由20天提速至3天；编制《闸北区2010年度重点产业（行业）人才开发目录》，引进各类人才17人；推荐3名高技能人才参加市人保局的技术能手评比；申报1家单位博士后科研工作站；认真做好区事业单位岗位设置工作，及时预防并化解各类工作矛盾，确保岗位设置工作有效有序进行，不断深化区属事业单位制度改革；与20家培训机构签定政府补贴培训协议；全年职业技能培训15760人。（李旭旻）

【提供人力资源服务】 与上海云隆人才服务有限公司联手为国家电网馆招聘100名工作人员，并及时为他们解决培训食宿、人事服务以及团组织创建等事宜；执行事业单位招聘制度，为16家单位42个岗位组织招聘事业编制人员及派遣人员；为278家次区属事业单位的757名进编人员办理聘用合同登记手续，规范事业单位用人程序；全年受理《上海市居住证》办理申请2053人，审核通过1966人；受理居住证转常住户口申请27人，审核通过19人；向用人单位推荐各类人才826人次；将139名求职人员信息发送到市人才交流信息统一平台，将39家用人单位的招聘信息传送到市人才交流统一信息平台，优化信息匹配。（薛　琦）

【健全劳动关系三方协商机制】 发挥区劳动关系三方协商机制作用，推进区工资集体协商工作；命名表彰68家2009年度闸北区劳动关系和谐企业和工业园区，将和谐劳动关系企业的成功经验辐射推广；认真做好企业工资使用手册的审核备案工作，审核备案企业2800余户；加强对企业内部分配工作的指导服务，完成全区机关、企事业单位的保险福利、最低工资，工资价位调查，企业人工成本等统计工作。（张嗣华）

【做好优化企业服务工作】 年内，举办“闸北区中大型企业劳动关系调节调整体检沟通会”，针对区百人团队重点服务的50余家企业，通过面对面沟通，解答相关法律政策，对企业如何避免仲裁过程中社会“黄牛黑代理”造成的管理不良影响和不必要经济损失进行实践分析，切实保护投资者合法利益，优化区投资环境；指导支持企业实行其他工时制，完成其他工作时间制审批294件。（束文化）

【理顺劳动人事争议仲裁体制】 年内，完成区劳动争议仲裁委和区人事争议仲裁委两委合并，建成区劳动人事争议仲裁院，加强仲裁机构实体化建设；继续开设周末仲裁，加强案前、案中调解力度，建立突发事件快裁绿色通道，集中力量及时处理劳动仲裁案件，年内，区仲裁委共受理劳动争议案件991起，结案1015起，其中调解501起，结案率102.42%，调解率49.36%；与上年相比，案件受理数下降8.83%。（汤延龄）

【关注外来从业人员管理服务】 开展以“服务进城务工，共迎和谐世博”为主题“春风行动”，举行外来务工招聘专场会；年内，在公兴路挂牌成立区级来沪人员就业服务站，完善来沪人员就业服务；推进外来从业人员参加城保工作，外来从业人员新参加城保人数达到1.12万名。排摸不稳定因素，化解劳资纠纷，接待外来从业人员劳务纠纷648起，受理318起，涉及359人，解决拖欠工资53.31万元。（陈昌荣）

区长周平（左一）视察外来从业人员服务管理工作　（区人保局供稿）

举办“风雨同舟，情系舟曲一日捐”活动　　（区社保中心供稿）

【加强医保费用监管】 年内，贯彻落实市扩大医保试点和医保费用控制工作要求，强化医保预付费用管理；加强区执业医师库建库工作，实现巩固日对账通过率100%的管理目标；加强医保基金管理，认真开展医保基金管理的自查自纠工作，维护医保基金安全；严把参保患者就医行为关，门急诊高费用、高诊次参保个人审核261人次，发现违规155人次，追回费用8.59万元；严把医院合理提供基本医保服务关，对重复住院、小医院费用低的问题开展医保监督检查，对区属定点医疗机构二级以上医院100万元以上设备及二级以下所有设备建立台账；针对临床诊疗类项目价格调整，对医院进行全面检查，及时规范医院操作流程；研究制定《闸北区医保经办机构内部控制办法实施细则》和《闸北区医药机构监督管理操作程序》，进一步完善内部管理。　　（徐　辉）

【加强劳动保障监察】 以恶意欠薪、欠保和业主欠薪逃匿等为重点，紧密结合区治安顽症治理重点工作，加大主动检查力度，开展维护女职工劳动权益专项检查以及整治非法用工打击违法犯罪等专项行动，检查用人单位1104户，追缴社会保险费、综合保险费180.16万元，追到拖欠工资568.20万元。制定完善劳资矛盾群体性事件预警预报和快速处置工作预案，完善欠薪保障金垫付程序，快速处置，妥善化解矛盾。化解各类劳资纠纷突发事件45件，涉及劳动者1434人，金额1434万元；启动垫付欠薪保障金4次，金额40.43万元，垫付人数108人。　　（吴郑强）

【加强新疆支青维稳息访工作】 加强信息排查，完善工作预案，强化区、街道合力，认真做好新疆支青息访维稳工作，全力确保区新疆支青非正常上访复访率不超标。实现工作“三个转变”，即由零星救助向体系支撑转变，由被动息访向主动预防转变，由单一工作向综合性工作转变；同时，息访与关爱帮扶并举，全年各街道（镇）开展节假日帮困446人次，金额15.74万元；医疗互助帮困1030人次；居民医疗保险帮困170人次；对子女就业援助17人次；落实低保政策24人；落实廉租房政策38户；区专项办直接帮困救助13人次，金额为8.97万元。为371户发放了租房补贴，反响良好。　　（张德强）

社会保险事业

【概况】 闸北区社会保险事业管理中心隶属于上海市人力资源和社会保障局上海市社会保险事业基金结算管理中心，是社会保险事务经办机构，设有主任室、行政（政工）办公室、结算服务科、业务管理科、社会服务科、征缴管理科，在册人员67人。年内，本着“依法、规范、优质”的工作理念，牢牢抓住“管理、队伍、服务”三大环节，始终把业务工作与队伍建设、文明单位创建、支部“创先争优”工作紧密结合起来，积极探索，不断进取，团结奋进，较好地完成全年的各项工作任务。全年办理退休人数13913人，受理各类业务6530条，受理工伤保险业务2011人次，受理生育保险业务5806人次。

2010年区参加养老保险情况表

参保人数（万人）	离退休人数（万人）	征缴养老保险基金（亿元）	参保缴费基数保底数单位（个）	参保缴费基数封顶数单位（个）	月平均工资（元）	本市企业职工月最低标准（元）
24.6	32.9	27.4	2140	10698	3566	1120

（黄春欢）

【推进国办发〔2009〕66号文执行】 《城镇企业职工基本养老保险关系转移接续暂行办法》（国办发〔2009〕66号文）是2010年实施的重要社保法规之一，为贯彻执行好该规定，根据市社保中心的要求，区社保中心在特殊业务岗位中设立转移接续业务办理专窗，一个口子受理转移衔接的相关政策咨询和业务办理。同时，建立例会制度，每月召开转移接续专题会议，由中心领导班子、各科室科长、业务和财务经办人员参与，共同讨论经办过程中遇到的实际问题，中心统一协调处理各种问题。全年受理的转移接续业务中，属于外省市账户转入的，收到缴费凭证并发出联系函647份，收到转移信息表383份；属于外省市账户转出的，开具缴费凭证165份，收到联系函56份，开具信息表45份。

（陆志平　朱轶婕）

【完成2010年社保基金征缴工作】 闸北区作为老工业区,因自身历史原因,负债、亏损及破产企业多,征缴难度大,区社保中心征缴管理科不畏艰难,反复总结,层层深入,紧扣"三抓",使征缴工作取得一定的实效。抓时点,强化按时足额征缴意识。加强与征缴重点单位的了解与沟通,每个月的10日约定扣款日后,主动与扣款未成功的单位进行电话联系,及时了解单位的经营状况,督促单位早日缴费,对有困难的单位及时上门。抓分析,实施动态监管。每月初定期召开由中心领导班子、各科科长、财务管理员和征缴管理科全体成员参加的征缴分析例会,对上月欠款的单位进行情况汇报并分析欠款产生的原因,中心领导对当月征缴工作提出工作目标。抓考核,完善内部激励机制。根据2010年的征缴任务和形势,中心重新完善《闸北社保中心社保基金征缴管理办法》,把清欠历年欠款指标引入考核机制,调整部分考核指标,创造积极向上的氛围,发挥了良好的激励作用。全年完成历年清欠45.11万元,完成市中心下达的清欠指标125.3%。 (屠志浩 邱建平)

【年接待来访咨询33006人次】 全年接待来访咨询33006人次,并从三个方面具体落实咨询信访工作,有效缓解突发矛盾,同时被评为"闸北区老龄工作先进单位"。根据《闸北社保中心信访工作管理办法》,每月定期召开信访例会,世博期间每周五定期召开世博维稳工作例会,遇到矛盾及时采取应对措施。落实《闸北社保中心与街道(镇)工作联系制度》,协调处理街道(镇)受理的信访,有效地化解了矛盾。根据《上海市人力资源和社会保障局信访工作实施办法》精神落实社保系统的信访工作制度,规范信访工作的管理,建立领导接访、集体阅信等一系列制度。 (曹晨伟)

【开展志愿者系列活动】 在整个世博会期间,区社保中心的志愿者们抱着"平等、互助、奉献、进步"的精神,积极投身志愿者服务,营造"我为人人、人人为我"的社会氛围。根据共和新路街道党工委安排,在沪太路、新村路口公交站点值勤201天,达400人余次;利用双休日深入全区各街道设摊咨询,参与人数达87人次,中心被评为"共和新社区平安世博突出贡献单位",1人被评为"闸北区优秀志愿者",两人被评为"共和新社区平安世博优秀志愿者"。中心全体党员在春运期间到铁路上海站南广场开展以"党员先锋,服务春运"为主题的志愿者活动,共建"社会家园"。积极争当世博志愿者,世博期间,中心共有4人成为世博园区志愿者,3人成为城市站点志愿者,其中3人还被评为世博"志愿者之星"。 (朱黎明)

【开展创先争优活动】 区社保中心党支部成立创先争优工作领导小组,召开创先争优活动动员大会,开展《上海市人力资源社会保障局共产党员创先争优承诺书》签名承诺的仪式。支部围绕中心工作和主营业务,通过各项活动来形成创先争优的整体合力。同时,完善双结对活动的制度,与军民共建单位中国人民解放军4724厂在"八一"建军节举行共建联欢活动;与稽察中心、普陀社保中心、嘉定社保中心等党支部开展一次"双结对"联组活动;全体党员和团员通过街道长期资助家境贫困、正在上大学的一位同学。另外,支部引导和鼓励全体党员和职工奉献爱心,为在青海玉树地震、甘肃舟曲灾区、上海"11·15"特大火灾中受灾的同胞捐款,共计捐款24450元。 (黄春欢)

世博志愿者留影 (区社保中心供稿)

安全生产监督管理

【概况】 年内,区安监局围绕"迎世博600天行动计划"和"平安办博"中心,抓好各级安全生产责任制的落实,完善监管体制机制,狠抓安全生产专项整治,提升监管能力,确保安全生产。全区共发生生产安全死亡事故5起,死亡5人,与上年相比事故起数、死亡人数均下降22%。 (办公室)

【完善监督受理工作机制】 年内,区安监局完善工作机制。建立各类会议制度。坚持安监、消防、交通、卫生等联席会议制度,落实各项工作制度,形成安全工作齐抓共管的良好局面。建立信息通报制度。通过《安全生产简报》、《安全生产事故专报》、安全生产网站以及每年两次的全区生产安全事故通报制度等形式沟通情况,交流工作。建立隐患排查治理机制。建立隐患排查挂牌督办制度,并以《安全隐患挂牌督办告知函》形式落实企业责任主体。建立考核奖励机制。通过年终考核,决定考核等次、推进安全生产责任的落实。建立联合督查机制。制定《闸北区安全生产委员会成员单位工作职责》,明确各成员单位的监管职责。建立区、街道(镇)两级安全生产行政执法体制。 (安委办)

【抓好区域企业安全生产工作】 根据区委、区政府有关确保世博期间安全生产工作的部署,从严抓好安全生产责任制的落实。区安委会通过签订安全生产责任书,逐级落实责任制。尤其是在国务院下达《关于进一步加强企业安全生产工作的通知》以后,区安监局通过多种形式大力宣传《通知》,积极推进贯彻落实。协调各职能部门根据各自的职能,强化监管责任,落实具体措施,开展一系列专项整治行动,真正把安全生产责任落到实处。 (安委办)

【开展安全生产隐患排查】 根据区政府关于《闸北区继续深入开展"安全生产年"活动的通知》要求,完成市安委办督办的3家重大隐患整改。完成由区世博指挥部和区安委会督办的43家单位出租厂房重大安全隐患整治。至年末,共检查单位72010家,查处安全隐患21034项,落实整改19378项,整改率92.1%。 (管理科)

【加强危险化学品监管】 为开展世博会危险化学品专项安全监管工作,区安监局建立区世博会危险化学品专项安全监管工作机制,制定《闸北区世博会危险化学品安全监管实施意见》。成立区世博会危险化学品安全监管工作协调小组,建立包括剧毒化学品、加油加气站、易致爆化学品、普通化学品以及烟花爆竹等5个工作小组,分别确定各自的工作职责以及各项主要工作的时间节点。对区内30家汽车加油站进行成品油灌装零售控制情况专项检查。组织街道镇协管员对区内各加油站进行了暗访。对于部分危险化学品安全管理存在问题的单位发出责令改正通知书7份,立即消除和限期消除事故隐患7处。全年办理危险化学品经营单位换证94家,受理申办危险化学品经营许可证50家,办理非药品易制毒化学品经营备案证明30份,办理单位零售灌装汽油备案30件。对全区64家危险化学品重点单位实行跟踪检查。配合市安全监管局做好网上办理行政许可审批的相关工作,确保全区危险化学品经营单位从9月1日起网上申报工作得以顺利开展。年内,已办理危险化学品经营许可申请网上审批件。 (监督科)

区领导进行安全生产检查 (区安监局供稿)

【消除生产经营单位事故隐患267处】 年内,区安监局检查生产经营单位674家,发出安全监察指令书146份,发现并消除事故隐患267处。发出行政处罚决定书16份,罚款金额80.8万元。年初,会同区商务委对工业园区和闲置厂房开展专项检查,发现生产安全事故隐患36处,发出安全监察指令书8份,及时消除园区存在的生产安全事故隐患。针对部分单位无证经营危险化学品的违法现象,进行立案查处。根据调查事实,首先向9家无证经营危险化学品单位发出责令改正通知书,责令立即停止无证生产经营行为,并对出租经营场所的公司予以罚款3万元的行政处罚。 (监督科)

【做好行政审批事项清理工作】 开展行政审批事项清理工作。对正在实施的行政审批事项进行认真清理,并按照规定期限上报3份清理工作报表,明确区安监局的行政审批事项仅为第三类非药品易制毒化学品经营备案一项,而受市安监局委托实施的危险化学品经营许可申请受理工作不作为区安监局的行政审批事项。制定《成品油灌装购买备案工作程序》。在"闸北安监"网站上予以公布并发放至全区30家经营性加油站,对前往加油站灌装购买成品油的企事业单位事先告知备案工作相关要求。同时制定《成品油灌装购买备案工作程序》。进一步规范生产安全事故调查处理工作。起草《闸北区生产安全事故调查处理规定》和《闸北区生产安全事故调查处理工作程序规定》。经区政府常务会议审议通过后执行。为提升区生产安全事故调查处理工作质量打下基础。 (监督科)

【启动职业安全健康监管工作】 年内,区安监局组织职业安全健康监管培训。分别对区安监局公务员、各街道、镇安办负责人、工业园区负责人和200多家企业的领导和安全干部等开展有关法律法规和申报业务专项培训。根据《作业场所职业危害申报管理办法》(国家安全监管总局令第27号)文件精神,制定《闸北区关于开展作业场所职业危害申报的通知》,6月30日前,全区有150家单位完成职业危害网上申报,24家单位在填报中。完成《闸北区职业健康现状调查和分析评估报告》。开展粉尘和有害物质企业、木质家具制造企业、石棉开采和石棉制品制造企业职业危害状况调查等专项工作。 (管理科)

【开展"安全生产月"活动】 年内,将"安全生产月"活动与"平安世博"紧密结合起来,先后组织开展万人百企知识竞赛、"安全伴我行"演讲比赛、事故警示教育、安全生产研讨会、应急救援演练等系列宣传教育活动;完成农民工安全培训5016人;生产经营单位主要负责人和安全生产管理人员培训428人,特种作业人员培训6168人。彭浦新村街道获"市级安全社区"称号。 (管理科)

街道·镇

编辑　冯梅椿

社区工作

【概况】 2010年,街道、镇完成区级税收87680万元,比上年增长51.9%,完成进度为全年指标数的120.2%。归属街道、镇企业区级税收共完成61676万元,比上年增加14774万元,增长31.5%。街道、镇共引进内资468400万元,注册资金超过5000万元的企业有13家,引进外资12486万美元,注册资金超过500万美元的企业有8家。年内,各街道、镇坚持把迎办世博作为头等大事,动员党员、群众,凝聚社区各方力量,投身维护基层稳定、美化城市环境、弘扬城市精神等工作中,切实履行好"保一方平安、整洁、有序"的职责。各街道、镇把保障民生作为社区工作的出发点和落脚点,加大社区社会管理和社会公共服务的工作力度,着力抓好机制创新和品牌培育。努力实现"应保确保,应帮即帮"的帮困要求,全年对31.12万人次进行低保和医疗救助,救助金额计8823.65万元。积极发展社区老年事业,在各街道、镇开展"老年乐园"公益服务项目,建立精神病人日间照料中心,切实关心社区老年人、残疾人等弱势群体的生活。全年新增老年人助餐点5个、老年活动室10个,为14099名老人提供居家养老服务。　(王燕婷)

【区社工委与社工办合署办公】 7月20日起,根据《中共闸北区委办公室印发＜中共上海市闸北区社会工作委员会、上海市闸北区社会工作办公室主要职责内设机构和人员编制规定＞的通知》规定,上海市闸北区社区管理办公室更名为为上海市闸北区社会工作办公室(简称区社工办),与中共上海市闸北区社会工作委员会(简称区社工委)合署办公,归口区委。合署后的区社工委(区社工办)主要牵头、负责、协调区社会建设、"两新"组织党建以及街道、镇经济发展工作。　(王燕婷)

【做好平安社区建设工作】 依托联动调处三级平台和信访代理等有效机制,主动排查、及时化解各类纠纷矛盾,做到"小事不出居(村)委会,大事不出社区,难事不出区,矛盾不上交";围绕"1+3"重点地区,加强治安顽症"X"地区排查整治;开展群防群治,健全治安防范工作机制,确保安保维稳措施落到实处;开展安全生产、消防隐患专项整治,有效防范社区重大安全事故的发生。全区有9个社区被评为"市级平安社区",155个居民区被评为"市级平安小区"。　(王燕婷)

【完成106个小区"清洁家园"改造工程】 年内,完成8街1镇市容环境达标和临汾路街道市容环境综合管理示范街道(镇)创建工作;发挥联动执法整体效能,推进社区管理网格化,构建"街镇牵头,市容指导、商户自律、联动执法、社会监督"的长效管理机制;加强对重点区域、菜市场和文明路口等周边环境综合整治,有效消除脏乱差现象;继续做好外立面整治、沿街店招店牌整治的收尾工作,完成106个小区"清洁家园"改造工程。　(王燕婷)

【建成市级文明小区171个】 年内,开展"参与世博"、"共享世博"等主题实践活动,营造迎博办博的浓厚氛围;结合迎世博工作,扎实推进新一轮文明社区创建,全区建成新版文明社区8个,市级文明小区171个,大力弘扬奉献、友爱、互助、进步的志愿者精神,广泛动员社区单位、学校及社区居民组建世博志愿者队伍,开展各类志愿服务行动。临汾路街道世博人家、世博体验之旅获长三角地区世博主题体验之旅"2010最受欢迎奖",该街道同时获国家级"上海世博会先进集体"称号。　(王燕婷)

【健全社区为民服务设施】 年内,各街镇社区事务受理服务中心加强人员培训,完善服务功能,提高服务质量,不断健全运作机制,极大方便了社区群众办事。建成并投入使用的6个社区文化活动中心坚持公益性、基础性、普惠性、便利性原则,开展丰富多彩的文化活动,满足社区群众的基本文化需求,成为社区群众重要的活动场所。全区9个社区卫生中心下设45个卫生服务站点,有效缓解社区群众看病难和看病贵的矛盾。　(王燕婷)

【居委会直选干部比例达86.59%】

年内，各街道建立健全社区代表会议制度，加大社会协同参与工作力度，构建社区公共管理和公共服务工作的协商机制。充分保障社区各阶层人士、广大社区成员单位的知情权、参与权、监督权，对涉及大多数居民群众利益的重大事项，基本做到事前听证、事中协调、事后监督和定期向居民群众或居民代表报告工作。居委会直选干部比例提升至86.59%，居委会干部的属地率达100%，居民区依法自治程度得到较大提升。

（王燕婷）

【开展社会组织(团队)管理和服务工作】 年内，各街道、镇社会组织和群众团体健康蓬勃发展，建有825个社会组织(其中体育健身类331个，文化艺术类317个，公益服务类73个，休闲爱好类90个，其他类14个)，通过组织开展各类活动和服务，拓展社区居民参与社区治理的平台，增强社区居民的归宿感和凝聚力。

（王燕婷）

天目西路街道

【概况】 位于区西南部，东起南北高架，大统路、普善路；西南沿苏州河，与普陀、静安区接壤；北接中山北路。辖区总面积1.94平方公里。辖区以铁路为界，划成南北两块。南块是以不夜城综合商贸区为主的新型城区，北块完成北广场地区旧区改造动拆迁工作。辖区内有14个居委会，居民13622户，人口40517人，其中男性20019人、女性20498人，纳入管理的来沪人口12619人。办事处地址：天目中路749弄53号。年内，街道继续保持"上海市科普示范街道"、"上海市社区教育示范街道"、"上海市社区建设示范街道"、"上海市机关档案工作一级先进单位"等称号，获"上海世博工作优秀集体"、"中国2010上海世博会组织奖"、"上海市推动劳动关系和谐企业先进单位"。街道全年完成区级税收1.21亿元，比上年增长65.4%，成为区首个税收过亿的街道，完成经济总量连续7年在全区街道系统名列第一。

街道综合治理工作围绕创建"平安城区、平安社区"工作，协调组织辖区相关部门，定期对长安路、芷江西路、中华新路等地段开展综合整治行动。各居民区加强小区保安工作，发动社区党员、居民骨干和社区各类志愿者队伍参加小区安全防范队伍，开展小区治安巡逻，降低入室盗窃案件。运用有线广播、宣传栏等形式，加强安全防范宣传，提高居民安全防范意识和防范能力，营造小区安全、和谐氛围。采取定期检查和突击检查相结合方法，加强小区群租户管理，以限期整改和强行取缔的方法改变群租房无人管理现状。协调海纳服务社对来沪人员加强管理，提高办证率并实施长效管理。关注涉毒人员动向，协调组织相关部门打击吸、贩毒犯罪活动，净化地区治安环境，为创建"平安城区、平安社区"扫清障碍。

街道坚持对突出信访矛盾、重点人员、重点场所等开展深入排查，保持动态跟踪。年内，街道信访窗口接待1100多人次，处理率98%，依托信访代理、联动调解、领导包案等有效机制，加大矛盾化解力度。整个世博会期间，化解各类疑难纠纷22件，其中7件多年未决的遗留问题。通过信访代理工作机制，调解各类纠纷31件。对长安西基地建立每周通报制度，第一时间掌握动迁矛盾，预防矛盾升级，缓解3件一触即发的集访矛盾，维护社区和谐稳定局面，街道信访办公室继续保持"市信访文明接待室"称号。

发挥人民调解网络作用，受理各类纠纷调解239件，形成书面协议书133份，赔偿金额计34.3万元。接处"110"报警144件，经民警和居委会干部调解，均得到解决。做好社区服刑人员和刑释解教人员思想工作，对24名服刑人员开展矫正帮教工作，与所有矫正对象签定自律书，与对象家属签订承诺书，签约率100%。通过走访对象家属及相关人员，了解对象近期行为和思想情况，每月进行一次谈话。安排"帮教"志愿者上门走访慰问。

实施就业政策，增强拓岗力度，每月举办一场企业用工招聘会，为求职人员提供多种就业岗位，全年新增劳动岗位3304个，登记失业控制人员1517人以内，外来劳动力综合保险征缴人数月均8172人以上。坚持创业带动就业，完成目标数106个，完成困难边缘群体就业人数298人，安置"两劳"释放人员就业24人，超额完成区政府下达街道各项工作指标。健全社会救助工作机制，做好生活、医疗、教育、廉租房等社会救助工作，实现"应保确保，应帮即帮"工作要求。年内，发放最低生活保障2.98万人次，金额707.2万元、临时救助1952人，金额68.1万元、医疗救助77人，金额28.6

与龙盛集团举行框架合作协议签约仪式　　（天目西路街道供稿）

统战志愿者获“上海世博工作优秀集体”称号　（天目西路街道供稿）

万元，发放“心惠家园”市民帮困金额17.1万元，保障弱势群体基本生活。

在迎接、办好世博会期间，将市容环境整治与解决民生问题有机结合，在汉中、合兴、华新等小区开展“清洁家园”整治活动，加固、加高、修葺小区围栏，调整补种小区绿化，增设无障碍设施。汉中小区、展望大厦绿化改造2500平方米，安源小区道路翻修1100平方米，安丰小区道路翻修734平方米、绿化改造3400平方米，完成16处居住小区（74幢房屋）综合整治工作，受益居民达7897户。对部分老式公房进行二次供水改造，受益居民2250户，为社区居民营造良好生活环境。协调辖区职能部门，组成市容整治专项工作小组，开展户外广告整治工作，拆除高空、地面户外广告30块，净化辖区空间视觉。根据“高度适宜、设置规范、制作精美、美化亮化”原则，对恒丰路、沪太路、中华新路等中小道路店牌、店招进行规范化改造，使地区市容环境面貌焕然一新。上半年，启动长安西动迁基地准备工作，配合动迁公司开展宣传工作，使广大居民了解政府动迁政策。下半年，启动居民签约工作，协助动迁公司和相关部门，筹措动迁房源，化解动迁矛盾，签约居民80%以上。

（高贵荣）

【街道税收首破亿元】 街道把招商工作作为街道经济重头工作，以街道、工商、税务、城管、房管、公安联动的“六联机制”为主要力量，形成围绕目标、多策并举工作格局。以深化楼宇招商和税收属地工作为突破口，推进税收属地责任化建设。推进税收属地绩效化建设，制定新的《投资促进管理办法》和与之配套的《中介合作框架协议》、《中介服务奖励协议》等一系列制度，任务到部，责任到人，完善“一企一档”工作，掌握企业运营状态和税收动态情况及税收增减原因，做到应收尽收，把流失在外税源留下。探索建立专业服务企业模式，通过业务培训等途径，建立一支服务意识强、专业水平高的专业招商队伍。同时，把招商引资和服务企业分开，在招商引资队伍基础上，组建一支队伍专门负责企业后期跟踪服务，为企业解决难题，帮助企业发展壮大。做好引大引强工作，下半年，引进上市公司浙江龙盛集团，该企业年产税5000万元。至年末，完成区级税收1.21亿元，比上年增长65.4%、完成年度计划114.6%。引进企业55户，其中内资企业52户，注册资金2.26亿元，外资企业3户，注册资金123万美元，提前1月完成全年目标。

（高贵荣）

【统战志愿者获“上海世博工作优秀集体”称号】 在迎、办世博会工作中，街道注重整合社区资源，发挥统战工作优势，为世博工作献计出力，形成“统一领导、多方协调、广泛动员”的工作格局。开展各种形式宣传教育活动，激发统战人士参与世博热情。定期召开侨胞、台胞和少数民族联络员会议，引导广大统战人士参与世博各项活动。运用统战对象中人才优势，组建社区世博全民培训讲师团，讲师团在街道、居委会和企业等单位举办多场世博文明礼仪讲座，听课对象上至80多岁老人，下至七八岁幼童，不仅有社区居民，还有不少外来少数民族和务工人员。据统计，讲师团成员为居民培训数十场，听众达数千余人，在社区中营造迎世博、办世博学礼仪的良好氛围。办博期间，统战志愿者提出建立清除小广告“门前责任制”建议，呼吁动员社会各界参与，得到大家支持，许多单位和居民参与这个活动，遏制街头黑色广告滋生和蔓延。建立世博统战志愿者巡访队伍，参与铁路上海站南北广场周边沿街商铺巡访检查，劝阻一些行人不文明行为，为来沪游客指路和介绍上海情况。志愿者每天不辞辛苦，巡查走访，及时反馈问题和督查整改，促使辖区市容市貌保持美观、整洁，成为“上海世博会陆上迎宾大厅”。街道统战志愿者获市委、市政府授予的“上海世博工作优秀集体”称号。

（高贵荣）

【红十字会获“中国2010上海世博会组织奖”】 年初，召开社区红十字会工作会议，要求各居委会弘扬“人道、博爱、奉献”红十字精神，做好红十字会工作，为救护培训工作打好基础。针对辖区工地多、农民工多特点，街道红十字会着重在农民工集聚的工地开展工作，重点放在安全生产和基本救护知识和技能培训上。在推广普及建筑工地农民工初级救护技能过程中，街道红十字会与相关工地进行宣传与沟通，将推广建筑工地救护知识必要性向各建设公司负责人作详实介绍，得到各单位大力支持与配合。举办救护知识培训班，聘请资深专家讲课。通过培训，与会者在不同程度上掌握自救互救基础知识和技能。1900余人取得合格证书。还在车站、商场、宾馆等地开展知识宣传和救护演练,组织辖区单位参加区红十字会"学习救护、保护生命、服务世博"救护比赛。世博会期间,辖区所有工地均未发生生产事故。11 月,街道红十字会获市委、市政府颁发的"中国 2010"上海世博会组织奖。

(高贵荣)

【建立社区管理大联动机制】 街道成立社区管理大联动领导小组,组建社区管理大联动指挥中心,建立街面网格联勤站,设立居委会联动工作点,形成社区管理大联动两级网络。领导小组定期召开工作例会,通报信息,部署工作。坚持以问题为导向,统筹公安、城管、工商、房办、市容等部门联合办公,合力开展整治行动,及时处置社区管理中复杂、疑难问题。在社会治安和城市管理工作中,坚持以网格为载体,对应社区警务责任区,建立社区全覆盖管理网络,实现信息网络化和工作网格化。及时发现问题,研究措施,坚持以整合为手段,实行公安警务站、城管勤务站和网格工作站"三站合一",按照责任区工作规范和流程,相互协作,联手共管,消除管理盲区。年内,对长安西地区实施社区管理大联动机制,集中整治非法占房 490 户、取缔无证经营商铺 44 户、整治有照经营商铺 27 户、整治跨门营业 26 处、取缔流动摊 285 处、拆除广告及灯箱 17 块,店牌、店招 86 块,违法建筑 38 间,计 494 平方米、收缴助动车 5 辆、刑事拘留 14 人、行政拘留 4 人、治安拘留 6 人。

(高贵荣)

【工会获"上海市推动劳动关系和谐企业先进单位"称号】 街道工会注重维护职工权益、促进企业发展工作,在企业中开展"同舟共济保增长,建功立业促发展"主题实践活动。发挥工会"大学校"作用,推进企业和职工素质工程建设,组织参与"安康杯"竞赛活动、"市职工最信赖的经营(管理)者"、"市职工最满意企事业单位"等评选工作,街道工会依托各方力量,开展帮困送温暖活动,元旦、春节期间在社区企业、机关、居民区积极开展工会"一日捐"活动,募捐钱款 21460 元,向困难群众献上一份爱心。开展厂务公开民主管理工作,找准影响企业稳定和谐因素和涉及职工群众切身利益突出问题,理顺诉求沟通机制,通过企业职代会、厂务公开和集体协商等民主管理平台,发动广大职工热情参与,最大限度地预防和减少矛盾发生。通过厂务公开民主管理工作检查,落实企业职工知情权、参与权和监督权。至年末,街道工会获"上海市劳动关系和谐企业先进单位"称号。

(高贵荣)

【提高社区服务窗口文明形象】 社区事务受理服务中心是街道对外服务窗口,街道以举办世博会为契机,努力改善服务态度,提高服务质量,坚持以群众满意不满意、高兴不高兴为工作出发点和落脚点,不断提升服务窗口工作水平。一年来,服务中心未发生有责投诉,群众满意率达 96% 以上。街道为社区事务受理服务中心添置大型液晶显示屏,每天滚动显示世博标语和相关政策。每个接待窗口置放"电子评议器",让办事居民直接对工作人员服务态度和办事效率进行评议。街道实行"首问责任制",总服务台增加"引导员",为办事居民指点受理窗口和程序,方便群众办事。服务中心坚持定期培训制度,让接待窗口人员学习多种业务,使每个人精本行、懂多行。当某个窗口缺乏人员或业务繁忙时,能够相互补台,最大程度减少办事居民等待时间。在办理业务过程中,工作人员遇到居民咨询相关政策,做到耐心细致,百问不厌,向办事居民答疑解惑,杜绝"不知道、不了解、不清楚"等行业忌讳语言,让群众期待而来,满意而归。年内,服务中心多次经受区行风监督部门明察暗访,得到上级部门肯定。

(高贵荣)

北站街道

【概况】 北站街道位于区境东南部,东起河南北路、罗浮路,西至南北高架路,南临北苏州路、光复路,北到铁路。辖区面积 1.99 平方公里,有居委会 25 个,辖区户数 35510 户,户籍人口 108860 人,常住人口 144679 人。外来人口 36065 人。办事处设在国庆路 43 号。全年完成区级税收 11154 万元,比上年增长 55.06%,完成年度计划的 135.5%,成功突破亿元大关。区级税收连续 4 年增幅达到 50% 以上,累计区级税收在 2007 年税收基础上(5388 万元)实现翻一番。全年引进内资 23.03 亿元,占全年计划的 1421%;引进企业 126 家,其中注册资金在 1000 万以上的大项目有 10 家,占计划数的 250%;引进外资企业 7 家,引进外资 1387 万美金。当年引进企业的出税率达到 66.92%。商务楼宇空置率 6.3%,商务楼宇企业税收属地率为 67.64%,楼宇企业税收 7364 万元,分别完成全年计划的 106%、102%、155%。

做好世博安保基础工作。共招募平安志愿者 1933 名,街道在对整个辖区进行踏勘的基础上,根据不同岗点、区域在各级防控时段的需要,合理安排志愿者力量,做到定人、定时、定责。在世博期间,志愿者按照工作要求,统一标识上岗,在各重要岗点参与站岗,在各居民小区参与治安巡逻,成为世博安保社会面防控工作的重要力量。

发挥信访职能作用,扎实化解社会矛盾。北站街道以完善的信访机制为基础,建立健全预防排查体系,定期排查分析、及时掌握不稳定苗头,分析不稳定因素和矛盾特点。全年处理来信来访 1230 件 2146 人次,组成人民调解平安志愿者队伍,积极开展人民调解工作。全年共调处各类纠纷矛盾 694 件;"110"接处警 531 起,制作调解协议书 154 份,调解成功率达到 100%。

开展迎世博环境攻坚整治。街道会同相关职能管理部门,通过联合执法,重点整治七浦路服饰商业街区、塘沽路、安庆路及其周边区域的跨门营业、违法搭建、有场所无经营证等顽症。开展外立面整治,完成 8 条道路 798 间店面的店招店牌改造,粉刷沿街立面 40818.6 平方米。组织、安排街道机关干部、社区单位和居委会开展每月 15 日的迎世博"环境清洁日”活动。世博期间，街道继续发动社区单位和群众开展环境卫生整治、劝阻不文明行为，清除地区内的黑色广告、卫生死角、乱招贴等万余处。对安庆路、东新民路、曲阜西路等路段的乱设摊、夜排档、无证餐饮等市容问题开展集中整治，并加强巡查和固守。

重视民生工作，街道执行救助政策，推进民生保障工作。1～12 月，发放各类救助共计 73552 人次，金额 1787.37 万元。其中，低保救助 43413 人次，1119.23 万元；重残无业救助 3018 人次，180.78 万元；临时救助 12197 人次，256.18 万元；医疗救助 242 人次，99.2 万元。在社区开展不同困难人群予以针对性帮扶，结对助学 13 人，帮困金 35500 元；发放教育救助券 545 张，社区市民医疗帮困卡 114 张，“三定”医疗卡 114 张，慈善医疗卡 138 张。经心惠家园服务分中心评估，对因病等造成较大困难的市民，进行市民帮困 252 人，发放金额 51.9 万元。做好世博会期间特殊困难群体的救助帮扶工作，通过慈善基金会对政策未能覆盖的各类边缘对象发放特困补助 40 户 7 万元，通过市民帮困发放补助 127 人次 26.65 万元。开展廉租房工作，全年完成 190 户。依托社区惠民服务中心，构建服务平台，开展便民、利民、为民服务，以助残、助老、助困、助业组织实体为基础，开展长期经常性、固定式服务，包括社区服务热线求助、慈善捐赠、医疗咨询服务、邮政便民服务等。

关心社区老年人，代表区老年福利基金会向老人赠送针灸罐、羊毛衫等用品，向 8 名百岁的老人赠送轮椅车，为 4 名困难老人免费进行白内障手术，完成 16 名困难老人的助医登记，并向其中 5 名新申报对象发放助医款。配合区食药监分局向 50 名 80 岁以上独居老人赠送药箱和常备药，更换过期药品。重阳节期间，组织各类贴近社区老年生活的社会敬老助老活动，向 152 名 90 周岁老人发放冬季温暖两件套。关心慰问优抚对象，完成 2010 年优抚金及补助款标准调整工作。组织社区优抚对象参加“看世博”活动。开展残疾人康复需求调查，并提供康复服务。为有就业愿望的残疾人积极推荐工作岗位，为 25 名残疾人解决就业，帮助自主开业 2 人。重点做好对“零就业家庭”、“双困”人员、残疾人等的就业援助，努力创建和谐劳动关系，保障职工和企业的合法权益。年内，街道新增就业岗位 3431 个，将登记失业人员数控制在 3745 人以内；实现来沪从业人员综合保险覆盖 6485 人；解决困难边缘人群就业 437 人。以创业带动就业，扶持成功创业 65 人。

至年末，辖区户籍人口、流动人口计划生育符合率分别为 99.7% 和 88.4%。1～12 月，颁发《独生子女父母光荣证》717 份，发放年老一次性计划生育奖励 1929 人，再生育子女审批 57 例，《流动人口婚育证明》27 份，免费基本项目计划生育技术服务 112 人，来沪流动人员《生育联系卡》195 份；对社区流动人口妇女开展 B 超检查 1857 人；人口和计划生育综合服务站提供咨询和服务 2127 人次。

社区文化教育紧紧围绕迎世博这条主线开展各项活动，策划和举办各类园区外群众文体活动，包括唱响世博社区群众歌咏大会、“走进世博，举国同庆”综合曲艺专场演出、“风采世博，精彩有我”演讲比赛、“美好生活，相约世博”评弹专场、“城市，让生活更美好”书法书画展、“展梨园风采，添世博精彩”少儿京剧专场等，让社区的居民群众更多地感受到世博盛会的浓厚氛围。加强社区文化中心的功能建设和管理力度，让居民群众高兴而来，满意而归，真正发挥社区文化活动中心的教育、健身、休闲、娱乐功能，尽最大的努力满足社区居民的需求。（陈思圆）

【街道税收突破亿元】 年内，街道抢抓机遇，审时度势，不断增强信息、自我加压、调整指标。通过科学规划为先导，优化空间发展布局；深入挖掘信息资源，推进楼宇经济发展；主动帮助企业排难，确保企业提效增税；面对征收协管税源的现状，想方设法扩大税源。以项目载体为重点，加快做好招商引资工作；加强规范管理，不断提高招商队伍的素质和水平。取得街道经济发展史上“两个历史性突破”：做大街道经济总量，全年完成区级税收 11154 万元，比上年增长 55.06%，在 2007 年的基础上翻了一番，成功突破亿元大关，进入“亿元街道”行列；招商引资成功引进中粮集团大悦城（上海）有限公司、华侨城（上海）置地有限公司。（陈思圆）

【推进旧区改造工作力度】 为加快苏河湾建设，按照 2010 年旧区改造工作计划，新启动浙北绿地主体部分（三街坊）、天安二期西块（二、四街坊）项目，继续推进轨道交通 12 号线曲阜路站、新梅太古城西北块、圣和圣、新 龙、银邦等历年结转基地的收

召开苏河湾 3 街坊动迁意愿征询大会　（北站街道供稿）

尾工作。街道从大局出发，组织街道20多名机关干部，采取“白+黑”、“5+2”的工作模式参加旧改工作，并积极协调相关部门深入基地配合开展工作，主动跨前、勇于担责，积极化解各类矛盾。苏河湾指挥办公室和街道分指挥办公室按照市政府拆迁新政要求，一方面，相应成立住房困难和生活困难等4个认定小组，将拆迁面积补偿和家庭生活困难区别开来对待。同时采用拆迁管理软件，实施网上登记、查询、审核、审批，电子格式化合同签约等措施。另一方面，在基地设接待室，和动迁公司工作人员共同面对居民宣传政策，研究工作，促进拆迁签约工作，取得初步成效。年内，新启动项目二、四街坊拆迁按照二次征询方案在规定的三个月时间内，超过三分之二居民签约协议生效的新政进行动迁。自10月1日启动，到12月底，签约率达70%。自12月17日起开始搬场，至12月31日已搬场941证。实现年内轨道交通12号线曲阜路站拆平交地。（陈思圆）

【做好世博会礼包发放工作】 街道人口密度大、人户分离多，因此世博大礼包发放任务重、时间紧、政策把握难。街道领导对此项惠民工作高度重视，投入大量的人力、物力、财力，从准备工作到迅速部署，从把握政策到培训到位，从安全押运到妥善保管，从规范操作到发放有序，确保发放工作顺利进行。自启动发放工作以来，定期做好数据统计、掌握进度，及时调剂世博礼包，做到忙而不乱、发放有序。同时对发放过程中群众来信来访，做到及时处理，完成市委、市政府下达的大礼包发放工作。至8月3日，街道发放世博大礼包29747份，其中户籍数24759份，居住数521份，临时居住证4442份，境外人士25份。（陈思圆）

【建立“街道阳光心园”】 随着社会物质文明、精神文明程度的不断提升，残疾人的需求在不断拓展。为了更好实现残疾人“人人享有康复服务”的目标，在市、区二级政府和各级残联的共同努力下，街道建立“北站街道阳光心园”。“街道阳光心园”位于新疆路485号2～3楼，建筑面积150平方米，于1月正式开园。街道阳光心园的宗旨是为社区精神障碍人员提供一个健康教育、文化娱乐、服药指导、职业培训等康复训练的场所，进而，为精神障碍人员及其家庭提供一个参与社会活动的平台。活动内容包括心理疏导、音乐视听、打牌、下棋、体育健身、读书学习等。北站街道阳光心园将努力拓展服务内容，招募更多的志愿者，积极吸纳更多的学员加入到机构中来，通过提升机构的康复服务能力，探索更好地为社区精神残疾人服务的途径。

（陈思圆）

召开创建学习型社区评估会（北站街道供稿）

【开展第六次全国人口普查】 根据老城区户籍人口多、外来人员多、人户分离多等实际情况，北站街道制定详细的人口普查工作方案，明确登记的标准时间、登记对象、组织领导、宣传动员、选调培训、工作流程、时间安排、数据处理等各项工作流程。在9月15日～11月10日的清查摸底、入户登记阶段，街道、居委会328名普查员在时间紧、任务重的情况下，全力以赴、加班加点，严格操作流程、规范操作程序，在登记时做到区不漏房、房不漏户、户不漏人、人不漏项，在规定时间节点完成普查登记任务。据统计，街道完成辖区内257个普查小区50812张短表、3284张长表、242张死亡表、133张境外表的普查登记、质量检查、信息编码、光电录入工作。

（陈思圆）

【市容环境责任区管理工作达标】 创建市容环境责任区管理达标是年内街道的重点工作之一。街道一方面建立发现问题、分解任务、落实整改、检查验收的操作程序和工作机制，一方面成立三乱整治、道路违章整治、住宅区脏乱差整治、沿街脏乱差整治等专门队伍，通过各部门的协调配合，使发现的市容环境问题能得到及时处置。全年，市主管部门共对街道的创建工作进行四轮检查，发出整改照片981张。在街道和各职能部门加班加点、连续作战的共同努力下，全部按要求在36小时内整改完毕并向检查组反馈。最终，创建工作通过验收和公示。（陈思圆）

【创建学习型社区达标单位】 为创建学习型社区，街道党工委、办事处制定《北站街道学习型社区建设三年规划（2008～2010）》，成立学习型社区创建领导小组和“社区教育委员会”，建立创建领导小组工作例会制度，依托社区学校、党员服务中心等平台，建立学习情况记录管理制度。将学习型社区的创建工作纳入社区重要工作，每年年底，街道结合年终考核，就学习型社区创建情况进行总结反馈。通过学习型社区的创建活动,加强学习阵地建设,推进学习型机关、学习型企事业单位、学习型小区、学习型团队、学习型楼组和学习型家庭的创建工作,积极营造全社区的学习氛围,形成读书读报队、合唱队、舞蹈队、越剧队、书法队等具有特色的文化团队。北站街道还加大投入,确保学习型社区创建顺利进行。每年年初将各类精神文明和学习型活动的资金投入纳入街道整体财政预算。自2008年起,街道先后投入资金1600万元,形成社区事务受理中心、社区卫生中心、社区文化中心三大中心,大力建设小区内学习场所,25个居民区全部拥有适合居民学习的活动室,居民健身点达到11个,由志愿者领衔的读报组有8个,阅报栏、宣传栏35个。经过3年努力,至年底,街道成功创建学习型社区达标单位。

（陈思圆）

【联手治理综合部位市容环境顽症】 年内,街道主动与虹口区四川北路街道联系,对罗浮路及周边地区实施联动执法。根据两区结合部这一特殊情况,依据城管执法相关规章条例,探索建立城市管理的跨区协作、联动执法的机制,加大对区际交界地带、路段的执法力度,使该地段的市容环境状况大有好转,“两难管”成为“两联管”,提高城市管理水平和市民的满意度。对七浦路、河南北路天桥乱设摊问题,北站街道同样采取跨区联合执法固守的做法,确保长效管理。

（陈思圆）

【建立街道浙江仙居流动人口计划生育协会】 为抓住流动人口的源头,探索对流动人口的双向管理,街道以原籍地为单位,1月,建立浙江仙居流动人口计划生育协会,把在七浦路服饰商业街区经商务工的浙江仙居籍育龄妇女动员组织起来。8月,街道又与浙江仙居南峰街道签订《流动人口计划生育区域合作协议书》,明确浙江仙居南峰街道作为户籍地的主要职责和街道作为现居住地的主要职责。街道每半年组织七浦路浙江仙居(后拓展至台州地区)来沪育龄妇女在区人口和计划生育指导中心进行免费的B超检查,并且现场办理协会会员证,对《流动人口婚育证明》进行验证复验证,对未持证的妇女将督促其及时按规定回原籍地补办,并采集流动人口信息入库以加强省际协查。

（陈思圆）

宝山路街道

【概况】 宝山路街道位于区境东南部,东至东宝兴路与虹口区接壤,南至轨道交通3号线,西至西藏北路,北至中山北路。辖区面积1.62平方公里。辖区有23个居委会,常住人口86151人,居民小组1101个,外来人员25474人。街道办事处地址:青云路600号。年内,经济工作总体发展逐步向好,区下达的各项经济指标均超额完成,其中区级税收完成5380万元,比上年增加52.3%;完成税收归口企业142家,引进资金4.2亿元;引进企业全税产税率78.6%。四幢纳入考核范围的商务楼宇空置率控制在31.09%,属地率达到27.23%,完成区税778万元,比上年增长78.8%。启动公兴路长途客运站和中国弹簧厂创意园区改建工程。旧改工作攻坚克难。中兴城一、二期旧改基地共完成912户居民签约,宝山路改建工程动迁基地顺利收尾,青云路537弄和青-12(二期)旧改第一轮居民意愿征询顺利通过。民生保障稳步加强。做好促进就业工作。以创建充分就业社区为目标,全年新增就业岗位1851个,登记失业人员2777人,在控制数以内,帮助成功创业50人,困难边缘群体就业360人,来沪从业人员综合保险覆盖4672人,开发公益性岗位204个,成功推荐736人上岗。做好社会保障和救助工作。发放临补低保764万元,覆盖32146人次;发放各类残疾人补助126万元。完成经济适用房调查摸底和政策咨询工作。巩固和深化“心灵家园”项目,并再次参加市公益性项目的创投标。居家养老新增186人。建成“阳光心园”并投入使用。10个“老年乐园”正式对外开放,接待服务老人5830余人次。做好各项社区建设工作。完成第六次全国人口普查工作。成功举办青苹果俱乐部5周年展示活动。实现工会覆盖单位72家。完成2500余人次的兵役登记工作,22名社区青年光荣入伍。完成4个居民区的团组织直选工作。

完成世博各项任务。缜密落实世博安保工作。组织动员社区力量,开展志愿者行动。1276名平安志愿者完成79个岗点、25个公交、3个轨道站点及主要路口共6.8万人次轮换执勤。5000多人次的志愿者参加清洁家园行动。500多名志愿者参加文明出行宣传活动。街道平安志愿者服务队被评为上海市优秀平安志愿者服务队。以三级信息网络为基础,保持滚动排摸,坚持措施有效,确保精神病人关照、610问题联防和刑释解教人员安帮工作落到实处,成效明显。平安建设稳而有序。开展40余次社区治安顽症整治行动,社区治安环境得到改善。社区非机动车盗窃案件下降26.9%,扒窃拎包案件下降27.3%,入室盗窃案件下降49%。完成18家旧厂房和13处地下空间的整治。自筹资金10万元对两个治安复杂地区开展整治。加大防火抗灾安全检查工作力度,检查单位1146家,隐患整改率达95%。完成1200户居民的老化电线改造。完成社区1500户居民家庭应急包配备和人员培训工作。信访矛盾平稳可控。发挥信访“桥梁”作用,主动沟通协调,登记、转办、督促、跟踪处理信访件198件,其中区转来信来访79件,告结信45件,督办件5件。充分发挥司法调解作用,调解矛盾540件,其中司法途径解决52件。与区人民法院开展诉调对接工作,化解各类民事纠纷12起。街道司法所被评为“2010年度上海市司法行政系统先进集体”和“上海市示范性司法所”。做好世博宣传志愿工作。组建12支共3778人的迎世博特色志愿者服务队参与世博宣传志愿工作,其中“绿小子节能减排”社区志愿服务活动获得“上海市迎世博志愿服务贡献奖”。发放世博大礼包27525户,设立世博培训专门教室,成立区首个世博宣讲团,有6万多社区居民参与迎世博全员培训和文明观博培训。开展90多场以“我与世博同精彩、我的舞台我作主”为主题的世博宣传活动。加强环境整治优化社区市容。投资40万元完成辖区内28条中小道路及弄堂两侧围墙6.3万平方米的粉刷工程。新增宝昌路芷江中路机非隔离绿地。完善市容保洁考核工作。投资90万元建成启东路疏导点。拆除违章建筑约1800平方米。完成宝昌路632弄、天吉小区、会铁小区、东宝兴路458弄的清洁家园工程。完成宝昌路632弄、宝山路499弄、虬江路909弄平改坡工程。（朱林俐）

【制作世博祈福风筝放飞】 3月12日，“放飞千筝祈福心、参与世博民俗行”——2010只世博祈福风筝放飞仪式在中兴绿地举行。区委宣传部、区教育局、街道办事处等领导出席活动。此次世博祈福风筝放飞活动联合南通风筝博物馆，动员2010名社区居民特别是青少年，共同参与、动手制作了2010只祈福风筝，然后把这2010只以海宝为主要图案的世博祈福风筝组合成一条长龙。世博会期间，这满载着宝山社区居民特别是广大青少年对世博会美好祝愿的世博祈福风筝在“公众参与馆”内展出。（朱林俐）

【海峡两岸社区教育学术研讨会举行】 7月16日，2010年海峡两岸社区教育学术研讨会在宝山社区文化活动中心召开，台湾成人及终身教育学会理事长、台湾家庭教育学会理事长、博士、玄奘大学讲座教授黄富顺等一行10人参加研讨会。与会者就老年人的社区教育问题进行交流与探讨。办事处领导着重介绍宝山路街道如何积极引导帮助老年人走出家门、打开心门，探索独居老人终身学习以及独居老人班课程的设计与开发等内容。黄富顺就台湾新近高龄教育的发展、特色与问题作了介绍，体现出台湾对老年教育的思考与投入以及社会对老年人的重视与人文关怀。社区教育学术研讨非常成功，气氛热烈，交流双方都感觉有收获、有启发。（朱林俐）

【通阁居委会号召居民参与世博】 通阁居民区党总支采取多种宣传形式，让世博会更深入人心。举办“世博来了，我们准备好了吗?”党员专题组织生活会。观看“以勤奋工作和出色表现为世博会成功举办提供坚强保证”录像片，居民区党员纷纷表态作为一名普通党员，应该积极作表率，参与社区的平安世博、文明出行、清洁城市等志愿者服务活动，为上海世博会作出一份贡献。利用各种宣传形式进行宣传发动。小区内的小广播每天下午4:30分准时播出，号召广大社区居民积极参与世博志愿者行动，并从我做起，从身边的小事做起，当好东道主。协调辖区单位，共同参与世博工作。居民区党总支加强与小区物业公司的沟通，协助物业公司做好小区的保安、保洁工作，并为小区居民解决实际困难，完成小区门口厕所和自行车车棚的改造，让小区居民感受到世博会给他们带来的好处。（朱林俐）

【做好关心关爱老年人工作】 年内，宝山路街道扎实开展为老服务工作，利用7支为老志愿者服务队关心社区老年人，特别是独居老人。针对社区独居老人多、不出门老人多、困难老人多的情况，宝山路街道成立精神慰藉“心灵家园”志愿者、免费理发“银发屋”志愿者、生活照料“综合服务助餐点”志愿者、生活照料“日间服务中心”志愿者、上门关心“纯老户巡视员”志愿者、“邻里互助”志愿者和“结对关爱”志愿者7支为老服务队，全方位关心社区老年人，特别是独居老人的日常生活。坚持夏送清凉冬送暖，夏季高温关心14700余人次的老人。坚持定期巡视纯老户家庭，排查各种安全隐患。不断深化精神慰藉开展各类活动丰富老年人日常生活，与十二邻社区发展中心合作开展“一人一故事社区剧场”活动，老年人将一生中最难忘的故事倾诉给大家听，共同分享，并由志愿者带领老人自编、自导、自演，增加老人的休闲方式，打开老人的心结，舒缓老人的情绪，使老人开心过好每一天。（朱林俐）

【少数民族志愿者白玛龙珍获“世博杰出志愿者”、“市平安卫士”称号】 白玛龙珍现年70岁，她是西藏农奴的女儿，退休后，她不忘继续发挥余热，热心公益事业，在社区工作中重新找到施展的舞台。白玛龙珍经常带头参与小区楼道整治、清除马路黑广告等为民服务工作，在她的号召下，街道一群退休的少数民族组成一支志愿者服务队，以队长白玛龙珍的名字命名，在迎世博、创平安社区工作中共开展900多人次参与志愿服务，成了辖区内一抹斑斓的色彩。为确保来沪少数民族同胞的餐饮安全，白玛龙珍还主动要求做清真饮食监督员，坚持把工作做细、做实，带领队员针对辖区内7家拉面馆，先后展开208次安全巡防，上报

制作放飞世博祈福风筝　（宝山路街道供稿）

白玛龙珍获"世博杰出志愿者"、"上海市平安卫士"（宝山路街道供稿）

两次卫生安全问题。她是参与志愿服务的热心人。白玛龙珍带领社区中少数民族平安志愿者进行878余人次站点执勤，不厌其烦地为路人答疑咨询，向来上海观博的世界来宾展示上海少数民族的风采。无论高温还是下雨，白玛龙珍总是坚持到岗，保质保量地完成志愿服务。她是关心困难群体的贴心人。白玛龙珍不仅关心社区少数民族群体，对于需要帮助的汉族同胞也一视同仁，她积极参加各项募捐工作，尤其关心下一代教育问题，当从报纸上看到西部有一些孩子由于家庭困难而辍学，十分心焦，她主动和有关部门联系，联络到一所学校，不仅自己捐助3名学生上学，还发动社区少数民族居民一起募捐，共捐助14名西部贫困学生。（朱林俐）

【建成街道综合治理工作中心】 5月28日，为发挥大综治运作力度，街道克服经济基础薄弱的困难，投入100余万元建成的宝山路街道综合治理工作中心正式投入使用。在完善硬件设施的同时，不断加强软件建设。街道及时调整力量，完善制度，确保综治中心有效运作。为深入推进治安综合整治，街道坚持以"三打"（打团伙、打源头、打幕后）为方针，以"三治"（动拆迁基地、动迁房私自外租和外来人员）为重点，以"三定"（定岗位、定责任、定队伍）为机制的世博安保工作思路。广泛发动社区居民群众参与看家护院保平安志愿者活动，在社区形成了"百岗千人护家园、万无一失保平安"的浓郁氛围。（朱林俐）

芷江西路街道

【概况】 芷江西路街道位于区中南部，毗邻铁路上海站。东临西藏北路，与宝山路街道接壤，南靠铁路沿线，西至大统路、普善路，与天目西路街道相连，北至中山北路，与共和新路街道为邻。辖区面积1.60平方公里。下设18个居委会，居民2.5万户，户籍（常住）人口72490人，来沪人员19364人。办事处设在芷江西路155号。年内，加大投资促进工作力度，切实提高街道经济实力，区级税收7125万元，比上年增长42.7%，完成全年目标任务6240万元的114.2%，完成协税1608万元。引进内资企业134家，完成指标数70家的191%；引进内资17166万元，完成指标13500万元的127%；引进外资798万美元，完成全年外资指标，抓好社区教育工作，被评为上海市社区教育示范街道。

改善城区环境和文明水平。落实重点人员、重点场所管控及物防、技防措施。先后对桥西地区、北美小区等治安复杂地区开展整治，通过拆违补绿、整治群租、安装技防设施、加强社区巡逻等方法，有效改善治安环境。细化稳控措施，落实稳控责任，完成世博会稳控工作。开展平安创建工作，年内，街道6个居委会被评为区级平安小区，10个居委会被评为市级平安小区，街道也被评为平安社区。深化联动执法机制，确保每周开展不少于两次的联动执法集中整治行动，有效治理辖区的市容顽症。拆除违法建筑3601平方米，整修店牌店招1279处，拆除违规设置的户外广告设施54处、完成绿化改建补种15050.7平方米、铺设彩色道板14600平方米，全面完成迎世博600天市容整治硬件建设的各项任务。坚持每月开展"环境清洁日"活动，发动群众参与5330人次、清洁小区达470个、清除卫生死角399个、清运各类垃圾123吨、发放各类宣传资料5506份。

推动旧改，改善社区环境面貌。按照"政府主导、阳光动迁、保障权益"的工作原则，按时完成桥东二期动迁基地1484证、1954户居民签约搬迁任务，完成旧改新政试点工作。加快旧住房综合改造步伐。芷江西路285弄一、二期、西藏北路985弄7—10号、共和新路710弄一期改造工程顺利竣工。芷江西路285弄三期、共和新路625～655弄改造工程进入施工，共和新路970弄改造工程收尾。同时，做好芷江西路123弄等基地改造的调查摸底工作。

提高社区居民群众生活水平。全年新增就业岗位2287个，完成率127%；城镇登记失业人员2003人，控制在指标数以下；扶持成功创业59人，完成率118%；困难边缘群体就业270人，完成率175%；来沪从业人员综合保险覆盖数为6753人，完成率118%。依托开业园区，鼓励青年自主创业。开展调查摸底，掌握辖区内失、无业人员的就业动态，及时发现并重点抓好"零就业"家庭、"就业困难"人员、残疾人等的就业援助。加强横向协作，与区不夜城集团确立劳务合同关系，在解决社区劳动就业问题的同时，也解决了铁路上海站大型停车库的劳务人员需求，达到双赢的效果。全面提升民生保障水平，全年，街道享受最低生活保障对象1523户，覆盖人3110人，低保救助计37015人次，金额859余万元;临时救济计1333户家庭,金额40万余元;医疗救助计救助213人次,金额56万余元;支内回沪帮困2599人,金额550万余元,市民帮困基金帮困62人次,金额13万余元;新增廉租房申请135户。办好"老年乐园"服务项目,做好老年助餐点为老助餐工作,同时充分利用社区卫生服务中心、东风芷江养老院等"爱心助老特色基地",切实为社区老人解决养老、助餐、就医等困难。节庆期间对社区残疾人389人次发放各类帮困慰问金8万余元。通过"扶残助学春雨行动",对本地区生活困难的残疾学生和贫困残疾人家庭子女38人发放助学金8万余元。深化"一米阳光"工程,为社区盲人和弱视群体提供帮扶;新办"阳光心园",组织社区中较稳定的精神病人开展康复活动等;开办"阳光基地",对失业、无业残疾人进行就业培训;对"阳光之家"进行规范管理,培养他们热爱劳动,自食其力。做好计生各项工作,户籍人口计划生育率99%,流动人口计划生育率85%,为社区育龄妇女提供免费孕检1037人。不断拓展社区文化品牌,举行"学习,让生活更美好"为主题的第十三届终身教育节,围绕世博开展主题活动,组织"无声沙龙"43名聋人参观世博会;无声沙龙5名成员成为世博会生命阳光馆的志愿者;组织社区青少年举办"庆世博、我理想中的暑期生活"绘画比赛、"从身边小事做起,做文明观博的先行者"等各类主题活动,让社区居民进一步走进世博、了解世博。开设瑜伽、排舞两个健身操培训班,以及社区文艺戏曲剧场月月演、露天电影等活动,受到社区居民的欢迎。完成全国第六次人口普查工作。

(颜青蓝)

【完成桥东二期旧改动迁任务】 12月31日,最后一幢居民住房的拆除,桥东二期动迁基地1484证、1954户居民全部完成签约并搬离,动迁任务圆满完成。桥东二期动迁始于2009年,是全市旧改新政试点基地中新政内容最全、拆迁户数最多、拆除房屋类型最齐的旧改地块,市、区各级领导先后多次到基地视察,并对旧改新政试点工作提出了明确的要求。7月6日,桥东二期动拆迁基地党员举行责任区结对共建签约仪式。区房管局机关党支部、桥东二期动拆迁基地临时党支部及芷江西路街道交通公园居民区党总支共同签订三方共建协议。进入动迁收尾阶段以后,街道牵头北方集团下属动迁公司、各相关职能部门全力推进动迁工作。派出20多名机关干部,与区房管局干部、居委干部一起组成了7个工作小组,深入未签约居民家中宣传政策、化解矛盾;同时组织公安、城管、工商等职能部门对动迁基地开展连续性整治,维护动迁正常秩序,保证了动迁的顺利推进。

(颜青蓝)

【为企业提供综合服务】 年内,街道在企业服务方面下功夫,通过对辖区入驻企业产业结构、功能定位的分析,分门别类地对重点企业实行保姆式贴身服务,对优质潜力企业实行定点跟踪,协助拓展业务。对已入驻的优质老企业,挖掘潜力,助力发展,增强上下产业链之间的合作交流,提升企业的知名度,创造企业与政府间的"双赢"局面。除行政审批、政策扶持、部门协调等常规服务外,街道在银企合作、企业间合作以及企业和居民间的纠纷处理等方面,也提供全方位的服务。通过主要领导定期走访联系企业,了解诉求,帮助拓展业务等贴心服务,增强企业的归属感和信任感,使其做大做强,带动区域经济的持续发展。

(颜青蓝)

【向辖区单位发放消防设施】 年内,举行消防设施发放仪式,向各居委会及部分辖区单位发放灭火器等消防设施。消防支队专职干部对消防设备正确使用进行现场业务培训和讲解,要求各居委会强化消防意识,定期研究分析辖区消防态势,制定对策和应急预案,积极开展防火巡查、消防安全检查及火灾隐患排查工作,确保居民群众生命财产安全。

(颜青蓝)

【举办庆祝"三八"国际妇女节系列活动】 3月,举办"欢庆节日喜迎世博"——芷江西社区纪念"三八"国际劳动妇女节100周年主题活动。表彰在化解纠纷、创业、敬老、迎世博活动、为民服务方面有突出成绩的"妇女之星",并为社区居民奉献一台精彩的文艺表演。妇女们在舞台上载歌载舞,充分展示才艺和昂扬的精神风貌,各居民区也开展丰富多彩的庆祝活动,"文明观博培训会"、各类联谊会、"自己动手扮靓生活——家庭才艺作品展示交流会"、"老妈妈庆'三八'迎世博再建新功"恳谈会等活动,让社区妇女们进一步融入社会、参与社会、服务社会、奉献社会,在实践中增长才干,提升能力、锤炼素质。

(颜青蓝)

举行纪念"三八"妇女节100周年主题活动演出 (芷江西路街道供稿)

举行街道终身教育节文艺演出　　（芷江西路街道供稿）

【开展第二届“芷江民星”评选】 开展第二届“芷江民星”评选活动，发现并挖掘社区中在社区公益、扶贫帮困、见义勇为等方面有突出表现的居民。包括积极向政府部门献计献策、破解市容顽症的“小诸葛”，有急居民所急、常年免费为居民修理家电的“及时雨”，还有帮助化解邻里纠纷、促进小区欢乐和谐的“老娘舅”等。经过居民区推荐、街道反复酝酿，投票产生5名“芷江民星”，在社区进一步弘扬褒荣贬耻、革除陋习的社会主义文明新风，提高市民文明素质，推进街道精神文明建设。　（颜青蓝）

【利用“一米阳光”项目帮助盲人及弱视群体】 发挥“一米阳光”盲人及弱视人群社区关爱行动项目作用，建立由120人组成的助盲志愿者队伍。每月安排盲人开展一次活动，内容包括“定向行走”训练、电脑培训、按摩培训，以及文艺演唱、才艺展示、知识讲座等等。同时，组织志愿者开展经常性的帮扶活动，包括视力检查、体检、心理慰藉和疏导等，并定期安排针对志愿者的医疗急救和法律常识培训，帮助盲人及弱视人群舒畅心扉、消解闭塞、融入社区。　（颜青蓝）

【联动执法治理市容顽症】 深化联动执法机制，定期召开联动执法工作例会，汇总梳理各部门日常执法中的难以解决的问题，确保每周开展不少于两次的联动执法集中整治行动，有效治理中兴路1385弄、南山菜场等市容顽症。5～8月，联动执法组对乱设摊、跨门经营、违法建筑、破门破窗经营、无证经营、小区群租、小区环境脏乱差、无证足浴发廊等涵盖市容管理、工商管理、治安管理以及小区管理等多方面的难点问题进行集中综合整治，整治地点覆盖辖区内包括共和新路“窗口经济”、南山路、共和新路703弄、育婴堂路、中兴路1279弄和1321弄等在内的几乎所有的道路及小区中的热点。出动人员887人次，取缔乱设摊875处、整治跨门经营233家、无证经营85家，拆除违法建筑21间303平方米、披棚及乱堆物67处，暂扣违法经营设施795件、非法经营的各类食品2000余斤，有效改善社区市容面貌。　（颜青蓝）

【举办“身边的世博”系列活动】 围绕世博主题，开展“世博零距离”、“世博见证者”、“低碳世博”、“我也是世博志愿者”等系列活动，通过富有知识性、趣味性的世博会简介、世博理念展示、情景游戏、知识竞赛等单元，宣传迎世博知识，普及世博理念，向社区青少年展示一个微型、开在身边的世博会，使社区青少年在活动中受到教育、引导和熏陶，提高青少年自身的各项素质，营造良好的办博氛围。　（颜青蓝）

【举办第十三届终身教育节系列活动】 11月10日，以“学习，让生活更美好”为主题的街道第十三届终身教育节在区文化馆开幕，副区长鲍英菁等为辖区内获得世博优秀组织奖、世博场馆优秀志愿者的个人和集体进行颁奖。社区文体团队为广大社区居民奉献了一场包含舞蹈、越剧、拳操、手语歌舞等各种形式的精彩文艺演出。在开幕仪式进行的同时，街道还开设摄影构图技巧和创意讲座、花鸟画绘画课程等免费教学活动。社区团体也自发在现场举办书法、布艺、丝袜花、十字绣等各类现场秀，通过富有特色的互动活动，向广大社区居民展示终身学习的成果，推广“终身教育”的理念。　（颜青蓝）

【为居民构筑冬季“防火墙”】 街道采取多项措施，确保社区居民安全过冬。开展治安防范知识宣传，动员群众积极参与治安巡逻活动，通过在楼道张贴告知单，电子屏幕、黑板报、挂横幅宣传、摇铃提醒等方式，提高居民群众防火安全意识。加强对动迁基地及旧住房综合改造施工工地的安全管理教育，完善冬季施工安全措施，确保工地在春节期间的安全稳定。启动为老用电检查，对辖区独居、困难老人落实党员及志愿者关心其用电、用气安全，对于电线老化或用电存在安全隐患的，及时进行更换或维修。组成联合检查组，对建筑工地等重点单位进行安全大检查，发现消防隐患责令立即改正。　（颜青蓝）

共和新路街道

【概况】 共和新路街道位于区域中部，东至西宝兴路、北宝兴路与虹口区接壤；西至沪太路与普陀区毗邻，南至中山北路，北至延长路。辖区面积2.7平方公里。23个居委会，1636个居民小组，户籍总数25221户，人口67447人。办事处地址：平型关路489号。全年实现区级税收6930万元，比上年增长68.36%，引进企业总户数93家，引进内资企业81户，注册资金29186万元，其中注册资金1000万元以上的企业7户；引进外资企业13

户，注册资金501万美元，其中注册资金100万美元以上的企业1户。

加强城市管理，创造良好的市容环境。全年接到网格投诉69件，处理69件，完成率100%；组织“文明指数”测评工作，开展10次“迎世博，环境清洁日”活动，17436人次参加；开展迎博办博期间环境综合整治工作，整治小区“六乱”685处，清运各类垃圾37吨；拆除各类违章14308平方米，新搭建违章100%拆除，对洛川东路200弄等15个小区进行综合整治；做实做细柳营路拓宽和泽州路辟通工程的矛盾化解和综合协调工作；投资近100万元实施洛川东路、洛川中路亮化工程。

聚焦社区民生需求，推进社会保障工作。全年新增就业岗位3092个，完成年度指标126.2%；登记失业人员1699人，控制在目标数1730人以内；帮助成功创业71人，完成年度指标109.23%；困难边缘群体就业303人，完成年度指标131.73%；综合保险覆盖9324人，完成年度指标122.68%；全年认定就业困难人员181人，100%予以安置；为5211名困难人员发放各类救助款959.9万余元，其中为656户低保发放救助金391.8万余元；医疗救助79人，发放补助金25.7万余元；为患重大病58人发放市民帮困金补助金14.8万元；爱心超市为206户困难家庭发放粮、油等实物价值9294元；为191人发放9.5万元的市民帮困医疗卡和慈善帮困医疗卡；为困难家庭发放春季助学券143张、秋季助学券137张；为2177名支内职工发放补助金484.8万余元；春节期间，对地区中的2332户困难家庭进行帮困，发放帮扶金53.8万余元；为贫困残疾人发放春节慰问金5.1万元；对217户特殊困难的独生子女家庭进行帮困和救助，发放补助金4.3万元；世博期间，对778名低保、重残无业和民政对象发放补助金15.6万元，对90名低收入人群中患重大疾病的困难人员给予200～500元一次性补助。廉租房办理共接待咨询239人，新增享受廉租房59户，计有378户享受廉租房；“阳光康复基地”和精神日间照料站正式运作，阳光康复基地招收成员15人，日间照料站招收精神残疾人6人。

维护社会稳定。全年受理接待群众来访反映生活困难、享受低保、廉租房、申报户口、邻里纠纷、家庭矛盾、卫生环境及噪声等问题1782批2269人次，来电131个，信访代理635件（其中简易代理285件），办理市、区交转办群众来信（网）、来访189件，办结率99.4%，满意率95%；全年，社区各级调委会共受理矛盾纠纷700起，调解700起，调解率100%，制作人民调解协议书247份；街道人民调委会受理治安案件委托人民调解26起、轻伤害案件委托人民调解11起；街道调解工作室接受社区居民法律咨询305件；及时接收处置“110”接处警9341份，全面完成共和新路1200弄成套率改造收尾工作，沪太路651弄、柳营路309弄小区成套率改造工作正式启动，推进北宝兴路126弄小区成套率改造工作。开展第六次全国人口普查工作，按时完成23个居委会41873户调查户的信息采集登记工作。大力推进精神文明创建工作。清明节举办“传承民族魂，再续爱国情”系列活动；以世博会举办为契机，配合开展区第四届家庭文化艺术节暨大型游园活动，充分展示“五好文明家庭”、“学习型家庭”创建成果和丰富多彩的家庭生活。开展双拥工作，“八一建军节”期间走访闸北消防中队、61486部队政治部等共建部队，走访160多名优抚对象，并开展重点优抚对象帮困活动，先后为39户重点优抚对象发放帮困金1.3万元；完成兵员征集任务，输送优秀青年20人。

推进社区教育科普文化体育事业。社区学校全年春秋两季各开51个班，课程30门，学员共2058人；举办各类专题知识讲座25次，听众近2000人次；开展特色课程建设，设定5个特色课程；完成2个社教实验项目课题的研究、结题报告及上海市示范性老年学校的评估工作。提升文化中心的服务水平，投资10万元开辟小剧场和专用电子琴教室，全年计服务40万人次，比上年增长10%；全年以世博、“红歌”、茶艺为主题，先后组织“迎世博，庆元宵2010年共和新社区灯赛综艺活动”、“中华赞歌唱响共和新”社区歌咏大赛等各种文化活动56场（次）；配合区东方有线公司完成2.6万户居民的电视“模转数”工作。精心筛选组建10支队伍参加区九运会老年组9个项目的比赛，获团体总分第三名，并承办区九运会益寿保健操项目竞赛的具体赛事；拨款数千元整修4个社区体育健身苑点的器械，确保居民健身活动的安全，并新增1个社区体育健身苑点。（沈顺南）

【建成社区108创意广场】 年初，座落在街道辖区内的108创意广场，是集大润发卖场、体验式餐饮街、loft写字楼为一体的商办综合体，总建筑面

建成社区108创意广场　　（共和新路街道供稿）

社区茶艺队获中韩日青年文化艺术大赛“最佳优秀奖”

（共和新路街道供稿）

积约10万平米，东至平型关路，南至俞泾港路，西至乐业公寓，北至民和路。广场内专为餐饮业态量身打造的大型体验式餐饮步行商业街和商铺，为周边成熟社区提供全新的休闲生活服务，大润发大卖场入驻其间，各名店“根据地”、品牌火锅、中西快餐、酒吧、咖啡屋、特色中餐等也逐步入驻。5.4米的层高打造出自由、简约、高贵的Loft和SOHO型办公区域，家、艺术、办公的界限模糊，激发工作灵感，适合创意型企业和品牌入驻。108创意广场入口处“蚂蚁爬杆”的巨型雕塑象征奋力向上，追逐梦想的寓意。以上海国际都市人群为蓝本的雕塑，以朋友、情侣、家庭等组合形象在广场上挥手致意，代表高瞻远瞩的“望远镜”雕塑、办公区域大堂中的群“马”雕塑和休闲区域的“蛋”雕塑，都让人眼前一亮，成了又一个城市创意新名片。（沈顺南）

【市青年检察干部到社区挂职锻炼】 7月，市检察二分院与共和新路街道属结对共建单位。为加强对青年检察干部的培养，二检院分批组织40多名青年干部到居委会及街道相关科室进行为期半年的挂职锻炼。青年检察干部在居委会担任书记或主任助理，他们参与居民区的民事纠纷调解、文化教育、民生保障、卫生整治以及居民区党建。还在街道民政科、城管科、综治办、司法所等科室参与社区建设和管理的各项工作。青年检察干部到社区锻炼，增进对人民群众的感情，发挥好专业知识的作用，为社区平安建设和依法行政出力。市检察院检察长陈旭、市检二分院检察长陈辐宽，区委书记方惠萍、区委常委、组织部部长方莉萍、区检察院院长曾勉等领导出席青年检察干部挂职锻炼签约仪式。（沈顺南）

【为辖区老人提供就餐服务】 位于柳营路319弄内的社区老年人日间服务中心设有老年人食堂，为老人解除用餐的后顾之忧。现每天为400多位老人提供就餐服务，其中有150位老人送餐上门。考虑到老年人的经济承受能力和营养需要，老年人用餐的价格定位6元，每餐规定两荤一素一汤，分AB两套，而且汤和米饭不限量。可口的饭菜，加上优质的服务，使社区里的老人近悦远来。同时街道拨款5万元用于贴补老年人用餐，也帮助经营单位减轻物价上涨的压力。该经营单位通过减少进货中间环节、采取统一采购及直接赴产地采购等形式，降低货源成本。其负责人表示，宁愿企业亏损，也不能亏了老人。（沈顺南）

【社区茶艺队获韩国“最佳优秀奖”】 9月，应中日韩老年文化艺术大赛邀请，共和新路街道社区“马大嫂”茶艺队作为中国唯一的茶艺展示团队赴韩参赛交流，将社区茶艺和茶文化“秀”出国门，不仅从70多个节目中脱颖而出，获得“最佳优秀奖”称号，更与日本和韩国的茶人、茶商结下深厚友谊。在韩国仁川文化艺术中心舞台上，“马大嫂”茶艺队将茶舞与茶艺结合，在舞蹈中再现美丽的茶叶传奇。音乐停止，袅袅的茶香依旧在空中弥散。台下沉静片刻，忽然爆发出雷鸣般的掌声。茶艺队又献演曾经登上世博会舞台的《茶迎五洲客》节目，再次引发全场观众的鼓掌与喝彩，甚至有不少日、韩演员来到后台要求与中国演员合影留念。在比赛演出之余，茶艺队先后到韩国茶博物馆、韩国梨花女子大学考察访问。在茶博物馆参观韩国的茶具和茶道展示，在茶室内观摩韩国茶艺师的表演，之后，队员们拿出自带的雾里青茶叶当场冲泡给韩国朋友品尝，受到啧啧称赞。在短短5天行程中，茶艺队先后拜访多位韩国和日本的茶叶协会负责人、大学校长和茶博物馆馆长等，向他们送上茶书、茶叶和2011年上海国际茶文化节的请柬。（沈顺南）

【居民区“侨之家”实现全覆盖】 街道有归侨、侨眷461户，1176人，为响应中国侨联关于“组织起来，活跃起来”的号召，街道积极探索社区侨务工作，将创建“侨之家”作为社区侨务工作的一项重要内容。制定工作计划，提出有班子、有队伍、有牌子、有场所的“四有”创建标准，并分别多次召开居民区党总支书记和侨务联络员会议，进行学习、动员、交流和推进，统一思想，提高认识，明确目的和要求。锦灏是最早立建立“侨之家”的居民区，他们积极开展各项活动，深受归侨侨眷的欢迎。街道积极推广他们的经验和做法，经过几年的努力，街道所属居民区都先后建立“侨之家”，挂上了由街道统一制作的标牌。通过“侨之家”这个载体，进一步发挥侨界人士的聪明才智，推动和谐社区的建设。“侨之家”的建立为侨界人士提供了学习、交流和活动的平台。居民区“侨之家”遵循“就近、方便、小型、多样”的原则，方便侨界人士就近参加活动，特别使一些年老体弱的侨界群众也能走出自家门，融入“侨之家”大家庭之中。（沈顺南）

大宁路街道

【概况】 大宁路街道位于区境中北部，东起北宝兴路、粤秀路，西至万荣路与彭浦镇毗邻，南临延长路、老沪太路，北抵走马塘、泗塘河，辖区面积6.24平方公里。有18个居民委员会，940个居民小组。户籍总数18345户，人口54326人，其中60岁以上老人11067人。外来人口21231人。街道办事处设在彭江路188号。年内，街道被评为2010年度区机关目标管理综合考评优秀部门。全年完成区级税收首次突破亿元大关，实现经济跨跃式发展。全年完成总税收23031万元，比上年增长59.2%，完成区级税收10120万元，比上年增长83.6%，引进内资26136万元，比上年增长124%；引进内资企业149家，比上年增长7.2%；引进合同外资542.9万美元，完成全年500万美元指标的108.6%。楼宇经济快速增长，街道属地统计1万平方米以上的5幢商务楼宇的平均属地率达41.41%，较上年增长21.41%。引进注册资金1000万元以上的企业4家。新培育区级税收百万级以上企业7家。

切实关注民生保障工作，全年新增岗位2605人，完成年度指标的127%；登记失业人员1163人，控制在指标数1190人之内，帮助成功创业75人，完成边缘困难群体就业208人，为各类最低生活保障、支内回沪人员以及重大节日帮困送温暖等23138人次，帮困补助金额709.33万元，发放各类伤残抚恤补助金、抚慰金等66.91万元；发放残疾人慰问金、重残无业大病补贴等30.28万元。

创业就业稳步推进。积极拓展就业渠道，帮助就业困难人员成功就业。全年举办7场小型招聘会，为233名求职人员进行职业指导，推荐成功就业178人次。加强对青年创业园区工作的管理和指导，园区共入驻青年创业企业10家。街道开业园区新址正式投入使用，扶持各类非正规就业组织21家，吸纳从业人员403人；指导非正规就业组织成功转制11家，建立各类非正规就业组织105家，吸纳就业人员1236人，成功转制58家。开展社区应届毕业生就业指导，促进大学生就业，社区应届毕业生288人，就业228人，就业率79%。

惠民实事项目顺利开展。做好申请廉租住房家庭的收入核对工作，年内，享受廉租住房补贴170户。对3335户申请经济适用住房家庭进行入户调查。做好人口普查与计划生育工作，共入户普查登记33436户，承接区“老年乐园”项目，对街道13个居委会老年活动室实行项目化管理，满足老年人服务需求。全年服务社区老人23939人次。为独居老人进行安全隐患检查，查出隐患21处并及时排除。投资3万余元对街道敬老院进行再次装修，年内，完成居家养老服务84人，完成1033人。提供助餐服务802人次，为独居老人免费安装“安康通”59户。组织50名老人参加上海市“夕阳红”——赴黄山疗休养活动。为社区老年人办理银发无忧意外综合保险1218份，老年服务中心正式投入使用。以“慈善蓝纽带”项目为抓手，开创区校联合的爱心助学新模式，参加义教志愿者200多人，受助困难学生56人。企业、市民积极参与社会慈善活动，共帮助困难学生团员和外来青年团员41人。

迎世博市容环境整治任务全面落实，完成共和新路高架沿线整治任务，整治非居住用房外立面300余万平方米，协调拆迁基地3处。完成涵盖所有旧公房小区的平改坡工程，改造面积约40万平方米。完成11条中小道路综合整治，粉刷围墙近1万平方米。完成平型关路801弄、共和新路1700弄等5个小区二次供水改造，改造面积14.3万平方米。完成9个旧公房小区的“清洁家园”工程。完成共和新路2205弄小区积水改造工程。对大宁国际商业广场地区、共和新路两侧等重点区域和菜市场、文明路口等周边环境整治。全年出动人员2100多人次、巡察道路1285条次、拆除违法建筑3.54万平方米整治乱设摊723个、清除“三乱”7254处，规范东方书报亭摆放15处。对西钱塘、杨家宅等外来人口集居区开展市容环境整治，社区市容环境明显改善，在上半年全市市容环境状况满意度测评中，街道排名位居全市第二十八位，列全区第一名。

以迎办世博会为契机，加强文化建设，提高社区文明程度。成立“文明观博”宣讲团，组织社区居民参加世博礼仪知识培训，制作流动宣传牌100多块，播放《笑迎世博谈文明》、《笑迎世博文明观博》等6部百姓TV宣传片200多场次，9515名社区居民和社区单位职工通过世博知识网络培训测试。以文明指数测评和“三五”集中行动为抓手，坚持突击整治与常态管理相结合，加大对重点区域的宣传和整治力度，发动志愿者参加路口值勤，巩固好交通文明示范路口，顺利完成第六、七、八次文明指数测评工作。开展各类社区志愿活动，成立社区平安志愿者服务队、团员青年世博志愿者服务队、少数民族世博志愿者服务队等队伍，开展地铁“保畅通”、社区“保平安”、公交站点“保秩序”以及“世博先行·志愿者为民服务活动”等志愿服务活动，参加志愿者3500多人。有30名志愿者被评为市、区级“优秀志愿者”，9家单位被评为区世博工作先进集体，街道获世博会志愿者工作优秀组织奖。

举办第五届楼组文化节，楼组文化建设稳步推进，群众文化不断丰富。完成社区老年服务中心绿色能源改造科普项目。举办楼组家庭低碳生活秀、心理讲座、科普讲座系列活动，完成有线电视数字化整体转换工作，获“2009年度上海市科普示范社区”称号。组团参加区第九届运动会，排舞、木兰拳等项目代表闸北区参加上海市第十四届运动会比赛。全年向社区居民发放健身卡1800张，方便居民前往学校场馆健身。为大宁路181弄等8个小区健身点更新健身器31件，新建宝华现代城小区健身点。街道获“2007～2010年上海市群众体育先进单位”称号、“2010年上海市社区教育示范街道”称号。（李　清）

【获全国综合减灾示范社区称号】 为提高街道综合减灾能力和风险管理水平，街道将创建"综合减灾示范社区"工作纳入社区规划和建设之中。制定《社区灾害救助应急预案》、《人口疏散方案》、《防台防汛预案》等7项综合减灾预案。依托社区各专业机构组织医疗卫生、水电煤工程维护等应急队伍，各居民区组建20~30人的志愿者队伍，经常演练、培训。多形式开展社区减灾宣传，请有关专家对居民开设减灾防灾知识讲座18次，在各居民区进行综合减灾知识版面巡展，设置减灾宣传园地，发放《市民防灾必读手册》等减灾防灾宣传资料1500多份。组织抢险减灾、医疗救护、消防防护各类培训11批863人次，对企业进行"安全生产百日督查专项行动"，进行不间断的安全检查和整改，及时消除灾害隐患。在街道机关和新梅、大宁路667弄、慧芝湖等居民区进行模拟地震应急演练，分别对被困人员解救、灭火消防、危险化学品处置、紧急疏散逃生、伤员救治等项目进行实战演练。近3年来共组织各类演习演练13次，参加人数2200多人次。根据社区减灾实际，有针对性地开展防灾工作，特别是防台防汛季节，做到一有汛情，防汛队伍、器材物资及时到位，保证拉得出用得上。对孤老等弱势群体特别是独居老人专人负责，社区405名志愿者与560名独居老人关爱结对，为242户80岁以上行走不便的独居老人安装方便扶手，阳光呼叫器、"安康通"等装置。定期检查和整治重点场所和重点部位，切实做到防患于未然。经过3年努力，街道综合减灾能力和风险管理水平全面提高。年内，被国家民政部授予街道"全国综合减灾示范社区"称号。

（李　清）

【"百姓TV"摄制组服务世博】 由大宁社区志愿者组成的"百姓TV"摄制组，继2009年之后，2010年继续自编、自导、自演8部以精彩世博、和谐社区为主题的电视短片，在居民小区巡回播放，深受广大居民的赞誉。《笑迎世博谈文明》、《笑迎世博谈邻里》、《笑迎世博文明观博》等6部以迎世博、文明观博为主题的TV短片，世博会前和世博会期间在街道各居民小区巡回播放，深受广大居民的欢迎，对社区居民群众走近世博、参与世博、服务世博、奉献世博、文明观博和促进社区文明发挥重要作用。《引以为戒，警钟长鸣》是由街道百姓TV摄制组联合消防、安监等部门共同制作的消防安全宣传教育片，该片内容包含消防栓、灭火器的使用方法以及火灾现场逃生技能等实用性知识，在居民区播放后，既增强居民的消防意识，又帮助其掌握基本的火场逃生技能。随着该片的播出，一场以防火减灾为主要内容的安全大检查在街道全面展开，增强居民自我保护意识，促进社区家园的安全稳定。百姓TV这一群众喜闻乐见的宣传形式深得老百姓的喜爱，也受到社会新闻媒体的广泛关注，《经济日报》、《解放日报》、《新民晚报》、《上海老年报》、《闸北报》等媒介给予报道。至年底，摄制组总共拍摄"百姓TV"11部，这种源于百姓、贴近百姓的宣传方式，让百姓备感亲切，易于接受，从而潜移默化地提升老百姓的文明素养，推动整个大宁社区文明素质的提高。

（李　清）

举行邻里牵手行主题活动　　（大宁路街道供稿）

【"邻里牵手行"公益服务项目启动】 从4月开始，一支由楼组居民自发组织的志愿者服务队开始活跃在大宁社区楼组里，他们为行动不便的老人和双职工家庭帮忙买菜、照顾楼内的独居老人、每隔一段时间组织一次兴趣沙龙，让有共同兴趣爱好的居民在一起交流娱乐，志愿者的上岗标志着"邻里牵手行"公益服务项目在街道启动。"邻里牵手行"是由街道倡导，楼组居民自发组织的公益服务项目。目前，该活动在街道楼组协会的精心组织培育下，在居民楼组蓬勃发展。活动内容由刚开始的助老、助残、兴趣沙龙发展到睦邻点便民服务、兴趣沙龙、主题活动，专题讲座等四大板块26个项目。每个楼组设置一个睦邻点，为老年人、残疾人、大重病患者、少儿等需要帮助的居民开展菜单式服务；每月一次的小区兴趣沙龙活动增强楼组之间、邻里之间的互动和互助，吸引越来越多的居民走出小家，关心大家，融入社区，提高居民对社区的认同感、归属感和幸福感；高层楼组志愿者服务队伍的志愿活动，提高楼组自治能力和居民参与社区公益活动的热情，促进社区融合。"邻里牵手行"服务项目为高层楼组居民之间的相识、相知、相助搭建一个有效平台，获得了社区居民的广泛参与，截至年底，活动由刚开始的新梅共和城、慧芝湖和崇文园3个居民小区影响至全街道18个居民小区，年内，举办健康养身、安全防范、消费维权等专题讲座9次680人次参加。结合重大节日，组织举办端午邻里情、楼组趣味运动会等主题活动6次2300多人次参与。组织我爱宝宝、老年养身、亲子教育等13个兴趣沙龙活动117次9500多人次参与。每月2次的楼组睦邻点便民互助服务共吸收志愿者950多人,便民互助服务受惠1000多人次。（李　清）

【做好世博安保工作】　街道秉承"世博安保大家保"的指导思想,根据辖区内重点目标多、各类学校多、外籍人士多、重点单位多的"四多"特点,因地制宜,创新机制落实措施,社区世博安保工作稳定有序。"与社区单位联合、与职能部门配合、与社会结合",形成以"三合"为代表的世博安保常态化运行机制。与社区单位联合,构筑起维护社区平安稳定的"安全防线",先后有36家单位近500名志愿者,参与轨道交通一号线延长路站和上海马戏城站的保畅通志愿服务活动,39家社区单位440余名志愿者,参与社区内60个公交岗点的值勤,确保世博期间社区的平安稳定。与职能部门配合,合力开展对大宁国际商业广场等重点部位治安顽症治理,加强对辖区出租屋、中小旅馆、留宿浴场以及水泵、水箱的检查清理。与社会力量结合,聘请心理咨询师志愿者定期在社区学校举行心理讲座、开展心理疏导服务,及时帮助辖区内的学校教师、世博安保人员等舒缓心理压力。发动群众志愿者2400多人参与群防群治工作,发挥"新梅共和城六号楼"的示范引领作用,各楼组党员带领广大居民一起参与群防群治,筑牢守望相助、看家护院的社区平安建设第一道防线。世博会期间,街道每周召开一次世博安保工作例会,研究解决重大疑难问题,先后召开例会29次,制定各种工作预案12项。针对辖区内消防与安全生产、校园周边安全等突出问题专题研究,采取有力措施及时解决。细化辖区世博安保工作责任,形成覆盖全社区的四级安保工作责任制网络。

（李　清）

【心理咨询服务进社区】　为探索社区管理的有效途径,6月10日,大宁社区心理咨询站正式揭牌,引入专业心理咨询公司上海一致心理咨询中心参与社区管理和社区稳定工作。启动"爱在社区——心理疏导公益服务计划",建立每月一次"心理服务"讲坛。每月的第一个周六上午邀请上海一致心理咨询中心专家教授坐堂讲课,为社区居民开展心理健康咨询服务,启动"心理咨询服务进校园"活动,为辖区内育华幼儿园、大宁路小学、大宁国际小学、和田中学等学校师生进行心理训练和心理辅导,调适心理状态、排解心理压力,提高工作、学习效率。暑假期间,开展"健康快乐,从心开始"活动,每周二下午在新梅共和城,开设"一米阳光"心理咨询室,由心理专家为学生、家长等进行心理咨询服务,该举措有效缓解亲子关系、提高学生的自觉、自信、自强能力,促进青少年心理健康,受到社区居民和广大师生的欢迎。至年底,共举办社区心理咨询讲座13次,受惠人1200多人次,对师生一对一心理辅导63人。心理咨询服务,为共建平安世博、促进和谐社区建设发挥积极推动作用。（李　清）

【获市群众体育先进单位】　2010年是世博会召开之年,也是区第九届运动会、市第十四届运动会的举办之年。街道深入学习贯彻《全民健身条例》,以市、区运动会为契机,以"市民周末健身学校"为抓手,着力加强社区群众体育健身团队建设,广泛开展体育健身活动,提高市民体质健康。整合社区内中小学校场地资源,打开校门,向社区居民和企事业单位职工提供健身服务。上半年向18个居委会发放1800张多张健身卡,方便居民前往学校场馆健身。举办健身气功、第二套益寿保健操、武术木兰拳、剑、扇等健身项目免费培训18次,联合大宁国际小学,组织乒乓球交流赛,有15个单位参加比赛。比赛促进了各单位之间的交流,营造了全民健身的社区氛围。完善健身苑点的安全管理机制,做好老旧健身器更新工作。在区体育局的关心帮助下,为大宁路181弄、540弄、粤秀等8个居民小区健身苑点更新健身器31件。新建宝华现代城小区健身点和平型关路公共运动场,6月投入使用。街道银发志愿者10年如一日维修健身器,坚持每日巡视维修健身器,确保健身器的完好,保障居民安全使用。组团参加区体育运动会,有156名运动员参加20个项目比赛。排舞、健身气功获得老年组第一名,篮球获得成年组第一名,木兰拳获得第二名,获老年组团体总分第四名。街道排舞、武术木兰拳、太极柔力球团队代表闸北区参加上海市第十四届运动会,并获得排舞第二名、武术木兰拳第五名,太极柔力球第六名的好成绩。街道获"2010年上海市群众体育先进集体"称号。

（李　清）

【获市全民国防教育先进单位】　年内,贯彻《国防教育法》,结合实际扎实开展社区国防教育。把国防教育纳入街道工作规划和年度考核,年度有计划,有部署,有检查。以领导和机关工作人员为重点,把国防教育列入中心组学习和创建学习型机关的重要内容,定期开展"军营一日"、政策形势教育等活动。民兵预备役人员组训、战备执勤适时进行教育,协调驻区部队与中小学结对共建开展军训,寒暑假组织中小学生参观、读书、征文等国防教育活动,多层次覆盖,做到人人受教育。组织社区居民开展"双百"人物评选、国防征文,军民开展国防知识竞赛、趣味运动会等,把教育融入社区活动之中,居民在活动中受教育。街道建立"双拥街",网站设立"国防园地",图书馆设立"国防书架",社区学校开设国防教育课程,街道国防教育讲师团经常深入社区就国防形势热点问题宣讲。近三年来,街道老年协会组织国防知识教育和参观等活动30多次,1.2万多人次接受教育。把国防教育纳入文明社区创建考核内容,融入星级文明楼组创建活动中。结合兵役登记、征兵工作宣传国防法规和国防知识。"八一"、"十一"开展系列丰富多彩的活动,"双拥"工作和军民共建活动水平不断提高。近年来,社区军民携手开展学理论、迎世博、净环境、促和谐等"三同"活动,强化教育效果。街道连

文明楼组小朋友在做功课　　（大宁路街道供稿）

续多年获"上海市双拥模范街道"称号，年内，街道获"上海市全民国防教育先进单位"称号。（李　清）

【上工居委会被授予"全国和谐示范小区"称号】 自1986年，大宁路街道首创星级文明楼组活动以来，20余年来星级文明楼组建设谱写了一篇篇感人肺腑的故事。民族和睦凝心楼，大二小区21号楼，是五星级特色楼，"小事不出楼，温馨在楼组"是该幢民族团结楼的真实写照。在该楼里，邻里和睦，不分民族，不分老幼，谁遇到困难，都能得到及时真诚的帮助。特别是失去父母的回族孤儿璐璐，在楼组长胡立华和全楼居民共同关爱呵护下健康快乐成长。"民族团结一家亲，回族孤儿笑开颜的故事"曾在《解放日报》、《文汇报》、《上海家庭报》等报刊上刊登。学习天地科普楼，上工小区350弄31号，在上海大学退休教授朱家骏带领下，在楼组中设立科普园地，倡导科学生活，为楼组内年龄逢五逢十的老人过生日集体祝寿，20年来坚持不辍，楼组内充满尊老爱幼、家庭和睦、邻里团结的温情，2004年31号楼组获"全国文明楼栋"称号。爱我中华护旗楼，共和新路1895弄26号"护旗楼"自1999年以来，10多年如一日，坚持每天在小区中升降国旗仪式。当时发起者是楼内的14名退休党员，10多年来楼里居民变化很大，可楼里现有的老党员仍坚持每天升降国旗，同时经常组织社区内的中小学学生和居民在国旗下共同进行爱国主义教育活动。26号楼组已成为街道的爱国主义教育基地。星级文明楼组创建活动中，涌现出如"春光楼"、"科普楼"、凝心楼、"常乐楼"、"护旗楼"、"绿化楼"和"新梅共和城6号楼——党员示范楼"等一批具有时代特征，体现自我教育、自我管理、自我服务的特色品牌文明楼组，截至年底，街道拥有星级文明楼组773个，占楼组总数84%。其中五星级楼组75个，四星级楼组123个，三星级楼组212个，一、二星级楼组358个。楼组成为社区管理的第五级平台，年末，上工居委会被国家民政部授予"全国和谐示范小区"称号。（李　清）

【获市住宅建设立功竞赛先进集体称号】 关注民生促和谐，在"迎世博600天行动"整治工作中，街道加大人力、物力的投入，高标准完成6条景观道路建设和4个小区的拆违12处，整治面积达310平方米。对10条道路商铺的店牌店招全面更新，统一设计、统一施工。对辖区内的每条道路从平面到立面进行综合整治，有效提升市容环境。开展物业管理达标工作，在6个老式住宅小区开展保安、保修、保绿等达标活动，协调小区物业管理单位制定管理标准、操作规范、定期考评系列措施，提高小区的物业管理水平。把"迎世博"与整治市容环境改善民生紧密结合，城管、房地部门密切配合对辖区内共和新路景观道路两侧临街4个老式居民小区的住宅楼实施整新工程，实施晾衣架、空调外机、遮阳棚的统一，外墙涂料统一粉刷"四个统一"，整新工程受到广大居民的和密切配合，社区居住环境明显改善。年末，街道获上海市住宅建设立功竞赛先进集体称号。（李　清）

彭浦新村街道

【概况】 彭浦新村街道位于区境西北部，东起岭南路，西至东茭泾河，南临场中路、走马塘，北接共康路和高压线走廊。面积3.3平方公里，有33个居委会，3183个居民小组，户籍总数49113户，人口124848人，外来人口20160人。办事处地址：曲沃路450号。年内，街道获得全国社区商业示范社区等2项全国先进称号，获得上海市安全社区等19项市级和区征兵工作先进单位等20项区级先进称号。全年共引进内资企业89户，注册资金15794万元（含增资）。引进外资企业18户，注册资金2611万美元。完成区级税收6804万元，比上年增长77.2%，完成区政府下达年度任务141.8%。

开展世博安保工作。签定54份《世博安保工作责任书》，明确责任单位、责任人。招募2889名平安志愿者，对社区重点人员、公交站点和出入口及重点目标进行排查。开展社区邻里守望、看家护院、社区巡防、驻点守护和社区保平安志愿者行动。会同两个派出所对6类重点人员采取帮困、随访、管理和控制等措施，确保世博会安全和社会面稳定；开展治安顽症治理。对平顺路、闻喜路收销赃点、保德路沿线"拉客招嫖"、地铁站周边黑车非法营运拉客等顽症进行有效治理，收缴非法营运电动三轮车1835辆。对长安驾校、牛奶棚、蔬菜第六批发部等7个来沪人口集聚地进行集中整治，并签订世博安保责任书。坚持以房管人，加强对出租房、闲置厂房进行滚动排摸和安全隐患排查。整治平顺路790弄、闻喜路935

弄治安复杂地区，整治16次，出动人员1272人次；积极调处化解各类矛盾。聘请专业律师参与矛盾化解，受理并调处各类纠纷596起，制作调解协议书234份，成功化解矛盾9起。建立以疏导心理、疏解矛盾为主的“双疏工作室”，邀请专业人员定期坐堂，为居民答疑解惑、进行心理疏导，提供法律知识、帮助居民用法律武器维护自身利益。6月，街道被命名为“上海市安全社区”。做好春节、世博、国庆等节点稳控，对重点对象实行“一人一议，一人一案”。实行党政领导24小时接待制度，完善33个居委会信访代理制。全年领导接访805人次，受理195件，完成信访代理163件，成功化解多起信访个案和南孟桥群访案；加强安全生产督查。对建筑工地等570名外来务工人员进行安全生产知识培训。全年出动安全生产检查3784人次，检查生产经营单位1562个，发现各种事故隐患1830项，出具整改通知书810份，实际完成事故隐患整改1486项，整改率81.2%。

开展“应届高校毕业生百日助推无缝隙”专项援助行动和“迎世博春风行动”系列促就业主题活动，为大学毕业生以及就业困难人员提供职业指导和岗位推荐。紧紧抓住世博机遇举办14场用工洽谈会，提供2300多个就业岗位。提前3个月超额完成区政府就业和劳动保障各项目标任务。其中，新增就业岗位1708个，帮助成功创业58家，帮助困难边缘群体就业438人，来沪从业人员综合保险覆盖4239人，登记失业人数控制在3679人。通过自主就业和推荐就业相结合，社区失业人员实现就业9288人。以项目化为抓手，不断完善社会服务体系。推进“阳光雨露”、“智障增能”和“乐在社区”三个公益项目，社区1000名残疾人受益。推进“老年乐园”、“情暖空巢”项目化服务，为社区老人提供文化娱乐、生活照料、心灵慰藉等各种服务，老年乐园服务项目受益人次达338689人，情暖空巢服务项目受益人次累积超过8000人。新增居家养老对象591人，总人数达到3662人。为861名老人办理“银发无忧”保险。积极开展社会化拥军优属活动，社区18家双拥协助单位走访慰问“荣誉职工”，组织联系“蒋雨航小组”和第二老年公寓开展结对活动。“阳光之家”、“阳光基地”和“阳光心园”全年接待来访、调研、参观、交流代表团18批，代表上海市接受中残联检查并受到好评，“阳光心园”成为上海市8个示范点之一。全年发放各类救助款4130.31万元142356人次，发放失业人员医疗费补贴328.7万元4245人次。以旧住房改造为重点改善居民居住条件。完成临汾路1564弄14个小区57.9万平方米旧住房综合改造、平顺路875弄等23个小区81.2万平方米“二次供水”工程、场中路2471弄等19个小区93.6万平方米“清洁家园”工程和共和新路4605弄等4个小区14幢高层建筑10万平方米外立面综合改造。彭三小区二期拆六建三工程144户居民回搬，三期拆四建四工程两幢楼开工另二幢楼95%居民签约。

开展“迎世博、讲文明、树新风”活动，推进社区精神文明建设。结合文明社区评比、世博文明指数测评、市容环境卫生达标责任区验收，进一步美化道路环境。拆除二牧场、长安驾校等多处违法建筑4340平方米，整治破墙开门52处。完成闻喜路等6条道路784块沿街商铺店招店牌整治。完成共和新路、汾西路近3400平方米围墙粉刷，对场中路（共和新路以西）围墙进行综合改造，安装防盗栅栏，设置60块世博会图案。采取“四位一体”运作模式，开展“五大行动”，扎实推进跨门营业专项整治，集中治理早市、晚市蔬菜瓜果乱设摊和综合治理“夜排档”、小百货，确保市容环境处于可控状态；组织和引导居民广泛参与世博文化系列活动，营造“天天快乐、周周活动、月月过节”氛围，全年开展“迎新春、迎世博”全民健身跑等15次千人以上大型活动，参加社区文化活动中心组织各类活动的人次达45万，比上年增长18.5%。获区第九届运动会比赛老年组团体第一名、竞赛优秀组织奖和参赛优秀组织奖；建立人口普查计算机网络管理系统，开展第六次全国人口普查工作，得到市、区好评。完成国家基础软件试点和辖区4.8万户有线电视用户整体转换。（张红慧）

【服务管理双重并下管好经济】 作为大型居住区，街道辖区商务楼宇等招商引资资源严重匮乏。面对经济发展瓶颈，街道采取对企业强服务、对内部强管理做法。强企业服务即牢固树立“以服务促发展，借服务稳税基，靠服务增税收”理念，创新服务方式，规范服务流程；建立“服务专员制度”，让企业有问题找得到人倾诉；定期召开“企业服务例会”，落实责任人协调企业解决问题；开展企业欢迎、实效性强的活动，加强与企业联系

区委书记方惠萍（左二）看望2471弄居民　（彭浦新村街道供稿）

举行"上海—旧金山友好交流演出"　（彭浦新村街道供稿）

和沟通。强内部管理，即改革考核奖励办法，制定《关于开展招商引资、服务经济专项考核的意见》，提出经济考核指标，形成压力传递机制，进一步激发个人、相关单位和社会中介机构招商引资工作积极性；强化招商项目跟踪机制，全面落实引进企业工作程序、工作要求、各级责任人职责和执行标准，实施全程跟踪管理。充分发挥团队优势，对各个项目进展难点进行"集中会诊、分头落实"，切实提高招商引资效率和成功率。"双强"引来经济跨越发展，全年共引进内资企业89户，注册资金15794万元（含增资）。引进外资企业18户，注册资金2611万美元。完成区级税收6804万元，占年度指标141.8%。（张红慧）

【国家基础软件首次在社区应用】 街道围绕"建设信息化彭浦"目标，积极探索国产基础软件在社区应用。全年建成两套具有特色国家基础软件应用系统，成为全区街镇系统首家国家基础软件应用试点社区。一套是老年公寓信息管理系统，对公寓老人生活、饮食、药品等方面的相关记录、数据等进行统一、全面管理，便于工作人员及时进行跟踪、查询和分析，进一步提高老年公寓服务质量。另一套是阳光之家、阳光基地、阳光心园信息管理系统，对智障、残疾人士进行多方位管理和服务。该系统包括展示及查询、智障及残疾人信息化管理、电脑培训教室等。针对不同智障、残疾程度和级别进行康复训练，并促进轻微智障、残疾人士就业。年底，街道通过区科委对国家基础软件项目验收。（张红慧）

【做好第六次全国人口普查工作】 曲沃路430弄小区是区第六次全国人口普查工作唯一试点小区。街道在区人普办指导下，组织落实人员，准备基础资料，广泛宣传动员，把好业务培训、户口整顿、清查摸底、普查登记、检查验收等重点环节，认真规范方案、文件、制度、信息和各项保障工作且注重细节操作，历时28天的试点工作受到市、区人普办调研会充分肯定与赞扬。在全社区范围普查中，街道将430弄普查经验推而广之并加以完善。建立网络宣传平台，加强宣传动员，发放张贴《致第六次人口普查住户的一封信》6.5万份，悬挂横幅135条，海报公告278张，宣传黑板报、版面320块等，积极争取居民理解支持。通过大会培训、分组培训、专题培训、案例讲解、上门调查、实务培训等多种形式强化培训指导，加强"两员"（普查员、联络员）队伍建设。创新工作手段，建立动态管理系统，对普查区实行数据化管理。创建数字化资料库。将普查小区电子版地图、户主姓名底册记录编制及相关资料录入电脑，形成数字化模式，进一步提高人口普查工作质量，同时也为用数字化、现代化手段管理社区提供准确详实的依据。（张红慧）

【"上海—旧金山友好交流演出"在社区举行】 "上海—旧金山友好交流演出"由上海市人民对外友好协会、旧金山—上海姐妹城市委员会、闸北区人民政府主办，彭浦新村社区文化活动中心承办，也是为加强上海人民和美国人民之间相互了解和友谊，推动双方在多领域友好交流与合作。6月19日，美国旧金山民间演出团体在参加世博会园区演艺活动期间，来到社区文化活动中心与社区居民进行交流演出。演出节目中，美方有爱尔兰踢踏舞（墨菲——康佛德舞蹈队）、萨摩亚土著舞（美国萨摩亚社区发展中心）、击鼓舞（旧金山圣玛丽鼓队）等，中方有手杖操（街道手杖操队）、书法、葫芦丝（社区居民姚武家庭）、民族舞（街道红枫舞蹈队）等。中美双方精彩表演，得到社区居民一次次喝彩。在《难忘今宵》乐曲声中，彭浦新村表演团队演员向美国朋友赠送上海世博会吉祥物——海宝，表达上海人民对美国人民友好情谊。（张红慧）

【做好助老助残服务】 街道现有60岁以上老人31720人，占社区人口24.8%；残疾人3134人，占社区人口2.5%。为提高近1/3社区特殊人群服务质量，街道通过政府资助，组织社会公益团队实施，开展"老年乐园"、"情暖空巢"和"阳光雨露"3个项目化服务，使老年人在社区乐享晚年，残疾人生活质量明显提高。"老年乐园"项目主要开展文体活动、便民服务、专题讲座和咨询服务等四大类。提供服务的有社会单位、企业、社会组织和志愿者。项目覆盖30个老年活动室。活动室的开放时间从原来每周2～3次，发展到每周一到五全天开放，自开放以来，受益老年人达到33.86万人次。"情暖空巢"项目是由街道老年协会组织、社会单位及志愿者为无法纳入政府政策范围且身边无子女的80岁以上老人提供服务。服务主要内容为巡视探望、谈心聊天、解答疑问；理发、扦脚、陪医送药、联系家电维修、代购物品、代交水电费等。年内，接受服务的对象为56人，服务超过8000人次。“阳光雨露”是街道残联组织相关工作团队对社区80%以上35~60岁智障人士，进行益智培训、康复健身、特奥活动、公益活动、机能训练、功课辅导等多样化、个性化服务。项目开展以来，共开展“健康·微笑”、“放眼上海，我为世博”等五大主题各类活动106次。与此同时，街道还推进“智障增能”和“乐在社区”公益项目，社区1000名残疾人受益。（张红慧）

【“法律夜门诊”服务覆盖全社区】 随着依法治国方略全面实施和社区法律需求加大，“法律夜门诊”咨询活动已成为街道为民释疑解困途径之一。街道是上海最早成立的工人新村之一，总人口约15万，随着动迁和外来人口不断导入，各类矛盾不断增多。于是，街道通过向社区内有法律专业特长居民分发《社区法律服务志愿者征询表》，整合各种法律资源，建立一支200余名来自公、检、法、司等各个部门和律师行业的社区法律志愿者队伍。法律志愿者在居委会为居民提供法律咨询，时间在每周四晚上6~9时，使居民群众不出社区便能享受到全方位法律服务。彭五小区内有4名政法系统工作法律志愿者，每逢法律咨询接待日，有的下班晚了连晚饭都顾不上吃及时赶来，风雨无阻。“法律夜门诊”咨询内容涉及房屋租赁纠纷、邻里纠纷、财产纠纷、劳动纠纷等，受到广大居民欢迎。如今“法律夜门诊”服务已在社区全覆盖，惠及所有居民小区。据初步统计，“法律夜门诊”每年接待咨询1000余起，化解各种纠纷达数百起，在社区的和谐稳定中起到不可忽视的作用。（张红慧）

【多措并举应对高温灾害】 2010年暑期，面对连续37~39度高温，街道及时组织相关部门落实各项防暑降温措施，确保社区安全度夏。暂停居委会老年活动室活动，居委会空调房让给独居、生活困难老人休息；街道巡视员和志愿者对独居、孤寡老人加强巡视看护，上门为行动不便老人送餐。居委会不开展大型群众性活动；机关科室原则上下午不召开居委会干部会议。街道下发2000份“食品卫生安全科普知识系列”手册到各居委会和辖区内大中小型饭店进行宣传；聘请专业人员对居委会卫生干部、大中小型饭店负责人进行预防食物中毒、提高餐饮业食品卫生等知识讲座；工商、城管等部门联合开展整治夜排档和食品流动摊位行动。加强值班并做好应急抢险工作。街道联合供电所对居民区、辖区单位老化电器、线路等进行维修保养，确保用电安全；对容易引起积水老小区的排水泵、下水管道和窨井等进行检修，做好雷雨大风、短时强降雨天气防范工作；各物业公司坚持做好夏令热线居民报修工作，确保水、电、煤供应畅通。街道对红十字卫生站成员进行救护培训，及时发放急救包。同时，与卫生中心协调突发情况及时出动“120”。对辖区建筑工地等生产单位进行施工安全检查，确保安全生产。（张红慧）

【居民戴女士获爱心捐款16万元】 共康四村居民戴金娣10月14日收到市红十字会“爱心行动”捐助款16万元。戴女士一年来厄运连连。丈夫于2009年7月患胰腺癌去世，她本人2010年4月被查出患乳腺癌。为不影响儿子高考，她硬是将手术推迟。汶川地震时，戴女士在丈夫患重病期间，不仅在单位捐出100元，还又在社区里继续捐款。她说：“虽然我们捐得不多，每次也只有100元，但这也是我们的一份心意。”此次戴女士遇到困难后得到居委干部热心帮助，将她特困情况上报市红十字会“爱心行动”项目。经媒体报道，短短1个月，红十字会就收到来自社会各界捐款16万余元。面对这笔捐款，戴女士深情地说：“这笔钱，我每用一笔都会记下来。如果用不完，再还给社会，继续救助特困家庭！”（张红慧）

【举办社区体育团队检阅活动】 8月8日是第二个全国全民健身日，街道与区体育局在彭浦四中共同举行社区体育团队大检阅活动。街道机关、社区各体育团队、各居委会、辖区部队及院校、社区单位等21支团队2000余人参加这次活动。检阅中，百人腰鼓首先登场亮相，他们平均年龄在60岁左右，长年活跃在社区各项活动中并在区第九届运动会获第四名。其后是五彩纷呈社区团队表演：街道机关和区体育局、上海武警政治学院和闸北消防支队拔河比赛，彭浦中学广播操表演，455人社区居民42式太

举办社区体育团队检阅活动　（彭浦新村街道供稿）

乌拉圭客人参观街道书画展　　　　（临汾路街道供稿）

极拳操和321人海宝排舞表演等。平时，街道公共体育运动场4处（网球场、篮球场、门球场、健身场），38个健身苑和41个健身点及16所学校定期免费向居民开放。社区有体育指导员138人，有10支百人特色体育团队和居委会体育团队140支。街道通过体育健身工作领导小组、社区群众体育俱乐部、老年体育协会，指导和协调社区群众体育工作，使社区群众体育工作由社区居民向辖区企事业单位、学校、部队扩展，群众团队由小型向规模发展，由群众“求乐”向“求新”、“求知”转化。　（张红慧）

临汾路街道

【概况】 临汾路街道位于区境东北部，东起江杨南路，西至岭南路，南临北郊站，北到北长浜。辖区面积2.12平方公里。实有户数32232户，常住人口78494人，户籍人口54311人，纳入管理的外来人口10065人。设有居委会18个，社工总站1个，社工分站4个，建成市级文明小区21个、区级文明小区6个。办事处地址：阳曲路270号。年内，完成区级税收4751万元，比上年增长58.2%。引进内资15482万元，外资1468万美元。

世博会期间，街道推进协调道路两侧立面、设施的整治改造和住宅小区环境“三五”行动、清洁家园等惠民工程。年内，开展联动执法160余次、参与8600人次。拆除影响市容环境的非法广告店招78处97块，清除乱涂写、乱张贴广告13650余处，增划非机动车停车线168处、增设机动车禁停设施8处，对3个小区进行综合平改坡计30万平方米、8个小区进行清洁家园共计60万平方米，新建绿化景点12处，改造保德路、场中路段社会绿化10个花坛1000平方米，对11条道路两侧的市政设施实施油漆、粉刷，完成社区19615户的天然气改造置换，成功的创建为市市容环境综合管理示范街道。

解决好民生工作，全年新增就业岗位953个，完成下达指标的127.1%，登记失业人员1581人，控制在指标内，帮助成功创立小企业33家，帮助困难边缘群体就业405人，完成外来从业人员综合保险2489人，启点指导站岗位拓展623个，推荐563人次上岗。在12个居委会开设“助业展翼小屋”，通过志愿者拓岗、一对一个性指导接待等方式，提供各项助业服务1800人次，成功就业512人。发放救助金648万元，覆盖人数达1.9万人次，其中低保484.5万元、重残金99万元、医疗救助38.9万元，爱心超市为509户家庭发放价值1.5万元的物品，心惠家园帮扶500户家庭计23.2万元。世博临时性补助2次，发放41.2万元1012人受益。廉租住房申请核对180户，完成指标的1.8倍。完成4187户经济适用房需求调查。为1396名老人提供居家养老服务，为300名老人提供安全检查服务，为1000名老人提供“银发无忧”保险，开展冬季为老助浴服务300人次。改善居委会办公服务环境，新建保德路425弄、阳曲路570弄老年活动室并装修投入使用。

加大社区教育力度，根据居民需求，开设114个班，招收学员1782人。年内，开展各类配送演出10场、大型群文展演8场、大型主题活动8场、戏曲公演360场、各类展览10期，播放数字电影88部，参与文化活动中心活动的人数65.6万人次，日均2180人次。海贝亲子乐园开展0～3岁婴幼儿的启蒙教育，为社区0～3岁宝宝服务5200人次。对200名0～3岁婴幼儿开展综合能力发育跟踪测试。参加红十字救护培训，培训救护员22人、普及人员702人。加强对流动人口的服务和管理，帮助流动人口孕检1654人次。

建立“大调解”工作基础。年内，解决各类纠纷233起，签订人民调解协议书144份，与区人民法院诉调对接案件7件，处理110联动接警547件。加强对小区1377个水箱、68个水泵房的日常巡查和安全检查，确保双人双锁。组织安全生产检查企业1744家，查出安全隐患1296条，整改隐患1226条，整改率95%，开具整改单691份，回复571份，回复率83%。对243名农民工进行安全生产培训，对社区100家小企业的安全状况进行检查，对442名在册精神病人进行监管，为246户老年人家庭浴室内添置防滑垫，为189户家庭配置手电筒，为431户家庭中增添热水器的冷热标识。

年内，街道作为“长三角世博主题体验之旅示范点”，围绕“精彩世博、幸福临汾”的主题，首先试点推出集住宿、体验为一体的“世博人家”项目。社区通过长三角世博主题体验之旅示范点、世博人家、世博自治家园3个品牌，累计接待28个国家和地区、26个省市自治区共216批、5600余人次，接待境内外媒体172批次，得到游客的广泛称赞。至年末，获上海世博会先进集体、全国社区商业示范

社区、全国社区教育示范街道、上海市老龄工作先进集体、上海市充分就业社区等15项荣誉称号。（施晓萍）

【做好"世博人家"服务接待工作】 年内，临汾社区在全市率先推出集展示、体验、互动、餐饮、住宿于一体的世博人家，让普通的居住在临汾路街道家庭成为世博外交中的"民间大使"。作为"长三角世博主题体验之旅"在社区的深度延伸，世博人家在市、区质检局指导下，以"世博人家服务标准化试点"为抓手，着力打造标准化、民俗化、舒适化的接待服务，先后接待20多个国家和地区的外国政要和世博友人，受到150余批境内外主流媒体的聚焦关注，取得良好的社会反响，深度演绎世博会"城市，让生活更美好"的主题，成为2010年上海世博会的一大亮点。临汾社区和谐、美好的社区生活也成为让世界感知上海的一张生动名片。（施晓萍）

【与华氏大药房下属企业签定合作协议】 5月28日，上海华氏大药房有限公司下属的上海华氏商务服务有限公司和上海华纷化妆品有限公司与街道合作签字仪式举行。区委常委、副区长颜建平，区政协副主席、区食药监分局长张广仁以及区投资促进中心，区社区办，街道，上海华氏大药房有限公司等领导出席仪式。颜建平对上海华氏大药房有限公司总经理一行表示欢迎，指出华氏落户临汾是对区经济建设和发展的关心和支持，闸北的区域优势也为华氏企业的发展提供良好的环境和机遇。（施晓萍）

【社区检察工作站揭牌】 4月1日，区检察院与街道党工委联合举办社区检察工作站签约揭牌仪式。区检察院、市检察院控申处、区综治办和街道等领导出席仪式。区检察院和街道双方签订《关于建立社区检察工作站的工作协议》，并为社区检察工作站揭牌。（施晓萍）

【开展"爱心伴世博同行"志愿者服务活动】 6月20日是上海市社区志愿者服务日。临汾社区围绕"美好的社区生活——爱心伴世博同行"的主题，以社区公益项目和志愿服务行动为载体，通过"守护美好家园"、"激发公益热情"、"分享美好生活"、"践行美好心愿"四大系列活动，着重展示志愿者在社区活动中的风采，营造人人参与世博、奉献世博、分享世博的良好氛围。"守护美好家园"由"绿色家园"、"文明家园"、"平安家园"三个活动组成，社区内11支群众团队百余名志愿者们在社区的主干道路、文明路口、公交站点、居民小区里捡拾垃圾、文明劝导、维护轶序、治安巡逻，展现了他们在美化社区环境、倡导文明风尚、维护社区治安、守护美好家园的奉献精神。"点燃公益热情"以"SHOW个公益给你看"的形式，重点推介展示社区正在开展的幸福摩天轮、精彩世博、慈善车轮、少儿驿站、快乐接力5个公益性服务项目。世博人家服务中心用他们精心收集整理的世博出行攻略，为准备参观世博园区的社区居民们提供便利；慈善超市将企事业单位、个人捐赠的生活用品、学习用品、工艺品进行现场拍买。"幸福摩天轮"公益婚介交友项目首度起航，为社区有婚恋需求的青年男女开展交友活动。"少儿驿站"带来晚托班学生们的手工品进行义卖，并为有暑托需求的家长提供现场报名。同时，举行海贝亲子乐园"绽放希望"亲子专场、老年协会的"温暖夕阳"为老年服务专场以及居民区的"关爱彼此"慈善专场。在社区公益项目的展示中，社区志愿者们在互助互爱中传递自己的心愿，并点燃社区居民们共同参与公益事业的热情。"分享美好生活"邀请武警官兵和党代表参观"长三角世博主题体验之旅——多彩的社区文化"和"自治家园观摩——家门口的议事堂"两个活动，以最感性的方式让他们与社区居民一起体验、分享美好生活的点滴。"践行美好心愿"由来自市北电力、市北燃气、邮局、美发协会、医工协会以及便民服务队的近30余名志愿者在吉买盛广场前为社区居民提供热情、周到、贴心的生活服务。（施晓萍）

【完成有线电视数字化整体转换工作】 年内，街道作为区首批落实开展有线电视数字化整体转换工作的街道，街道通过宣传培训、分类指导、积极落实受理点，与东方有线网络有限公司闸北分公司分工合作，及时解决整转中的矛盾与问题，圆满完成社区内28877户的有线电视数字化整体转换工作，完成有效用户的98.48%。数字化整体转化就是将原来输入到电视机中模拟信号变为数字信号，数字信号不但可以让画面变得更加清晰，而且可以增加点播等互动功能。（施晓萍）

【开展社区暑期服务活动】 7月1～

做好"世博人家"服务接待工作　（临汾路街道供稿）

5日，街道暑期活动举行开学典礼。来自辖区内中小学生和社区老年朋友共250人参加，该次暑期活动有三个特色课学员最多，即“老少携手学英语”、“暑期社会实践”和“跟着奶奶学做虎头鞋”。“老少携手学英语”活动共30多人参加，小学生学员为老年朋友们献上精心准备的英语诗歌朗诵和英语歌曲联唱，学生的表演赢得老年朋友们的阵阵掌声。随后，学生和爷爷奶奶学员结成了一组组互帮互助、共学英语的老少对。温馨融洽气氛，冲破年龄的鸿沟，老少两代人通过共同学习与交流，使学生学如何去关心老人、理解老人、爱戴老人，对继承和弘扬中华传统美德具有现实意义。“暑期社会实践”活动吸引田家炳160名高一学生参加，他们将分批作为图书馆的志愿者，通过有限的社会实践时间，来培养学生们吃苦耐劳的精神，增加学生的阅历，增强学生走进社会、适应社会、服务民众的能力。“跟着奶奶学做虎头鞋”活动吸引31名学生参加，闻喜路555弄的“虎头鞋”制作达人82岁刘阿婆带领其制作团队手把手地教社区学生穿针引线，动手做虎头鞋。通过亲手制作虎头鞋，使学生对中华民族传统文化有了更进一步理解和感悟，对培养学生的审美兴趣和动手、动脑能力具有一定的促进作用。

（施晓萍）

【与区检察院青年干警开展结对带教活动】 8月12日，区检察院与街道举行青年干警结对带教签约仪式。区检察院副检察长吴盛出席仪式。社区（街道）党工委副书记邬金凌主持签约仪式。区检察院政治部介绍《加强青年检察干部基层锻炼工作实施意见》的背景情况及协议内容。来自检察院公诉科、未检科、批捕科的5名青年干警，与街道综治办、调解工作室、司法社工站的3名富有多年社区工作经验的老师现场签约，正式开展为期半年的结对带教活动。根据协议约定，区检察院将连续5年分批派出青年干警到街道有关科室，通过结对带教的形式开展化解社会矛盾、社会管理创新、公正廉洁执法3项工作。街道对区检察院青年干警来社区学习锻炼表示热烈欢迎，希望大家能将扎实的法学功底融入到社区工作中，运用到人民调解、法制宣传、信访接待等各项工作中。通过丰富多彩的个案实践加深理论认识，加强检察机关服务社区、保障世博、联系群众的力度，共同推进社会治安综合治理防控体系建设。 （施晓萍）

【开展社区敬老活动】 十月恰逢上海市第二十三个敬老日，又是上海市第一个敬老月。10月10～16日，社区举办“阳光爱心洒满九九重阳”五个一敬老节系列活动，围绕贺寿敬老、爱心助老、安全送老、孝亲敬老，开展祝寿、医疗、法律、文艺、助老志愿者服务等活动。送慰问。由居委会干部和爱心使者亲自送上来自街道办事处的节日慰问信，传递党和政府对老人的关怀和美好祝福。10月15日，街道办事处主任姜伟成和副主任汪惟娟走访慰问社区唯一的百岁老人许兰凤，向老人送上鲜花、蛋糕和慰问金，关切询问老人的起居饮食情况。老人虽然不能言语，但对领导的慰问表示出欣喜。送礼物。爱心超市特别向社区40名80周岁以上残疾老人、低保老人和患癌症的高龄纳保老人赠送重阳糕，把祝福带到老人家中，祝他们健康长寿、全家幸福。送健康。社区医工协会志愿者上门为老人测量血压，提供健康咨询，检查药箱、冰箱、衣帽箱、卫浴安全、卫生情况，做好随访记录，提出科学、健康的起居饮食建议。送实惠。10月16日，社区举行慈善助老特卖会，手套、袜子、棉鞋等入冬商品一应俱全，社区内60岁至百岁老人都享有折扣。送演出。景凤路小学的学生10月15日在临汾路299弄居委会老年活动室为老人送去自己编排的节目，为他们带来欢乐。活动借助社区慈善基金的力量，拓宽助老渠道，使社区慈善和助老工作有效融合。

（施晓萍）

【做好社区失业人员再就业工作】 街道应对世博岗位减缩形势，采取多种措施帮助世博后重回社区的失业人员早日就业。精心组织招聘会专场。积极联系上海电气人力资源有限公司、安吉乐助业服务所、“三天会展”等单位，组织酒店餐饮、物业、超市及部分企业等近72家单位，举办2场大型招聘会，共提供180余个岗位，吸引400多名社区失业人员参加，达成意向录用168人，当场录用58人。发挥临汾启点分站延伸网络“助业展翼小屋”的作用，扩大就业平台。对80人的志愿者队伍做好进一步的专业培训，深入挖掘促进就业的信息资源、服务资源和岗位资源，在12个“助业展翼小屋”服务点推动更加人性化的职业指导服务。年内计指导服务1531人次，成功上岗512人次。推进启点工作站联动机制，共同开拓就业岗位。发挥启点工作站统筹协调的枢纽作用，促进各方联动，整合社会资源，多方面开拓岗位，做好就业困难群体的帮扶工作。加强与培训学校联系，依托培训带动就业。启点工作站加强与长宁科技进修学校、安吉乐助业服务所联动，贴合就业需要开展培训，使培训与就业有效对接，在提升劳动力资源素质的同时，帮扶成功就业。 （施晓萍）

彭浦镇

【概况】 彭浦镇位于区境中北部，东沿共和新路，西接沪太路，南至老沪太路，北靠场中路。辖区面积7.88平方公里，设有居委会37个（其中筹建1个）。户籍人口83577人，实有户数33679户，纳入管理的外来人口34527人。镇政府地址：灵石路725号。共建成市级文明小区24个，区级文明小区36个；年内，上缴税收总额8.372亿元，比上年增加5195.48万元，增长6.62%；完成区级税收3.04亿元，比上年增加3803.9万元，增长14.29%，剔除房产区级税收2.286亿元，比上年增加5456.76万元，增长31.35%。招商引资成效明显，全年共引进内资7.7亿元，比上年增加1.46亿元，增长23.32%，其中注册资金1000万以上项目11个；引进外资4245.76万美元，比上年增加2542.96万美元，增长149.34%，其中引进注册资金100万美元以上项目3个；新引进企业294户，当年引进当年产税198户，产税率67.35%。重点纳税企业增长势头良好，莱茵技术、国药物流、ETL、幻维数码、红发物资、中国一冶等赢利都有较大增长，比上年增加2427.91万元，莱茵技术全年实现区税跨入2000万元行列。商务楼宇税收属地率不断提高，截至11月，商务楼宇区级税收产出6051.42万元，税收属地率为76.88%，商务楼宇空置率14.97%。

着眼创新，“二次创业”迈出坚实一步。明确“3331模式”的发展总体框架，通过引进外脑，依靠专业团队，结合自身发展现状，提出“3331”的发展模式，即形成3个产业集聚区、3个居住区、3个生态区和一个配套服务区，使区域布局更趋科学合理，符合安居要求。把加快发展现代服务业作为调结构、促转型的总抓手。沪太路（中环）商业地产项目（原汽车大道）、凯林特地块、彭越浦2号地块、彭越浦6号地块、319街坊重大项目配套商品房基地、德国莱茵大厦（二、三期）、康宁路幸福园区（二期）、北上海物流彭浦高新技术园区等重点项目都在动迁和筹办中。

聚焦重点，城市基础建设和管理扎实推进。重点项目进展顺利。修改并完善沪太路（中环）商业地产（原汽车大道）项目策划和设计方案，目前进入全面动迁阶段。凯林特地块保障性住房项目获市旧改认证，基地全部拆平，设计单位完成方案设计。中环（沪太路）综合客运交通枢纽闸北社区服务用房项目立项批准。永和E块农民动迁安置房项目开工在建。环境整治取得明显成效。迎办世博期间，共开展联合执法280余次，出动执法人员5760余人次，拆除违法违章建筑约3万平方米，收缴违法违规灯箱广告560余只、无证非机动车辆620余辆，规范整治跨门营业480余家，取缔乱设摊1600余处，清除中小道路“三乱”等黑色广告11万余张。社区基础建设不断完善。有序推进“清洁家园”活动，先后完成永和三村、原平路917弄小区、幸福新苑、场中路2800弄及海军干修所和海军特飞所共计47万平方米的综合平改坡开工建设和竣工验收工作。完成幸福一村、明珠公寓、物华园、万荣阳光苑等10个小区共计40万平方米外立面粉刷和龙潭小区近20万平方米“二次供水”改造，得到广大居民的好评。同时，完成沪太路（老沪太路—晋城路）道路大修工程和灵石路（高平路—沪太路）、高平路（灵石路—阳城路）等路段的绿化改建、彩色人行道板的铺设工作；完成广中路（共和新路—彭越浦河）道路整修工程；协助市排水公司开展“苏三期”和“西干线”雨、污水管排管工程。

召开经济工作会议　（彭浦镇供稿）

维护社区和谐稳定。稳妥处置突发事件。以综治工作中心为平台，建立突发事件应急机制，探索矛盾化解新方法，采取“排查分析抓苗头、跨前一步抓稳控、全力以赴抓化解”的措施，在整个世博安保期间，稳妥有效地处置区319街坊恢复性施工、白遗桥E地块恢复性施工、彭越浦路六号地块清场工作、凯林特公司与租赁户清场纠纷、灵泰市场租赁纠纷及后续经营管理问题、长江砂轮厂群体性矛盾、骏马家具与幸福公司租赁纠纷、河南253名学生来沪打工被骗事件、大华阳城男孩触电事件、潮流实业债务纠纷等数起群体性矛盾等。杜绝各类安全隐患。完成对场中路汽配中心9家无证经营危险化学品单位的清理工作，并对塘南北孙宅地区、灵石路717号、灵石路783号等群租房和上海凯林特电器有限公司、场中路铁路沿线自制板房进行清理拆除。同时，对全镇76家物业小区开展安全隐患排查工作；组织辖区单位600余人次参加农民工生产安全知识培训和特种作业培训。在各项检查整治工作中，共出动人员2190余人次，检查单位1520余户，发现隐患2160余处，发出整改通知书760余份，收到整改回复680余份，完成隐患整改1870余处，维护社区的平安稳定。深入开展信访代理工作。继续深入推进信访代理和专业接访，拓展信访代理员网络，将党建志愿者纳入信访代理员队伍，做实、做细信访代理工作。受理群众来信143封，处理完成142封，办结率99%；接待群众来访343件，处理完成333件，办结率97%；群众来电48件，处理完成48件，办结率100%；电子邮件246件，处理完成233件，办结率95%；专业接访168件，信访代理186件。受理调解纠纷527起，调结527起，调结率100%。

逐步完善社区教育、科普、文化、卫生等工作。办好社区学校，强化培训和指导，发挥社区文教干部在社区教育方面的作用。结合镇经济发展对社区教育的总体要求,确定完善试验项目。围绕科技创新主题,提升镇域内科普能力和居民科学素质,重点组织开展各类喜闻乐见的科普宣传活动。运用好新的社区文化活动中心,培育发展彭浦镇特色群众文化品牌,举办各种丰富多彩、形式新颖的摄影系列活动和群众文娱活动。开展公共医疗卫生保健宣传,提供社区医疗卫生服务,完善社区医疗点的建设。促进民生保障。加强就业援助工作,全年新增就业岗位3494个,完成全年计划的127%;登记失业人员保持在99%以内,控制在区下达指标内;零就业家庭保持动态为零。帮助成功创业57人,完成全年计划的114%;来沪从业人员参加综合保险人数11348人,完成全年计划的118%。全年,救助低、协保、大重病对象和外地回沪退休人员等共计35000余人次,金额1452万余元。发放粮油帮困卡6736张,全面开展经济适用房宣传和受理工作,全年共受理廉租住房申请25户,实物配租3户。同时,老龄事业稳步发展,全年新增老年活动室4个,为1360余名老人提供居家养老服务。开展第六次人口普查工作,并代表区通过全国人口办抽查。

(蔡丽琳　彭每婷)

【做好世博保障工作】　彭浦镇以迎办世博为契机,充分发挥镇综治中心作用,确立"整合资源、建立机制、协同配合、落实管理、排摸预防、确保平安"的工作原则,以维护平安世博为目标,开展看家护院、邻里守望社会治安防范和安全生产大检查等工作,加强对重点行业、重点单位、重点区域和重点人员的管控,尤其是重点人员在世博期间无一人失控、无一人到世博会滋事、无一人到北京上访,世博安保任务圆满完成。同时,开展"世博大礼包"发放工作,共计发放4.2万余份。承办闸北第一场文明观博宣讲活动,组织300余名社区居民聆听主题宣讲。同时,组建1586人的平安志愿者队伍,在居民社区开展清洁楼道、治安巡查等工作,先后巡查守护镇域内76个居住小区、1580个水箱、62个公交站点,在公交站点服务人次达到2.3万余人次,社区巡查服务8.2万余人次,巡逻、相望守护时间超过20万小时,并有8名成员被评为市优秀平安志愿者,镇平安志愿者服务队被评为市先进集体。

(蔡丽琳　彭每婷)

【举办"二次创业"规划报告会】　4月26日,彭浦镇举行"二次创业"总体发展概念规划报告会,从功能产业定位、功能布局结构、道路交通系统、公共服务设施、空间环境构架和重要发展区域等六个方面描绘彭浦镇的发展远景。通过对"国际大都市中心城区城市更新发展专题"的研究,结合瑞士苏黎世区域发展国际案例,确立由上海老工业基地发展成为符合上海国际化大都市形象的"生态化、复合化、高端化、全球化"新兴城区的发展目标和"三大主导产业、两大外围产业及3+1重点项目"的发展格局。同时,以发挥地区优势、满足产业需求、推进一体化发展、提高地区凝聚力为依据,突出"3331"功能分区理念,确立沪太路(中环)商业地产项目、彭浦科技街坊、中环南北翼商业地产项目等十大重点项目,从而为打造"活力之浦、特色之浦、宜居之浦、生态之浦"奠定基础,推进文明和谐新彭浦建设。

(蔡丽琳　彭每婷)

【与农业银行签订银政合作协议】　2月21日,镇政府与中国农业银行股份有限公司上海闸北支行正式签订银政合作协议。农行闸北支行将提供20亿元信用额度,支持彭浦镇政府"二次创业"。为提升城区功能品位和实施产业结构调整,确定创业的十大项目,彭浦镇正在多渠道筹集资金从而使创业项目有强大的经济后盾。该次从农行闸北支行获得的贷款资金,主要用于年内将开工建设的总面积约24万平方米的沪太路中环高端商务商贸业大型项目;同时,农行闸北支行还为彭浦镇代理现金管理、资产管理、结算业务和担当财务顾问等。为推进全镇"二次创业",镇政府与农业银行实现战略合作,落实贷款基金授信额度将专门用于对全镇各项重大项目的扶持,以营造良好的发展环境。(蔡丽琳　彭每婷)

【国家级产品检测研发机构在镇落户】　6月29日,上海德诺产品检测有限公司、上海光明乳业股份有限公司技术中心与彭浦镇塘南实业公司举行签约仪式,宣布两个国家级产品检测研发机构正式落户位于江场西路、沪太支路的彭浦镇科技园。德诺产品检测有限公司是专业从事食用农产品、食品检测的第三方独立实验室,也是农业部食品质量监督检验测试中心(上海)和上海市乳品质量监督检验站的法人单位。公司为国家和企事业单位检测的项目涵盖农产品、食品在内的600多个产品标准、近500个参数指标,还参与研发和制定36项国家、行业和上海地方产品检测技术标准。该公司注册资金为1000万元,不久将增资至4500万元,并拟在3年内通过募集资本,在国内中小板或创业板上市。光明乳业技术中心则是集大乳品专业研究、泛食品行业检测和全信息乳品活动三个中心为一体的国家级技术中心,拥有国内乳制品行业首家博士后工作站,是国内乳制品新产品研发、生鲜牛奶检测的领先机构。

(蔡丽琳　彭每婷)

【荣膺"全国社区教育示范乡镇"】作为闸北现代教育园区所在地的彭浦镇,是区域内唯一大、中、小、幼各类教育机构齐全的街镇。每年,镇政府投入170余万元开展尊师重教活动,为不同年龄层次的社区居民提供近百个全方位接受终身教育的场所。镇域内既有全区最大的学前教育基地——小海豚成长乐园,也有基础教育功能齐全的市、区重点中小学新中高中、风华中学、新中初中,区第二中心小学,还有开展职业技能和高等教育的行健学院。多年来,这些门类齐全的教学机构为全镇8万居民、3万外来务工人员接受终身教育提供广阔的舞台,每年有上万居民在这些学校接受婴幼儿早教、文化知识、生活技能、文学艺术“充电”。彭浦镇内的17所大、中、小、幼学校，还派出教师，前往37个居委会社区教学点向居民传授英语、音乐、计算机、烹饪等文化、生活技艺，大大提高居民的生活质量，丰富他们的精神文化生活。彭浦镇于2010年成功创建成为市学习型社区，并连续多次被国家文化部授予“中国民间艺术之乡”荣誉。

（蔡丽琳　彭每婷）

【6万份防火手册赠送社区群众】 针对辖区居民小区多、建筑工地多等特点，年内，彭浦镇印制6万余份日常生活防火小常识手册，赠送给小区居民和工地上的农民工。彭浦镇地区有80多个居住小区和16个建筑工地，数量均位居全区各街道、镇之首。为此，镇安全监管部门在加强对居住区、企事业单位防火防灾情况督查的同时，与镇文明办联手印制日常防火小常识手册，分别送到5万户居民家中和16个建筑工地的2000余名农民工手中。防火手册内容包括：教育孩子不要玩火，不玩弄电器设备；不乱丢烟头，不躺在床上吸烟；不乱接乱拉电线，电路熔断器切勿用铜、铁丝代替；发现燃气泄漏，要迅速关闭气源阀门，打开门窗通风，切勿触动电器开关和使用明火，并迅速通知专业维修部门来处理等，让社区群众和作业人群了解防火防灾知识。

（蔡丽琳　彭每婷）

【为两新组织企业提供服务】 彭浦镇以引领两新组织企业文化建设、促进企业科学发展为抓手，不断提升两新组织健康发展的软实力，为全镇“二次创业”夯实基础。在搭建平台方面，重视思想动员。运用社区公告栏、公益广告栏、街头横幅、电子显示屏等媒介，公布服务内容；创办《“两新”之友》简报，为政府部门服务“两新”组织以及“两新”组织之间加强交流沟通提供平台。在加强互动方面，举办专题研讨。组织召开“谈文化、谈党建、谈凝聚、促发展”等主题的非公企业业主与党建专家、社会学家研讨会，探讨“两新”组织党建工作的途径与方法。在各驻镇职能部门和镇机关各科室内牢固树立做好“两新”组织党建工作的崇高使命感，自觉将其纳入日常工作范围。在形成共识方面，激发共建热情。在全镇范围内开展“重视、关心、支持、扶持非公企业，营造良好发展环境”的宣传教育和“开展大共建，促进大发展”共建活动，使“企业投资我引路、企业发展我服务、企业困难我帮助”的理念深入人心。（蔡丽琳　彭每婷）

【七成老年人参加体育健身活动】 作为改革开放后全市最早富裕起来的乡镇之一，彭浦镇地区老年居民十分注重通过体育锻炼来强身健体。全镇现有60岁以上老年人14246人，其中平时参加体育健身活动者达9800余人，镇域36个居委会、3个行政村均有体育健身团队。老人在公园、小区健身苑、社区公共体育场、镇文化活动中心广场和健身房、乒乓室等各类场所，打太极拳、乒乓球，做益身操、拐杖操，跳秧歌舞和广场舞。由社区老年居民组成的镇劲鼓队、扁鼓队、手杖操队、桥牌队还在市、区体育运动大赛中屡获大奖。在区第九届体育运动会上，彭浦镇有100余名老年人参赛，荣获集体秧歌和桥牌比赛两项冠军。彭浦镇地区70%以上老年人参加各种形式的社区体育健身运动，该镇因此于日前被授予“市老年人体育标兵单位”、“市老年体协标兵单位”和“市老龄工作先进单位”等称号。（蔡丽琳　彭每婷）

【搭建企业青年交友平台】 12月24日，一场名为“全程热恋——欧亚激情派对之夜”的青年交友联谊活动，在上海多媒体谷产业大厦举行。参加该次活动的100余名男女青年，均为注册经营在镇域内的中外企业员工，如幻维数码、莱茵技术、联合汽车、太太乐等30余家。青年们按男女比例自由组队开展联合吹气球、一起做家务、携手跳健身舞蹈、集体切蛋糕等互动活动，其中有30多对男女青年交谈甚欢，并互留联系方式。一些参加活动的青年，对彭浦镇为他们交友搭鹊桥、建平台深表感谢。调研发现，彭浦镇域内2000余家企业中的青年员工因工作繁忙、社交面窄等因素，一直未能找到心仪的对象。为此，彭浦镇充分发挥服务企业的优势，从2008年起，连续3年举办企业青年交友联谊活动，参加活动的青年达900余人次，让青年朋友在交谈、游戏、才艺展示和聚餐活动中增进友谊。（蔡丽琳　彭每婷）

举办企业青年交友联谊活动　（彭浦镇供稿）

人物·先进集体

编辑　丁唯涵

先进个人

【全国先进个人】

段春浩　　大宁路街道办事处副主任。2009 年 12 月，被国务院第二次全国经济普查领导小组评为国家级先进个人

庄建秀（女）　区妇联主席。3 月，被全国妇联、全国维护妇女儿童权益暨平安家庭创建协调组评为全国维护妇女儿童权益先进个人

王寒梅（女）　上海市地质调查研究院副总工程师。3 月，被中国地质学会授予中国地质学会第十二届青年地质科技奖——银锤奖

宋剑玮　　闸北公安分局大宁路派出所民警。4 月，被公安部评为全国公安机关 2009 年“百名追逃能手”

严　莉（女）　工商闸北分局法制科科长。8 月，被国家工商行政管理总局评为全国工商行政管理系统法制工作先进个人

胡建平　　闸北公安分局经侦支队民警。12 月，被国家知识产权局、公安部、海关总署等评为 2010 年世博会知识产权保护专项行动先进个人

郭美玲（女）　天目西路街道计生办主任。12 月，被中国计划生育协会评为全国计划生育协会先进个人

第七届全国五好文明家庭（5 月，中华全国妇女联合会、全国五好文明家庭创建活动协调小组）

吴国香（女）家庭　高伟民家庭

上海世博会消防安保工作先进个人（9 月，公安部）

孔华刚　　闸北消防支队闸北中队中队长

陶永发　　闸北消防支队副处长。

上海世博会先进个人（12 月，中共中央、国务院）

徐秋原（女）　闸北税务分局第十六税务所副所长

曹光毅　　闸北公安分局副局长

赖文波　　闸北公安分局天目西路派出所副所长

武树红　　区住房保障和房屋管理局局长

张建国　　区委政法委专职副书记

【市级先进个人】

宋玲英（女）　芷江西社区（街道）工会副主席。3 月，被上海市总工会授予“2009 年度上海市五一巾帼奖”

于素霞（女）　市邮政公司宝山区邮政局彭浦新村邮政支局投递员。4 月，被上海市人民政府授予“2007～2009 年度上海市劳动模范”称号

朱　斌　　闸北公安分局交警支队民警。4 月，被上海市人民政府评为 2007～2009 年上海市先进工作者

张建国　　区委政法委专职副书记。8 月，被中共上海市委、上海市人民政府授予“服务世博、奉献世博”立功竞赛二等功

赖文波　　闸北公安分局天目西路派出所副所长。11 月，被上海市总工会授予“上海市五一劳动奖章”称号

王寒梅（女）　上海市地质调查研究院副总工程师。12 月，被上海市总工会授予“上海市五一劳动奖章”称号

第三届“上海市非公有制经济人士优秀中国特色社会主义事业建设者”（3 月，中共上海市委统战部、上海市社会工作党委、上海市人力资源和社会保障局等）

郭　卫	上海芷新（集团）有限公司董事长
卢宗俊	上海中谷新良海运有限公司总经理
孙勇坚	上海宝矿国际贸易有限公司董事长

上海市百名优秀创业女性和上海市三八红旗手（6月，上海市妇联、上海市人力资源和社会保障局、上海市工商业联合会）

徐海蕾（女）	上海棉益纺织品有限公司董事长
林惠瑶（女）	上海新六联物流公司董事长

上海市创先争优世博先锋行动"五带头"共产党员（9月，中共上海市委）

苏　锦（女）	汾西路261弄居民区党总支书记
谌静珠（女）	场中路1011弄居民区党总支书记
林宝泉	闸北税务分局第六税务所主任科员
张建国	闸北公安分局反恐支队民警
龙伟生	闸北公安分局大宁路派出所所长
黄斌军	闸北体育场办公室主任
王佩华（女）	区社会体育管理中心党支部副书记
陆士培	工商闸北分局共和新工商所副所长
张平洲	区住房保障和房屋管理服务中心主任
谢　玮（女）	区投资促进办公室投资指导科科长
周国中	闸北消防支队参谋
谢振岳	闸北消防支队参谋

上海世博工作优秀个人（12月，中共上海市委、上海市人民政府）

吴　斌	闸北公安分局共和新路派出所副所长
林　荫（女）	闸北公安分局宝山路派出所民警
王　玺	闸北公安分局芷江西路派出所民警
周国珍（女）	闸北体育场党支部副书记
任秀凤（女）	彭浦镇1170弄居委会党支部书记
吴素珍（女）	彭浦镇永和北一居委会党支部书记
陈书伟	区住房保障和房屋管理局北站办事处副主任
施　钰	区住房保障和房屋管理局彭浦新村办事处科员

先进集体

【全国先进集体】

闸北区	5月，被全国妇联、民政部、文化部、环境保护部、国家广电总局评为全国创建学习型家庭示范城市（城区）
彭浦镇统计站	5月，被国家统计局评为全国乡、镇、街道统计工作先进集体
临汾路街道	6月，被中国关心下一代工作委员会、中央精神文明建设指导委员会办公室评为全国关心下一代工作先进集体
北站街道南星居委会	7月，被全国妇联评为全国妇联基层组织建设示范居委
工商闸北分局	8月，被人力资源和社会保障部办公厅、公安部办公厅、国家工商行政管理总局办公厅授予"2010年全国清理整顿人力资源市场秩序专项行动取得突出成绩单位"称号
闸北公安分局经侦支队	11月，被公安部评为公安部深入打击整治发票犯罪专项行动成绩突出集体
区老龄办	11月，被全国老龄工作委员会评为全国老龄工作先进单位
民进闸北区委中教一支部	11月，被中国民主促进会中央委员会授予2006～2010年度民进全国先进基层组织
区体育局	12月，被国家体育总局评为2010年全面健身活动先进单位

全国社区商业示范社区（4月，商务部）

彭浦新村街道

临汾路街道

全国创建学习型家庭示范社区（5月，全国妇联、民政部、文化部、环境保护部、国家广电总局）

芷江西路街道

大宁路街道

上海世博会先进集体（12月，中共中央、国务院）

临汾路街道

闸北公安分局天目西路派出所

全国社区教育示范街道（乡镇）（12月，中国成人教育协会社区教育专业委员会）

临汾路街道

彭浦镇

2010年世博会知识产权保护专项行动先进集体（12月，国家知识产权局、公安部、海关总署等）

闸北公安分局经侦支队

工商闸北分局

【市级先进集体】

北站社区(街道)团工委	1月,被共青团上海市委员会授予"上海市五四特色团委"称号
上海市邮政公司宝山区邮政局彭浦新村邮政支局	4月,被上海市人民政府授予"2007~2009年度上海市模范集体"称号
芷江西路街道	3月,被上海市人民政府评为"2008~2009年度上海市文明社区"
区房地产交易中心受理部	5月,被共青团上海市委员会授予"2009年度上海市青年文明号"称号
临汾路街道	4月,被上海市人力资源和社会保障局授予2009年度创建充分就业社区达标称号;9月,被中共上海市委、上海市人民政府评为上海世博工作优秀集体
大宁路街道	10月,被上海市体育局评为上海市群众体育先进集体;11月,被上海市成人教育协会评为2006~2010年成人教育先进集体
区委政法委	11月,被上海市政府评为"服务世博、奉献世博"立功竞赛先进集体

2010年度上海世博工作优秀集体(9月,中共上海市委、上海市人民政府)
上海铁路局上海站
临汾路街道
闸北公安分局指挥处
闸北公安分局大宁路派出所
临汾社区妇女志愿者团队
天目西社区统战志愿服务队

创先争优世博先锋行动"五好"基层党组织(9月,中共上海市委)
临汾社区(街道)党工委
市北高新(集团)有限公司党委
区建设和交通党工委
闸北公安分局交警支队党总支
闸环灵石环境卫生工程有限公司党支部
区精神卫生中心党支部
工商闸北分局三泉(临汾)工商所党支部
团区委机关党支部
天目西社区(街道)华康居民区党支部
北站社区(街道)三生居民区党总支
共和新路社区(街道)锦灏居民区党总支
共康中学党支部

上海市社区教育示范街道(10月,上海市教育委员会)
临汾路街道
大宁路街道

2008~2009年度上海市学习型社区(10月,上海市学习型社会建设与终身教育促进委员会)
临汾路街道
大宁路街道

逝世人物

张根宝 张根宝(1950~2010)男,汉族,1950年8月出生于上海。1969年7月加入中国共产党,1968年4月参加工作。1968年4月~1970年3月为空军高炮六师18团3营7连战士、文书。1970年3月~1972年1月为空军高炮六师18团政治处新闻报道组通讯员、团政治处书记。1972年1月~1982年3月任空军高炮六师政治部干部科副连职干事、正连职干事、副营职干事。1982年3月~1984年3月任闸北区法院审判员。1984年3月~1990年5月任闸北区法院副院长。1990年5月~1993年4月任闸北区法院副院长(正处级)。1993年4月~2003年1月任闸北区人民法院院长、党组书记。2003年1月~2003年3月任闸北区人民法院院长。2003年3月~2010年2月任闸北区人大常委会副主任。2010年2月起任闸北区人大常委会副主任、党组副书记。2010年8月24日在上海市第十人民医院因病逝世,享年60岁。 (陈 达)

文件选编

编辑　姚荣仲

重要文件选辑

中共闸北区委、闸北区人民政府关于对2009年度闸北区旧区改造动拆迁工作中表现突出的部门、街道和区属重点企业及个人给予表彰的决定

闸委发[2010]5号

区级机关各部门、各街道(镇)、各人民团体、区管各重点企业：

2009年，我区旧区改造动拆迁队伍认真学习贯彻党的十七大精神，以科学发展观为统领，积极开展“创新机制、服务群众、维护稳定”为主题的立功竞赛活动，进一步坚持解放思想、树立信心、攻坚克难，取得了铁路上海站北广场动拆迁工作的全面胜利，完成了2009年旧区改造动拆迁各项任务。截至12月底，全区共完成动拆迁6828户，收尾基地12块。

为鼓励先进，激发斗志，进一步推进我区旧区改造动拆迁工作，经各单位评选申报，区委、区政府审批决定：

授予闸北区建设和交通委员会等5个部门和单位2009年旧区改造动拆迁工作“优秀组织部门(单位)”荣誉称号；

授予闸北区政府法制办等6个部门和单位2009年旧区改造动拆迁工作“优秀协同部门(单位)”荣誉称号；

授予中共闸北区委组织部等16个部门和单位2009年旧区改造动拆迁工作“优秀配合部门(单位)”荣誉称号；

授予振沪房屋拆迁有限公司2009年旧区改造动拆迁工作“优秀动拆迁公司”荣誉称号；

授予陈卫东等14名同志2009年旧区改造动拆迁工作“优秀组织者”荣誉称号；

授予程凯等33名同志2009年旧区改造动拆迁工作“优秀动拆迁工作者”荣誉称号。

希望受到表彰的单位和个人在2010年的旧改工作中，发挥先进典型示范带头作用，为我区旧区改造动拆迁工作再立新功，再创辉煌。

中共上海市闸北区委员会
上海市闸北区人民政府

2010年2月8日

2009年旧区改造动拆迁工作优秀组织部门(单位)、优秀协同部门(单位)、优秀配合部门(单位)、优秀动拆迁公司、优秀组织者、优秀动拆迁工作者名单

一、优秀组织部门(单位)

闸北区建设和交通委员会

闸北区住房保障和房屋管理局

天目西路街道动迁分指挥部

芷江西路街道动迁分指挥部

铁路上海站北广场地区动拆迁指挥部办公室

二、优秀协同部门(单位)

闸北区政府法制办

闸北区信访办

闸北公安分局治安支队一科

天目西路街道派出所

北站街道派出所

宝山路街道信访办

三、优秀配合部门(单位)

中共闸北区委组织部

中共闸北区委宣传部

中共闸北区委政法委

闸北区发展和改革委员会

闸北区监察局

闸北公安分局

闸北区民政局

闸北区司法局

闸北区财政局(区融资办)

闸北区城管执法局

闸北区规划和土地管理局

工商闸北分局

闸北区拆除违法建筑办公室

闸北区人民检察院

闸北区人民法院行政庭

闸北区总工会

四、优秀动拆迁公司

振沪房屋拆迁有限公司

五、优秀组织者

闸北区建设和交通委员会　巢卫明　董　瑜

闸北区住房保障和房屋管理局　胡广杰　许　琦

闸北区政府法制办　吕忆农

天目西路街道动迁分指挥部　戈永錩　姜伟成

北站街道动迁分指挥部　王良荣

宝山路街道动迁分指挥部　赵　勇

芷江西路街道动迁分指挥部　李晓辉

凯成动拆迁有限公司　陈阿根

振沪房屋拆迁有限公司　钟文虎

闸北动迁实业有限公司　陈卫东

申兴房屋拆迁有限公司　何国桢

六、优秀动拆迁工作者

闸北区建设和交通委员会　程　凯　张其发　刘　震

闸北区住房保障和房屋管理局　邵海伟　宓富丞　沈文刚　薛小萍

闸北区政府法制办　王海莎　孔令毅

闸北区信访办　杨巧凤　张忠海　俞　松　许静波　郁清浩

闸北公安分局　张定华　李蔚江

闸北区教育局　李国庆

闸北区卫生局　严国豪

闸北区城管执法局　高振贤　陈文俊

工商闸北分局　吴　勇

闸北区拆除违法建筑办公室　孙家荣

北站街道动迁分指挥部　邬建明

芷江西路街道动迁分指挥部　钱兰喜　张鹏飞

宝山路街道动迁分指挥部　陈　春　李锦骅

天目西路街道动迁分指挥部　辛　毅

铁路上海站北广场地区旧改指挥部办公室　杨建华　付文治

不夜城南部地区旧区改造和开发建设工作推进小组　李瑞芬

轨道交通建设前期工程闸北段指挥部　汪祈民　顾鑫才

中共闸北区委、闸北区人民政府关于授予第七届“闸北区拔尖人才”称号的通知

闸委发[2010]15号

区级机关各部门、各街道(镇)、各人民团体、区管各重点企业:

近年来,全区各级党组织、机关企事业单位坚持以邓小平理论和“三个代表”重要思想为指导,牢固树立科学发展观、科学人才观,紧紧围绕建设和谐新闸北的宏伟目标,认真贯彻落实全国和市人才工作会议精神,组织带领各类人才积极投身我区经济建设与社会发展,为我区经济和社会发展作出了突出贡献,涌现出了一大批优秀人才。为树立典型,表彰先进,激励全区各类人才更好地发挥作用,根据《闸北区拔尖人才选拔和管理办法(试行)》的规定,经社会各界推荐、专家评审、公示及区委讨论决定,授予王飞等82位同志第七届“闸北区拔尖人才”称号(名单附后)。

希望受表彰的“闸北区拔尖人才”,珍惜荣誉,谦虚谨慎,再接再厉,为闸北经济社会发展做出新的成绩。全区广大干部群众要以他们为学习榜样,学习他们敢为人先、勇于创新的开拓精神;学习他们百折不挠、锲而不舍的进取精神;学习他们脚踏实地、吃苦耐劳的敬业精神;学习他们实事求是、严谨谦逊的科学精神,共同为建设和谐新闸北作出更大的贡献。

特此通知

附:第七届“闸北区拔尖人才”名单

中共上海市闸北区委员会
上海市闸北区人民政府

2010年8月25日

附件:

第七届“闸北区拔尖人才”名单

(按姓氏笔画为序)

王　飞	上海网环信息科技有限公司总经理
王　钢	闸北区教师进修学院副院长
王　曙	闸北区教师进修学院常务副院长
王孔良	闸北区动迁房源管理中心主任
王兴鹏	上海市第十人民医院院长
王志麟	中国铁路通信信号上海工程有限公司副总经理
王佐林	同济大学口腔医学院附属口腔医院院长
王宗光	闸北区人民法院刑庭庭长
王建成	上海恩斯凯轴承有限公司总经理
叶　强	闸北区卫生局副局长
卢宗俊	上海中谷新良海运有限公司总经理
乐　霆	上海市回民中学校长
朱勇强	上海埃格环保科技有限公司总经理
任忠鸣	上海大学钢铁冶金重点实验室副主任
华敏峰	原上海久隆电力(集团)有限公司董事长、总经理
刘建红	中铁上海设计院集团有限公司副院长
刘继东	上海刘继东建筑设计有限公司首席执行官
安智勇	中铁电化局一公司上海分公司总经理
许振华	上海环保工程成套有限公司总工程师
孙　芸(女)	闸北区少年业余体育学校女排教练
孙承波	上海新源变频电器股份有限公司总工程师
孙洪林	上海市申房律师事务所主任
孙勇坚	宝矿控股(集团)有限公司执行董事、总裁
杨茂江	海格尔软件股份有限公司技术总监、副总经理
李　莉(女)	闸北区实验小学校长

李金柱　上海市地质调查研究院工程师
李银辉　上海中土实业有限公司总经理
严克勤　上海新兴媒体信息传播有限公司总经理
肖　明(女)　闸北区北站医院眼科主任
吴　悦(女)　上海大学计算机学院副院长
余国潮　上海绍兴饭店管理有限公司董事长
汪永泽　上海堡尼服饰有限公司总经理
沈　刚　上海唐神广告传播有限公司董事长、总经理
宋世鹏　上海世鹏实验室科技发展有限公司董事长、总裁
宋树成　上海梁江通信系统股份有限公司董事长、总经理
张明国　国药集团化学试剂有限公司总经理
张　猛　闸北区少年业余体育学校副校长
张少觐　闸北区精神卫生中心院长
张安民　上海中铁市北投资发展有限公司总经理
张明发　上海红旗机筛厂有限公司总经理
张建华(女)　上海大学新型显示技术教育部重点实验室执行副主任
张涌泉　上海上大久亿信息技术有限公司总经理
张黎明　闸北区中心医院肾内科副主任
陆庆荣　闸北区中医医院副主任医师
陈　平　上海洲信信息技术有限公司董事长、总经理
陈　军　上海市市北中学校长
陈　越　闸北区教师进修学院科研室主任
陈卫东　西藏城市投资发展股份有限公司董事、副总经理
陈志杰　上海铁路通信工厂厂长
陈海龙　就任于上海行健职业学院艺术创意中心大师工作室
邵蕾琼(女)　上海腾隆(集团)有限公司总经理
林万隆　闸北区市北医院副院长
林海鸥(女)　上海电器陶瓷厂有限公司常务副总经理
郁　青(女)　闸北区芷江中路幼儿园常务副园长
罗　岚(女)　上海苏河湾投资控股有限公司董事长、总经理
季宝红　上海望源房地产开发有限公司董事长
周　帆(女)　闸北区中心医院血液科副主任
周　华　上海文欣人家餐饮有限公司董事、行政总厨
周　静(女)　上海市第六十中学教科室主任
周鸣清　闸北区中心医院肝胆胰外科主任
庞连智　闸北区中心医院党委书记
胡文亮　闸北区青少年活动中心艺术教育部部长
胡伟坚　上海市烟草专卖局闸北分局局长
俞建国　上海市光明律师事务所主任、首席合伙人
施有毅　上海云海实业股份有限公司董事长
钱粮钢　闸北区少年业余体育学校排球教研组组长
倪克樑　闸北区市北医院院长
徐光辉　闸北区中心医院消化内科副主任
徐志浩　上海现代建筑设计集团副总裁
徐泽星　上海幻维数码创意科技有限公司总经理
徐剑斌　上海地矿工程勘察院副总工程师
徐晓唯(女)　上海市大宁国际小学校长
徐敏钢(女)　闸北区疾病预防控制中心学术委员会主任
郭　卫　上海芷新(集团)有限公司董事长、总裁
郭其一　同济大学电子与信息工程学院教授
席　恒　闸北区第三中心小学教导主任
葛维蒲　闸北区第二少年业余体育学校象棋教练
蒋　青(女)　上海市青云中学副校长
曾　云　西藏城市发展投资股份有限公司董事、总经理
曾　犁　上海数据港投资有限公司副董事长、总裁
潘凌云　上海飞机制造有限公司信息化部部长
戴琳峰(女)　闸北区中心医院护理部主任

中共闸北区委、闸北区人民政府关于授予第六届“闸北区优秀青年人才”称号的通知

闸委发[2010]16号

区级机关各部门、各街道(镇)、各人民团体、区管各重点企业:

近年来,全区各级党组织、机关企事业单位坚持以邓小平理论和“三个代表”重要思想为指导,牢固树立科学发展观、科学人才观,认真贯彻落实全国和市人才工作会议精神,组织带领各类人才积极投身我区经济建设与社会发展,为我区经济和社会发展作出了突出贡献,涌现出了一大批优秀青年人才。为树立典型,表彰先进,激励各行业青年奋发进取、岗位成才,经各部门推荐、专家评审、公示及区委讨论决定,授予丁祖昱等82位同志第六届“闸北区优秀青年人才”称号(名单附后)。

希望受表彰的同志立足岗位、再接再厉,在各条战线上继续加强学习、努力工作,做政治坚定、作风优良、锐意进取、技术精湛、开拓创新的表率,带领全区青年为建设和谐新闸北作出更大的贡献。

特此通知

附:第六届“闸北区优秀青年人才”名单

中共上海市闸北区委员会
上海市闸北区人民政府
2010年8月25日

附件:

第六届“闸北区优秀青年人才”名单

(按姓氏笔画为序)

丁祖昱	上海克而瑞信息技术有限公司总裁
于隽隽	上海北方城市发展投资有限公司总经理助理
马文欢(女)	闸北区中医医院副院长
马文艳(女)	闸北区青少年活动中心舞蹈教师
马兴松	上海浦银通信集团有限公司董事长
王　钢	上海人才网(集团)公司董事长
王寒梅(女)	上海市地质调查研究院副总工程师
王毅强	上海亨通光电科技有限公司总经理
仇红梅(女)	上海大宁资产经营有限公司副总经理
卢骏飞	利浦(中国)投资有限公司财务总监
田国栋	闸北区卫生科技与信息中心综合办公室主任
朱文婕(女)	闸北区实验小学(扬波)教导主任
朱培德	闸北区文化馆声乐干部
刘小雨(女)	上海市第十人民医院中医药发展与管理处副处长
刘明明	闸北区审计局固定资产投资审计科科长
江　泓	飞利浦(中国)投资有限公司税务总监、财务总监
汤咏梅(女)	闸北区建筑业管理署副署长
许　韵(女)	闸北区第二少年业余体育学校羽毛球教研组组长
许涛芳(女)	上海添香实业有限公司首席执行官
杨丽华(女)	上海市第六十中学语文教师、教研组组长
杨晓荣(女)	上海裕康行礼品有限公司总经理
杨群庆	闸北区市北医院副院长
苏园红(女)	闸北区少年业余体育学校举重教练
李欣荣	上海中益建筑工程有限公司总经理
李海兵	上海人民电器厂技术中心自动化室副主任
严　正	闸北区彭浦镇社区卫生服务中心全科团队长
吴　翔	卡斯柯信号有限公司工程师
吴有源	闸北区青少年活动中心主持吴有源儿童画美术工作室
吴启南	闸北区科委应用推进科科长
何　强	上海市市北初级中学校长
沈　洁(女)	闸北区少年业余体育学校游泳教练
沈厚平	上海闸环灵石环境卫生工程有限公司机修工
张　骏	闸北区青少年活动中心副主任(主持工作)
张　勤	上海业勤律师事务所主任
张　慧(女)	上海市风华中学政治教师、教研组组长
张　鹃(女)	闸北区市北医院党总支书记、副院长

张静静（女） 上海新梅置业股份有限公司董事长
陆　奕 闸北区建筑业管理署业务受理科科长
陈　志 国药集团化学试剂有限公司生命科学部销售副经理
陈　苹（女） 闸北区人民检察院公诉科副科长
罗　维（女） 闸北区临汾路街道社区卫生服务中心主任
金荣生 上海市市北中学数学教师
周裕杰 上海贝电实业股份有限公司事业部经理
郑　杰 上海地面通信息网络有限公司总经理
侯风刚 上海市中医医院肿瘤科副主任
俞志峰 上海腾隆电力科技有限公司总经理
姜　伟（女） 上海明记餐饮管理有限公司董事长
贺　炜 上海智联易才人力资源顾问有限公司总经理
贺　蓉（女） 闸北区安庆幼儿园园长
桂　妹（女） 中铁上海设计院集团有限公司桥隧处总工程师
顾美珍（女） 闸北区市北医院五官科主任
钱玉华（女） 上海市大宁国际小学语文教师、课程处主任
徐　君（女） 科勒（中国）投资有限公司财务部高级经理
徐中伟（女） 闸北区三泉路幼儿园园长
徐正标 上海京沪商标事务所所长
徐国理 中铁五局集团建筑公司上海分公司总经理
徐莉莉（女） 上海市风华初级中学党支部副书记（主持工作）
高　琦（女） 上海思义律师事务所主任
陶斌荣 上海中亚建设工程有限公司副总经理
桑卫清 上海世鹏实验室科技发展有限公司副总裁
诸琳琳（女） 上海市风华初级中学校长
黄　卉 上海久隆信息工程有限公司总经理
黄　群 上海市市北中学党总支书记
曹文龙 上海龙创自控系统有限公司总经理
曹晓伟 闸北区中心医院外三科副主任
盛　毓（女） 上海市和田中学副校长（主持工作）
崔　虎 卡斯柯信号有限公司副总工程师
韩　毅 闸北区人民法院审判员
彭　菲（女） 上海市食品药品监管局闸北分局办公室主任
葛文俊（女） 闸北区教师进修学院教研组教研员
蒋　荔（女） 闸北区百汇轩服装店店主
惠　翔 闸北区人民法院审判员
锁　君（女） 上海申铁信息工程有限公司业务管理部经理
程炳峰 上海幻维数码创意科技有限公司副总经理
程雪松 上海大学美术学院讲师
舒　薇（女） 闸北区中心医院药剂科主任
谢　东 四川长虹电器股份有限公司上海分公司总经理
蔡　杰 闸北区绿化管理署综合办公室主任
谭武征 上海格尔软件股份有限公司副总工程师
熊建菁（女） 闸北区疾病预防控制中心副主任（主持工作）
潘毅慧（女） 闸北区社区卫生服务管理中心副主任（主持工作）
戴佐欣（女） 闸北区第一中心小学英语双语教师

关于贯彻落实全国和市人才工作会议精神加快建设区域性人才高地的实施意见

闸委发[2010]17号

区级机关各部门、各街道（镇）、各人民团体、区管各重点企业：

为深入学习贯彻全国和上海市人才工作会议精神和国家、市中长期人才发展纲要，进一步做好新形势下的人才工作，现结合本区实际，提出如下意见。

一、充分认识人才工作的特殊重要作用，加快建设区域性人才高地

1. 认真学习宣传全国、市人才工作会议精神。全国、市人才工作会议提出了一系列人才工作新思想，确立了人才优先发展的战略布局，明确了建设人才强国和新形势下上海人才工作的指导方针、战略目标、总体部署、主要任务和重大举措，为我们做好新形势下人才工作指明了方向。人才问题关系到闸北实现新发展的关键问题，是推动闸北科学发展的核心要素、第一资源。全区各级组织要从战略的高度充分认识人才工作的重要性，充分认识人才资源在闸北建设发展中的特殊重要作用，增强做好人才工作的责任感、紧迫感和自觉性。要充分认识人才优先发展的战略布局，做到人才资源优先开发、人才

结构优先调整、人才投入优先保证、人才制度优先创新;要充分认识人才资源在区经济社会和各项事业发展中的基础性、战略性和决定性的作用,坚持党管人才的原则,为育才、引才、聚才、用才创造良好的环境。各级组织要认真组织、学习、传达、宣传人才工作会议精神和人才规划纲要,通过中心组学习、辅导报告、学习讨论、专题培训等形式,让广大干部全面了解、各类人才普遍知晓、职能部门工作同志熟悉精通,积极实践,推动工作。

2. *加快建设区域性人才高地*。今后几年闸北区人才工作基本思路是:以中国特色社会主义理论体系为指导,深入贯彻落实科学发展观,坚持党管人才原则,尊重劳动、尊重知识、尊重人才、尊重创造,遵循社会主义市场经济规律和人才成长规律,按照"人才优先、国际竞争、创新机制、优化环境、以用为本、服务发展"的指导方针,以提高区域人才资源竞争力为方向,以优化人才综合环境为核心,以重要产业、重大项目、重点学科发展为动力,以开发高层次创新创业人才和经济社会发展重点领域人才为重点,加快人才培育、引进和集聚,努力把我区建设成为开放程度高、用人机制活、各类人才集聚的区域性人才高地。

二、打造中国上海人力资源服务产业园区,大力培育和促进人才服务业发展

3. *筹建中国上海人力资源服务产业园区*。以中国上海人力资源服务产业园区挂牌为契机,通过调整、建设一批功能性项目,引进和培育一批专业性人才服务机构,配套和完善一批生活服务设施,逐步完成"中国上海人力资源服务产业园区"的建设。"人力资源服务产业园区"以上海人才大厦为核心,占地总面积约2.06平方公里,划为信息交换服务、生活服务、专业服务和配套服务等四大功能性区域。

4. *大力培育和发展人才服务业*。把人才服务业作为现代服务业新兴产业发展,积极改善商务环境,大力吸引国际、国内知名人才服务机构特别是猎头公司落户园区或设立分支机构。梳理并研究制定园区的相关优惠政策,积极争取相关政策试点。加快整合各类人才服务机构,健全人才网上交流、物理交流两个平台,创办中国上海高层次人才与智力成果交流会活动,以引人才、引智力、引技术、引项目、引机构为主要方式,全力打造人才开发的综合载体和品牌平台。大力扶持和发展人才中介行业协会发展,增强政府与企业之间的联系,加强行业监管自律,提高专业化服务水平。

5. *构建区域性公共人事服务体系*。围绕区域功能定位和产业结构调整要求,整合资源,大力推进人力资源公共服务平台建设,重点建设区公共信息服务、政策咨询服务、创业创新服务、人才流动服务、人才培训服务和人才发展保障等公共服务平台。建立健全各街道(镇)、各重点产业园区人才工作站,建立商务楼宇人才工作点,将公共人事服务进一步向社区、产业园区延伸。

6. *推进人才服务信息化*。建立以规模以上企业为重点,覆盖全区域的人才调查制度。完善人才信息资源的统计方法,重点建立党政管理人才、专业技术人才、科技创新人才等人才库,整合有关职能部门、科研院所、高校、行业协会、重点企业的信息资源。强化对重点行业人才需求与配置的宏观指导,编制并定期发布重点产业(行业)人才开发目录,为人才培养、企业投资、人才择业等提供信息服务。

7. *完善人才服务体系*。探索成立覆盖全区各类高层次人才代表的区高级人才联谊会,建立健全区领导干部联系服务院士、知名专家等高级人才的制度。聚焦企业和人才的个性化需求,整合各类资源,为高层次人才提供菜单式服务项目,切实为区高层次人才提供多方位、个性化、专业化服务。

三、实施重点人才开发工程,统筹推进各类人才队伍建设

8. *聚焦重点人才,加强高层次人才队伍建设*。把领军人才和创新团队建设作为提升人才自主创新能力的核心工程来全力推进。实施"十百千"领军人才开发工程,组建一批领军人才工作室,完善各项配套政策,形成一名领军人才带出一个团队,一个团队引领一个产业的良性循环机制。实施海外高层次人才引进工程,参与实施中央和市"千人计划"、"浦江计划"等海外人才集聚、资助计划,力争用5~10年时间,在区域内集聚200名左右海外人才。实施优秀企业家培养工程,研究制定"311"民营企业家培养计划,拟用3年时间在100家规模以上企业培养100名高级经营管理人才,实施名师、名家培养工程,在教育、卫生、体育、文化等领域加快培养具有高水平的专家和学科带头人。

9. *聚焦重点领域,加快人才向重点产业、现代服务业集聚*。按照"南高中繁北产业"的发展格局,加强人才向重点产业园区集聚,加大对人力资源服务产业园区、上海云计算产业基地、现代服务业综合改革示范区、市北高新技术服务业园区以及苏河湾建设开发领域等重点园区人才建设,使之成为吸纳国内外高层次人才的主平台。实现人才向现代服务业集聚,通过引进一批研发型、总部型、头脑型的企业,大力集聚金融及衍生产业、人力资源服务业、高端商务商贸业、信息服务业、文化娱乐休闲业等五大产业的人才,以产业集聚带动人才集聚,以人才集聚加速产业发展,形成产业、人才"两个高地"。

10. *统筹抓好体制内外、各个行业、各个层次人才资源的开发*。要进一步加强党政领导人才、"两新"组织人才、高技能人才以及社会工作人才工作,使全区人才队伍的规模、质量和结构更加适应闸北经济社会发展要求。

四、完善人才工作政策,进一步优化人才综合环境

11. *高层次人才引进政策*。针对重要产业、重大项目以及重点学科人才开发实际,坚持刚性引进和柔性引进相结合,重点引进金融及衍生产业、人力资源服务业、高端商务商贸业、信息服务业、文化娱乐休闲业等五大产业的人才,切实落实科研启动资金、安家费与生活补贴、津贴以及配偶就业、子女入学等优惠扶持政策,激发高层次人才不断创新创业创优。

12. *培养创新型人才政策*。加强产学研合作,以高新园区和各类工业园区建设为依托,重点突出科技创业中心和科技创新孵化器建设,完善科技服务体系,增强创新型人才吸附承载能力。通过政策引导和资金扶持,鼓励高校、科研机构、企业相互开放,共建博士后流动(工作)站、研发中心、技术中心和重点实验室等各种形式的研发机构,培养创新型人才。积极探索建立人才创业创新创优"三创"实践基地,继续发挥高技能人才实训墓地、工程师研修基地和高校毕业生就业见习示范基地在培育紧缺人才中的作用。

13. *人才创业扶持政策*。研究实施融资、税收、贴息等优惠政策,设立、扩充创业风险投资基金、信用担保贷款、重大科技成果转化资金、中小企业发展资金,加大对人才创业资助力度,形成扶持人才创业的风险分担机制。鼓励高校和科研机构的各类人才运用其科研成果、专利发明在科技创业园创办企业。健全人才创业服务体系,扶持中小企业创业发展,实施留学归国人员和高校毕业生等青年创业计划。

14. *人才激励政策*。制定实施《闸北区关于进一步优化人才综合环境,促进区域优秀人才创新创业创优的试行规定》,加大对优秀人才的奖励资助力度。继续做好闸北区领军人才、区拔尖人才和区优秀青年人才的评选工作,表彰激励为闸北经济建设和社会发展作出杰出贡献的人才。积极支持各类人才申报认领各类扶持项目,争取上海市和国家的各项人才政策扶持。

15. *人才住房保障政策*。在坚持政府引导、市场化运作的前提下,针对不同对象,多渠道、多形式解决人才住房困难,形成安居乐业的良好局面。对引进的在国内外享有较高知名度的高级专家、市领军人才、具有副高以上专业技术职称人员等高级人才给予一定的安家费。实行重点产业、重点园区优秀青年人才租房补贴政策。根据上海市公共租赁房政策的有关规定解决优秀人才的住房困难问题。

16. *人才医疗保障服务政策*。关心优秀人才身体健康,组织优秀人才进行年度体检和疗休养,探索建立高层次人才医疗卡制度,开设定点医疗机构诊疗的"绿色通道"。此外,努力帮助解决高层次人才子女入学问题,由教育部门根据实际情况和就近入学的原则提供公办优质教育资源。

五、创新体制机制,形成"党管人才"工作合力

17. *加强人才工作组织领导*。坚持党管人才的原则,建立健全人才工作领导小组、部门协调、专项联系和重大专项报告等一系列工作制度,建立健全区委常委会每年定期听取人才工作专项汇报制度。进一步明确人才工作领导小组成员单位的工作职责,强化人才工作领导小组办公室功能。调动人民团体、社会组织的积极性,充分发挥企事业等用人单位的主体作用,动员全社会力量做好人才工作,共同形成人才工作的整体合力。

18. *健全人才工作目标责任制*。落实"一把手"抓"第一资源",将人才工作纳入区年度考核目标内容,加大综合考核指标中人才工作的考核权重。区人才工作领导小组与大口党委、街道(镇)及其他有关部门党政主要负责人签订人才工作目标责任书,加大对人才工作目标考核的力度,推进人才工作落到实处。

19. *建立区域性人才开发合作机制*。强化区域大人才工作观念,进一步完善与复旦大学、上海交通大学等11所高等院校的区校人才工作合作联席会议制度,充分发挥高校人才智力优势,推进我区经济社会建设。探索在区域范围内建立组织部长(人力资源主管)联席会议制度和长三角部分区域人才人事联合工作机制,积极打造区域横向伸展的合作平台。

20. *加大人才工作投入力度*。牢固树立人力资本投入是效益最大投入观念,扩大人才引进、培养和集聚的人才工作专项资金基数,研究制定《闸北区人才工作专项资金使用管理办法》,对资金来源、资金用途、申请条件、申请程序、审批手续、评价机制、使用监管等方面作出具体规范。

21. *大力营造尊重人才的社会氛围*。继续通过区"二网一报一台"等新闻媒体,大力宣传全国和市人才工作会议、人才规划纲要的重大部署和举措,大力宣传人才优先发展等新的人才工作理念,定期表彰奖励在人才工作上有所作为、有所突破、有所创新的先进单位和先进个人,形成人人为发展人才作贡献、人人立志成才的社会舆论导向。

中共上海市闸北区委员会
上海市闸北区人民政府

2010年8月25日

闸北区人民政府关于公布本区实行“告知承诺”的部分行政审批事项目录的通知

闸府发[2010]1号

区政府各部门、各街道办事处、区管重点企业：

为进一步推进我区行政审批制度改度，优化行政审批程序，完善管理方式，提高行政效率，改善投资环境，促进经济发展，根据《上海市人民政府关于印发〈上海市行政审批告知承诺试行办法〉的通知》（沪府办《[2009]23号）要求，经区十四届政府第123次常务会议审议同意，现将《本区实行“告知承诺”的部分行政审批事项目录》予以公布，自2010年2月1日起正式实施。

特此通知

2010年1月27日

本区实行“告知承诺”的部分行政审批事项目录

（共10项）

一、区住房保障房屋管理局（1项）

房地产开发企业暂定资质申请

二、区人力资源社会保障局（1项）

营利性职业介绍许可

三、区商务委（1项）

上海酒类商品零售许可证

四、区建设交通委（2项）

（一）建设工程报建许可

（二）建设工程报监

五、区财政局（1项）

会计代理记账机构执业资格审批许可

六、区编办（1项）

事业单位设立登记

七、区卫生局（1项）

公共场所卫生许可（咖啡馆、酒吧、茶座、游艺厅〈室〉、棋牌室、商场〈店〉、书店、饭店）

八、区绿化市容局（2项）

（一）临时堆放物料审批

（二）对公共绿地建设工程的竣工验收

闸北区人民政府关于表彰2009年度为闸北经济作出杰出贡献企业的决定

闸府发[2010]2号

区政府各部门、各街道办事处、彭浦镇政府、区管重点企业：

为确保加快经济发展和转变经济发展方式取得实质性进展，实现闸北经济社会新一轮发展，区政府决定对2009年度区级税收亿元以上及区级税收2000万元以上（房地产企业除外）的企业授予发展经济杰出贡献奖和发展经济贡献奖，希望获奖企业继续关心闸北、支持闸北、融入闸北，为建设和谐新闸北而共同努力。

2010年1月27日

荣获2009年度闸北区发展经济杰出贡献奖等企业名单

荣获2009年度闸北区发展经济杰出贡献奖的企业

上海久隆电力（集团）投资有限公司

上海大润发有限公司

飞利浦（中国）投资有限公司

荣获2009年度闸北区发展经济贡献奖的企业

上海电力电缆工程有限公司

上海腾隆（集团）有限公司

科勒（中国）投资有限公司

嘉吉投资（中国）有限公司

迅达（中国）电梯有限公司

闸北区人民政府关于对2009年度闸北区招商能手进行表彰通报的决定

闸府发[2010]9号

区政府各部门、各街道办事处、彭浦镇政府、区管重点企业：

根据区委、区政府提出的“引大、引强、引优”的工作要求，全区各招商部门人员积极开拓招商引资渠道，提供项目信息，介绍引进项目，招商引资工作取得良好成效。为鼓励全区招商人员在2009年招商引资工作中所作的贡献，通过部门推荐，并经区委第136次常委会、区政府第131次常务会议研究，决定对2009年度贡献突出的招商人员授予闸北区招商能手荣誉称号。希望全区招商人员团结进取，攻坚克难，为闸北经济繁荣发展再作贡献！

表彰奖励人员名单如下：

徐幼林　北站街道办事处经济科科员
李珂锋　宝山路街道办事处招商部办事员
屈蔡翔　芷江西路街道办事处办事员
朱阿琴　共和新路街道办事处办事员
姚惠民　彭浦新村街道办事处招商部经理
张　勇　彭浦镇万荣招商部经理
李立群　市北高新园区招商部业务经理
刘乐静　科创中心副主任

2010年3月16日

闸北区人民政府关于对2009年度区级税收及引资工作排名前三位单位进行表彰通报的决定

闸府发[2010]10号

区政府各部门、各街道办事处、彭浦镇政府、区管重点企业：

根据区委、区政府对2009年招商引资工作的战略部署和各项工作要求，以营造投资环境和提高服务质量为手段，通过加大服务力度，促进产业结构优化升级，招商引资工作取得明显成效。为进一步鼓励各单位做好招商引资工作，促进区域经济又好又快发展，经区委第136次常委会、区政府第131次常务会议研究，决定对2009年度区级税收增幅，内资、外资总量和增幅，街道、镇区级税收总量和增幅排名前三位的单位进行表彰通报。希望受表彰单位再接再厉，开拓创新，为闸北经济新一轮发展再作贡献！

表彰通报单位如下：

一、区级税收增幅排名前三位

1. 市北高新园区
2. 科创中心
3. 大宁资宁经营有限公司

二、引进内资工作

（一）总量排名前三位

1. 市北高新园区
2. 大宁资产经营有限公司
3. 彭浦镇

（二）增幅排名前三位

1. 大宁资产经营有限公司
2. 临汾路街道
3. 芷江西路街道

三、引进外资工作

（一）总量排名前三位

1. 市北高新园区
2. 彭浦镇
3. 彭浦新村街道

（二）增幅排名前三位

1. 彭浦新村街道
2. 芷江西路街道
3. 临汾路街道

四、街道（镇）区级税收

（一）总量排名前三位

1. 彭浦镇
2. 天目西路街道
3. 北站街道

（二）增幅排名前三位

1. 芷江西路街道
2. 临汾路街道
3. 北站街道

2010年3月16日

闸北区人民政府关于批转区商务委《闸北区关于进一步促进中小企业发展的实施意见》的通知

闸府发[2010]19号

区政府各部门、各街道办事处、彭浦镇政府、区管重点企业：

经区十四届政府第149次常务会议讨论同意，现将区商委务《闸北区关于进一步促进中小企业发展的实施意见》批转给你们，请认真贯彻落实。

特此通知

2010年10月9日

闸北区关于进一步促进中小企业发展的实施意见

为贯彻落实《国务院关于进一步促进中小企业发展的若干意见》(国发[2009]36号)和《上海市人民政府贯彻国务院关于进一步促进中小企业发展若干意见的实施意见》(沪府发[2010]11号)文件精神，营造有利于中小企业发展的良好环境，结合闸北发展实际，提出如下意见：

一、突出产业导向，深化政策对接

(一)加大财政扶持力度

扶持企业服务体系和服务平台建设，区财政每年安排专项资金用于企业发展与创新，提高企业经营管理水平。对于企业承担市重点项目，参与市高新技术产业化建设，或列入上海市重点技改项目并获得市财政专项资金扶持的，区财政给予一定比例的匹配支持。

(二)落实所得税优惠政策

对年应纳税所得额低于3万元(含3万元)的小型微利企业，其所得减按50%计入应纳税所得额，按20%的税率缴纳企业所得税。企业缴纳城镇土地使用税确有困难的，可按有关规定向区税务分局提出减免税申请。企业享受相关政策的年限与市政府有关规定相一致。

(三)落实营业税优惠政策

对符合条件、具有鉴证职能、从事代理业务的中介服务机构，其取得的全部收入可按规定在扣除支付给协作方的相关费用后计征营业税。

对专业从事广告代理、货运代理、保险代理、报关代理的中介服务机构，其取得的收入可按规定在扣除支付给有关单位的费用后计征营业税。

对举办或承办会展业务的中介服务机构，其直接向参展商收取的全部价款和价外费用可按规定在扣除支付给第三方的有关费用后计征营业税。

(四)支持企业发展新兴产业

支持企业从事信息化与工业化融合催生的新型业态。重点聚焦人才服务、软件信息、金融服务、科技研发等生产性服务业；积极推动工业设计、时尚设计、动漫设计等时尚创意产业；大力发展电子商务、品牌代理、专业服务等商贸服务业。凡符合本区生产性服务业发展导向的企业，其财政扶持政策按相关政策执行。经认定的符合条件的动漫企业自主开发、生产动漫产品，可申请享受国家鼓励软件产业发展的有关增值税和所得税优惠政策；动漫企业自主开发、生产动漫产品，涉及营业税应税劳务的，可按规定范围暂减按3%的税率征收营业税。

(五)鼓励企业向"专、精、特、新"方向发展

推进企业加入上海市百千万成长工程，支持企业为支柱产业专业化配套。进一步加大高新技术企业、科技小巨人企业培育力度，推进企业向"专、精、特、新"方向发展。被认定为区科技企业的，均可享受《闸北区人民政府关于加快科技创新和成果产业化的实施办法》(闸府规范[2009]2号)的相关政策。对经认定为国家重点扶持的高新技术企业，同时减按15%的税率征收企业所得税。

(六)拓宽企业直接融资渠道

健全企业改制上市培育工作机制，协调解决企业改制上市过程中遇到的问题，加快企业改制上市步伐。引导社会资金聚焦于本区高新技术产业化和现代服务业领域的企业，加大对中早期创业型、创新型和成长型企业的投资力度。对于积极申请上主板、中小板、创业板及海外板并进人一定程序的企业，每家给予一定的资金支持，最高不超过200万元。

(七)改善企业间接融资服务

深化小额贷款公司试点工作，鼓励银行、保险等金融机构积极开展与小额贷款公司在业务合作、管理培训、资金结算、技术开发等方面的交流，推动小额贷款公司的规范运行。鼓励融资租赁、典当等融资方式在企业融资中发挥积极作用。

积极推行动产抵押当场登记制度，切实提高股权出质、商标专用权质押登记工作效能，大力开展股权出质登记工作，为战略性新兴产业、现代服务业特别是企业拓宽融资渠道提供便捷高效服务。完善动产抵押、股权出质、

商标专用权质权登记查询方式和途径,降低融资风险,提高融资效率。

(八)完善企业融资担保体系

加大对企业贷款担保的支持力度,对符合本区产业政策导向的科技型、创新型企业,由企业支付给政策性担保公司的担保费用,财政给予全额补贴。由市中投保公司受理核准担保银行向企业收取的贷款利息中,按基准利率上浮10%的部分,财政实行补贴。根据市相关部门部署,积极推进组建融资性担保公司,发挥商业化担保公司在促进中小企业融资中的重要作用,积极推进企业发行集合债券和集合票据试点工作。

(九)支持企业拓展境内外市场

鼓励企业参加境内外展会,对参加市级及以上和区政府组织的国内外重要服务项目的推介会以及交易会的,经认定后给予一定参展展位费用补贴。鼓励企业开展体系及出口产品认证,运用电子商务开展经营活动,提高市场开拓能力,搭建合作交流平台,组织企业双向对接,增加企业市场交易机会。

二、加强指导协调,推动企业发展

(一)营造发展环境

提供创业服务。贯彻落实《上海市人民政府关于进一步做好本市促进创业带动就业工作的若干意见》(沪府发[2009]1号),进一步优化政府服务,简化注册程序。普及开展创业意识教育,弘扬创业精神,营造有利于创业的社会氛围。加强创业指导,开展创业培训,降低创业成本和风险。支持科研人员、高校毕业生等创办企业。支持初创企业的发展。

优化发展环境。按照公平原则,围绕做强做大企业和产业的目标,支持企业以参股或控股方式,进行跨区域、跨所有制的开放性市场化重组。

加大在政府采购中支持企业力度。贯彻实施《上海市政府采购促进中小企业发展的暂行办法》(沪财库[2009]51号),加大政府采购扶持企业力度,进一步做好政府采购宣传工作,在公开、公平、公正的条件下,支持企业参与政府采购项目。

引导产业转移。鼓励企业加强与长三角地区的联合与协作,引导本区传统制造型企业将生产环节外迁至成本相对较低的长二角地区,将总部及研发、销售部门留在闸北,形成“两头在内、中间在外”的产业布局。加强与长三角地区政府的沟通,为企业在投资所在地经营创造良好的环境,协商解决相关问题。

(二)推动企业创新

强化企业创新能力建设。培育市区级企业技术中心,加强企业知识产权保护,培育知识产权示范企业。加大公共服务平台等各类研发资源对企业技术创新的支持,鼓励企业承接科研成果项目。引导企业推进技术改造、节能减排和清洁生产。

支持企业创建自主品牌。实施企业品牌培育工程,发挥好“闸北区加快自主品牌建设专项资金”的激励作用,增强企业创建“品牌企业”和“品牌产品”意识,加快培育拥有自主知识产权和市场竞争力的知名品牌。

(三)加强服务指导

加快推进企业管理信息化。支持企业信息化建设,实施企业信息化应用推广工程,引导企业应用第三方电子平台开展产供销管理和交易活动,培育企业信息化应用示范企业。引导企业利用信息技术提高企业综合竞争力。

加强对企业经营管理者的培训。开展综合素质提升培训,提高企业经营管理者的水平、创新能力和各方面素养,推动企业建立健全法人治理机构。

鼓励企业诚信经营。加强企业诚信体系建设,鼓励企业诚实守信经营,提高运营透明度,履行社会责任,逐步提升企业信用等级。

完善统计监测体系。建立健全企业的分类统计、运营监测和分析发布制度。对于规模及限额以上企业,开展经营运行情况跟踪监测。

(四)完善体制机制

加强对促进中小企业发展工作的指导、协调,推动政策落地。成立由分管区领导牵头、各相关委办局领导参加的闸北区促进中小企业发展工作联席会议,加强对本区中小企业工作的统筹规划、组织领导和政策协调。联席会议办公室设在区商务委(区经委),主要是加强对企业的综合协调和服务,重点开展产业导向、信息引导、情况反馈、政策建议等服务工作;积极争取国家及上海市扶持中小企业的各项政策落地,引导企业做大做强。区中小企业服务中心作为落实中小企业政策的主渠道,由区投资促进办公室归口管理,要发挥“上海中小企业114服务热线”作用,做好对企业的政策咨询、权益保障等工作。

区政府各职能部门在各自的职责范围内加强对企业的指导、服务,宣传、解读和落实有关的政策措施。

引导社会资源加大对企业的服务。充分发挥现有各类专业化服务机构和服务平台的作用,充分发挥各社会团体、中介机构和行业协会作用,支持其结合企业发展特点开展各类专项服务。

闸北区商务委

闸北区人民政府关于批转区住房保障房屋管理局《闸北区开展经济适用住房工作实施方案》的通知

闸府发[2010]22号

区政府各部门、各街道办事处、彭浦镇政府、区管重点企业：

经区政府同意，现将区住房保障房屋管理局《闸北区开展经济适用住房工作实施方案》批转给你们，请认真按照执行。

特此通知

2010年10月29日

闸北区开展经济适用住房工作实施方案

根据国务院《关于解决城市低收入家庭住房困难的若干意见》（国发[2007]24号）、城乡建设部等七部门关于印发《经济适用住房管理办法》的通知（建住房[2007]258号）、上海市人民政府贯彻国务院《关于解决城市低收入家庭住房困难的若干意见》的实施意见（沪府发[2007]45号）和上海市人民政府关于印发《上海市经济适用住房管理试行办法》的通知（沪府发[2007]29号）等文件的精神，落实市、区政府关于开展经济适用住房工作要求，结合本区实际情况，制定本实施方案。

一、指导思想

全面贯彻党的十七大精神，以邓小平理论和"三个代表"重要思想为指导，深入贯彻落实科学发展观，按照全面建设小康社会和构建社会主义和谐社会的目标要求，以解决城市中低收入家庭住房困难为工作重点和重要内容，建立健全分层次、多渠道、成系统的住房保障体系，促进房地产市场健康稳定发展。

二、组织机构

（一）区住房保障领导小组

健全区住房保障领导小组，由分管副区长任组长。成员单位由区住房保障房屋管理局、区民政局、区发展改革委、区建设交通委、区规划土地管理局、区财政局、区公安分局、区委宣传部、区司法局、区监察局、区信访办、区社会工作办公室及各街道、镇组成。负责讨论、决定本区保障性住房工作的重大事项。

领导小组下设办公室，设在区住房保障房屋管理局，由区住房保障房屋管理局局长任办公室主任，区民政局分管副局长、区公安分局分管副局长、区社会工作办公室分管副主任和区住房保障房屋管理局分管副局长任办公室副主任。区住房保障领导小组办公室负责本区保障性住房工作的日常协调、管理和指导工作。

（二）各成员单位工作职责

1. 区住房保障房屋管理局

（1）负责与市住房保障机构的联络与沟通。

（2）负责协调各街道、镇和相关部门的工作人员，做好经济适用住房政策宣传和人员培训工作。

（3）负责本区域内保障性住房建设的计划编制及建设推进过程中的协调、组织。

（4）负责经济适用住房房源筹措工作。

（5）负责对各街道、镇住房保障工作进行指导和实绩考核。

2. 区民政局

（1）组建区收入核对中心，负责全区经济适用住房申请家庭的收入和资产核对等日常事务管理工作。

（2）负责做好对烈属、因公牺牲军人家属，一至四级残疾军人及其他的身份认定工作。

（3）负责对各街道、镇收入核对工作人员的业务指导工作。

（4）申请家庭对经济状况审批决定提出异议时，负责解答，必要时进行复核。

3. 区发展改革委

负责本区域内保障性住房建设的立项工作。

4. 区建设交通委

负责本区域内保障性住房建设初步方案设计的审批工作，并配合做好保障性住房建设推进工作。

5. 区规划土地管理局

负责做好本区域内保障性住房建设项目的土地储备、规划审批和供应工作。

6. 区财政局

负责安排落实年度经济适用住房政府资金的筹措及工作经费。

7. 区公安分局

（1）负责对经济适用住房申请家庭户籍人口的核定工作。

（2）负责经济适用住房申请过程中的安全保卫、秩序维持工作，及时处置各类群体性和突发性事件。

8. 区委宣传部

负责做好经济适用住房的媒体宣传、接待、联系等工作。

9. 区司法局

负责经济适用住房申请过程中相关法律服务、法律保障。

10. 区监察局

负责做好经济适用住房的受理审核、摇号排序以及轮候选房等全过程的监督工作,以及对相关工作人员违纪违规行为的查处。

11. 区信访办

配合协调经济适用住房申请过程中的居民来信来访,矛盾化解工作。

12. 区社会工作办公室

负责本区各街道、镇经济适用住房工作的统筹协调。

13. 各街道、镇

负责做好经济适用住房政策咨询、解答及经济适用住房申请、受理和初审工作。

(三)住房保障工作机构

1. 区住房保障中心

区住房保障房屋管理局下属区住房保障中心在天目中路168号设立工作窗口,负责全区经济适用住房日常事务管理工作:

(1)对首次公示后的经济适用住房申请材料进行复审和“二次公示”,并报市住房保障机构备案。

(2)负责经济适用住房房源信息发布。

(3)组织复审合格的家庭进行公开摇号、选房和签订经济适用住房(预)出售合同等工作。

(4)做好全区经济适用住房受益户档案管理工作。

2. 各街道、镇成立住房保障工作小组

各街道、镇成立住房保障工作小组,各街道、镇原有的廉租住房工作推进小组同时撤销。工作小组由街道、镇办事处主任任组长,街道、镇分管领导任副组长。成员由街道、镇社区事务受理服务中心、房管办、民政、救助所、派出所、综治办等分管领导组成。负责街道、镇保障性住房的管理、指导、协调和稳定工作。

工作小组下设街道、镇住房保障工作办公室,街道、镇分管领导兼任办公室主任,街道、镇社区事务受理服务中心、民政科、房管办事处负责人任办公室副主任。成员由房管办事处住房保障专管员、民政系统收入核对人员和窗口专职人员组成。

各街道、镇住房保障工作办公室负责完成经济适用住房申请家庭的初审工作。符合条件的,在申请家庭的户籍所在地和实际居住地进行公示,将通过首次公示的申请材料报送区住房保障中心进行复审,并将区住房保障中心的审核意见书面通知申请家庭。

3. 各街道、镇设立工作窗口

各街道、镇在本社区事务受理服务中心设置住房保障受理窗口,负责经济适用住房政策的咨询解答、申请、受理等工作。由房管办事处专管员完成住房面积和人口核定工作,由民政收入核对人员完成收入及资产核对工作。

三、人员设备

1. 区住房保障房屋管理局各房管办事处配备2名以上住房保障专职管理员,各街道、镇配备住房保障收入核对人员2名和受理窗口工作人员2~3名。

2. 各街道、镇住房保障受理窗口在原有基础上进一步调整配置必要的办公设备。

四、资金落实

开展经济适用住房工作所涉及的专职人员费用,以及办公设备、调查摸底工作、人员培训、宣传与咨询等经费由区财政及街道、镇共同负责落实。

五、房源供应

我区经济适用住房房源原则上由市住房保障房屋管理局统筹建设的保障性住房建设基地中调拨。

六、操作流程

(一)申请、受理和审核程序

1. 申请人代表和单身申请人(以下合称申请人)应当向户籍所在地的街道、镇社区事务受理服务中心如实填报申请表格,提交户籍、身份证、房地产权属证明、租用公房凭证、收入和财产证明等资料,并签署同意接受住房与经济状况核查且核查结果予以公示的书面文件。

2. 实行申请材料受理预检制度。

申请人提出申请时,先由受理窗日工作人员对申请人提交的材料进行预检,在户籍、住房和收入初步符合条件的情况下,再发放申请表进行受理。

3. 经济适用住房的审核实行“两级审核、两次公示”。

由房管办事处专管员完成人口和住房面积核定工作,由民政收入核对人员完成收入和资产核对工作,各街道、镇住房保障工作办公室根据上述核查结果完成初审工作。经初审符合条件的,应当在申请人的户籍所在地和实际居住地进行公示。

公示通过的,应当报区住房保障中心复审,经复审符合条件的,应当通过指定媒体向社会公示。公示通过的,应当以申请户为单位予以登记,出具登记证明,并报市住房保障机构备案,接受监督抽查。

(二)供应操作流程

1. 经过“两级审核、两次公示”,并报市住房保障中心备案后,确定经济适用住房享受对象;

2. 采用公开摇号方式,排定选房次序;

3. 公布经济适用住房房源信息;

4. 现场看房;

5. 专场选房;

6. 申请户与区住房保障机构签订选房确认书;

7. 申请户签订经济适用住房相关合同;

8. 办理完成相关手续后,申请户人住。

七、工作要求

(一)加强领导

做好经济适用住房工作是关系民生的一件大事,各级领导小组、办公室要按照市委、市府的工作要求和区委、区政府的工作部署,切实加强领导,进一步统一思想,认真学习和实践科学发展观,采取有效措施,克服困难,按照有关政策,积极、认真、有效地做好经济适用住房的推进工作,让符合条件的中低收人家庭共享改革发展的成果，感受党和政府的温暖。

（二）加强协作

各相关部门要明确职责，密切配合、通力合作，在实际工作中遇到新情况、新问题，应及时沟通、协调，不推诿、不随意开口子，要以关注民生为出发点，以帮助住房困难家庭为己任，在工作中及时总结经验，确保经济适用住房工作有序、有效开展。

（三）加强监督

加强对经济适用住房建设、管理和使用情况的监督检查，并通过以下环节完善监督机制：

1. 规范操作程序

本着公平、公正、公开的原则，加强在申请、受理、审核、公示、复核、轮候、选房等环节的管理，规范操作口径、优化工作程序。

2. 严格执行政策

加强经济适用住房相关政策的检查落实和监督管理，严格把握政策，统一口径，规范操作，切实将开展经济适用住房管理工作落到实处。

3. 健全监督机制

健全经济适用住房的管理组织机构，在审核的环节中，建立完善的分级审核机制，强化流程管理。同时，加大对工作人员的业务培训和思想教育的力度，强化廉洁自律和勤政高效的工作作风，在工作中加强政策宣传和信息公开，提高经济适用住房管理工作的成效。

八、年度考核

按照市住房保障房屋管理局和区政府的工作要求，由区住房保障工作领导小组办公室对各街道、镇住房保障工作办公室进行工作实绩考核，考核的具体办法由区住房保障工作领导小组办公室制定报区住房保障工作领导小组批准，考核结果将纳人区政府对各街道、镇的年度考核指标范围内。

闸北区住房保障房屋管理局

中共闸北区委办公室、闸北区人民政府办公室印发《闸北区治安顽症整治三年行动计划》的通知

闸委办[2010]3号

区级机关各部门、各街道（镇）、各人民团体、区管各重点企业：

《闸北区治安顽症整治三年行动计划》已经中共闸北区委第132次常委会研究同意，现印发给你们，请认真贯彻执行。

中共上海市闸北区委办公室
上海市闸北区人民政府办公室

2010年1月21日

闸北区治安顽症整治三年行动计划

为深入贯彻落实党的十七届四中全会、中央及全市政法工作会议精神，进一步推进社会管理创新，有效提升本区社会面治安防控水平，从根本上、源头上严厉打击、综合治理、有效控制和逐步消除长期困扰本区的各类治安顽症，经区委、区政府研究决定自2010～2012年，对本区治安顽症开展为期三年的专项整治工作。现制定工作意见如下：

一、总体目标

针对本区各类收销赃、贩卖“两票”、零包贩毒、盗销“两车”、路边招嫖、“黑车”等治安顽症，以及违法犯罪特殊人群（主要是从事扒窃的特殊外来人员、有违法行为的“两怀”妇女、路边招嫖的妇女、有违法行为的艾滋病人等），开展为期三年的专项整治行动，使社会治安环境明显改善，群众安全感明显增强，人民满意度明显提升。阶段目标是：2010年，基本清除各类治安顽症；2011年，有效巩固治安顽症整治成果；2012年，建立起治安顽症长效机制。

二、组织领导及工作原则

（一）组织领导

本区成立由区委主要领导任组长，区政府主要领导任第一副组长，区委、区政府分管领导，区公安分局、区委宣传部主要领导任副组长，区委政法委、区综治办、区公安分局、区法院、区检察院、区司法局、区民政局、区商务委、区绿化市容局、区城管执法局、区住房保障和房屋管理局、区民族宗教办、上海站管委办、区税务分局、区工商分局、区网格化联动中心、北方集团等部门及各街道（镇）主要领导为成员的治安顽症整治工作领导小组，并设办公室在区委政法委、区综治办。同时，各成员单位要成立专门工作班子，结合本单位、本部门具体职责，切实加强对本区各类治安顽症的打击整治、巩固固守、长效管理等工作。

（二）工作原则

一是坚持“宣传引领，群策群力”的原则，加强全区发动，整合各方资源，举全区之力，有力推进专项整治行动；二是坚持“条块结合，以块为主”的原则，明确整治行动的目标要求，发挥属地管理的优势，确保专项整治行动的实效性；三是坚持“专项行动，露头就打”的原则，注重集中行动与日常管理工作的有机结合，营造专项整治行动的强大声势；四是坚持“协同配合，群防群治”的原则，形成“各司其职，综合协调，各方参与”的工作格局。

三、职责分工

（一）区公安分局：充分发挥打击整治主力军作用，组织警力对本区各类治安顽症集中、高发路段、区域、部位以及场所开展不间断的打击整治；加强情报信息工作，拓宽发现渠道，进一步提升治安问题发现能力，并及时开展先期处置、整治工作，坚决防止治安顽症的产生；巩固打击整治成效，积极落实长效管理措施，全力防止治安顽症的回潮和反复。

（二）区委政法委：指导、督促本区各政法单位贯彻执行区委、区政府有关治安顽症整治工作的具体部署；定期分析本区社会治安形势，及时向区委、区政府提出治安顽症整治工作建议；指导、协调各相关部门落实治安顽症综合治理的各项工作措施。同时，发挥领导小组办公室的职能作用，加强与各相关单位的沟通联系，切实做好专项工作的协调推进等工作。

（三）区综治办：动员和组织本区各单位、各部门力量，运用法律、行政等多种手段，从“打击、防范、教育、管理、建设、改造”等六个方面入手，对本区各类治安顽症开展综合治理；指导、督促各街道（镇）综治部门针对辖区实际，加强治安防控和整治固守力度，从源头上预防和减少各类治安问题的产生。

（四）区委宣传部：充分发挥舆论引导作用，有效运用各类宣传媒体，采取丰富多样的形式，广泛宣传本区治安顽症整治工作的成效，进一步提高群众对顽症整治工作的知晓率和支持度。

（五）区法院、区检察院：加强与公安分局的协作配合，对治安顽症整治工作涉及的违法犯罪案件及法律适用，进行研究、商讨，为打击整治工作提供法律支撑。

（六）区司法局：负责组织开展对外法制宣传工作，研究加强对本区违法特殊人群的法制教育工作。

（七）区民政局：积极会同城管、公安部门，切实加大对本区社会面尤其是重点路段、区域流浪乞讨人员“三合一”联动救助管理工作力度，防止流浪乞讨人员因生活所迫而沦为“两票”、“两车”、收销赃等违法犯罪活动人员。

（八）区商务委：发挥管理、协调、监督、服务的职能优势，切实做好对本区废品回收站点、各类大型市场的规划、建设和管理整治工作。

（九）区绿化市容局、区城管执法局：立足各自岗位职责，进一步加强对本区街面治安环境的整治力度，坚决取缔各类路边非法、无证设摊，有效挤压各类收销赃违法犯罪活动的生存空间。

（十）区住房保障房屋管理局、北方集团：发挥职能优势，结合本区租赁房屋备案登记和物业队伍管理工作，排查、了解和掌握本区房屋租赁现象突出尤其是来沪人员聚集的小区，并注意发现其中有违法犯罪嫌疑的人员，及时将相关信息提供公安机关开展调控、打击。

（十一）区民族宗教办：加强相关民族、宗教政策宣传，积极配合公安机关做好有关违法犯罪嫌疑人的打击查处工作，防止发生民族、宗教矛盾。

（十二）上海站管委办：结合地域特点，切实加强治安顽症整治宣传工作；牵头积极组织站区各相关部门，针对辖区内各类突出的治安顽症，加强日常管理和集中整治，严格落实各项固守措施，确保整治取得成效。

（十三）区税务分局：主动配合公安机关开展打击贩卖假发票违法犯罪活动，并协助做好假发票的鉴定工作。

（十四）区工商分局：充分发挥职能优势，会同相关部门加强对本区旅馆、浴室、网吧以及易滋生治安顽症的娱乐休闲场所的管理，对违法违规经营场所要加大处罚力度，对无证经营场所要坚决予以取缔。

（十五）区网格化联动中心：进一步加大巡查力度，及时发现本区社会面上各类治安问题，并根据问题类别和性质，移交各相关职能部门采取措施。

（十六）各街道（镇）：针对辖区实际，牵头组织各方力量对各类治安顽症开展不间断的整治，并积极落实各项日常防范和长效管理措施。进一步夯实基础工作，组织群防群治队伍对存在治安顽症的区域开展固守；加大治理顽症宣传力度，鼓励地区群众举报有关治安问题的线索，并引导群众共同参与治安顽症整治行动。

四、工作措施

（一）进一步提高问题发现能力。区各相关部门要立足岗位职责，充分发挥职能优势，注意发现、掌握本区各类治安顽症的苗子性、趋势性、动态性情况信息，坚决防止原有治安顽症在打击整治后发生转移或产生、形成新的治安顽症（以久治不愈、屡禁不止、反复回潮作为界定治安顽症的标准）。一是区各相关部门要通过案（事）件受理、信访投诉、媒体曝光以及基层部门上报等有效途径，切实加强对本区各类治安问题的收集、梳理、汇总，深入开展综合分析和研判，从中发现、掌握各类可能形成顽症的治安问题，并及时采取针对性措施。二是公安分局要通过加强对本区重点地区、路段的治安巡查，及时发现、掌握本区治安问题，及时调整工作重心，并牵头组织相关部门对重点区域和突出问题开展打击整治；民政、市容、城管、工商、站管委、网格化联动中心以及各街道（镇）要积极担当起本区治安问题“瞭望哨”的职责，在开展收容救助、市容巡查、路面执法、场所检查等工作中，注意发现各类治安突出问题，并及时通报公安等相关部门开展查处。三是各相关部门尤其是各街道（镇），要在深入地区开展社区管理、街面巡防、纠纷调解、联动执法等日常工作的同时，注意从中发现辖区内存在的各类治安问题，并及时采取针对性工作措施，防止形成治安热点和顽症问题。

（二）进一步加大打击整治力度。针对各类治安顽症，各相关部门要结合各自工作职责，按照“露头就打”的工作原则，始终保持主动进攻和严打整治的高压态势，不断压缩治安顽症的生存空间。一是区相关职能部门要按照总体工作目标，认真谋划和科学设定阶段性工作重点，组织、协调各有关部门对本区治安顽症集中的重点部位、场所、区域开展持续不断的打击整治和综合治理，迅速形成强大的治理顽症声势，发挥有力的震慑作用。二是公安分局要充分发挥打击整治主力军的作用，通过不间断地组织开展全区性、区域性、专题性的集中行动，迅速遏制治安顽症的产生、蔓延。同时，要注重“打团伙、打源头、打幕后”，综合运用多种措施，对本区各类治安顽症施以重拳打击。三是对于公安分局在顽症整治工作中遇到的重大、疑难案件，区检察院要提前介入，对证据收集环节开展指导，确保办案质量；区法院要对相关案件法律适用问题开展研究，力争形成突破。四是各街道（镇）要根据“属地负责”的原则，在排查摸底、掌握情况的基础上，始终保持工作力度，积极组织力量对辖区内存在的各类治安顽症开展不间断地打击整治。同时，对于辖区内存在难以自行解决或跨区域的治安顽症，要及时上报领导小组办公室，由区相关职能部门牵头开展区域性打击整治行动，坚决防止治安顽症的扩散、蔓延。

（三）*进一步落实长效固守措施*。为了巩固打击整治成效，防止各类治安顽症反弹、回潮和转移，区各相关部门要在保持打击整治工作持续性、连贯性的同时，积极采取固守措施，落实长效管理。一是要提高快速反应和及时处置能力。对于各类苗子性、趋势性、预警性的治安问题，区各相关部门要坚持“打早打小”的理念，根据各自职责，在第一时间内集中力量进行妥善处置；对于本部门无权管辖的治安问题，要及时通报相关职能部门采取行动，决不让治安顽症形成气候。二是要加强设点固守和街面巡查工作。在对治安顽症进行整治的基础上，公安分局和各街道（镇）要最大限度地将人员力量投入治安顽症集中的重点路段、易发时段，采取设点固守、巡逻守护等方式，落实专门力量坚守阵地，严密阵地控制措施，坚决防止治安顽症回潮。同时，要充分发挥群防群治队伍作用，以开展“世博志愿者队伍”招募、组织工作为契机，加强对群防群治队伍的指导和培训，提高其做好治安巡防工作的意识和能力，进一步织密本区治安巡防网络。三是要加强社会联动和协同作战力度。公安、民政、市容、工商、城管、网格化联动中心等部门要进一步健全完善的联动协作机制，联手开展场所管理、路面整治、收容救助等工作，进一步提升执法效果，推动建立社会治安顽症整治工作齐抓共管的良好格局。

（四）*进一步强化各项保障措施*。一是要落实督导保障。区各职能部门要定期采取公开检查、实地暗访、随机访问等形式，切实加大对本区治安顽症整治工作开展情况的检查督导力度，对于发现的问题及薄弱环节，要及时通报相关部门并提出整改意见。二是要落实宣传保障。区各相关部门要适时通过有线电视、报纸电台等新闻媒体，积极宣传报道本区在治安顽症治理工作中的典型事例和先进事迹，引导、鼓励群众举报、提供相关违法犯罪线索，在全区形成治安顽症专项整治的强大声势。三是要落实考核保障。为提高各部门开展治安顽症整治工作的责任心和主动性，建立健全常态化运作机制，区委、区政府将与各单位、各部门主要领导签订整治工作责任书。同时，各单位、各部门要将治安顽症整治工作纳入年度考核项目，设定工作重点和任务，定期开展考核评估，有效提高本部门治安顽症整治工作的成效。此外，区公安、民政、司法、妇联等部门要加强协作配合，继续坚持开办“‘两怀’妇女法制教育班”等好的做法，为打击整治治安顽症提供政策及硬件保障，提高相关特殊涉案人员的违法成本，进一步遏制治安顽症的产生。

五、工作要求

（一）*提高认识，精心组织*。此次治安顽症整治工作是本区贯彻落实中央及本市政法工作会议精神，进一步推进社会管理创新的一项重要举措，也是今年区委、区政府确定的重点工作之一。因此，区各相关部门尤其是领导干部要深刻认识开展此项工作的重要性和必要性，要紧紧抓住本区城市建设和旧区改造的有利时机，以开展世博安保工作为契机，结合岗位职责与辖区特点，精心组织，制定细化方案，层层分解任务，全面落实责任，确保全面、有序推进本区治安顽症治理工作。

（二）*强化协作，形成合力*。治安顽症整治工作是一项全区性、综合性的社会系统工程，需要社会各界的齐心协力和共同参与。为确保本区治安顽症整治工作取得实效，各部门要在区委、区政府的领导下，既要立足岗位，各司其职，积极履行好各自的工作职责，又要跨前一步，主动配合，打破部门和单位界限，进一步拓展联动协作的深度和广度，切实形成“区委领导、政府牵头、各方协同、齐抓共管、合力攻坚”的良好工作格局。

（三）*保持力度，注重规范*。本区的治安顽症整治工作面广、量大、时间跨度长，为有效防止整治中和整治后，各类治安顽症出现反复、回潮，区各相关部门要始终保持高度警惕，始终坚持严打整治方针，始终保持工作强度和节奏，对一些贯穿全年的整治行动和行之有效的工作措施要常抓不懈、持之以恒，决不能有丝毫放松。同时，在整治工作过程中，各相关部门要注意处理好严格执法和文明执法的关系，讲究工作方式方法，防止因工作措施不当受人以柄，引发社会舆论的负面炒作；要合理运用法律法规，正确把握法律尺度，切实做到规范执法、规范行政，真正实现法律效果和社会效果的有效统一。

（四）*定期分析，加强沟通*。各相关部门要定期对辖区内治安顽症进行综合分析、评估，切实摸清规律，把握动向，判明趋势，并及时根据实际调整工作重心，确保治安顽症整治工作的针对性操作性和实效性。同时，各有关部门之间要加强相关情况信息和情报线索的交流、沟通和共享，共同协商研究整治过程中遇到的问题及困难，加强协作配合，进一步提升本区治安顽症整治工作的效能。

中共闸北区委办公室、闸北区人民政府办公室印发《2010年闸北区党风廉政建设和反腐败工作各部门主要任务分工》的通知

闸委办[2010]18号

区级机关各部门、各街道(镇)、各人民团体、区管各重点企业:

为贯彻落实十七届中央纪委五次全会和九届市纪委五次全会精神,全面落实八届区纪委五次全会布置的各项任务,进一步推进我区惩防体系建设,不断增强反腐倡廉工作的合力,推动我区党风廉政建设和反腐败工作不断向深入发展,经区纪委常委会讨论,并报区委、区政府同意,现将《2010年闸北区党风廉政建设和反腐败工作各部门主要任务分工》印发给你们,请结合实际,认真做好有关工作。

各级党政组织要坚持"党委统一领导,党政齐抓共管,纪委组织协调,部门各负其责,依靠群众的支持和参与"的领导体制和工作机制,牢固树立一岗双责的意识,坚持"谁主管、谁负责"的原则,在区委的统一领导和区纪委、监察局的组织协调下,把党风廉政建设和反腐败工作作为关系全局的大事来抓,摆上重要议事日程。要依据责任分工,制定本部门、本单位的具体实施计划,进一步细化任务、明确责任部门和责任人,坚持把党风廉政建设工作与经济工作和其他业务工作一起部署、一起落实、一起检查、一起考核,确保各项工作落到实处。

各牵头单位要于4月10日前将所牵头负责的工作推进计划报区责任制领导小组办公室(送区纪委党风室,区政务大楼1218室),第四季度要对所牵头负责的工作作出总结,并以书面形式报送区责任制领导小组办公室。区责任制领导小组将在年中及年终对牵头单位、责任单位承担的党风廉政建设常规任务、动态目标和重点工作进行考核,考核结果计入单位年终考核总成绩。对领导干部不履行党风廉政建设责任制,对自己职责范围内的党风廉政建设和反腐败工作敷衍塞责、不敢抓、不愿管,致使完不成责任分工任务,分管单位和责任区内屡屡发生违纪违法案件,造成恶劣影响和严重后果的,要严格追究有关领导干部责任。

中共上海市闸北区委办公室
上海市闸北区人民政府办公室

2010年3月22日

附件

2010年闸北区党风廉政建设和反腐败工作各部门主要任务分工一览表

分类	序号	工作内容	牵头部门	责任人	责任部门	责任人	配合部门(单位)	区纪委监察委联系室
一、落实惩防体系	1	协助区委认真贯彻中央及市委关于《惩防体系实施纲要2008~2012年工作规划》及其《实施办法》,加快建立健全惩治和预防腐败体系,加强对落实情况的监督检查	区纪委	马效华	区纪委	马效华	各处级单位	党风廉政室
二、宣传教育	2	进一步完善"大宣教"领导体制,整合资源,充分发挥"大宣教"工作格局作用	区委宣传部	张锡平	区纪委 区委组织部 区委宣传部	施文荣 卢松生 林苏闵	相关单位	宣传教育室
	3	组织学习贯彻《中国共产党党员领导干部廉洁从政若干准则》,进一步增强领导干部廉洁自律意识	区纪委	马效华	区纪委 区委宣传部	施文荣 张锡平	各处级单位	
	4	进一步深化"讲党性、重品行、作表率"主题教育活动,开展党风廉政建设教育月活动,深入推进党性党风党纪教育	区纪委	施文荣	区委组织部 区委宣传部 区委党校	卢松生 林苏闵 李林沿	各处级单位	
	5	组织"区廉洁自律规范宣讲团",深入各单位大力开展岗位廉政教育	区纪委	施文荣	区纪委	施文荣	各处级单位	

（续表）

分类	序号	工　作　内　容	牵头部门	责任人	责任部门	责任人	配合部门（单位）	区纪委监察委联系室
二、宣传教育	6	大力推进廉政文化“六进”活动，开办“廉洁闸北”宣传专栏；深化廉洁文化进校园试点工作；以“清风楼组”为抓手，争创全市廉洁文化进家庭示范点	区纪委	施文荣	区委宣传部 区教育局 大宁路街道 区机关党工委 区国资委 区总工会 区妇联 区社区办 区社会工作党委	张锡平 孙惠明 王叶庆 陈光伟 刘志敏 虞国林 唐黎萍 宋　强 党委书记	相关单位	宣传教育室
	7	加强网上宣传和评论工作，加强反腐倡廉网评队伍建设	区纪委	施文荣	区委宣传部 团区委	林苏闵 李　卿		
	8	编写案例，加大警示教育力度	区纪委监察局	周　健	区纪委监察局	周　健	相关单位	案件审理室
	9	加强纪检监察干部队伍建设，切实提高履职能力	区纪委	马效华	区纪委	周　健 施文荣	区属各纪检监察组织	办公室 宣传教育室
三、领导干部廉洁自律	10	加强对领导干部廉洁自律有关规定执行情况的监督检查，切实解决领导干部廉洁自律突出问题	区纪委	马效华	区纪委	马效华	各处级单位	党风廉政室
	11	深入贯彻落实《中国共产党党员领导干部廉洁从政行为准则》及其他相关规定，严肃查处领导干部利用职权和职务上的影响为本人或特定关系人谋取不正当利益等问题	区纪委监察局 区委组织部	施文荣 卢松生	各处级单位	主要负责人	各处级单位	
	12	加强对领导干部按规定报告住房、投资、配偶子女从业等情况的监督检查，切实纠正违规行为。加强对配偶子女均已移居国（境）外的公职人员管理	区纪委 区委组织部	施文荣 卢松生	区纪委 区委组织部	施文荣 卢松生	各处级单位	
	13	规范领导干部买卖住房行为，纠正领导干部利用职务影响以明显低于市场价格购置住房等不廉洁问题	区纪委监察局 区委组织部	施文荣 卢松生	区房管局 区机管局	胡广杰 唐克勤	各处级单位	
	14	认真落实《关于规范本市公务员离职后从业行为的若干规定》	区纪委监察局 区委组织部 区公务员局	施文荣 卢松生 纪效敏	区纪委 区委组织部 区公务员局	施文荣 卢松生 纪效敏	各处级单位	
	15	深入治理领导干部违反规定收送现金、有价证券、支付凭证和收受干股等问题	区纪委 区委组织部	施文荣 卢松生	区纪委 区委组织部	施文荣 卢松生	各处级单位	
四、党内监督	16	加强对全区贯彻落实科学发展观以及执行政治纪律情况的监督检查，确保中央、市委和区委各项重要措施落实	区委组织部 区纪委	方莉萍 马效华	区委组织部 区纪委	方莉萍 马效华	各处级单位	党风廉政室
	17	严格执行民主生活会、述职述廉、诫勉谈话、函询和领导干部报告个人有关事项等制度	区委组织部	方莉萍	区委组织部	方莉萍	区纪委	
	18	加强对处级领导班子执行“三重一大”制度情况和处级领导班子党政主要负责人的监督检查	区委组织部 区纪委	方莉萍 马效华	区委组织部 区纪委	方莉萍 马效华	各处级单位	
	19	根据中央《巡视工作条例》要求，制定和完善我区巡察工作制度，提高巡察成果转化和运用的效果	区纪委 区委组织部	马效华 方莉萍	区委巡察办	宣争鹰	区财政局 区审计局	
	20	进一步推进基层党务公开工作，提高党务公开工作的制度化、规范化水平，落实党员的知情权、参与权、选举权、监督权	区委组织部	方莉萍	区委组织部	分管部长	相关单位	
	21	加大党政领导干部问责力度，探索建立有关问责工作的具体措施	区纪委	施文荣	区纪委	施文荣	相关单位	
五、提升制度执行力	22	以责任制专项检查、巡察为主要抓手，加强对制度执行情况的监督检查	区纪委	马效华	区纪委	马效华	各处级单位	党风廉政室
	23	进一步深化行政审批制度改革，推进行政审批标准化建设和网上审批平台建设，全面推行行政审批告知承诺制度，试行并联审批制度	区审改办	王立新	区监察局	周　健	相关单位	执法监察室

（续表）

分类	序号	工 作 内 容	牵头部门	责任人	责任部门	责任人	配合部门（单位）	区纪委监察委联系室
五、提升制度执行力	24	结合"金财工程"建设，逐步建立财政性资金网上运作和实时监控机制	区财政局	李原康	区纪委监察局 区人保局 区机管局	周 健 李雅平 唐竟勤		执法监察室
	25	进一步完善招投标中心运行机制，建立关于区重点工程、政府投资建设项目情况通报制度，规范招投标行为	区财政局 区房管局 区建设交通委	李原康 胡广杰 巢卫明	区财政局 区房管局 区建设交通委	李原康 胡广杰 巢卫明	区监察局 区审计局	
	26	继续开展预防党员干部违纪违法和职务犯罪预警机制工作，以"公务员持廉守正服务站"为载体，扎实开展廉政风险防范管理工作	区纪委	施文荣	各处级单位	党政主要负责人	各处级单位	案件检查室 党风廉政室 宣传教育室
	27	完善领导干部经济责任审计，积极落实审计结果的公开和运用，完善审计整改监督机制	区审计局	郑志勇	区审计局	郑志勇	各处级单位	案件检查室
六、作风养成教育及纠风工作	28	以"勤政高效大作为"为主题，组织开展作风养成教育第四年主题活动，着力解决作风方面突出问题	区作风办	周 健	各处级单位	各单位主要领导		作风办
	29	完善作风建设社会评价体系，组织开展"万人百企评机关"活动	区作风办	周 健	各处级单位	各单位主要领导		
	30	继续围绕教育收费、医疗服务和物业管理三项群众广泛关注的热点问题深入开展专项治理工作	区纠风办	周 健	区教育局 区卫生局 区房管局	顾筱璞 王光荣 胡广杰	区物价局 区审计局 区财政局	纠风工作室
	31	根据市纠风办的要求，继续开展对部门和行业政风行风测评，组织"重点评"工作	区纠风办	周 健	列入测评的部门和行业	行政主要领导	各街道镇纪检监察组织	
	32	完善查处快速反映机制，进一步健全政风行风投诉热线工作制度	区纠风办	周 健	区各部门（含街道镇）	各部门主要领导	各相关单位	
	33	抓好全区政务、行业、服务窗口的迎世博、参与世博的各项工作	服务效能分指挥部	周 健	区各部门窗口、行业窗口	各部门、各行业主要领导	各相关单位	
	34	进一步推进本区政务公开的制度化、规范化和法制化建设，促进政府工作透明度不断提高	区纠风办	周 健	区政府各部门（含街道镇）	行政主要领导	各相关单位	
七、行政监察	35	积极推进信访举报规范化建设，坚持开展区纪委常委信访接待日制度，进一步推行信访监督谈话制度	区纪委	施文荣	区纪委	施文荣	各处级单位	信访室 案件检查室 案件审理室
	36	进一步增强查办案件合力，继续加大查办违纪违法案件的力度	区纪委监察局 公安闸北分局 区检察院 区法院	马效华 陆 民 曾 勉 钱锡青	区纪委监察局 公安闸北分局 区检察院 区法院	马效华 陆 民 曾 勉 钱锡青	区审计局 税务分局 工商分局 区国资委 区信访办	
	37	依纪依法审理案件，实现办案政治、社会和法纪效果的统一	区纪委	周 健	区纪委	周 健	涉案单位	
八、厉行节约	38	加强出国（境）管理，严格控制因公出国（境）团组数、人次数和经费支出，研究建立禁止公款出国〔境〕旅游的长效机制	区外办	王立新	区纪委 区委组织部 区台办	施文荣 卢松生 雷小叶	相关单位	党风廉政室
	39	加强公务用车配备使用管理，继续实行全区大型会议活动统一派车制度和公务用车每周停驶一天规定，对照《党政机关公务用车配备更新管理办法》开展自查自纠	区机管局	唐克勤	区纪委 区委组织部 区财政局	施文荣 卢松生 李原康	各处级单位	
	40	从严控制楼堂馆所建设，严禁违反规定购建、装修办公用房。建立健全并落实党政机关办公楼等楼堂馆所建设项目向纪检监察机关备案制度	区发改委	赵汝青	区规土局	周伟良	区纪委 区建交委 区审计局 区机管局	

（续表）

分类	序号	工　作　内　容	牵头部门	责任人	责任部门	责任人	配合部门（单位）	区纪委监察委联系室
八、厉行节约	41	进一步规范改革公务消费和公务接待制度，继续实行公务消费每季度公示制	区财政局	李原康	区纪委 区审计局 区机管局	施文荣 郑志勇 唐克勤	各处级单位	党风廉政室
	42	深入开展“小金库”专项治理，完善治理工作的长效机制	区财政局	李原康	区纪委 区审计局	施文荣 郑志勇	各处级单位	
九、行政监察	43	开展工程建设领域专项治理工作	区工程建设领域专项治理工作领导小组	周　健	区发改委 区财政局 区建交委 区规土局 区科委（信息委）	赵汝青 李原康 巢卫明 周伟良 胡建民	有关单位	执法监察室
	44	认真查处旧区改造中的违纪违法案件	区监察局	周　健	区房管局 区建交委	胡广杰 巢卫明	区相关部门 各动迁公司	
	45	加强重点工程和实事项目的效能监察	区监察局	周　健	区建交委 区重大办	巢卫明		
	46	加强对公务员津贴补贴发放工作的监督检查	区公务员局	纪效敏	区纪委监察局 区委组织部 区财政局 区审计局	周　健 卢松生 李原康 郑志勇	各处级单位	
十、企业反腐倡廉	47	完善国有企业权力运行制衡机制、薪酬激励和约束机制，规范国有企业领导人员廉洁从业行为	区国资委党委	刘志敏	区国资委党委	刘志敏	各区管重点企业	党风廉政室
	48	加强企业领导人员廉洁从业教育，深入开展“七个不准”专项工作，分层次、分步骤推进廉政文化进企业	区国资委党委	刘志敏	区国资委党委	刘志敏	各区管重点企业	
	49	深化厂务公开，建立企业领导人员向职代会述职述廉制度，推进企业领导人员收入公开和职代会民主评议企业领导人员工作的开展	区总工会	虞国林	区总工会	虞国林	各区管重点企业	
	50	继续做好“两新”组织反腐倡廉试点工作，制定《闸北区“两新”组织纪检监察组织工作规程》	区纪委 区委组织部 区社会党工委	施文荣 分管部长 王　震	区纪委 区委组织部 区社会党工委	施文荣 分管部长 王　震	“两新”组织反腐倡廉试点单位	
备　注	一、牵头部门、责任部门、配合部门工作职责： 1. 牵头部门工作职责：承担牵头任务的计划、组织、推进、检查和总结；2. 责任部门工作职责：按照总体要求和具体安排，完成主要工作；3. 配合部门工作职责：按照要求，配合责任部门完成相应工作。 二、部门领导如因工作调动变动职务，由接任该职务的部门领导自然替补。							

中共闸北区委办公室印发《闸北区党员教育培训工作实施办法》的通知

闸委办［2010］25号

区级机关各部门、各街道（镇）、各人民团体、区管各重点企业党组织：

《闸北区党员教育培训工作实施办法》已经区委领导同意，现印发给你们，请认真贯彻执行。

中共上海市闸北区委办公室

2010年5月25日

闸北区党员教育培训工作实施办法

为深入贯彻党的十七届四中全会、市委九届九次全会和区委八届八次全会精神，认真落实《中共中央办公厅关于〈2009—2013年全国党员教育培训工作规划〉的通知》（中办发[2009]23号，以下简称《规划》）和《中共上海市委办公厅印发〈上海市党员教育培训工作实施意见〉的通知》（沪委办发[2010]13号，以下简称《实施意见》）的精神，根据《中共闸北区委关于加强和改进新形势下党的建设的实施意见》的要求，结合我区党建工作和党员队伍实际，提出以下具体实施办法：

一、指导思想

高举中国特色社会主义伟大旗帜，以邓小平理论和“三个代表”重要思想为指导，深入贯彻落实科学发展观，按照加强党的执政能力建设和先进性建设的要求，适应建设学习型政党的需要，以学习贯彻中国特色社会主义理论体系和党章为重点，紧紧围绕区域经济社会又好又快发展的中心任务，坚持以党建工作的新提高促进闸北新一轮发展为目标来加强党员教育培训工作，不断增强广大党员的身份意识、忧患意识和使命意识，为进一步提高党的建设科学化水平，实现闸北经济社会又好又快发展建好队伍、打好基础。

二、组织实施和目标要求

根据《规划》和《实施意见》的部署要求，从2009年至2013年，在切实加强党员经常性教育的基础上，对未纳入各级党委干部教育培训范围的广大基层党员普遍进行培训。全区各级党组织要根据不同类型、不同层次、不同岗位党员的实际需求，科学拟定计划，有步骤、有重点地组织开展党员教育培训。其中：党政机关、国有企事业单位党员的教育培训由所在单位党组织负责；居民区（村）、“两新”组织及其他各类基层党员的教育培训由其上级党组织负责，分层分类组织实施。

对居民区（村）党员和各类学校学生党员的教育培训，每年至少进行一次，时间一般不少于16学时，其中，党组织班子成员一般不少于24学时。

对党政机关、国有企业和事业单位党员的教育培训，每年至少进行一次，时间一般不少于24学时，其中，党组织领导班子成员一般不少于40学时。

对“两新”组织党员的教育培训，每年进行一次，时间一般不少于16学时，可通过组织学习或网上学习的形式进行。专职党群工作者和党建工作指导员一般不少于24学时。

对离退休党员、流动党员及其他各类基层党员的教育培训，要从实际出发，切合现有管理形式就近就便抓好落实。

纳入各级党委干部教育培训范围的党员领导干部，除认真执行干部教育培训的有关要求外，要带头参加所在单位的党员教育培训。

三、重点工程

在对全区广大基层党员普遍进行培训的基础上，着力抓好基层党组织书记培训、新党员培训和党员创业就业技能培训等重点工程。

1. *基层党组织书记培训*。着眼于建设一支守信念、讲奉献、有本领、重品行的基层党组织带头人队伍，切实抓好基层党组织书记的培训。在区的层面，重点抓好居民区党支部书记培训示范班，做到每年对全区所有居民区党总支（支部）书记进行一次全员培训，时间一般不少于3天。根据实际需要逐步开设国资、教育等系统内党支部书记培训示范班。区有关部门党委要按照统筹安排与分类分级施教相结合的原则，落实所属党支部书记的初任培训、定期轮训及专题培训，每年集中或分散培训的时间一般不少于56学时；各社区（街道）、镇党（工）委也要根据工作需要，采取多种形式加强对所属党支部书记的教育培训工作。

2. *新党员培训*。着眼于增强新党员意识、发挥先锋模范作用，进一步从思想上入党，切实抓好新党员的教育培训。通过集中学习、党课教育、座谈研讨、主题活动等方式，使每名新党员在入党一年内至少参加一次集中培训，时间一般不少于24学时，按党组织隶属关系由其上级党组织负责实施教育培训。

3. *党员创业就业技能培训*。着眼于提高党员带头创业、带领群众就业的本领，切实加强党员的创业就业技能培训。各级党委组织部门要与科技、人力资源社会保障等部门密切配合，重点抓好基层党员的实用技术培训，流动党员特别是农民工党员、下岗失业职工党员、退伍转业军人党员的创业就业技能培训，努力使他们掌握1门以上技术技能，切实提高创业就业本领。

各级党组织要紧紧围绕区委、区政府的中心工作，结合党员的学习需求，精心安排教育内容，突出培训重点。2010年，在做好以上三方面培训的基础上，围绕办好一届“成功、精彩、难忘”的世博会的重点工作，重点抓好“党员先锋行动”迎世博专题培训，促进基层党组织和广大党员在迎世博办世博过程中积极发挥战斗堡垒和先锋模范作用。2010年上半年，完成对全区基层党组织书记和党员的世博专题培训工作。

四、主要措施

1. 大力加强党员教育培训的指导和服务体系建设。在区的层面,区党员经常性教育联席会议要将落实党员教育培训工作的目标任务作为重要工作内容,根据年度工作要求,规划全年党员教育重点内容,定期部署阶段性学习任务,充分发挥各成员单位的优势,分工协作,为党员教育培训提供资源,协调解决工作中存在的问题;各部门党组织、社区(街道)、镇党(工)委要根据区委的部署和区党员经常性教育联席会议的要求,结合本部门、本单位的实际,制定相应的培训计划,切实抓好工作落实。区党员经常性教育联席会议成员单位和相关职能部门要紧密结合闸北经济社会发展的实际,在使用中央、市委规定的有关培训材料的基础上,组织一定力量编写体现闸北特色的党员教育培训教材,并根据党员需要,拍摄制作有关教育培训电教片,为基层党组织开展教育培训提供学习资源。全区基层党组织可根据党员多样化、个性化的学习需要,定期为党员推荐学习书目、提供学习资料。

2. 探索创新党员教育培训的方式。坚持理论联系实际的学风,改进党员教育培训的方式。围绕重大政策、重大事件、重要舆情、重大建设工程和党员群众最关心、最直接、最现实的利益问题以及本部门、本单位改革发展稳定的重大问题,党的建设的突出问题等主题组织党员开展学习讨论。积极探索适应本部门、本单位情况和特点的,党员喜闻乐见、灵活多样的教育培训方法和途径。根据不同类型、不同层次、不同岗位党员的实际需求,坚持正面教育、自我教育为主的方针,尊重党员自主选择、自主设计、自主担纲参与党员受教育的权利,积极探索开放创新、体验可感、知行互动的教育模式,采取交流研讨、知识竞赛、案例分析、读书活动、微型党课等多种形式,增强教育的吸引力和感染力。开设党员"流动课堂",为流动党员、窗口单位或工作地分散、作业方式多样的基层党组织送学上门、送教上门、送技上门。组织党校教师、讲师团成员、先进典型代表、专家学者、科技人员等,主动进社区、进企业、进学校,流动办学,方便党员就地就近学习。

3. 优化整合党员教育培训的资源建设。充分发挥党员服务中心的阵地作用和服务功能,使之成为区域化、社会化的基层党员的教育培训中心,为基层党组织和党员组织开展读书活动、交流心得、专题讨论等活动,提供推荐学习菜单、配送教育资源、提供场所设施等服务。充分发挥党校教育培训师资力量的优势,满足大规模开展党员教育培训的需求。依托区域内大中专院校、人力资源社会保障部门和社会办学机构,培育一批党员教育实训基地,探索运用社会力量开展党员创业就业技能培训的新途径,对有需要的农民工党员、下岗失业职工党员、退伍转业军人党员提供培训创业指导服务。充分运用本区丰富的党史资源和党员教育资源,加强党员教育培训基地建设,增强党员教育的生动性和有效性。

4. 利用信息化手段提高党员教育培训的现代化水平。继续加强党员干部现代远程教育终端站点建设,整合本区教育资源,积极为站点提供党员电教片、党员远程教育课件等各类教学资源。充分利用党员干部远程教育平台和市、区两级的基层党建网,开设网上党课,开展党员实名在线学习,开发在线提问、在线讨论以及党员领导干部和专家学者在线解答等功能,从而进一步扩大教育的覆盖面。探索利用移动手机平台开发教育活动短信等现代通讯手段,发送党员教育的信息。有条件的部门党组织、社区(街道)、镇党(工)委可探索建立网上党员教育基地,实现在线培训的新模式。

五、组织领导

1. 强化责任落实。党员教育培训工作要纳入党建工作责任制,列入重要议事日程,切实加强组织领导。在区委领导下,充分发挥党员教育培训联席会议的统筹协调功能。各部门党组织、社区(街道)、镇党(工)委要高度重视党员教育培训工作,在党(工)委的统一领导下,相关职能科室各司其职、协同参与,健全制度、规范运作、切实履职,定期研究解决党员教育培训工作中的困难和问题,承担对本部门、本单位党员教育培训工作的安排部署和督促检查职责。

2. 强化经费保障。各部门党组织、社区(街道)、镇党(工)委的留存党费应主要用于党员教育培训。区级财政在安排培训经费预算时,应统筹安排党员教育培训经费,形成正常增长机制。党员教育培训经费要向"两新"组织、街道社区和其他有困难的基层党组织倾斜。国有企业要从按规定提取的职工教育经费中足额安排党员教育培训经费;事业单位党员教育培训经费从公用经费综合定额中列支,实行预算管理。

3. 强化督促检查。各部门党组织、社区(街道)、镇党(工)委要采取巡回检查和随机抽查等方式,经常深入基层、加强督查,把党员和基层党组织对教育培训的认可度、满意度作为评价标准,了解掌握本部门、本单位党员教育培训工作的开展情况,总结推广经验、培育宣传典型、发现解决问题,促进党员教育培训各项工作落到实处。对认真落实党员教育培训工作的党组织将适时给予表彰。各部门党组织、社区(街道)、镇党(工)委要根据本实施办法,结合实际制定贯彻落实的年度工作计划。

中共闸北区委办公室、闸北区人民政府办公室转发《区纪委、区委组织部、区监察局、区公务员局关于规范本区公务员离职后从业行为的实施细则》的通知

闸委办[2010]26号

区级机关各部门、各街道(镇)、各人民团体、各区管重点企业:

《区纪委、区委组织部、区监察局、区公务员局关于规范本区公务员离职后从业行为的实施细则》已经区委、区政府领导同意,现转发给你们,请认真执行。

中共上海市闸北区委办公室
上海市闸北区人民政府办公室

2010年5月26日

区纪委、区委组织部、区监察局、区公务员局关于规范本区公务员离职后从业行为的实施细则

为规范本区公务员离职后从业行为,进一步加强公务员队伍管理,树立公务员队伍良好形象,促进公务员队伍廉政建设,根据《中华人民共和国公务员法》、《中国共产党党员领导干部廉洁从政若干准则》和《中国共产党纪律处分条例》等法规,按照《市纪委、市委组织部、市监察局、市公务员局关于规范本市公务员离职后从业行为的若干规定》的要求,结合本区实际,特制定本细则。

一、区级机关各部门、各街道(镇)、各人民团体处级干部在离职3年内,其他公务员在离职2年内,禁止违反规定经商办企业,并不得有下列行为:

(一)到原工作业务直接相关的企业、社会中介机构等营利性组织任职;

(二)在原工作业务范围内的企业和中介机构投资入股;

(三)从事、代理与原工作业务相关的有偿中介活动;

(四)从事、代理与原工作业务相关的其他营利性活动。

二、公务员离职后,禁止利用本人原有职权地位形成的便利条件,从事可能与公共利益发生冲突的活动,并不得有下列行为:

(一)接受、索取原管理和服务对象提供的财物;

(二)到原管理和服务对象的企业和中介机构任职或投资入股;

(三)到原任职单位打招呼、托关系,为他人谋取不正当利益。

三、各级机关在履行职能时,必须坚持公开、公平、公正的原则,不得向有本单位、本系统离职公务员从业的企业指定、提供、介绍业务。

四、建立公务员离职谈话制度。在公务员办理离职手续时,按照干部管理权限,由组织人事部门进行离职谈话,明确告知本细则规定的内容。申请辞去公职或申请提前退休的公务员应说明离职理由和去向,并作出有关从业的书面承诺。

五、建立离职公务员从业备案制度。公务员离职后从事经商办企业活动的,应及时向原单位纪检监察组织或组织人事部门登记备案,填写《公务员离职后从业备案表》,并在一定范围内予以公示。

六、离职公务员违反本细则规定的,由原所在单位将有关情况通报区公务员局,由区公务员局按《中华人民共和国公务员法》第一百零二条第二款责令限期改正,逾期不改的,按照相关规定进行处理。

离职公务员系中共党员的,除执行上款规定外,其行为构成违纪的,按干部管理权限由所在党组织按《中国共产党纪律处分条例》有关规定进行处理。

离职公务员违反本细则规定涉嫌犯罪的,移送司法机关处理。

七、各级机关违反本细则规定的,由上一级机关责令纠正,并按党风廉政建设责任制相关规定实施责任追究。

八、本细则所称的离职,包括公务员退休或辞去公职等情况。

九、本细则适用于实施《中华人民共和国公务员法》管理的单位。参照公务员法管理的单位,参照本细则执行。

十、区管重点企业主要负责人参照执行。

十一、本细则由区纪委、区委组织部、区监察局、区公务员局负责解释。

十二、本细则自印发之日起施行。

公务员离职后从业备案表

姓　　名		性　　别		出生年月	
民　　族		籍　　贯		政治面貌	
学历学位		工作时间		健康状况	
家庭住址		联系电话			
户口所在地址					
原工作单位及职务				离职时间	
离职后从业单位及业务范围					
从业承诺	从业承诺：离职后从业行为符合《闸北区规范公务员离职后从业行为的实施细则》各项规定，并自觉接受组织的监督检查。 承诺人（签字）： 年　　月　　日				
备　　注					

中共闸北区委办公室印发《关于在我区开展“我为旧改出份力、我为发展作贡献”主题实践活动实施方案》的通知

闸委办[2010]38号

区级机关各部门、各街道（镇）、各人民团体、区管各重点企业党组织：

《关于在我区开展“我为旧改出份力、我为发展作贡献”主题实践活动实施方案》已经区委常委会讨论同意，现印发给你们，请认真贯彻执行。

中共上海市闸北区委办公室

2010年8月16日

关于在我区开展“我为旧改出份力、我为发展作贡献”主题实践活动实施方案

为进一步贯彻落实区委八届九次全会精神，推动闸北经济社会新一轮发展，为区域经济发展营造良好的外部环境，在全区上下进一步掀起“创先争优”活动的高潮，现根据区委、区政府的有关要求，结合工作实际，决定在全区开展“我为旧改出份力、我为发展作贡献”主题实践活动，现提出如下实施方案：

一、指导思想

坚持以科学发展观为统领，深入学习贯彻党的十七大精神，紧紧围绕贯彻落实区委八届九次全会的工作部署和要求，通过“我为旧改出份力、我为发展作贡献”主

题实践活动，要求广大党员干部认清闸北发展的大好形势、统一思想、明确目标、鼓足干劲，进一步激发广大干部群众走出低谷、实现赶超的信心和斗志，增强闸北发展的紧迫感与使命感，努力使全区党员干部成为闸北新一轮发展的组织者、推动者和实践者。

二、活动内容

1. *开展区委八届九次全会精神宣讲活动*。今年我区经济社会各方面呈现出迅猛发展势头，形势十分喜人。为了更好地为闸北今后的发展提神鼓劲，实现全区上下热爱闸北、关心闸北、奉献闸北的大好局面，由区委宣传部牵头开展八届九次全会精神的宣传，按照党员责任区分工要求，领导干部带头深入基层、深入结对社区，广泛开展宣讲活动，重点宣传我区经济社会发展取得的成效以及今后发展的主要任务，鼓励基层百姓进一步树立发展的信念，更好的支持区政府实事项目，齐心协力共谋发展。此项活动完成时间为9月份，宣讲内容由区委宣传部提供，活动安排和要求由区党员责任办公室负责。

2. *向全区党员干部发出"倡议书"活动*。由区委组织部、区委宣传部、区委统战部、区机关党工委、区公务员局、区总工会、团区委、区妇联联合向全区党员干部职工发出倡议书。倡议全区党员干部职工，要充分发挥共产党员的先锋模范作用，群团组织要发挥桥梁纽带作用，引导广大干部职工群众积极响应区委、区政府的号召，以实际行动为我区的旧改出力，为闸北的发展作出自己应有的贡献。倡议书由区机关党工委负责起草。

3. *召开一次专题组织生活会*。要求各级党组织围绕"我为旧改出份力、我为发展作贡献"主题开展一次专题组织生活会。通过大讨论活动，引导广大党员干部在闸北宝贵的发展机遇中充分施展才干、锻炼能力、创新方法、提升形象，争做优秀共产党员，为闸北的新一轮发展出智出力。此项活动由区委组织部负责实施。

4. *组织一次看闸北活动*。各部门自行组织本单位职工观看专题片《苏河湾》、实地考察闸北新亮点，让广大干部职工群众进一步认识闸北、了解闸北、热爱闸北，为闸北今后的发展提振士气、鼓劲添力。此项活动完成时间为9月底前，专题片由区委宣传部提供，新亮点由区投资促进中心提供。

三、工作要求

1. *健全组织，加强领导*。为保证主题实践活动的顺利开展，要求各单位党组织切实加强组织领导，严格认真贯彻落实区委、区政府的决定精神，精心组织开展好各项活动，确保活动取得实效。

2. *注重结合，突出重点*。各单位要按照活动内容和要求，从本单位"创先争优"活动和工作实际出发，制定具体的实施方案，明确领导责任。在主题实践活动开展过程中，要与各项工作部署合起来，结真抓实干，务求实效，确保各项工作统筹兼顾、互促互进。

3. *加强宣传，营造氛围*。要紧扣活动主题，加强舆论宣传，营造浓厚氛围。围绕活动内容，及时总结好经验、好做法，充分挖掘好典型。各单位党组织要充分利用局域网、宣传栏、简报等宣传阵地，造势鼓劲，要通过形式多样、活泼生动的宣传方式，实践活动的影响力。

4. *广泛动员，积极参与*。群团组织及社会团体等也应积极发挥作用，广泛动员工作对象，积极参与主题实践活动，提高知晓率和参与率，并形成各具特色、富有成效的活动载体，凸显实践活动的整体效应。

附：《倡议书》

附件

倡　议　书

全区各级干部职工群众：

今年以来，全区上下鼓足干劲、奋力拼搏，经济社会发展势头迅猛、形势喜人，上半年完成区级财政收入25.02亿元，同比增长34.79%，增幅连续6个月居中心城区首位，迎来了闸北发展史上最好的历史时期之一。站在上半年来之不易的成绩之上，区委八届九次全会郑重提出了闸北区级财政收入"走出低谷"的目标，明确了确保动迁居民5000户、确保完成桥东二期地块收尾的旧改任务。为实现这一光荣的使命，结合正在广泛开展的创先争优活动，现在全区开展"我为旧改出份力，我为发展作贡献"主题实践活动，并向全区广大干部职工群众发出如下倡议：

一、热爱闸北，奉献闸北

闸北是我家，发展靠大家。面对发展的大好形势，每一位闸北人既有理由对今天的成绩无比振奋、充满自豪，更有责任为明天的发展抖擞精神、贡献力量，自觉地把思想认识统一到区委、区政府的决策部署上来，倍加珍惜来之不易的发展势头，时时处处为闸北着想，点点滴滴为闸北奉献，不甘落后，奋起直追，齐心协力共同推动闸北走出发展低谷。

二、宣传闸北，树立形象

实践证明，形象就是资产，品牌就是实力。每一位闸北人都是发展的宣传员、形象的塑造者，都要有宣传闸北、推介闸北的自觉意识，用骄人的发展成绩感动人，塑良好的发展环境感染人，展美好的发展蓝图感召人，吸引各地宾朋投资闸北发展的热土，调动各方力量投身闸北发展的热潮，形成闸北发展最强大的合力。

三、胸怀全局，加快旧改

加快旧区改造、建设全新面貌，既是全体闸北人多年的梦想，更积聚着未来发展的潜力。在旧改推进过程中，一线工作人员要着力增强群众意识，带着感情妥善做好群众工作，努力营造团结友爱、和谐融洽的党群干群关系；党员干部和机关、事业单位工作者要当好表率，带头做好身边亲属工作，主动营造理性平和氛围，生动诠释“百姓得实惠、发展得机会”的旧改理念。

四、创先争优，勇攀新高

行百里者半九十。大好发展形势面前，我们更应清醒地看到，“走出低谷”的任务依然艰巨，容不得半点自满、来不得半点松懈，必须着力克服“小富即安、小变即满”的思想，不断自我加压、自我超越，不当发展局外人，不做发展旁观者，全力投身创先争优活动，用辛劳、智慧和汗水为闸北的发展增添后劲、为闸北的崛起贡献力量。

同志们，区域经济的腾飞、城区面貌的更新、百姓生活的富足、社会发展的祥和是全体闸北人共同的目标和理想。让我们认真贯彻落实八届区委九次全会精神，从我做起，从现在做起，创先争优、振奋精神、齐心协力、扎实工作，为加快实现闸北跨越式发展不断谱写新的灿烂篇章！

中共闸北区委组织部
中共闸北区委宣传部
中共闸北区委统战部
中共闸北区机关工作委员会
闸北区公务员局
闸北区总工会
共青团闸北区委员会
闸北区妇联
2010年8月16日

闸北区人民政府办公室关于印发闸北区人民政府2010年实事项目的通知

闸府办发[2010]2号

区政府各部门、各街道办事处、彭浦镇政府、区管重点企业：

经区政府同意，现将闸北区人民政府2010年实事项目印发给你们，请抓紧组织实施。

特此通知

2010年1月27日

2010年闸北区政府实事项目

一、新增就业岗位19000个（责任单位：区人力资源社会保障局）。

二、新增1600名居家养老服务对象；新增养老床位400张；新设5个助餐服务点；建设10个标准化老年活动室；为500名独居老人清理和调换过期药品（责任单位：区民政局、区食药监分局）。

三、新建2处社区公共运动场；新建健身苑点3个，更新整新健身苑点21个（责任单位：区体育局）。

四、对3个社区卫生服务站进行规范化建设，为4万名居民开展健康管理（责任单位：区卫生局）。

五、完成1800名“红十字”救护员和14167人的群众性现场初级急救培训（责任单位：区红十字会）。

六、对5000名农民工进行安全生产培训，免费为25000名流动人口育龄妇女检查孕情环情（责任单位：区安全监管局、区人口计生委）。

七、在10家标准化菜市场设立便民服务维修点；免费为8000台家庭用水银血压计检定、校准和维修（责任单位：区商务委、区质量技监局）。

八、在全区各街道（镇）建设一所社区精神残疾人日间康复照料机构“阳光心园”（责任单位：区残联）。

九、对北站街道5000户老式居民住宅进行电气线路改造；为全区居委会及旧改基地、动拆迁基地配置300辆消防移动灭火车（责任单位：区公安分局）。

十、完善公共厕所设施和引导标志，公共厕所导向牌新增40块、更新60块，公共厕所门楣新增20块；建设大统路（光复路）公共绿地（责任单位：区绿化市容局）。

闸北区人民政府办公室关于2010年本区人力资源社会保障工作考核指标和考核统计等事项的通知

闸府办发[2010]6号

区政府各部门、各街道办事处、彭浦镇政府、区管重点企业：

为进一步明确各街道办事处、彭浦镇政府和有关委、办、局的人力资源社会保障工作责任，努力扩大就业，有效控制失业，扶持自主创业，加强对困难边缘群体的就业援助，维护来沪从业人员合法权益，经区政府同意，现就2010年本区人力资源社会保障工作考核指标和考核统计等事项作如下通知：

一、2010年本区人力资源社会保障工作考核指标

（一）新增就业岗位19000个。

（二）城镇登记失业人数控制在20360人以内。

（三）帮助500人成功创业。

（四）困难边缘群体就业2400人。

（五）来沪从业人员综合保险覆盖数达到70000人。

二、2010年本区人力资源社会保障工作考核统计

（一）新增就业岗位

年度新增就业岗位统计，以本区各类单位到人力资源社会保障部门办理用工手续的实际人数为准。统计范围为2009年11月1日～2010年10月31日期间就业并办理过用工登记，且2010年12月底仍在岗的处于法定劳动年龄段的本市从业人员，并扣除同期自然减员人数。

（二）城镇登记失业人数

城镇登记失业人数的统计，以具有本区非农户籍，在法定劳动年龄段内，有劳动能力，未就业且要求就业，并在本区公共就业服务机构进行失业登记，在2010年12月31日状态仍为“失业”的人数为准。

（三）帮助成功创业人数

帮助成功创业人数的统计范围为，本区各级政府和相关部门通过政策扶持或创业服务，帮助本市劳动者2010年在本区创业（以创业组织注册地为准），并成功开办小企业、个体工商户、农民专业合作社、民办非企业单位和非正规就业劳动组织，并在2010年12月31日仍存续的各种创业组织数。非本市户籍劳动者在本区创业，带动本市劳动者就业效果明显的，并按规定享受过有关政策扶持或创业服务的，也纳入统计范围。

（四）困难边缘群体就业

困难边缘群体是指本区户籍、处于劳动年龄段内、有劳动能力和就业愿望、就业比较困难的以下人员（不包括认定为“双困人员”的对象）：

1. 连续失业6个月以上的“4045人员”（年满40周岁的女性劳动者和年满45周岁的男性劳动者）；

2. 因企业裁员或关停而失去工作的新增失业人员；

3. 截至2009年12月31日，尚未实现正式就业的2009年应届毕业生及历届毕业生中从未有过正式就业经历的人员。

困难边缘群体就业人数的统计，以2010年内我区困难边缘群体经区、街两级公共就业服务机构指导、培训、推荐后被本市各区县各类企业及其他类型用人单位正式录用（办理用工手续）的人数为准。

（五）来沪从业人员综合保险及覆盖数

来沪从业人员综合保险覆盖数的统计，以2010年末本区参加综合保险的来沪从业人员人数为准。

上述各项考核指标的执行情况，由区人力资源社会保障局负责统计，按季度汇总后上报区政府。

特此通知

2010年3月7日

闸北区人民政府办公室关于转发区安全监管局《闸北区危险化学品安全生产监督检查规定》的通知

闸府办发[2010]23号

区政府各部门、各街道办事处、彭浦镇政府、区管重点企业：

经区十四届政府第153次常务会议讨论同意，现将区安全监管局《闸北区危险化学品安全生产监督检查规定》转发给你们，请认真按照执行。

特此通知

2010年10月19日

闸北区危险化学品安全生产监督检查规定

第一条（目的和依据）

为了进一步健全和完善安全生产监督管理网络，及时发现并消除危险化学品事故隐患，全面加强危险化学品安全管理，切实保障劳动者生命安全和社会公共安全，根据《中华人民共和国安全生产法》、国务院《危险化学品安全管理条例》、《上海市安全生产条例》和《上海市危险化学品安全管理办法》的有关规定，结合本区实际，制定本规定。

第二条（适用范围）

区政府安全生产监管部门依法对本区范围内的企事业单位生产、经营、储存、使用危险化学品过程实施安全监督检查，适用本规定。

街道办事处和彭浦镇人民政府（以下称街道、镇安全生产监管部门）接受区安全生产监管部门委托，对辖区内企事业单位的危险化学品安全管理状况进行监督检查，报告和协助处理危险化学品生产安全事故，适用本规定。

第三条（监督检查原则）

贯彻监督检查与指导服务相结合的原则，安全生产监管部门在督促企事业单位纠正安全生产违法行为的同时，应当主动提供便于及时消除事故隐患的政策咨询或专业技术建议。

坚持督促整改为主行政处罚为辅的原则，对于在规定的期限内及时完成整改消除隐患的企事业单位，可依法不予行政处罚。对于存在严重威胁劳动者生命安全和社会公共安全事故隐患的企事业单位，经督促后拒绝整改或未在规定的期限内消除事故隐患的，安全生产监管部门应当依法予以行政处罚。

第四条（分级分类监管）

危险化学品安全监督检查工作实行区、街道、镇分级监管。

由区政府安全生产监管部门直接监管的企业单位：

（一）汽车加油加气站、石油液化气供应站；

（二）液化空气上海有限公司威旭气站；

（三）上海联华生鲜食品加工配送有限公司；

（四）上海市果品公司北郊冷库；

（五）上海市危险化学品交易市场；

（六）大中型国有企业和外商独资企业；

（七）建筑面积在5万平方米以上的建筑施工工地。

以上单位可由区政府安全生产监管部门视情况作调整。

前款规定以外的其他企事业单位分别由所在地的街道、镇安全生产监管部门实施监督检查。经营性汽车加油、加气站以及石油液化气供应站由区和街道、镇的安全生产监管部门共同实施监督检查。

第五条（检查重点）

（一）医院、学校、宾馆、商场、文化娱乐等公众聚集场所；

（二）存在易燃易爆、有毒有害危险的设施、装置、场所；

（三）储存、经营、使用剧毒化学品或易制毒化学品以及特定种类化学品的场所；

（四）用于生产、储存、使用危险物品的建设工程；

（五）大型建筑安装施工工地。

第六条（检查方式）

安全生产监管部门对责任范围内企事业单位的监督检查实行定期与不定期相结合的方式。

（一）对于零售经营危险化学品的单位，每月检查1次；

（二）对于汽车加油、加气站和石油液化气供应站，每两个月检查1次；

（三）对于生产、储存、使用危险化学品数量达到重大危险源临界量1/2以上的单位，每两个月检查1次；

（四）结合高温、汛期、雨雪等不同气候特点。对危险化学品从业单位进行不定期监督检查。

第七条（主要检查内容）

（一）安全生产责任制、安全管理制度、岗位安全操作规程等各项规章制度的建立健全以及落实情况；

（二）主要负责人、安全管理人员、危险化学品从业人员的安全培训教育情况；

（三）警示标志、安全防护装置、应急救援装置及设施的定期维护、检查检测情况；

（四）重大危险源的登记、备案、评估情况；

（五）危险物品的生产、储存装置定期安全评价情况；

（六）经营或储存剧毒化学品、易制毒化学品以及特定种类化学品的销售备案制度、剧毒化学品安全管理制度的落实情况；

（七）危险化学品事故应急处置预案的制定及演练情况；

（八）国家危险化学品许可证制度的执行情况；

（九）各类危险化学品事故的处理情况。

第八条（街道、镇检查）

街道、镇安全生产监管部门在日常检查的基础上对企事业单位进行执法检查时，应当有两名以上行政执法人员在场，并作好检查过程记录。发现企事业单位存在安全生产违法行为时应当立即调查取证，发出安全生产监察指令书或责令改正通知书，并在规定的期限内进行复查。

对于存在重大生产安全事故隐患、经督促后拒绝整改或未在规定的期限内消除事故隐患的企事业单位，应当报请区政府安全生产监管部门予以行政处罚。

第九条（检查处理）

区政府安全生产监管部门应当对街道、镇安全生产监管部门的检查处理建议及时予以审核，并在五日内做出是否予以立案处理的决定。

街道、镇安全生产监管部门应当对报请处理案件的事实以及证据的合法性和真实性承担责任，区政府安全生产监管部门应当对案件处理法律适用的合法性和合理性承担责任。

第十条（联合检查）

区政府安全生产监管部门在对直接监察单位进行监督检查时，可以要求当地街道、镇的安全生产监管部门派员参加。

街道、镇安全生产监管部门在对辖区内的医院、学校、宾馆、商场、文化娱乐等公众聚集场所进行监督检查时，可以邀请行业主管部门和区政府安全生产监管部门派员参加。

第十一条（检查情况通报）

街道、镇安全生产监管部门应当每月向区政府安全生产监管部门报告本地区危险化学品安全生产监督检查的情况。

区政府安全生产监管部门应当将全区危险化学品安全生产监督检查执法的情况进行综合分析，按季度在闸北安监网站上予以公布，并报告市安全生产监管部门备案。

第十二条（培训指导）

区政府安全生产监管部门应当对街道、镇安全生产监管部门进行检查业务指导，并定期对本部门以及街道、镇安全生产监管部门的执法人员进行专业知识培训。

第十三条（质量评价）

区政府安全生产监管部门应当对本年度全区危险化学品安全监督检查工作的质量进行系统性评价，对典型案例进行点评分析，对工作富有成效的街道、镇安全生产监管部门及其执法人员予以表彰。

第十四条（解释）

本规定由区政府安全生产监管部门负责解释。

第十五条（施行日期）

本规定自发布之日起施行。区政府 2009 年 6 月 23 日发布的《闸北区危险化学品安全生产监督检查试行规定》同时废止。

闸北区安全生产监督管理局

闸北区人民政府办公室
关于转发区节能减排领导小组办公室
《闸北区节能减排专项扶持资金管理办法》的通知

闸府办发[2010]24 号

区政府各部门、各街道办事处、彭浦镇政府、区管重点企业：

经区十四届政府第 156 次常务会议讨论同意，现将区节能减排领导小组办公室《闸北区节能减排专项扶持资金管理办法》转发给你们，请认真按照贯彻执行。

特此通知

2010 年 11 月 11 日

闸北区节能减排专项扶持资金管理办法

第一章　总　　则

第一条　根据《中华人民共和国节约能源法》、《上海市区县人民政府单位 GDP 能耗考核体系实施方案》（沪府发[2008]19 号）以及《2008 年闸北区节能减排工作安排》（闸府办发[2008]12 号）要求，设立闸北区节能减排专项扶持资金（以下简称“专项扶持资金”）。为加强资金管理，充分发挥财政资金的作用，提高资金使用绩效，特制定本办法。

第二条　本办法所指节能减排是采用相关措施，减少能耗、减少污染物排放、实行清洁生产等，以提高资源利用效率。

第三条 专项扶持资金主要用于推进我区的节能减排工作，积极引导企业通过节能降耗和综合利用，进一步提高能源综合利用效率，减少污染物排放，增强企业效益，推进区域经济又好又快发展。

第二章 资金扶持重点、方式及标准

第四条 专项扶持资金支持重点：重点耗能企业结构调整和节能技术改造、自主创新节能产品研发、节能产品应用及推广、可再生能源开发利用及推广、循环经济和清洁生产试点单位的创建、采用合同能源管理方式实施的节能改造项目、节能项目专家咨询以及节能减排工作先进单位奖励等。

第五条 扶持方式分为贴息、补贴和奖励。

（一）贴息标准

对符合资金支持领域的节能减排项目，根据企业与银行签订的项目贷款合同（1年以上，含1年），按照贷款实际到位和支付利息情况，给予20%贷款贴息。贴息额度根据中国人民银行公布的同期贷款利息确定，项目贷款利率低于中国人民银行公布的同期贷款利率的，按照实际利率给予贴息。贴息期限1年，每个项目最高贴息额度不超过10万元。

（二）补贴标准

1. 对区重点推进的高耗能企业结构调整或搬迁，一次性补贴5万元~30万元。

2. 对年耗能800吨标煤以上的重点用能单位开展节能诊断编制节能方案的工作给予0.5万元~1万元的补贴。

3. 对消除污染因子排放的项目给予一次性补贴3万元。

4. 对在建筑项目中采用节能环保型的材料和产品或利用可再生能源，根据节能评估结果给予一次性补贴2万元~10万元。

5. 对使用先进的节能、环保产品达到年节能20吨标煤以上的单位给予一次性补贴1万元~10万元。

（三）奖励标准

1. 在年产值或收入不低于上年规模的情况下，通过技术节能达到年节能50吨标煤以上的项目，对节约部分按每吨300元的标准予以补贴。

2. 对取得上海市清洁生产审核资格证书的企业或循环经济项目给予一次性奖励2万元。

3. 对节能减排工作取得突出成绩、效果显著的先进单位酌情给予一次性奖励。

4. 区内节能服务公司采用合同能源管理方式在区内实施节能改造项目，对该节能服务公司给予一次性奖励5万元~10万元。

第三章 项目申报和资金安排

第六条 贴息项目、补贴项目、奖励项目由相关部门及单位自愿申报。

第七条 各街道、镇和各委办局负责组织本辖区、本系统的项目推荐工作。项目申报单位填报节能减排专项扶持资金申请表，向街道、镇或主管部门递交书面申请以及相关资质材料，街道、镇或主管部门对申报项目进行初审后交区节能办。

第八条 区节能办会同有关部门对申报项目审核后，报区节能减排领导小组批准。

第九条 区财政局负责年度专项扶持资金预算的安排，并依据区节能减排领导小组批准意见拨付专项扶持资金。

第十条 专项扶持资金申请工作每年安排2次，分别为3月份和8月份。

第十一条 项目实施单位收到节能减排项目扶持资金后。按照有关财务规定专款专用。

第四章 监督检查

第十二条 区节能办会同区财政局、区审计局等部门对专项扶持资金的使用情况进行督查。

第十三条 项目实施单位应在项目完成后3个月内，向区节能办、区财政局报送项目竣工报告和财务决算报告。项目实施单位在项目建设期间，每半年向区节能办报送专项扶持资金使用情况及项目建设情况。

第五章 附 则

第十四条 本办法实施细则由区节能办负责制定并负责解释。

第十五条 本办法自批准之日起实施。

闸北区节能减排领导小组办公室

主要文件选目

中共上海市闸北区委文件选目

闸委[2010]1号	中共上海市闸北区委常委会2009年工作报告(2010.1.18)
闸委[2010]2号	中共闸北区委关于加强和改进新形势下党的建设的实施意见(2010.1.20)
闸委[2010]3号	中共闸北区委常委会2010年工作要点(2010.1.27)
闸委[2010]4号	中共闸北区委、闸北区人民政府关于2009年度机关考核情况的通报(2010.2.1)
闸委[2010]6号	中共闸北区委、闸北区人民政府关于进一步加强服务企业工作的若干意见(2010.3.15)
闸委[2010]7号	中共闸北区委关于建立闸北区世博会工作领导小组及其有关工作机构的通知(2010.3.19)
闸委[2010]8号	中共闸北区委、闸北区人民政府、闸北区人武部关于2010年闸北区武装工作意见(2010.3.25)
闸委[2010]10号	中共闸北区委关于贯彻落实《中共上海市委关于进一步加强人大工作的若干意见》的实施意见(2010.5.21)
闸委[2010]11号	中共闸北区委关于进一步加强人民政协工作的实施意见(2010.5.21)
闸委[2010]12号	中共闸北区委关于在世博会运行期间“服务世博、奉献世博”立功竞赛评比表彰的通报(2010.6.24)
闸委[2010]13号	中共闸北区委、闸北区人民政府关于对黄忠荣等四位同志进行表彰奖励的通知(2010.9.1)
闸委[2010]14号	中共闸北区委、闸北区人民政府关于授予“闸北区拔尖人才荣誉奖”的通知(2010.9.1)
闸委[2010]15号	中共闸北区委、闸北区人民政府关于授予第七届“闸北区拔尖人才”称号的通知(2010.8.25)
闸委[2010]16号	中共闸北区委、闸北区人民政府关于授予第六届“闸北区优秀青年人才”称号的通知(2010.8.25)
闸委[2010]17号	中共闸北区委关于贯彻落实全国和市人才工作会议精神加快建设区域性人才高地的实施意见(2010.9.1)
闸委[2010]18号	中共闸北区委关于进一步优化人才综合环境,促进区域优秀人才创新、创业、创优的试行规定(2010.9.1)
闸委[2010]19号	中共闸北区委、闸北区人民政府关于进一步加强社区治理推进社会建设的实施意见(2010.9.7)
闸委[2010]20号	中共闸北区委、闸北区人民政府印发《关于落实区管重点企业“三重一大”事项报告制度的补充意见》等四文件的通知(2010.9.15)
闸委[2010]21号	中共闸北区委、闸北区人民政府关于“服务世博、奉献世博”立功竞赛第二次评比表彰的通报(2010.10.31)
闸委[2010]22号	中共上海市闸北区委常委会2010年工作报告(2010.12.29)
闸委[2010]23号	中共闸北区委关于制定国民经济第十二个五年规划建议(2010.12.29)

上海市闸北区人民政府文件选目

闸府发[2010]5号	闸北区人民政府关于批转区质量技监局《闸北区特种设备事故报告和调查处理暂行规定》的通知(2010.2.4)
闸府发[2010]7号	闸北区人民政府关于批转区依法行政联席会议办公室《闸北区2010年推进依法行政实施方案》的通知(2010.2.14)
闸府发[2010]8号	闸北区人民政府关于批转区审计局《关于进一步加强审计整改工作的实施意见》的通知(2010.3.11)
闸府发[2010]11号	闸北区人民政府关于成立闸北区闲置土地处置领导小组的通知(2010.4.1)

闸府发[2010]12 号	闸北区人民政府关于批转区安委办《闸北区继续深入开展"安全生产年"活动实施方案》的通知(2010.4.21)
闸府发[2010]13 号	闸北区人民政府关于表彰 2007～2009 年度闸北区先进生产(工作)者和先进集体的决定(2010.4.27)
闸府发[2010]15 号	闸北区人民政府关于成立闸北区劳动人事争议仲裁委员会的通知(2010.6.13)
闸府发[2010]16 号	闸北区人民政府关于成立闸北区治理"小金库"工作领导小组的通知(2010.7.13)
闸府发[2010]20 号	闸北区人民政府关于批转区安全监管局《闸北区生产安全事故调查处理工作程序规定》的通知(2010.10.19)
闸府发[2010]21 号	闸北区人民政府关于批转区安全监管局《闸北区生产安全事故调查处理规定》的通知(2010.10.19)
闸府发[2010]23 号	闸北区人民政府关于行政规范性文件清理结果的通知(2010.10.26)
闸府发[2010]24 号	闸北区人民政府关于批转区国资委《关于推进闸北区政府投资项目代建制的实施意见》的通知(2010.10.27)
闸府发[2010]25 号	闸北区人民政府、闸北区人民武装部关于表彰 2009 年度闸北区征兵工作先进单位和先进个人的决定(2010.10.29)

中共上海市闸北区委办公室文件选目

闸委办[2010]1 号	中共闸北区委办公室、闸北区人民政府办公室关于完善领导干部请假制度的通知(2010.1.21)
闸委办[2010]2 号	中共闸北区委办公室、闸北区人民政府办公室印发《闸北区关于建立重大事项社会稳定风险分析和评估机制的意见(试行)》的通知(2010.1.21)
闸委办[2010]5 号	中共闸北区委办公室印发《关于明确贯彻落实〈中共闸北区委关于加强和改进新形势下党的建设的实施的意见〉的责任部门安排》的通知(2010.1.21)
闸委办[2010]6 号	中共闸北区委办公室关于《八届区委八次全会确定的重点工作分解督查方案》的通知(2010.2.10)
闸委办[2010]10 号	中共闸北区委办公室、闸北区人民政府办公室转发区编办关于《闸北区区级非常设机构清理和规范方案》的通知(2010.2.26)
闸委办[2010]11 号	中共闸北区委办公室关于印发《2010 年闸北区老干部工作要点》的通知(2010.3.2)
闸委办[2010]12 号	中共闸北区委办公室关于转发《2010 年闸北区干部教育培训工作实施意见》的通知(2010.3.8)
闸委办[2010]14 号	中共闸北区委办公室、闸北区人民政府办公室关于闸北区 2010 年四套班子领导结对重点拆迁基地的通知(2010.3.10)
闸委办[2010]17 号	中共闸北区委办公室、闸北区人民政府办公室印发《2010 年区委、区政府领导党风廉政建设和反腐败工作责任分工》的通知(2010.3.25)
闸委办[2010]18 号	中共闸北区委办公室、闸北区人民政府办公室印发《2010 年闸北区党风廉政建设和反腐败工作部门主要任务分工》的通知(2010.3.22)
闸委办[2010]20 号	中共闸北区委办公室、闸北区人民政府办公室印发《闸北区贯彻落实市领导联系本区推进信访突出矛盾化解工作方案》的通知(2010.4.6)
闸委办[2010]21 号	中共闸北区委办公室、闸北区人民政府办公室印发《关于在世博会前后期间开展区领导和街道(镇)领导接访活动的工作制度》的通知(2010.4.6)
闸委办[2010]23 号	中共闸北区委办公室、闸北区人民政府办公室关于开展闸北区"十二五"规划大讨论的通知(2010.4.7)
闸委办[2010]25 号	中共闸北区委办公室印发《闸北区党员教育培训工作实施办法》的通知(2010.5.25)

闸委办[2010]26号	中共闸北区委办公室、闸北区人民政府办转发《区纪委、区委组织部、区监察局、区公务员局关于规范本区公务员离职后从业行为的实施细则》的通知(2010.5.26)
闸委办[2010]28号	中共闸北区委办公室转发《区委组织部、区委宣传部关于2010年在全区党的基层组织和党员中广泛深入开展以"世博先锋行动"为主题的创先争优活动的实施意见》的通知(2010.6.8)
闸委办[2010]29号	中共闸北区委办公室转发中共闸北区委组织部《关于开展纪念中国共产党成立八十九周年系列活动的通知》的通知(2010.6.8)
闸委办[2010]30号	中共闸北区委办公室、闸北区人民政府办公室转发区委组织部、区公务员局《闸北区关于在世博会运行期间开展"服务世博、奉献世博"立功竞赛评比表彰》的通知(2010.6.12)
闸委办[2010]32号	中共闸北区委办公室、闸北区人民政府办公室关于加强区世博会检察工作的通知(2010.7.7)
闸委办[2010]35号	中共闸北区委办公室印发《关于建立闸北区新闻发言人制度的意见》的通知(2010.7.27)
闸委办[2010]36号	中共闸北区委办公室、闸北区人民政府办公室关于进一步做好防暑降温工作的通知(2010.8.3)
闸委办[2010]38号	中共闸北区委办公室印发《关于在我区开展"我为旧改出份力,我为发展作贡献"主题实践活动实施方案》的通知(2010.8.16)
闸委办[2010]41号	中共闸北区委办公室印发《关于2010年社情民意情况的报告》的通知(2010.9.6)
闸委办[2010]44号	中共闸北区委办公室关于进一步做好突发公共事件和群体性事件信息报送工作的通知(2010.9.13)
闸委办[2010]46号	中共闸北区委办公室关于转发区委组织部《关于规范我区建立非常设机构和评比先进工作的办法》的通知(2010.10.27)
闸委办[2010]47号	中共闸北区委办公室、闸北区人民政府办公室印发《闸北区关于完善和强化世博期间社会面防控工作机制的意见》的通知(2010.11.18)

上海市闸北区人民政府办公室文件选目

闸府办发[2010]4号	闸北区人民政府办公室关于2010年度闸北区重点工程建设项目的通知(2010.2.25)
闸府办发[2010]6号	闸北区人民政府办公室关于2010年本区人力资源社会保障工作考核指标和考核统计等事项的通知(2010.3.5)
闸府办发[2010]7号	闸北区人民政府办公室关于转发区卫生局《关于做好2010年闸北区无偿献血工作的实施意见》的通知(2010.3.5)
闸府办发[2010]8号	闸北区人民政府办公室关于印发《2010年区政府重点工作》的通知(2010.3.12)
闸府办发[2010]11号	闸北区人民政府办公室关于印发《闸北区政府信息发布协调制度》、《闸北区政府信息公开监督保障制度》、《闸北区政府信息发布保密审查制度》的通知(2010.5.18)
闸府办发[2010]12号	闸北区人民政府办公室关于印发《关于做好本区规章、规范性文件清理工作的通知》的通知(2010.6.29)
闸府办发[2010]13号	闸北区人民政府办公室关于印发《2010年闸北区政府信息公开工作要点》的通知(2010.7.2)
闸府办发[2010]14号	闸北区人民政府办公室关于转发区公安分局《闸北区构筑社会消防安全"防火墙"工程实施意见》的通知(2010.7.12)
闸府办发[2010]15号	闸北区人民政府办公室关于转发区公安分局《2010年闸北区开展平安建设"整治高层建筑消防安全隐患"的实施意见》的通知(2010.7.12)

报刊要目摘编

编辑　姚荣仲

经济建设类新闻

文章名称	媒体	日期
闸北被确定为服务外包示范区	《劳动报》	2010年1月21日
“外滩”、“163”迎战“苏河湾”	《新闻晚报》	2010年1月28日
沪上最大城市雕塑群落户闸北	《新闻晚报》	2010年2月2日
七浦路面临十年来最大“手术”	《新闻晚报》	2010年2月3日
“苏河湾”加冕全国单价地王	《新闻晚报》	2010年2月12日
苏河湾新一轮旧改启动	《解放日报》	2010年2月23日
苏河湾3年后有望成新地标	《新民晚报》	2010年2月23日
闸北一地块二次挂牌低价甩卖	《新闻晨报》	2010年2月24日
市中心最大公共绿地有望亮相苏河湾	《新闻晚报》	2010年3月3日
上海:实施“拆落地”改造,老房变新居	《新华每日电讯》	2010年3月14日
闸北:推广应用国产基础软件	《解放日报》	2010年3月23日
闸北25家闲置土地建设单位有17家登记	《青年报》	2010年3月23日
老上海最后遗存宝地将化蛹成蝶	《文汇报》	2010年3月30日
17幢老建筑将修旧如旧	《劳动报》	2010年3月30日
苏河湾建设将用“全球脑”	《解放日报》	2010年3月30日
闸北苏河湾向全球征集设计方案	《新闻晚报》	2010年3月30日
苏州河市中心区域将建首个游艇码头	《新闻晨报》	2010年3月30日
苏河湾地区加大旧改期待涅槃	《上海商报》	2010年3月30日
重庆国际茶城在沪招商	《青年报》	2010年4月19日
借势规划苏河湾全面扩容	《新闻晚报》	2010年4月23日
苏河1号3万元单价成洼地	《新闻晨报》	2010年4月29日
苏河1号办公楼对外发售	《解放日报》	2010年4月29日

（续表）

文 章 名 称	媒 体	日 期
上海站南广场“借地”变脸	《新闻晚报》	2010年5月5日
上海站南广场地下人行通道开通	《新闻晨报》	2010年5月7日
以茶为媒再探发展新路	《劳动报》	2010年5月7日
不卖土地当好股东	《劳动报》	2010年5月21日
首个社区旅游消费商圈诞生	《新闻晚报》	2010年5月25日
合力推进国际贸易中心建设	《解放日报》	2010年5月27日
苏河湾现代服务业集聚区成重点	《文汇报》	2010年5月27日
上海站北广场实现“零换乘”	《解放日报》	2010年5月30日
铁路上海站北广场综合交通枢纽主体工程竣工并交付使用	《文汇报》	2010年5月30日
中环“金腰带”新地标启动	《新闻晨报》	2010年6月4日
“苏河湾”蓝图今年10月公布	《新闻晚报》	2010年6月17日
“苏河湾”方案征集社会意见	《文汇报》	2010年6月18日
紧邻内环，雄踞大宁国际社区核心处	《新闻晨报》	2010年6月18日
“苏河湾”方案年底纳入规划	《新民晚报》	2010年6月18日
“苏河湾”欲建生态超高楼宇	《劳动报》	2010年6月18日
上海闸北苏河湾又推出两地块	《东方早报》	2010年6月24日
上海苏河湾区域再推地	《第一财经日报》	2010年6月24日
上海滩大宁城：引领“内环人居”	《新闻晚报》	2010年6月24日
苏河湾近者悦远者来	《生活周刊》	2010年6月29日
大悦城落子上海苏河湾	《新闻晚报》	2010年6月30日
闸北区铁路科技企业支撑核心技术	《上海科技报》	2010年7月7日
“大悦城”将亮相苏河湾	《青年报》	2010年7月8日
国内首个人才服务产业园区落户上海	《组织人事报》	2010年7月13日
闸北首批动迁配套商品房竣工	《新闻晚报》	2010年7月15日
动视暴雪研发中心落户闸北	《解放日报》	2010年7月19日
上海滩·大宁城引领沪上置业热	《新闻晚报》	2010年7月22日
闸北将建首个人力资源园区	《青年报》	2010年8月11日
“台湾小吃城”有意落户闸北	《新闻报》	2010年8月11日
国家级人力资源产业园区落户闸北	《新闻晚报》	2010年8月11日
上海启动“云海计划”	《解放日报》	2010年8月18日
上海将建中国首个国际通讯运营商聚集区	《新闻晨报》	2010年8月18日
上海创建亚太云计算中心	《科技日报》	2010年8月23日
市北园区实现品牌输出	《解放日报》	2010年8月25日

（续表）

文 章 名 称	媒 体	日 期
闸北区在南通开建“紧密型”科技城	《新民晚报》	2010 年 8 月 26 日
重视“循环服务”，为沪上北大门引来金凤凰	《解放日报》	2010 年 8 月 27 日
大统路地道昨重新开通	《劳动报》	2010 年 9 月 1 日
闸北打造“上海人才一条街”	《文汇报》	2010 年 9 月 1 日
苏河湾将成闸北城区新形象	《解放日报》	2010 年 9 月 2 日
上海购物节闸北主题活动	《解放日报》	2010 年 9 月 6 日
苏河湾拟引入“时光纵轴”	《新闻晚报》	2010 年 9 月 7 日
苏河湾风貌区堪比外滩新天地	《劳动报》	2010 年 9 月 8 日
黄金宝地“苏河湾”设计方案确定	《文汇报》	2010 年 9 月 8 日
本市将建成 2 公里的最长空中步道	《新闻晨报》	2010 年 9 月 8 日
非公企业有了“贴心保姆”	《新民晚报》	2010 年 9 月 12 日
苏河湾打造国际都会人才中枢	《解放日报》	2010 年 9 月 12 日
苏河湾　古今交汇闸之北	《新民晚报》	2010 年 9 月 26 日
友谊毛衫节　金秋金风送温情	《新民晚报》	2010 年 9 月 28 日
市北高新技术服务业园区迎来“上海云”	《解放日报》	2010 年 9 月 30 日
微软(中国)结缘市北高新新园区	《文汇报》	2010 年 11 月 2 日
首个国家级人力资源服务集聚区揭牌	《解放日报》	2010 年 11 月 10 日
打造闸北写字楼旗舰之作	《新民晚报》	2010 年 11 月 10 日
共和新路街道服务科技企业	《上海科技报》	2010 年 11 月 12 日
上海 3G 媒体产业园开园	《上海科技报》	2010 年 11 月 19 日
花园洋房珑庭领衔　大宁板块居住品质	《新闻晨报》	2010 年 11 月 26 日
大悦城购物中心亮相苏河湾	《青年报》	2010 年 12 月 1 日
“万人火锅”亮相申城	《解放日报》	2010 年 12 月 2 日
闸北:苏河湾，将建成上海的“黄金湾”	《人民日报》	2010 年 12 月 10 日
苏河湾打造上海新地标	《解放日报》	2010 年 12 月 15 日
游船有望从苏州河直接驶入黄浦江	《新闻晨报》	2010 年 12 月 16 日
苏河湾再现上海“黄金湾”	《新闻晚报》	2010 年 12 月 16 日
大宁商业中心酝酿扩容	《新闻晚报》	2010 年 12 月 16 日
大宁商业中心将进行扩容	《青年报》	2010 年 12 月 17 日
市北模式:从“黑烟囱”到“健康云”	《新华每日电讯》	2010 年 12 月 17 日
北上海“引擎项目”大悦城开业	《解放日报》	2010 年 12 月 19 日
市中心矗立起摩天轮	《新闻晚报》	2010 年 12 月 21 日
CPU“住”进集装箱　节省能耗 40%	《新民晚报》	2010 年 12 月 24 日

文化生活类新闻

文章名称	媒体	日期
挥毫书写城市风采	《新民晚报》	2010年1月2日
演出很精彩，在沪过年更精彩	《劳动报》	2010年2月10日
出资300余万认养5万棵树	《新民晚报》	2010年3月15日
茶文化节4月15日开幕	《新闻晚报》	2010年3月30日
喝好茶喝彩世博　品香茗品味生活	《新民晚报》	2010年3月30日
申城4月茶香浓	《扬子晚报》	2010年3月31日
石库门和金融仓库成闸北新“家底”	《新闻晚报》	2010年4月2日
国际茶文化节向世博会赠书	《解放日报》	2010年4月10日
百年书场茶馆迎百年世博	《新民晚报》	2010年4月13日
茶业·茶乡旅游博览会开幕	《解放日报》	2010年4月17日
上海国际茶文化节都江堰闭幕	《解放日报》	2010年4月19日
聘请专家为茶叶严把关	《新民晚报》	2010年4月23日
中医走进“世博人家”	《新民晚报》	2010年4月25日
古稀老人学会数十种舞蹈	《新闻晨报》	2010年5月6日
世博十大名茶对接20家知名茶馆	《新民晚报》	2010年5月18日
上海少儿图书馆闸北分馆揭牌	《新民晚报》	2010年6月7日
大宁国际广场今为世界杯狂	《青年报》	2010年6月11日
法兰西浪漫音乐进闸北社区	《新民晚报》	2010年6月21日
大宁国际广场周末举办小丑节	《青年报》	2010年7月2日
“大宁少年宫”大人疯玩儿时游戏	《青年报》	2010年7月25日
大宁国际广场演绎七夕浪漫	《青年报》	2010年8月11日
《金色年代》举办交谊舞比赛	《解放日报》	2010年8月19日
300对京沪中老年人比赛交谊舞	《青年报》	2010年8月29日
大宁音乐季荟萃7国精品	《解放日报》	2010年9月8日
名品秋茶首次亮相申城	《解放日报》	2010年9月14日
茶乡合作联盟共推商旅文发展	《解放日报》	2010年10月27日
闸北举办青年交友活动	《新闻晚报》	2010年11月8日
社区茶艺传播友谊获赞誉	《上海科技报》	2010年11月12日
共和新茶艺队“秀”出国门	《新民晚报》	2010年11月14日
红茶世界征文摄影比赛落幕	《新闻晚报》	2010年11月22日
都江堰孩子得奖了	《新民晚报》	2010年12月4日

社会事业类新闻

文 章 名 称	媒　体	日　期
铁路春运学生票代售免手续费	《解放日报》	2010 年 1 月 14 日
北广场区域建 200 个对外售票窗口	《新闻晚报》	2010 年 1 月 14 日
无柱雨棚给春运一个“亮堂”	《新民晚报》	2010 年 1 月 15 日
第 20 届健康教育周启动	《解放日报》	2010 年 1 月 17 日
上海火车站车票“卖场”20 日启用	《新闻晨报》	2010 年 1 月 18 日
老人无法走出家门　社区为其另辟房门	《劳动报》	2010 年 1 月 18 日
闸北客运枢纽划定分流下客点	《新闻晨报》	2010 年 1 月 20 日
十院推出“住院总护士”制度	《新闻晚报》	2010 年 1 月 21 日
铁路上海站南广场临时候车大棚	《新民晚报》	2010 年 1 月 27 日
长途客运总站开设绿色补票窗口	《新闻晨报》	2010 年 1 月 31 日
小小“城市美容师”	《文汇报》	2010 年 2 月 5 日
首设“临时候车引导牌”	《新民晚报》	2010 年 2 月 8 日
进社区推广环保节能“金点子”	《新闻晚报》	2010 年 2 月 9 日
星级公厕为春运开“方便”之门	《新民晚报》	2010 年 2 月 14 日
免费年夜饭	《新民晚报》	2010 年 2 月 14 日
“橄榄绿”履职尽责情系旅客	《新民晚报》	2010 年 2 月 15 日
“植物人”离婚案 5 天有结果	《新民晚报》	2010 年 2 月 25 日
拆迁新政:百姓告别棚户区	《解放日报》	2010 年 2 月 27 日
8 处办公房“变脸”居民活动室	《新民晚报》	2010 年 2 月 27 日
元宵节热汤圆暖病家心	《解放日报》	2010 年 2 月 28 日
挖路“震断”地下燃气管道	《新民晚报》	2010 年 3 月 9 日
鼓励学生回收空奶盒　争当“校园环保大使”	《新民晚报》	2010 年 3 月 13 日
老人突晕倒　路人热心相助	《新闻晨报》	2010 年 3 月 18 日
单亲家庭女孩学中外传统礼仪	《青年报》	2010 年 3 月 19 日
十院团委 1 +1 结对帮助贫困生	《青年报》	2010 年 3 月 19 日
全城查找“失约”孕妇获救	《新闻晚报》	2010 年 3 月 24 日
老年鸳鸯破镜圆　百岁老人笑颜开	《新闻晚报》	2010 年 3 月 29 日
全市 600 余交警、协管员全力护校	《新民晚报》	2010 年 5 月 7 日
闸北今起发放十万只节能灯	《青年报》	2010 年 5 月 12 日
“医院挂号,晨报免单”近 2 万名市民受惠	《新闻晨报》	2010 年 5 月 23 日
第十人民医院成功完成全腹腔镜下脾脏切除术	《文汇报》	2010 年 5 月 24 日
铁路上海站北站屋崭新亮相	《新民晚报》	2010 年 5 月 26 日
去北广场坐火车不必绕行南广场	《新闻晨报》	2010 年 5 月 27 日

（续表）

文 章 名 称	媒 体	日 期
二十四小时治安巡逻	《新民晚报》	2010年6月8日
明起8条公交入上海站北广场	《青年报》	2010年6月11日
闸北启动“心理健康社区行”	《解放日报》	2010年6月19日
以“海纳”精神服务“新上海人”	《文汇报》	2010年7月2日
闸北餐饮单位交流食品安全	《解放日报》	2010年7月9日
铁路上海站北广场出口开通	《青年报》	2010年7月15日
“萤火虫”之光照亮社区服务新领域	《文汇报》	2010年7月28日
为特困山区百姓送医送药	《文汇报》	2010年8月2日
敬老院起火　装修工翻墙救6人	《新闻晚报》	2010年8月3日
在“新疆好地方”唱响“夕阳红”	《解放日报》	2010年8月7日
300处公共运动场,方便	《解放日报》	2010年8月8日
抽查大客车安全,“爷叔级”警察来了	《新闻晨报》	2010年8月12日
本市查处一批违规省际客车	《新民晚报》	2010年8月13日
蒸笼天,社区却有清凉在	《解放日报》	2010年8月14日
让“先进工作法”在行业成为流行	《劳动报》	2010年8月15日
怀抱慈悲心　为民解忧难	《解放日报》	2010年8月16日
七浦路人行天桥自动扶梯试运行	《劳动报》	2010年8月17日
相隔百里,却近似咫尺	《解放日报》	2010年8月18日
“一对一”职业指导“因材施教”	《解放日报》	2010年8月21日
阳光旅游进社区指导居民维权	《新民晚报》	2010年8月23日
业主知情权受到法律保护	《文汇报》	2010年8月26日
一名侨眷医生的人生追求	《上海大众卫生报》	2010年8月27日
闸北区今启动“健康服务责任制”覆盖所有人员	《新民晚报》	2010年8月30日
闸北实行健康服务责任制	《新民晚报》	2010年8月31日
“安宁病床”:让生命有尊严地离开	《解放日报》	2010年8月31日
居所、学校、楼宇都有对应全科医生	《新闻晨报》	2010年8月31日
市北医院新技术服务患者获佳誉	《人与健康报》	2010年9月1日
居民最关注“农副产品价格”	《新民晚报》	2010年9月10日
世界轮椅基金会向社区捐红轮椅	《青年报》	2010年9月15日
交通文明示范路口测评公布	《新民晚报》	2010年9月15日
助推迷途少年走向新生	《解放日报》	2010年9月25日
上海长途汽车客运总站开通地下售票厅	《新民晚报》	2010年9月29日
闸北区人口预期寿命达82.14岁	《新民晚报》	2010年10月5日

统 计 资 料

编辑 姚荣仲

2010 年社会经济主要指标

指　　标	单位	2010 年
常住人口	万人	83.05
其中:常住外来人口	万人	20.00
年末户籍人口	万人	69.21
户籍人口自然增长率	‰	-1.41
平均期望寿命	岁	83.5
城镇登记失业人数	人	19986
新增就业岗位	人	25254
闸北区生产总值	亿元	444.65
第二产业	亿元	80.99
第三产业	亿元	363.66
区级增加值	亿元	114.08
财政收入	亿元	112.35
# 区级财政收入	亿元	46.30
区财政支出	亿元	69.19
重点产业区级税收	亿元	37.61
固定资产投资额	亿元	100.43
商品房新开工面积	万平方米	87.68
商品房竣工面积	万平方米	96.82
商品房平均销售价格	元	18936
规模以上工业总产值	亿元	152.58
区属工业总产值	亿元	95.73
社会消费品零售额	亿元	180.04
区属第三产业收入	亿元	559.1
外商直接投资合同总额	亿美元	5.03
引进内资金额	亿元	102.27
出口总额	亿美元	4.46
财政科技经费支出	万元	30035
专利申请数	件	1620
技术交易合同金额	万元	94883
中学在校学生人数	人	25603
小学在校学生人数	人	20456

（续表）

指　标	单位	2010 年
卫生机构数	个	83
医院年末病床数	张	4928
卫生技术人员数	人	5541
# 执业医生	人	2003
户籍家庭总户数	户	251185
平均每户家庭人口	人	2.76
区属单位职工年平均工资	元	38953
环境保护投入	万元	67983
环境空气质量优良率	%	90.7
公共绿地面积	公顷	222.92
人均公共绿地面积	平方米	3.24
绿化覆盖率	%	22.92
火灾发生数	起	166
交通事故发生数	起	69

2001 年区域面积和行政区划

街道（镇）名称	区域面积（平方公里）			居（村）民委员会（个）	居（村）民小组（个）
		陆地面积	水域面积		
全　区	29.19	28.67	0.52	209（含村委会 1 个）	12980（含村民小组 12 个）
天目西路街道	1.95	1.87	0.08	14	299
北站街道	1.78	1.72	0.06	25	828
宝山路街道	1.61	1.61	0	23	791
芷江西路街道	1.56	1.56	0	18	780
共和新路街道	2.74	2.70	0.03	23	1645
大宁路街道	5.87	5.81	0.06	18	948
彭浦新村街道	3.81	3.76	0.06	33	3166
临汾路街道	1.99	1.94	0.05	18	1745
彭浦镇	7.89	7.71	0.18	37（含村委会 1 个）	2778（含村民小组 12 个）

2010 年各类用地情况

指　标	用地面积（平方米）	比　重（%）
合　计	29186765	100
住宅用地	11071437	37.93
商业用地	2317149	7.94
工业及仓储用地	5332856	18.27
公共建设用地	2253853	7.72
交通用地	5884483	20.16
市政公用设施及绿化用地	1415475	4.85
特殊用地	297125	1.02
水域	519606	1.78
其他用地	94783	0.33

2010 年区各街道、镇户籍人口、户数及人口密度

指　　标	年末户籍人口（人）	平均每户人口（人）	总户数（户）	人口密度（人/平方公里）
全　区	692104	2.76	251185	23713
天目西路街道	40519	2.97	13622	20800
北站街道	108860	3.07	35510	61219
宝山路街道	86046	2.92	29497	53537
芷江西路街道	72352	2.91	24876	46352
共和新路街道	67460	2.67	25221	24665
大宁路街道	54205	2.97	18263	9235
彭浦新村街道	124752	2.56	48804	32706
临汾路街道	54332	2.50	21713	27370
彭浦镇	83578	2.48	33679	10596

2010 年区各街道、镇户籍人口性别结构

单位：人

地　区	合计	男性	女性	性别比（女性为 100）
全　区	692104	346308	345796	100.15
天目西路街道	40519	20020	20499	97.66
北站街道	108860	53499	55361	96.64
宝山路街道	86046	42697	43349	98.50
芷江西路街道	72352	36013	36339	99.10
共和新路街道	67460	33765	33695	100.21
大宁路街道	54205	28259	25946	108.91
彭浦新村街道	124752	62839	61913	101.50
临汾路街道	54332	27330	27002	101.21
彭浦镇	83578	41886	41692	100.47

2010 年区各街道、镇户籍人口自然增长情况

指　　标	人口自然增长（人）	人口自然增长率（‰）	出生率（‰）	死亡率（‰）
全　区	-978	-1.42	6.90	8.32
天目西路街道	-24	-0.57	8.11	8.68
北站街道	-111	-1.02	7.98	9.00
宝山路街道	-146	-1.70	7.15	8.85
芷江西路街道	-116	-1.59	6.79	8.38
共和新路街道	-66	-0.98	6.52	7.50
大宁路街道	178	3.36	9.13	5.77
彭浦新村街道	-506	-4.05	5.45	9.50
临汾路街道	-171	-3.16	5.53	8.69
彭浦镇	-16	-0.19	6.68	6.87

2010 年区各街道、镇计划生育情况

指　标	育龄妇女人数（人）	已婚育龄妇女人数（人）	总和生育率（‰）	计划生育率（%）	平均初育年龄（周岁）
全　区	147578	93552	0.885	99.60	29.25
天目西路街道	9375	5763	0.991	99.41	28.93
北站街道	22621	14199	1.059	99.66	29.11
宝山路街道	18088	11154	0.994	99.19	29.40
芷江西路街道	15141	11855	0.866	99.59	28.50
共和新路街道	14543	8726	0.798	100	29.29
大宁路街道	12055	7170	0.961	100	29.78
彭浦新村街道	26769	16336	0.748	100	29.63
临汾路街道	10845	6494	0.777	99.33	29.33
彭浦镇	18141	11855	0.802	99.82	29.14

区财政收入情况

	2010 年	比上年增长(%)		2010 年	比上年增长(%)
财政收入总计(万元)	1123527	22.6	城市维护建设税	14672	18.1
区级财政收入	463042	27.7	房产税	36286	66.8
#增值税	39578	6.7	印花税	9726	28.0
营业税	153701	17.8	土地增值税	43924	133.6
企业所得税	63284	36.6	契税	47174	-0.7
个人所得税	41657	24.0			

区财政支出情况

	2010 年	比上年增长(%)		2010 年	比上年增长(%)
财政支出(万元)	691946	20.5	文化体育与传媒	8954	-49.3
#一般公共服务	42341	3.2	社会保障和就业	63174	8.8
公共安全	57484	2.7	医疗卫生	29851	21.7
教　育	98662	15.8	环境保护	1052	18.1
科学技术	30035	72.4	城区社区事务	193279	22.9

区级增加值情况

指　标	2010 年	比上年增长(%)	指　标	2010 年	比上年增长(%)
区级增加值(万元)	1140829	14.7	信息传输、计算机服务和软件业	44732	15.5
第二产业	241200	10.3	批发和零售业	455187	15.4
工业	210010	10.5	住宿和餐饮业	53580	18.2
建筑业	31190	9.1	房地产业	64120	6.9
第三产业	899629	16.0	居民服务和其他服务业	65156	15.9
交通运输仓储业邮政业	28728	16.2	其他行业	188125	20.2

区工业主要指标

指　　标	单位	2010 年	比上年增长(%)	指　　标	单位	2010 年	比上年增长(%)
区域工业				**区属工业**	**亿元**		
规模以上工业总产值	亿元	152.58	15.9	工业总产值	亿元	95.73	10.7
利润总额	亿元	7.21	110.2	工业销售产值	亿元	97.19	11.1
				工业销售收入	亿元	97.72	11.1

区属第三产业主要指标

指　　标	2010 年	比上年增长(%)	指　　标	2010 年	比上年增长(%)
单位数(个)	2992	-	交通运输业	65906	22.6
期末人数(人)	37388	-	房地产业	64782	-21.9
第三产业收入(万元)	5591011	14.5	信息传输、计算机服务业	135900	13.2
批发和零售业	4737277	16.7	其他行业	251089	0.3
住宿和餐饮业	116598	1.9	三产利润总额(万元)	84842	17.7
居民服务和其他服务业	219459	8.9			

区外商直接投资合同项目和金额

指　　标	2010 年	比上年增长(%)	指　　标	2010 年	比上年增长(%)
合同项目(个)	211	61.1	**合同金额(万美元)**	50312	-5.3
按投资方式分			# 合资项目	3425	137.0
# 合资项目	19	111.1	合作项目	3995	
独资项目	190	55.7	独资项目	19344	-43.4
增资项目(个)	57	67.6	#增　资	23547	34.8

区引进内资情况

指　　标	2010 年	比上年增长(%)	指　　标	2010 年	比上年增长(%)
项目数(个)	1846	33.6	引进内资金额(万元)	1022672	55.5
# 1000 万及以上项目	137	87.7	# 1000 万及以上项目	867804	64.6

区外贸进出口商品总额

指　　标	2010 年	比上年增长(%)	指　　标	2010 年	比上年增长(%)
外贸进出口商品总额(万美元)	72616	9.9	出口	-	-
进　口	28047	9.1	# 三资企业	17120	5.4
出口商品总额(万美元)	44569	10.4	外贸公司	7856	10.8
按企业类型分			自营进出口企业	19593	15.1

2010年区内资企业工商登记情况

指　　标	法人单位数（户）	注册资金（万元）	分支机构数（户）
总　计	3121	2692960	1410
按行业分			
农、林、牧、渔业	3	701	0
制造业	472	293796	76
电力、燃气及水的生产和供应业	1	3000	8
建筑业	141	197821	64
交通运输、仓储及邮政业	146	164347	60
信息传输计算机服务和软件业	37	27256	27
批发和零售业	1257	466665	711
住宿和餐饮业	196	73201	86
金融业	27	336778	127
房地产业	197	276887	38
租赁和商务服务业	281	539667	103
科学研究技术服务地质勘查业	188	95793	38
水利环境公共设施管理业	10	190193	7
居民服务和其他服务业	98	5889	48
教育	4	336	0
卫生社会保障业	3	1260	0
文化体育和娱乐业	58	19362	17
其他行业	2	8	0

2010年区私营企业基本情况

指　　标	法人单位数（户）	投资者人数（人）	雇工人数（人）	注册资金（万元）
合　　计	12443	27986	86886	2375039
其中：农、林、牧、渔业	6	11	82	4610
制造业	810	1686	8089	123816
电力、燃气及水的生产和供应业	2	1	7	800
建筑业	618	1323	6674	168231
交通运输、仓储及邮政业	456	933	3813	89808
信息传输计算机服务和软件业	241	511	1995	42605
批发和零售业	8353	13403	34447	1004038
住宿和餐饮业	569	948	6347	32020
金融业	37	107	176	56398
房地产业	657	997	6238	559532
租赁和商务服务业	2485	5050	11574	660985

（续表）

指　　标	法人单位数（户）	投资者人数（人）	雇工人数（人）	注册资金（万元）
科学研究技术服务地质勘查业	1803	4029	10447	271410
水利环境公共设施管理业	42	79	185	15336
居民服务和其他服务业	576	775	2432	13791
教育	6	14	208	1855
卫生社会保障业	19	36	390	15066
文化体育和娱乐业	242	431	734	17563

2010 年区个体工商户基本情况

指　　标	户数（户）	从业人员（人）	注册资金（万元）
合　计	17358	18740	16777
制造业	54	54	69
建筑业	1	1	2
交通运输仓储业	307	314	1097
批发和零售业	15155	16068	13090
住宿餐饮业	666	946	1319
居民服务和其他服务业	1033	1213	911
其他行业	142	144	289

2010 年区外商投资企业基本情况

指　　标	法人单位数（户）				投资总额（万美元）	注册资本（万美元）
		独资	合资	合作		
年末户数	844	555	253	36	254712	158024
制造业	176	83	76	17	42436	28805
电力燃气水的生产供应业	1	0	1	0	748	688
建筑业	12	3	9	0	1048	860
交通运输仓储和邮政业	9	6	3	0	9467	4102
信息传输计算机服务业	55	42	12	1	16928	14318
批发和零售业	258	211	47	0	24164	16310
住宿和餐饮业	19	11	4	4	6046	3289
房地产业	24	7	16	1	86111	39741
租赁和商务服务业	199	130	62	7	34382	24643
科研技术服务地质勘查业	80	57	21	2	32073	24134
居民服务和其他服务业	7	5	1	1	583	573
其他行业	4	0	1	3	725	561

区属单位从业人员和劳动报酬情况

指　标	2010年	比上年增长（%）	指　标	2010年	比上年增长（%）
职工平均人数（人）	37244	1.2	职工年平均工资（元）	38953	8.6
# 国有单位	20697	-2.3	# 国有单位	50427	12.2
集体单位	9325	13.2	集体单位	11719	15.2
其他单位	7222	-2.3	其他单位	41236	7.1
职工工资总额（万元）	145078	9.9	在岗职工平均人数（人）	26429	-0.2
# 国有单位	104369	9.6	在岗职工工资总额（万元）	140792	10.2
集体单位	10928	30.4	在岗职工年平均工资（元）	53272	10.5
其他单位	29781	4.7			

区劳动就业情况

单位：人

指　标	2009年	2010年	指　标	2009年	2010年
合计	23160	24720	非正规就业	6489	6084
其中：			城镇登记失业人员	19829	20015
区属单位	367	1090	# 女性	6774	6377
无主管部门	16304	17546			

区固定资产投资情况

单位：万元

指　标	2010年	比上年增长（%）	指　标	2010年	比上年增长（%）
固定资产投资总额	1004285	33.6	房地产开发投资	876844	72.2
# 建设与改造投资	127441	-47.5			

区建设项目开、竣工情况

单位：万平方米

指　标	2010年	比上年增长（%）	指　标	2010年	比上年增长（%）
新开工面积合计	100.87	-0.04	竣工面积合计	100.15	-0.9
商品房建设项目	96.82	18.3	商品房建设项目	68.69	-29.1
# 商品住宅	55.25	-17.0	# 商品住宅	36.44	41.2
商品办公楼	27.88	213.3	商品办公楼	16.67	-32.2
商品商业楼	10.01	186.0	商品商业楼	7.53	-61.2
商品厂房	3.69	29.1	商品厂房	8.05	-70.3
非商品房建设项目	4.05	-78.8	非商品房建设项目	31.45	657.4

区动迁及房屋拆除情况

指　标	2010年	比上年增长（%）	指　标	2010年	比上年增长（%）
动迁居民户数（户）	5037	-26.2	# 居民	146763	-23.7
动迁单位个数（个）	159	-12.6	单位	94590	-38.7
拆除房屋面积（平方米）	177351	-28.7			

区房产交易情况

	单位	2010 年	比上年增长(%)
商品房现售			
套　数	套	1766	-34.0
面　积	万平方米	23.58	-8.6
金　额	亿元	39.27	1.3
商品房预售			
套　数	套	3337	6.5
面　积	万平方米	30.50	-11.6
金　额	亿元	63.15	-7.5
存量房交易			
套　数	套	8523	-37.1
面　积	万平方米	58.95	-37.9
金　额	亿元	92.00	-23.9

区各类房屋情况

单位:万平方米

指　标	2009 年	2010 年	指　标	2009 年	2010 年
总　计	2769.08	2797.33	二类职工住宅	704.63	704.73
居住房屋	1587.46	1607.63	三类职工住宅	27.28	27.28
# 花园住宅	0.54	0.54	新式里弄	0.72	0.72
公寓	0.19	0.19	旧式里弄	130.74	124.30
一类职工住宅	720.29	746.89	非居住房屋	1181.62	1189.70

区城市环境质量情况

指　标	单　位	2009 年	2010 年
二氧化硫日平均值	毫克/立方米	0.041	0.030
二氧化氮日平均值	毫克/立方米	0.057	0.052
可吸入颗粒物平均浓度	毫克/立方米	0.079	0.078
降雨	ph 平均值	5.19	4.87
环境空气质量优良率	%	90.1	90.7
环境空气质量优良天数	天	328	330
# 指数达到一级天数	天	124	140
指数达到二级天数	天	204	190

区城市园林绿化情况

指　标	单　位	2009 年	2010 年
城市园林绿化面积	公顷	593.60	601.93
# 公共绿地	公顷	222.17	223.92
全区新增绿化面积	公顷	10.73	8.53
公园数	个	7	7
全年游园人数	万人次	1681.80	1110.54
绿化覆盖面积	公顷	657.9	668.89
绿化覆盖率	%	22.55	22.92
人均公共绿地面积	平方米/人	3.17	3.24

区科技活动基本情况

指　　标	单位	2009 年	2010 年
财政科技经费支出	万元	17418	30035
财政科技经费支出占区级财政支出比重	%	3.03	4.34
财政教育经费支出	万元	85170	98662
财政教育经费支出占区级财政支出比重	%	14.83	14.3
区科技发展扶持资金使用资金	万元	1910	1740
区科技发展扶持资金资助项目	项	76	73
科技成果申报	项	4	15
上海市高新技术成果转换项目	项	29	35
国家级创新基金项目	项	10	12
上海市重点新产品计划项目	项	8	5
专利申请情况	件	1340	1620
科技合同成交金额	万元	113891	94883
市级高新技术企业认定数	个	17	19

区教育事业基本情况

指　　标	单位	2009 年	2010 年
学校数	所	77	76
#高　校	所	1	1
普通中学	所	37	36
小 学	所	34	34
职业学校	所	1	1
特殊教育学校	所	4	4
专任教师数	人	4183	4134
#高　校	人	129	132
普通中学	人	2268	2225
小 学	人	1536	1523
职业学校	人	112	105
特殊教育学校	人	138	149
在校学生数		55102	53148
#高　校	人	5284	5026
普通中学	人	27294	25603
小 学	人	20447	20456
职业学校	人	1171	1158
特殊教育学校	人	906	905
幼儿园	所	52	54
在园幼儿数	人	12365	13750
教职员工数	人	1461	1559
# 教师	人	910	1006

区文化事业基本情况

指　　标	单位	2009 年	2010 年
电影院、影剧院	个	4	4
放映演出场次	场次	18243	19179
观众数	万人次	123.72	132.11
群众文化			
文化宫、文化站	个	10	10
组织文艺活动次数	次	17219	18921
举办业余文艺培训班	班次	383	210
图书馆			
区级图书馆	个	2	2
藏　书	万册	56.5	56.3
图书借阅	万人次	54.6	66.5
街道、镇图书馆	个	9	9
图书借阅	万人次	36.6	36.5
档案馆	个	1	1
利用档案总人次	人次	5681	11216
文化娱乐机构	个	154	147

区体育事业基本情况

指　　标	单位	2009 年	2010 年
参加市级以上运动会获得奖牌数	枚	156	49
专职教练	人	64	63
等级裁判员	人	42	97
等级运动员	人	91	44
向市输送运动员数	人	12	22
社区体育健身设施数	个	236	242

2010 年区卫生机构基本情况

指标名称	机构数（个）	床位数（张）	从业人员（人）	卫生技术人员	
					执业医师
总　计	83	4928	7131	5541	2003
医　院	9	4069	5243	4025	1399
其中:综合医院	4	2252	3630	2918	968
中医医院	2	541	999	769	316
专科医院	3	1276	614	338	115
妇幼保健院所	1	0	34	30	17
专科疾病防治院所	1	0	60	52	27
社区卫生服务中心	9	371	948	808	330
门诊部	9	0	37	23	13
护理院	1	63	61	54	16
疾病预防控制中心	1	0	99	70	26
卫生监督所	1	0	55	42	0
个体诊所及保健站	42	0	99	93	58
其他医疗机构	9	425	495	344	117

2010 年区前十位疾病死亡原因和构成

顺序	死亡原因	死亡率(1/10 万)	构成(%)
1	循环系病	321.79	38.69
2	肿瘤	258.18	31.04
3	呼吸系病	83.12	9.99
4	内分泌营养代谢病	36.14	4.35
5	消化系病	34.29	2.92
6	损伤中毒	32.28	3.89
7	传染病及寄生虫病	8.38	1.01
8	精神系病	8.10	0.97
9	泌尿生殖系病	6.65	0.80
10	神经系病	5.64	0.68

区养老机构情况

指　　标	单位	2009 年	2010 年
养老机构合计	个	28	24
#社会福利院	个	1	1
街道(镇)办	个	8	6
社会办养老院	个	19	17
床位数	张	3792	2471
#社会福利院	张	317	317
街道(镇)办	张	712	412
社会办养老院	张	2763	1742
年末收养人数	人	2165	2188

2010 年区社会救济基本情况

指　　标	累计救济人次(人次)	年内累计救济金额(万元)
社会救济	435750	10038.16
最低生活保障对象	305817	8260.9
医疗救助	5391	562.75
粮油帮困	95052	418.02
其他救济	29490	796.49

2010 年区属企事业单位专业技术人员情况

单位:人

指　　标	合计	女性	事业单位	女性	企业单位	女性
总　计	8629	6206	7858	5884	771	322
高级职称	840	512	819	508	21	4
中级职称	4091	3332	3731	3166	360	166
初级职称	95	2144	3073	2016	222	128
未聘任专业技术职务	403	228	235	194	168	34

索　引

编辑　林德珍

说明：

一、本索引采用主题分析索引法，按主题词首字汉语拼音字母顺序排列。

二、索引名称后面的数字表示内容所在的页码，数字后面的a、b、c表示栏别（即指该页码自左至右的版面区域）。通栏文章的索引，页码后面无栏别之分。

三、表格标题和内容的索引，页码后面注有“表”字；图片索引的页码后面注有“图”字。

四、为便于读者检索，党政机关、企事业单位名称一般不冠以“上海”、“市”、“闸北”、“区”，如“人大”、“政协”等，易产生歧义者除外，如“闸北公园”、“区图书馆”等。

A

B

C

D

E

F

G

H

M

N

O

P

Q

R

S

T

W

X

Y

Z

实景图

大宁瑞仕花园 二期房源全新升级
精装示范单位引发看房热潮

大宁瑞仕花园毗邻大宁商业中心和大宁灵石公园，北侧为风华高级中学，驱车可直上内环和南北高架，同时，南邻延长中路，东傍彭越浦。社区建筑立面为ARTDECO风格，绿化率达到50%，完全实现人车分流，是真正闹中取静之所。总建筑面积14万平方米，由6幢23-25层的高层、3幢18层高层、4幢3-5层多层住宅及一所幼儿园组成。

效果图

本项目由上海城铭置业有限公司开发，公司股东单位——上海城建置业发展有限公司、上海不夜城新发展公司。上海不夜城新发展公司以房地产开发为主，主营城市建设和房地产开发，投资建设了“不夜城电话局大楼 ”、“添福南德大楼”等办公楼宇，已开发和正在开发的住宅项目近40万平方米。公司多次荣获市、区重大工程立功竞赛先进集体、区长奖励基金等荣誉。上海城建置业发展有限公司，是上海城建（集团）公司的全资子公司，是城建集团从事房地产开发、经营、管理的平台，房地产开发一级资质。公司连续三届被评为“上海市房地产开发50强企业”和“中国房地产领先企业”。城建置业跻身上海房地产开发企业前20强，列17位。其中，品牌管理在50强中排名第二，净资产总额位居第七。先后开发了古北瑞仕花园、金桥瑞仕花园、城建国际中心等100多万平方米的优质住宅与高档写字楼。

实景图

实景图

实景图

瑞仕花园系列一直坚持100%全装修精品住宅的定位，积累了丰富的精装修住宅开发经验。大宁瑞仕花园选用了众多世界级品牌建材，如德国旭格门窗、大金家用VRV中央空调、德国汉斯格雅龙头、德国柏丽整体橱柜、日本三菱电梯、澳大利亚BATHMAN淋浴系统等，从公共部位到室内空间，均追求精致细腻的高贵质感。

在建筑节能方面，大宁瑞仕花园同样走在同行业前列，墙体全面采用高效节能材料，外窗为德国旭格隔热金属型多腔密封窗框，更好地保持室内温度，提升节能性能；配置大金家用VRV空调系统，能效均超过国家一级标准，相比传统空调更加节能省电；电梯井特别加设吸声材料，为业主创造更安静的生活空间；在建筑材料、环保技术上投入更多心力与财力，就是为了在客户“看不到的地方”也做到尽善尽美，不仅仅是“好看的”房子，更是好用的、环保的、安全放心的百年建筑。由于采用多项节能降耗措施，达到了建筑节能65%的建筑、设计标准。大宁瑞仕花园在适用性能、环境性能、经济性能、安全性能、耐久性能这五个方面实现重大突破，2010年通过住建部A级住宅性能预审；同时被列为2010年第二批上海市建筑节能示范项目，并获得政府部门提供的专项补贴。

园林景观、物超所值的装修标准、十年瑞仕品牌，让大宁瑞仕花园公开以来，一直成为整个大宁板块的风向标。其价格、户型、装修标准，成为资深买家考虑入住大宁的重要标准。2011年10月,大宁瑞仕花园二期推出新房源，主力户型以150-177平方米升级版舒适型三房为主，包括限量100平方米二房和70平方米一房。10月15日,大宁瑞仕花园升级版示范单位正式对外开放，开放两日内售楼处共接待近250组购房者，二期全新升级产品受欢迎程度，可见一斑。

实景图

此次推出主力户型有几大亮点：集地暖、生活热水、制冷制热于一体的大金多功能VRV中央制热系统，独立翘楚，值得期待；市场上150平方米户型能把主卧面宽做到4.2米，客厅面宽做到5米的楼盘可谓凤毛麟角，而景观楼主客厅面宽则更达6米；更为难得的是主力户型得房率达到85%左右。

实景图

从易居CRIC系统给出的今年上半年上海成交面积数据来看，大宁瑞仕花园坐拥大宁国际商业广场成熟配套，作为板块内的最高品质楼盘，该项目一直受到高端买家的追捧，一期推出以来，在35000元/平方米以上价格段，销售成绩在整个市中心名列前茅，成为大宁板块新的领头羊。

区委书记方惠萍（中）到公司视察

区长周平（右一）到公司视察工作

评估公司选举投票现场

组织居民看动迁房

动迁政策咨询会

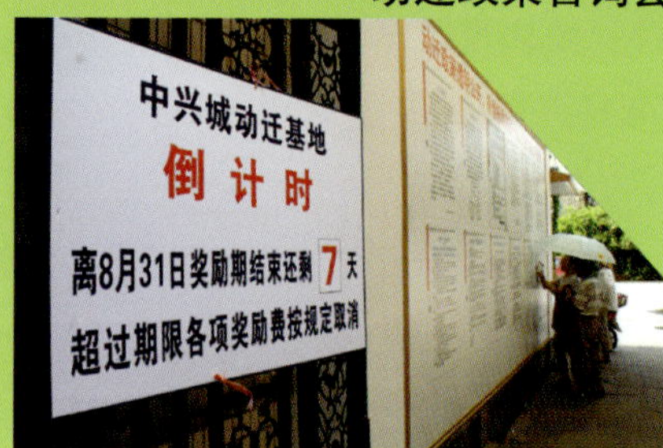

上海振沪房屋拆迁有限公司

SHANGHAI ZHENHU FANGWU CHAIQIAN

1996年，上海振沪房屋拆迁有限公司由闸北区住宅建设办公室转制后成立，隶属于上海不夜城联合发展（集团）有限公司，经过十多年的发展，成为一家动迁行业的品牌企业。

多年来，振沪公司在全国建设系统劳模、董事长钟文虎的带领下，承担旧区改造的重任，针对闸北区危房多、人口多、人员杂、社会关系复杂等特点，公司坚持以人为本，开展阳光动迁，“合理、合情、合法”、“公开、公平、公正”地做好动迁工作，把握政策，融情于理，融心于民，不断累积动迁工作经验，以科学发展观为指导，与时俱进拓展动迁工作的新路子，探索出一套“察、捕、连、沉、转”的动迁工作方法，并随着动迁形势的发展，推行“准、新、连、快、严”的新五字动迁法，在实际工作中起到了很好的效果，先后完成市、区多项重点动拆迁项目，获得全国五一劳动奖状、市劳模集体、重点工程实事立功竞赛优秀集体等荣誉。

近年来，振沪公司作为铁路上海站北广场地区旧区改造动拆迁实施单位，完成了北广场二期2000多户居民、北广场三期4000多户居民等重大动迁任务。公司向动迁居民作出“三个一致、五个公开”的承诺，大力推行“阳光动迁”、“前后一致”、“一竿子到底”，得到了广大动迁居民的信任、支持和配合。2009年，通过奋战300天，北广场三期动迁基地荣获了“创建规范拆迁示范点”的荣誉，实现了当年启动当年完成的壮举，创造了闸北区动迁史上的奇迹，为上海的建设再立新功。

全国建设系统劳模
董事长钟文虎

拆迁前的北广场地块

拆迁后的北广场地块

上海市闸北区

市北医院

地址：共和新路4500号
电话：36538899（总机）
邮编：200435

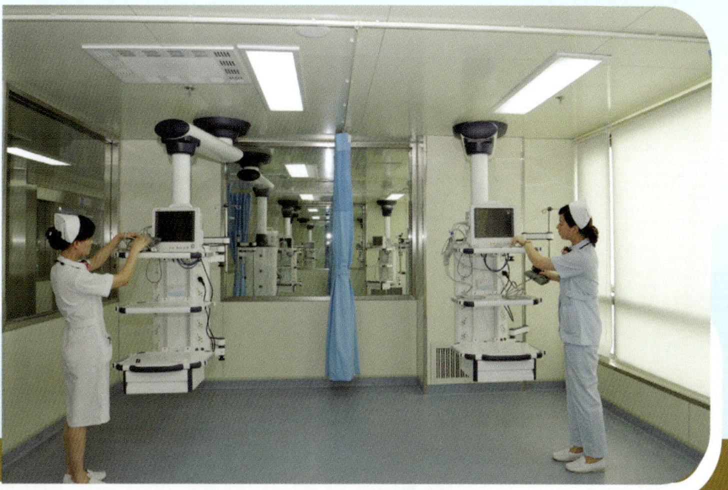

市北医院坐落于上海市共和新路4500号，是闸北北部地区唯一一所集医疗、教学、科研为一体的区属二级综合性医院。医院现有中、高级专业技术人员200余名。开放床位近500张，设有20个一、二级临床科室及门、急诊部。门、急诊科室设置齐全，年门急诊量近70万。服务辐射彭浦及周边地区40余万居民。承担着区域内常见病、多发病的防治，疑难病的诊治，急诊急救、重症抢救，以及肝炎和结核病的防治工作。根据新的医改精神，市北医院“十二五”规划的发展目标是努力建设成为闸北北部地区区域医疗中心。

新院改扩建工程作为闸北区“十一五”重大民生工程、闸北区政府重大实事项目，政府投入资金约2.8亿元，于2008年初开工建设，历时3年余，现已竣工并正式投入使用。新大楼由急诊部、门诊部和住院部三部分组成，建筑面积32458平方米，较原来增长近三倍，门急诊服务能力增长50％，住院服务能力增长约一倍；新大楼75％的设备设施得到了更新和改善。

市北医院在极大地改善居民就医环境的同时，还配有16排螺旋CT、数字化X线成像系统（DR）、全数字化彩色多普勒超声诊断系统、全自动生化仪和数字胃肠机等大型设备20余台。除了原有的肿瘤、消化、泌尿、心脑血管和肛肠等特色和重点科室外，还新增设了肾内科、呼吸科、重症监护室等二级临床学科，提高了对老年和危重病人的急救诊疗水平。眼科、妇科等专科的特色正逐渐形成。

医院将根据区域地理位置、顺应周边地区人口结构、疾病谱的变化，按照“小综合、大专科”的发展模式，加深加大与长征医院、肿瘤医院等多家三级医院的合作力度，重点建设急救医学、老年医学和肿瘤医学等学科。成立组织架构合理、技术力量强大、转诊渠道畅通、服务方便快捷的医疗联合体，更好地为彭浦地区居民健康服务。市北医院的重症监护室等急诊医疗设施，在目前上海同级同类医院中处于领先地位。已与长征医院急救中心有了初步的合作意向，将成为闸北北部急诊医疗中心。在过去的三五年里，市北医院与美国凯斯大学在肿瘤和慢病防治方面建立了良好的合作。新大楼建成后，市北医院加大与美国凯斯大学医学院合作，成立了闸北—凯斯医疗合作中心，并在基础医学、肿瘤和慢病防治方面签署了新的合作项目，形成了紧密型的联合，为闸北83万社区居民提供健康保障。

市北医院信息化建设已走在了二级医院的前列。从2003年开始，医院就实施了电子病历和其他一些信息化的措施。新大楼使用之际，在区府和区卫生局的大力支持下，市北医院在全国率先开展基于云计算平台下的医疗信息化创新和试点。该平台不仅将更好地整合区内各种卫生医疗信息，以推动区域医疗协同和医疗联合体,进一步全面提升闸北医疗信息化水平，而且将作为先行先试的一个点，率先建成云平台下的数据交换和信息共享，可以与本市多家三级医院、周边省市医疗机构实现远程会诊，以及与美国凯斯大学联网，进行远程会诊，真正缓减百姓看病难的问题。

2011年6月17日，上海市副市长沈晓明，市政协副主席蔡威，市政府副秘书长翁铁慧，市卫生局党委书记王龙兴，区委书记方惠萍，区委副书记、区长周平，区委常委、宣传部部长张锡平，副区长鲍英菁，区政协副主席张广仁，区卫生局党工委书记周健，区卫生局局长王光荣和区卫生局有关部门及各医疗单位党政主要领导参加了市北医院新的医疗综合大楼开业庆典仪式。

中铁快运 上海分公司

China Railway Express Co., Ltd.

分公司总经理兼党总支书记：费荣

地址：秣陵路355号上海铁路大厦20-21楼

邮编：200070

全国统一服务电话：95572

网上营业厅: www.95572.com

中铁快运上海分公司是铁道部直属专业运输公司中铁快运股份有限公司的下属18个分公司之一，经营区域涵盖长三角地区苏、皖、浙、沪三省一市。下设38个不同类型的营业部、331个自营、专营及代理经营店。分公司目前拥有沃尔沃、江铃全顺等各类运输车辆430多辆，全国各方向铁路始发车167列，行包、行邮专列9对，公路干支线25对，初步形成了以华东地区5730公里铁路干支线为支撑，以多条公路干支线为补充，以大中城市为节点，向全国扩张渗透的综合运输网络、经营网络和配送网络，曾参与上海世博会和广州亚运会物资的运输工作。

分公司始终秉承“安全、准时、快捷、经济”的经营宗旨和“为客户创造价值”的服务理念，不断提升经营能力和服务水平，热诚为广大客户提供运输、配送、仓储、包装和运费到收等一体化物流服务，努力打造中国物流企业优秀品牌。分公司2010年通过了ISO9001：2008标准质量体系认证，共完成行包发送量207.4万吨，完成主营收入131244万元。

分公司先后被公司评为“先进单位”、“先进基层党组织”，被铁道部直属机关授予“十一五建功立业先进集体”、“信访稳定先进单位”、“党风廉政建设先进单位”等荣誉称号。公司被评为中央国家机关“平安单位”，荣获“全国先进物流企业”、“中国物流百强企业第二名”、“最佳信息管理物流企业”和“最佳服务质量物流企业”四项荣誉称号。

JoinLine
上海市著名商标

上海首座智能化变电站–110千伏蒙自站地下连续墙钢筋笼起吊

中共中央政治局委员、上海市委书记俞正声慰问公司世博建设者

电气设备调试

上海久隆电力（集团）有限公司

上海久隆电力（集团）有限公司成立于1995年，业务以国内外电力工程综合服务为主，涉及输配电设计规划、设备生产、电力设施安装、电力配套服务、管理咨询等领域。久隆电力集团拥有电力工程总承包一级资质、承装（修、试）电力设施一级许可证和国家进出口企业资质。公司多次荣获全国用户满意企业、全国守合同重信用企业、全国精神文明建设工作先进单位、中国工程建设信用AAA级企业、中国诚信企业和全国电力行业质量特别奖等荣誉称号。

近年来，久隆电力集团承接了上海人民广场地下变电站、上海世博会国家电网馆、500千伏世博静安站隧道电缆、上海（崇明、南汇）风力发电扩建工程等重大市政工程建设任务，连续11年被评为上海市重大工程立功竞赛优秀公司。

久隆电力集团还积极实施走出去战略，紧紧跟踪国际、国内电力前沿技术，着力发展提高企业核心竞争优势的电力设备制造、施工技术，公司承建的厦门海缆、西藏拉萨市城网改造、香港新机场132千伏电缆等工程，以优质高效的服务和顽强拼搏的作风，赢得了用户的尊敬。久隆电力集团在立足国内市场的基础上，还把市场的触角伸向卡塔尔、印尼、阿联酋、巴林、巴基斯坦、越南等国外重点电力工程。

久隆电力集团始终把关爱弱势群体、爱心回馈社会作为企业义不容辞的责任，近年来向上海市久隆模范中学、上海特奥会、地震灾区等捐款逾千万元。

如今，电力已经覆盖国民经济各行业、社会各领域，变成人们生活中无处不在的神经。久隆电力集团将紧紧抓住电力需求持续增长的机遇，进一步增强电力工程总承包、市场开拓和科技研发能力，努力建设国内一流、面向国际的以提供电力工程综合服务为核心的现代公司。

公司地址：上海市梅园路228号 电话：021-23259999 邮政编码：200070 公司网址：jldl.sh.sgcc.com.cn

上海中国书画专修学院

理事长郑梅立与学院院长刘小晴

地址：宝山路584号
邮编：200071

地址：天目西路99号
邮编：200070
电话：56630024　56627671　56909108

上海中国书画专修学院创建于1988年，是一所以培养书画专门人才为主的民办高等教育学院。学院院长为著名书法家、教育家刘小晴先生。学院创办以来，刘小晴先生就一直指导和领导学院开展书画教育工作，同时孜孜不倦地坚持为学生面授上课，至今未曾间断，已20余年。学院开创者、现理事长郑梅立女士为学院的创办和发展作出了十分重要的贡献。

作为一所以弘扬祖国传统文化，继承发展书画艺术为己任的民办高等教育学院，创办之时，就受到有志于为书画教育贡献自己力量的各级在任及离任领导、大师专家、教授学者的关注，并得到非常重要的帮助。其中有学院名誉院长时任闸北区委书记忻可坊、名誉院长著名书画篆刻大师韩天衡及著名书画家徐昌铭、吴申耀、张信等。

为进一步满足书画教育的需求，1993年，上海师大夜大与学院合作，成立上海师范大学继续教育学院闸北分部，开设了成人高等“书法教育”专科学历班；在此基础上，2002年又开设了美术学“中国书画”本科学历班，在上海开了成人书画高等教育的先河。合作以来，坚持以“厚德、博学、求是、笃行”为训，并把书品、画品、人品一起提高贯串于整个教学，尤以优秀师资为重，方法上注重打实基础，正草篆隶行书通学，既注重技法训练，更注重理论提高，为学生日后的自我发展提供坚实的基础和沃土。

学院的创办使书画爱好者有了一个可以进行高层次学习的学校。在这里，学生接受的是正规、系统的理论和技法教育，同时以书法艺术熏陶培养学生的传统美德和效国之志。

近五年来，学院共培养学生近千名，学有所成的学生活跃在学校教育、图书馆、博物馆、出版社、社区基层等领域，在不同的岗位上为书画的继承和发展贡献着自己的力量。经学校培养已成为中国书法家协会或上海书协、美协会员的有100多人。经过多年的努力和奋斗，一是出了人才，二是出了著作，三是出了作品，学院被评为“社会力量办学A级学院”、多次评为“先进单位”、三次评为“上海师大继教院示范教学点”，郑梅立2010年12月获上海师范大学夜大学“继续教育工作特别贡献奖”、上海成教协会“2009-2010年度优秀管理工作者”荣誉称号。

上海添香实业有限公司

添香防辐射服——中国防辐射行业龙头品牌
——中国防辐射行业的风向标
——中国服装百强企业

上海添香实业有限公司是一家集科工贸为一体的实业型企业。公司与上海翰纳森制衣有限公司、上海添香纺织科技有限公司、上海彩源纺织品进出口有限公司、阿尔丹尼（法国）高级时装有限公司、上海天瑞企业咨询有限公司等同属于翰纳森企业旗下。近年来，公司积极引进大量人才，不断研发新品种。继在普通金属防辐射产品的研发上取得重大成果后，公司又在银纤维防辐射产品上取得了重大进展。在知识产权方面，公司申请取得了近十项发明专利。公司不断强化市场，营销网络遍布全国30多个省市，专卖店覆盖国内各主流百货商场。

添香防辐射是行业内第一个导入艺人代言概念的品牌。品牌代言人兼服装设计师的美丽教主伊能静，以其知性才女的形象在BLOG中和每一位OL分享她的美丽防辐射宣言。2009年，公司又重金邀请徐若瑄担任“添香亲善大使”。藉由徐若瑄的时尚气质，为添香原本专业的品牌形象增添一份活力。

添香产品荣获“全国防辐射服装产品质量公证十佳品牌”（之首）等称号，连续三届被评为“上海名牌产品”。公司在连续四年荣获“上海市民营百强企业”称号后，2007年被评为“上海市高新技术企业”。2007和2008年，公司又连续两届被评选为“全国服装行业百强企业”。

在不断做大做强市场的同时，公司始终不忘回馈社会和大众。对于慈善事业的持续关注是添香企业文化的重要组成部分。在四川大地震中，公司捐赠物资920余万元，为赈灾活动贡献了自己的一份力量。

添香创造的不仅仅是一个品牌，而是一个行业！

www.babytx.com

TIANXIANG
添香防辐射
中国驰名商标

代言人：
徐若瑄

1. 上海长征医院—闸北区卫生局合作共建闸北区中心医院签约仪式，王光荣局长与郑兴东院长签约。
2. 芬兰赫尔辛基理工大学BIT研究机构HEMA项目组一行来院访问交流。
3. “千歌万曲献给党 闸北区纪念中国共产党成立90周年大型群众歌会”。
4. 第二批优质护理示范病区ICU、肾移植科揭牌仪式。
5. 李勤总长、丁蓉霞护士长获区卫生系统优秀护士称号。

地址：中华新路619号
电话：56628584
邮编：200070

上海市闸北区中心医院

2010年，医院在区委区府、区卫生局及长征医院的正确领导和关心下带领全院职工始终坚持以邓小平理论、“三个代表”重要思想为指导，全面贯彻新医改政策及举措，完成门急诊量638659人次，出院病人数19382人次，住院手术量3664台次,总收入达到39508.58万元，共引进设备345台件，无偿献血109人次。

2010年大事、喜事多。医院以迎办世博、院庆为契机，大力弘扬志愿服务精神，圆满完成了世博各项任务，顺利通过了市卫生系统文明单位评审验收并于2011年3月获批通过。世博期间，医院荣获市区级先进集体12项，先进个人9人次。在建党90周年之际，医院积极响应上级党组织与社会各界号召，组织参加了党史知识竞赛、微型党课、歌咏比赛、医疗咨询等10余次活动，获得13项集体/个人荣誉，院内免费医疗咨询接待了近150人次，充分展现了爱党爱国的精神面貌，树立了良好的医院形象。

科教研是医院发展的原动力。2010年，医院肾内科、骨科、消化科、外二科成为区级医学示范学科；心内科、呼吸科、血液肿瘤科、放射科被列入区级重点学科。高压氧科“氧疗治未病工作室”入选闸北区全国“治未病”预防保健服务重点推广项目。2010年至今，医院收获4篇SCI论文、3项国家专利、1项上海市医学科技奖三等奖。全科基地开办至今已招收共计41名学员。肾内科张黎明主任荣获“上海市医学领军后备人 才”并被授予区人才培养基金5万元；妇产科王萍主任成功入选上海市浦江人才培养计划，为医院科教研发展树立了良好的榜样。

国药集团化学试剂有限公司

Sinopharm Chemical Reagent Co.,Ltd

本公司通过ISO9001：2000质量管理体系认证

国药集团化学试剂有限公司（以下简称国药化试或公司）隶属于国药控股股份有限公司，是中国第一家经营化学试剂、玻璃仪器、实验耗材、仪器设备等产品的全国性专业经销商和生产商，公司前身为中国医药集团上海化学试剂采购供应站，注册资金4.5亿元。

公司的产品应用领域涵盖科学研究、生物技术、环境测试、色谱分析、药物研发、质量检验、教育实验和精细化工，现经营“沪试”、“沃凯”、“京试”、“申玻”、“SCRC”等自主品牌。公司拥有自营进出口权，并代理国外多个知名品牌。现设有上海、北京、沈阳、西安、太仓、苏州、成都、合肥等分子公司，在全国各地设有多家办事处，2010年销售额突破9.2亿元。

公司建有现代化、信息化的物流中心，并打造了全新在线销售平台——中国试剂网。公司“沪试”、“沃凯”品牌化学试剂荣获“上海市名牌产品”；“沪试”品牌荣获“上海市著名商标”证书。

国药化试的“十二五”规划中，已明确“中国领先的实验室产品和服务提供商”的战略定位，规划实现25亿元的销售规模，成为贸科工一体化的行业主导者。公司将以“规范、高效、快速、成长”为经营理念，不断开拓经营领域，强化服务特色，并朝着实现“中国化学试剂行业的领先者、实验室整体解决方案的领先者”战略目标而努力奋斗。

国药集团化学试剂有限公司总部
地址：上海市宁波路52号
电话：021-63219651
传真：021-63233357

国药集团化学试剂北京有限公司
电话：010-65126647
传真：010-65126637
地址：北京市东城区东四南大街160号

国药集团化学试剂上海公司
电话：021-63211830
传真：021-63232179
地址：上海市福州路123号

国药集团化学试剂沈阳有限公司
电话：024-23462932
传真：024-23469335
地址：沈阳市市府大路106号

国药集团化学试剂陕西有限公司
电话：029-87449262
传真：029-87441568
地址：西安市和平路99号“金鑫国际”204室

太仓化学试剂有限公司
电话：0512-53929058
传真：0512-53212694
地址：太仓市沙溪镇工业区陶湾路

国药集团化学试剂成都有限公司
电话：028-84216090
传真：028-84216092
地址：成都市东本环路二段华冠路168号

国药集团化学试剂苏州有限公司
电话：0512-65119583
传真：0512-65119183
地址：苏州市水潭巷15号

国药集团化学试剂合肥有限公司
电话：0551-4661037
传真：0551-4661037
地址：合肥市包河区巢湖路89号
添锦公寓商业04

Shibei Zhongxue

上海市市北中学

市北中学创办于1915年，1954年首批被确定为市重点中学，2005年被首批命名为市实验性示范性高中，连续18年被评为上海市文明单位。市北中学是市教育系统先进集体、市安全文明校园、市中小学行为规范示范校、国家级体育传统项目学校、奥运排球后备人才培养基地、市科技和艺术教育特色学校、市语文学科德育研究实训基地、名校长培养基地、语文名师培养基地，学校排球队是市高水平二线运动队，学生合唱团是市学生艺术团重点团。学校加强学生社团建设，重点建设社会人文、数理科技和体艺劳技等三大系列社团组织，现有校级学生社团26个，其中校刊《溯光》被评为上海市学生十佳“明星社团”、第二届全国中小学优秀校内报刊评选活动“最佳校报”一等奖。学校重视师资队伍建设，现有专任教师119人，其中特级教师6人，国家级骨干教师3人，高级教师61人。学校以“创造适合学生的教育”为办学理念，把引导学生“登上巨人的肩膀”作为奋斗目标，进行学生自我可持续发展教育，努力构建“课程与课堂教学改革、学校文化建设、社会实践教育”三个工作层面。多年来，大批学生在全国和上海市各项比赛中获一等奖；高考一直高位稳定，重点本科录取率80%左右，考取复旦、交大、清华、北大等名校的人数每年都超过高三毕业生总数的20%。

1. 市北校园风景
2. 部分学科竞赛所获奖牌与证书
3. 丘成桐数学奖金奖得主陈波宇同学作交流发言
4. 2009年7月，排球队获第十届全国中学生运动会亚军
5. 2009年6月，耶鲁大学合唱团参加我校高三毕业典礼

校　址：永兴路365号（近西藏北路）　邮　编：200071

网　址：www.shsbzx.com　联系电话：56633988—320

交　通：18、46、65、66、69、78、101、108、115、132、518、722、929、929、轨道交通3、4号线宝山路站、8号线中兴路站

上海市風華初級中学

上海市风华初级中学，成立于1997年，以闸北区重点中学风华中学初中部为基础组建而成。2008年，学校搬迁至大宁国际社区，分东西两个校区，东校位于永和东路393号，西校位于共和新路2800号。校内清洁素雅，别具风韵，共有14间功能教室；设施完备的理化实验室、现代化的主播教室与机器人教室，风格古雅的茶艺室，一应俱全；格言警句、文化艺术，俯拾皆是，蕴含着浓郁的文化内涵。

学校现有32个教学班，1400余名学生。在编教职工117名，其中区级以上骨干教师34人，中高级职称教师85人，35周岁以下青年教师占50%，是一所名师荟萃，师资力量雄厚的特色精品学校。

风华者，风韵儒雅、才华横溢也。此为风华学子之形象，“今日我以风华为荣，明天风华以我为荣”乃风华学子之追求，勤奋、求实、创新而富有科学理性和人文关怀，是为风华之精神；培养学生具有“国际视野、大家风范、科学精神、人文底蕴”是为风华人执著追求的教育宗旨。学校致力于差异化教学研究，在做最好的自己的课程哲学的引领下，积极建构学生自主化管理的德育工作体系，注重学生个性培育和全面发展；聚焦提升学生综合素养，提高教师专业水平，稳步提高学校教学质量三个核心内容，逐步编制形成了做最好的自己的校本课程体系，语文小雨点综合学习课程，英语实验课程，学法指导课程已成为特色品牌。

学校拥有“百灵”合唱团、“荷韵”舞蹈团、“机器人”等在市、区有影响力的中学生社团，并和澳门圣玫瑰学校、新加坡圣弗朗西斯学校，澳大利亚森林湖国际学校等数所名校保持长期的文化交流。

建校以来，先后获得区先进基层党组织、办学先进单位、上海市文明单位、市行为规范示范校、优秀家长学校等荣誉称号，同时被命名为科技教育试验基地以及上海市课程改革试验基地、家庭教育研究试验基地、全国创造教育研究试验基地和中小学优秀校园网站。

区领导来校视察

堵琳琳校长在“春风 春华”校本管理中心组联组学习中发言

扬帆远行 共同护航

地址：永和东路393号
电话：56651155
邮编：200072

上海市闸北区永和小学

上海市闸北区永和小学于1997年7月建立，占地面积11750平方米，建筑面积6645平方米，绿化面积4496平方米，拥有教学楼、综合楼和办公辅助楼以及人工草坪、足球场和200米塑胶环形跑道。建有音乐、舞蹈、茶艺、美术、心理健康、自然常识等专用教室，配备了学生语音室、电脑房、多媒体教室、影视厅和430平方米的多功能图书馆。学校现有20个教学班，学生679人，教师54人，其中中学高级教师2人，小学高级教师44人，上海市小语会会员1人，区名师、区骨干、区学科中心组成员、班主任协会副秘书长、理事等共14名，校骨干教师20人。

学校以“永续发展，和美生活”为办学宗旨，遵循“多元、和谐、永续、创意”的办学思想，依托上海市市级课题的研究，创设“理解、尊重、合作、参与”的文化氛围，打造聚焦课程改革、提升教育特色的研究型教师团队，培育个性突出、多元发展的学生社团，营造师生和谐发展的成长乐园。

1. 对学生进行心理健康辅导
2. 上海市德育工作先进个人、区德育骨干钱雪娣
3. 我校学生多次获全国、上海市绘画比赛一、二等奖
4. 茶艺队获国际茶文化节上海赛区一等奖、最佳创意奖
5. “主题班队会”施展才华
6. 围棋队至今已有一百多人次成功升级升段
7. 小城管队荣获“上海市优秀保洁队”称号
8. 学生多次在市影视征文和朗诵比赛中获一等奖
9. 合唱队在区级比赛中多次荣获等第奖

中国银行 BANK OF CHINA

中国银行股份有限公司上海市闸北支行

2010年，支行下辖8个营业网点，有员工180人。在分行党委、行长室“调结构、扩规模、防风险、上水平”总体工作方针指导下，面对宏观经济环境和市场经营环境的变化，支行把握形势，抢抓机遇，夯实客户基础，寻求突破，增强业务持续发展的后劲。注重队伍建设，不断提升营销能力。强化监督与制约，不断完善内控管理长效机制。落实相关要求，配合做好IT蓝图投产准备。优化人力资源配置，做好世博金融服务，提高服务和技能水平，支行多项业务取得新突破。经营利润达2亿多元，比上年增长42%，达建行以来最高水平。

地址：恒丰路218号12楼
邮编：200070
电话：61408566

交通银行 BANK OF COMMUNICATIONS 闸北支行

2010年，支行根据金融形势的发展变化，不断开拓创新，较好完成年度各项工作目标，主体业务保持良好的发展势头，风险管理内涵进一步丰富。支行以建设“和谐交行”为宗旨，以“举全行之力促倍增计划”为指导，努力提升服务水平，满足客户需求，提供超值的金融服务，共谋发展的合作关系。支行关注集团经济与区域经济的协调发展，通过短期融资券、蕴通财富等创新型产品为集团客户提供综合性金融服务。以“交银展业通”产品为纽带，大力扶持小企业发展，融资零售业务发展，加强营销策划，加快渠道建设，以“轻松安居贷”、“个人留学贷款”、“得利宝”、“外汇宝”、“满金宝”、“基金定投”以及保险等产品为抓手，为客户提供全方位的理财服务。支行提升网点功能，为客户提供更好、更快、更优质的服务。

交通银行上海闸北支行各支行一览表

单位	地址	电话
支行本部	恒通路211号	63549090-120
芷江路支行	芷江西路1300号	63537165
共和新路支行	共和新路2400号	56654409
大华支行	新沪路1139号	66370024
彭浦新村支行	汾西路388号	56812539
市北工业区支行	江场西路518号	66525185
虹桥枢纽支行	申昆路1500号申虹国际大厦A座DF405室	

地址：恒通路211号
电话：63549090
邮编：200725

上海浦东发展银行闸北支行

上海浦东发展银行闸北支行下辖4个营业网点，附设5家自助式银行，有员工118人。业务经营范围：主营人民币存款、贷款、结算业务，人民币储蓄业务；兼营经中国人民银行批准的代理业务。经中国人民银行外汇管理局核准的自营外汇业务，项目包括：外汇存款、外汇贷款、外汇汇款、外币兑换、国际结算、结汇、售汇。支行秉承“笃守诚信、创造卓越”的经营理念，积极参与区域经济发展建设，建立适合市场竞争环境的经营模式。业务发展迅速，资产规模持续扩大，经营实力不断增强。至年末，支行本外币日均存款余额82.47亿元，本外币日均贷款余额63.06亿元，规模、效益、质量得到同步发展，取得了较好的经营业绩。

地址：天目西路123号　电话：63531008　邮编：200070

中国工商银行

INDUSTRIAL AND COMMERCIAL BANK OF CHINA

上海市闸北支行

中国工商银行股份有限公司上海市闸北支行作为闸北区内资金实力最强、网点分布最广的商业银行分支机构，切实贯彻市分行提出的“同业领军、系统最优、世界一流”的发展要求，解放思想，突破束缚，紧紧把握上海“四个中心”建设和闸北区域发展的重大机遇，顺势而为，积极推进业务增长，努力增强管理效能，全面提升经营发展水平。支行现拥有丰富的企业金融服务经验和完善的零售银行服务体系，依托辖属的1家财富中心、18家贵宾理财中心、8家综合理财中心和10家一般理财中心等30多家网点，致力为各类企业客户和个人客户提供优质周全的全方位金融服务。

地址：河南北路485号　电话：63642288（总机）　邮编：200071

上海农村商业银行
Shanghai Rural Commercial Bank
闸北支行

地址：中兴路1288号
电话：56625056
邮编：200070

支行下辖6家分支机构，有员工81人。支行成立后，贯彻“做强郊区、扩展城区、立足上海、辐射周边”的市场定位，秉承“立足闸北、依托区域、服务中小、打造零售”的发展战略，围绕闸北区“十二五”发展规划要点和区域经济发展特点，扶持市、区中小企业建设，注重与区域经济建设的协调发展。支行以“专业、快速、灵活”为经营特色，推出“鑫居卡”、“青联鑫卡”、“公务卡”、“鑫连鑫”、“鑫意”理财等一系列为个人客户专门设计的创新理财产品以及“鑫通融”、“鑫通保”、“鑫透易”等一系列为中小企业量身定做的创新信贷产品，为中小企业发展提供便利。至年末，支行为中小企业提供各项信贷支持达8.06亿元。年内，支行以建设“服务大众、贴心周到的便民银行”为宗旨，加大力度建设创新金融服务模式的营业网点——金融便利店，并以延时、错时服务为金融服务特色，把自助机具与人工服务相结合，功能涵盖为四位一体的自助银行、个贷服务中心、个人理财中心和业务营销中心，为社区居民、中小企业提供便捷、便利、贴身、贴心的金融服务。

兴业银行股份有限公司
上海闸北支行

兴业银行股份有限公司上海闸北支行，经营中国银行业监管管理部门批准的各项本外币的存、贷款金融业务。支行坚持“依法经营、稳健经营、文明经营”的方针，以客户至上的服务理念，为企业和个人提供全方位的金融服务。年内，面对国内经济通涨和货币政策调控的形势，支行倡导“绿色金融”可持续发展的经营理念，支持闸北区地方经济建设，支持市、区重点企业，扶持中小企业成长，为经济建设和企业发展继续提供资金保障；同时服务社区，开展反假币和防范金融诈骗宣传活动，为百姓提供丰富的理财和储蓄等金融服务。坚持公司业务和零售业同步发展，至年末，支行全年实现利润约4900万元。

地址：天目西路500号
电话：021-63807572
邮编：200070

中国人民解放军第四七二四工厂

中国人民解放军第四七二四工厂，组建于1958年4月，现为海军航空装备保障性企业。工厂地处上海市闸北区场中路3127号。工厂布局合理，厂房整洁，绿地成片，环境优美。

近年来，工厂坚持产品立厂、质量建厂、科技兴厂、改革活厂、管理治厂，生产能力不断扩大，综合实力进一步增强。

工厂坚持“以军为主、多元经营、以民补军、和谐发展”的经营理念，在发展军品生产的同时，注重加快发展民品。供水设备分厂、海鹰粘接科技有限公司、凯迪克公司等民品单位，面对日益激烈的市场竞争，加大新品研制和产品改型力度，不断提高产品的科技含量。同时加强市场营销、内部管理、成本控制和品牌建设，产生了良好的经济效益和社会效益。

工厂党委充分发挥企业党组织的政治核心作用，实行全方位思想工作法，按照确保思想政治建设“首位居首”，确保生产经营工作“中心居中”，确保三个文明建设同步推进的工作思路，开展文明单位创建活动，新建“企业文化墙”，大力加强企业文化建设。工厂先后获得海军优秀企业、全军思想政治工作优秀企业、全国百家“重合同、守信用”先进单位、全国企业文化建设先进单位、全国企业文化建设优秀单位、全国企业文化建设百家重诚信单位、上海市平安单位、上海市环保先进单位、上海市文明单位等荣誉称号。

地址：场中路3127号　电话：56681257　邮编：200436

蓝色联盟上海申联出租汽车发展有限公司

上海市级文明单位、上海出租行业新风窗口的蓝色联盟上海申联出租汽车发展有限公司成立于1990年，已走过了20个年头的发展历程。公司通过了ISO9001质量体系认证，经营资质一级，是上海市出租汽车协会副会长和“蓝色联盟”常务副秘书长单位；拥有出租汽车381辆、员工900人，共有9个分公司分布在上海各区。公司有与建设银行、浦东发展银行联网的计算机无线局域结算系统，营业款当天网上结算；全部出租车安装GPS卫星定位监控和调度终端，可24小时对车辆实行控制管理与调度服务、远程刷卡。

公司成立以来始终贯彻和执行“以人为本、凝聚人心”和“乘客满意”的企业宗旨，把一线驾驶员视作企业的生存和发展之本，坚持实行规范的劳动和劳务合同，员工充分享受社会保障。公司现有五星级驾驶员6人、四星级驾驶员10人、三星级驾驶员126人。其中五星级驾驶员张则金被评为全国文明出租车驾驶员、上海市劳动模范、上海市国资委优秀共产党员、上海“的士”明星，荣获市迎世博优质服务贡献奖；邹建伟被评为全国轻工行业劳动模范；冯云美被评为上海市三八红旗手、第五届“的士明星”；郁秋平被评为上海市国资委优秀共产党员；方伟国被市国资委评为“世博先锋行动”优秀共产党员。在世博会期间，全体员工齐心协力，为海内外乘客提供了高水准的服务，展现了申联公司的风采。申联党支部荣获中共上海市委“创先争优、世博先锋行动”“五好”基层党组织称号，车队长施正祥被市委、市政府授予“上海世博工作优秀个人”，17名驾驶员评为上海“世博服务之星”。公司管理干部中有研究生2人、大学本专科生38人、国家注册职业经理22人，是上海出租汽车行业中干部和驾驶员职业化程度最高的文化型企业之一。2010年，公司被上海市总工会授予“工人先锋号”先进集体。

公司地址：上海市闸北区中华新路457号
邮　　编：200070
电话总机：66296581转各部室
传　　真：56302920
电子邮箱：shenlian-chuzu@163.com
热　　线：56302921

上图为申联第一分公司暨修理公司搬迁至银都路339号，员工代表参加新址启用仪式。
下图为申联公司整装待发的出租汽车队伍。

闸北区科技幼儿园

地址：阳曲路391弄17号（西部）　阳曲路350弄6号（东部）
电话：56796389（西部）　56910268（东部）
邮编：200435

闸北区科技幼儿园是上海市一级幼儿园、区级示范园，是中国陶行知教育思想研究实验基地、全国现代教育幼教实验基地、中国创造教育实验基地、上海市“十二五”家庭教育基地和上海市学前教育科普示范基地。

幼儿园设一园二址，拥有绿化、美化、童趣化、教育化的科技教育特色环境，建有科普园、探索室、结构室、游戏室、创意室、图书室、感统室、发现屋、悦读屋、多功能活动室等具有不同功能的专用活动室。设有2-6岁各年龄层次班级十多个，在园幼儿380名左右，教职工30多人。其中35岁以下青年教师13人，幼高级职称21人，本科学历20人。

幼儿园坚持贯彻《规程》、《纲要》精神，以“科学启蒙　启迪心智”为办园宗旨；在依托陶行知的“生活即教育”、“教学做合一”理论和皮亚杰认知结构理论基础上，坚持教科研联动，提出以体现科学性、时代性、启蒙性、生活性的科技教育特色为突破口，以幼儿科技探究活动为载体，深入开展小实验、小制作、小创造、小发现、小考察、小研究的“六小”活动，进行科学启蒙教育。以盘活与整合幼儿科技教育资源，将科技教育与德育相结合、与一日活动相结合、与社区教育相结合，引领幼儿在想一想、问一问、试一试、动一动、做一做、说一说、走一走中探究，深化好奇、好问、好操作、好表达、好表现、好探索的“六好”探究行为，以释放幼儿的创造潜能。

在全面推进幼儿素质教育过程中，幼儿园逐步形成了办园特色，取得了良好的办学成效，并多次荣获市、区各类荣誉，教师和幼儿也连续多年获奖，幼儿园有良好的社会效应。

闸北区谈家桥幼儿园

谈家桥幼儿园是上海市一级幼儿园、闸北区文明单位，中国创造学会上海市创造教育委员会实验基地、上海市中小学心理健康教育实验基地。我们尊重与支持幼儿成长，关注和保障幼儿和谐发展的需要，关注教师专业化成长发展的需要，注重幼儿健康人格和良好心理品质的培养，围绕“自信伴我成长”实践研究，注重环境创设和幼儿潜能开发，通过有意的创设、有质的引导、有机的渗透，培养幼儿大胆地表达表现，以及勇敢自信的良好个性品质。

地址：谈家桥路85弄1号
电话：56521611
邮编：200070

闸北区
汾西路幼儿园

园长 华婷

闸北区汾西路幼儿园是上海市一级幼儿园、闸北区区级示范园，隶属于闸北区教育局的公办幼儿园。汾西路幼儿园设有两部（托小部：平顺路834弄2号；中大班部：汾西路815弄34号）。近年来，幼儿园荣获上海市红旗文明岗、区文明单位、区三八好集体、区教育科研先进集体、区家庭教育先进集体、区教育系统五一巾帼奖先进集体、区教育系统师德先进集体等多项荣誉。同时，幼儿园实施科学规范化的管理，拥有一支爱岗敬业、充满爱心、业务精良的专业化师资队伍，为实施优质学前教育奠定了基础。

幼儿园本着“生活启心智，架起孩子通向未来生活的桥梁”办园理念，基于对幼儿全面和谐发展的思考，以幼儿发展为本，立足生活启蒙，创建开放型幼儿生活教育品牌，通过开放性的课程实施，培养孩子拥有良好的生活习惯、快乐的生活情趣、丰富的生活经验、创新的生活能力。

地址：汾西路815弄34号　电话：021-36120141　56912611　邮编：200435

闸北区
三泉路幼儿园

地址：三泉路510弄12号乙
电话：66691144
邮编：200443

三泉路幼儿园创建于1993年，先后荣获了上海市体育先进、上海市文明班组、上海市亲子运动示范学校、区文明单位、办学先进、科技先进集体、三八好集体、师德先进集体、巾帼文明岗以及五星级和谐教工之家等荣誉称号，并被立为上海市“精武武术”非物质文化遗产保护基地。

多年来，幼儿园本着传承创新的思想，始终坚持以幼儿的发展为本，注重从幼儿实际出发，在二期课改理念的引领下不断探索，将科技特色、武术特色作为幼儿发展的切入口，以“武动健康、术赢挑战”为目标，培养幼儿成为“健康、文明、勇敢、自信”的快乐儿童。幼儿园曾荣获“中国上海第十四届、十七届头脑奥林匹克创新大赛”第一名、上海市大恒杯、光彪杯、童心杯、实小杯、永兴杯等电脑绘画比赛一、二、三等奖、上海市精武杯武术大赛一等奖、市幼儿韵律操比赛一等奖、体操比赛二等奖、上海市亲子运动会比赛、幼儿故事表演、儿童绘画创意大赛等各类活动奖项。园长徐中伟曾获上海市新长征突击手、上海市十佳中青年教师、区金穗奖，连续多年获得了闸北区优秀人才、闸北区先进生产（工作）者、区教育科研先进个人等荣誉，在她的带领下，多名教师也分别荣获了闸北区百花奖、区骨干教师、区园丁奖、区教育系统师德先进个人、区教育系统优秀团员、优秀青年等的荣誉称号，教师学、研结合分别获区教育科研成果一、三等奖以及长三角城市群教育创意征文等各种奖项，专业化水平不断提高，办园质量得到了家长的认可。

上海书刊交易市场经营管理有限公司

上海书刊交易市场经营管理有限公司是上海新华传媒股份有限公司全资子公司，成立于1997年12月，原址位于延长中路789号，已于2010年9月1日搬迁至大宁路1139号（老沪太路、运城路口）新址并对外营业，新书刊交易市场共两层，营业面积3600平方米。

上海书刊交易市场进场书报刊批发企业主要从事图书、报刊的批发与零售业务。市场开业14年来，大大方便了书报刊零售商前来进货，为加速图书流通，扩大图书发行，繁荣图书市场起到了积极作用。现已成为上海最大的书报刊集散地，连续三年书报刊销售额达到4亿元，上缴税收1100万元以上。

公共交通：地铁一号线延长路站、马戏城站　公交937路、547路、 40路、959路、234路大宁路运城路站。

联系电话：56371703　　总 经 理：赵卫星

SHENYUAN

shanghai shenyuanyinwu

上海申苑印务有限公司

荣誉证书

命名 上海申苑印务有限公司

为二〇〇九～二〇一〇年度

上海市文明单位。

特发此证。

上海市人民政府

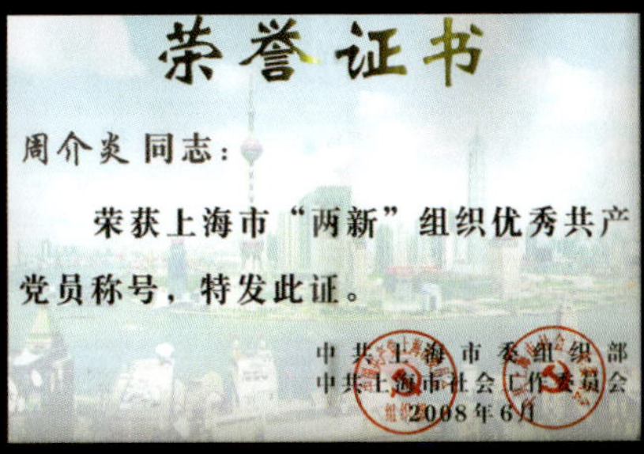

荣誉证书

周介炎 同志：

荣获上海市“两新”组织优秀共产党员称号，特发此证。

2008年6月

上海申苑印务有限公司是职工持股会控股的股份合作制企业再就业工程，经营包装装潢印刷和进出口贸易的实体公司。目前员工有230人，拥有世界一流进口日本网屏CTP出版机和德国海德堡、曼罗兰公司五色、六色、六色加上光、七色加上光胶印机及博斯特模切机、糊盒机、印后设备五套和精细瓦楞设备。企业从成立以来，16年生产持续健康发展，上缴国家税收和员工收入每年保持两位数增长，经过多次技术改造升级，2010年销售收入达到7676万元，利税达到646万元，申苑公司被评为上海市文明单位、上海市高新技术企业、上海市“两新”优秀党组织，为企业十二五规划开好局打下坚实了基础。

公司地址：上海浦东张江伽利略路151号

注册地址：上海平型关路38号420室

电　　话：58551932

传　　真：58955079

邮　　编：201203

上海秋田印务有限公司

地址：上海市北高新技术服务业园区江场西路300号
电话：66525870　66528469　56777974
E-mail：qt0931@sina.com

公司注册在上海市北高新技术服务业园区，是一家专业从事印刷制作生产不干胶标贴、电脑打印贴纸、成卷式电脑打印吊牌、服装布标、无碳复写及相关产品的印制企业。公司以优良的品质、有竞争力的价格赢得市场，并先后通过ISO 9001：2008国家质量体系认证及美国安全检测实验室UL产品认证。拥有全自动高速电脑定位商标印刷机和高速全轮转柔版印刷机，以及与之配套的电脑前期制作、照相制版、全自动晒版和制刀、制模等相关设备。

接稿→制作→照相→制版、晒版印刷→烫金覆膜→电脑打孔→自动分切→成品等工序能连贯作业，使产品的质量自始至终在有效控制之中，所承印的产品品质都能得到有效保证。

上海古林国际印务有限公司

上海古林国际印务有限公司创建于1994年7月，是由日本古林纸工株式会社和上海包装（集团）有限公司合资组建的综合性大型包装企业。总资产1000万美元，厂房建筑面积7200平方米，拥有日本小森、三菱和德国海德堡等多种生产线。

公司在2002年1月率先获得ISO 9000:2000版换版认证，2005年获得ISO 14000:2004版换版认证，并屡次荣获上海市和华东地区印刷产品优秀奖和上海市外商投资企业先进技术型企业称号。

总经理：古林慎也
地　址：陈家宅路56号
邮　编：200070
电　话：021-56980399
传　真：021-56980608
网　址：http://www.sh-furubayashi.com